顧頡剛等 主編

禹貢半月刊

4

第四卷一至五期

中華書局

禹貢半月刊第四卷總目

第一期

第二期

第三期

第四期

第五期

第六期

第七期

第八期

第九期

第十期

第十一期

第十二期

出版者：禹貢學會。
編輯者：顧頡剛，譚其驤。
出版日期：每月一日，十六日。
發行所：北平成府蔣家胡同三號禹貢學會。
印刷者：北平成府引得校印所。

禹貢

半月刊

價目：每期零售洋貳角。豫定半年十二期，洋壹圓五角，郵費壹角五分；全年二十四期，洋叁圓，郵費叁角。國外全年郵費貳圓肆角。

本期定價大洋叁角

The Chinese Historical Geography

Semi-monthly Magazine

Vol. 4 No. 1 Total No. 37 September 1st 1935

Address: 3 Chiang-Chia Hutung, Cheng-Fu, Peiping, China

第四卷 第一期（特大號）

民國二十四年九月一日出版

（總數三十七期）

內政部登記證警字第叁肆陸壹號　中華郵政特准掛號認爲新聞紙類

本刊啟事一

本卷封面，係取自利瑪竇之山海輿地全圖。該圖係利氏晚年所繪，時代略後於坤輿萬國全圖，三百年來見者絕鮮。此次在一明本書內發見，兼有說解，至足寶貴。因是，本刊定於本卷內出一『利瑪竇地圖專號』，對於此二圖作詳細之研究，已請燕京大學歷史學系教授洪煨蓮先生任編輯。所有關於該圖之一切說明，屆時再行批露。此啓。

本刊啟事二

自本卷起，特請葛啟揚楊向奎二先生搜集中國地理界消息，包含人文及自然兩方面，盡量收錄，按期刊載，藉爲本刊讀者知今之一助，敬希注意。此啓。

本刊啟事三

張石公先生(國淦)沈潛地理沿革之學歷數十年，遍讀地志，著『中國地方志考』數百卷，彙錄古今志書之序跋考證，加以按語，依近代府縣之序編排之，其書浩博無與倫比。現承慨允，自本刊四卷三期起，每期登載一府之志書目錄及其略論，與縣名沿革表，卷目異同表等，使讀者得識全書之綱領，且爲言沿革地理與方志之學者立一堅實之基礎。特此豫告，俾同志欣覽焉。此啓。

本刊啟事四

自本卷起，後一期之目錄均在前一期內登載豫告，藉引讀者快覩之望。惟遇特殊情形，有必須變通者，亦只得酌量移改，幸賜曲諒！此啓。

本刊第四卷第二期豫告

水利與水害（上篇，論北方黃河）

錢穆

1

歷史的事實告訴我們：人類社會之演變並不老是在上進，有時可以大大的倒退和墮落；而人類的智慧也有時竟可以今不如昔。

『水可爲利，亦可爲害』，這一個知識，古人早已深曉，而漸漸爲後人所忘却或誤解了。中國北有黃河，南有長江（此處所謂南北，姑就大體比較言之。黃河長江亦就其全水系而言），一般的人似乎認爲長江是中國之利，而黃河則爲中國之害，這顯已違背了『水可爲利，亦可爲害』之明訓。至於以隄防禦水災，這是一個最愚最下的辦法，從共工和伯鯀的故事起，下至春秋時周太子晉以及漢代賈讓等，早已暢論無遺，不謂直到我們的今日，却仍只守着歷古共識的共工伯鯀之舊法，仍只知以隄防捍水。目前的中國，本已倒退墮落得不成樣子，我提出水利與水害的問題，聊爲現中國人之墮落做一當景的好例。

長江並不就是利，有時也可爲害，這一層此刻不用多說，只舉最近民二十年及今年的災況已可明白。黃河並不就是害，有時也可爲利，照理論是極自然的，而事實的證明又極顯著。誰也知道，中國文明之起源及其孕育全在黃河流域，而且自春秋戰國下迄漢唐盛世，中國史上最燦爛最光榮的時期便在黃河流域發皇滋張。那時的長江，在歷史上還佔不到重要的位置。自唐代天寶以後，中國史漸漸走上衰運，而長江流域却漸漸見其重要。宋元明清的統一，任何方面不能比西漢盛唐，而五代十國以及金宋對峙，乃至黃巢張獻忠李自成等的混亂，也較之春秋戰國漢末紛爭以及南北朝抗衡時的氣象遠遜了。總之，清代乾隆以下暫置不論，就乾隆以前的中國史看，上半部以黃河流域爲中心而後半部以長江流域爲主腦，大體上却黃河流域代表的文化還超在長江流域所代表的文化之上，這是稍一思考亦就瞭然的。何以忽然說黃河是中國之害呢？原來黃河爲害中國之信念亦恰起於中唐天寶之後，經宋元明清歷代之相傳而造成。那時黃河流域的文化，逐漸衰頹，中國人的智慧力量已是不能再運用黃河了，而才說黃河爲中國之害。依照最近事況，長江流域的文化日趨倒退墮落之境，中國人的智慧力量又漸漸地表示不能再運用長江了。若循此下去，老還是築堤搶險，拼命效法共工伯鯀的故智，來防禦長江之水害，恐怕在不久的將來，便會再有一個長江爲害中國之新信念深印在我們不長進的中國人之腦裏。

就現狀言之，自然黃河格外見得討厭可怕，好像不當與長江相提並論。但就歷史上看來，只要承認大陸民族之文化進展—尤其是農業社會之文化—脫離不開河流之幫助，則中國民族唐以前的文化，實在是多多利用了黃河，而極少的利用到長江。易辭言之，即是古黃河之有助於中國文化之進展者實遠在長江之上。我從未研究過水利工程，對近代黃河爲害情形不能詳說。然就歷史上的經過，大略道我所見，亦可爲近年來國人深信黃河爲害的作一參考。

上古的洪水，其事渺茫，可以勿論。相傳殷民族的建都是屢遭水患的。然湯居亳，地在河南商邱，距河尚遠，而他的子孫却漸漸遷徙北去，渡河而都。據後代考定的禹河故道而言，則殷人遷居河北，恰是暱就黃河而非畏避（詳見禹貢錐指）。仲丁遷隞，河亶甲居相，祖乙居耿，雖然史記說『河數爲敗』，而殷都卻始終近河。尤其自盤庚遷殷，至紂之亡，七百七十三年，更不遷都（此據竹書紀年）。而殷墟在當時，亦是沿着古黃河的一地。及至殷紂，商邑日大，南距朝歌，北據邯鄲及沙邱，皆爲離宮別館（此據竹書紀年），聚衆百萬，左飲淇水竭，右飲洹水不流（此據戰國策），其盛況可想。此七百七十三年間的殷代文化，有現今出土的殷墟古物可證。他是如何樣受到大河之賜，可不煩言而喻。

西周與河渭的關係比較已在河之上流，此不具論，而衛康叔所封，即是盤庚以來殷人七百七十三年文化積叠之故地。今就詩經邶鄘衛風所詠，淇澳之綠竹，淇上之桑田，泉源在左，考槃在澗，檜楫松舟，駕言出遊，處處有水，却處處見其水之可愛。若果文化與河流有密切之關係，則衛之在西周，於東方諸侯中，經濟文化均比較列高等，仍見其沿襲殷人，繼續受大河之賜，又歷四百年之久。今據古史殷衛而言，烏見黃河之必爲害！

相傳大禹治水後，第一次河道遷移在周定王之五年。考是年爲魯宣公七年，入春秋已一百十年。河北的衛國爲狄人所滅亦已六十年。居今推想，自盤庚居殷迄於西周之衞，先後一千二百年間，經濟文物俱有可觀，當時該地居民，對溝洫灌漑，修濬疏導之工，定不斷的注意到，故能使河不驚波，水常安瀾。自狄人以遊牧蠻族，逐衞人而毀其國，從此大河北岸的文化急轉墮落，農田水利一切俱廢。遲後六十年而河水潰決，其間因果皎然。（又傳黃河下流有九，齊桓公隄其八以爲田，僅留一河，當亦河流潰決之一因也）。可見黃河決不是自來可怕的怪物，黃河之爲害實是沿河居民智慧力量不夠利用黃河之應有的結果。此後晉國勢力東展，狄人削迹，河北衞地文物復興，魏文侯居鄴，西門豹史起大修水利，河北一帶仍爲趙魏要地。（自周定王五年下逮王莽始建國三年，凡六百七十二歲，而古黃河水道終至枯竭。又據天下郡國利病書卷五引王永壽治河議，謂今魏境尚有前代溝渠遺迹，此雖不能確指其在何代，而古人對水利之講求較後遠勝，則甚顯然。）

第二次的河徙已在漢武元光三年，上距周定王五年又已四百四十年。這一次的河道遷徙，從史事看來，亦有其來歷因緣。第一是戰國以下競築隄防。賈讓說：

「隄防之作，近起戰國。壅防百川，各以自利。齊與趙魏，以河爲竟。趙魏瀕山，齊地卑下，作隄去河二十五里。河水東抵齊隄，則西泛趙魏。趙魏亦爲隄，去河二十五里。雖非其正，水尚有所遊盪。時至而去，則塡淤肥美，民耕田之。或久無害，稍築室宅，遂成聚落；大水時至漂沒，則更起隄防以自救。……今隄防陿者去水數百步，遠者數里。」

第二是列國兵爭以決水爲武器。自知伯引汾水灌晉陽開其端，其後如：

趙肅侯十八年，齊魏伐趙，趙決河水灌之。（趙世家）

梁惠成王十二年，楚師決河水以水長垣之外。（竹書紀年）

趙惠文王十八年，再之衞東陽，決河水伐魏氏，大潦，漳水出。（趙世家）

秦始皇二十二年，王賁攻魏，引河溝灌大梁城，大梁城壞。（秦始皇本紀。當時策士之言曰：「決白馬之口，魏無黃濟陽。決宿胥之口，魏無虛頓丘。決滎口，魏無大梁」。秦人果用其說。）

故孟子有『以隣爲壑』之譏，而秦一天下又有『決通川防』之政。（始皇三十二年碣石門刻辭。諒祇國如「東周欲為稻，西周不下水」一類事，更為屢見不鮮也）。當時的河道與水利，不免為長期的列國兵爭所犧牲。漢代河患實種因在此。此下屢經救治，直到東漢明帝時的王景手裏而河患遂絕。自此以下，迄宋代，黃河又經過九百餘年的安流，並不見其為中國害。（漢明永平十三年，王景治河功成，下逮宋仁宗景祐元年決橫隴，又十四歲慶曆決商胡，漢唐河道遂廢，凡九百七十七歲。此處治河成績，便足表見漢代人之精力。）縱說晉書以下各史不志河渠，故詳考無從，然必黃河本無大變害，故作史者可略而不載也。

然黃河自宋以後，即忽然劇變，成為近世中國一大患，這裏定有許多人事的關係，而不盡在黃河之本身。否則同一黃河，何以偏橫肆於宋後，而不為祟於唐前。

我想宋代河患，也定有其前兆。宋敏求說（據禹貢錐指引）：

唐河朔地，天寶後久屬藩臣，縱有河事，不聞朝廷，故一部唐書，所載者僅滑帥薛平蕭倣兩事。（薛平事在唐憲宗元和八年，蕭倣事在唐懿宗咸通六年至十年間，是後滑州又患河泛，朱全忠決隄而患益甚，事在昭宗乾寧三年。）

此說實在是一種極合理的推測。（據唐書五行志所載，天寶以前雖亦已有河患，然只長壽二年棣州，開元十年博州棣州兩次，並不甚烈。）而五代兵爭，梁唐夾河相持，決水行軍之事又屢次見到。如：

梁貞明四年，謝彥章攻楊劉，決河水以限晉兵。

又龍德三年，決河注曹濮以限唐兵。

唐同光二年，塞梁決河，既而復壞。

此下，河決時聞：

晉天福三年，河決鄆州。

又四年，河決博州。

開運元年，滑州河決，塞之。

又三年，河決楊劉，又決臨黃。

漢乾祐三年，河決鄭州。

周廣順三年，滑州塞決河。

顯德元年，塞決河八口。又李穀塞澶鄆齊決河。

又六年，河決原武，吳廷祚塞之。（以上均據司馬光通鑑目錄）

我們只須大體上一想到五代時北方形態之種種，即知宋代河患劇發，並非偶然。從此以下，不僅黃河的情形變了，整個的北方經濟及其文化亦隨着變了。這實在是中國史上一絕大關鍵。從中唐天寶以後之藩鎮割據，極於五代紛爭，實在是北方黃河流域經濟文化上一致命傷。此後金元統治，當然病痛益深酷，而原始搜根，則應在中唐以及五代。以前五胡乃至北朝，中國北方元氣並未大衰，社會經濟文化尙得保存遞傳，並未中絕，故隋唐一統，主持中國的仍在北方河域而非南方之江域。而唐後五代十國，南北經濟文化地位便顯然倒植，宋代一統，中國經濟已全賴長江，人物文化亦南盛於北，漸致於整個重心全向長江遷移。從唐天寶末到宋景祐初，中歷兩百七十餘年，北方河域大半在蕃將牙兵昏天黑地的武力統治之下，橫征暴斂，窮兵黷武，農業狀態日益變壞，水道溝洫自然只有破毀而沒有興修，因社會經濟之枯竭而文化人物亦漸蕭條。只看司馬光歐陽修爭論東南與西北各路取士不均之一點，已儘可想見當時北方人之落後。到底自哲宗以後，不得不規定齊魯河朔五路人士別考之制度，爲北人勉強爭一出路。若說北人質厚，則正始風流，以及江左清談的，何嘗不是北人。若說北人守訓詁不能爲文辭，則唐代取士偏重進士，不聞北人叫屈。唐書宰相世系表中還大部是北方衣冠，何以宋代的北人獨與昔異。（宋室雖極不願相南人，而結果宰相的榮銜到底不得不漸漸轉到南人的身上。）我想春秋時代的狄人，盤踞殷衞故土，而使黃河橫潰改道，正猶如唐天寶以後的胡將牙兵，割劇大河兩岸，而使宋代河患劇發不制，先後事變如出一轍。自唐以前，黃河之安流是常態，而潰決爲變態。自宋以後，則潰決爲常而安流爲變。也正因唐以前北方人智慧力量遠在宋以後北方人之上。故黃河在唐前爲北人之利，而宋後乃爲北人之害。在理論上，還只是『水可爲利亦可爲害』的一事之兩面。固然黃河時時作梗，可以使北方經濟文物日益降落，然就歷史事變而論，則實是北方人的情況先落後了，而遂使黃河敢如此般放肆的。

自宋代河決改道以來，宋人欲以限契丹而不願河流之北，金人欲以宋爲壑而利於河流之南；元明以下，又患運道之塞而復不欲河道之北趨。河流日失其性，忽南忽北，而河患益甚。又兼明清兩代政治之腐敗，河工之浪費與黑暗，更益造成黃河爲害中國之局面。馴致認爲黃河十年一潰決，百年一改道，是理當的事情；黃水之來，只有共工伯鯀的高築隄防，是惟一的辦法。黃水挾多量之泥沙，日久沉澱，下流日淤則上流必決，高築隄防，束水歸槽，尙可稍有衝刷；待到下流淤塞日甚，則河身自必根本改道。此種見解，在北宋人早巳說過。歐陽修所謂：

河水泥沙無不淤之理。淤澱之勢，常先下流。下流淤高，水行不快，乃自上流低下處決。……決河非不能力塞，故道非不能力復，不久終必決於上流者，由故道淤高，水不能行故也。（至和二年狀奏）

此說固亦有理。然以說明歐陽以下之事態則合，若以說明歐陽以前之事態則未必盡合。否則何以殷商西周可以千餘年不決，東漢以下至北宋又可以近千年不決，而北宋以下之黃河却不百年而必淤必塞必潰決改道？歐陽氏的見解，太嫌於悲觀消極，而不幸爲此下談治黃的人所信認。現在黃河又在大潰大決而幾乎有改道的可能之際了，當然，除却遠師共工伯鯀高築堤岸以外別無辦法，是我們的時代之特徵。而我却願緩不濟急的介紹一種另外的意見，便是明代徐貞明的潞水客談（此書收在粵雅堂叢書第二集）。他說：

大雨暘在天；而時其宣洩，用以待旱潦者人也。西北之地，旱則赤地千里，潦則洪流萬頃，惟寄命於天，以幸一歲之豐收。夫豐歲豈可常恃哉！……昔禹播九河入於海，而溝洫尤其盡力，固以利民，亦以分殺支流，使不助河爲虐。周定王後溝洫漸廢，而河患遂日甚。今河自關中以入中原，涇，渭，漆，沮，汾，泌，伊，洛，瀍，澗，及丹，沁諸川，數千里之水，當夏秋霖潦之時，無一溝一澮可以停注，於是曠野橫流盡入諸川，諸川又會入於河流，則河流安得不盛。其勢既盛，則其性愈悍急而難治。今誠自沿河諸郡邑，訪求古人故渠廢堰，師其意不泥其迹，疏爲溝澮，引納支流，使霖潦不致汎濫於諸川，則並河居民得資水成田，而河流亦殺，河患可弭。

此種說法，本還是西漢賈讓所謂『多穿漕渠，使民得以漑田，分殺水怒，雖非聖人法，然亦救敗術』之意。在賈氏謂之治河之中策。惟賈氏所論，目光限於黃河本身，而徐氏則注意及於整個的黃河水系，即是北方全部的水利問題。他最扼要的一句話是：

水害未除，正由水利未興。（明史卷二二三本傳）

故他着眼在積極的興水利，與自來治黃河的只管消極的謀去目前之害者不同。當時治黃名臣如潘季馴輩，他們的辦法也只是築堤束水，求其不決，而實際上終不免時有潰決之虞。若依徐說，北方全黃河水利逐步興修，則北方農業經濟自可逐步回復漢唐時代之狀態，而黃河本身所發的災難亦自可免除。若把潘徐比論，潘之主張近於賈讓之所謂下策，而徐則近於賈讓之中策，驟看似乎誰得誰失各有理由，很難判斷，但依歷史上之證明，則徐說顯非無據。況即依下策，築堤塞決，暫顧目前，而同時還可兼採徐說，並行不背。惜乎當時以及此後，政治上竟無大力者肯用心及此，而北方水利依舊日壞，縱使退一步講下策，能如潘季馴輩之精明負責，亦就不可多得，則何怪河害之日甚，而還顧潘說，竟似徒唱高調不切實際也。清代林則徐亦是力主興修北方水利的一個人，現在白面紅丸之毒方在北方諸省盡量蔓延，林氏積極方面的理想自然早爲近人所遺忘了。

或疑黃水多沙，不利農事，不知『涇水一石，其泥數斗，且溉且糞，長我禾黍』，自古歌之。以上流言，秦有鄭國渠，漢有白公渠，馬援引洮種稻，虞詡激河屯田，直到現在，寧夏包綏以及新成之涇惠渠，不聞不利於灌溉。以下流言，史起引漳溉鄴，漢人引汶穿渠，職方幽州『穀宜三種』，鄭玄云，『黍，稷，稻』，幽地宜稻，古人知之甚夙。東周爲稻，仰給於西周之水源，更不聞兗豫腹地不宜水田。陳許鄧潁一帶，南接淮漢，屯田水利，自漢至唐，舉不勝舉；大河兩岸塡淤肥美，賈讓亦早言及。若謂築堤捍河，尙患橫決，引水出槽，爲害益厲，則徐氏亦有答辨。疏導當先上流，『源分則流微而易御，田漸成則水漸殺。水無汎溢之虞，則田無衝激之患』。近人方盛言開發西北，若能從寧夏包綏以及陝之涇渭，晉之汾沁，豫之伊洛，逐步有辦法，使上流水勢不致驟溢，則下流狂瀾不致暴起，此理甚簡而必信。治下游難而治上流則易，治幹河難而治支河則易。用此法治河，實際上北方全部的水利問題自然通體顧到。若說上流水分則下流水緩，與東流刷沙之理不合，則據最近從事河工人員之目驗（李儀祉氏七月十六日在京發表之談話），顯見此次河災由於上流水盛，下流河窄。而河牀淤塡日高之患尙在其次。則可見東流淤沙之論實不如徐氏引水分流的見解更爲治黃策之根本了。

劉獻廷曾說：

北方爲二帝三王之舊都，二千餘年，未聞仰給於東南。何則？溝洫通而水利修也。自五胡雲擾以迄金元，淪於夷狄者千有餘年，人皆草草偸生，不暇遠慮，相習成風，不知水利爲何事。故西北非無水也，有水而不能用也。不爲民利，乃爲民害。旱則赤地千里，潦則漂沒民居，無地可瀦而無道可行，人固無如水何，水亦無如人何矣。元虞奎章奮然言之，郭太史毅然修之，未幾亦廢。有明三百年，更無過而問之者矣。予謂有聖人出，經理天下，必自西北水利始，水利興而後天下可平，外患可息，而教化可興矣。（廣陽雜記卷四。劉氏極推酈道元水經注，舉爲復興西北水利之粉本，即此可證北魏時中原水利尙未壞，其轉變實在中唐後也。）

惜乎中國的聖人又已三百年闕隔，還未誕生。我草此文，深爲西北蒼生引領望之。然聖人的誕生究竟也不難，只要眞實領解『水可爲利亦可爲害』的古格言，以及牢記共工伯鯀古史傳說裏的好教訓，不久應當可以再來一個『盡力乎溝洫』的大禹。

二十四，七，廿二。

近讀張相文氏河套與治河之關係篇，雖立論間有不同，然同就歷史經過以推闡河患由來，深喜一時妄論之偶合於前賢也。

八，二十，校後記。

張鴻烈談魯水災

【徐州四日下午七時發專電】四日午魯建設廳長張鴻烈由濟寧過徐，赴京出席經委會議，劉夢九偕行，談奉令抵濟寧調查災情：嘉祥鉅野等十四縣，已有十二縣成澤國，民衆攀樹垂斃，登岸待救，遠三百萬衆。魯韓日漣饑首發放，惟僅多粥少，移民他縣難普及，乘船溺斃者日有數百，言之淚下。計三日晚，萬福河又決口，魚臺陸沉，單縣危急，沛豐下游，當亦難免。爲前議引水入東平湖，現湖水漲出南流，蘇魯難免鉅沒，誠數十年來少見之水患。此次代表爲韓，以上游堵口，下游宣洩，建議中央。蘇皖魯等省前議百萬堵口，尙少七十萬，到則搶工。四日孔祥榕由汴過徐赴京，主席水利委員會。汴談，省防黃，早有預備。蘭封新堤正加工作，大汛至能否脫險，尙不敢定。四日午訊，微水平穩。沛豐高莊埝齋堰，晨告急，晚無變化。（見八月五日大公報）

讀『中國史上南北强弱觀』

蒙文通 1

賓四先生作南北強弱觀，以國馬之耗息驗禦外之盛衰，史部之深識矣。暇日同遊北海，研榷舊聞及此，余曰，「兄言其攻，弟言其守，可乎？」因具道所以。賓四欣然恿余文以述之，遂草此篇。

胡騎南牧，於東晉南宋爲禍極矣。諸夏禦之，有勝有敗，是即以制馬之術或得或失；鐵騎之勢誠不可當，而中國之勝非一者，以禦馬之術亦多也。以吳越輕果之卒殄蕩羌胡，規復中原，功莫烈於劉裕。裕之北征有足異者，有車四千乘。漢季以來，下逮隋唐，不聞中國有車戰，有之者惟劉裕，足明裕之成功倘在於車。何承天言，「纂耦車牛以載糧械，五百耦牛爲車五百兩，參合鉤連，以衞其衆；設使城不可固，平行趨險，賊所不能干」，此以車制騎之說也。魏圍東陽，檀道濟等將至，刁雍謂叔孫建曰，「賊畏官軍突騎，以鎖連車爲函陣」，此以車制騎之實也。劉裕引軍入河，魏人以數千騎緣河隨裕軍西行，裕遣白直隊主帥仗士七百人，車百乘，渡北岸，去水百餘步，爲缺月陣，兩端抱河，車置七仗士，魏人進圍之，長孫嵩帥三萬騎助之，晉師一鼓，魏兵一時奔潰，死者相積，此以車制騎之效也。吳兵北上收功最偉爲裕，大規模之車戰亦惟裕，因見中國制鐵騎之術莫善於車也。

秦漢以來，中國車戰術廢，惟對北狄乃用之，正以防突騎也。衞青出塞，以武剛車自環爲營。李陵擊匈奴，單于圍陵軍；陵居兩山間，以大車爲營。光武造戰車，可駕數牛，上作樓櫓，置於塞上以拒匈奴。田豫與任城王彰征代郡烏桓，虜伏騎擊之，豫因地形，回車結圜陳，胡不能進，追擊大破之。馬隆擊鮮卑，以山陘隘，則作扁箱車，地廣則爲鹿角車營，路狹則爲木屋施車上，轉戰而前，遂平凉州。是先乎劉裕以車戰者，皆以禦胡，三國及晉戰伐之頻，固無一用車也。王玄謨圍滑臺，魏救將至，衆請發車爲營，玄謨不從，魏人鼓之，玄謨退走，麾下散亡略盡，此不以車當騎而敗也。魏太武征柔然，騎十萬，車十五萬兩；柔然，魏所謂有足寇也（柔然多馬）。隋擊突厥，皆以戎車步騎相參。唐玄宗時，哥舒翰節度隴右，則造戰車，蒙以狻猊。馬燧為河東節度使，爲戰車，冒以狻猊象，列戟於後，行以載兵，止則爲陣，遇險則制衝冒，以討田說。是後乎劉裕以車戰者，亦以禦胡。安史以來突騎獨盛，亦惟車足以制之。下至吳淑李綱而說益明。宋眞宗時，以遼故，吳淑請復古車戰之法，曰：「衞青，李陵，劉裕，馬隆，皆以車而勝。近符彥卿破虜陽城，亦拒馬爲行寨。夫匈奴所長者，騎兵也。苟非連車以制之，則何以禦其奔突哉！故用車戰爲便。其制取常用車，接其衡輗，駕以牛，車上置槍，以刃外向，列士卒於車外，賊至射之，乃出騎兵擊之，此制虜要術也。戰之用車，一陣之鎧甲也。故可以行止爲營陣，賊至則斂兵附車以拒之，賊退則乘勝出兵以擊之。出則藉此爲所居之地，入則以此爲所居之宅，故人心有依，不懼胡騎之陵突也」。高宗時以金故，李綱言「步不足勝騎，騎不足以勝車，請以車騎頒於京東西路，使製造而教習之」，其法用靖康間張行冲所創，凡韓琦范仲淹言戰車皆祖馬燧「行載甲兵止爲營陣」之意，用於平川之地，臨陣以折奔衝，下營以爲寨足。宋代之言戰車有許彥圭式，有宗澤式，有李綱用張行冲式，有劉浩式，有王大智式，有陳敏式。渡江後以製車物材多南方所無，兼東南沮洳之區，險隘之地，不適於車，故高宗孝宗皆不以車戰爲可。然車之用在守而不在攻，利北而不利南，南渡後以無意中原，自無所事於車；而兵車紛紛之說，闊於常車，運不合轍，牽輓而進，日才六七里（李復先說），用民車亦重大，日不能行三十里（沈括說），則亦未盡車之用，故金宋無車戰。吳璘新立疊陣法，稱得車戰餘意，卒挫金兵，其術亦主防守而非攻。惟開禧用兵，周虎用厲仲方戰車，遂敗虜於淸水陣，而制之詳不可知。宗澤在汴造戰車一千二百乘，江淮再陷而汴卒未破者，豈澤之遺矩有以當鐵騎之衝突歟？惜李綱之意不得展，而邢恕之議翻爲民病，不備之於汴京未沒之先，渡江而後縱復講求，無濟於用也。故夫胡馬窺江，惟車可以制之，而要不可以攻。魏追劉康祖於尉武，康祖曰，「奈何避之！」結車營而進；魏人四面攻之，將士殊死戰，殺魏兵萬餘人。日暮風急，魏以騎負草燒車營，遂潰之。哥舒翰出關，遇崔乾祐之兵於靈寶西原，翰以氈車駕馬爲前驅，欲以衝賊；東風暴急，乾祐以草車數十乘塞前，縱火焚之，官軍大敗。房琯請收復兩京，至便橋遇賊將，琯效古法，用車戰，以牛車二千乘，馬步夾之；賊縱火焚之，人畜大亂，遂大敗。盖車敗於騎，皆以攻也。凡用車以牛，列陣則車首向內而尾拒於外，此其要也。用於北而不用於南，用於守而不用於攻，亦或以拒馬木鹿角之屬以當騎，此胡騎雖驕而究不能所向披靡者，則以制馬之固有術也。

元嘉北伐，沈慶之諫曰，「我步彼騎，其勢不敵」。上曰，「虜所恃者唯馬，今夏水浩汗，河道流通，泛舟北上，碻磝必走，滑臺小戍，易可覆拔；克此二城，虎牢洛陽自然不固。比及冬初，城守相接，虜馬過河，卽成擒也」。拓跋燾聞有宋師，曰「河南是我地，此豈可得，今當斂戍相避；須冬寒地淨，河堅冰合，自更取之」。又曰，「馬今未肥，天時尙熱，若兵來不止，且還陰山避之；展至十月，吾無憂矣！」此見水潦橫集則騎無所施，冰合河堅，正鐵馬馳突之際會也。故臧質之守盱眙，復魏人書曰，「爾自恃四足，屢犯邊境；……今春雨已降，兵方四集，爾但安意攻城，勿遽走！」二月，魏人燒攻具退。遼史兵衞志亦言「其南侵也，多在幽州北十里鴛鴦泊點兵，出兵不過九月，還師不過十二月」。金之入寇，亦秋來春返，要皆以水故也。蕭僧珍守山陽，太武以迴山倒海之威，深入而返，僧珍斂人民儲糧械，蓄陂水以待之，魏師過而不留。垣崇祖守壽春，寇至，崇祖誘之以小城，灌之以肥水，沙囊一決而強敵遁逃。李綱陳備禦八事，其四曰：「河北塘濼，東距海，西抵廣信安肅，深不可涉，淺不可以行舟，所以限隔胡騎，爲險阻之地。而比年以來，淤澱乾涸，不復開浚，官司利於稻田，往往洩去積水，隄防弛壞。又自安肅廣信以抵西山，地形低下處，可益增廣；其高仰處，卽開乾壕及陷馬坑之類，宜專遣使以督治之」。凡綱所論，楊仲良書言之尤悉，云，「一塘水東起滄州距海岸黑龍港，西至乾寧軍，沿永濟河，合三淀爲一水；衡廣百二十里，縱九十里，至百三十里，其深五尺。二東起乾寧軍，西至信安軍，永濟渠合四淀爲一水；衡廣百二十里，縱三十里，或五十里，其深丈餘，或六尺。三東起信安軍永清渠，西至霸州莫金口，合五淀爲一水；衡廣七十里，縱五十里，或六十里，其深六尺或七尺。四東北起霸州莫金口，西南至信安軍父母砦，合糧料淀爲一水；衡廣二十七里，縱八里，其深六尺。五 霸州至保定軍並塘岸，水最淺，故咸平景德中胡馬鈔河北，以霸州信安軍爲歸路。六 東南起保定軍，西北至雄州，合三淀爲一水；衡廣六十里，縱二十五里或十五里，其深八尺或九尺。七 東起雄州，西至順安軍，合六淀爲一水；衡廣七十里，縱三十里或四十五里，其深一丈，或六尺或七尺。八 東起順安軍西邊吳淀，至保州，合三淀爲一水；衡廣三十餘里，縱百五十里，其深一丈三尺。九 起安肅廣信軍之南保州西北，畜沈苑河爲塘；衡廣二十里，縱十里，其深五尺淺或三尺，曰沈苑泊。十 自保州西合鷄距泉，嘗爲稻方田；衡廣十里，其深五尺至三尺，曰西塘泊」。自何承矩以黃懋爲判官，始置屯田，築隄儲水爲阻固，其後益增廣之；凡並邊諸河，若滹沱沈苑（長編作葫蘆）永濟等河，皆會於塘。天聖以後相循而不廢，仍領於緣邊屯田司」。或曰「有兵將在，胡來何所事塘！且邊吳淀西望長城口尚百餘里，皆山阜高仰，水不能通，胡騎馳突得此路足矣。塘雖距海，亦無所用。夫以無用之塘廢可耕之田，則邊穀貴，自困之道也」。或曰，「河朔幅員二千里，地平夷無險阻，賊從西方入，放兵大掠，由東方而歸，我嬰城之不暇。自邊吳淀至泥姑海口，綿亙七州軍，屈曲九百里，深不可以舟行，淺不可以徒涉，雖有勁兵，不能渡也。東有所阻，則甲兵之備可以專力於西矣」。論者分爲兩歧，此李綱所陳塘水之詳，而稻田所由壞之也。劉平自雄州徙知成德軍，奏言「臣今徙眞定，路由順安安肅保州界，自邊吳淀望趙曠川長城口，乃契丹出入要害之地，東西不及一百五十里。竊恨聖朝七十餘年守邊之臣，不能爲朝廷預設深溝高壘，以爲扼塞。聞太宗朝嘗有請建置方田者，我以引水植稻爲名，開方田，隨田塍四面穿溝渠，縱廣一丈，深二丈，鱗次交錯，兩溝間曲爲徑路，才令通步兵，引曹河鮑河徐河鷄距泉分注溝中。地高則用水車汲引灌溉甚便，數載之後，必有成績」。李綱所言安肅廣信以抵西山，地形低下可益增廣者，即劉平所請開方田穿溝渠處也。（何承矩亦言，「契丹恃戰騎之利，頻年犯塞。臣聞兵有三陣，今用地陣而設險，以水泉而作固。建設陂塘，綿亙滄海，縱有敵騎，安能折衝。昨者契丹犯邊，高陽一路東負海，西抵安順，士庶安居，即屯田之利也。今安順西至西山地雖數軍，路才百里，縱有邱陵岡阜，亦多川瀆泉源；因而廣之，制爲塹埭，自可息邊患也」。爲說亦即劉平之事。）竇元間河北屯田司欲於石塚口道永濟河水以注沿邊塘泊，時歲旱塘水涸，知雄州葛懷敏慮契丹使至，測知其廣深，乃壅界河水注之，塘復如故。此皆河北並邊，因水設險之實也。逢興用兵，張浚行視江淮，凡要害之地皆築城堡；其可因水爲險者，皆積水爲櫃。唐仲友之上張相公書亦曰，「淮陰盱眙，其地多水，非騎兵用衆之地，曩者兇酋固嘗畏之。惟廣陵以西，滁陽以東，平原曠野，利於用衆。昨虜渡淮，分兵東馳，三日而入滁陽，五日而戰六合，七日而至儀眞，乃繞出淮東軍後；邵宏淵力戰而不能抗，非將士之過，失地利故也。滁河翕受淮東衆山之水，瓦梁居其下流，堰而瀦之，六合西北可使浸爲大澤。沮洳泥淖，騎無所騁，環滁皆山，而淸流關爲之喉襟，其地險阻，亦可爲控扼之處，此淮東之地利也」。是因水爲陂爲渠，又制騎之一術。余玠守蜀，於利閬城大獲山，蓬州城營山，渠州城大良平，嘉定城舊治，瀘州城神臂山，民始有安土之心；此亦唐氏控淸流之意，因山以限馬足之說也。韓琦疏言契丹事，謂「北邊地近西山，勢漸高仰，不可爲塘泊之處；差官領兵，遍植榆柳，冀其成長以制虜騎。昔慶歷慢書所謂『剏立隄防，障塞要路』，無以異也」。此正劉宗奏請種木於西山之麓，法榆塞以限胡騎也。合諸李綱之說，是平野則爲陂爲塘，山陵則爲坑爲林，斯均中國制騎之術。凡胡馬窺江必秋來春去者，非徒以夏暑鬱而秋馬肥，實以春水生而冬則涸。故金初至淮必秋來春去，建炎四五年以後常留淮北不復去者，則河南北水利於金入寇數年間而破壞已盡；陂渠壞，即春夏而騎亦有所施，非已習於南地炎暑也。元兵入淮，不復秋來春去者，豈元能耐金所不習之暑？元初入蜀亦不久留，二年後則留而不去，豈耐於淮而不耐於蜀乎？誠以金初入淮，元初入蜀，中國水利之溝洫猶在；經破壞之後無復餘踪，則鐵馬縱橫，可以經冬涉夏而無困矣。廣陽雜記以中國北方水利不修，爲蒙古南牧不知治術，而中原之水利遂不可復；竺可楨亦以爲然。及今觀之，壞中國水利者金也，非不諳理民，而實以便騎耳；則異族入主中夏被其毒者，豈徒文教一端而已哉！由水言之，宋文帝謂泛舟北上，碻磝必走，然宋之屢克碻磝皆以舟師，則乘夏水以與騎兵爭衡，是或一道。故劉裕伐秦，以沈林子舟師通石門，王仲德開鉅野；裕將水軍，自淮泗入清河，泝河西上，王鎮惡泝渭而上，乘蒙衝小艦，行船者皆在艦內，秦人見皆驚以為神。端平入洛之師，而余玠亦以舟師泝淮入河，抵汴，所向有功。明初北伐，徐達常遇春率師二十五萬，由淮入河，引舟師趨汴梁，連下衞輝彰德；使傅友德開陸路通步騎，顧時浚河通舟師，水陸並進，遂陷通州。桓溫救洛，鄧遐實帥舟師，及溫伐燕，郗超曰，「道遠，汴水又淺，恐漕運難通」。溫至金鄉天旱，水道絕，使毛虎生鑿鉅野三百里，引汶水會於清水，溫引舟師自清水入濟，郗超曰，「清水入河，難以通運，莫若頓兵河濟，至來夏方進兵」。溫使袁眞攻譙梁，開石門以通水運；眞克譙梁，而不能開石門，水運路塞，卒致枋頭之敗。溫歸罪於眞，免為庶人。元嘉北伐，崔浩以為南方舉兵必不利，舟行水涸，地利不盡；及到彥之自淮入泗，水滲，日行纔十里，卒亦敗覆。是南人舟師北上，亦足敵騎。劉裕以開石門利舟楫而集事，桓溫以天旱不能開石門而敗沒；元嘉之事，仿佛桓溫，水有盛衰而事有成敗，雖人事誠非一端，地利天時於鐵騎舟師所係亦巨矣。若侯景之敗慕容紹宗於渦陽，則以景命戰士皆被短甲，執短刀入陣，但低視斫人脛馬足，魏兵遂敗。岳飛之敗金兵於偃城，則以飛戒步卒以麻札刀入陣，勿仰視，第斫馬足，遂大破之，烏珠夜遁。故拓跋燾曰，「吳人止有斫營技」。劉琦敗烏珠於順昌，事亦如此。斯又中國抗虜騎之一術也。

北狄之盛每當中國紛擾之際；函夏渾同，即迸逃破亡。秦之盛，却匈奴七百餘里。楚漢之爭，則冒頓控弦三十萬，遂困漢高帝於白登。至漢之盛，衞霍破之。王莽之禍，匈奴侵苦北邊。及漢再盛，竇憲夷滅之。突厥控弦數十萬，周齊爭結婚姻傾府藏事之。他鉢曰，「使我在南兩兒孝順，何憂貧也」。至隋之盛，煬帝遂臣啟民。唐之興，突厥控弦百萬，史稱「戎狄之盛近代未有」。遂進寇武功，戰於涇陽，直入渭濱。及海宇統一，李靖遂禽頡利。方中夏分爭，而夷狄莫能倡者，唯魏蜀之世。方中夏統一，而苦夷狄之侵陵者，莫如宋。是皆別有其故，未可一例論也。宋之盛，不能復燕；女眞既熾，不三數年間遂逾河逾淮逾江逾浙懸軍深入，復全師而歸。當中國之全，而胡馬天驕，風雲飄忽，決蕩無前，斯誠古今異事，殆別有由也。魏了翁言「藝祖皇帝自大難未

6

7

平，首懲唐末五季之弊，幷汾閩越之僭平，江淮諸郡，已令毀城隍，銷兵甲矣。淳化咸平鉅建隆不過四十年耳，盜發兩川，惟陵眉梓遂有城可守；濮盜作於近輔，如入無人之境。富弼論江淛荆淮湖廣諸道，亦謂「處處無兵，城壘不修，或數十夫持鋤耰白梃，便可盡殺守令，開府庫，誰復禦者。寶元康定而後武備之削滋甚，五年間盜殺巡尉至六十員，入城剽刼者四十州。王倫起沂，並淮渡江，歷數千里無一人禦之。張海等犂剽吏禦人於京淮湖陝間，州郡莫敢孰何。金州盜作，速召州兵，僅有二十四人。崇寧以後，一旦盜起東南，連跨州郡，震撫汴都，久而後殄；況當新造之金，非拱手死難，則望風棄城」。蘇軾於徐州上疏曰，「徐州爲南北之襟要，而京東諸郡安危所寄也。……州之東北七十餘里即利國監，爲鐵官商賈所聚，其民富樂，……治戶皆大家，藏鏹巨萬，常爲盜賊所窺。而兵衞寡弱，有同兒戲，……使劇賊致死者十餘人，白晝入市，則守者皆棄而走耳。……嘯召無賴烏合之衆，順流……南下，而徐有不守之憂矣。……臣欲乞南京新招騎射兩指揮於徐；……城下數里，頗產精石無窮，而奉化廂軍見闕數百人，臣願募石工以足之，聽不差出，使此數百人者常採石以甃城，數年之後，舉爲金湯之固」。王禹偁自黃州上疏陳江淮空虛亦曰「名曰長吏，實同旅人；名爲郡城，蕩若平地」。唐仲友言，「今自淮以南大鎭皆無城池可恃，惟壽春僅有之，而城守之備，百無一有，狂虜之來，彼所以易爲力，吾所以難爲功也」。則宋承平之時，其力雖防盜賊，猶麋麋不足，則金之鐵騎南牧，奚足以當之。夫金兵發薊北，下長淮，渡江，渡浙，懸軍萬里，誠危道也。卒之曾莫滯礙，如履平地升虛邑，披靡列城，全師而返。拓跋窺江，猶未至是，事亦足異。此無他，州郡久空，城隍甲兵都盡故耳。此鐵騎之所以能蹂躪江淮者也。若在河北，則事自不同。金旣再陷汴京，李綱尙言「今河東所失者恆代太原澤潞汾晉，河北所失者眞定懷衞濬；其餘諸郡皆爲朝廷守。兩路士民兵將皆推豪傑以爲首領」。蓋兩河共府十，州三十四，軍一十九，敵騎所破才六之一耳。正以並邊諸郡，城隍素固，與江淮不同，宗幹圍太原二百五十餘日而後陷，中山圍三年而後陷，則鐵騎之逞，於勢亦難，然後知金兵之肆別有故也。

北宋方盛而力不足以弱契丹，亦有可言。呂祖謙言「太祖方欲以兵定天下，其時止十五萬」。陳傅良言「藝祖定荊湖，取巴蜀，俘二廣，平江南者，前後精兵不過二十餘萬」。夫以十五萬二十萬之軍，可謂至少，而所向克捷，是宋兵誠有足異者。李氏長編言「太平興國二年辛亥大閱，每案旗指縱，則千乘萬騎，周旋如一；甲兵之盛，近代無比」（二十萬之數不可謂多，蓋謂教練之精耳）。又言「太平興國四年，親征河東，上幸城西督諸將攻城。先是上選諸軍勇士，教以劍舞，皆能擲劍於空中，躍其身左右承之，見者無不恐懼。會契丹遣使修貢，賜宴便殿，因出劍士示之，數百人袒裼鼓譟揮刃而入，跳躑承接，曲盡其妙，契丹使者不敢正視。及是巡城，必令舞劍士前導，各呈其技，北漢人乘城望之破膽。至道元年上令衛士數百輩射於崇政殿庭，召張浦觀之。先是李延信還，上賜李繼遷勁弓三，皆力及一石六斗，繼遷意上顯示威戎虜，非有人能挽也。至是士皆引滿平射有餘力，浦大駭曰，「蕃部弓弱矢短，但見此長大，人固已逃遁，況敢拒敵乎！」十一月上閱武於便殿，衛士挽弓有及一石五斗者，矢二十發而綽有餘力，因謂近臣曰，「事有奇異驚聽者，此是也」。蓋太祖實爲技擊家所祖。宋初之兵，以有驚人才技之訓練，若今之國技專家然，其精爲古今罕匹，故前後精兵不過二十萬內外，而克成大業，其技力非常人所能及。而宋之兵終不可以出塞遠征，對外惟守而不能攻，故終無如遼何。宋祁言「臣聞唐時出師用兵，每十人爲五馱法，故師行萬里，經亙歲月，無所闕乏。自五代之亂，其兵不出中國，遂失五馱法。朝廷之制，每指揮五百人，指揮使得夾幕一具，副者得單幕一具，馬軍得幕鍋布行榻等若干，步軍得鍋若干；自軍員以下更無帳幕，或出次野外，雖甚風雨亦無所庇。又戰士披甲，所將衣衾悉自負荷，軍馬則盂杓之類悉在馬上。然則行數百里，人馬強力皆已先疲，脫若逢賊，安能挽蹋擊刺，與爭勝哉！」子京所言誠中情實，此宋兵之不能遠征也。雖太祖太宗卒以是捍禦北方，削平宇內，然其兵惟可用於中國耳。賈昌朝言「太祖朝下令諸軍勿食肉衣帛，營舍之門有鬻酒肴則逐去，士卒有服緇帛者則笞責之。異時被甲鎧，冒風霜，攻苦服勞，無不一當百。今營卒驕惰，臨敵無勇」。則宋人先後之訓練其兵者爲術已異。太祖南北番戍，欲使往來道路，足以習勞苦，均勞逸；後世則以新舊交錯，旁午於道，番爲兵士之苦。則宋初之兵，其強力有非常人所能逮者，故先時其強爲古所罕有，能任常人所不能任之苦。在此特種訓練之下，於昔時戰鬪固非平常之兵所能及，然値國家安定，百年無戰之餘，此種訓練亦最不可恃其持久。以非常人所能任者而任之常人，故後時宋兵之弱，亦爲古今所未有。故當其盛時，以之克定中國則有餘，以之出塞遠征則不足；及其旣敝，未戰先疲，則以之守中國亦不足也。又況禁旅尺籍，空不復補，揀兵則點數而已，宣借則重疊妄濫，逃亡已久而衣糧自如，疲癃無堪而虛名具數，孫朱之論宋兵曰（見歷代兵制八），「古者兵足而已，今內外之兵百餘萬，而別爲三四，又離爲六七也。別而爲三四者，禁兵也，廂兵也，蕃兵也。離而爲六七者，謂之兵而不知戰者也，給漕輓者兵也，服工役者兵也，繕河防者兵也，供寢廟者兵也，養國馬者兵也，疲老而坐食者兵也」。置不戰之兵於不守之城，尙安得絆胡馬之足，使不南奔？故集勤王之師二十萬於汴梁，而終割三鎭以講；宗翰至河外，虛聲遂潰走河南十二萬之軍。則太宗末年之兵至三十萬，咸平增至六十萬，皇祐增至百四十萬而宋之弱亦日勝一日。誠以教習不精，未戰先疲，士氣不振，揀兵則點數而已（陳傅良語）。故初則往來道路以習勞苦者，其後則以番戍而不勝其苦也。以未戰先疲之兵，而欲以恢王略，抗胡騎，又烏可得。而況以之經行萬里，經亙歲月，此又宋兵之所以未戰先逃不能頡頏契丹者歟？賈昌朝言「太祖削方鎭兵權太甚，太宗以來兵不復振。……且戎狄居苦寒砂磧之地，好馭善射，自古禦寇却胡，非此不可。宜優復蕃落田疇，安其廬舍，使力耕死戰，世爲邊用」。蓋自藝祖禁用蕃將，沿邊蕃部皆失撫綏，反爲敵用，此宋力所由不競，外寇乘以鴟張。非遼金爲自古未有之強，遠過匈奴突厥，實宋之爲宋遠遜漢唐，故契丹女眞爲禍諸夏開古來未有之局；因遼金之毒，致吾人每疑北狄之威爲不可犯耳。嘗攷衛霍北征，用騎不過十萬，而冒頓之強，已控弦三十萬。唐之盛時，張萬歲領監牧馬亦惟四十萬（呂祖謙說），而突厥當隋末已控弦百萬，太宗之世有馬不過當突厥十二三，其擒頡利，惟恃精騎一萬而已。以宋方之，眞興宗言「五代之末，監牧多廢，國馬不蕃庶。太宗與 9

國初，詔市十七萬；咸平已後，其政大修，諸坊諸軍，積至二十餘萬，飼馬兵校多至萬有六千，芻藁亦近七十餘萬，標占坊監亦總四萬頃」。是宋馬之數，視漢逐匈奴，唐擒突厥時，未遠遜也。李綱言「自祖宗以來養馬於監，擇陝西河東河北美水草高凉之地處之，凡三十六所。比年廢罷殆盡，而更爲給地牧馬，民間雜養以充數，官吏便文以塞責，無復善馬，又驅之燕山，悉爲敵人所得，今諸軍闕馬者大半」。是宋之所以養馬，尚未遠遜於唐；唐都長安，故養馬置八坊岐邠涇寧間，宋都汴梁，故養馬河北河東陝西。呂祖謙謂「宋朝馬政，太宗講求精徵，羣牧司養，自春放至秋歸，馬之出入莫不有法。熙豐間曾孝寬奉行荆公意，罷羣牧吏，不過欲區區小利，自此京師之馬更不出牧，終歲在槽櫪間而馬始衰，戎備益損，芻秣之費益增。當時不曾考本末，却欲舉保馬戶馬之法」。此李綱所謂廢罷殆盡，民間雜養充數者也。是宋馬之衰始於荆公保馬之法，前此亦未足爲病。自童貫覆師，則悉驅之燕山以爲敵有。其初蓋亦取馬西域，故議棄靈武。何亮復言「冀北馬之所生，自匈奴猖獗，無匹馬南來，惟資西域。如舍靈武，夏賊俾諸戎不得貨馬，未知戰馬何從來」。此宋之取馬於西，亦無殊漢之取馬大宛，故南渡後市馬於陝，由西和階文，以就宕昌博易。知宋之盛時國馬之數，未少於漢逐匈奴，唐擒突厥之時；養馬之地，未遜於樓煩沙苑。取馬於胡，事亦猶貳師之功，而終不能制契丹之衆者，宋之立國然也。契丹不強於匈奴突厥，而足以困宋；金且踐南夏如升虛，非胡騎之終不可犯，實宋之自弱以致之耳。故一轉易間，韓岳張劉，屢破鐵騎；以地攷之，每戰益北（岳飛偃城之捷，劉琦順昌之捷，皆渝淮漢而日近於汴）。亦足明宋之最弱而遼金最驕，非徒胡騎之威，而實宋之所以先後自敗者各有由也。

呂祖謙言「馬數最多無如後魏，蓋拓跋本是北虜，北虜芻秣便是中華耕桑。中國人人耕桑，北虜人人芻秣。當時有二百萬餘匹馬，亦不足怪，自是常理。自孝文遷都，變夷用夏，馬政便不得似當時，江淮之馬不過十萬匹」。宋馬與契丹之比，不弱於南朝與魏馬之比，而南宋之弱遠過於六代，女眞之肆過於拓跋，亦足明非胡馬之遂足渡浙，而宋自致之耳。

唐六典中地理紀述志疑

谷霽光

（一）六典著作及年代

書題唐玄宗御撰，李林甫奉勅注，實則編註均非一人。開元十年(722 A.D.)陸堅被旨修是書，玄宗令以理典教典禮典政典刑典事典六類相從，修撰進上。後張說知集賢院(註一)，以其事委徐堅，歷年未知所適；復命毋煚余欽咸廙業孫季良韋述等參撰，始以令式入六司，象周禮六官爲制，其沿革並入注。蕭嵩知院，加劉鄭蘭蕭晟盧若虛；張九齡知院，又加陸善經；二十六年書成奏上。至李林甫奉勅注進又在二十七年，其時復加苑咸參其事(註二)。歷時十七年，成書三十卷。其書以三師三公三省九寺五監十二衛列職司官佐，叙其品秩；已非理，教，禮，政，刑，事，六典之規模。是張說知院時，毋煚等別立條貫，事例井然，使後之繼是職者，得以依類相從，韋述謂「用功艱難」(註三)，於此可見。又沿革並入注，知李林甫奉勅注上時，亦但依例增入；今六典獨署其名者，殆以其知集賢院事，實總其成，與書題唐玄宗御撰，固亦理同事同(註四)。

（二）六典紀事中之時代關係

六典修撰，至張說知院時始大具規模，故吾人須考證張說知院之起訖年代。麗正書院更名集賢院，在開元十三年(725 A.D.)，其時即以張說充學士知院事，徐堅副之，咸廙業韋述毋煚余欽孫季良等並爲直學士(註五)，此爲其知院事之始。開元十四年(726 A.D.)張說致仕，仍令在家修史，十六年復兼集賢院學士(註六)，十八年卒(730 A.D.)。至十九年(731 A.D.)始命蕭嵩爲集賢院學士知院事，繼之者復有張九齡李林甫。而張說致仕後，仍專文史之任，疑主持集賢院事者實爲張說(註七)。

詳考六典內容，知開元十四年(726 A.D.)以前紀事，最爲完備，十四年以後遺漏甚多。其中尤以地理方面之記載極不畫一，當於下節中例舉；玆略述遺漏之大事如左：

（1）開元十八年復給京官職田(註八)。六典詳述諸州公廨田，諸州及都護府職分田而不及京官職田，注亦不載廢置沿革。按收職田在開元十年(722 A.D.)，至十八年復給，疑修撰在復給之前，日後即不復增入(註九)。

(2)裴耀卿於開元二十一年(733 A.D.)建議：江淮舟運，悉輸河陰倉，更用河舟運至含嘉倉及太原倉，自太原倉入渭輸關中(註一〇)。而六典所載，仍爲自含嘉倉陸運至陝(註一一)，注同。按裴耀卿議，二十二年已實行，六典當述及。

(3)諸陵廟令原隸太常寺，開元二十五年(737 A.D.)改隸宗正寺。六典仍列陵廟令於太常寺之下(註一二)，而注其改隸之事。是知正文成於二十五年以前，而注則李林甫知院時所加。

(4)殿中省秘書省等屬員，開元二十二年(734 A.D.)二十三年(735 A.D.)及二十六年(738 A.D.)略有裁減(註一三)，六典正文與注亦多符合。惟秘書省著作佐郎及殿中省尚乘局奉御員額，注已改書，而正文仍舊，與原定以沿革入注之例相違(註一四)，疑亦因舊文不改。

此外如戶部尚書條，仍分天下爲十道。按十五道之分，在開元二十一年(733 A.D.)(註一五)，而注已載二十五年敕令，蓋亦因舊文不改也。

開元十四年以前之記載：如關內道之麟州，開元十二年置，十四年廢，六典已不列入。又如邠州不作豳州，巫州不作沅州，莫州不作鄚州，亦可見其詳確(註一六)。由此知六典修撰之規模，實具於張說知院事時期，以後雖有損益，固不完備。

(二)六典地名補正

地理方面，亦以開元十四年以後最爲不詳。

(1)六典失載或誤載者：

薊州　河北道有薊州，開元十八年析幽州置，六典無(註一七)。按是年奚契丹入寇，或因此另置一州，不應失載。

勤州　嶺南道有勤州，武德四年(621 A.D.)析春州置，五年廢，萬歲通天二年(697 A.D.)復置，長安中(701-704 A.D.)復廢。開元十八年平春瀧等州，廣州都督耿仁忠奏置(註一八)，六典無。

宥州　匡州　長州　調露元年(679 A.D.)置魯麗含塞依契六胡州，長安四年(704 A.D.)併爲匡長二州，神龍三年(707 A.D.)置蘭池都督府，分六州爲縣。開元十年復置魯麗契塞四州，十八年復置匡長二州，二十六年又置宥州(註一九)，六典無。

2

巫州敘州　巫州，貞觀八年(634 A.D.)析辰州置，天授二年(691 A.D.)曰沅州，開元十三年(725 A.D.)復名巫州。六典兩有巫州敘州，疑敘州爲誤載(註二〇)。

威戎軍鎮西軍　開元二十六年三月置威戎軍，七月置鎮西軍，六典均不載(註二一)。

(2)六典記載與後來建置偶同者：

洮州蘭州　舊唐書元宗紀：開元二十七年，廢洮州爲蘭州，改臨州爲洮州。六典亦只載洮州蘭州，而無臨州之名。按新唐書地理志：洮州蘭州置於武德二年(619 A.D.)。開元十七年始廢洮州，二十年復置，更名臨州。知六典所載，必爲開元二十年以前之舊文。總閱六典正文及注，均不及開元二十七年之事(註二二)，此與後來建置相同者，亦爲偶然。

(四)六典記折衝府總數

唐折衝府總數，其說不一。六典作五百九十四，而新唐書百官志會要(註二三)作六百三十三，新唐書兵志地理志及唐會要作六百三十四，鄴侯家傳(註二四)作六百三十，理道要訣作五百九十三(註二五)，通典作五百九十三，原十六衛作五百七十四，陸贄奏議作八百。諸家之說，必皆有所本，絕非臆度；六典之言，尤應可信。然言人人殊，其故安在？濱口重國從府兵制度至新兵制一文中(註二六)，指出府數隨時增益一點，頗爲可信。余於折衝府考校補中已論及，茲請以六典之例再申其旨。

玉海引會要云：

「關內置府二百六十一，精兵士二十六萬，舉關中之衆以臨四方。又置折衝府二百八十，通給(計)舊府六百三十三。河東道府額亞於關中；河北之地，人多勇壯，故不置府；其他諸道亦置。」

又引鄴侯家傳：

「玄宗時奚契丹兩蕃強盛，數寇河北諸州，不(又)(註二七)置府兵番上，以備兩蕃：諸道共六百三十府。」

河北道不置兵府(註二八)，蘇冕著會要尙能知之，王溥之唐會要則已不能詳其說。合觀會要與鄴侯家傳之記載，知玄宗時于河北道置折衝府，似無可疑。茲於當日府兵調度情形，亦可證其不謬。聖曆時(698-699A.D.)武懿宗平契丹賊露布(註二九)，所謂府兵以河東道最多，河

3

南隴右兩道次之，而不及河北道。至開元中，幽州長史薛楚玉破契丹露布(註三〇)，府兵盡出河北，不再借助於隣道。可知開元前河北道必無折衝府，而河北道置府又當在薛楚玉爲幽州長史以前。

考薛楚玉爲長史，在開元二十年至二十一年之間(732-733 A.D)，先之者爲趙含章，繼之者爲張守珪(註三一)。是開元二十一年以前，河北道已有折衝府；則折衝府之建置又當在先天元年至開元二十一年之間。合閱舊唐書契丹傳及奚傳，奚契丹叛變始於開元十八年，是年契丹可突干脅奚降突厥，與師討之，二十年復命將出塞擊之，二十一年契丹入寇，薛楚玉又出擊之，如是契丹之禍積年不能平(註三二)。是河北置府應在開元十八年至二十一年之間。余意析幽州置薊州，在開元十八年；或即同於是年設置，亦未可知(註三三)。

六典記載開元十四年以後事，詳略不一，前節已言及之。河北道置府，既在開元十四年以後，其所舉折衝府總數或不包括河北道新置之府。今考河北道有府三十七(註三四)，合之六典所載之數爲六百三十一，與新唐書及鄴侯家傳所言大致相符。

紀折衝府者，以新唐書最詳，新唐書兵志及地理志作六百三十四，當較可靠。鄴侯家傳或係指其概數，陸贄奏議則又合安西都護府而言(註三五)。至杜佑通典，杜牧原十六衞或爲較早時期之數，或爲數字誤傳，玆不可考；然唐代折衝府非止於五百七十四，乃可斷言(註三六)。吾人當暫從新唐書六百三十四府之說，爲折衝府最後總數；六典五百九十四之說，爲開元十八年前總數。精詳考證，惟有俟諸異日。

註一　集賢院本麗正書院改名(開元十三年)，當時張說知院事，徐堅爲副知院事。

註二　參閱直齋書錄解題卷六，新唐書卷五八藝文志，唐會要卷三六，唐世說新語卷九。

註三　直齋書錄解題卷六引韋述集賢記注。新唐書一三二韋述傳。

註四　元豐類稿乞賜唐六典狀云：「其篇首不曰御撰；其第四一篇則曰：『集賢院學士知院事，中書令，修國史，上柱國，始興縣開國子，臣張等奉勅撰』」。是李林甫未加注以前，亦未以御撰著其篇。

註五　唐會要六四集賢院，新唐書張說傳。

註六　新唐書一二五張說傳：「說既罷政，仍在集賢院專修國史，又乞停右丞相不許。……十七年復爲右丞相，遷左丞相」。舊唐書九七張說傳．「明年詔說致仕，仍令在家修史。……十七年復拜尚書左丞相，集賢院學士」。舊書似以張說罷政後，不爲集賢院學士，新書不取。但按張曲江集卷一〇停燕國公中書令制云：「仍將國史，於家修撰」，資治通鑑開元十六年：「以尚書右丞相致仕張說兼集賢殿學士，說雖罷政事，仍專文史之任」，是新舊唐書均有錯誤。

註七　新唐書百官志注：「集賢院宰相一人爲學士知院事，常侍一人爲副知院事。張說致仕後二年復爲學士，大抵仍主持集賢院事務。

註八　資治通鑑二一三。

註九　六典三戶部尚書條。按王國維校本大唐六典，於屯田郞中條，補入職分田及公廨田，並注明據舊唐書及通典補。但戶部尚書下已列公廨田，獨不列職田。如屯田郞中下又列公廨田數，即爲重出。日本家熙校本亦同，疑均誤。

註一〇　舊唐書九八裴耀卿傳，資治通鑑二一三至二一四。

註一一　六典三戶部尚書倉部郞中條。

註一二　仝上卷一四太常寺條。

註一三　仝上卷一〇至一四。

註一四　仝上卷一〇至一一。

註一五　開元二十一年，分天下爲十五道，二十二年仍有十道采訪處置使名目；但正文與注均未嘗及。 5

註一六　新唐書地理志。

註一七　仝上及六典三。

註一八　仝上。

註一九　仝上。

註二〇　仝上。考之各種記載均無另設叙州之事，疑爲重出。至巫州復名叙州在大曆五年。

註二一　資治通鑑二一四及六典三。

註二二　六典注文亦僅止於二十六年；至於二十七年之事，如分左右羽林置龍武軍太子內坊隸內侍省，均不載。

註二三　玉海引會要。

註二四　仝上。

註二五　仝上。

註二六　史學雜志卷二〇

註二七　「不」爲誤字，此觀事實及文氣可知，另詳折衝府總數商榷一文。

註二八　王溥者唐會要已不知河北道置府之由來，故將蘇冕會要中「河北之地人多壯勇，故不置府」一節，易爲「河北之地，人逐漸逃散，年月漸久，逃死者不補」。王溥知河北道置有兵府，而不知河北道在貞觀時爲不置府之道。武后有詔在衛州設五府，兵各千五百人。今不見折衝府名，而兵數不符折衛府定制；或爲一時權宜之計，武后死，唐仍都長安，洛陽不復爲王畿，即已不置。此合鄴侯家傳觀之更明。

註二九　文苑英華。

註三〇　文苑英華。

註三一　舊唐書一九九下契丹傳，又薛楚玉平契丹賊露布中所言極詳，可與舊唐書合閱。

註三二　契丹在開元十八年以前，唐室羈縻之而已；至十八年可突干叛，始發兵征討。可閱唐書契丹傳。

註三三　當日因奚契丹入寇，於河北列置軍鎮，疑均同時。見張曲江集卷九勅平盧諸將士書。

註三四　河北道折衝府，據近人考證結果爲三十七，尙有七府待考。

註三五　勞經原唐折衝府考卷四（見鄦齋叢書內）。

註三六　通典作五百七十三，疑七爲九之訛。杜牧原十六衛或係根據通典之數，而略有不同。

跋萬歷本山海經釋義

長興王氏詒莊樓藏本，嘉興縣圖書館藏本　夏定域

此明萬曆丁酉重刊嘉靖本也。首晉記室參軍郭璞山海經原序，序後有晉陵蔣一葵跋，稱奉座師董漢儒命校訂是書。次王崇慶釋義原序，原刊序末署嘉靖丁酉夏六月，此本則已删去。次董漢儒重刻釋義序。次劉秀等上書表。次總目十八卷，皆注「本若干字，注若干字」，又云，「海內經及大荒經本皆逸在外」，末云，「董先生新校考證字數未計」。次圖像凡七十五。正文首題「南山經第一」，以迄於十八卷，其欵式皆與各家目所著錄之明本同。末有「萬歷己未歲正月之吉哉生明，龍巖山人瀘郡趙惟垣跋」。

按是書四庫存目云：「附圖二卷」，此本圖未分卷。又全書起訖葉數，版心有注明：如卷首序跋，止於十六頁；正文卷一之卷四，止於八十頁；卷五之卷六，五十三頁止；卷七之十三，三十五頁止；卷十四之十八，四十六頁止（蓋分訂成册之次第）。獨於圖僅有第幾字樣，未注葉數；且各圖亦未精雅，誠如四庫提要所謂「書肆俗工臆作」也。又嘉靖本有趙惟垣序，此本則易以萬歷年，尤可見明季坊賈刻書之惡習。檢之板心間題「大業堂」並記「九行十九字」，則大業堂其即刻書之坊肆歟？

附記：關於是書之價値，本刊第一卷第十期所載賀次君張公量二君文已有評騭，玆不贅。

6

宋代分路考

張家駒

1

一 路之起源及其種類

甲 唐及五代之分道

乙 宋初之分道

丙 路之種類

二 至道以前諸路沿革

甲 太平興國四年二十一路

乙 太平興國七年十九路

丙 雍熙四年十九路

丁 端拱二年十七路

戊 淳化三年十六路

己 至道三年十五路

三 自咸平至元豐諸路之變革

甲 咸平四年十七路

乙 天禧四年十八路（所謂「天聖十八路」）

丙 皇祐五年十九路

丁 至和二年十八路

戊 嘉祐十八路

己 熙寧五年二十一路

庚 熙寧六年二十二路

辛 熙寧七年二十四路

壬 熙寧九年二十四路

癸 熙寧十年二十三路

四 元豐至北宋之末葉

甲 元豐元年十八路

乙 元豐四年二十二路

丙 元豐五年十八路

丁 元豐八年二十三路

戊 元祐元年復舊制

己 崇寧四年十九路

庚 大觀元年二十路

辛 政和二十一路

壬 宣和初二十四路

癸 宣和四年二十六路

五 南渡以後之分路

甲　南渡初年十六路

乙　建炎四年十五路

丙　紹興元年十六路

丁　紹興四年十六路

戊　紹興十四年十七路

已　乾道四年復舊制

一　路之起源及其種類

甲　唐及五代之分道

宋朝分路制度實源於唐之分道。分道制度之成立，遠在唐初。其最初之意義，與漢之十三刺史部相彷彿，本為一種地理上之劃分，而非行政上之區域。貞觀元年（公元六二七），分天下為十道（見新舊唐書地理志），是為分道之始。此十道即為：

關內道　河南道　河東道　河北道　山南道

隴右道　淮南道　江南道　劍南道　嶺南道

其劃分之標準，全然根據其自然地理之環境，所謂『因山川形便，分天下為十道』（唐書卷三七頁一上）一語，蓋即此意。其不為政治上之區劃也明矣。

開元二十一年（公元七三三），增至十五道。因十道而分置者，有山南及江南東西道；增置者有京畿，都畿，黔中三道。故開元二十一年之十五道即為：

京畿道　都畿道　關內道　河南道　河東道

河北道　山南東道　山南西道　隴右道　淮南道

江南東道　江南西道　劍南道　嶺南道　黔中道

同時，於每道置採訪使，用以檢察非法，故其目的完全與漢之刺史部相同。

實則道之置官，不始於此。如神龍二年（公元七〇六）之十道巡察使，景雲二年（公元七一一）之十道按察使，開元二年（公元六八七）之十道按察採訪使，八年之十道按察使，皆置於先。至是分為十五道採訪處置使；乾元元年（七五八）改為觀察處置使（唐書卷四九下百官志頁三上）。名目雖各不同而權限職掌則一。文獻通考（卷六一頁四上）載：

> 天寶九載，敕採訪使但察善惡，舉其大綱。自餘郡務，所有奏請，並委郡守，不須干及。

故道之長官並不干預地方行政，其作用惟在監察而已。

安史之亂以後，節度使之權柄漸大，其始僅置於邊郡，以後則及於內地。『分天下四十餘道，大者十餘州，少者二三州，但令訪察善惡，舉其大綱；然兵甲，財賦，民俗之事，無所不領，謂之都府，權勢不勝其重』(通考卷六一引容齋隨筆)。道之本來面目，至是遂改。故中唐以後，節度使所統轄之地皆以道稱。道之成爲行政上之單位，則始於此。

五代雖爲割據時代，但其所有制度皆因於唐，故地理制度不似南北朝時代之紊亂。當時天下，尙分爲十道：

河南道　關內道　河東道　河北道　劍南道

江南道　淮南道　山南道　隴右道　嶺南道

道又分爲等第，河南爲上，關內第二，河東第三，河北第四，劍南，江南，淮南，山南，隴右，嶺南，並依次爲等第(五代會要卷二〇頁八下)。此不過恢復貞觀十道之舊虛設已，而唐代分道之制，得爲宋初所沿襲，因而成爲後來分路之制，故吾人不能不推源於唐及五代分道之制也。

乙　宋初之分道

宋初亦分天下爲若干道，而其時之道實有二種：其一僅爲地理上之區劃；另一種則爲轉運司所轄之道。前者與行政無關；而後者則純然爲政治之區劃。太平寰宇記載太宗初平諸國(太平興國四年，公元九七九)時天下分道之制，共一十三道，

河南道　關西道　河東道　河北道　劍南西道

劍南東道　江南東道　江南西道　淮南道　山南西道

山南東道　隴右道　嶺南道

其情形與唐開元十五道之制略同；其所不同者，少京畿，都畿，黔中道，而分劍南爲東西也。淳化四年(九九三)，分天下爲兩京，十道。兩京曰東京西京；十道曰(註)：

河南道　河北道　河東道　關西道　劍南道

淮南道　江南東道　江南西道　兩浙道　廣南道

此與前代之區分，名目及分劃，均微有不同。淳化五年，此制遂罷。

(註)：淳化十道見玉海卷一八六頁一二下，宋史卷一六二職官志頁五上闕河北道。

轉運使所領諸道，又或稱路，此即後來分路之始。此種轉運使所領之道，至後來即稱爲路。以民事長官爲分道之標準，而地理區域與行政區域遂趨於一致。

綜合言之，宋初分道之制，一沿用唐初分道之義；一沿唐節度使道之制；自後罷節鎮支郡，而以轉運司所領之道以代之，兼有行政及地理之性質，遂成後來之所謂路。

丙　路之種類

1. 轉運司所轄路

宋朝分路，以轉運司為主，而轉運司路而外，尙有其他種種路之區分，大別之，可歸入二大類，即(1)轉運使所轄諸路，與(2)軍事上區劃諸路是也。

轉運司所轄諸路，為宋代眞正之分路制度。轉運使之設，在乾德以後。其最初之職掌，絕不如往後之煩重。文獻通考（卷六一頁六上）引東萊呂氏曰：

> 其始除轉運使，止因軍興，專主糧餉，至班師即停罷。

其始亦不過為軍事上之設置，且非一定之制，節度使仍保留為一道民政之元首。迨後於太平興國二年，盡罷節鎮所領支郡，節度使之大權盡削，於是轉運使之職掌遂煩。『自是而後，邊防，盜賊，刑訟，金穀，按廉之任，皆委於轉運使；又節次以天下土地形勢，俾之分路而治』（同上）。於一路之事無所不統，其權柄遂大，成為一路民政之高級長官。故有宋一代，路之分合設置，皆以轉運司之分合設置為準繩。

2. 路之為軍事而設者

路之為軍事而設者，曰經略司，安撫司路，馬步軍都部署，都總管路。所謂經略安撫等司，及馬步軍都部署或都總管，皆為軍事之長官，其職掌為一路之軍政，故罷置皆視軍事上之便利而定，初非常制。其後安撫使亦有兼掌民政者，因而宋代分路制度亦常其為所淆混焉。

吾人於史書上習見之經略安撫司路，一為陝西六路，一為河北四路。陝西六路者，秦鳳，涇原，環慶，鄜延四路，始分於慶曆元年（公元一〇四一）；熙寧五年（一〇七二），又分永興軍路，增建熙河路，始有六路之稱。河北四路，則分於慶曆八年，曰大名府路，高陽關路，眞定府路，定州路。

此種經略安撫司路之分劃，究與宋代分路制度有無關係？考之諸家方輿紀述，類多含糊其說，如王應麟通鑑地理通釋（卷三頁一四上）所云：

康定二年(十一月改元慶曆)，分陝西爲四路；慶曆八年，分河北爲四路；皇祐三年，分淮南爲東西；熙寧五年，分京西爲南北；陝西又分永興，建熙河；並前四路爲六路。

則混轉運司路安撫司路爲一事。實則所謂經略安撫使諸路，與宋代分路之制無關。今舉出其理由如後：

(1)宋史神宗本紀(卷一五頁四上)記熙寧五年分路事，分轉運司路及經略司路爲二事。曰，

十一月…壬申，分陝西爲永興秦鳳路，仍置六路經略司。

元豐九域志(卷三頁一上)記陝西路沿革但曰，

熙寧五年，分永興軍，秦鳳二路。

皆未言分陝西爲秦鳳，涇原，環慶，鄜延，永興，熙河六路也。地理志亦有『各置經略安撫司』七字。

(2)慶曆八年，分河北四路；熙寧五年，分陝西六路置安撫等司；至元豐三年，前者相距三十二年，後者相距僅八年已，除大名府一路安撫司罷於熙寧六年外，餘皆未見言罷；且陝西六路經略安撫使，於史籍記載中，確知其尚存在者；然畢仲衍所進中書備對(通考卷

5

四，卷一一所引)，統計當時諸路戶口及田賦，但書河北路陝府西路(註)已，未及四路六路之制，則安撫司等路與分路之制無關，可以大白。

(註)：元豐元年，河北東西路，永興秦鳳路轉運使合爲一路(見九域志卷一頁六上)。故三年僅有河北及陝府西路。

(3)王應麟通鑑地理通釋載宋代分路之制，未可盡信。如所謂『元豐四年，建蘭會路』(卷三頁一四下)云云，按元豐四年復蘭州，五年，於熙河路加『蘭會』二字(通考卷三二二頁三五上)，置熙河蘭會路安撫使；時會州未得，故並未單置蘭會路轉運使或經略安撫使。通釋所云有誤。且其所謂分陝西爲四路者，意指分置經略安撫使也。觀同一作者所著之玉海(卷一八頁三二下)則言：

陝西分六路，各置經略司。

(4)金朝分路，皆以總管府爲標準；而金制多因於宋，然則北宋之末，當以經略安撫等司爲分路之標準矣。驟觀之，似頗爲強有力之反證。其實不然，金之置總管府，除五京外，諸路皆有都總管；宋之安撫司，則南渡後建炎元年始逐路設置。見於玉海(卷一三二頁一四下)云：

建炎元年六月丙戌，詔諸道帥府皆帶使名，從李綱之言也。

北宋所有置安撫司或經略司諸路，見於文獻通考職官考，宋史職官志，及玉海官制志者，僅四川，陝西，河北，湖南，河東，京東，江西，廣東，廣西等路而已。且所謂經略安撫等使，原爲軍事上之長官，『舊制諸路災傷，或邊境用師，皆遣使安撫，事已則罷』（玉海卷一三二頁一四上）。金因北宋初平，國家用兵之制，故一路以軍政之長官爲長官，其分路之制雖沿襲於宋，而分路之標準則異。北宋末年，實未嘗以安撫等使爲分路之準繩也。

(5)李攸作宋朝事實，記北宋末年宣和初州縣升降沿革，仍未將河北四路經略安撫司路列入，但書河北東路，河北西路已。陝西四路則分書，蓋宣和初曾置轉運使也。

(6)史書上之所以大書熙寧五年，分陝西爲六路者，正因是時熙河甫平，始置經略安撫司，欲顯揚神宗之武功；不然，河北分四路何以不加以鋪張？

總之，宋代經略安撫等司，本爲軍事上之設置，罷置不常，其諸路之區劃，亦不過軍事上之策略而已；其後權柄雖漸大，南渡以後，因內外用兵，故逐路皆置安撫司。然此種安撫使，無論其權柄職掌增至若何程度，皆與分路之制無關。

至於所謂都部署或都總管路，制度更爲繁複，多有因一州爲一路者，例如歸州路，秦州路，鳳州路，鎮州路，延州路，靈州路……等等，則純然軍事上之策略而已。錢大昕十駕齋養新錄（卷一二頁二下）言：

> 志（宋史地理志）所云路者，以轉運使所轄言之，若慶曆元年分陝西沿邊爲秦鳳，涇原，環慶，鄜延四路，八年河北置大名，高陽關，眞定，定州四路；熙寧五年陝西又置熙河路，此特爲軍事而設，每路設安撫使兼馬步軍都部署，其民事仍領於轉運司，故不在十八路二十三路之數。

二 至道以前諸路沿革

宋史地理志（卷一八五頁一下）曰：

> 至道三年，分天下爲十五路。

驟觀之輒以爲分路之制始於是，至道三年之前未有也。

考其實不然，轉運使之設始於乾德(通考卷六一頁六上)，惟當時天下旣未全歸，而轉運使之權柄又有限，故太平興國以前，分路之軌迹不顯。自太平興國二年(公元九七七)罷節度使所領支郡，以轉運使領一路之政；至四年又統一全國，路之位置遂形重要。故言宋代分路沿革，應始於是。

甲　太平興國四年二十一路

至道以前分路之制，無具體之記載也。惟范祖禹元祐間奏對(范太史集卷二二頁三上)曰：

> 伏以祖宗肇造區夏，剗削藩鎮，分天下爲十八路，路置轉運使副，提點刑獄。

則初分路別似當爲十八。然此十八路之名目，均未見有記載；又未知爲何年之制。考之太平興國四年，時適統一天下，削除節鎮，而天下有路凡二十一，又不止此數。意范所指爲雍熙或天聖之制。今就諸書中之可考者，共分爲二十一路：

(1)京東路　通考(卷三一七頁七上)云，『建隆三年，以北海縣置軍，屬京東路』。

(2)京西南路

(3)京西北路　通考(卷三一頁五六下)曰，『太平興國三年，分京西轉運爲二司：孟，滑，衛，陳，潁，許，蔡，汝等州爲一路；襄，均，房，復，郢，金，隨，安，鄧，唐等州，信陽軍爲一路』。九域志(卷一頁一三下)載，『太平興國二(三)年，分南北路』。

(4)河東路　通考(卷三一六頁一〇下)云，『太宗以太平興國四年平劉繼元，盡得河東地。宋承唐制，冀州之境爲河北河東兩路』。

(5)河北路

(6)河北南路　通考(卷三一五頁六下)云，『太平興國初，分河北南路』。六年，續通鑑長編(卷二二頁六下)尚有河北南路。

(7)陝西河北路

(3)陝西河南路

(9)陝府西北路　通考(卷三一五頁六下)云，『太平興國二年，分陝西轉運爲陝西河北，陝西河南兩路，又有陝府西北路，後併焉』。續通鑑長編(卷二一頁九上)『太平興國五年』，尚有陝西北路轉運司之記載。

(10)西川東路

(11)西川西路　續通鑑長編(卷一八頁六上)『太平興國二年』曰，『始分西川爲東西兩路，各置轉運使，副使』。

(12)峽西路　玉海(卷一八頁三二上)云，『國初西川路，開寶六年(公元九七三)分峽西路』。又或稱峽路。

(13)淮南東路

(14)淮南西路　九域志(卷五頁一上)曰，『太平興國元年分東西路』。

(15)江南東路

(16)江南西路　前書(卷六頁一上)曰，『太平興國元年分東西路』。續通鑑長編(以下簡稱長編，見卷二二頁一七上)『太平興國六年』尙有江南西路。

(17)兩浙東北路

(18)兩浙西南路　長編『太平興國二年』(卷一九頁七下)，謂以『祠部郎中河南劉保勳充兩浙東北路轉運使；刑部郎中楊克讓充兩浙西南路轉運使』。兩浙西南路即福建路也。通考云，『太平興國初，(福建路)爲兩浙西南路，後改焉』。

(19)荊湖北路

(20)荊湖南路　太平興國四年，長編(卷二〇頁一七下)載：『荊湖南路轉運使言，「十洞首領楊蘊求內附」』。故知其時實分南北路也。

(21)嶺南路　同書(卷二〇頁二〇上)同年云，『乃以仲宣爲嶺南轉運使』。亦或稱廣南路。

二十一路之外，同年正月，又曾置太原兩路轉運使，見於長編(卷二〇頁二下)云：

正月丁酉，命河北轉運使侯陟與陝西北路轉運使雷德驤，分掌太原東西路轉運事。

時正用兵攻太原，而地實未曾得。五月，下太原，遂降爲府。此二路本爲征伐而設，當不入二十一路之數。

乙　太平興國七年十九路

太平興國七年，因西川路東西及京西南北路之合併，故纔得十九路。西川東西路之合併，見於長編(卷二三頁一三上)：

於是廢東川轉運使，並屬西川。

而京西南北路之合併，則不始於是年，蓋長編(卷二一頁二下)『太平興國五年』載程能言事，即以京西轉運使繫銜也。故太平興國五年已爲二十路，七年又減爲十九路：

京東　京西　河東　河北　河北南

陝西河北　陝西河南　陝西北　西川　峽西

淮南東　淮南西　江南東　江南西

兩浙東北　兩浙西南　荆湖南　荆湖北　嶺南

丙　雍熙四年十九路

雍熙四年(公元九八七)，河北路分爲東西(九域志卷二頁一上)，於是增爲二十路；而兩浙西南路於雍熙二年改爲福建路(同上卷九頁一上)，又荆湖南北路於雍熙二年已見併而爲一，根據宋史(卷五頁一上)太宗本紀之紀載：

八月癸酉，遣使訪問兩浙，荆湖，福建，江南東西路，淮南諸州刑獄，仍察官吏勤惰以聞。

不言『荆湖南北』，故二路之合併可無疑，則雍熙二年僅得十八路已。四年因析河北，故又爲十九路：

京東　京西　河東　河北東　河北西

河北南　陝西河北　陝西河南　陝西北　西川

峽西　淮南東　淮南西　江南東　江南西

兩浙　福建　荆湖　嶺南

丁　端拱二年十七路

元豐九域志(卷二頁一上)載：

端拱二年(公元九八九)，(河北)併爲一路。

河北路既分出南路，又分東西路，故自雍熙四年以後，共爲三路，至是罷而爲一，遂得十七路。

戊　淳化三年十六路

淳化三年(公元九九二)，因舊制併陝西爲一路，而分嶺南爲東西。其分合不知始於何時，長編(卷三二頁三上)『淳化二年』載，

閏二月，以鄭文寶爲陝西轉運使。

故二年已見陝西路之併。又宋史太宗本紀(卷五頁六下)『淳化三年八月』有云：

釋嶺南東西路罰作荷校者。

故知淳化三年十六路之制爲：

京東　京西　河東　河北　陝西　西川

峽西　淮南東　淮南西　江南東　江南西

兩浙　福建　荆湖　嶺南東　嶺南西

己　至道三年十五路

至道以前，諸路分置離合不一；及至道三年(公元九九七)，乃定制分天下爲十五路。長編(卷四二頁一九下)曰：

國初罷節鎮統支郡，以轉運使領諸路事，其分合

未有定制：京西分兩路；河北旣分南路，又分東西路；淮南分爲西路；江南分爲東西路；荆湖兩路或通置一使；兩浙或爲東北路，其西北路實兼福建；劍南初曰西川，後分陝（峽）路，又分東西路，尋幷之；是歲始定爲十五路：一曰京東路，二曰京西路，三曰河北路，四曰河東路，五曰陝西路，六曰淮南路，七曰江南路，八曰荆湖南路，九曰荆湖北路，十曰兩浙路，十一曰福建路，十二曰西川路，十三曰陝（峽）路，十四曰廣南東路，十五曰廣南西路。

至是分路之數目及區劃，始有具體之記載。與淳化三年十六路，其不同者，僅爲淮南，江南之合併與荆湖之分置矣。然同書下註云，『咸平二年（公元九九九）三月戊辰，荆湖南北路始置兩使』。元豐九域志（卷六頁一四下）亦謂荆湖路於『咸平二年分南北路』。宋史（卷六頁三上）眞宗本紀亦云咸平二年『置荆湖南路轉運使』。故至道三年，實際上僅得十四路而已，眞正之十五路實始於咸平二年也。

三　自咸平至元豐諸路之變革

甲　咸平四年十七路

十五路始於咸平二年，已如上述。咸平四年（公元一○○一），即分西川，峽西爲四路，增爲十七路。宋史（卷六頁五下）眞宗本紀云：

三月……辛巳，分川峽轉運使爲益，利，梓，夔四路。

乙　天禧四年十八路（所謂『天聖十八路』）

宋史地理志云，

至道三年分天下爲十五路，天聖析爲十八。

此語實誤，蓋十八路不始於天聖，實始於眞宗天禧四年（公元一〇二〇）也。是年析江南爲二路（註），見宋史（卷八頁八下）眞宗本紀天禧四年：

分江南轉運使爲東西路。

文獻通考（卷三一五頁六下）續通鑑長編（卷九五頁五下）亦云云，元豐九域志（卷六頁一上）作天禧二年誤也。故當時天下已分爲十八路：

京東　京西　河北　河東　陝西　淮南
江南東　江南西　荆湖南　荆湖北　兩浙　福建

益州　梓州　利州　夔州　廣南東　廣南西
王應麟通鑑地理通釋不曰天聖而作『仁宗初，有路十八』，是矣。

(註)按是時江南已分東西路，以後未見言併，而玉海卷一八頁三二上載，『天聖八年，分江南爲東西路』，當誤；今不取。

丙　皇祐五年十九路

通鑑地理通釋(卷三頁一四下)謂皇祐三年(公元一〇五一)，淮南分爲東西(玉海卷一八頁三二下同)。宋史紀志均作熙寧五年，長編仁宗皇祐四年七月(卷一七三頁一二下)言：

癸未，詔河北，江南東西，荆湖南北，淮南，兩浙諸路……。

淮南不言東西，是未分也，通釋實誤。

今言皇祐五年十九路，所增者乃京畿路也。宋史地理志(卷八五頁五下)云：

皇祐五年，以京東之陳，許，鄭，滑州爲輔郡，隸畿內，並開封府合四十二縣，置京畿路轉運使，及提點刑獄總之。

丁　至和二年十八路

十八路之制，期間經過最長，自天禧四年至皇祐五年，凡三十四年而後止。至和二年(公元一〇五五)，又復其制。蓋是年罷京畿路也。

京畿路之罷，通考(卷三一五頁二一上)作至和五年；惟至和僅有三年，並無五年。宋史地理志(卷八五頁五下)，長編(卷一八一頁八上)，及九域志(卷一頁一下)均作二年，此『五』字當是『二』字之誤。

戊　嘉祐十八路

長編(卷一八六頁二下)嘉祐二年(公元一〇五七)載陳旭言：

今天下州三百，縣千二百，其治否朝廷固不得周知，必付之十八路轉運使。

故數目上並無變更，僅名目上略有不同而已。通考(卷三一五頁二一上)曰：

嘉祐四年，改益州路爲成都府路。

己　熙寧五年二十一路

熙寧五年(公元一〇七二)，增置三路：(1)淮南分東西，見於宋史(卷八八頁三上)地理志：

淮南路舊爲一路，熙寧五年分爲東西兩路。

(2)陝西分爲永興軍路及秦鳳路，見宋史神宗本紀(卷一五頁四上)云：

分陝西爲永興秦鳳路。

(3)京西路分爲南北路，宋史(卷八五頁八下)地理志又曰：

熙寧五年，(京西)復分南北兩路。

故熙寧五年，天下有路共二十一：

京東　京西南　京西北　河北　河東
永興軍　秦鳳　淮南東　淮南西　江南東
江南西　荆湖南　荆湖北　兩浙　福建
成都府　梓州　夔州　廣南東　廣南西

庚　熙寧六年二十二路

二十二路者，分河北爲東西兩路是也。河北路之分，當在熙寧六年，惟元豐九域志(卷二頁一上)謂河北路『熙寧二年，復分二路』(卷二頁一上)，則二年已分矣。其實非也。熙寧三年五月丙午，呂大防尙以河北轉運副使繫銜(長編卷二一二頁一〇下)。考之宋史紀志，均作六年。

又王應麟通鑑地理通釋，作八年。惟神宗本紀(卷一五頁五上)熙寧七年已有河北西路之名；又地理志(卷八六頁一上)大名府路安撫使六年分屬河北東路，則通釋誤已。

辛　熙寧七年二十三路

熙寧七年，又增二路：一爲兩浙之分東西，見宋史地理志(卷八八頁一上)：

兩浙路，熙寧七年分爲兩路，尋合爲一。

一則爲京東之分東西，見於宋史地理志(卷八五頁六上)曰：

熙寧七年，分爲東西路。

神宗本紀繫於八年實誤，長編(卷二五二頁二六下)繫於七年四月甲午，並注云：

新紀繫此事於八年正月丙午，誤也。

兩浙路分東西時在四月，同年九月復合爲一，長編云：

詔曰：向者分兩浙爲東西路，……其勿復分路。

於是爲二十三路。

壬　熙寧九年二十四路

二十四路者，又復七年四月之制，分兩浙爲東西路也。見宋史地理志(卷八八頁一上)：

兩浙路，……(熙寧)九年復分。

故二十四路爲：

京東東　京東西　京西南　京西北　河東　河北東
河北西　永興軍　秦鳳　淮南東　淮南西
江南東　江南西　荆湖南　荆湖北　兩浙東
兩浙西　福建　成都府　梓州　利州

12

夔州　廣南東　廣南西

癸　熙寧十年二十三路

去一路者，兩浙之復合也。宋史(卷八八頁一上)地理志曰：

兩浙路，……(熙寧)十年復合。

四　元豐至北宋之末葉

甲　元豐元年十八路

元豐九域志(卷一頁六上)曰：

元豐元年(公元一〇七八)，詔河北東西，永興，秦鳳，京東東西，京西南北，淮南東西轉運司通管兩路，以河北，陝府，京東，京西，淮南諸路爲名。

直至元豐三年，畢仲衍所進中書備對中(通考卷四頁一一所引)，依然分爲十八路。此十八路之名目則爲：

京東　京西　河北　陝府(或曰「陝府西」)　河東
淮南　兩浙　江南東　江南西　荆湖南　荆湖北
福建　成都　梓州　利州　夔州　廣南東
廣南西

故元豐初年實分爲十八路，恢復天禧末年及天聖之制。

乙　元豐四年二十二路

元豐四年，因用兵陝西，故於鄜延，涇原，環慶，熙河四路各置轉運使，續通鑑長編(卷三一八頁一二下)元豐四年下有曰：

陝西自朝廷以軍興于四路，各權置轉運司以來，……

而軍興於是年七月，神宗本紀(卷一六頁二上)云：

七月……庚寅，西邊守臣言，『夏人囚其主秉常』，詔陝西河東路討之。

因而天下共有二十二路：

京東　京西　河北　河東　陝西　鄜延　涇原
環慶　熙河　淮南　兩浙　江南東　江南西　荆湖南
荆湖北　福建　成都　梓州　利州　夔州
廣南東　廣南西

丙　元豐五年十八路

五年七月以後，鄜延，涇原，環慶，熙河四路轉運司之名不見於史書上之記載，代之者則見有陝西轉司運使，四路之罷當始於是時。

丁　元豐八年二十三路

讀史方輿紀要(卷七頁一一上)曰，

元豐六年，定制爲二十三路。

此語實誤；元豐七年，京東，京西，河北，陝西，淮南等路轉運司見於長編者，皆未分也。故通鑑地理通釋(卷三頁一四下)謂『元豐八年，刪定九域圖，更名九域志，總二十三路』。卽宋史地理志所謂二十三路之制也：

京東東　京東西　京西南　京西北　河北東

河北西　永興軍　秦鳳　河東　淮南東

淮南西　兩浙　江南東　江南西　荆湖南

荆湖北　成都　梓州　利州　夔州　福建

廣南東　廣南西

戊　元祐元年復舊制

元豐末年既分二十三路，元祐元年(公元一〇八六)卽復舊制爲十八路，當時諸路合併之情形，見長編(卷三七一頁四下)所載：

詔諸路提點刑獄不分路。——京東西路，京東東路並爲京東路；京西南路，京西北路並爲京西路；秦鳳等路，永興軍等路並爲陝府西路；河北西路，河北東路並爲河北路；淮南西路，淮南東路並爲淮南路。(亦見地志京東路下)

蓋是年閏二月，司馬光有乞罷提舉官劄子(司馬文正公集卷三五頁一一上)云：

臣少時見天聖中諸路，止各有轉運使一員，亦無提點刑獄，惟河北陝西地重事多，置轉置使二員，然朝廷必擇朝士累任知州有聲績曉錢穀者乃得爲之，未嘗輕以授人，凡一路之事無所不總。…自王安石執政以來，欲力成新法，諸路始置提舉官，皆得按察官吏，事權一如監司；又增轉運使判官等員數。…乞盡罷諸路提舉官，其轉運使除河北，陝西，河東外，餘路只置使一員，判官一員，提點刑獄分兩路者合爲一路。…凡本路錢穀財用事悉委轉運司，刑獄常平兵甲盜賊事悉委提點刑獄管勾。

因復併爲十八路：

京東　京西　河北　陝西　河東　淮南

兩浙　江南東　江南西　荆湖南　荆湖北

成都　梓州　利州　夔州　福建　廣南東

廣南西

己　崇寧四年十九路

宋史(卷八五頁五下)地理志載：

崇寧四年(公元一一〇五)，京畿路復置轉運使及提點刑獄。

故於是年增一京畿路，成爲十九。

庚　大觀元年二十路

大觀元年(公元一一〇七)，又置黔南路，見宋史(卷九十頁二下)地理志曰：

大觀元年，廣南西路割融，柳，宜，及平，允，從，庭，孚，觀九州爲黔南路。

三年，又以黔南並入廣南西路，『以廣西黔南路爲名』(宋史卷九十地理志頁二下)，故又復爲十九路。惟當時之十九路爲：

京畿　京東　京西　河北　河東　陝西
淮南　江南東　江南西　荊湖南　荊湖北
兩浙　福建　成都　梓州　利州　夔州
廣南東　廣西黔南

四年，又改，廣西黔南路『依舊稱廣南西路』同上。

辛　政和二十一路

政和二十一路，增熙河，秦鳳二路也。宋史(卷一六七頁六上)職官志云：

政和中，又詔陝西(轉運使)以三員；熙，秦兩路各二員。

故知熙河，秦鳳二路之分置，因增爲二十一路。

壬　宣和初二十四路

宋史職官志又曰：

宣和初，又詔陝西以都漕兩員總治于長安，而漕臣三員，分領六路。

是當時陝西六路又皆置轉運司，而天下爲二十四路：

京畿　京東　京西　河北　河東　永興軍
鄜延　涇原　環慶　秦鳳　熙河　淮南
江南東　江南西　荊湖南　荊湖北　兩浙
福建　成都　潼川府　利州　夔州　廣南東　廣南西

梓州路之改爲潼川府路當與梓州之升潼川府同時，梓州之升府在重和元年(一一一八)也。

癸　宣和四年二十六路

宣和間經略幽燕，與金約攻契丹，復燕雲十六州之地，故于四年（公元一一二二）分山前山後置燕山府路與雲中府路。宋史地理志（卷九〇頁六下）載：

詔山前收復州縣，合置監司，以燕山府路爲名；山後別名雲中府路。

並宣和初二十四路之制，適爲二十六，而宋志序亦云：

宣和四年，又置燕山府及雲中府路，天下分路二十六。

此後不數年而北宋亡，中原淪沒，宋代疆域因而縮小。此北宋諸路之情形也。

五 南渡以後之分路

甲 南渡初年十六路

南渡以後諸路之變革，遠不如北宋之繁複；有之，亦不過甚少。南渡初年，天下止得十六路耳。因北宋分爲兩路者，有兩浙東西及淮南東西。宋志序云：

高宗蒼黃渡江，駐蹕吳會，中原陝右盡入于金。東畫長淮，西割商秦之半，以散關爲界，其所存者：兩浙，兩淮，江東西，湖南北，西蜀，福建，廣東，廣西十五路而已。

南宋之疆域止此已。實則十五路之外，京西路尙存者，有襄陽府，隨州，棗陽，光化軍，當時尙以京西爲一路，而以京西南路爲名（輿地紀勝卷八二頁一上）。而京西南路合於荊湖北路，又有京湖路之稱（十駕齋養新錄卷八頁八上），然此不過僅爲一種稱謂已，與眞正之地理區劃無關。故當時之十六路曰：

兩浙東　兩浙西　京西南　淮南東　淮南西
江南東　江南西　荊湖南　荊湖北　成都府
潼川府　利州　夔州、福建　廣南東　廣南西

乙 建炎四年十五路

建炎四年（公元一一三〇）十五路，即江南東西合爲一路，見宋史地理志（卷八八頁六上）云云。

丙 紹興元年十六路

紹興元年（公元一一三一）十六路者，江南復分也。宋史地理志（卷八八頁六上）曰：

江南路，紹興初復分東西。

丁 紹興四年十六路

紹興四年十六路，本無不同，惟京西南路改爲襄陽

16

府路而已，見輿地紀勝（卷八二頁一上）云：

紹興四年，改襄陽府路，以襄陽府，隨，唐，鄧州，信陽軍六郡隸。六年，廢襄陽府路，復置京西南路。

故紹興六年，依舊稱京西南路。

戊 紹興十四年十七路

紹興十四年，有路凡十七。十七路者，利州路分東西也。見於宋志則曰：

後分利州路爲東西路。

而通考（卷三一五頁二五下）『則謂紹興十四年，鄭剛中請以利州路分東西』。與宋志實同一事也。故有路十七：

兩浙東　兩浙西　京西南　淮南東　淮南西
江南東　江南西　荆湖南　荆湖北　成都府
潼川府　利州東　利州西　夔州　福建
廣南東　廣南西

己 乾道四年復舊制

宋史（卷八九頁六下）地理志曰：

乾道四年（公元一一六八），（利州東西路）合爲一路。

於是天下仍爲一十六路。

張家駒致譚其驤第一書

二四，六，四。

關於宋朝事實陝西六路問題，頗有欲求教於先生者。生自始對宋朝事實所載即極爲懷疑；自後執筆重行整理材料，自覺煥然大白。生之所以不取其材料者，有如下之解釋：

（一）宋朝事實所載，應爲宣和初幽燕未平之制（跋語云云）。今考其所載，俱與當時實際之情形不合，如京東之分東西，京西之有南北，河北之有東西。查之史籍，均屬無有，則吾人可知宋朝事實所載爲元豐二十三路之制。惟當時陝西分置轉運司（見宋志），故李氏即就二十三之制而加上陝西諸路也，可以無疑。宋人記地理制度之書，多以元豐二十三路作標準，如歐陽忞之輿地廣記，爲政和時書，而政和亦無此制度，實元豐時制度也。則宋朝事實不載宣和制度，故不取其說。

（二）李氏所載，其主旨在於『州縣之陞降』耳，故於路之區別甚不注重。其藍本當爲九域圖志等書，故誤漏當所不免。今舉其例：

(1.)京畿路——事實無。

(2.)有京西北路而無京西南路。

今陝西之無鄜延路，延安府等州府入陝西路，亦當爲漏誤也。

(三)讀宋史職官志，謂宣和初置都司二於陝西，漕司三員分領六路，可知仍分六路之制。生曾一度以爲陝西當時共有漕員五人，故陝西共有五路。厥後查宋史地理志，謂宣和四年収復燕山府路及雲中府路之地，天下共二十六路。陝西如分五路，則與二十六之數不符，僅得二十五路已。故知宋朝事實漏鄜延路之目也。

(四)事實但云陝西路，而陝西路之下有永興軍路；所謂陝西路，不過事實沿習慣之稱呼而已。何以知之？苟當時永興鄜延合併一路而以陝西爲名，則其下不應再有永興軍路。然則其合六路而總之曰陝西，沿習慣上之稱呼也，可以大明。

既有以上之解釋，故宋代分路攷一文，絕未提及李攸事實之制。

又南宋是否以安撫使分路？因時間所限，未能細查。生初因北宋一代，較爲複雜，故翻長編凡二次，逐年查對，故知當時並未改制。至南宋以後，是否已改？頗有可疑之處，雖未經細查，然讀宋志似即可知其未改。亦有如下之解釋：

(一)宋志卷八八頁六上：『江南東西路，建炎元年，以江寧府洪州並升帥府。四年，合江東西爲江南路，以鄂岳來屬。又置三帥：鄂州路統鄂，岳，筠，袁，虔，吉州，南安軍。江西路統江，洪，撫，信州，興國，南康，臨江，建昌軍。建康府路統建康府，池，饒，宣，徽，太平州，廣德軍』。則江南東西合併爲一事，又置三帥府爲一事，其不言合江東西分爲三路，實仍以轉運司爲分路之主也。

(二)宋史職官志又載南渡後淮南路曾一度分七路置安撫司，此七路之名不見於地理志，又不常見於其他史籍，此誠可怪者！苟以安撫使爲分路之主，地理志當大書分淮南爲七路也。

(三)通考戶口考引宋會要載嘉定十六年制，仍分十六路，因知其仍以轉運司為主也。

以上之理由，為生不取安撫使分路之理由，故言南宋制度處一以轉運司為標準。又以時間所限，未能逐年往繫年錄，三朝政要等書上細對。日後有暇，當補成之。

元祐元年諸路之合併，則甚確。蓋見之史册者，皆合而不分也。長編載有每路置使一員之詔，並司馬溫公奏對一文，因引於文中。細查其合併之情形，與提點刑獄之合併同，故引合併提點刑獄之詔以明之矣。

張家駒致譚其驤第二書

生謂利州路分東西實原於疏忽，蓋以地理志中言之鑿鑿，因未細覈對紀傳也。至若謂輿地廣記宋朝事實所記非當時制度，雖似失諸過當，然亦未嘗無所根據也。試舉李燾長編所載，證明元祐元年以後永興軍，秦鳳，京東，京西，淮南東西等路之合併似為事實：

「詔河北，陝西轉運提點刑獄司，共同按行相度……」(卷373，頁9下)

「淮南路轉運司言……」(卷374，頁21上)

「詔鄭滑州並隸京東路」(卷374，頁23上)

「陝西路轉運司言，本路近歲……」(卷375，頁1上)

「河北轉運……司言」(卷375，頁12上)

「京東路轉運司言」(仝)

元祐元年以後屢見之，此生之所以大惑不解者也。官志之語百思不得解，恐仍係分六路也。敢陳鄙見，尚祈賜教為荷。

譚其驤致張家駒第二書

驤謂元祐元年後京東京西淮南等路祇提點刑獄合併而轉運司未併者，不僅係根據元祐元年之史文作字面解釋，且有元祐元年後之記載可以證實之。試舉數則：如食貨志崇寧三年有京西北路，是京西分南北也。政和三年有河北西路，是河北分東西也。元符元年提點京東刑獄程堂言京東河北災，民流未復，今轉運司東西路歲額無慮二百萬，是明言京東於提點刑獄為一路，於轉運則為東西二路也。至來書所舉元祐後祇稱河北淮南而不分東西諸條，竊以為此乃當時人沿襲北宋早年制度之言，非可取資考證。此例非一，如熙寧五年，已分京西為南北，淮南為東西，而本紀熙寧六年有云，『京西淮南兩浙江西荆湖六路』，仍以京西淮南作一路計亦是也。知本紀熙寧六年所言之不足為據，則可知長編所載、諸條之非元祐後事實矣。

張家駒致譚其驤第三書

來示教悉。先生所言各點，生亦大以爲然，蓋生所言元祐元年分路各點，所舉證據均極不充分，至是已大白矣。前所舉列河北淮南不分路之例，亦當如先生言，乃當時人沿襲北宋早年制度已。竊以爲考據之難即在於此。蓋當時人記之無心，而後人反因此而鑿鑿有據也。

張家駒致譚其驤第四書

來示敬悉。關於刊印討論函件事，生意以爲甚是，刻已將第二次來示奉上。至第一函，因房舍搬遷時曾將所有函件包裹，存於四樓之儲物室，一時竟未覓得，至爲抱歉。惟大意生亦能約略憶之，大概尊函所言三事：

1.宋代分路不以安撫經略司分路，誠如生說。

2.生所謂政和輿地廣記，宣和宋朝事實所載非當時制則非（生謂爲元豐制，今亦覺其非），蓋宣和二十六路，不如生之所說，元祐元年合併淮南，河北……等路爲提點刑獄司，非轉運使司也。故宣和二十六路當爲陝西六路之廢，但所廢之年月不可考。宋朝事實無鄜延路只能如生言遺漏。至宋史官志所謂以都漕二員置長安，漕臣三員分領六路則頗費解。

3.南宋以後亦不以安撫使分路，但生文中有利州路分東西，又自亂其例。

來示中大意大概若是，苟先生不嫌煩瑣，或可重寫一篇，刊之篇末也。

清代地理沿革表（續）

趙泉澄 1

五、南京，江南省，江蘇省，安徽省

南京，江南省一部分，江蘇省：

順治初年，仍屬南京；二年，改屬江南省；康熙六年，裁江南省，分設江蘇省。

應天府，江寧府——順治初年仍，應天府領縣八：上元，江寧，句容，溧陽，溧水，江浦，六合，高淳；二年，改爲江寧府：仍領縣八。

雍正八年，溧陽縣往屬鎮江府：領縣七。

蘇州府——順治初年仍，領州一：太倉；縣七：吳，長洲，崑山，常熟，吳江，嘉定，崇明。

雍正二年，長洲縣分設元和縣，吳江縣分設震澤縣，常熟縣分設昭文縣，崑山縣分設新陽縣，嘉定縣分設寶山縣，太倉州分設鎮洋縣，隸府屬；尋，又升太倉州爲直隸州，鎮洋，嘉定，寶山，崇明四縣往屬：領縣九。八年，於吳江縣設太湖廳，隸府屬：領廳一縣九。

光緒二十二年，於府附郭縣地，英國設英租界，日本設日租界；三十年，蘇州府管糧通判移駐洞庭西山，改爲靖湖廳撫民通判：領廳二縣九。

宣統三年裁靖湖廳入太湖廳：領廳一縣九。

松江府——順治初年仍，領縣三：華亭，上海，青浦；十三年，華亭縣分設婁縣：領縣四。

雍正二年，華亭縣復分設奉賢縣，婁縣分設金山縣，上海縣分設南匯縣，青浦縣分設福泉縣，隸府屬：領縣八。

乾隆八年，裁福泉縣入青浦縣：領縣七。

嘉慶十年，上海南匯二縣分設川沙廳，隸府屬：領廳一縣七。

道光二十五年，英國於上海縣地設英租界；二十八年，美國又於其地設美租界；二十九年，法國又於其地設法租界：仍領廳一縣七。

同治二年，英美兩租界合併，成爲外人租界，又曰洋涇浜北首外人租界：仍領廳一縣七。

光緒二十五年，英美外人租界復擴充爲各國之公共租界：仍領廳一縣七。

常州府——順治初年仍，領縣五：武進，無錫，江陰，宜興，靖江。

雍正二年，武進縣分設陽湖縣，無錫縣分設金匱縣，宜興縣分設荊溪縣，隸府屬：領縣八。

鎮江府——順治初年仍，領縣三：丹徒，丹陽，金壇。

雍正八年，江寧府之溧陽縣來屬：領縣四。

咸豐十一年，英國於丹徒縣地設英租界：仍領縣四。

光緒三十年，蘇州府海防同知移駐太平洲，改爲太平廳撫民同知：領廳一縣四。

淮安府——順治初年仍，領州二：海，邳；縣九：山陽，鹽城，清河，安東，桃源，沭陽，贛榆，宿遷，睢寧。

雍正二年，海州升爲直隸州，贛榆，沭陽二縣往屬；邳州升爲直隸州，宿遷，睢寧二縣往屬。九年，山陽鹽城二縣分設阜寧縣，隸府屬：領縣六。

揚州府——順治初年仍，領州三：高郵，泰，通；縣七：江都，儀眞，泰興，興化，寶應，如臯，海門。

康熙十一年，海門縣圮於海，裁縣入通州：領州三縣六。

雍正元年，儀眞縣改爲儀徵縣；二年，通州升爲直隸州，如臯，泰興二縣往屬；九年，江都縣分設甘泉縣：領州二縣五。

乾隆三十三年，泰州東境分設東臺縣，隸府屬：領州二縣六。

宣統元年，儀徵縣改爲揚子縣：仍領州二縣六。

徐州，徐州府——順治初年仍，領縣四：蕭，碭山，豐，沛。

雍正十一年，徐州直隸州升爲府，於所屬四縣外，於州地增置銅山縣爲府治；降邳州直隸州爲州，暨所屬宿遷，睢寧二縣並隸府屬：領州一縣七。

太倉州——雍正二年，蘇州府之太倉州升爲直隸州，蘇州府之鎮洋，嘉定，寶山，崇明四縣來屬：領縣四。

乾隆三十三年，崇明縣分設海門直隸廳：仍領縣四。

海州——雍正二年，淮安府之海州升爲直隸州，淮安府之贛榆，沭陽二縣來屬：領縣二。

邳州——雍正二年，淮安府之邳州升爲直隸州，淮安府之宿遷，睢寧二縣來屬：領縣二。十一年，邳州直隸州降爲州，暨所屬宿遷，睢寧二縣往屬徐州府。
通州——雍正二年，揚州府之通州升爲直隸州，揚州府之如臯，泰興二縣來屬：領縣二。
乾隆三十三年，通州分設海門直隸廳：仍領縣二。
海門廳——乾隆三十三年，於太倉直隸州，通州直隸州地分設海門直隸廳：無屬領。

南京，江南省一部分，安徽省：

順治初年，仍屬南京；二年，改屬江南省；康熙六年，裁江南省，分設安徽省。
安慶府——順治初年仍，領縣六：懷寧，桐城，潛山，太湖，宿松，望江。
徽州府——順治初年仍，領縣六：歙，休寧，婺源，祁門，黟，績溪。
寧國府——順治初年仍，領縣六：宣城，寧國，涇，太平，旌德，南陵。
池州府——順治初年仍，領縣六：貴池，靑陽，銅陵，石埭，建德，東流。
太平府——順治初年仍，領縣三：當塗，蕪湖，繁昌。
光緒三十年，英國於蕪湖縣地，設英租界：仍領縣三。
廬州府——順治初年仍，領州二：無爲，六安；縣六：合肥，廬江，舒城，巢，英山，霍山。
雍正二年，六安州升爲直隸州，英山，霍山二縣往屬：領州一縣四。
鳳陽府——順治初年仍，領州五：壽，泗，宿，潁，亳；縣十三：鳳陽，臨淮，懷遠，定遠，五河，虹，霍丘，蒙城，盱眙，天長，靈璧，潁上，太和。
雍正二年，泗州升爲直隸州，盱眙，天長，五河三縣往屬；潁州升爲直隸州，潁上，霍邱二縣往屬；亳州升爲直隸州，太和，蒙城二縣往屬；十一年，壽州分設鳳臺縣，隸府屬：領州二縣七。
乾隆十九年，裁臨淮縣歸併鳳陽縣；四十二年，裁虹縣入泗州直隸州：領州二縣五。
咸豐十年，移鳳臺縣治於下蔡地：仍領州二縣五。
廣德州——順治初年仍，領縣一：建平。
和州——順治初年仍，領縣一：含山。
滁州——順治初年仍，領縣二：全椒，來安。
六安州——雍正二年，廬州府之六安州升爲直隸州，廬州府之英山，霍山二縣來屬：領縣二。

泗州——雍正二年，鳳陽府之泗州升爲直隸州，鳳陽府之盱眙，天長，五河三縣來屬：領縣三。

乾隆四十二年，鳳陽府之虹縣裁併入州：仍領縣三。

潁州，潁州府——雍正二年，鳳陽府之潁州升爲直隸州，鳳陽府之潁上，霍邱二縣來屬：領縣二。十三年，潁州直隸州升爲府，於所屬二縣外，於州地設阜陽縣爲府治；降亳州直隸州爲州，暨所屬太和，蒙城二縣並隸府治：領州一縣五。

同治五年，於府東北地置渦陽縣，隸府屬：領州一縣六。

亳州——雍正二年，鳳陽府之亳州升爲直隸州，鳳陽府之太和，蒙城二縣來屬：領縣二。十三年，亳州直隸州降爲州，暨所屬太和，蒙城二縣往屬潁州府。

4

宋雲行紀箋註

法國沙畹 E.Chavannes撰 馮承鈞譯註

Voyage de Song Yun dans l'Udyana et le Gandhara. (518–522)

緒言

五世紀初年，宋雲等經歷烏萇乾陀羅等國行紀，Abel Rémusat于其佛國記註疏中已有節譯之文（註一）。此書在其死後四年，一八三六年時始見出版，一八三三年時G.F.Neumann有全譯本（註二），一八六九年時S. Beal亦有全譯本（註三），惟諸譯皆未免疏誤。近年來A. Foucher所撰乾陀羅古地誌疏證（註四）已將宋雲行紀中之若干考古問題解決。JK Marquart亦將A. Beal之若干錯誤糾正（註五）。似應參合此類新證，並將所餘尚未闡明諸點說明，是即余將嘗試為之者也。

註一　Foe koue ki, p. 48-51. 惟據邊裔典將烏萇條譯出。

註二　Pilgerfahrten buddhistischer Priester von China nach Indien, Leipzig, 1833.

註三　Travels of Fah-hian and Song-yun, Buddhist pilgrims, from China to India (400 A. D. and 518 A. D.), Londres Trubner, 1869.

註四　Notes sur la géographie ancienne du Gandhara (Bulletin de l'Ecole française d'Extrême-Orient, t. 1. 1901, P. 322-369)

註五　Eransahr, Berlin, Weidmann, 尤應參照211-212,244-245等頁。

關於宋雲行程之記載，除吾人所錄之行紀本文外，散見下述諸書之中：

五五四年魏收撰魏書卷九十四云：『熙平元年（五一六）詔遣沙門惠生使西域採諸經律。正光三年（五二二）冬還京師，所得經論一百七十部行於世』。

六四四年李延壽撰北史卷九十七云：『初，熙平中（五一六至五一七），明帝遣賸伏子統宋雲沙門法力等使西域，訪求佛經。時有沙門慧生者亦與俱行。正光中（五二〇至五二四）還。慧生所經諸國不能知其本末及山川里數，蓋舉其略云』。

按慧生行傳，李延壽似已見之；蓋北史西域傳嚈噠迄乾陀羅諸條顯為錄諸行紀之文。惟賸伏子即魏書卷一百〇二之王伏子，與沙門法力皆不知為何許人。

六五〇年道宣撰釋迦方志卷下云：『後魏神龜元年(五一八)，敦煌人宋雲及沙門道生等從赤嶺山傍鐵橋至乾陀衞國 Gandhara 雀離浮圖所，及反尋於本路』。

又據一二六九及一二七一年間刊行之佛祖統紀卷三十八云：『正光二年(五二一)，勑宋雲沙門法力等往西天求經。四年(五二三)，宋雲等使西竺諸國還，得佛經一百七十部』。

根據上引諸文，宋雲往還年月頗不一致，然可據行紀本文決之。考行紀所載，惠生發足於神龜元年(五一八)十一月，以神龜二年(五一九)七月二十九日入朱駒波國(今葉城縣治)，九月中旬入鉢和國 Wakhan，十月初旬入嚈噠國 Hephthalites，十一月初入波斯國(鈞按為今之Zebak)，十一月中旬入賒彌國，十二月初入烏萇國(鈞按原作Udyana，誤，似應從Sylvain Lévi 之考訂改作 Uddiyana)。至正光元年(五二〇)四月中旬入乾陀羅國 Gandhara，留烏萇國二年，至正光三年(五二二)二月始還。

故事相傳，宋雲還至葱嶺，曾遇達磨 Bodhidharma。據云：『魏宋雲奉使西域迴，遇師於葱嶺，見手攜隻履，翩翩獨逝。雲問何去？曰「西天去」。又謂曰，「汝主已厭世」。雲聞之茫然，別師東邁。暨復命，明帝已登遐矣(五二八)。迨孝莊即位，雲具奏其事，帝令啟壙視之，惟空棺一革履存焉』。按上文並見佛祖統紀卷三十八，佛祖歷代通載卷十，河南通志卷三十三。統紀繫其事於五三五年之下，顧明帝殁於五二八年，宋雲等還於五二二年，顯係後人增飾之文。但此傳說頗見風行，而中國畫師繪達磨像者皆繪達磨手持一杖，上繫隻履。

宋雲慧生皆已撰有行紀。隋書經籍志卷三十三著錄慧生行傳一卷，舊唐書經籍志卷四十六，新唐書藝文志卷五十八並著錄宋雲魏國以西十一國事一卷。茲二書皆佚，賴有洛陽伽藍記識其概略(註六)。

註六　按洛陽伽藍記現有下述諸本：(一)漢魏叢書本(初刊本無)，(二)一六二八至一六四三年刊津逮祕書本，(三)明刻古今逸史本，（四）一八〇五年刊學津討原本，（五）如隱居本，（六）眞意堂活字本，（七）一八三四年吳若準刊本，附有集證一卷，（八）趙淸常校鈔本。玆據津逮秘書本爲主，並以漢魏叢書本對校。此外慧生宋雲行紀並散見古今圖書集成邊裔典諸國條下，其文皆同漢魏叢書本。海國圖志卷二十九節錄之文較異。法苑珠林所引西域志，亦可補訂關於雀離寺記載之缺。北史卷九十七諸傳，亦足補正行紀之疑文。

洛陽伽藍記，後魏揚衒之撰，考其撰年約當五四七年前後。後魏自四九四年始遷都洛陽，至五三四年復遷都於鄴（今臨漳縣治西南），諸寺僧尼亦與時徙。原有寺一千三百六十七所，至是僅餘四百二十一所。五四七年，衒之因行役重覽洛陽，城郭崩毀，宮室傾覆，寺觀灰燼，廟塔坵墟，恐後世無傳，故撰斯記。先以城內爲始，次及城之東南西北，都爲五卷；其第五卷紀錄城中二寺之後，言及聞義里有燉煌人宋雲宅，因之兼及宋雲與惠生向西域取經事。據衒之云：『惠生行紀事多不盡錄，今依道藥傳宋雲家記，故並載之，以備缺文』，則其所記取材有三矣。按道藥亦作道榮，釋迦方志卷二云：『後魏太武末年（四五一），沙門道藥從疏勒 Kachgar 道入，經懸度到僧伽施國 Samkaçya（今 San kisa），及反還尋故道，著傳一卷』。

3

後魏帝后與建塔寺於洛陽者，當首數宣武靈皇后胡氏，宋雲惠生西行即在胡后當國之時。后姑爲尼，入講禁中；后有姿行，世宗（五〇〇至五一五）聞之，召入掖庭。後魏舊制，宮中生子則殺其母；及后生男，乃廢此制。肅宗（五一六至五二八）踐祚，尊后爲皇太妃，後尊爲皇太后，臨朝聽政。后性聰悟，多才藝，姑既爲尼，幼相依託，略得佛經大義，親覽萬機，手筆斷決；然婚亂肆情，爲天下所惡，屢殺皇族大臣，文武解體，所在亂逆，而母子之間嫌隙屢起。五二八年陰行鴆毒，肅宗暴崩，立臨洮王子釗爲主，年始二三歲，天下愕然。及爾朱榮稱兵度河，太后盡召六宮，皆令入道，太后亦自落髮。榮遣騎拘送太后及幼主於河陰，並沈於河。

宋雲惠生之西行，后曾敕付幡千口，錦香囊五百枚，王公卿士幡二千口，並齎有詔書。記云嚈噠王『見大魏使人，跪受詔書』，烏萇國王『見大魏使宋雲來，拜受詔書』，乾陀羅王『凶慢無禮，坐受詔書』，則其不僅巡歷聖蹟，且負有外交使命矣。

宋雲惠生歸時，攜回印度經文一百七十部，皆是大乘妙典。此事亦無足異，緣當時之烏萇乾陀羅爲『大乘教』之中心(註七)。因辛頭河 Indus 北突厥種族之影響，以純粹佛說與烏萇國燦爛的魔術相參合，復益之以伊蘭之傳說，連同晚代希臘造像之若干解釋，由是構成一種與恆河沿岸原始佛教關係甚遠的神學。因其成分之複雜，似較舊說爲優，乃名之曰『大乘』，而與眞正佛教之『小乘』對立矣。

註七　參考 Senart, Notes d' épigraphie indienne, Journ. Asia t. 8. série t. xv, 1890, P. 161; & A. Foucher, L' art bouddhique dans l' Inde, Revue de l'hist. des religions vol. xxx, P. 358-359.

『大乘』說成立雖晚，然其自負爲佛教之正統，亦不下於『小乘』；爲取信於信徒，特在辛頭河流域創建若干佛蹟：中印度有四大塔 stupa，北印度亦有四大塔(見佛國記)，伽耶城 Bodh-Gaya 有佛影，那竭城 Nagarahara 亦有佛影，那竭國界醯羅城 Hidda 有佛頂骨 usnisa，弗樓沙國 Purusapura-Peshavar 有佛鉢 petra(並見佛國記，西域記)。由是印度佛教聖地有二：一在辛頭河流域，一在恆河流域。中夏巡禮之僧俗多先歷辛頭，後赴恆河；蓋中印通道中，直達中印度之尼泊爾 Népal 一道，在唐代以前似尚不知有之。常循之路，蓋爲葱嶺 Pamirs 南達克什米爾 Cachemire 與烏萇之路。有不少巡禮之人，如宋雲惠生之徒者，且不遠赴中印度，而以弗樓沙國或呾叉尸羅 Taksaçila 爲終點也。乾陀羅在佛教傳播中夏中任務重大之理，蓋不難知之矣。

其所影響者不僅佛典爲然，即在藝術之中亦可見之。至用何種方法流布？關於建築方面者，觀此行紀可以知之。行紀所引五世紀中葉之道藥傳已將雀離浮圖各部份之大小容積說明。惠生並減割行資，妙簡良匠，以鍮摹寫雀離浮圖儀一軀及北印度之四塔。既有此種摹本與尺度，中國建築家自不難於國內仿建之。對於造像與繪畫，顯然亦用相類方法，故魏時爲佛教藝術極盛之時。後魏自四一四年以來，尤於四六○及四六五年中建都山西北部之時，曾於大同西三十里之武周山中鑿岩造像，極其壯麗。嗣後世宗又在洛陽之龍門山中鑿岩造像，其工程始於五○○年，至五二三年方竣。胡后之時，曾增修之。並於五一六年在洛陽城中建有永寧寺，中有九層浮圖一所，架木爲之，舉高九十丈；有刹，復高十丈，合去地一千尺；刹上有金寶瓶 kalaça，容二十五石，寶瓶下有承露金盤三十重，周匝皆垂金鐸，上下九級有鐸一百二十枚，金鈴五千四百枚（見洛陽伽藍記卷一）。此種工程模型，或經宋雲以前巡禮之人輸入也。

觀宋雲行紀，可知流行於乾陀羅與烏萇一帶之佛教，同流行於摩伽陀 Magadha 一帶之佛教，不可相提並論；又可知中印交際，北印度較中印度爲易爲多；並可使吾人了解以辛頭河爲中心之『大乘』說及乾陀羅之藝術，何以在遠東大事發展之理。印度佛教傳布中國之圖案，蓋有一不同之色彩，應將其重要闡明也。

行紀疏證

聞義里

按伽藍記卷五：『洛陽城東北有上高里，殷之頑民所居處也；高祖名聞義里』。

有燉煌人宋雲宅。

按燉煌爲赴西域通道要塞之一。徐松西域水道記卷三，位其地於黨河右岸；沙州在河之左岸，與燉煌相對。洪鈞中俄地圖誤以燉煌在西，沙州居東。

雲與惠生俱使西域也。神龜元年（五一八）十一月冬，太后遣崇立寺比丘惠生向西域取經，

按漢魏叢書本（以後省稱漢魏本）作『與惠生向西域取經』。

凡得一百七十部，皆是大乘妙典。初發京師，

按即洛陽。

西行四十日至赤嶺，

按赤嶺在今西寧之西，七三四年曾於其處建有唐與吐蕃贊普分界碑。新唐書卷四十地理志，鄯州鄯城（今西寧）條下云『西六十里有臨蕃城，又西六十里有白水軍綏戎城，又西南六十里有定戎城，又南隔澗七里有天威軍，故石堡城』，『又西二十里至赤嶺』。逾此有大非川，此川應爲青海西岸之布喀音噶爾 Boukhain-gol，過此至吐谷渾界。新唐書所載路程，應爲宋雲等

5

行程之所經。

即國之西疆也。皇魏關防，

按漢魏本『關防』作『閼訪』

正在於此。赤嶺者，不生草木，因以爲名。其山有鳥鼠同穴，異種共類，

按漢魏本作『共數』。

鳥雄鼠雌，共爲陰陽，即所謂『鳥鼠同穴』。發赤嶺，西行二十三日，渡流沙，至吐谷渾國。

按吐谷渾，遼東鮮卑種，立國於今之青海，至六六三年爲吐蕃所滅。昔日闍那崛多 Jnanagupta 從乾陀羅 Gandhara 赴長安，亦經吐谷渾與鄯州。據續高僧傳卷二所載行程，路由迦臂施 Kapiça(Kafiristan)踰大雪山 Hindu kush 西足，至厭怛 Hephthalites 國 Badakshan，又經渴羅盤陀 Tach Bkourgane (今蒲犂縣治)，于闐 Khoten，吐谷渾等國，便至鄯州。

鈞按沙畹以闍那崛多至長安之年爲五三五，乃循續高僧傳大統元年之誤。其年應在五五九至五六〇年之間，鄙撰歷代求法翻經錄第一一〇則別有考。

路中甚寒，多饒風雪，飛砂走礫，舉目皆滿；惟吐谷渾城

按當時之吐谷渾可汗爲伏連籌，其名至五二四年尙見中國史書(通鑑綱目)著錄，其子夸呂初見中國史書之時在五四〇年(資治通鑑)。夸呂立，始自號爲可汗，居伏俟城，在青海西十五里(北史卷九十六)。假定伏連籌亦都伏俟，宋雲所記之吐谷渾城應在今布喀音噶爾沿岸尋之。

左右煖於餘處。其國有文字，況同魏

按此處應爲句斷，猶言文字與魏同也。

鈞按，此處疑有脫訛。

風俗政治，多爲夷法。從吐谷渾西行三千五百里，至鄯善城。

按漢之鄯善近于今之哈密，唐時則在今羅布泊 Lop-nor 南三百里。宋雲所言之鄯善城既爲從青海赴于闐行程之所必經，應爲後一鄯善。

鈞按沙畹鄯善近哈密之說，並非完全因襲淸人考證之誤。元和郡縣志卷四十，納職條下云：『其城鄯善人

所立，胡謂鄯善爲納職，因名縣焉』。又云：『東北去伊州（今哈密）一百二十里』。舊新唐書地理志亦謂其城鄯善戎居之。考其地望，納職應爲今之拉布楚克 Lapchuk。拉布 lap，羅布 lop 以及西藏語名鄯善之 ob，皆似不無關係。時哈密爲鄯善或樓蘭北界，而其都城應從水經注卷二，澤 Lop-nor 在樓蘭國北之說。緣此說可取證于西域記，沙州圖經，新唐書地理志以及宋雲行紀也。至若羅布湖南樓蘭鄯善之古都，似祇有今婼羌縣治卡克里克 Charklik 可以當之。

其城自立王，爲吐谷渾所吞。

按漢魏本作『其城立王爲吐谷渾所居』。考北史卷九十六，亦云『地兼鄯善且末』。

今城〔內主〕是吐谷渾第二息寧西將軍，

按吐谷渾亦有將軍官號，北史卷九十六云：『官有王公僕射尚書及郎中將軍之號』。

總部落三千以禦西胡。從鄯善西行一千六百四十里，

按宋雲從鄯善赴于闐之路程，顯爲新唐書卷四十三所載之路程，亦爲玄奘東返之路程。宋雲所誌鄯善以西諸城名，一千六百四十里至左末城，又一千二百七十五里至末城，又西行二十二里至捍麼城，又西行八百七十八里至于闐國。唐書路程則以沙州爲起點。茲取其鄯善以西諸地核之。據載石城鎮，漢樓蘭國也，亦名鄯善，在蒲昌海 Lop-nor 南三百里。又西二百里至新城，亦謂之弩支城。又西經特勒井，渡且末河，五百里至播仙鎮，故且末城也。又西經悉利支井，祆井，勿遮水，五百里至于闐東蘭城守捉。又西經移杜堡，彭懷堡，坎城守捉，三百里至于闐。茲再取大慈恩寺三藏法師傳所載玄奘東歸行程核之，發于闐（今和闐西之 Yotkan）三百餘里，東至媲摩城；又行二百餘里至泥壤城（今尼雅 Niya）；又行四百餘里至覩貨羅故國；又行六百餘里至折摩馱那故國，即沮沫地；又東北行千餘里至納縛波故國，即樓蘭地。

鈞按唐書之新城，沙州都督府圖經一作弩之。沙畹誤以之爲納縛波 Navapa。此納縛波既爲故樓蘭鄯善，則其西二百里之新城似爲今之巴什仕里 Vash shahr，折摩馱那應爲近年出土寫本著錄之 Calmadana，其地如非今之且末縣治車爾成 Charchan，亦必在其附近。

7

至左末城。

按此左末即玄奘之沮沫。唐書之且末，唐書地理志爲播仙鎭，郭元振傳（舊唐書卷九十七）爲播仙城。

城中居民可有百家，土地無雨，決水種麥，不知用牛，耒耜而田。城中圖佛與菩薩，乃無胡貌；訪古老云，是呂光伐胡所作。

按三八二年，前秦主苻堅遣其將呂光征西域，取焉耆 Karachar 龜茲 Koutcha。兵還，聞前秦亡，乃於涼州建後涼國。

從左末城西行一千二百七十五里至末城。

鈞按此城應在今于闐縣北 Uzun tati 附近。

城傍花果似洛陽，唯土屋平頭爲異也。從末城西行二十二里至捍麼城。

按漢魏本作『捍麽城』（後同）。據宋雲行紀此城距于闐八百七十八里，里數似不可靠。又據行紀，騰空飛來佛像在此城南十五里寺中，乃考西域記卷十二，此像即在媲摩城，則宋雲之捍麼應爲玄奘之媲摩。惟媲摩在于闐東三百餘里，核以上引唐書地理志之路程，于闐東三百里爲坎城守捉也。據斯坦因 Stein 之調查，媲摩在今于闐縣 Keriya 和闐縣 Khoten 中間之 Uzun tati 地方。

鈞按宋雲行紀所載里數，必應有誤。宋雲之捍麼應即玄奘之媲摩，似亦爲史記之扜罙，前漢書之扜彌，後漢書之拘彌，新唐書之汗彌建德力城，或亦爲五代史之紺州也。

南十五里有一大寺，三百餘衆僧。有金像一軀，舉高丈六，儀容超絕，相好炳然；面恒東立，不肯西顧。父老傳云：此像本從南方騰空而來。

按西域記卷十二云：『聞之土俗曰，此像昔佛在世，憍賞彌國 Kauçambi 鄔陀衍那 Udayana 王所作也。佛去世後，自彼淩虛至此國北曷勞落迦城』。

鈞按曷勞落迦城業經 Huber 考訂其梵名爲 Rauruka。

于闐

按漢魏本作『于殿』。

國王親見禮拜，載像歸。

按漢魏本作『像載歸』。

中路夜宿，忽然不見。遣人尋之，還來本處，即起塔，封四百戶，供灑掃戶。人

按漢魏本作『人戶』。

有患，以金箔貼像所患處，即

按漢魏本無『即』字。

得除愈。後人於像邊

按漢魏本作『於此像邊』。

鈞按西域記卷十二亦云：『凡有疾病，隨其痛處，金薄貼像，即時痊復』。

造丈六像者，及諸像塔，乃至數千，懸綵幡蓋亦有萬計，魏國之幡過半矣。

按此可證宋雲西行之前，後魏與于闐交際之頻。

幡上隸書多云太和十九年（四九五），景明二年（五〇一），延昌二年（五一三）；唯有一幡，觀其年號是姚秦時幡。

按漢魏本『姚秦』作『姚興』。後秦三主，三八四至三九三年爲姚萇，三九四至四一五年爲姚興，四一六至四一七年爲姚泓。法顯西邁即在姚興之時。宋雲所見姚興時幡，得爲法顯所建也。

從捍麼城西行八百七十八里，至

按漢魏本無『至』字。

于闐國。

按于闐古都在今和闐縣治額里齊 Ltchi 西七英里 Borazan 區中之 Yotkan 村，則處今玉瓏哈什 Youroung kach，哈喇哈什 Kara kach 二河之間矣。最先考訂者爲 Grenard，後經斯坦因所證實(Archaeological exploratin in Chinese Turkestan)。

鈞按斯坦因之撰述，尚有下列四書可供參考：1. Ancient Khotan, 1907; 2. Ruins of Desert Cathay, 1912; 3. Serindia, 1921; 4. Innermost Asia, 1928.

按北史卷九十七云：『于闐國在且末西北，葱嶺之北二百餘里：東去鄯善千五百里，南去女國三千里，去朱俱波（今葉城縣治 Karghalik）千里，北去龜茲（今庫車 Koutcha）千四百里，去代（今大同）九千八百里；其地方亘千里，連山相次，所都城方八九里；部內有大城

五，小城數十。于闐城東三十里有首拔河，中出玉石。土宜五穀并桑麻，山多美玉，有好馬駝騾。其刑法殺人者死，餘罪各隨輕重懲罰之。自外風俗物產與龜茲略同。俗重佛法，寺塔僧尼甚衆；王尤信尙，每設齋日，必親自灑掃饋食焉。城南五十里有贊摩寺，即昔羅漢比丘盧旃(Vairocana)爲其王造覆盆浮圖之所。石上有辟支佛(Pratyekabuddha)跣處，雙跡猶存。于闐西(鈞按應作東)五百里有比摩寺，云是老子化胡成佛之所。俗無禮義，多盜賊，淫縱。自高昌(今吐魯蕃Tourfan)以西諸國人等深目高鼻，唯此一國貌不甚胡，頗類華夏。城東二十里有大水北流，號樹枝水(Youroung kach)，即黃河也，一名計式水。城西十五里亦有大水，名達利水(Karakach)，與樹枝水會，俱北流』。此後北史記述吐谷渾可汗慕利延於四四五年爲魏兵擊敗，西入于闐殺其王，及四七〇年蠕蠕寇于闐，于闐遣使素目伽 Sumukha(？)求救於魏孝文帝等事。

王頭著金冠佀雞幘，頭後垂二尺生絹，廣五寸，以爲飾。威儀有鼓角金鉦，弓箭一具，戟二枝，槊五張。左右帶刀不過百人。其俗婦人袴衫束帶，乘馬馳走，與丈夫無異。死者以火焚燒，收骨葬之，上起浮圖。居喪者剪髮劈面以爲哀戚，髮長五寸。

按津逮本一作『四寸』，如隱室本亦作『四寸』。

即就平常，唯王死不燒，置之棺中，遠葬於野，立廟祭祀，以時思之。

按『以時思之』似應作『以時祀之』。

于闐王不信佛法，有商將一比丘名毘盧旃，

按漢魏本作『有商胡將一比丘石毘盧旃』。考大唐西域記卷十二瞿薩旦那國(卽于闐)條云：『王城南十餘里有大伽藍。此國先王爲毘盧折那 Vairccana(唐言遍照)阿羅漢建也。昔者此國佛法未被，而阿羅漢自迦溼彌羅國 Cachemire 至此林中』云云，則傳佈佛教於于闐之人，原名 Vairocana，應以津逮本之毘盧旃爲是。此人與西藏之毘盧旃並非一人，如 Eitel(見Hand book 二版一九二頁)之所誤解。後一毘盧旃爲 Padmasaṃ-

10

bhava 同時之人（八世紀）。

在城南杏樹下，向王伏罪云，『今輙將異國沙門來，在城南杏樹下』。王聞忽怒，即往看毘盧旃。旃語王曰，『如來(Tathagata)遣我來令王造覆盆浮圖一軀，使王祚永隆』。王言『令我見佛，

按漢魏本作『使我見佛』。

當即從命』。毘盧旃鳴鐘告。

按漢魏本作『鳴鐘聲告』。

佛即遣羅睺羅(Rāhula)變形為佛，從空而現眞容。

按漢魏本作『而見眞容』。

王五體投地(Pañcanga)，即於杏樹下置立寺舍，畫作，羅睺羅像忽然自滅；于闐王更作精舍

按北史卷九十七與周書卷五十皆名贊摩寺，在城南五十里。大慈恩寺三藏法師傳卷五謂在王城南十餘里；後云：『故此伽藍 Samgharama 即最初之立也』。

籠之，令覆瓮之影

按漢魏本作『令之覆瓦之影』。

恒出屋外，見之者無不回向。其中有辟支佛靴，

按周書卷五十云：『石上有辟支佛趺（北史作跣）處，雙跡猶存』。

如今不爛。非皮【非繒】，

按漢魏本作『非皮綵』。

莫能審之。案于闐境東西不過三千餘里。

神龜二年（五一九）七月二十九日入朱駒波國。

按北史卷九十七，此國兩見著錄，其一名悉居半國，後又於嚈噠傳後採取宋雲行紀別立朱居國傳（鈞按，前引北史文中之朱俱波，亦此國之同名異譯）。悉居半國條云：『悉居半國故西夜國也，一名子合。其王號子治呼犍，在于闐西，去代萬二千九百七十里。太延（四三五至四三九）初，遣使來獻，自後貢使不絕』。考西夜子合兩國，並見前漢書卷九十六著錄，舊考訂以古之西夜即今之裕勒阿里克 Yul-arik，古之子合即今之庫

克雅爾 Khoukhe-yar(Kougiar)（參照西域同文志卷三，大清一統志卷四百一十九）。茲二地相距不遠，皆在今莎車縣治（今葉爾羌 Yarkand）南三百里。Svenhedin地圖第一圖並見著錄（Petermann's mitth., Ergänzungsheft n°131）。北史『子治呼犍』應有脫誤。蓋漢書卷九十六原文爲『西夜國王號子合王治呼犍谷』也。又朱居國條云：『朱居國在于闐西，其人山居，有麥，多林果，咸事佛，與于闐相類，役屬嚈噠』。又考新唐書卷二百二十一上疏勒條下云：『朱俱波亦名朱俱槃，漢子合國也，并有西夜，蒲犂，依耐，得若四種地；直于闐西千里，葱嶺北三百里，西距喝盤陀，北九百里屬疏勒，南三千里女國也。勝兵二千人，尚浮屠法，文字同婆羅門』。西夜子合二國今地業已考訂如前。蒲犂依耐二國，並見前漢書卷九十六，得若國見後漢書卷一百一十八，諸國相距不遠。西域同文志卷三以蒲犂得若二國即唐代之渴槃陀，亦即今之色勒庫爾 Sarikol，或塔什庫爾罕 Tach-kourgana。但據唐書所誌，喝槃陀實別爲一國也。總之，根據中國近代考據家之考訂，朱俱波之中心似在庫克雅爾；然就地理形勢言，似又不合。據斯坦因 A. Stein 之說，今葉爾羌南之葉城縣治哈爾噶里克 Karghalik 即處和闐赴塔什庫爾罕（鈞按即今蒲犂縣治）之通道中，而庫克雅爾山地則在旅行家習遵的通道之外。又據別一方面言，西域記之斫句迦國，國名雖與朱俱波不同，似爲一地之同名異稱，則應以其地在今之哈爾噶里克爲是。

人民山居，五穀

按漢魏本作『五果』。

甚豐，食則麪麥，

按漢魏本作『麥麩』，如隱堂本作『麵麥』。

不立屠殺。食肉者，以自死肉。風俗言音與于闐相似，文字與婆羅門同。其國疆界可五日行遍。八月初入漢盤陀國

按此國亦用不同之名稱，兩見北史卷九十七，一名『權於摩國，故烏秅國也。其王居烏秅城，在悉居半西南，去代一萬二千九百七十里』。一名『渴槃陁國，在葱嶺東，朱駒波 Karghalik 西，河經其國東北流，有高山，夏積霜雪，亦事佛道，附於嚈噠』。茲二國初

12

審之，似為二國。得根據玉耳 Yule 與斯坦因之考訂，謂渴槃陁即今之塔什庫爾罕，而烏秅一名又與西域記之烏鎩國名極其相類。此烏鎩國曾經 Uivien de Saint-Martin考訂為今之英吉沙爾 Inggachar者也。但觀北史權於摩國（古之烏秅）在悉居半 Karghalik 西南之記載，又不應以距疏勒Kachgar近而距塔什庫爾罕遠地在北方之英吉沙爾當之。故吾人寧取大清一統志（卷三百二十）之說，而以權於摩與渴槃陁二國同為一地。至若渴槃陁之今地，據西域同文志卷三，謂即今之塞爾勒克與喀爾楚或吹楚特兩地。塞爾勒克之名未詳（鈞按疑即色勒庫爾Sarikol之轉）；喀爾楚或喀楚特，據玉耳之考訂，似 Kanjut 或 Hunza 一名之轉，而誤以之為以塔什庫爾罕為首府之色勒庫爾者也。此國之名，諸書所錄不同。北史作喝槃陁，宋雲行紀作漢盤陀，新唐書條下曰：『喝盤陀，或曰漢陀，曰渴館檀，亦謂渴羅陀』，西域記作朅盤陀，續高僧傳又作渴羅槃陀，由此可以證明其原名為 Karband或Garband。根據玄奘之譯寫方法，其中必有 r 之音，緣朅字古讀有一 t 聲收聲，昔曾用以譯寫 gar 或 kar 之音者也。可參照後此

makara 作摩竭，Nagara 作那竭城之例。

界。西行六日，

按漢魏本誤作『六月』。

登葱嶺山。復西行三日，至鉢孟城。

按漢魏本作『鉢猛城』，可以證明津逮本『鉢盂』為『鉢孟』之誤。

三日至不可依山，其處甚寒，冬夏積雪；山中有池，毒龍居之。

按此池非西域記之大龍池，蓋大龍池在波謎羅川流域，而在朅盤陀國西五百里也。核以宋雲所記，前一龍池應在漢盤陀國中，今塔什庫爾罕之東。考宋雲行程，五一九年七月二十九日入朱駒波國（哈爾噶里克），八月初入漢盤陀國東界，復西行六日登葱嶺，又三日至鉢孟城，又三日至龍池所在之不可依山，又四日至漢盤陀都城，質言之，今之塔什庫爾罕，其時應在八月半後不遠。乃此後行程毫無所記，惟言九月中旬入鉢和國（今之和罕Wakhan）。宋雲從塔什庫爾罕赴和罕，似由塔克敦巴什 Taghdoumbasch 區域經 Wakhjir 關，而抵烏滸河 Oxus 流域。

昔有商人止宿池側，値龍忿怒，呪殺商人。盤陀王聞之，捨位與子，

按漢魏本『捨位與子』作『捨子』。

向烏塲國

按漢魏本作『烏萇國』。

學婆羅門呪；

按烏塲，西域記卷三作烏仗那Udyana（鈞按應改作Uddiyana），謂其國人禁呪爲藝業。

四年之中，盡得其術。

按漢魏本作『善得其術』。

還復王位，復呪池龍。

按漢魏本『復呪池龍』作『就池呪龍』。

龍變爲人，悔過向王。〔王〕即徙之

按漢魏本作『王即位徙之』。

葱嶺山，去此池二千餘里。

按漢魏本作『二十餘里』。

今日國王十三世祖。自此以西，山路欹側，危（一作長）坂千里，懸崖萬仞，極天之阻，實在於斯。太行孟門，匹茲匪險；崤關隴坂，方此則夷。

按漢魏本作『對此則夷』。

自發葱嶺，步步漸高；如此四日，乃得至嶺：依約中下，

按漢魏本作『中夏』。

實半天矣。漢槃陀國正在山頂。自葱嶺已西，水皆西流入海，

按漢魏本作『入西海』。

世人云是天地之中。人民決水而種，聞中國田

按漢魏本作『聞中國闕』。

待雨以種，笑曰：『天何由可共期也！』城東有孟津河，

按此河應爲葉爾羌河上流之名。『待雨以種』，漢魏本作『待雨而種』。

鈞按應爲塔什庫爾罕河，一名塔克敦巴什河。

東北流向沙勒。

14

按疏勒國一名沙勒，今之喀什噶爾 Kachgar。

葱嶺高峻，不生草木。是時八月，天氣已冷，

按漢魏本作『天氣已寒』。

北風驅鴈，飛雪千里。九月中旬入鉢和國。

按新唐書卷四十三下，六六一年所置西域府州，鉢和州屬護蜜多國。又卷二百二十一下識匿條下云：『護蜜者，或曰達摩悉鐵帝，曰鑊侃，元魏所謂鉢和者』，『王居塞迦審城，北臨烏滸河』。西域記卷十二謂其國都昏馱多城（鈞按原文云，『尸棄尼國，昏馱多城，國之都也』。此條在達摩悉鐵帝國條與尸棄尼國條之間，似不屬鉢和）。核以上引記載，護蜜多或護蜜應爲今之和罕 Wakhan。塞迦審昏馱多二城，即今之 Isehkeschm 與 Kandout 二城，皆在今 Pandj 河左岸（參照 Marquart 所撰之 Eransahr. p. 224）。北史卷九十七云：『鉢和國在渴槃陁西，其土尤寒，人畜同居，穴地而處。又有大雪山，望若銀峯。其人唯食餅麨，飲麥酒，服氈裘。有二道，一道西行向嚈噠，一道西南趣烏萇，亦爲嚈噠所統』。

高山深谷，嶮道如常。國王所住，因山爲城。人民服飾，惟有氈衣。地土甚寒，窟穴而居。風雪勁切，人畜相依。國之南界，有大雪山，朝融夕結，望若玉峯。十月之初

按漢魏本作『十月初旬』。

入嚈噠國。

按北史卷九十七云：『嚈噠國 Hephthalites，大月氏之種類也，亦曰高車之別種，其原出於塞北，自金山而南，在于闐之西，都烏許水 Oxus 南二百餘里，去長安一萬一百里。其王都拔底延城（註一），蓋王舍城也。其城方十里餘，多寺塔，皆飾以金。風俗與突厥略同。其俗兄弟共一妻；無兄弟者妻戴一角帽；若有兄弟者，依其多少之數，更加帽焉。衣服類加以瓔珞，頭皆翦髮。其語與蠕蠕高車及諸胡不同。衆可有十萬。無城邑（註二），依隨水草，以氈爲屋，夏遷涼土，冬逐暖處。分其諸妻，各在別所，相去或二百三百里；其王巡歷而行，每月一處；冬寒之時，三月不徙。王位不必傳子；子弟堪者，死便受之。其國無車

有輿（註三），多馳馬，用刑嚴急，偸盜無多少皆要斬，盜一責十。死者，富家累石爲藏，貧者掘地而埋；隨身諸物皆置塚內。其人凶悍能鬥戰，西域康居 Sogdiane，于闐 Khoten，沙勒 Kachgar，安息 Boukhara，及諸小國三十許，皆役屬之，號爲大國。與蠕蠕婚姻（註四），自太安（三五五至三五九）以後每遣使朝貢。正光（五二〇至五二四）末，遣貢師子一（註五），至高平（註六），遇万俟醜奴反（註七），因留之。醜奴平，送京師（註八）。永熙（五三二至五三四）以後，朝獻遂絕』。此後誌宋雲等使西域事，前已錄之。後又云：『至大統十二年（五四六）遣使獻其方物。廢帝二年（五五三），周明帝二年（五五六）並遣使來獻，後爲突厥所破（註九）。部落分散，職貢遂絕。至隋大業（六〇五至六一六）中，又遣使朝貢方物。其國去漕國（註十）千五百里，東去瓜州六千五百里』。

註一　鈞按沙畹以嚈噠都城拔底延卽古梵衍那國，今 Bamgin 地方之 Badhaghis 區；後又在大月氏考一文中改正，以爲卽巴達克山 Badekchan 之對音，而位置其地于 Faizabad 城之東。竊以其說皆誤，上引北史之文，旣云『無城邑』，又云『其王巡歷而行，每月一處』，則爲游牧之國矣。北史云，『拔底延城，蓋王舍城也』。考當時印度境外以王舍城名者，祇有慈恩寺傳卷二之縛喝羅國。此國『北臨縛芻河（Oxus），人謂小王舍城，極多聖跡』。西域記卷一記述亦同，唯省稱爲縛喝國。此城卽古大夏都城 Bahtria，梵本中之 Bahlika，今之 Balkh 是已。北史大月氏傳『西徙都薄羅城』，疑亦指其地，似爲當時嚈噠王巡歷所止之一處。宋雲行程所經，幷未至此也。

註二　宋雲行記謂嚈噠居無城郭，不可絕對信以爲實。前引北史已謂其王都拔底延城，當五六八年突厥初次遣使至東羅馬時，Justin 帝曾詢其所破之嚈噠，所居爲城爲鄉，使臣答云：『其民居有城郭』。（Ménandre, Fragm. hist. graec., vol. IV. p.226）

註三　『其國無車有輿』，語不可解，疑有脫誤。參照十七史商榷卷七十三。

註四　宋雲所見之嚈噠王，似卽以沒於五二三年之蠕蠕首領婆羅門姊妹三人爲妻之王。參照北史卷九十八。

註五　宋雲後於五二〇年至乾陀羅國之時，見狄提國送師子兒兩頭與乾陀羅王，此狄提亦得爲嚈噠王都拔底延之省稱。設余說不誤，嚈噠先於五二〇年送師子二頭與乾陀羅王，後於五二四年又貢師子於魏矣。

註六　高平城今尚在甘肅平涼府附近。

註七　万俟，魏十姓之一。五二四年四月（通鑑輯覽作五二五年）高平鎮敕勒酋長胡琛據高平，其將万俟醜奴助之。

註八　五三〇年四月討万俟醜奴，獲之。同年六月嚈噠貢師子至京師，參照魏書卷十。

註九　嚈噠國在五六三與五六七年間爲突厥所滅，可參照西突厥史料 Documents sur les Tou-kiue occidentaux, p.226。

註十　鈞按原註閾在大雪山 Hindou-Kouch 之北。考西域記卷十二，漕國原名漕矩吒 Jāguda，大都城號鶴悉那 ghazna，即隋書誤以之爲罽賓者也。

土田庶衍，山澤彌望，居無城郭，游軍而治。以氈爲屋，

按漢魏本作『以氈爲衣』。

隨逐水草，夏則隨涼，冬則就溫。鄉土不識文字，禮教俱闕。陰陽運轉，莫知其度：年無盈閏，月無大小，用十二月一歲。

按漢魏本『歲』誤作『濊』。

受諸國貢獻，南至牒羅，

按此國未詳。

北盡勑懃，

按漢魏本作『北盡敕勤』，兩本皆誤，應改爲『北盡敕勒』。敕勒一名鐵勒，其名並見唐書，其地東起嗢昆Orkhan河，西抵東羅馬帝國，即 Tölös 或Tenles 是已。

東被于闐(Khoten)，西及波斯(Perse)，四十餘國皆來朝賀。

按漢魏本作『來朝貢』。

王張大氈帳，

按漢魏本『張』作『居』。

方四十步，周廻以氍毹爲壁。

按漢魏本作『以氍數爲壁』。

王著錦衣，坐金牀，以四金鳳皇爲牀脚。見大魏使人，再拜跪受詔書。至於設會，一人唱則客前，後唱則罷會。唯有此法，不見音樂。嚈噠國王妃亦著錦衣，垂地三尺，使人擎之。頭戴一角長八尺，奇長三尺，以玫瑰五色裝飾其上。王妃出則輿之，

入坐金牀，以六牙白象四師子爲牀。自餘大臣，妻皆隨傘，頭亦佀有角，團圓下垂，狀似寶蓋。觀其貴賤，亦有服章。四夷之中，最爲强大，不信佛法，多事外神，殺生血食。器用七寶，諸國奉獻，甚饒珍異。按嚈噠國去京師二萬餘里。十一月初入波斯國，

按此國非西亞之波斯 La Perse 而爲 Zébak 與 Tchitral 間之一小國，Marquart (Eransahr p. 245)已早言之。此國在北史中名曰波知。其卷九十七云：『波知國在鉢和(Wakhan)西南，土狹人貧，依託山谷，其王不能總攝。有三池，傳云：大池有龍王，次者有龍婦，小者有龍子。行人經之，設祭乃得過；不祭多遇風雪之困』。

境土甚狹，

按漢魏本作『境甚狹』。

七日行過。人民山居，資業窮煎。風俗凶慢，見王無禮。國王出入，從者數人。其國有水，昔日甚淺；後山崩截流，變爲二池。

按漢魏本作『後山崩絕』。

鈞按應作三池，始與北史之記載相符。

毒龍居之，多有災異。夏喜暴雨，冬則積雪；行人由之，多致艱難。雪有白光，照耀人眼，令人閉目，茫然無見。祭祀龍王(Nāgarāja)，然後平復。

(未完)

川康劃界

寧雅兩屬劃歸西康，政院決定暫從緩議

(成都通信)川邊之寧(遠)雅(安)兩屬，西康建省委員會請求中央劃入西康範圍問題，現已解決，玆探得蔣委員長電劉主席原文，亟誌於後。原電云：『成都劉主席勳鑒：頃接行政院孔副院長庚(八日)電告，西康前請分劃區地，意在請求將四川雅寧兩屬劃入建省範圍一案，經各部會會同審查，以旣據四川省府陳述不能分劃理由，事實上窒碍太多，擬請暫從緩議；經提出院會議決，照審查意見通過等語。特轉知照。中正元(十三日)印』

(八月二十四日，大公報)

于闐國攷

日本堀謙德著　紀彬譯 1

目次

譯者按：于闐在西域諸國中，為與中國本部關係最密之國家。其地當東西交通之孔道，夙由印度伊蘭及中國吸收三種不同系統之文化，咀嚼融合，而形成一種新文明；蔚為西域文化之中心，且為東西文化溝通之關卡。北印度之佛教，一度流入于闐，即形成為其向外發展之總樞紐；由此而普及於西域諸國，更傳入中國本部及東方各民族。現行般若，華嚴等大乘經典之梵本，多爲得自于闐者。故東西學者關于研究于闐之著作特多。

在于闐研究上，向分兩派：一以英人斯泰因氏爲代表，側重于攷古學的古物發現；他一派則以日人堀謙德氏爲代表，其研究係以古籍及漢譯經典爲根據，而將攷古學的發見一併加入，作比較綜合之研究。斯泰因氏之名著爲古于闐史，堀謙德氏之名著爲解說西域記。

按堀氏于明治四十五年，曾將其關于于闐研究之結果，在日本史學會例會(三月廿三日)上作公開之講演；以于闐攷之標題發表于同年史學雜誌第二十三編第五號。後又加以補充，列入所著解說西域記中，爲其一節(大唐西域記卷第十二第十五節瞿薩旦那國P.992—1054)。本篇即自該書譯出。爲醒目起見，改題爲于闐國考。

堀氏解說西域記一書之體裁爲分割解說法：卽將唐玄奘之西域記原文，予以割裂，而逐段加以解釋並考證，故每段均含有 a.本文 b.解釋 c考證三組。按考證爲著者正面意見，即精華之所在；本文爲著者發表意見之張本；二者自難割棄。唯解釋一層，乃著者將西域記原文譯爲日文，以便日人閱讀者；對于中國讀者殊爲贅瘤。故除必要處作爲註釋譯入外，餘均删去。——譯者識

一，國號

【本文】『從此(註)而東，踰嶺越谷，行八百餘里，至瞿薩旦那國（唐言「地乳」，卽其俗之雅言也。俗謂之渙那；匈奴謂之于遁；諸胡謂之豁旦；印度謂之屈丹；舊曰于闐，譌也）。』

【註一】此指斫拘迦國(Chakūka)。斫拘迦，在『葱嶺北三百里，西距羯盤陀北九百里，屬疏勒……』(唐書)。文獻通考卷三三七疏勒條云：『南去莎車五六百里，去朱俱波八九百里』，朱俱波即斫拘迦。堀謙德及 Chavannes, Stein 諸氏，均以爲即今 Karghalik 之地。

【考証】瞿薩旦那，爲梵語 Kustana 之音譯。此字，乃合 Ku(地)與 stana (乳)二字而成。斯泰因氏 (M.A.Stein) 在尼雅(Niya)地方發現之第三世紀佉樓文字古籍中，已有梵語國號出現。或採用 Prakrit 語之形，而用 Kustanaka 一名；或稱爲 Khotainna (Stein: Ancient Khotan, p.104—106)。由 Khotainna 變爲 Khotana，或佉樓文字之 Kho-pana，最後乃成爲 Khotana(和闐)。印度人所稱之屈丹，顯然即由 Khotana 而來；俗語之 Kanna (渙那)，蓋即

Khotana 之 Kh 變爲 K，t 變爲 n，t 後之 a 被略去之結果。此在 Prakrit 語中，乃普通之聲音變化，毫不足怪者。至諸胡所稱之豁旦，即爲 Khotan；匈奴語之 U-ton（于遁）相當于西藏語之 U-then，Kho 變爲ho，更變爲 hu，最後遂變爲 u。Ton（遁）即 Tan 之音變。現在西藏人謂和闐爲犛國(Li-yul)，蓋取產犛(即yak獸)之國之義歟？(Rockhill: Life of the Buddha, 235 note)

二，國勢概觀

【本文】『瞿薩旦那國，周四千餘里；沙磧太半，壤土隘狹。宜穀稼，多衆果。出氍毹細氈，工紡績絁紬，又產白玉黳玉。氣序和暢，飄風飛埃。俗知禮義，人性溫恭，好學典藝，博達技能。衆庶富樂，編戶安業。國尙樂音，人好歌舞。少服毛褐氈裘，多衣絁紬白氎。儀形有禮，風則有紀。文字憲章，聿遵印度，微改體勢，粗有沿革。語異諸國。崇尙佛法，伽藍百有餘所，僧徒五千餘人，並多習學大乘法教。王甚驍武，敬重佛法，自云：毘沙門天之祚胤也。』

【解釋】(略)

【考證】關于瞿薩旦那即于闐(今之和闐)之人種、政治史、佛教史等事實，俟次項論之。此處先述其地理、產業及文學諸方面。

一，于闐之地理——和闐南負崑崙，北鄰沙漠。然有二水自崑崙發源，越境北流，兩岸均爲沃野；故隨河所向而形成一南北延長之耕地區。此二河者，東曰玉隴哈什河 Yurung-kāsh Darya（白玉河）；西曰哈拉哈什河 Kara-kāsh Darya（黑玉河）；至和闐東北八十哩，合流而稱 Khotan Darya(和闐河)。白玉河與黑玉河之距離雖僅十三哩，然以此爲中心，灌漑南北狹長之農塲，而搆成一廣大之沃土。塔里木河流域諸國，均前面沙漠，背依東西綿亘之山脉，故在地勢上僅能爲東西延長之農塲。且沙漠與山脉之距離，在南道本甚狹小，故南道諸國之於農業均有特多之困難。惟有和闐，受二河之賜，獨能開拓南北長之農場。此即古代于闐國所以能有長期繁榮之歷史也。斯泰因氏曾由現代和闐西北十六哩之地，向北行，發掘古蹟多處。因以推知：古代于闐之首府，蓋領有較今日和闐遠爲廣大之面積也。

二，于闐之產業——現代和闐所產穀物爲：米，麥，玉蜀黍等；果樹有：葡萄，桃，杏，林檎，西瓜等；綿及桑樹，則隨處皆是。和闐之玉，中國稱為崑崙玉，歷代珍重之。白玉河河床，可採白色或淡色之玉；黑玉河河床，則有綠色或濃厚色之玉；河之得名，即以此。本文所謂『產白玉瑿玉』，蓋指此也。五代史(卷七十四)于闐傳云；

『東曰白玉河，西曰綠玉河，又西曰烏玉河；三河皆有玉而色異。』

此則白玉河、黑玉河之外，尚有綠玉河。然按之實際，蓋黑玉河上游，有一支流，產品質甚劣之綠玉，因之乃想像為另一河流耳。桑樹不產于塔里木河流域諸國，而和闐獨產之，故有養蠶製絲業之發展。據樸士列美氏(Ptolemy)所說，絲本產於『Seres之國』(Issedon Serica)，經波斯而輸入於歐洲。李希霍芬氏 (Richthofen) 則謂此『Seres之國』即和闐 (Richthofen: China, I. PP. 487. Sc.)。據普洛考皮友氏 (Procopius)說，當東羅馬帝國 Justinian 帝之世，即西曆約五百五十年時，有基督教僧二人至東方 Serinda 國，得蠶，携歸東羅馬帝國。此所謂Serinda國，即為和闐 (Yule: Cathy, I. P. xlvI.)。

斯泰因氏曾在和闐掘出古代木棉織物，可證木棉織物業之起源已甚古。即在今日，從事斯業者尚達一萬二千戶。毛織物業之起源，蓋亦甚久遠。斯泰因氏在尼雅地方曾發現第三世紀時代製作之古代毛織物。本文云：『出氍毹細氈』，是至第七世紀時毛織物之製作仍甚盛行。今日和闐之毛織物業者，尚有千戶。和闐毛織物之規制為印度式與中國式之折衷者，亦可稱為于闐式，有其獨自之特色。製紙業起源亦甚古。斯泰因氏在Dandan Uilig地方掘出之古代文書，被鑑定為第五世紀之製品。和闐之製紙係以桑皮為原料，故在塔里木流域乃歸和闐所獨占也。

三，于闐之文學——印度文學之流入于闐，其來已久。中國有朱士行者，欲求般若經之梵本，旅行于西域諸國。至于闐，得放光般若經之梵本九十章約六十餘萬言。西晉武帝太康三年(西曆二八二)使弟子弗如檀携梵本歸洛陽，是即現行漢譯放光般若經之原本(參照開元釋教錄卷二)。若朱士行自中國出發時為魏甘露五年(西曆二六〇)，則朱士行於于闐所得般若經之梵本，第三世紀中葉時已存在於于闐明甚。梵本自印度輸入時，必更在此以

5

前。西曆千八百九十二年，在和闐西南三十哩之地所發現之佉樓文字之梵語法句經（參照增訂釋迦牟尼傳第十六圖），若其字體爲西曆五百年頃印度西北部所通行之字體，則此經或第六世紀時傳入于闐，亦未可知。總之，中文所譯大乘經之原本，得之于闐者不少。而大乘經乃以梵語(Sanskrit)記述者，故 Sanskrit 語印度佛教文學久已通行於于闐一事，已可想見矣。本文所謂：『文字憲章，聿遵印度，微改體勢，粗有沿革』，蓋即此故。斯泰因氏在和闐東 Dandān-Uiliq 地方所發現之古文書，乃以第八世紀 Brāhmi 文字記述者，海倫烈氏(A. F. R. Hoernle)鑑定爲印度伊蘭系統之方語。若然，則必爲以印度之 Brāhmi 文字寫于闐之方語也。因此，玄奘所述益爲確鑿。

三，建國之傳說

【本文】『昔者，此國虛曠無人，毘沙門天於此棲止。無憂王太子在呾叉始羅國，被抉目已，無憂王怒譴輔佐，遷其豪族，出雪山北，居荒谷間(註二)。遷人逐物，至此西界；推舉酋豪，尊立爲王。當是時也，東土帝子，蒙譴流徙，居此東界；羣下勸進，又自稱王。歲月已積，風教不通；各因田獵，遇會荒澤，更問宗緒，因而爭長，忿形辭語，便欲交兵。或有諫曰：「今何遽乎？因獵決戰，未盡兵鋒；宜歸治兵，期而後集！」於是，回駕而返，各歸其國。校習戎馬，督勵士卒。至期兵會，旗鼓相望。旦日合戰，西主不利；因而逐北，遂斬其首。東主乘勝撫集亡國，遷都中地。方建城郭，憂其無土，恐難成功，宣告遠近：「誰知地理？」時有塗灰外道(註三)，負大瓠盛滿水，自而進曰：「我知地理」。遂以其水，屈曲遺流，周而復始，因即急驅，忽而不見。依彼水跡，峙其基堵，遂得興功，即斯國治：今王所都於此城也。城非崇峻，攻擊難克；自古已來，未能有勝。

其王遷都作邑，建國安人；功績已成，齒耋云暮，未有胤嗣；恐絕宗緒，乃往毘沙門天所，祈禱請嗣。神像額上，剖出嬰孩，捧以回駕，國人稱慶。既不飲乳，恐其不壽，尋詣神祠，重請育養。神前之地，忽然隆起，其狀如乳；神童飲吮，遂至成立。智勇光前，風教遐被。遂營神祠，宗先祖也。自玆已降，奕世相承，傳國君臨，不失其緒。故今神廟，多諸珍寶，拜祠享祭，無替於時。地乳所育，因爲國號。』

【註二】印度阿輸迦王太子拘那羅，爲呾叉始羅國(梵文 Takṣaśilā) 太守時，王少妃欲害之，僞造勅書，送于呾叉始羅，僞爲阿輸迦王勅令挖去太子雙目，拘那羅遂失明。阿輸迦王聞之，怒，廢少妃，並驅逐任保護拘那羅之豪族出境。豪族乃出雪山之北，居山谷間。年移月轉，次第而東，遂入塔里木河流域，至于闐西境。

【註三】塗灰外道，梵語爲 Paśupata，即崇拜濕婆神者。

【解釋】(畧)

【考證】西域記所載爲保護拘那羅之豪族來于闐。然在慈恩傳卷五，則爲拘那羅自身。祈于毘沙門天得一子，後即傳之王位。蓋印度佛教入于闐後，借拘那羅之名，不過掩飾印度民族殖民之事實耳。毘沙門天即四天王之一，而任守護北方者，常戰勝佛之敵人，負嚴護法城之責，故借之以附會于闐建國之記事，亦甚巧妙也。所謂東西二主爭權，蓋爲由東來之中國殖民與由西來之印度殖民之衝突；東主之勝利統一，蓋即中國殖民勝利取得主權一事實耳。本文之分析研究，如此暫告結束。吾人更進而論述其民族歷史等方面。

四，于闐之民族

【考証】于闐之人口，向無正確統計。撲久拄將軍(Pjeuzow)以爲十六萬 (一八九〇年調查)，斯文赫定氏 (Sven Hedin) 以爲五十二萬 (一八九六年調查)，相差甚多。斯泰因氏以爲約二萬七千五百戶，每戶人員頗多，平均約八人，故人口約有二十二萬。和闐有額里齊 (Ilchi) Yurung-kâsh (白玉)，Kara-kâsh (黑玉) 三市。額里齊爲地方廳所在地，其位置可稱爲和闐本部，故和闐有時單呼爲額里齊。和闐之地勢，已如前述：連山與沙漠，夾其兩側。與外部交通：北沿和闐河，通過三百哩之叢林，乃達天山方面。東出羅布泊 (Lop-Nor) 方面，沙漠甚多，行路困難，僅有沙漠中散在之小島，聯絡通路。然自尼雅以東，沙漠島之距離漸遠，惟結為大隊，始能通行，故外國攻擊于闐，實至困難。且地勢不利于遊牧，故蒙古西藏等遊牧民族均不喜于闐。因此，于闐受外國民族之影響甚少，不失其原來民族之特性。遊牧民族之大月氏，匈奴，嚈噠，西突厥等種族，曾輪次擴張其勢力至塔里木流域。維時，于闐臣服之，獻方物。漢唐時隸屬於中國。雖一時曾屈服于西藏威力之下，然至回紇人破吐蕃而驅逐之時，于闐復獨立。至突厥民族部將 Statok Boghra Khan 及其後繼者佔領塔里木流域諸地時，回教已傳入于闐，突厥語已被使用。然在人種上，則似乎未起若何之大變動（參照 Stein: Ancient Khotan, I. 136-50）。

關于和闐民族之人種問題，斯泰因氏曾搜有許多資料，提出于英國人類學會。喬伊士氏(T. A. Joyce)根據此種資料，大體認定：和闐人民之性質，體格，容貌，毛髮等，均與住于 Wakhan, Sarikol, Pāmir 之 Golcha 種族相類似，亦為亞利安人種。喬伊士氏將和闐人民與四隣民族作一比較之後，曰：『帕米爾（Pāmir）之噶爾卡族(Golcha)，為伊蘭民族。其間雖混有幾分突厥民族之血統，然其程度則極少。和闐人民，同樣以印度伊蘭民族之血統為基礎，而雜有幾分突厥民族的血統，惟其程度較 Golcha 族稍多而已。和闐東部則有極少之西藏人血統。至和闐之東隣 Keriya，則所含突厥及西藏人之血統較和闐人為多。Keriya 之東部稍有蒙古人之血統。要之，和闐之人民乃以印度伊蘭民族為根本，明甚』。如前項所述，斯泰因氏在和闐東 Dandān-Uiliq 地方所發現之古文書，乃以西曆第七八世紀時之梵書體(Brāhmī)文字記述者，與噶爾卡族(Golcha)之方言相類似，亦屬印度伊蘭系統之言語。唐書（卷二二一之上）疏勒傳述朅盤陀（即 Sarikol）曰：『人勁悍，貌言如于闐』。可知和闐之人民，古來即具有與 Sarikol 之 Golcha 族相類似之言語容貌。

關于和闐領內之突厥民族血統問題：在加爾盧克族突厥人佔領塔里木河流域之西北部時，于闐尚獨立，奉佛教，久抗外敵而不屈。至第十世紀時，漸皈回教；故于闐之混有突厥人血統蓋在第十世紀以後。斯泰因氏在 Dandān Uiliq 發現之古文書中，曾有第九世紀吐蕃勢力盛行于塔里木流域時代之物。但其中竟毫無突厥系統言語之混入，可証第九世紀以前尚未有突厥民族之血統也。然原來之突厥民族，雖甚勇武，仍爲遊牧民；對于適宜定住的產業民族而無遊牧地之于闐，不過設置文武官吏以治理之而已。此等少數突厥官吏，復次第同化於于闐民族，故未能形成突厥民族之大混合。乞兒吉思族（Kirghis）乃突厥民族一支派，來至塔里木流域北部即北道諸國，入於喀什噶爾（Kāshgar）阿克蘇（Aksu）庫車（Kuchā）等地，脫去遊牧之舊習而成爲定住之農民。即在此時，尚不能南進至于闐方面。故今日在喀什噶爾地方人民中，有突厥式之骨相者甚多；反之，在和闐地方，突厥式之容貌則甚少，此顯然可見者也。

次論西藏與于闐之關係。西藏之西部，雖與于闐相隣接，然有崑崙大山脉綿亘于其間，爲其障壁。且自西藏西端，東行二百哩，殆爲無人之境。自人口稠密之中部西藏至西部國境有七百哩以上之距離，故自西藏向于闐之大部移民，事實上至爲困難。據中國正史所載，西藏人之佔有塔里木河流域，僅自唐德宗貞元六年（西曆七九〇）至懿宗咸通元年（西曆八六〇）之七十年間。其後爲回紇所敗，遂退出塔里木河流域。故西藏人可與于闐地方民族相混合之期間甚短。然魏書（卷一〇二）于闐傳云：

『自高昌以西，諸國人等，深目高鼻；唯此一國，貌不甚胡，頗類華夏。』

此謂其容貌非印度伊蘭民族，亦非突厥民族也。洛克希爾氏（Rockhill）作爲純粹西藏人之標本而提出之德路帕種族（Dhrupa），短身低鼻，顴骨高聳，黑髮褐眼（Joural of Anthropological Institute, Vol. 38. P. 319），與魏書所記之于闐人民頗相類似。且于闐建國之傳說，爲由印度及中國兩方面所來部族相會合而成國，已見于西域記本文及西藏古傳中（Rockhill: Life of The Buddha, P. 233）。據此，吾人不難想像：太古時，或有西藏人之移住于闐者。此即在克利亞（Keriya）方面，今日尚有西藏種族血統之所由來也。

若參照此等古代記載以推定現今和闐人民之種族，則可知爲由印度西北部即印度河上流地方移來者。斯泰因氏在尼雅地方所發現之古文書中之文學與言語，顯然爲第三世紀之印度古代式。據此，則至遲第三世紀時，印度伊蘭系統之民族，已佔有于闐人口之主要部分。今西域記之于闐建國說，爲由印度及中國兩方面而來之移民。與魏書所載相較，後魏存在于西曆三百八十六年至五百三十二年，故假如于闐傳所記者爲傳于第三四世紀時之記事，則由中國方面而來之移民，亦應在第三四世紀以前；結果，于闐建國之時代亦應在第三世紀以前。

五，中國史上之于闐

（一）漢代之于闐——漢書（卷九六上）西域傳述西曆紀元前第二世紀後半期于闐之狀勢如下：

『于闐國王治西城，去長安九千六百七十里。戶三千三百，口萬九千三百，勝兵二千四百人。……東北至都護治所三千九百四十七里；南與婼羌接，北與姑墨接。于闐之西，水皆西流，注西海；其東，水東流，注鹽澤。河源出焉，多玉石。』

所謂西城，即和闐河西城市之義；其位置，即相當于今日之和闐。南鄰西藏，是矣。然謂北與姑墨即 Yaka-aryk 接，則誤矣。喀喇崑崙山脈（Karakoram）之東，水皆東流，入于羅布泊（Lop-Nor）；其西，河水皆西流；均與現代地理無異。產玉石，久已傳于中國。後漢書（卷一〇八）西域傳述西曆一二世紀時于闐之史實云：

『于闐國居西城，去長史所居五千三百里，去洛陽萬一千七百里。領戶三萬二千，口八萬三千，勝兵三萬餘人。』

以之與前漢時代相較，戶數殆增十倍，人口四五倍，兵數則十二三倍。可知在此期間，其國運必有顯著之增進。據後漢書所記中國與于闐之交涉，如下：光武帝建武年間（西曆二五—五五），領有今 Yarkand, Karghalik 地方之莎車王賢，攻于闐，倂之。以其王俞林隸屬下，移之于莎車領內。明帝永平年中（西曆五八—七五）于闐武將休莫霸叛莎車，自立爲于闐王。休莫霸死，兄子廣德（梁書卷五四于闐傳作廣得）繼立。後復盛練兵，遂滅莎車，倂其地，北接疏勒境。又服東隣諸國，至占有于闐東七百里之地。塔里木流域諸國中，服從于闐者達十三國。時南道之東部，有鄯善國強盛；于闐與之相對，稱雄于西部。班超于永平十六年（西曆七四）冬入西域，以漢之威力征服諸國，而爲之保護，駐西域者三十餘年。當是時，于闐常助中國。超先擊莎車，次攻疏勒，于闐均忠實協助之，故爲西域藩屬中之最親善者。順帝永建六年(西曆一三一)，于闐王放前遣使來朝，貢方物。桓帝元嘉元年(西曆一五一)，長史趙許在于闐，病癰而死。許子迎喪，赴于闐，歸時道出拘彌。拘彌王名成國者，素與于闐王建有隙，乃告許子曰：「于闐王密令醫者，以毒藥置許創中，遂致死」。許子信成國言，還，告之敦煌太守馬達。明年，王敬代任長史，將入西域，馬達復以許子言告之。敬過拘彌，成國復中傷于闐王建，敬遂信之。進至于闐，乃捕王建殺之。于闐將輸棘憤甚，引兵殺王敬及其僚屬。國人仍立先王建之子安國爲王，由是怨中國。

(二)後魏時代之于闐——魏書(卷一〇二)西域傳述第五世紀于闐之狀勢曰：

『于闐國，在且末西北，葱嶺之北二百餘里；東去鄯善千五百里，南去女國二千里，去朱俱波千里，北去龜茲千四百里，去代九千八百里。其地方亘千里，連山相次，所都城方八九里。部內有大城五，小城數十。于闐城東三十里有首拔河，中出玉石。土宜五穀幷桑麻，山多美玉。有好馬駝騾。其刑法：殺人者死，餘罪各隨輕重懲罰之。自外風俗產物，與龜茲略同。俗重佛法，寺院僧尼甚衆；王尤信尚，每設齋日，必親自灑掃饋食焉。……俗無禮義，多盜賊淫縱。……城東二十里，有大水北流號樹枝水，卽黃河也，一名計式水。城西五十五里，亦有大水名達利水，與樹枝水會，俱北流。』

此謂于闐領土方千里，首府方八九里，領內有大城五，小城數十，蓋第五世紀時之于闐，乃塔里木河流域一大國也。如首拔河(北史卷九七作首拔河)爲白玉河，達利水爲黑玉河，則樹枝水一名計式水者，應爲和闐河。國王以下臣庶皆信佛，僧尼甚多。據魏書所言以觀于闐與中國之交涉，如下：後魏世祖太武帝太延四年(西曆四三九)征涼州，吐谷渾之慕利延恐，率部下遁于塔里木流域。世祖遣使諭之，令還居本國，而立其兄子緯代。慕利延殺緯代。明年爲太平眞君元年(西曆四四〇)，世祖使高涼王那發兵伐慕利延。慕利延大懼，復率部入塔里木流域。魏軍追擊之，慕利延西進至于闐，殺其國王，居其人民(參照魏書卷一〇一吐谷渾傳)。顯祖獻文帝皇興四年(西曆四七〇），蠕蠕部族寇于闐，于闐遣使之魏求救。然蠕蠕僅掠奪耳，未能攻城也。中國雖遣援兵，而駐不踰一二年，於于闐亦無所補。後以無績効，遂罷兵。

（三）蕭梁時代之于闐——梁書（卷五十四）西域傳載第六世紀時于闐之狀況如下：

『于闐國，西域之屬也。……其地多水潦沙石，氣溫宜稻麥蒲桃；有水出玉，名曰玉河。國人善鑄銅器。其治曰西山城，有屋室市井。菓蓏菜蔬，與中國等。尤敬佛法。王所居室，加以朱畫。王冠金幘，如今胡公帽。與妻並坐接室。國中婦人皆辮髮，衣裘袴。其人恭，相見則跪；其跪則一膝至地。書則以木爲筆札，以玉爲印。國人得書，戴於首而後開札。』

此西山城，等于漢書之西城。產米麥葡萄，造銅器，今日之和闐尙然。有沙漠及玉河，與玄奘所記相同。作書於樹皮或木板之上，中央穿孔以貫之，則與印度古代風習無異。梁書所見于闐與中國之交涉爲：梁武帝天監九年（西曆五一〇）、十三年、十八年、大同七年（西曆五四一）四次；其最後一次乃獻玉刻之佛像。

（四）隋唐時代之于闐——隋書（卷八三）西域傳雖載有由第六世紀末葉至第七世紀初期時代之于闐狀況，然其內容幾與魏書所載無異，僅增一國王姓王名卑示閉練之名稱而已。舊唐書（卷一九八）西域傳述第七世紀至第九世紀終時于闐之情形如下：

『于闐國，西南帶葱嶺，與龜玆接，在京師西九千七百里。勝兵四千人。其國出美玉，俗多機巧，好事祆神，崇佛教。先臣于西突厥。』

唐書（卷二二一之上）西域傳則曰：

『于闐……距京師九千七百里，瓜州贏四千里。幷有漢戎盧杆彌渠勒皮山五國故地，其居曰西山城。勝兵四千人。有玉河，國人夜視月光盛處，必得美玉。王居繪室。俗機巧，言迂大，喜事祆神，浮屠法然。貌恭謹，相見皆跪。以木爲筆，玉爲印。凡得問遺，書戴於首，乃發之。自漢武帝以來，中國詔書符節，其王傳以相授。其人喜歌舞，工紡績。西有沙磧，……于闐東三百里，有建德力河；七百里有精絕國。河之東，有汗彌，居達德力城，亦曰拘彌城，即寧彌故城。皆小國也……。』

合此二書觀之：唐代之于闐，於漢代于闐舊地之外，復併有戎盧扞彌渠勒皮山之地；置首府于西山城。常備軍四千人。領內有玉河，產玉。其人民風俗，一般均好美術。國王居室，四面均有壁畫。全國上下均崇拜祆教（Zoroastrism）之瑪智達神（Ahura Mazda），或奉佛教。俗好歌舞。多營紡績業。民重禮義，謹嚴敬人。于闐東三百里，有建德力河。其東有拘彌國，即唐代之汗彌國，有達德力城。

復次，由二書以觀中國與于闐之交涉，則如下：于闐王室姓尉遲氏（西藏所傳之Vijava），名屈密（唐書作屋密），唐太宗貞觀六年（西曆六三二），遣使來獻方物。十三年，阿史那社爾奉太宗勅諭，伐龜茲；于闐王伏闍信出駝馬三百頭，以慰唐兵。社爾部下歸中國時，伏闍信從之來長安。時太宗崩，高宗立。帝大喜，授伏闍信大將軍之號；其子玷，亦賜將軍。彼等留數月，乃返本國。時復請于朝廷，留子弟修學於長安。高宗上元初（西曆六七四），伏闍信死，伏闍雄立。雄率子弟酋領七十人來中國；又助中國擊吐蕃（西藏人），獲功良多。高宗乃置毘沙都督府，使轄于闐及其附近十州之地，以伏闍雄為都督。武后天授三年（西曆六九二），伏闍雄死，其子璥立。玄宗開元十六年（西曆七二八），璥死，尉遲伏師戰（舊唐書省戰字）繼立。伏師戰死，伏闍達嗣。尉遲珪，尉遲勝相繼嗣位。肅宗至德元年（西曆七五六）安祿山之亂，于闐兵在長安者皆助唐力戰。故肅宗乾元三年（西曆七六〇），于闐王尉遲勝之弟曜率兵居中國時，朝廷授曜太僕員外郎，使專司西域藩屬交涉事宜。

（五）五代之于闐——五代時，中國內亂無已，不能致力于西域，然于闐仍與中國有數次之交涉。五代史（卷七四）西域傳載第十世紀于闐之狀況如下：晉高祖天福三年（西曆九三八），于闐國王李聖天，遣使者馬繼榮來貢方物。高祖遣張匡鄴及高居誨使于闐。冬十二月，匡鄴一行自靈州出發，二年至于闐。天福七年冬，還中國。述于闐狀況曰：

『聖天衣冠如中國。其殿皆東向，曰金冊殿。有樓，曰七鳳樓。以蒲桃為酒，又有紫酒，青酒，不知其所釀，而味尤美。其食粳，沃以蜜粟，沃以酪。其衣布帛。有園圃華木。俗喜鬼神而好

12

佛。聖天居處，嘗以紫衣僧五十人列侍……。其國東南曰銀州，盧州，湄州。其南千三百里，曰玉州。張騫所云窮河源出于闐而山多玉者，此山也。其河源所出，至于闐分爲三，東曰白玉河，西曰綠玉河，又西曰烏玉河，三河皆有玉而色異。每歲秋水涸，國王撈玉于河，然後國人得撈玉。……聖天又遣都督劉再昇獻玉千斤及玉印降魔杵等。漢乾祐元年，又遣使者王知鐸來。』

當時于闐造葡萄酒及其他酒類，以粳米，蜜粟，酪爲食，以絹布爲衣；均與前代正史相同。其教爲佛教及祆教。東南有銀州，盧州，湄州，南千三百里有玉州。此四州，似爲唐書高宗時使于闐王伏闍雄管轄十州之一部。白玉，綠玉，烏玉三河，已如前述。每當秋季，河水涸，國王先與侍臣來河採玉，而後人民方得採之。于闐王李聖天，遣部下劉再昇來中國，曾獻多量之玉。漢隱帝乾祐元年（西曆九四八），復遣王知鐸來。自國王李聖天以下，如劉再昇，王知鐸等姓名觀之，則于闐顯然已極度漢化，而採用中國式之姓名。且與中國往還甚密，事甚明白也。

13

（六）宋代之于闐——宋史（卷四九〇）西域傳記第十世紀至十二世紀時中國與于闐交通之事實甚詳，今摘其要點如下：宋太祖乾德三年五月（西曆九六五），于闐王遣佛僧善名，善法二人，攜國書來中國。同年冬，華僧道圓過于闐，國王乃遣貢使，從道圓來中國。四年，于闐王子德從奉王命，攜國書來朝，貢方物。太祖開寶二年（西曆九六九），使者直末山至中國。同年，善名再來中國，國王男總嘗託之獻玉刀。四年（西曆九七一），僧吉祥齎國書至，文中有曰：『近破疏勒國，得舞象一頭，欲獻中國，未知朝廷賞納否？』乃命送之。眞宗大中祥符二年（西曆一〇〇九），于闐王黑韓（Khākān）以鶻羅斯溫等爲使者，至中國，貢方物。仁宗天聖三年（西曆一〇二五），遣正使羅面于多，副使金三，都監趙多等來朝，獻玉鞍轡，白玉帶，胡錦，獨峯駝等物。仁宗嘉祐八年（西曆一〇六三），遣使者羅撒溫來中國，貢方物；朝廷賞金五千貫，載于所獻獨峯駝以歸。由神宗熙寧年間（西曆一〇六八—一〇七七）至徽宗宣和年中（西曆一一一九—一一二五），每年朝貢中國，甚至有一年二次者。朝則獻珠玉，珊瑚，香類，琥珀，西錦，七面鳥，膃肭臍等。中國則賞之錦繝，衣服，器具等。

宋代于闐之交涉，可注意者有二點：一，當外交往來之任者，常為佛教之僧侶；二，眞宗時代及其以後來中國之使者及于闐王之名字，皆為回教民族之稱呼。今簡單說明其理由如下：第十世紀時，回教民族之勇將沙陀克卜格拉汗(Satok Boghra Khān)之孫亞布耳哈森那斯勒(Abûl-Hasan Nasr)，伸其勢力至塔里木流域，攻疏勒，壓迫佛教徒，使改宗穆罕默德教。疏勒遂敗服。于闐王 Jagālī Khalkhālī 伐疏勒，不能下，乃歸。疏勒地方，自此遂歸回教徒支配之下。然西部土耳其斯坦，又生變亂，回教徒之將軍哈森卜格拉汗(Hasan Boghra Khān)前往討伐之。是時乘塔里木流域兵備空虛，疏勒先叛，與回教軍戰。而猶蘇夫加德勒汗(Yūsuf Qadr Khān)復引大軍陷疏勒，疏勒之佛教徒遂奔于闐。猶蘇夫加德勒汗復攻于闐。當時之戰爭，完全為宗教戰爭，故吐蕃，即西藏人，因同為佛教徒之關係，乃由南方助于闐。同時，回紇人(Uigur)自先代以來常與回教徒為敵國，故由北方救于闐。于闐得此二國援兵，故奮戰頗久。敵軍雖衆至四萬，尚不能破之。防守二十四年，終以弓折矢盡，遂屈服。國王 Jagālī Khalkhālī 死，猶蘇夫加德勒汗自立為于闐王。時為西曆一千年(或一〇〇二)。故西曆一千零九年及其以後，與中國交涉之于闐王及其使者有回教民族之名字也。又自西曆九百六十五年以後，僧侶所以充于闐使者而往來於中國者，蓋回教徒方以強銳之勢自西方襲來，對于此種壓迫，彼等佛教徒乃希望由同教之中國方面得一臂助，以共同抵抗回教徒。僧侶之往來，蓋卽表示此政教兩方面之希望而已(參照 Stein: Ancient Khotan, I. 180—181)。于闐與宋通好，同時亦通于遼。遼史(卷十七)屬國表有：遼聖宗統和七年(西曆九八九)二月，于闐使者來獻方物。同年十一月，遣張文寶。翌年二月，復遣使貢方物。此等交涉，蓋可解為商業上之來往，且為對回教防禦之一端。

(七)宋以後之于闐——西曆約一千一百二十五年至一千二百零八年之間，即西遼 Kara-Khitai 領有塔里木流域之時代，于闐史料缺乏不明。一千二百十八年，塔里木流域歸成吉思汗領有時，于闐亦屬之。瑪哥孛羅(Marco Polo)于西曆一千二百七十一年至七十五年之間，旅行于中央亞細亞，過于闐，曾記曰：『人民信穆罕默德教，政治上屬於大可汗（即忽必烈）』。忽必烈死後，至第十四世紀，塔里木流域爲察哈台(Chagatai)家二族所分領，而相爭奪。明史（卷三三二）外國傳，載有第十四世紀至第十七世紀于闐與中國之交涉。明世祖永樂四年（西曆一四〇六），國王打魯哇貢玉璞于中國。十八年，國王偕哈烈八買名馬。二十年，二十二年，均貢方物。神宗萬曆年間（西曆一五七三—一六一九），仍納貢物云。

六，佛教之傳來

【本文】『王城南十餘里，有大伽藍，此國先王爲毗盧折那（唐言遍照）（註四）阿羅漢建也。昔者，此國佛法未被，而阿羅漢自迦濕彌羅國至此林中，晏坐習定。時有見者，駭其容服，具以其狀上白于王。王遂躬往觀其容止，曰：「爾何人乎？獨在幽林？」羅漢曰：「我如來弟子，閑居習定。王宜樹福，弘讚佛教，建伽藍，召僧衆。」王曰：「如來者，有何德？有何神？而汝鳥棲，勤苦奉教？」曰：「如來慈愍四生，誘導三界；或顯或隱，示生示滅；遵其法者，出離生死；迷其教者，羈纏愛網。」王曰：「誠如所說，事高言議。既云大聖，爲我現形；既得瞻仰，當爲建立，罄心歸信，弘揚教法」。羅漢曰：「王建伽藍，功成感應」。王苟從其請，建僧伽藍。遠近咸集，法會稱慶，而未有揵稚（註五），扣擊召集。王謂羅漢曰：「伽藍已成，佛在何所？」羅漢曰：「王當至誠，聖鑒不遠！」王遂禮請。忽見空中，佛像下降，授王揵稚：因即誠信，弘揚佛教。』

【註四】梵語 Vairocana

【註五】梵語Ghaṇṭa

【解釋】（略）

【考証】所謂佛陀顯現空中，雖爲傳說之記事，然此等傳說所表現者，無非當佛教尚未行至于闐之前，在迦濕彌羅僧人遍照始來傳佛教一事實而已。魏書（卷一〇二）于闐傳記遍照建之寺院事曰：

「城南五十里有贊摩寺，即昔羅漢比丘比盧旃爲其王造覆盆浮圖之所。石上有辟支佛跣處，雙跡猶存。」

比盧旃即毗盧折那(Vairocana)遍照之異譯；贊摩寺之

位置，與西域記之「城南十餘里」不一致，然其名稱則相當于西藏所傳之 Tsarma Vihara (Rockhill: Life of the Buddha, P. 237)。遍照傳來佛教，雖傳爲在于闐建國第一百六十五年即 Vijayasainbhava 王即位之第五年；然以于闐建國之年代不明，故遍照傳來之年代亦難確知。第三世紀後半，朱士行往于闐，得般若經之梵本。且小乘派之僧侶對朱士行之送梵本大乘經予中國一事，曾加以阻害。故第三世紀時，大乘小乘均已流布于于闐，甚明。佛教能致如斯之盛大，必經相當之年月；是以遍照傳教于于闐之時代，當在第二世紀或其以前•第二世紀前半期爲迦膩色迦王出，印度佛教傳播于四方之時代；然則，遍照傳教于于闐或亦在此時。

（未完）

陝建廳擬定鑿井十年計劃

督促各縣農村自動鑿井

陝省地形，縱長橫短，山嶺重疊，森林稀少，雨量每感缺乏，是以全省各地最易致旱。如前數年關中各縣，發生亘古未有之大旱，其後陝南陝北各地亦時有報旱求賑之舉。水利局年來對於本省水利，雖盡量經營，將來有八大惠渠之實現，亦不過灌溉於濱河之地；距離稍遠，卽難蒙其澤惠。建廳有鑒及此，欲輔助導河之不及，特擬具鑿井十年計劃，並令關中區各縣選派學員來廳受訓，期滿仍歸各縣倡導。現該廳已組織鑿井隊爲十大隊，每隊分設三班，計共成立三十班，卽分派於長安迤東渭南迤南各縣，實施開鑿。每班每月以鑿成二眼計算，全年可鑿成七百二十眼；每眼灌溉田以三十畝計算，每年可灌田二萬一千六百畝。灌溉地較旱者，每畝收穫量約可增加三斗以上，共計年可增加六十四萬八千石。除該廳提倡爲人民開鑿模範井眼外，幷勸導人民組織鑿井隊，卽以各縣曾受練習隊工充任隊長，所有需用鑿井器具，完全由該廳代購，以期地下之水盡可利用，則旱災或可不復見於三秦矣。

（八月二十日上海晨報）

16

記魏書地形志校異

牟潤孫

魏書地形志校異三卷，附錄一卷，淸溫曰鑑鐵華撰，道光十六年刊本。是書別有張氏適園叢書本，題曰魏書地形志校錄，亦三卷，無附錄；首有朱琦序，仍題校異，殆初名校異，其後乃易今名耶？陸心源跋是書名之曰魏書地形志集釋，似陸氏所見本又與是本有異矣。

朱琦序，道光刊本亦有之，而署梁章鉅名。檢朱琦小萬卷齋文藁卷八果有是文，目下注『代』字，當是朱氏代梁撰者。梁朱同舉嘉慶七年進士，過從甚密；溫氏求序於梁，而梁浼朱爲之捉刀，事本可能。適園本不題梁而依實署朱名者，則張氏未見道光刊本也。張氏跋云：

> 鐵華此書據潯鎭汪志，本名校異；多附錄一卷，有道光辛卯梁章鉅序，張鑑序，丙申丁宸跋。刊本今已不可得見。朱蘭坡序亦云校異，陸存齋跋以爲集釋，今收得拾香草堂原藁本乃名校錄。蘭坡所舉各條，鐵華業已補入。

張氏蓋從小萬卷齋文藁中錄出朱序，不知此即所謂道光辛卯梁章鉅序也。適園本與道光本二序文字悉同，惟中間數行小有更易。適園本

> 余公退餘閒，披覽甫竟，竊意其間魯魚亥豕，原不必盡咎原書：如武邑郡之灌津當作觀津，偏城郡之波野當作沃野之類，或音近，或形似，經典皆有。故君於汲郡治城頭，據元和志當作枋頭城；東魏郡聊城有管城，據漢志『管』當作『菅』：並以爲轉寫致誤，是也

一節，道光本作

> 批牘餘閒，瀏覽甫竟，竊謂如武邑郡之觀津訛作灌津；偏城郡之沃野訛作波野；常山郡之房山訛作所山；東魏郡之菅城訛作管城；或音近，或形似，不必盡咎原書。至如汲郡治城頭，據元和志當作枋頭城；高陽郡劉義隆置，據宋志當作劉駿；陳留郡濮水，據水經注當作汴水；汝南郡瀘陽，據水經注當作濯陽。

此或出諸梁氏之手歟？檢對正文，則道光本實不及適園本遠甚；適園本所據拾香草堂本爲溫氏較後之藁，自應

詳密，此亦治學常有之事。就量言，適園本幾爲道光本之三倍；就質言，則適園本密而道光本疎。如：卷上獲嘉條，適園本引太平寰宇記及元和郡縣志；東郡條引通鑑注；厭次條引寰宇記；卷中兗州條引錢大昕說；司馬德宗條引通鑑注：道光本皆不引；間且有襲人成說，不註出處之歉。然亦有道光本有而適園本無者，如任有廣平鄉城條，道光本注云：

按漢志廣平國有廣鄉縣，後漢蓋省入任縣。當云『有廣鄉城』，衍一『平』字。胡三省以爲平鄉城者誤也，平鄉城已見南趙郡平鄉縣注。

適園本無之。又如趙郡條，道光本有

按前漢志，景帝三年改爲邯鄲郡，五年復故，此誤

數語。適園本悉去之，改用齊召南說。又蔚州永安中改懷荒禦夷二鎮置寄治幷州鄔縣界條，道光本注云：

按酈道元傳：『肅宗以沃野，懷朔，薄骨律，武川，撫冥，柔元，懷荒，禦夷諸鎮並改爲州，其郡縣戍名令準古城邑』。則二鎮改州已在肅宗時，而志以爲永安中改置者，亦改其寄治，非即二鎮故地也。又按六鎮之名，禦夷其一，今趙氏引孝文紀太和十八年詔六鎮及禦夷城人，謂禦夷不在六鎮，亦是一說。

適園本亦悉去之，改引通鑑注。又浮陽郡屬瀛州條，道光本脫『瀛』字，注云：

當屬冀州，今本脫『冀』字。

適園本注云：

汲古閣本脫『瀛』字。

可知溫氏原用汲古閣本，其後改用淸殿本，故適園本多校汲古閣本譌誤語也。附錄一卷，載魏書地形志失收之地，爲溫氏從魏書及隋志，元和志，水經注各書中輯錄補成者，別爲一編。其爲用不下於校異，惜適園未見其稿，道光本又罕流傳，世人幾不知有是書矣。今年春游廠肆得睹道光刋本校異，併附錄計之，才四册耳。急詢價，書友堅不肯售，云已有主；勉強假歸，以適園本校之，信宿取還。越半載又讀溫氏書，忽憶前緣，因記其梗概如斯。

二十四年七月二十四日識於注史齋

附錄一：張鑑序

余友溫君鐵華病魏志地形之譌，取兩漢，晉，宋，隋各

志，參以水經注，元和郡縣志，太平寰宇記，輿地廣記，方輿紀要，旁采近世顧氏，全氏，錢氏，洪氏諸說，仍本之各史，通鑑，證其疏舛，補其罅漏，於是拓拔之幅員近可讀矣。粤自典午陵夷，中原雲擾，魏起朔方，豆分瓜剖，武定以還，始列版章。然南司，陽，楚等二十三州，名號遞更，疆域紛改，或一郡縣割成三四，三四之中又復離析，流民僑寄，南北一轍；故魏澹繼譔諸志闕如，佛助操觚固由草創，官司文簿散弃綦多，實則專守王隱太康地道一記，穢史詒譏，卒亦不刋。夫隻手不能障千古之目，據酈善長說，別有土地記之名，誠以讐校，如平陽郡治楊，章武郡治故，建興郡治陽阿，多不印證，欲以息後人之喙，難矣。鐵華恬於利祿，閉戶著書，一塵不染。以余之沈痾荒殖，尚更迭舉示。今見此稿已經三易，卽起何承天，李賢，胡三省諸賢訂之，能有此勤且精否？行將促之剞劂，遂書以爲緣起。同里張鑑。

附錄二：丁宸跋

後魏拓拔氏起自北方，至道武奄有河北之地。太武時西至流沙，東接高麗，所未得者漢中及南陽彭城之南而巳。轄州百十有一，郡五百十九，縣千三百五十二，戶口至五百餘萬；土宇版章亦綦廣矣。顧其時輿圖劃分南北，其僑置諸州郡未免沿革不常，稱名互異。李延壽史既不作志，魏收但記地域廣袤，而沿革多所未詳，故讀魏書以考訂地名爲難。余友鐵華大兄博採羣說，廣爲引證，輯成地志校異一書，於魏書所未詳者注明之，舛謬者駁正之，共得三百九十餘條；而一百七十一年中州郡建置始末瞭如指掌。其有裨於史學良非渺小；行將與正文並垂不朽，而不僅區區考訂之功足矜淹貫已也。丙申正月，同里丁宸謹跋。

粵漢路株韶段工程進展

分三段積極修築

段際聯運將實現

南北交通開一捷徑

【衡陽通信】粵漢路株韶段工程局，自二十二年遷移衡陽，積極開工以來，分南北中三段按時進行，逐段鋪軌。其由粵之樂昌至湘之株洲，計未成路線共有四百零六里，在北端最艱巨者，則有淥洣耒三大河橋；在南段最艱巨者，則有湘南粵北之隧道十餘座及五大拱橋工程，尤以第二總段間自樂昌至羅家渡一段爲更甚。該段路線係沿粵省北江而行，一面臨水，一面依山，內有隧道五座，興築至爲不易。現該段自二十三年下半年開始鋪軌以來，業已到達羅家渡。通行工程列車，附帶營業，最近二星期內即可展至坪口。從此南北交通可闢一新局面。而段際聯運，亦經該路湘鄂株韶南段三局，於本年三月間與湘粵各省當局，商討公鐵兩路聯運問題，並議決以廣州（包括黃沙）銀盞坳，連江口，英德，韶州，樂昌，坪石，小塘，宜章，郴州，耒陽，衡州，南嶽，湘潭東，易家灣，長沙東，汨羅，岳州，通湘門，徐家棚，漢口等處爲聯運站。如由廣州坐火車到坪石約需十一小時，三等票價約四元七角；由坪石到小塘坐粵省公路汽車約半小時，票價約四角八分；由小塘至衡州坐湘省公路汽車約七小時，票價約六元六角五分；由衡州至長沙亦坐湘省公路汽車，約需五小時半，票價約五元四角；由長沙至徐家棚（即漢口對江）坐湘鄂段火車約需十四小時，三等票價約五元七角；共計約需時三十八小時半，共聯運票價爲二十二元九角四分。除公路外，鐵路尙可以九折計算。至其他中途膳宿旅費等項，以普通經濟而言，共約十元，亦可敷用。上述辦法正在由有關各方面協訂合約，至遲本年九月初即可實現。此後南北以及華中華南間旅行者，在粵漢全線未接通以前已能得到一最經濟而且省時之捷徑；較之昔日之繞越海道，至少可減省時間一半以至三分之二矣。（二十五日）

（二四，八，一，大公報）

同蒲路開行兩區間列車

【太原一日下午十一時發專電】同蒲路由臨汾至侯馬段，及由太原至原平段，均於一日開行區間列車，運輸客貨。（廿四，八，二，大公報）

滇西龍陵縣修築惠通橋已完工

【昆明】滇西龍陵縣修築惠通橋，現已完工。其橋高十丈，長三十六丈九尺，寬九尺。建築費達國幣八萬餘，工程亦非小，竟於兩年告成。省府以該縣長邱天培督修有功，特記大功二次，以示鼓勵。（三十一日中央社電）

（二十四，八，二，申報）

粵漢鐵路整理計劃委員會成功

【南京】鐵部粵漢鐵路整理計劃委員會已成立，通過分步工作大綱，內設工務，機務，運輸，財務，組織等五組，並將在武昌成立辦公處。各組即正式組織成立。此後即按照初步工作大綱進行調查設計等事宜，以便按步實施。（二日專電）

（廿四，八，三，申報）

閩東公路進行測勘

【福州】閩省公路，除閩南，閩北兩路幹綫已築成，閩西現正續築外，閩東公路幹綫，已由經委會測量隊隊長陳萬率同全隊測量員出發勘測，計（一）由古田經屏南周墩福安至斜灘達壽寧一綫，長一八八公里，（二）由閩侯經馬尾通江羅源甯德白石達福安一綫，長一七零公里，（三）由白石經鹽田霞浦福鼎通浙平陽，長一二零公里。現該隊已測至古田，即向屏南進行。又由閩侯經大湖古田建甌一綫，長一五零公里，亦將由該隊測量。（三日中央社電）

（廿四，八，四，申報）

粵建廳測勘廣三路展築段

【香港】粵省府決將廣三路展築，經四會懷集至賀縣八步至梧止，長二百三十公里，建築費預算千萬。建廳派員四日開始測勘路綫。（四日專電）

（廿四，八，五，申報）

曾仲鳴接洽展修隴海路借款

【中央社上海六日電】鐵次曾仲鳴前次來滬，向中國交通上海金城大陸五銀行接洽借欵五百萬元，完成隴海路西安展至蘭州工程，最短期內可望簽訂合同云。

（二四，八，七，大公報）

陽原縣之沿革

李泰棻

吾國地理沿革，夏商兩代，甚至西周，多不可攷；所謂唐虞，更無論矣。匪特本縣爲然，各省乃至各縣莫不皆然。楊攷地理，斷自周代，誠鉅識也。楊篤西寧新志，地理（即本志沿革）攷古起於周代。然依尙書禹貢，本縣當屬冀州。若依爾雅釋地，本縣當屬幽州。更依周禮職方，本縣當屬幷州。如是則禹貢既爲夏制，爾雅咸推殷制，職方明係周制，三代沿革寧非有說可資，何得謂夏商西周多不可攷耶？

附禹貢，爾雅，周禮，及呂氏春秋九州之區別如左：

禹貢：（一）冀州，（二）兗州，（三）靑州，（四）徐州，（五）揚州，（六）荆州，（七）豫州，（八）梁州，（九）雍州。

爾雅：（一）冀州，（八）幽州，（六）兗州，（九）營州，（七）徐州，（五）揚州，（四）荆州，（二）豫州，（三）雍州。

周禮：（七）幽州，（八）冀州，（九）幷州，（五）兗州，（四）靑州，（一）揚州，（二）荆州，（三）豫州，（六）雍州。

呂氏春秋：（二）冀州，（九）幽州，（三）兗州，（四）靑州，（五）徐州，（六）揚州，（七）荆州，（一）豫州，（八）雍州。

然禹貢乃周末作品說詳拙著今文尙書正僞禹貢正僞，文長不具引，然晚近學者皆認此說不誤，爾雅爲西漢產物說詳顧頡剛讀爾雅釋地以下四篇，刊在史學年報，而周官至早不過六國時書淸人萬斯大周官辨非，毛奇齡經問，崔述豐鎬考信錄周公相成王下，皆謂周官非周公所作；今人錢穆周官著作時代攷（刊在燕京學報）證明周官乃六國時作，條理證據精確無比，誠定論矣，推其時代亦同呂覽淮南之流；以周末地理思想亦或稍含事實而上溯三代古制，縱有所本，礙難徵信。故愚著綏遠疆域沿革見拙著方志學第八章亦未敢依據三書。所謂寧闕勿濫，久服斯言。本志疆域沿革，當自東周攷起。屬以代國爲最先，邑以安陽爲最古。今徵載籍以揆事理，準山川以定地望，證誤析疑，實事求是，謬誤容有，大略無差焉。

東周本縣地屬代國。

逸周書王會解，伊尹作獻令，正北十二國有代翟。管子，『齊載金錢之代谷，求狐白皮；代王聞之，去其農處山林求狐』。宋羅泌路史，有貸無代，蓋『貸，代』通也。明尹耕兩鎭三關志，『代，湯所封，同姓，子爵』。宣化府志曾駁尹說。按史記趙世家，子晰告趙簡子，『主君之子將克二國於翟，皆子姓』，正義曰，『謂代及知氏』，則尹之說亦似有據。至寰宇記謂代爲姜姓之國，未知何本。愚按逸周書其他各篇著作時代尙待攷定，若王會解之伊尹朝獻則實周末作品；管子之書，戰國人參入資料亦多，故所載代國史事未敢深信。然其國後爲趙襄子所幷，足證立國不虛。特起於何時，封自何代，何爵，何姓，殊難徵實耳。

戰國屬趙，爲代，安陽。

史記趙世家，『主父封長子章爲代安陽君』。水經注，『濕水東逕東安陽縣故城北，趙惠文王三年封長子章爲代安陽君，此即章封邑』。案章爲武靈王子，酈注因史記書於惠文年中，遂誤爲惠文王子也。東安陽在縣西河南諸村，以水道考之，應即曲長城也。

漢代郡桑乾，陽原，東安陽三縣地；代郡治桑乾。

漢書地理志：代郡，秦置；屬幽州；縣十八。桑乾莽曰安德。道人莽曰道仁。地理風俗記，去參合五十里。案當在今山西陽高縣南。當城濕水經注，當在今蔚縣東。高柳西部都尉治。一統志在陽高縣西北。馬城東部都尉治。十三州志，高柳東百四十里。案當在今懷安縣柴溝堡北。班氏莽曰班副。大同縣志，在縣東南。延陵據水經注，當在今山西天鎭縣新平堡。狋氏莽曰狋聚。十三州志，在高柳南百三十里。案當在今天鎭桑乾河南。且如中部都尉治。大同府志，在豐鎭廳東。平邑莽曰平胡。十三州志，在高柳南八十里。一統志，在天鎭。案當在今大同縣東。陽原。東安陽莽曰竟安。參合水經上在敦水南。案敦水今白登河，在陽高縣南二十五里。平舒莽曰平葆。在今山西廣靈縣。代莽曰厭狄亭。懸劭曰，故代國。今蔚縣。靈丘。廣昌莽曰廣屏。鹵城莽曰魯盾。山西通志，在繁峙縣東。

案地理志於縣注郡尉治，不注太守治，而縣名先書者必爲郡治；以續漢書郡國志對校，確然無疑。桑乾爲今陽原一部地，故代郡治也。因備書所領縣，注今名以資考證，所以辨言代郡治代者之誤也。楊篤代郡辨云，『言地理者皆知蔚州爲故代。明蔚人尹耕作代國，代郡二考，世多稱之。尹氏謂代國都代，以漢文以前，凡言代王代相皆在蔚，近是。謂代郡治代，自趙秦及兩漢，凡言代郡代守尉皆在蔚，則非也。蔚，

2

代縣也，故代國也，秦漢未嘗爲郡。漢志凡縣名先書者必郡所治。地理志代郡領縣十八，首桑乾，次道人，代縣最後，是西漢之郡，治桑乾不治代。郡國志，代郡領縣十一，首高柳，次桑乾，代縣爲殿，是東漢之郡，治高柳不治代。水經注曰：「高柳在代中，故代郡治，秦始皇虜趙王遷以爲郡，王莽所謂厭狄也」。是秦之郡，以治高柳不治代。惟謂莽改高柳爲厭狄，似西漢亦治高柳者，與班志不合。班志代郡注，「莽曰厭狄」，高柳但注「東部都尉治」。漢邊郡設都尉典兵，有分縣得比郡。高柳與同郡之馬城且如皆都尉治，非太守治，而王莽所改之厭狄乃一郡之統名，非一縣之專名，不得相混。吾更以范史證之。本紀，建武六年，「代郡太守劉興擊盧芳將賈覽於高柳，戰沒」，別高柳於代郡，其不爲太守治甚明。耿弇傳言「更始徵代郡太守趙永；弇父況爲上谷太守，勸永詣光武。及永北還，而代令張曄據城反叛。弇弟舒襲破之，永乃得復郡」。上谷治沮陽，在今懷來縣南，代郡治桑乾，在今西寧縣東，相距三百里，故能於事應援。代縣爲蔚州之代王城，在桑乾南，相距八十里，故能中道爲梗。若其時代郡治代，則張曄之叛當云「據郡」，不當云「據城」。若其時代郡已治高柳，則其地爲今山西陽高縣，其去上谷四百餘里，其去代縣二百餘里，揆以事義均不甚合。故嘗斷自景武以來，至東漢光武，代郡皆治桑乾，其後則治高柳。以盧芳之亂，邊民內徙。建武二十六年始復八部；二十七年以代郡屬幽州。東觀漢記言「城郭邱墟，掃地更爲」，而郡治之非舊可推而知也。自中元以來，至曹魏黃初，代郡皆治高柳，其後始治代。以靈獻之際，烏桓鮮卑叛服不常；黃初七年，鮮卑遂入居高柳，終魏世不聞更復。而晉書地理志代郡僅四縣，先書代，其郡治之再徙又可推而知也。若元魏治平城，爲今大同，唐治雁門，爲今代州，皆非兩漢之舊。自漢高以雲中，雁門，定襄，代郡五十三縣統名爲代以封兄仲，其後中都清河皆號代國，而代之名愈混。應劭於代郡代縣皆注故代國，特爲分別；其實代郡治代僅石趙慕容爲可據。而遂不攷史家通例，水經諸書，遽謂上自趙秦，下及兩漢，凡言代郡代守尉皆在蔚，不亦疎乎？志地理以疆域爲斷；考疆域以年限爲斷。

吾怪夫今之志大同者，合雲中，雁門，定襄，代郡，新興五郡爲一；又怪夫尹氏志兩鎭三關語焉不詳，而於其鄉里尙茫然也』。

水經注，『濕水自班氏來，東逕北平邑縣故城南，東逕狋氏縣故城北，又東逕道人縣故城南，又東逕陽原縣故城南北，俗謂之北那州城。顯水又東流，陽水注之，水出縣東北大澤中，北俗謂之大拔廻水，水自源東南流注於濕水。又東逕東安陽縣故城北，趙惠文王三年，封長子章爲代安陽君，此即章封邑。地理風俗記曰，「五原有西安陽，故此加『東』也」。濕水東逕昌平縣，溫水注之，水出南墳下，三源俱導，合而南流，東北當作東南逕濕水。濕水又東逕昌平縣故城北，昔牽招爲魏鮮卑校尉屯此。濕水又東北逕桑乾縣故城西，又屈逕其城北。魏土地記曰，「代城北九十里有桑乾城，今縣東八十里壺流河西，城西渡桑乾水。去城十里有溫湯，療疾有驗，今縣東七十五里澡洗塘」。水又東流，祁夷水注之』。以上略本楊篤西寧新志卷一攷證，更參以楊守敬前漢地理圖。但楊圖未著東安陽縣；揆之地望，楊篤之說甚是，故從之。

東漢代郡桑乾東安陽二縣地。

續漢書郡國志，『建武二十七年七月，代郡屬幽州』。

陽原縣省，郡治高柳。

晉代郡代安陽二縣地。

後魏地形志，『安陽，二漢曰東安陽，屬代郡；晉屬』，是晉代郡有安陽也。而晉地理志，代郡僅代，廣昌，平舒，當城四縣。府志據之，以西寧爲代縣地。案晉書成於唐人，出魏書後，當兼從魏書。

後魏屬代都，爲畿內地；後置昌平郡萬年，昌平二縣。東魏復爲安陽縣，屬高柳郡。

楊篤西寧新志卷一攷云，『案元魏制凡數變。道武定都平城，爲代郡，置司州，安陽在畿內，食貨志所云「天興初定京邑，東至代郡」是也。孝文遷都洛陽，改司州爲恒州，別置燕州，時爲昌平縣，地形志所云「太和中分恒州東部置燕州，領昌平郡魏志作平昌，今依水經注改，縣二，萬年，昌平」是也。萬年，魏志作「萬言，今依隋書地理志改。孝昌之亂，恒代以北並爲邱墟，時燕州徙治幽州軍都。今昌平州，魏志作宜都者，刻本誤也。

4

永熙中，復僑立安陽縣，屬高柳郡，地形志所云「寄治肆州秀容郡城」是也。秀容，今山西忻州。案僑置之邑雖不可據，然必先有是地而後乃立是名。意太和中分置昌平郡時，今縣西南諸村仍屬恒州，故亂後徙治各從所部也。

水經注，「濕水東逕昌平縣，溫水注之」。案溫水出縣西北二里海子堰，左會黃羊坡水，南流逕縣城。又一泉自城西南注之，舊志通謂之滸河。其水經冬不凍，三源俱導，與酈注悉合。則今縣城去北魏昌平故址不遠，在桑乾河北二十里。其渡河東南，魏時有故城，酈注證爲漢昌平故城；以上谷之舊縣入代郡之域中，因元魏郡縣之名而誤也。故日下舊聞考，昌平山水記，皆言漢故縣在今昌平州，證以後漢書寇恂耿弇傳，及魏征南將軍劉靖碑，其非西寧無疑。乃方輿紀要誤據隋志，以今州爲魏郡。隋書地理志，「涿郡昌平，舊東燕州及昌平郡」，誤以僑郡爲本治也。府志復堅執酈注，以魏郡爲漢縣，而後漢昌平已屬廣陽郡，其說必不可通，遂謂今之西寧能越蔚州諸地而屬京師：縮地求合，愈失愈遠矣』。按楊所考歷證各書之誤，精確無比矣。

隋靈丘縣地，屬雁門郡。

隋書地理志，『靈丘，後魏置靈丘郡，後周置蔚州，又立大昌縣。開皇初郡廢，縣併入焉。大業初，州廢』。案此則合今之蔚縣，陽原，靈丘，廣靈爲一縣地，而陽原應爲隋靈丘縣之北境。然舊唐書以安邊爲隋縣，而志不載，蓋不久即廢。隋書兼志五代，文有詳略也。

唐蔚州橫野軍安邊縣，屬河東道。

楊篤西寧新志卷一考云，『唐書地理志，「蔚州東北有橫野軍。乾元元年徙天成軍合之，而廢橫野軍」。又云：「蔚州，貞觀五年治靈丘，開元初徙治安邊」。舊書云：「安邊，隋縣」，新書云：「開元十二年置，治橫野軍」，是開元中州與軍縣同治一地，其文互詳。惟新書言至德二載州復故治，似還治靈丘者，舊書則云乾元元年置蔚州，爲不合。案，舊書是也。乾元元年置蔚州，與廢橫野軍同時，是蔚州於此年始治今州，安邊縣亦隨之而徙，故郡及縣皆更名興唐，而舊縣遂爲天成軍地。元和郡縣志：「雲州東至淸塞軍一百二十里，又東至天成軍六十里」，則確爲今之天鎮，與西寧相距七十里，故兩軍可合爲一也。若通典謂橫野軍在蔚州東北百四十里，元和志謂在州東北百三十里，乃今靈丘至今蔚州之路；州已再徙，兩書仍沿其舊，遂多牴牾。以致方輿紀要從遼史係之順聖西城，又據宋白說謂在蔚南（續通典橫野軍初置在飛狐，後移蔚州）。府志從唐書係之蔚州，又泥杜佑說謂在深井（案深井雖在蔚州東北，而相距百七里，亦不合，去靈丘三百里矣）。今案雲中志言「蔚州北八十里，天城南七十里，有大古城門，世代莫考」，其地在今縣東八里之方城堡，嘗斷爲橫野軍安邊縣地。以唐天文志所測極度證之，故當是也』。今按楊守敬唐地理志圖未載橫野軍安邊縣，蓋亦以衆說紛紜，莫衷一是；若觀楊氏此考，必當恍然矣。

宋雲中府路蔚州地，但不久卽失。

宋史地理志，『雲中府，唐雲州，大同軍節度。石晉以賂契丹，契丹號爲西京。宣和三年，始得雲中府，武，應，朔，蔚，奉聖，歸化，儒，嬀等州，所謂「山後九州」也』。

又云，『蔚州，唐置，石晉以賂契丹。宣和五年，守將陳翊以州來降。六年，翊爲金人所殺，復取之』。

按宋之政權及於本縣，雖爲時特暫，然楊氏西寧新志竟未考及，唐後卽接遼代，似亦未妥。

遼西京道弘州博寧軍刺史，永寧，順聖二縣地。

遼史地理志：『東魏置北靈丘郡。唐初地陷突厥。開元中，置橫野軍安邊縣。天寶亂廢爲襄陰村。初軍曰永寧，統縣二：永寧，順聖。順聖本魏安塞軍。五代兵廢。高勳鎭幽州，分永寧縣置，初隸奉聖州』。

楊篤西寧新志卷一考云：『案弘州（一作洪州）在魏末自爲昌平及安陽地。遼史旣以蔚州之定安當安陽，舍數百年相承之故縣，從一時權宜之僑郡，誤。順聖故城在今縣東城東八里，去壺流河入桑乾處十二里：河西爲漢桑乾縣，故代郡治也，河東爲北魏萬年縣，故昌平郡治也；無所謂安塞，魏地制亦不立軍名（僅西河有什星軍，疑「縣」字之譌）。又據志有白道泉，白登山。白道泉以之名者衆矣。白登山在陽高縣南，桑乾河之北，爲彼時宏州西境；而志以河南之火燒嶺當之，謂之火山，云有火井，殆未讀水經注全文也，皆誤矣』。楊

6

守敬遼地理志圖亦同此說。

金西京路弘州刺史，襄陰，順聖二縣。

金史地理志，『弘州，下，刺史，國初爲保寧軍，縣二：襄陰，倚。本名永寧，大定七年改。順聖，本安塞軍故地，遼應曆中置』。按以順聖爲安塞軍故地，誤同遼史；不言魏，蓋疑之也。考唐書兵志，安塞爲范陽道十六軍之一。地理志，幽州西南有安塞軍，則不在山後八軍內，與順聖無涉。方鎮表，『永泰元年，渭北鄜坊別置都團練使，增領安塞軍』，則今陝西延安屬縣，尤與順聖無涉。遼史言魏安塞至五代兵廢，明誤以唐爲魏；不然，元魏邊縣至隋唐無不省改，何獨一軍戍歷四百餘年猶相承耶？通鑑乾寧四年，『李克用攻安塞軍』，注云，『在蔚州東，嬀州西』。蔚州志據之，謂克用所攻即州之定安故縣。宣鎮志又據遼史，以爲即順聖之東城。案舊五代史唐本紀言『乾寧元年，安塞軍戍將劉仁恭攜族歸克用』，劉仁恭傳則謂『仁恭爲蔚州戍將』，是其地固當在蔚。本紀克用以四年八月大舉伐仁恭；九月戊寅師次蔚州；辛巳攻安塞，大敗於木瓜澗：是其地去蔚又非一日程。一統志，木瓜澗在廣昌東南四十里，可證也。 7

則以屬蔚州東七十里之定安已非。而乃以順聖東城當之，言地里者轉相依從，此考古之疎也。以上楊篤按語，見西寧新志卷一。楊守敬金地理志圖亦同此說。

元大同路弘州及順寧府順聖縣。

元史地理志，『遼置弘州，金仍之；舊領襄陰，順聖二縣。至元元年，割順聖隸順寧府，省蔚州爲仙靈縣屬焉。其年復改爲蔚州。後并省襄陰』。

明宣府左衞地，後置順聖川東西二城。

明史地理志，『宣府左衞有順聖川，北有東西二城：東城元爲順聖縣，西城元爲宏州。洪武中俱廢。天順四年修築二城』。又云，『保安右衞，永樂十五年置於順聖川楊守敬明地理志圖謂置於懷安衞（今懷安縣治）者蓋誤矣，十七年徙治西沙城』。舊志謂『天順四年從武強伯楊能之請，築東西城。成化二十年，置分守參將，以二城屬南路』。據此則本宣府左衞地，旋爲保安右衞，衞徙復爲宣府地，其後始別爲南路，而直隸於都指揮使司；明史特從其初，係於宣府左衞也。

清初仍明制，後改設西寧縣。

清史列傳卷十一郭世隆傳，世隆巡撫直隸時，於康熙三十一年十一月，疏言以順聖川西城改為西寧縣，得旨俞允。畿輔通志，康熙三十二年置縣，以東城併入，屬宣化府。按兩書所載甚合，蓋三十一年十一月准設縣而翌年實行也。

民國元年，仍西寧縣名。二年，改陽原縣，屬直隸省口北道。

按民國二年，廢清代府制，直隸宣化府改口北道，初置觀察使，後改道尹。改道時以甘肅有西寧府，內務部為免重複，故改本縣為陽原，從漢代故名也。

民國十八年，直隸省屬之口北道劃歸察哈爾省，本縣遂屬察哈爾省。

民國十七年，國民黨統一中國，五月北伐完成，旋改直隸為河北省，廢舊日道別，以舊京兆二十縣統歸河北。十八年，又劃口北道十縣歸察哈爾，於是與察哈爾特別區之口外六縣，共十六縣，而別成一省。

附沿革簡表如左

戰國	趙國 代 安陽
西漢	代郡 桑乾 陽原 東安陽
東漢	代郡 桑乾 東安陽
晉	代郡 代 安陽
後魏	昌平郡 萬年 昌平
東魏	高柳郡 安陽縣
隋	雁門郡 靈丘縣
唐	河東道 蔚州 安邊縣
宋	雲中府路 蔚州一部
遼	西京道 弘州 永寧 順聖
金	西京路 弘州 襄陰 順聖
元	大同路 弘州 順寧府 順聖縣
明	宣府 順聖川 東西二城
清	西寧縣
民國初年	西寧縣
民二以後	陽原縣

陽原縣志十八卷，本邑李革癡先生（泰棻）纂，民國二十四年五月出版。其書極有法度（其敘例目次當于下期續刊），而于社會經濟之變遷，生活產業之形態，均甚注意，洵為近年方志名著。茲先將沿革一篇刊載於此，藉當介紹。　編者。

開封小記

蕭愚

1

一，道路及交通

開封爲河南省會，北臨黃河；出開封北門到黃河之黑崗口僅十八里。南門外數里有隴海鐵路，東達徐州與津浦鐵路連接，更東則達海州連雲港；西至鄭州，與平漢鐵路連接，更西則至西安，與西蘭公路相啣。

開封城周圍約十餘里。北門西門各一。南門有二：偏西者爲舊日固有；偏東者爲馮玉祥督豫時新鑿，規模較各舊門爲小，有『小南門』之稱。東門亦有二：偏北者俗稱『曹門』，通山東曹縣之大道也；偏南者稱『宋門』，通宋故城商邱之大道也。故老相傳，則謂宋太祖微時，嘗因事爲官府追捕，逃到東城，城牆爲裂，因得逃去，後遂就其裂處另闢一門，乃有『宋門』之稱焉。

城內外街道，舊極狹小不平，略經雨雪，便泥濘難行。民國三四年間，始有石子馬路，自督署至城南公園爲當時最長之馬路。民八九年間，承大旱之後，華洋義振會以工代賑，與築自宋門至南門外西後街間之馬路，是爲開封第二條用石子築之長馬路。此後，商業繁盛居戶稠密之區，石子馬路逐漸興修。但修補不時，溝渠不通，平日崎嶇如故，霧雨仍舊積水，視前改進不多。近年路政建設之呼聲一出，開封馬路之興修由河南建設廳全盤籌劃，興築六大幹路，拆讓路旁房屋，加寬路身，一律修成柏油路，路旁人行道亦用三合土修成。現各幹路峻工者已達十之六七。僅就馬路一點言之，開封視國內通都巨邑無多讓焉。

開封有無線電台一座，每日早十點至十二點，晚六點至十點播音，河南多數縣份均可聽收。城內及車站附近可通電話，聲音極爲清晰。開封與外縣，有長途電話可通者，亦達三四十處。交通部河南郵電管理局設於開封，各縣設有分局，開封外縣間之不通長途電話者均通電報與郵件。開封所用之車輛，城內及車站附近以人力車爲多，四鄉仍用『太平車』。汽車雖日漸增加，但究以要人用及軍用汽車爲多，餘則爲建設廳之長途汽車，及私人專爲營業用之兩三輛耳。建設廳之長途汽車，自開封通車之區約達三十餘縣，以後當能推及全省。但惜定價太昂，乘者不易普及，不免爲發展之障碍。人推單輪車，已漸趨淘汰。馬車，在開封竟未曾通行，以後將永不通行矣。

二，官署，學校，及文化機關

開封官署學校頗多。河南省政府，省政府各廳，河南省黨部，河南綏靖公署，河南保安處，省會公安局，河務局，煙酒稅局，開封市政委員會，開封縣政府，教育局，營業稅局，郵電管理局，開封縣黨部，契稅經理局，黃河水利委員會，河南高等法院，開封地方法院，……或爲一省之機關，或爲一縣之機關，或爲中央政府特設直轄之機關，種種名色，不遑枚舉。

學校方面：屬於大學教育者，有河南大學，內分文，理，法，農，醫五院，學生約近千人，常年經費聞有三十餘萬。專科學校，有省立職業學校及私立東嶽藝術學校，私立河南藝術師範學校，私立體育學校，私立中原藝術學校。中等學校及師範學校，有開封高中，開封師範，開封女子師範，開封初級中學，開封女子中學，俱係省立；黎明中學，兩河中學，濟汴中學，豫中中學，靜宜女中，北倉女中，明誠中學，嵩陽中學，中州中學，明倫中學，明倫女中，梁苑女中，現代中學，大華中學，私立高中，豫光中學，建國中學，強豫中學，志成中學，俱係私立。小學校，省立者十一所，縣立者十四所，公安局立者三所，私立者三所。此外，民衆學校及實驗小學，共約七八處。各中小學生人數，至爲差池。大抵，省立學校學生常在三四百至六七百之間；縣立小學之學生，較少；私立中小學，學生最多者可在五百人左右，然亦間有一二學校僅有學生二三十人或竟至僅十數人者。省立學校經費，可照預算發九成，縣立小學僅能發六成。私立學校，每年學校收入，大概足敷開支，一二成績優良之學校且能年有贏餘，存爲基金。收支不足相抵，其勢將趨於關門者，僅有五六私立中學而已。

近年，因政局穩定，開封教育顯見進步。如各校圖書館之漸趨實用，標本儀器之逐漸擴充，優良教師之漸能久於其職，學生對於校規已能大部服從，學校行政已無紊亂現象，其最著者也。又如，開封教育界之派別的割裂局面雖依然如昔，但實質上已起變化。以前是：是本派的即要，不是本派的，如無特殊情形，決不要。現在是：是本派中之好的方要，不好的亦不要。此亦一進步也。

此外，開封實驗教育區之工作，頗值吾人注意。該區係李廉方先生所主持。李先生主張環境教學，以一種活動爲一教學單元。此種主張，詳具於李氏所著國語教學課程方案中，曾在該區附設之小學校內加以實驗，頗著成效，甚得各方之贊美。該區出有鄉土教材，兒童玩具多種，及季刊一種。季刊之內容及形式，均前此開封所無。鄉土教材，雖有時稍嫌粗疏，然大體可供小學教師教學之用。玩具，則定價過昂，未免有貴族化之誚。該區之工作，頗予開封小學界一新鮮的刺激，江南人士已有開始加以注意與研究者。作者北來時，聞教育廳對該區有取銷之議，不知眞相如何，至可念也。

開封圖書館，有省立圖書館一處，內藏舊籍甚富。閱覽人數，每日約在百人以上。新書有押金者，可以外借。但間有一二學人，因研究上方便，雖非新書，不交押金，亦可於商得館長同意後暫時借出。館長係井偉甦先生，舊學根底甚深，藹然長者也。

開封有博物院，藏有甲骨鐘鼎等古器物。有地質調查所，每年出有調查報告。有大小報館七家，而河南民報及河南民國日報，因政府及黨部之補助，規模略具；其餘各報則維持已感困難，談不到改進也。

三，農產

開封之土壤，四鄉不齊。西鄉北鄉及東鄉之一部份沙多質薄，二十年前幾等棄地。後以人工翻沙，始植花生。十數年來，爲開封農作物中之巨額產品。每年花生熟後，花生行及市民群相購置，露天曝晒，去殼囤集，待價而沽。十一二月間，南商北來；隴海道上貨車絡繹不絕者，俱裝運花生米（花生之去殼者）經徐州而南下者也。近年，少數花生米商人感覺運費過重，乃有變生爲熟之法：買花生米後，就地榨油，賣其糟粕，而獨運油以去，所省運費不止一半。開封之花生類出品遂有花生米與花生油之分。居留開封之英商某，過去兩年，曾對花生囤集事業投資十萬。作者曾對其經紀人某君表示不滿，諷其有包辦嫌疑。據某君談，開封之花生事業，如無百萬以上之投資，便談不上包辦。某君之言雖未必完全可信，然開封花生米貿易額之盛要可知矣。

開封南鄉及東鄉之大部，土質均極肥沃。產大麥，小麥，高粱，菽，綠豆，豇豆，青豆，玉米，穀，芝蔴，棉，白薯，紅薯；而小麥，高粱量最多，棉，綠豆，白薯，紅薯次之。小麥及高粱產額，每年頗足開封境內之用。近年雖迭有別縣麥麪在開封相當地暢銷，然開封麪粉每日流出境外以爲軍需之用者，數量亦不在少。棉之產額，近年似逐漸減低；開封土布，銷路日蹙，或其主因也。就全體言之，開封肥地反不如沙地經濟利益之大，此爲一極有趣味之事。

開封蔬菜，有白菜，蘿菔，荆芥，韮菜，菠菜，油菜，芥菜，王瓜，扁豆，絲瓜，茄子，豆莢，生菜，香椿，筍，梅豆等。近年有天津蘿菔，洋白菜等。

開封果樹，有柿，梨，棗，栗，杏，桃，李等。梨子，柿子，棗子，每年運往境外者亦多。普通樹木，有柳，楊，松，栢，槐等，而楊柳最多，栢號稱『祥栢』(開封舊名祥符)，最名貴，惟產額少。

開封水中產品，魚較多，小蝦及蟹偶爾有之。開封境內之黃河鯉最美，其迤西及迤東之黃河鯉均不如也。

開封農間之情形，近數年之收穫均大致不差，治安上亦較前稍好。大體上言之，尚可度日，其中一小部份人且可略有積蓄。但就最近之趨勢言，亦有至可慮者。蓋鄉人繁殖甚速，而田中所出有限，城市經濟又日頻窮途，已不能如前之吸收鄉間剩餘份子。且鄉村人亦日漸感染城市奢侈之習，紅綠洋布已漸取藍白棉布而代之，煤油已將代替菜子油，普通烟葉將讓位於紙烟捲；而二年以來，粱麥之價較前反爲低落。此絕非小事而可以兒戲視之者！

四，商業

開封商業，有『旅商』與『坐商』之分。前者多爲外來商人，寓於客棧或其所專業之『行』內，因時而來，以時而去，人數多寡及損益情形多屬流動性質，並無一定。此類商人，以營花生，皮革，藥材，糧食，鮮貨等業者爲多。有專門招待此類商人者，名『行商』(行音杭)。行商，各就專業設有專行，往往院落寬敞，房屋略具，可以住客，可以存貨。旅商買賣，均爲經手。交易一定，則按成抽取經手費，謂之行用。往日金融活動，旅商人多，手頭亦頗濶綽，行商霑惠不小；近來除花生業外，其餘旅商與行商俱日趨於消沉矣。

坐商，乃指開有店鋪之商人而言。此類商人以布匹綢緞業及百貨店業爲主要。近三年中，此三業敗壞殆盡。前年年底，布匹業之同時歇業者聞達七十餘家，同業之僅存者不過勉強維持，不至虧累而已。綢緞業，表面上似尚可支持，然据商會中人言，實無一家不賠，滿心想歇業，而官廳不准，無可奈何也。百貨店業較前二者稍勝，其間有不能支持者，亦有年有贏餘者；然即就後者言，亦不如以前遠甚矣。

銀錢業，五六年內的變遷最大，倒了三個銀號，銀行則由一個而七個。當民十七八年間，只有一個省銀行，後來添上個交通銀行，中國銀行，上海銀行，中央銀行，又添上個金城銀行儲蓄處，去年改爲正式金城銀行；再添上個豫鄂皖贛四省農民銀行，去年改爲中國農民銀行。這七個銀行，各有各的做法，在開封人底心目中俱尚有其相當的信用。至其營業方法，損益情形，則未知究竟如何也。

書業，在民二十一二年以前，俱獲利無算。某書店以三千元之資本，至年終結賬時，股東所分紅利竟達原資本額一倍以上。雖營業者得其人，亦時機湊巧，非全由一人力也。一折小說書初發賣時，售價之廉震動全城，每日往各書店購買者絡繹不絕；其發賣別縣者，日以二三十蔴袋計。是時，各書店之業此者無不紅光滿面。然花無常好，一二年間風氣丕變，書業頓呈蕭條。近年考試大盛，關於應考之書籍甚易脫手。現各書店雖尙不至如布匹綢緞業之賠累，而三年前營業之盛況究不可復見矣。

旅館業，飯館業，浴業，電影業，戲業近年亦大不好做；然資金充足，設備完善，招待週到，營業略具眼光與手腕者尙不至完全賠累也。

五，工業

開封工業以手工業爲主要。木工，石工，染工，竹工，裱糊工，成衣匠……等業，各開一小鋪面，由主持人收徒自助，勤勞堅苦，平常率能維持；一旦有大工，則分招匠人，按日計價，精於計算之頭腦人頗能獲得餘利。至泥水匠人，素日並鋪面亦無之，有事時臨時集合，每日淨得工資若干，他非所問也。理髮業，近年頗發達；其規模較大，設備較全者，月入甚旺，每屆舊曆年終，一理髮師所分紅利有達四五百元者，以視大百貨店之老板反有過之無不及也。

開封新式工業，有電燈公司一所，製革公司一所，翻砂廠二所，麵粉公司二所，印刷所規模較大者七所。電燈公司，過去營業惡劣，近因與上海某電氣公司合作，資金人才較前充實，官廳軍營中又已不如以前之不納電費，燈光較前爲明，而利潤亦較前爲厚。製革公司，往年較好，去年亦無利可言。翻砂廠，据聞營業尚好，其詳情不明。麵粉公司，一爲官股，一爲商股，出品互有短長，故各有一部份之顧主，利益並不衝突；近年營業以前者爲較好。印刷所，二年以來倒閉者二，其未倒者除二官辦者外，恐只有一兩所工人自己組合者能眞站得住也。十年前，開封尚有火柴公司一廠，頗能應河南全省之需要；惜迭受軍事影響，廠址被佔，無形擱置，今機器成銹鐵矣。

六，宗教

開封之宗教，舊以佛道教爲最普遍。自民十三馮玉祥督豫，佛道廟宇盡改爲學校及文化機關，神像俱爲毀棄，僧尼道士或改業，或出境。十年以來，其信徒迄無聚會禮拜之所，亦未聞其有所抗爭或作復興之圖。蓋佛道教在今日之開封已極爲銷沈矣。

天主教，在開封有教堂一所，建築宏大，作尖塔式。設有醫院一所，女學一所，專門學校一所。北伐軍佔領漢口前，所有在豫外人完全退去，教會設立之醫院及學校全部停辦。近數年雖逐漸恢復，亦不復有以前之盛況矣。教徒似不多。

基督教在開封者，有聖公會，內地會，浸禮會，長老會，安息會等。長老安息在開封之工作不如在外縣者，不甚爲一般社會所知。聖公會浸禮會舊各附設小學一，及男女中學各一；內地會附設福音醫院一。內地會之醫院，在開封頗著聲譽。北伐軍事向北進展時，雖曾一度停頓，但不久即經恢復，近年規模且較前爲大。惟自河南大學附設醫院以後，新式設備頗稱完全。福音醫院，雖經擴大，其地位反不如昔。浸禮會之小學及女學雖已宣告停辦，男中則於北伐軍事結束後即行恢復；嗣後不久，爲華人收回自辦，成績頗佳。聖公會之小學及男女中，經一度停頓後均已恢復，惟原來男女兩校於改易新校名後變爲新校之兩部。其教職員之人選，組織，較停辦前不只進步一倍；但學生之人數，學校之聲譽，以及眞實之成績，反不如十年前之能在開封中學界名列前茅。此恰可與福音醫院之情形，作一有趣之比照也。基督教徒在開封者，當有二三千人。

回回教在開封之歷史遠較天主教基督教爲久，教徒人口約在七萬以上，共有清眞寺十六所，其教育事業及經濟能力均較一般爲落後。全縣清眞寺雖多至十六，而小學僅設三所。人口雖衆，而作小營生者最多，富有之家寥寥可數也。其最大之特點，爲能吃苦，能互助，能犧牲。二三十年來，禍亂頻仍，軍事迭興，有力者毀滅神像，軍隊佔據廟宇教堂，而回教寺院如獨處世外，完然無損，此由於其潛在之勢力爲一般人所畏忌，而足使吾人驚異者也。近開封回教公會已成立，聞其組織及份子均相當健全，主持者頗有爲回民謀福利之意。然經費支絀，前途能否發展尙不可知也。

七，附記

綜觀開封各方面之情形，近數年來確有相當之進步。如時局繼續安定，開封之一切建設均可徐徐推進，其成績當較現狀爲勝。此一點，頗足使我人樂觀。但更就另一方面言之，開封經濟情形之敗壞已絲毫不能掩飾。十年之間，富者貧，貧者困，其例比比，莫遑畢舉。電影院，戲院，茶社數目，較十年前不止多出一倍，此非市面之趨於繁榮，實乃象徵一般人苦悶之大，及遊手好閒者之多。而一般人築室置物，只圖省費悅目，不遑審其堅柔，蓋只謀現狀之苟安，不再作長遠之打算矣。凡此皆開封前途之重大隱禍。此隱禍之暴力實挾世界的背景以俱來，固絕非開封一隅之表面上的新建設所可相抵相消，亦絕非開封一隅之官民所能全力挽回。此問題性質之嚴重及其內容之複雜，均大足耐吾人深思者也。

廿四年七月北平旅舍中

開封面積及人口，因係數字的統計，旅中無從稽考，故不及。又開封古蹟傳說及待考証者頗多，本文不能容，俟異日別記之。

——作者附識

7

歐亞公司新闢

陝蓉綫昨晨試飛

八時四十分起飛，下午即抵西安

今晨再由陝試飛漢中而至成都

交通部爲便利川陝交通計，特於前月令由本埠歐亞航空公司開闢陝蓉新航綫。該公司總經理李景樅奉令後，即從事積極籌備，並於上週親自由平飛陝視察。返滬後，即籌備試航事宜，現一切俱已就緒，故特於昨日上午八時四十分，令由該公司代理機航組主任何恩爾，西安站主任楊醒鐘，及駕駛機師pastell，卡司特伯爵等三人，駕容克斯三十四號巨型五號飛機，由龍華飛機場出發，試飛全綫。李景樅氏本擬隨機前往，沿途視察，旋因滬要公甚多，故臨時中止。

華東社記者於昨日下午六時往詢該公司負責人，據云，試航機係於八時四十分由龍飛機場起飛，因今日（即昨日）氣候甚佳，故試飛殊爲順利。該機裝有無綫電通訊設備，沿途均有電拍滬，報告行止。計十時零五分過首都，下午一時十分過鄭州，至四時卅一分即抵達西安機場。較向來飛行速度早到五十九分鐘，實開歷來未有之新紀錄。

又據該公司查秘書謂：由滬至西安，本公司向有航綫，故試航甚爲簡便，行程爲一千二百九十公里。西安至成都，本公司則向無航綫，故試飛較爲麻煩；行程因未試飛過，故不知其詳，大約在六百公里光景。是綫多山嶺，如試飛順利，則三小時即可完成。今日（即昨日）出發之試航機，下午抵西安後，即在該處過宿，明晨（即今晨）八時再由西安試航。經漢中並不停留，即直飛成都。

華東社記者最後又詢查秘書，此次試飛後，倘成績良好，則何時可以正式通航。據謂：日來外間盛傳已定本月十日通航。但本公司雖希望是日可以實現，惟深恐萬一籌備不及，或發生其他阻碍，而不能如期通航，則斯時反失却公司信用，故公司方面絕對暫不發表正式通航日期云。

（廿四，八，二，申報）

陝蓉航線

歐亞公司代交部經營

查鎮湖談商洽之經過

【上海通信】記者昨晤及歐亞航空公司秘書查鎮湖，談及陝蓉航線事，據云：陝蓉航線乃本公司承受交通部委託而開闢，與現在本公司所經營之其他航線性質不同。本公司對於此線，除在飛航上負責代辦外，所有漢中，成都兩地機場及電台等，概由交部自行設備。航線全部營業收入，亦歸交部。其支出如機師月俸，機器折舊，機油消耗等，則由公司向部取回相當酬勞，約爲每公里一元八角餘。本年六月，公司曾向交部呈請，由公司經營此線，但經批駁。事後另行磋商，乃允由公司爲交部代辦。交部所以未許公司直接經營，蓋亦有故，緣交部於過去經驗中，感覺從前經營航線辦法實未臻妥善也。

當民國十八年八月，中國航空公司由交部與美國飛運公司合組之初，交部本意，原在利用外資及國外技術人才。次年本公司成立時，亦本此用意，訂立合同。故兩公司合同中，皆明白規定，美德兩方除担任股本外，並供給技術人才，指定航線經營，均以十年爲期；在經營三年後，所有技術人才均須易以國人。但迄今已逾三年，關於技術人才須盡易國人之一點，並未能完全做到。以是交部感覺過去經營辦法殊欠妥善，不應再使兩公司直接經營之航線增加；若事實上誠有增加必要，不如逕行自辦。

現在除兩航空公司已在經營之航線因有合同關係外，若有新線開闢，如由公司呈請核准，必遭批駁無疑。惟在此本國飛航設備未全之際，當可通融，由公司代部經營而已。去年中國航空公司所闢之渝昆線，亦係由交部委託該公司代辦者。至於本公司增加股本之原因，乃在於維持已定航線。因本公司創立之始，目的即在貫通歐亞交通，故無日不在使此理想成爲事實。惟滬新線自盛馬一役後，因新省當局不允通過，不得不將蘭州至塔城之極西段停航。迄今二年之中，已屢次與盛世才交涉，但皆不得要領。此線既不能直通塔城，中德間之交通即無從聯貫；中德間既無從聯貫，即本公司每年皆須虧蝕，增加資本遂成必要。

至於平粵線，因廣州與鄭州之間，極少商業往來，營業清淡。近且以漢口長沙兩地機場爲水所淹，又不得不將南段暫告停航。至於北平至鄭州之一段，則仍照常行駛。而較佳者，僅寧夏包頭一線而已。本公司現有飛機七架，時感不敷調遣，且皆爲容克斯式34及33號，機齡較老。現長沙航空公司新採用者係容克斯式160號，其速力昇空率皆較佳，故向該公司暫借三架。如合本公司所需，即另購該項新機；如不合用，即行退還。外傳向德定購三架，並非事實云。（三日）

（二四，八，六，大公報）

楊守敬地理著述考

朱士嘉 1

清代史家多兼精輿地之學，顧祖禹，胡渭，徐松，李兆洛等各有專著，或詳釋水道之源流，或窮討州郡之沿革，或就一書而繁徵博引，爲之箋注，用闡義蘊，其爲學也無不以全力赴之，故能發前人之所未發。迄乎清末，楊惺吾先生崛起楚北，竭數十年精力於此，遂集諸家之大成，蓋近百年來治歷史地理者無能出其右焉。

先生，湖北宜都人；生道光十九年（一八三九），卒民國四年（一九一五）。平生無他嗜好，惟金石與書法耳。年二十，獲見鄭蘭家藏六嚴所作歷代沿革圖，假歸摹繪，如出一手；鄭蘭顧文彬咸驚歎爲奇才，於是求進之志益堅。年三十餘，始撰歷代輿地圖，後又續撰隋書地理志考證，漢書地理志補校，晦明軒稿，水經注疏（未成），水經注圖，禹貢本義，三國郡縣志補正，水經注疏要刪，輯古地志等十種。相與商榷校讐者，歸善鄧承修，東湖饒敦秩，枝江熊會貞，黃岡馬範疇，陳鴻濟。文昌潘存最激賞之，於歷代輿地圖題詞（光緒五年）云：「楚北楊君惺吾博覽羣籍，好深湛之思，凡所論述，妙悟若百詩，篤實若竹汀，博辨若大可。尤精輿地之學，嘗謂此事在漢以應仲遠爲陋，在唐以杜君卿爲疏；此必有洞見癥結而後敢爲斯言，所謂『眼高四海空無人』者也。所撰歷代輿地圖貫穿乙部，隋書地理志考證算及巧曆，而水經注疏神光所照，直與酈亭共語，足使謝山却步，趙戴變色，文起梅村未堪比數。靈縕歲久，煥若神明；曠世絕學，獨有千古。大雅宏達，不我河漢」。先生之才與識，卒前三十餘年已爲人所推重如此。

其精心之作，始於同治年間（時三十餘歲），成於光緒三十四年（時七十歲）。茲依年代先後分述之，首列書名，卷帙，版本，次及序跋，目錄，書後間或附以按語，以待博雅君子稽攷焉。

(一)歷代輿地圖：

1. 歷代輿地沿革險要圖七十篇（光緒三十二年重校刊本）

孫壁文序（按孫序今本缺，見光緒五年東湖饒氏刊本。以其於本書無所發明，故不迻錄。）

饒敦秩跋（光緒五年）敦秩弱冠，讀乙部書，苦於地理不知其鄉；又今古異名，尤費稽考。後得顧氏方輿紀要讀之，嘆爲絕作，其歷代州域形勢尤得要領；惜其無圖，思欲補之，而見聞寡陋，未遑丹鉛。去歲與楊君惺吾論及此，出舊稿一帙，云係十年前與歸善鄧君承修所同撰者。其中自正史而外，有歷代割據及十六國等圖，較江陰六氏沿革圖爲翔實，而梁陳周齊四代乃缺焉。余以爲此不可不補之也，乃延惺吾至余家，與之鈎稽排比而成之，又推廣於東晉，東西魏，五代，宋南渡及歷代四裔諸圖；合之前稿，共得六十七篇（按目錄凡七十篇），略著其說於圖隙，使讀者易於省察。其於關塞險要，尤兢兢致意。雖地無常險，古今情殊，鑒往事之得失，知將來之利弊，此區區與惺吾輯錄之意，不第以考古爲讀史助也。

自序（光緒三十二年）四十年前，余在京師，與歸善鄧鴻臚承修同撰歷代輿地沿革險要圖；光緒戊寅復與東湖饒君敦秩增編而刊之。歲久漫漶，鄂中滬上西蜀均有翻本而訛謬茲多；擬重鐫之，未暇也。邇來有日本河田羆者就余書删倂，竟以南北朝合爲一圖，而圖中又只題劉宋北魏兩代，豈知南之宋齊梁陳，北之元魏齊周，其疆域州郡分合不常，乃以一圖括之；五代十國亦只一圖：反謂余圖爲疏略，其誣罔何可言。使初涉亥步者驚其刻印之精美，不考其事實之有無，貽誤後學匪淺鮮也。乃囑門人熊君會貞重校之，亦間補其缺略。吾願讀此圖者勿徒觀其表焉可也。

目錄：

禹貢九州圖，爾雅殷制圖，職方周制圖，春秋列國圖，七國形勢圖，秦三十六郡圖，楚漢之際諸侯王圖，楚漢之際形勢圖（舊刻本缺），前漢地理志圖，前漢末割據圖，後漢郡國志圖，後漢末割據圖，三國疆域圖，三國形勢圖，晉地理志圖，東晉疆域圖，前趙疆域圖，後趙疆域圖，前燕疆域圖，後燕疆域圖（西燕附），南燕疆域圖，北燕疆域圖，前秦疆域圖，後秦疆域圖，西秦疆域圖，前後蜀疆域圖，前涼疆域圖，後涼疆域圖，南涼疆域圖，北涼疆域圖，西涼疆域圖，西夏疆域圖，楊氏疆域圖，南宋州郡志圖，南齊州郡志圖，梁疆域圖，陳疆域圖，晉宋齊梁陳形勢圖（舊刻本缺），北魏地形志圖，東魏疆域圖，西魏疆域圖，北齊疆域圖，北周疆域圖(後梁附)，東西魏齊周形勢圖(舊刻本缺)，隋地理志圖，隋末割據圖，唐地理志圖，唐藩鎮圖，李茂貞割據圖，夏元昊割據圖，後梁並十國圖，後唐並七國圖，後晉並七國圖，後漢並六國圖，後周並七國圖，宋地理志圖，宋南渡疆域圖，遼地理志圖，金地理志圖，元地理志圖，元末割據圖，明地理志圖，明九邊圖，方輿紀要名山大川重險圖(舊刻本缺)，兩漢四裔圖，南北朝四裔圖，隋四裔圖，唐四裔圖，宋四裔圖(舊刻本缺)，元四裔圖，明四裔圖，地球圖(見舊刻本，今缺)

按歷代輿地沿革險要圖初刊於光緒五年，凡六十七篇。續刊於光緒三十二年，凡七十一篇。後者多出楚漢之際形勢圖一篇，晉宋齊梁陳形勢圖一篇，東西魏齊周形勢圖一篇，方輿紀要名山大川重險圖一篇，宋四裔圖一篇。惟地球圖為今本所删。圖中注釋亦互有異同，大抵後出者愈精詳愈扼要，刊版亦較清晰可觀，益見楊氏二十餘年來致力輿地之學，無日不在進益之中，而猶虛懷若谷，孜孜不倦，其精神至可欽佩也。鄧承修，饒敦秩，熊會貞諸君先後為之商榷讐校，是書之成均與有功焉。其續刊之由，自序詳之矣。

2. 春秋列國圖(光緒三十二年刊本)

自序　隋書經籍志梁有春秋古今盟會地圖一卷，亡。新舊唐志及宋人著錄，所載春秋圖無慮十餘家，而皆不傳。相傳東坡指掌圖略具方隅，國朝顧棟高春秋大事表圖稍為詳備，而以今日郡縣為主，亦散渙不易理。六嚴之圖，限於篇幅，但書國名，不著屬地，殊未足饜人意。余以為治地學者，禹貢而下，以春秋列國為繁賾，故自服杜京相璠以來，代有傳述，亦多異同，而無圖以證明之，終少抉擇：乃與門人熊君會貞為此圖。其中犬牙參錯，彼此攘奪，既難以專屬，故不強為界畫，而別為分國目錄，并子注其年代，使讀者易於尋求，庶其無缺焉。

3. 戰國疆域圖(宣統元年刊本)

自序　地理之學，有關於興衰存亡者，此古今一也，而戰國為尤甚。當時將師之明畫，策士之陰謀，於地利尤兢兢焉。楚失漢中而巴蜀屏撤，秦得河西而韓魏士崩，其明徵也。國朝爲斯學者，有張琦之國策釋地，頗傷簡略；至狄子奇與程恩澤同撰國策地名考，稱詳贍矣。然如岸門有二：韓策，「秦與韓戰于岸門」，此韓之岸門，徐廣謂「潁陰有岸亭」是也。史記魏世家「走犀首於岸門」，此魏之岸門，晉灼謂「河東皮氏有岸亭」是也。史記集解誤以潁陰當皮氏，水經注疑皮氏而未檢得晉灼之說。狄氏以犀首之岸門不見於策，遂於魏地不載。又如靈邱亦有二：漢書地理志代郡靈邱下，應劭曰，「趙武靈王葬此，因氏焉」，此趙之靈邱，在今代州東。史記趙世家趙敬侯九年，「敗齊于靈邱」，又魏世家武侯九年「使吳起伐齊至靈邱」，此齊之靈邱（亦見孟子），在今滕縣東。臣瓚誤認齊靈邱爲趙靈邱，水經注遂亦沿其誤。狄氏以二靈邱均不見於趙齊策中，乃皆不載。竊謂故書有引國策文而今本失之者，狄氏亦採入附錄。如史公所載，安知非國策佚文，似亦當附錄以完戰國地名之全。又國策地名，往往不見於本策而見於別國中。今據本策之地標目，而注別國于其下，以便翻檢，庶不致迷昧云。繪圖者，枝江熊會貞。

4. 嬴秦郡縣圖（宣統元年刊本）

自序　秦三十六郡之目，見於漢志者，河東，太原，上黨，三川，東郡，潁川，南陽，南郡，九江，泗水，鉅鹿，齊郡，琅邪，會稽，漢中，蜀郡，巴郡，隴西，北地，上郡，九原，雲中，雁門，代郡，上谷，漁陽，右北平，遼西，遼東，邯鄲，碭郡，薛郡，長沙，南海，桂林，象郡也。錢大昕錢坫以爲據。考始皇本紀二十六年「初幷天下，分爲三十六郡」，三十三年「略取陸梁地，爲桂林，象郡，南海」，是置三十六郡，初幷天下事，而置桂林等三郡在後，不應入三十六郡之數（詳十七史商榷）。故裴駰集解除桂林等三郡，而以內史鄣郡黔中充之（本續漢志）。晉志從其說，又增以東越傳之閩中郡，合南海，桂林，象郡爲四十郡。杜佑，歐陽忞，王應麟說同（通鑑胡注亦據裴說），顧祖禹因之，蓋成定論矣。而劉敞謂鄣非郡名，後人更多異議。陳芳績金榜不數內史，增以郯郡。全祖望不數內史，又謂鄣郡晚出，增以東海楚郡。梁玉繩取水經注之廣陽郡易鄣郡。王鳴盛以黔中郡屬楚在始皇三十年後。聚訟紛紛，莫衷一是。夫人所疑者，內史，鄣郡，黔中耳。證以班志郡國一百三合三輔計，則秦郡當合內史計。司馬彪沈約並稱秦鄣郡，安得謂非秦郡？楚世家（頃襄王二十二年），秦本紀（昭襄王三十年）均載黔中郡，則始皇前即有此郡，何待三十年後？況鄣非秦郡，劉攽言之；秦不名楚郡，孫檢言之；酈注廣陽郡，顧炎武駁之；而同一班志，稱故鄣郡則去，稱故東海郡則取，尤為憑臆進退。今仍主裴說，參以晉志，用息糾紛。各郡區域，則準通典，以君卿之說較古也。至秦縣雖多無考，而推求不難得其大數。秦本紀惠文王十年魏納上郡十五縣，漢志上郡領縣二十三，秦縣大抵多於魏，少於漢，然尚難懸定。始皇本紀三十三年西北斥逐匈奴，自榆中並河以東屬之陰山，以為三十四縣，足徵沿河之縣不少，但未指屬何郡，無從與漢縣較量。據漢書高帝紀項羽立帝為漢王，王巴蜀漢中四十一縣，此秦三郡所領縣數也。漢志巴蜀漢中領縣三十八，華陽國志漢分巴蜀，置廣漢犍為二郡，漢志二郡領縣二十五，合計漢共領縣六十三；與秦四十一縣較，秦縣視漢不過少三分之一。又周勃傳定雁門郡十七縣，漢志郡領縣十四；定雲中郡十二縣，漢志郡領縣十一；定上谷右北平遼西（依史記增此二字）遼東漁陽等郡各縣，漢志郡領縣，或增，或減，或同。考勃事在高帝時，其縣當沿秦之舊；雖漢或有析置，而約計秦縣少於漢，應與巴蜀漢中等。以此推之，漢縣道國邑千五百八十七，除武帝後開者外，亦千三四百，則秦縣當八九百矣。班固得見秦地圖，故長廣班氏下兩引其說，惜稱「秦置」「秦更名」者不過數縣，而未即秦縣一一實指之。自酈道元李吉甫以來，所標秦縣漸多，大抵皆據史記秦本紀月表及高祖紀漢諸臣傳著之，而缺略仍不少。余以為秦縣之名率本於前，其有地見春秋戰國而漢又有其縣者，諸家雖不言秦縣，安知其非秦置，故為表以空格別之，並又為圖以黑點記之，使讀者知秦之立縣皆有所因，而漢志之不詳說者可消息得之矣。 5

5. 漢地理志圖（光緒三十年刊本）

自序

周禮大司徒掌建邦土地之圖，注若今之司空郡國與地圖（亦見後漢書光武紀建武十五年詔書），是漢室亦設有專官。班氏之為地理志，必得見司空之圖，故能精核絕倫。惜乎易代之後，遂至失傳（晉裴秀言所見漢氏圖，粗具形似，不爲精審，此必非漢司空之圖），二千年來亦不聞有追爲之圖者。蓋郡縣之所在有山川間之，若但按道理圖之，則山南或逾於山北，水西或度於水東，此一難也。漢魏郡縣，以地形志照之，多有遷徙（如易陽有易陽城，館陶有館陶城，清淵有清淵城是也），而地志諸書不免以新爲故，其難二也。故城古迹，大抵以括地志，後漢書注，元和志，通典，寰宇記所載爲詳，而諸書亦不免參差，其難三也。近時始有番禺陳氏漢志水道圖說，但據今圖求合漢志，分灌淮爲二水而東陵鄉易位，移鬱水於廣西而牂柯江無著，故書雅記不復兼綜。又有汪氏士鐸漢志釋地，凡漢志千五百八十餘縣，皆一一指以今地。夫前漢之縣省於東京者，唯應劭孟康略著其迹（如聞喜，應劭曰今曲沃；安邱，孟康曰今渠邱是也），司馬彪以下遂盡成闕如。以魏王泰，章懷太子，李宏憲，杜君卿，樂永言所不聞者，汪氏從何處知之？憑臆位置，欺罔後學，莫此爲甚！又有陽湖惲氏所刊歷代輿圖稱出李氏兆洛，亦但據其地志韻篇塡寫，除江河諸大水之外皆不復圖；避難就易，未足饜飫人心。幸也，有酈氏之水經注在，今城故城，左右翼帶，次序非然。余乃與門人熊君會貞刺取爲漢志圖，其久失所在者闕焉。志所不載，見於紀傳者，地關險要，亦附出之。別爲釋例一卷，爲讀班志者發其凡。豈敢謂盡厥義蘊，庶免不知而作之誚乎？

6. 後漢郡國圖（宣統元年刊本）

7. 三國疆域圖（光緒三十三年刊本）

自序　武進謝鍾英三國疆域志補注每稱有圖，而訖未之見。然其書中往往據汪士鐸之漢志釋地，而不知其羌無故實，杜撰成書（余別有詳辨）；縱其圖已成，亦未足爲典要。余既爲漢志圖，又爲水經注圖，因以鉤稽三國時郡縣故址，十得八九；又即盱眙吳增僅三國郡縣表補其遺漏：雖未必能如司馬彪之續漢志，以較洪氏之書則精密多矣。惟天水漢沔，魏蜀互爭；荊楚桂零，吳蜀攘奪；江淮之間，時魏時吳；流移遷變，皆據最後之綰籍圖之。其水道則據水經，以水經作於三國時也。

8. 晉地理志圖（宣統元年刊本）

自序　歷史地志，以晉志最爲躊駁，前賢議之者衆矣。自鎮洋畢氏及陽湖方氏兩校本出，似爲完書。然以余流覽所及，覺兩家猶有未盡；今繪為圖，凡兩家已是正者從之，其有未確者置之（不加駁語）。為余所補正者，如河東郡垣縣改作東垣（書鄭注，周官鄭注，說文，左傳杜注，山海經郭注並作東垣，知前漢作垣，後漢晉並作東垣，詳余晦明軒稿），梁國補燕縣（據太康地記），清河郡補清陽縣（寰宇記清河郡下晉省甘陵，于厝縣西南七里置清河縣。又寰宇記清陽縣下云，古清陽之地，故城在今縣東南；後漢併入甘陵；西晉省甘陵，於此清河縣理置清陽縣，復漢名：是晉郡治清河縣，別有清陽縣在其北。觀水經注可證），代郡富城改當城（漢志作當城。闞駰云，當桓都城，故曰當城。水經灅水注應劭曰，當桓都山作城，故曰當城。郡國志亦作當城），西河國補穀遠縣（晉書地道記，穀遠今名孤遠，即後代語譌耳。寰宇記，穀遠，晉末省），西平郡改揖次為揟次（據二漢志），敦煌郡改深泉為淵泉（避唐諱，改陽平郡。清淵作清泉，亦避諱改），隴西郡補河關縣（據太康地記），漢中郡删黃金興道二縣（通典蜀分成固，立興勢。按地形志，延平三年置。元和志，後魏宣武帝置，通典誤。水經注但稱黃金戍。元和志，後魏文帝置黃金縣，唐貞觀二十三年改興勢為興道。此志黃金興勢二縣最謬），犍為郡補開邦縣（水經沫水注，又東逕開邦縣，故平鄉也。晉初置，地在臨邛之西，南安之西），濟南郡下補北海郡（以歷城平陵鄒平於陵菅濕陰著七縣，及祝阿并屬濟南，而以平壽膠東下密即墨都昌入北海郡，此晉志之最謬者；畢方二家亦覺之而未訂正。北海一郡，的為脫漏；錢竹汀增之，致確。畢氏疑武帝以後改濟南為北海，非也），樂安國分利益為二縣（續漢志，樂安領縣九，利第七，益第八，晉志誤連為一），城陽郡補夷安縣（據太康地記），東萊國下補東牟郡（續漢志東萊郡有東牟縣而晉志無之。按懷帝紀永嘉九年有東牟太守龐伉，魏書張幸傳為慕容超東牟太守，北史同，地形志亦有東牟郡，是晉有東牟郡至確。地形志，東牟郡領牟平黃縣惤縣觀陽四縣。黃縣惤縣，晉東萊郡有之。地形志於牟平云晉罷，後復；於觀陽云前漢屬膠東，後漢屬北海，後罷，興和中復。所謂牟平觀陽在東牟左右，地甚遼廓，西晉時此地無甚兵燹，何以荒廢，當是東晉時苻氏慕容氏據青州時罷之也。西晉固當有東牟郡 東牟縣牟平觀陽三縣也），長廣郡補昌陽縣（地形志昌陽，二漢屬東萊，後罷；晉惠帝復，後屬長廣。寰宇記晉無昌陽，蓋即據晉志云然。又稱顧野王晉惠帝元康八年復立昌陽縣，屬長廣郡，是晉長廣郡有昌陽至確），天門郡補澧陽縣（水經澧水注，澧水東逕澧陽縣，晉太康中置），武昌郡改官陵為高陵（宋志，太康元年改蘄春郡之安豐為高陵及邾縣，皆屬武昌，然則此官陵為高陵之誤；邾縣邱墟於張格度，見水經江水注，故晉志不載），安成郡改新諭爲新渝（元和志，吳寶鼎二年分宜春立，以渝水爲名，是從水無疑。宋志作「喻」，亦誤），豫章郡改豫章縣爲豫甯（郡國志於豫章郡下注引豫章記，新吳上蔡永修縣並中平立，豫章縣建安立，此豫章立縣之始，即指分海昏之地也。劉昭引以注郡下者，以新吳上蔡永修豫章諸縣皆立於安順後，非郡國志所宜有，故總注於郡下。宋志有新吳永修，說與豫章記合；晉武改上蔡爲望蔡，說亦合。唯豫甯侯則云漢獻帝建安立，吳曰西安，晉武帝太康元年更名，絕不及有豫章舊縣，而齊書州郡志則又以豫甯爲豫章；至隋改南昌爲豫章縣，而分海昏之豫甯又直稱豫章，作晉志者遂亦同之。水經贛水注本是修水過豫甯縣，後人見與各地志不合，於其旁注「章」字，今本遂爲「豫章甯」矣。淺人又見隋之豫章卽古南昌，並於水經注南昌下又塡以建安中更名西安，晉又名爲豫章，蓋卽襲宋志豫甯縣下語，而又改豫甯爲豫章。不知豫甯自晉立後，宋齊梁陳皆同：謝安傳謝玩封豫甯縣伯，宋王曇首及子曾綽封豫甯縣侯，齊王儉封豫甯縣侯，梁王亮封豫甯縣公，馮道根及子懷封豫甯縣伯，裴之橫及子鳳寶封豫甯縣侯。唯陳書陳擬傳陳祏封豫章縣侯，然南史陳宗室傳仍作豫甯；通檢宋齊梁陳史無封豫章者，則知陳書誤也。然則宋志所云吳曰西安，晉改豫甯，鐵案不移矣。而所以致誤之由者，亦因宋志有脫文，竟以婁安所立即爲西安也者。果爾，則當云「建安中吳立，曰西安」，方可通。今以郡國志注照之，知「漢獻帝建安立」下脫「曰豫章」三字，下接「吳曰西安」則無不合。一爲點破，渙然冰釋矣）。至於晉志大抵以太康中爲斷，惠帝以後所增改則略之。今亦據各地志補入，以完西晉一代之制。南渡後改變愈繁，別爲東晉地理圖。稿創於十年前，熊君會貞覆審之，乃屬黃岡馬君範疇繪圖入木，又幾經校勘而成之。

9. 東晉疆域圖（宣統元年刊本）

自序　晉書地理志大以太康爲斷，惠帝以下卽多脫略，江左更無論矣，此洪氏東晉疆域志所由作也。顧梁益交廣雖有跳梁，而譙盧尋卽殄滅；靑徐雖有割據，而南燕巳歸版圖：一例甄錄，此其宜也。至若北雍西秦縱戡定於王沈，而旋失於赫連，較之陳慶之之得河洛，無殊泡影；乃復虛張士宇，列爲綰籍，此其失也。又如元和志云晉安帝于都縣地置樂鄉縣，寰宇記云晉隆安五年分宜城置樂鄉縣，其地在今荆門以北。又水經注江水又東逕南平郡孱陵縣之樂鄉城北，吳陸遜所築，此城在今松滋縣東，是晉樂鄉縣在漢南，吳樂鄉城在江南，馬牛不及；而洪氏混而一之，且云樂鄉一縣當得鄀孱陵宜城三縣地，何其疏也！

10. 前趙疆域圖（宣統元年刊本）
11. 後趙疆域圖（宣統三年刊本）
12. 前燕疆域圖（同上）
13. 後燕疆域圖西燕附（同上）
14. 南燕疆域圖（同上）
15. 北燕疆域圖（同上）
16. 前秦疆域圖（同上）
17. 後秦疆域圖（同上）
18. 西秦疆域圖（同上）
19. 後蜀疆域圖（同上）
20. 前涼疆域圖（同上）
21. 後涼疆域圖（同上）
22. 南涼疆域圖（同上）
23. 北涼疆域圖（同上）
24. 西涼疆域圖（同上）
25. 後蜀疆域圖（同上）
26. 夏疆域圖（宣統二年刊本）
27. 劉宋州郡圖附校補宋書州郡志札記（宣統元年刊本）

自序　宋書州郡志綰籍雖只江左，而敍述則上承漢魏。其自序以兩漢二志，太康定戶，王隱地道，晉起居注，永初郡國，何徐州郡及地理雜書，互相考覈，用力至勤，故其書翔實精密，校之晉隋二志有上下床之別。惟傳鈔既久，不免奪誤。國朝揚州成君孺為校勘記，多所是正。余嘗覆審之，猶有遺漏，別為札記附後。吁！東晉已來僑立州郡，休文所謂名號驟易，境土屢分，千回百轉，巧曆不算者，今以為圖，尤難精悉；然準望方隅，徵驗史傳，或亦無甚出入焉。繪圖者黃岡馬君範疇，覆審者枝江熊君會貞，例得附書。

28. 南齊州郡圖（宣統元年刊本）

自序　南齊州郡志最為簡略，良由疆土既蹙于前朝，年祀亦不及一世；然而度屬宏多，置立不少，豈綰籍之無徵，抑編纂之過率。據其總目，嘗分宋之荆益為巴州，而自宋以來，荆益之間脫一葉，以下鐫板皆從缺。如今以沈志及隋志照之，荆州補永寧郡長寧縣，武甯郡樂鄉縣，巴州補巴東郡魚復縣，朐忍縣，新浦縣，南浦縣，漢豐縣，巴渠縣，建平郡巫縣，秭歸縣，歸鄉縣，北井縣，泰昌縣，沙渠縣補巴郡江州縣，臨江縣，墊江縣補涪陵郡枳縣。其宋書巴東郡之黽陽縣，建平郡之新鄉縣，隋志不載，又失本土，不復補焉。繪圖者黄岡馬絕疇，覆審者枝江熊會貞例得附書。

29.蕭梁疆域圖(宣統三年刊本)

自序(宣統元年) 梁書無地志，據隋志天監十年有州二十三，郡三百五十，縣千二十二。大同年中州一百七，郡縣亦稱於此。今考之亦有出入。據徐文范輿地表則天監初有州二十三，郡三百二十六，縣一千三百。天監末有州四十五，郡三百八十二。中大通時，有州八十六，郡四百九十二。中大同時，有州一百四，郡五百八十六。梁末有州五十四，郡百五十八，縣六百六。其縣屬何郡，郡屬何州，多不能確指。今就極盛時爲圖，而以梁末范氏所表標目，蓋有旋得旋失，已入魏圖目中故也。至於洪齮孫之補梁疆域志，汪士鐸之南北史補志，皆不可依據云。

30.陳疆域圖(宣統三年刊本)

自序(宣統元年) 陳書無地志。北史隋高祖平陳，合州四十，郡一百，縣四百，是就成數言之。隋志陳有州四十二，郡一百九，縣四百三十八。徐文范輿地表太建初有州八十餘，郡二百二十餘，蓋合所得江北之地爲說。今爲圖亦據之。太建末有州六十四，郡百六十六，縣幾六百，乃又除所失江北地而總計其實數。惟疑交廣間有變更，故與越州臨漳諸地渾舉等縣，不敢臆斷也。

31.北魏地形圖附校補札記(宣統三年刊本)

自序 北魏地形志貌似高簡，然有略所不當略而詳所不當詳者。元魏土宇，以太和爲極盛，孝昌始多陷沒，而志但錄天平武定之復置，其未經收復者概從闕如。至與紀傳不符如東秦州，龍州，東荆州，南荆州明見紀傳及隋志諸書者而亦漏之；其他郡縣之俄空，尤難指數：此略所不當略也。郡縣遷徙，拓跋爲甚，亦或地仍故土，度屬尤多，而前後重載，使讀者疑爲兩地。如荆州之襄城郡所領方城郟城伏城舞陰清水翼陽鄭北平赭陽九縣，孝昌中析荆州置襄州，其襄城郡所領惟少清水鄭北平三縣（清水鄭當廢，北平別爲北南陽郡治），餘六縣皆同，當仍是荆州襄城郡故縣，而荆州之襄城郡無注，襄州之襄城郡乃注蕭道成置，魏因之；故爲錯綜，使人知此襄城郡即荆州之襄城郡，然而迂矣。更有事不師古，失於限斷。如京兆平原兩載陰槃縣而所注沿革並同，乃知平原之陰槃即京兆之陰槃，志只當於平原下注二漢屬安定，後移置屬京兆，眞君七年省，太和十一年復屬；乃京兆平原兩載，殊爲複衍。又如漢北地之富平，魏文帝郡縣皆移於馮翊，而注云有北地城，是以隴右之故城虛稱於關中，尤爲蒙混。其他本一郡一縣而前後別屬者，皆分載之，不可勝紀：此詳所不當詳也（張穆有延昌地形志未刊，今聞其稿殘本尙在，惜未得見）。又況自宋以來，版本闕誤，識者病焉。既囑熊君會貞爲圖，並校補札記於左。

32. 北齊疆域圖（宣統二年刊本）

自序　北齊書無地志，文宣紀天保七年併省三州一百五十三郡五百八十九縣。周書武帝紀建德六年關東平，合州五十五，郡一百六十二，縣三百八十五，蓋並齊全國計之。隋志天保之末總加併省，洎乎國滅，州九（字誤，當作五）十有七，郡一百六十，縣三百六十五。徐文范輿地表天保末有州九十二，郡二百六十一，縣五百七十九。齊末有州六十一，郡一百六十一。今爲圖據范氏天保盛時，目亦據之。

33. 北周疆域圖（宣統元年刊本）

自序　北周書無地志，隋志大象二年通計州二百一十一，郡五百八，縣一千一百二十四，蓋合併齊以後州郡縣之數言。徐文范輿地表周初有州一百二十八，郡二百八十九，縣四百九十二。建德初有州一百三十，郡二百六十。周末有州二百七，郡四百八十六，縣九百有餘。今據范氏以併齊之後爲圖，而以未併齊之先爲目，以著周初本國疆域只此。

34. 隋地理志圖（宣統元年刊本）

自序　光緒乙未，予與枝江熊君會貞撰隋書地理志考證成，海內學者謂其書當有圖。顧當時所據爲四至者括地志，後漢書注，通典，元和志，寰宇記等書，而於郡縣之側臨山川左右者固未敢輕于下筆也。及爲水經注圖成，乃知隋以前郡縣多有流移，觀酈氏故城新

11

城，臚列燦然。魏書地形志言某縣有某城，皆其遷徙之證，而唐宋人之書多仍以漢魏故城釋之，豈因江都板蕩，縮籍無徵與？況南北紛爭，州郡之建置如奕棋，不有以識別之，未有不茫然者，因有爲歷史輿圖之志。頻年來粗有全稿，自春秋，戰國，兩漢，魏，晉已次第刊行，而隋志輿圖亦付梓人；間有與予前考證方位里數不合者，則以水經注爲依據故也。隋志本包括梁，陳，北齊，北周稱五代志，若合爲一圖，正恐度屬交錯，難以分晰；今別出梁陳周齊以淸界限。唯漏落之縣，則一一補入，以完其一代之制。去刻考證之歲已十有五年，蓋幾經審擇出之。任校勘者黃岡陳鴻濟。

35. 唐地理志圖（宣統三年刊本）

36. 後梁並十國圖（宣統元年刊本）

37. 後唐並七國圖（宣統二年刊本）

38. 後晉並七國圖（宣統三年刊本）

39. 後漢並六國圖（宣統二年刊本）

40. 後周並七國圖（同上）

41. 宋地理志圖南渡附（宣統三年刊本）

42. 遼地理志圖（同上）

43. 金地理志圖（宣統元年刊本）

44. 元地理志圖（宣統三年刊本）

自註　元西北疆域甚大，略見前總圖，此第就元地理志繪出。

45. 明地理志圖（宣統二年刊本）

(二)隋書地理志攷證九卷（光緒二十七年第三次校改本）

自序（光緒二十四年）　余衰病侵尋，不復有所造作。乙未春，檢理舊稿，先以隋書地理志攷證付寫生。會遭先母大故，宅兆扶櫬，奔馳兩年，不遑躬自校讎，而工人遽以入木，并印成數十部；有知之者索之以去。服闋後覆審之，乃大疵繆；良由原稿塗乙既多，而書手又不詳愼，并有脫漏本志正文者（第三卷脫鄖縣一事），慙愧無地。因復發圖籍比勘之，增刪幾萬言，其可剷除者更換之，不能擠入者別爲補遺於後。吁！余書本未精密，加以草率鐫版，貽此斑疣，曾不如不出之爲藏拙。今散布者不可復收，遂不能不更事修飾。恐他日仍蹈再誤之悔，愛我者其及我之生教我乎！

按是書稿凡三易，歷八載而後成。卷末各附補遺。據題簽尚附漢書地理志補校二卷，余未之見。楊氏初以宋本與諸本互勘，較其異同，然後採集衆說（隋以前史志紀傳，宋以前地志，間及明清一統志，方輿紀要等），參以己見，以證當代州郡廢置分併改移之實。

（三）漢書地理志補校二卷（光緒間刊本）

自序（光緒二十五年）校漢書地理志者，錢塘汪氏稍後出，亦最精；惜其甄錄諸家，猶多未備（書中不引全氏稽疑，當由未見。弘農縣下引錢氏坫說，亦非其斠注本語，疑汪亦未見錢書）。而出於汪氏後者，又有番禺陳氏澧，江寧汪氏士鐸。守敬流覽所及，亦閒事校讐，札記於書眉，積久得若干條。衰病浸淫，自量不復有所得，乃別出爲一册，意在補汪書。凡汪所已引，則不復錄。山川與禹貢水經不合者析之。侯國至新室始除者補之。他如東郡之堂邑，桂陽之陰山，淮陽之固始，山陽之西防，泰山之桑邱，特欲頓還舊觀，豈矜獨標新說。宗旨與汪書不悉合，故其文亦稍繁重云。

（四）晦明軒稿（光緒二十七年刊本）

自序（光緒二十七年）輿地之學，古有所受，自尚書今古文家言已不能強同；然每樹一義，各有依據。厥後家法日替，馮臆間起，應仲遠唱之於前，杜君卿承之於後。自斯以下，新說競出，古義淪亡。國初諸儒始博稽故籍，而信之不篤。乾嘉之際，截斷泉流，力崇漢學；而專門之業既尠，一偏之見亦多，得失參差，未盡隱奧。余尋繹有年，頗有異同，其所辨駁，大抵當世魁碩；擬俟之身後，有愛我者，或爲傳錄。而新化鄒君沅帆，丹徒陳君善餘，慫恿不已，乃理舊稿，付之梓人。不讓之誚，知所不免。私意冀爲班酈干城，故亦有所不恤焉。

目錄：上册二十四篇：

淸水考，山海經漢志水經注廬江異同答問，漢志絳水考，漢志郡下系水說，垣東垣考，漢志定陵系汝水考，郭璞無水經注說，城父父城考，漢志東西漢水考，王險城考，淇水考，郡國志遼東屬國昌黎無慮考，郡國志東冶侯官考，漢志從河爲泒河之誤說，衡山考，洙水考，汭水考，碣石考，禹貢涇屬渭汭說，沮漳水考，汪士鐸漢志釋地駁議，漢志陽山陰山考，答陳仁先三則，書讀史兵略後按下册序跋五十三篇，僅與地名勝志專屬地理，其餘多爲金石文字，茲不備載。據自序本書似與金石無涉，不知何故竟與上册合訂也。

(五)水經注疏八十卷(未成)

鄰蘇老人年譜　水經注疏稿成。酈氏水經注沈霾千載，至明代朱謀㙔乃爲之箋，然獨闢蠶叢，始導先路。國朝全謝山(祖望)爲七校，遺書未刊。同時趙誠夫(一淸)有注釋，亦未即鐫板。至乾隆間戴東原(震)入四庫館，始云以永樂大典本校刊，辨明經注混淆，删正四五千字。海內學者翕然從之。至嘉慶間趙氏刻本出，而所校乃與戴氏十同八九：趙氏未見大典，安得與戴氏悉同；而其所據訂正者一一皆出原書，其非蹈襲他人可知。全氏之書又最後出，多與趙同，兩人生前互相推挹，其從同不足怪；而亦間有與戴氏特出之見合者，未必非校刻者之所爲；或遽嗤爲僞作，亦過也。余研尋有年，乃知戴之襲趙，證據確鑿，百喙不能爲之解。至酈氏之閫奥，諸家多有未窺。間有酈氏不誤，諸家改訂反誤者。國初劉繼莊(獻廷)擬爲水經注疏而未成。道光間沈文起(欽韓)亦有此作，未付刋。余乃與固芝(按即熊會貞字)發憤爲之疏，釐爲八十卷。凡酈氏所引之典，皆標所出，批於書眉行間，凡八部皆滿。(甲辰六十六歲)

按此書未成而楊氏巳歸道山，由其門人熊會貞先生續撰，至今二十年而成書，同人正爲謀付刋也。

(六)水經注圖(光緒三十一年刊本)

自序　酈亭自序云「尋圖訪賾」，又云「狂渚交奇，洄湍決澓」，知其所據必有至精至詳之圖，如濟渠菑蕩屯氏張甲若蛛網蟲篆，非腦實心空寢饋弗諼者不能得其端緒；惜當日不幷其圖而傳之。沿歷千餘載，簡策奪亂，縱有篤信好學之士，亦不過粗綴津要，未遑究析纏絡。至國朝，常熟董子鴻(佑誠)始創爲補圖，而未聞傳世。咸豐間江甯汪梅村(士鐸)復爲之圖，治此學者差有津逮；惜其參稽未周，沿溯不審，往往與酈書違異。余旣同熊君會貞撰水經注疏，復爲圖以經緯之，昕夕商榷，年歷三週乃成。昔酈氏據圖以爲書，今乃據書以爲圖。川土流移，未必悉還舊觀；然如鬱水之至交趾，浪水之至龍川，更始水之入西水，僕水之出沈黎，葉榆水之絕温水，穀水之逕烏傷，皆與地勢水

14

道不合，此類悉以墨綫識之。酈云「脈水尋梁」，初非闚究與徒之說，自獻巡見。竊取此義以質通人。

鄰蘇老人年譜　刻水經注圖成。爲水經注圖者，國初有黃子鴻（儀），其書不傳。咸豐間汪梅村（士鐸）始爲之圖，胡文忠爲刊行，顧其學未博，且未見戴氏本（以悔翁筆記渙水條知之），多有憑臆移置，左右易位者，未足爲酈氏之功臣。而全趙戴又但憑今圖以律酈書，恃其所學，略觀大意，遂下雌黃。故余爲此圖，皆循酈氏步趨，必一一證合，以書考圖，以圖覆書，無不脗合，而流移變動，如指諸掌，乃知酈書細針密縷，若蛛網絲毫不亂。上虞羅叔蘊（振玉）得吾書歎賞之，謂吾地理之學，與王懷祖（念孫）段若膺（玉裁）之小學，李壬叔（善蘭）之算學爲本朝三絕學，推挹過當，但不知後世以爲何如也。（乙巳六十七歲）

（七）禹貢本義（光緒丙午刊本）

自序　呂刑曰「禹平水土，主名山川」。爾雅云「從釋地以下至九河皆禹所名也」。若然，則九州已肇自黃帝，岱宗三危羽山亦先見舜典，五嶽之有霍山，十藪之有焦穫，豈亦禹所定名？是知呂刑爾雅不過言其大凡耳。即以禹貢本書言之：雍州之荊山何以與荊州之荊山同名？兗州之蒙山何以與梁州之蒙山同名？雍州有漆沮，何以兗州又有雝沮？梁州有沱潛，何以荊州又有沱潛？是皆異地同名，不能合一之證。又如沇水東流爲濟，又云溢爲滎；漾水東流爲漢，又東爲滄浪之水，又云逾于沔：是又異名爲一水之證。語其遷流，必自來相傳如此，不可移易，故即以名之；而謂先無此稱，自禹創之可乎！因思禹貢荊州之九江與導水之九江，雍梁之黑水與導水之黑水，揚州之三江與導江之中江，導漾之北江，雍州之三危與黑水之三危，導山之衡山與荊州之衡陽，冀州之梁岐與雍州之荊岐，後人皆以一水一山說之，雖多方溝通，終嫌扞格。余博觀往籍，綜覽形勢，始悟古人簡質，地連滇池便有黑目，流經廣鬱皆得鬱稱，秦漢猶然，何論三代（異地同名見於春秋左氏傳及漢地理志者不可勝記）。而以之說禹貢，尤爲離之兩美。依附經傳，無取乎鑿空；折衷羣言，不嫌于獨斷。

（八）三國郡縣表補正八卷（光緒三十三年刊本）

自序　三國志無志表，國朝洪亮吉補疆域志，大抵上承續漢志，下接晉志，揣度出之，而於本書紀傳且多不照。滄洲葉圭綬謂洪氏之書，想當然耳，非過論也。近日武進謝鍾英爲之補注，多所糾正，然沿譌者亦不少；惟盱眙吳增僅三國郡縣表沿革燦然。原三國雖時代不出數十年，而郡縣之變置綦多，非立表不足悉其度屬分合；惟間有遺漏，或舍古志而據方書。守敬暇時，嘗補正於書眉端，復爲之圖；今合刻之。覩吳氏之考及守敬之補，可知洪氏輿地之學不能望顧景范項背。乃譏顧氏妄談形勢，是謂不自量矣。

（九）水經注疏要删十卷附補遺（光緒三十一年刊本）

自序　自全趙戴校訂水經注之後，羣情翕然，謂無遺蘊，雖有相襲之爭，卻無雌黃之議。余尋繹有年，頗覺三家皆有得失，非唯脈水之功未至，即考古之力亦疏，往往以修潔之質而漫施手滸者，亦有明明班疣而失之眉睫者，乃與門人熊君會貞發憤爲水經注疏，稿成八十卷。凡酈氏所引之書皆著其出典，所敘之水皆詳其遷流。簡牒既繁，鐫板匪易，而日月已邁，恐一旦塡溝壑。熊君寒士，力亦未能傳此書，易世之後，稿爲何人所得，又增一趙戴之爭，則余與熊君之志湮矣。因先刻其圖，又即疏中之最有關係者剌出，爲要删。其卷葉悉依長沙王氏刊本，以便校勘。大抵考古者爲多，以實證無可假借也；其脈水者爲略，以文繁非全書不明也。趙之襲戴在身後，一二小節，臧獲隱匿，何得歸獄主人；戴之襲趙在當矪，千百宿贓，質證昭然，不得爲攘奪者曲護。謝山七校，用力至勤，精華已見趙書。中間有趙氏所不取者，終非淺涉可及。朱箋多挂荆棘，所以來誠甫之白眼；但獨闢蠶叢，何必不爲五丁之先導。孫校踳駁，此事本非當家，而名震一代，不嫌爲耳食者鍼膏肓。其他未有專書而於此注表異同者，亦間爲論斷。張湯據案，未免過酷，然當衆家攘臂之間，亦似不得談笑以解紛也。

（十）輯古地志三十二卷（未寫定）

鄰蘇老人年譜　古地志皆有所受，非若後世方志大半附會，不可依據；惜其書多不傳。乾隆間金溪王謨有輯本，多遺漏，且引文選注御覽等書不標篇名卷數，尤費檢閱。故復爲此，使修方志者有所準則焉。（庚戌七十二歲）

按王謨漢魏地理書鈔所收古地志數十種，非惟體例不精，抑且有目無書，存者十不得其一二。及後曾釗輯交州記，始興記，繆荃孫輯吳興記，曹元忠輯荊州記，陳運溶輯荊湖圖經等始稍饜人望，而孫詒讓所輯永嘉郡記取材尤爲弘博，編製尤爲精審，足爲輯地理志者之楷式。其書刻本近不易覯，余所藏鈔本係陳繩甫（準）先生惠贈者，至可寶也。

歷代地理志向無圖說，讀者不易得其要領。有補繪者多紕繆百出，不足以當參考。楊守敬先生發憤爲之考定方位里數，正誤補缺，形之於圖，使千百年前疆域沿革形勝險要瞭如指掌，不可謂非歷史地理學界之絕大貢獻。先生著述在地理外者尚有隸篇，楷法溯源，望堂金石初篇二篇，篤靑館金石，小蓬萊金石，寰宇貞石圖，鄰蘇園集古帖，古泉拓本，日本訪書志，留眞譜，叢書舉要，漢唐經籍存佚考等書，治金石目錄者咸所不廢焉。

皖省水災統計

被淹田地四十一萬餘畝，損失約六百餘萬元左右

安慶通信：皖省在上月初旬以前，雨澤愆期，各縣已呈旱象；詎未及旬日，陰雨連綿，江水陡漲，洶湧下注，兼之山洪暴發，沿江各縣圩堤均岌岌可危，計因人力無法抵禦潰決各圩已有七八十處。據省災區籌賑會統計，被淹田地四十一萬餘畝，每畝農作物損失價值，以十五元計，約在六百萬元左右；其漂流房屋牲畜雜物等類，損失數目，尚不在內。分析言之，則懷寧縣潰十一圩，淹沒八萬六千餘畝，災民五萬五千餘口；桐城縣潰七圩，淹沒一萬九千餘畝，災民一萬三千餘口；望江縣潰二十一圩，淹沒十一萬一千餘畝，災民八萬八千餘口；宿松縣潰六圩，淹沒一萬四千餘畝，災民九千餘口；東流縣潰五圩，淹沒一萬五千餘畝，災民七千餘口；銅陵縣潰二圩，淹沒四萬一千餘畝，災民三萬四千餘口；繁昌縣潰六圩，淹沒三萬二千餘畝，災民二萬九千餘口；南陵縣潰六圩，淹沒八千九百餘畝，災民九千餘口；蕪湖縣潰九圩，淹沒三萬三千餘畝，災民一萬三千餘口；貴池縣潰二圩，及山洪成災，淹沒二萬三千餘畝，災民一萬六千餘口；當塗縣潰二圩，淹沒二萬三千六百餘畝，災民一萬三千餘口；至德縣濱湖沿河田畝，江潮倒瀦成災，畝數損失未詳；潛山與九鄉濱兩岸，山洪成災，淹沒五千餘畝，災民三千餘口。共計十三縣，災民三十餘萬口。刦後孑遺，極貧無告，日惟呻吟憔悴於烈日炎風之下，苦狀自不堪言。現時欲籌辦急賑，每人最低限度以三元計算，非八九十萬元不辦。此外修復圩堤，舉辦工賑，約需一百萬元以上。省災區籌賑會方面，刻已會同省府，詳定工賑計劃，一而並摺呈中央賑務委員會，請將皖省災情，與上游湘鄂贛等省同列，並先撥急工兩賑八十萬元，俾活災黎。而省府前奉蔣委員長電令，飭由民財建三廳會商結果，籌組皖省水災救濟總會，並彷照蘇省成案，先設總務防汛兩組，由民建兩廳分別擔任，以節糜費。刻已由民財建三廳會同擬訂該會組織規程，簽請省政府核示施行。（七月二十九日）

（廿四，八，一，申報）

西康縣名正誤

（成都通信）西康自民國廢府州改稱縣後，全區即擬劃爲三十三縣。民國三年，因康定南區明正土司所屬之三鵶地方，猓猓與番民常起而作亂，康定當局統制艱難，派兵征服，始劃定木居城子山以下區域，改設九龍縣治。至康定所屬之安良垻，稻城所屬之貢噶嶺，雖經前北政府改縣，但川邊鎭守使署奉令後，仍未劃界設官。全康除安良，貢噶兩地未正式設縣外，增加九龍一縣，實爲三十二縣。民國七年以後，金沙江以西同普，昌都等十三縣，被藏番侵佔，現在僅餘江東十九縣。偶閱坊間出版書籍，每多錯訛。如商務印書館辭源續編內列西康行政區劃表，誤以九龍爲碩督，復列安良，貢噶爲縣。東方輿地學社之中國形勢一覽圖內西康分圖，漏列九龍一縣，而以安良，貢噶兩處，表示縣治符號。王勤堉撰述之西藏問題，四十九頁西康建設縣治表內「今縣名」一欄，將貢噶列入，又瞻化縣誤書懷柔廢名；五十四頁第三行，又列有安良，而漏列九龍。翁之藏編之西康之實況，三十九頁政治區域章，在寧靜山脈以東者，又列有安良貢噶二縣，漏列九龍一縣，並誤瞻化爲懷柔。茲值西康建省之初，亟應將正確縣名及行政區劃，分別正誤。今將各縣新舊名稱，臚列如左：

今名	原名	古名	備考
康定縣	康定府	打箭鑪直隷廳	現分設化林坪縣佐隷屬之
瀘定縣	瀘定縣	瀘定橋巡檢	
丹巴縣	丹巴設治	章谷屯	
九龍縣	九龍設治	三鵶	
道孚縣	道孚縣	道塢	
鑪霍縣	鑪霍縣	霍耳章谷屯	
甘孜縣	甘孜州	孔撒麻孜	
瞻化縣	懷柔縣	瞻對	
德格縣	德化縣	更慶	
鄧柯縣	登科縣	登科	
石渠縣	石渠縣	雜渠卡	
白玉縣	白玉州	白石村	
雅江縣	河口縣	中渡汎	
理化縣	理化府	裏台糧台	
稻城縣	稻城縣	稻垻	
定鄉縣	定鄉縣	鄉城	
義敦縣	三垻廳	三垻	
德榮縣	得榮縣		
巴安縣	巴安府	巴塘糧台	
安良垻	安良村		已撤廢
貢噶嶺	貢噶縣丞	貢噶	同前
鹽井縣	鹽井縣	鹽井委員	現被藏方佔領
昌都縣	昌都縣	察木多	同前
武成縣	武成縣	三巖	同前
寧靜縣	寧靜縣	江卡	同前
察雅縣	察雅縣	乍了	同前
貢縣	貢縣	貢覺	同前
察隅縣	察隅縣	雜瑜	同前
科麥縣	科麥縣	桑昂	同前
恩達縣	恩達縣	恩達	
同普縣	同普縣	卡工	
嘉黎縣	嘉黎縣	拉里	
碩督縣	碩督縣	碩般多	
太昭縣	太昭縣	江達	

（二十四，八，五，大公報）

歷史地圖製法的討論

——歷史地圖式樣的討論及進行繪製的計畫——

吳志順 1

本刊二卷十二期歷史地圖製法的討論，王育伊鄭秉三二君一致主張編輯歷史地圖宜用古代地圖與當代地圖分立法來製作一種『複頁地圖』，當代地圖印在透明或半透明的油蠟紙或蠟絹上，歷史地圖另印在一種厚紙上；用的時候，可以把當代地圖襯在古代地圖上看。二君把這種圖的好處便利處，條分列舉，說的很詳。大致的意思，不外是說：這樣辦，歷史地圖雖有數十種乃至百種以上，而當代蠟紙或蠟絹本地圖，祇消二三種至多十數種即可。既可避免時常更改紅底累及墨本的麻煩；並且兩相對照，應用時方便多多。王鄭二君想的很是周到，並且二君對於這種製法的討論意見竟會不謀而合。可見這個意見頗足代表一部分人的心理。不過這種式樣的歷史地圖，應用上固能具備以上之優點，至於繪製上則有幾點是不可能的，並且我以爲還可不必。

地圖在無縮尺及經緯度的時候，其距離與位置完全依賴文字說明，一切地形之繪製固無準確性可言。現在則不然，一切地形，根據經緯度，皆有其一定的位置。某點至某點，我們在紙上用縮尺量算，即可知其實際的距離。但是因爲要把球面的經緯度繪製在平面的紙上，並且還要合乎地圖所需要的諸種條件，無論那種投影，皆各有其所宜，亦各有其缺點。所以必定要依地圖的性質及其包括之區域，應用各種適宜的投影法，始克減少其誤差。近世繪製地圖應用的投影，以多圓錐投影法(Polyconic Projection)爲最普通。此種投影法，爲一八二〇年美國陸地測量開始時，海斯勒 (F.R.Hassler) 所創，因其算製簡易，故創行未久，即爲各國採用；但亦有其種種缺點，而以相隣圖幅不相接合爲其最大的弊病。其誤差的程度與範圍的廣狹成正比例，所以凡範圍寬廣之圖，此種投影絕不適宜。即如幅幁廣大之我國，繪製總圖時，就得要改用亞爾勃斯投影(卽等面積投影)，或蘭勃脫投影(即正形圓錐投影)來繪製。投影法不同，所據區域廣狹再異，則雖同一比例，其經緯綫有時亦不能脗合。所以若干幅地圖，不單是比例同，地區同，而不顧及數圖所包區域之廣狹，及投影法之異同，便可相合的。

其次，在地物的取舍上也有困難。我們研究時所用的輿地圖，對於村，鎮，山，河太小者，因恐繁雜不清，或比例的關係，當然不能一無遺漏。作歷史圖，就要按照該歷史圖所需要的以為取舍的標準。這代和那代，因為歷史上種種的關係，形勢險要絕不相同。西漢漢中郡郡治所在的西城，到現在不過是闃寂無聞的一個小村屯秦郊；設不是專為西漢而繪的現代圖，這樣小的村屯那能繪上。沈水在歷史上也有過和江河相等的地位，到現在不過是一條小支流，差不多的輿圖也從省略了。所以我們打算拿了一張現代圖來套襯幾張歷史圖，決不能顧瞻的周到。可見這也不是一種妥善的辦法。

以上所說，假設我們設法通融，或有補救的辦法；但還有一個不容易解決的問題，就是紙的伸縮率上。要拿很薄的蠟紙跟不同質的厚紙相合，使上面的印物無差，這是決不可能的。第一層：先說印製的時候。同一張紙，要套印數色，假設我們不在套印以先將白紙在版上壓印幾次，使它的伸縮力減低，那就決不能套準。或在不同氣候的時期，套印各色亦必發生不準的弊病。可見同樣的紙，感受壓力或氣候的變化全要發生伸縮，一發生伸縮就決不能相同了。何況紙質不同，厚薄不同，其所受壓力及氣候再不同，其印物更不用打算相同了。不用說印製的時候，就在平常保存上，因紙質的不同，其感受時間及氣候的變化而發生的伸縮率亦決不同；因而圖上之地形，亦不能永久脗合也。所以王君說圖的引得上用這種套襯的方法，或者可以，但亦不能認為完美；若用在不能絲毫出入的圖上，那就決不可了。並且我以為在現在印刷發達，印工不貴的時期，這種『複頁地圖』的方法頗可以不必使用，顧先生及鄭先生擬的地圖底本，我以為就是很有計畫的一種辦法：有總圖，有分圖；分圖以經緯度分幅，分得開，合得攏。顧先生最近又變通為甲，乙二種，使每種各幅比例尺劃一，各幅皆能實際接合。要詳的有二百萬分之一的圖，其次的有五百萬分之一的圖。且各幅皆有原圖存版，以後按原圖套繪古代圖，使古代圖也有原圖存版；無論那種圖發生問題，儘可以挖補改正，決不致累及其他。當代圖遇有地理上的變更時，既應隨時改製；而古代圖因有原圖存版，套印一次，所費亦屬無幾，又何必用這『複頁圖』

來代替呢。

再有一事我以爲値得討論的。關于當代圖及古代圖應用的顏色及史地方面許多問題，我們頗可以成立一個『歷史地圖編製討論會』，由本會繪圖部作個研究樞紐。因爲若要作出一部有價値的新的歷史地圖，非繪圖技術人員與歷史專家合作不可。所謂繪圖技術人員，不是在製圖局裏當過幾天工手技士，或者能寫幾個宋字，鋪紙照圖能繪兩張地圖的人員；而是要在測量學校製圖課專門研究過製圖學，知道一點學理，對於製作各種地圖，尤其是歷史圖，有相當的經驗的纔行。不然，作出來的圖還是那種換湯不換藥的歷史地圖。所謂歷史專家，也是說：各代各門的諸位歷史專家，分工合作纔行。繪製歷史圖，當然要根據地理志或方輿紀要一類的文字，及以前所出的各種歷史圖，相互參考來編製。而各該歷史圖地理志等之正誤不同諸點，又非實地繪製時，細心對照，不易發見。例如：楊守敬之前漢地理圖對於勞水周水，圖內註有『周水不言所入，當即勞水之上游』，『勞水不言所出，當即周水之下游』，這兩句話裏的『當即』二字，即是楊先生對於班固本書的臆斷之辭。我們要是沒有地理學識，在繪製時就跟他好了。但如根據現代地圖，按規據理去添繪時，那就發現了周水與勞水按着地形及製圖學理上說，這兩道水無論在什麼時代是決不能成爲一河的。其他如界綫地形上有許多問題，非由繪圖者實地繪製，細心參校，也不易發見。而關於問題之解答，則仰賴於各歷史專家之研討。所以說：最好成立一個討論會，作有計畫的進行。第一層：先由各會員盡力搜集各種歷史地圖，由本會收採，以作參考之用，而討論其不同點。例如武進惲氏所印的李氏西漢輿地圖繪載左馮翊郡治高陵，右扶風郡治渭城，河內郡治懷；而楊守敬之西漢地理圖則繪註左馮翊右扶風的郡治俱在長安城中，河內郡治則在埜王。經考証後固知楊圖爲是；但設若沒有這二圖對照，則此類問題或就忽視了。所以供給參考的歷史地圖，應愈多愈善；然後由本會繪圖部繪製時細心參對，將各圖的不同點逐次發表，徵求各會員的解答。各會員亦當隨時注意各歷史地圖內之問題，盡量公布，以便研討考訂。我們必須這樣辦，將來纔會有像樣的歷史地圖出現！

二四，八，八，于成府

同蒲路工程
已南達侯馬，北抵原平
廿五年年底全部可竣

【太原通信】山西省十年建設計劃案編訂之始，認定欲使省縣村建設普遍進展，當以發展交通為首要，尤其經濟建設，關於原料產品之運輸，全省物價之平衡，經濟之流通靈活，各縣之平均發展，莫不以交通為動脈。山西交通之最要者，厥為同蒲鐵路，以此縱貫全省之幹線一成，則各縣之汽車路，大車路，輕便路等，自易進行，而均為本線之培養線，全省一切建設事項亦俱易進展。於是於省政十年建設計劃案經濟建設部交通計劃內，規定興築運輸較為經濟之窄軌鐵路五千餘里。以此項建設，比較繁重，因規定由太原綏靖公署負責，以兵工修築，分年進行。所需經費，規定由生產保衛費及公營事業費項下各担任半數。同蒲幹線之重要既如是，故遂提前於二十一年十一月即電准鐵道部，開始進行。

二十一年冬，成立晉綏兵工築路總指揮部，以綏靖主任任總指揮。為節省經費計，由太原綏靖公署各長官分別負責襄辦其事，並由各處分任各項事務。關於設計，工務，包工，材料，測量等事，均分別設組，專司其事。由各部分首領，組織兵工築路會議，每星期開會二次，督飭進行。二十一年十二月二十二日，開第一次築路會議，決定以堅固，經濟，就地取材，為本省築路之三大原則。就堅固言，應以極精細之科學計算，先就地方運輸之狀況，物產發達之情形，加以估計，確定運量與經濟之原則，決定本路之成本，再就路線情形，決定最大最長之坡度，路軌之承受壓力，機車之動轉重量，然後據之設計橋樑涵洞，並加百分之二十保險量，以期堅固而保安全。就經濟言，建設事業在在需欵，地方財政極乆困難，鐵路建築應在堅固安全之限度內，極求經濟，以免虛糜。以取材言，則倡用土產，就地取材，為任何事業必須注意之原則；此次築路，除鋼軌機車等不能不在國外購買者外，均應極力採用本地材料，並將從前之兵工廠改設機車廠，鑄造廠等，以專製築路用品，並立車輛製造之基礎。以上三項原則決定後，同蒲鐵路遂根據以開始進行矣。

按同蒲全線原分三期修築：第一期，由太原南至介休縣，北至崞縣之原平鎮；第二期，南由介休縣至臨汾縣，北由原平至朔縣；第三期，南由臨汾至風陵渡，北由朔縣至大同。又二十二年一年曾有兵工築路傳習所之立，造就管工，領工，測量員工等，六個月畢業後，即分發各段實際工作；並繼續訓練工務，機務，車務，電務各項人員，以備將來之應用。此對于同蒲鐵路各項人員之設施也。

至於工程進行情形，則原平介休段二十二年一月至四月，先後成立太介三個工段。太平段因石嶺關改線關係，先成立一個工段，分別測量定線施工。同時調派兵工，開始路基土石方工程，九月間開始橋樑工程，十二月太介段開始鋪軌，二十三年五月鋪至介休，先通工程列車，七月一日開始營業。太平段石嶺關改線後，于二十二年十一月續成四個工段，次第開工，至二十三年九月，路基完成，開始鋪軌，十二月底鋪過忻口，因天凍工程暫停，翌年春，繼續完成橋樑工程，已于本年七月鋪至原平，原介段二百五十九公里工程始完全成功。至于介休至臨汾及平原至朔縣段，其中介臨段係二十二年九月開始定線測量，長一百三十四公里，共成立六個分段，十二月起陸續調派工兵，開始路基土石方工程，因靈石段工程艱鉅，費時較長，二十三年四月開始橋樑工程，十一月開始鋪軌，十二月鋪至霍縣，先行通車。霍縣至臨汾，因霍趙間工程較大，于本年三月始鋪至臨汾，業已正式通車營業。原朔段長約一百零五公里，因原平至寧武間崇山峻嶺，為同蒲全線最難之工程，於二十一年十一月開始定線測量，計前後測量凡五次，於二十三年六月先成立三個分段，七月起陸續調派工兵，開始路基土石方及隧道工程，因隧道開洞不能多容工人，非年半時間不能完成，所以除原平至大牛店二十里已完成外，因改定進序，限二十五年年底完成。大牛店至朔縣之陽方口，其間橋樑之較大者間已動工。至於臨汾至風陵渡及朔縣至大同段，則臨風段長二百三十公里，於二十三年一月開始定線測量，十月先後成立三個分段，陸續調派兵工，修築路基，二十四年春解凍後，開始橋樑涵洞等工程，六月一日開始鋪軌，預定夏曆八月鋪至風陵渡，如無特別大雨，約可如期完工。惟永濟縣境內，因今年黃河東移，現正向東改線，無論如何，秋冬之際總可完成，現已預備屆時開車營業事項。朔縣至大同段，約長一百二十六公里，二十二年十一月起，于原朔段測量完後，即繼續測量完竣，一切材料及計劃已大部備妥，預定于北段通車至陽方口時即開始進行，約需半年即可完成。總計該路現已完成者，南至曲沃之侯馬，北至原平，均定于八月一日開始營業通車，並即移歸同蒲鐵路管理處管轄辦理。計現有機車四十五台，車皮完成者三百二十餘輛，未完成者二百七十餘輛。此外因煉焦廠需用五台窰頓之煤炭，修築忻窰支線長約五十餘公里，因西山煤廠及洋灰廠之需要，修築西山支線長約二十餘公里，均已先後完成，除西山支線早已通車外，忻窰支線亦定于八月一日正式通車云。(二十九日)

(二四，八，三，大公報)

關於『張儀說齊，說趙，說燕辨僞』

鍾鳳年

頡剛先生史席：前承教言，爲快。禹貢三卷七期張公量先生所著張儀說齊，說趙，說燕辨僞一文，睽證精詳，本無可置喙；唯於論斷所引事實，間有與鄙見不同者，茲姑妄言之如次：

原文曰：『……索隱徐廣說，「昭王二年時，迎婦於楚」。而秦本紀秦昭王二年說，「庶長壯與大臣諸公子爲逆，皆誅，及惠文后皆不得良死」。集解徐廣說，「迎婦於楚者」。原來秦國的宮廷，爲了娶楚國的皇后，也出過一陣亂子』。按穰侯此次所勘定之內亂，蓋純自秦武王之遺黨與昭王爭奪政權而起。穰侯傳稱『魏冉……自惠王武王時任職用事；武王卒，諸弟爭立，唯魏冉力爲能立昭王。昭王即位，以冉爲將軍，衛咸陽。誅季君之亂而逐武王后出之魏，昭王諸兄弟不善者皆滅之』。是秦昭王乃借魏冉之力方得君國，嗣後惠文后及諸公子蓋即因失勢遂謀爲變；似與秦迎楚婦無涉。穰侯傳索隱曰，『……謂惠文后時黨公子壯，欲立之；及壯誅而太后憂死』，所論誠是。

原文曰：『……「趙王立，自割五城以廣河間。請（甘羅傳此字作『秦』）歸燕太子」。讀了這段故事，還不明白麼？燕召公世家燕王喜二十三年，太子丹質於秦歸燕。燕表同。趙悼襄王是死於燕王喜十九年的，所謂「趙王立」，已是亡國的幽愍王遷四年了』。按秦廣河間，純發動於秦相文信侯。甘羅傳所謂『文信侯乃入言之於始皇曰，「……今者張唐欲稱病不肯行，甘羅說而行之；今願先報趙，請許遣之」。始皇召見，使甘羅於趙』。秦策五第六章稱『文信侯欲攻趙以廣河間』，并可爲證。

趙策一，或謂皮相國曰，『……河間封不定而齊危；文信侯不得志三晉，倍之憂也』。同策三，苦成常謂建信君曰，『今收河間，…君惟釋虛僞疾，文信猶且知之也。從而有功乎，何患不得收河間？從而無功乎，收河間何益也？』亦可證趙割河間實與文信侯大有關係，故其時際亦應以文信侯之進退期間爲斷。考秦始皇本紀年表及呂不韋傳俱云不韋於始皇十年免相，於趙當懷襄王八年。是則趙割河間必在此期以前，而爲懷襄時事；不可依燕太子丹歸國之年，謂在趙王遷之世。

燕丹之歸國，據刺客傳乃因怨秦而亡歸，並非秦緣得趙河間而遣去，故應別視爲一事。至甘羅云趙若與秦地，則請歸燕太子，及趙已割地而秦歸燕太子者，前者不過甘羅欲冀見信於趙而云然。後者不識爲史公因回應上文而致誤，抑係後人之所妄補。總之欲求秦廣河間之時期，不可拋却文信侯事迹而取燕丹亡歸之年以作證。

又傳所謂『趙王立自割五城』者，乃言趙王聞甘羅之說，立即割城以獻；不宜於『立』字斷句，視作趙王即位之義。試想焉有於甘羅坐談之頃，而趙忽易世，自懷襄王而遷至王遷四年者？似無此理。

以上諸端俱係鳳妄逞私臆，未必即合於實際，且無關於原箸之正文；發此謬論，殊覺冒昧。既承先生屢屢垂詢，故敢布狂瞽，即祈轉致公量先生，贈以教正而恕之是荷。匆此，敬頌箸安。

鍾鳳年拜上。　七月二十八日。

閩計劃設三大農場

合作農場數千畝已在進行

閩南灌口兩農場正在籌備

【中聯社福州通訊】駐閩綏靖主任蔣鼎文，最近積極計劃復興灌口農村。蔣氏復令該署黨政處計劃該署附設一合作農場，場址已覓定距漳城十五里之龍南路之西，浦南與烏石亭之間，週圍面積數千畝。目前擬先行墾殖者約三千畝，餘尚須候諸將來發展時，再行開墾。綏署以該處素來淪爲匪竄，人烟稀少，故於墾殖上擬依下述三個步驟進行：一，召集流亡從事開墾，並將使墾殖與土地發生關係，俾有責任心。二，選種擇肥，對各種農作物，進行選種，並予改良；對肥料之選擇，及播種方法，亦將施行實驗，俾便推行於民間。三，在居民自立組織未健全前，派遣保安隊常川駐紮，維持治安，掩護工作。交通方面，該處距龍南路約二三里，一俟墾殖實現，綏署擬開闢自烏石亭起至浦南止之烏浦路，故交通可稱便利。其所擬種殖之農作物將着重於蔗稻兩種，餘如龍眼，荔枝，柑，柚等亦必栽種。現黨政處正在組織籌委會，日內當可實現。農場開辦費，開定四五萬元。又據某專家談，關於開闢灌口農場之意見，謂灌口荒地雖多，但地點分散，可開墾者又多已爲溪南墾植公司所開墾，餘則皆以交通不便，或地域不佳，對墾殖收穫上恐少有成績。惟在此復興農村之政令下，對於該處似不能放棄，故政府對於該處之墾殖工作，應使之與行政設施方面同時並進，以收成效。蓋該處因歷史關係，尚有地方惡勢力操縱於其間也。至外傳省府與綏署將合組一閩南農場，據查省府雖擬會同綏署合設農場之事，但非人財兩合之合作，而爲同設在一處，以資研磨者。省府之此種意見，固在望能得一較安全之區域；但在治安上，綏署當負全責。至同設在一處對復興農村，其效力當較各一處爲少，惟是時究將如何解決，尚須候蔣主任最後之決定也云。

（八，十七，上海晨報）

全國經委會棉統會推廣植棉

棉產品質均有進步

本年各省棉產預卜豐收

預計五年後可不用外棉

【上海航訊】全國經濟委員會棉統會，自去年積極推廣改良全國植棉以來，棉產與品質均有顯著進步。本年棉產預卜豐收之區，以江浙兩省爲最佳。玆誌詳情如下：

棉產狀況

我國棉花出產，遍於全國各地，年來因雨水不調，產量未見起色，品質亦遜。嗣於去年棉業統制委員會從事推廣植棉區域，並組織棉產改進所，散發改良種籽，指導農民改良種植技術，同時經委會開浚河流，便利灌溉，經人力之改進，成績頗佳。去年棉產每省遞增數百擔，今歲各地改進所報告棉產狀況，亦有豐收之望云。

收花時期

本年棉苗生長甚速，早棉現已成熟，農民已開始採摘；晚棉約十月底十一月初之間收取。據棉統會負責人稱，棉花之採取，非如稻麥成熟一起割收，係陸續開花採摘，故一時尚難統計產量之多寡。本年雨水尚稱調勻，產量定佳，卽長江上游及黃河一帶之大水，亦無影響，因該處棉植均在內地。綜觀各地報告，以江浙兩省情形最佳，產量可較上年增加一倍。

不用外棉

記者並據棉統會消息，近年我國棉產已逐漸增加，品質經改良後，亦漸趨優良。再經數年之悉心研究，改進及積極推廣植棉區域，五年之後可完全不採用外棉云。（十七日）

（八月十八日，北平晨報）

新青海

第三卷　第七期　要目

中華民國二十四年七月三十日出版

總發行所　南京曉莊　新青海社

定價　每册一角　預定半年六册　六角　全年十二册一元　國外預定全年二元五角（郵費在內）

代售處　全國各大書坊

代訂處　全國各地郵政管理局及一二三等郵局

晨熹旬刊

第一卷

第十二十三十四號合刊

定價：一册五分。半年十八册八角。全年三十六册一元五角。

編輯者：晨熹社

發行者：南京下浮橋法眞寺

邊事研究

第二卷第二期

中華民國廿四年七月十五日出版

定價：每册二角。全年十二册二元四角，郵費二角四分。

編輯者：邊事研究會

發行者：南京高樓門九號邊事研究月刊社發行部

內政部公報第八卷第十五期已出版

本公報自第八卷第十四期起改爲月刊，茲第十五期亦已出版，字體編排均新頴清晰，選擇資料均切於實用，除分總務民政警政土地禮俗統計衛生附錄特載各篇外，又分爲各種事項，便於檢閱。內有不另行文之法令甚多，且「內政消息」亦歸併合刊，另關專篇登載，尤屬官報創格，內容之充實不待多言，爲機關團體個人研究內務行政者必要之參考書也。共裝訂一厚册，每册大洋四角，半年六册大洋二元，全年十二册大洋四元，郵票十足通用，國內郵費免收，國外照加。

內政部公報處啓

國學文庫(已出二十種)目錄

—民國二十二年六月至二十四年七月間陸續出版—

1.	皇明四夷考(吾學編本)	二卷	一册	明鄭曉	七角五分
2.	遼東行部志(藕香零拾本)	一卷	一册	金王寂	二角五分
3.	契丹國志(掃葉山房本)	二十七卷	一册	宋葉隆禮	一元八角
4.	松漠紀聞(古今逸史本)	一卷	一册	宋洪皓	二角七分
5.	膠澳租借始末電存(鉛印本)	一卷	一册	清柳培榮	三角二分
6.	滿清入關前與高麗交涉史料(鈔本)	一卷	一册	北平歷史博物館	八角
7.	遼文萃附藝文志補證(寶學叢書本)	七卷	一册	清王仁俊	九角
8.	元史外夷傳(明刊本)	三卷	一册	明宋濂等	五角
9.	滿洲實錄(舊鈔本)	八卷	一册		一元一角
10.	庚子交涉隅錄(鉛印本)	一卷	一册	清程德全撰 李遜輯	四角五分
11.	邊略五種(紀錄彙編本)	五卷	一册	明高拱	六角五分
12.	臺灣鄭氏始末(吳興叢書本)	六卷	一册	清沈雲	六角五分
13.	四夷考(葉文忠公全集本)	二卷	一册	明葉向高	一元
14.	皇明經濟文錄九邊編，遼東編(明刊本)	二卷	一册	明萬表輯	七角五分
15.	皇明留臺奏議兵防類(明刊本)	一卷	一册		四角五分
16.	西齋雜著二種西齋偶得，鳳城瑣錄(嘉慶本)	四卷	一册	清博明	七角五分
17.	靖海紀略(別下齋叢書本)	四卷	一册	明曹履泰	六角五分
18.	粵海關志皇朝訓典，前代事實(道光本)	四卷	一册		六角五分
19.	皇明經濟文錄薊州編，宣府編，大同編(明刊本)	三卷	一册	明萬表輯	一元一角
20.	萬歷武功錄東三邊(明刊本)	二卷	一册	明瞿九思	一元三角

亞新地學社出版地圖

武昌察院坡十九號

中國歷代疆域戰爭合圖　一册　四十六圖　五元

是圖係歐陽纓先生畢年精心結撰之作，上起五帝，下迄民國，大圖四十六幅，分圖不下百餘。於國土之分合，州域之變遷，形勢之夷險，戰爭之策畫，開拓之次第，交通之繁殷，靡不一一備具。而古今對照，尤令閱者一目了然。並於每圖之後，詳附說明，合計十餘萬言，縱橫馳騁，蔚然巨觀。學者手此一編，我國數千年成敗興衰之由，瞭如指掌；而未來得失，亦可由是推之矣。

歷代輿地沿革圖　三十四册　實價四十元

春秋戰國地圖　一册　一十二圖　二元四角

中國五千年，史事之繁劇，莫過於春秋戰國；故欲研究中國歷史地理者，當自春秋戰國始。是圖為鄒伯庚先生早年名著，以二百四十萬分一之比例，先成今地，套以朱色，再用墨題古地其上。計春秋圖六幅，戰國圖六幅，各附地名今釋一卷，銅版石印，極為美緻。較之宜都楊氏所為圖，篇幅小而精密過之。洵所謂宇宙雖廣，舒之不盈庭；舟車所通，覽之咸在目者矣。

中華形勢講授地圖　一幅　二元六角　裱加實洋六角

是圖為歐陽先生手著。縱長六十一英寸，橫廣七十七英寸。刪繁節要：於山則舉其大幹；於水則錄其主川；界劃別省區而兼詳盟部；城市列衝要而不及偏隅；交通為國家要政，則鐵軌，大道，航路，電綫，罔不畢舉；邊宇為腹地屏藩，則割讓，租借，侵佔，蹂奪，概予直書。教者得此，既使口講而指畫；學者得此，自易心領而神會：誠為教室授課之極良工具。

中俄交界詳圖	十六幅		三元
江西分縣詳圖	一册		五元六角
河北分縣詳圖	一册	九圖	三元
河南分縣詳圖	一册	（印刷中）	
湖北分縣詳圖	一册	四十二圖	五元
湖南分縣詳圖	一册	四十三圖	三元六角
應城縣詳圖	一幅		二元
漢陽縣詳圖	一幅		二元
湘鄉縣詳圖	一幅		四角
大冶縣詳圖	一幅		三角
均縣詳圖	一幅		一元
武昌縣地圖	一幅		二角五分
嘉魚縣地圖	一幅		二角五分
圻春縣地圖	一幅		二角五分
漢陽縣地圖	一幅		二角五分
中國地勢大掛圖	一幅		二元六角　裱加實洋六角
中國地勢圖	一幅		二角五分
世界各國軍港圖	一幅		五角
中日對峙形勢圖	一幅		五角
四川全省水陸交通道里圖	一幅		四角
中山建設地圖	一幅		一元
東北四省形勢詳圖	一幅		一元

☆代售處：北平成府蔣家胡同三號禹貢學會☆

出版者：禹貢學會。
編輯者：顧頡剛，譚其驤。
出版日期：每月一日，十六日。
發行所：北平成府蔣家胡同三號禹貢學會。
印刷者：北平成府引得校印所。

禹貢
半月刊

價目：每期零售洋貳角。豫定半年十二期，洋壹圓伍角，郵費壹角伍分；全年二十四期，洋叁圓，郵費叁角。國外全年郵費貳圓肆角。

The Chinese Historical Geography
Semi-monthly Magazine

Vol. 4 No. 2 Total No. 38 September 16th 1935

Address: 3 Chiang-Chia Hutung, Cheng-Fu, Peiping, China

第四卷 第二期
民國二十四年九月十六日出版
（總數三十八期）

內政部登記證警字第叁肆陸壹號　中華郵政特准掛號認為新聞紙類

本會紀事

本會自發行本刊以來，迭受社會之同情，得有種種之便利，用使會務蒸蒸日上，學界觀聽爲之一振，已甚銘感。蒲圻張石公先生（國淦）以在北平西四牌樓北首大紅羅廠所有培德學校，嗣以資絀停辦，先生對於本會工作極表贊許，爰商之前培德學校董事會，將舊日校產慨捐爲本會會址，尤予本會同人以至深之激厲。從此本會工作自可進入研究之正軌，分組從事，以立堅實之基礎，而謀前途之發展。茲特將關于此事之文件發表於下，俾會內外同志快覩焉。

（一）張先生上北平市政府社會局呈文

呈爲後口袋胡同等處房地捐贈禹貢學會，懇請立案事：竊查禹貢學會係燕京大學顧教授頡剛等擬辦，集合新起之人才，研究有用之學術，并出禹貢半月刊，推行已久，嘉惠學子，收效滋深。查前培德學校曾因虧累停辦，茲擬將該學校歷年購置後口袋胡同房地，小紅羅廠房地，大紅羅廠西口鋪房捐贈該學會。以辦學之產作爲學術之用，撥之公共事業，尙無不合。除該前培德學校新舊債務，仍另自行清理外，附呈捐贈該學會房地圖一紙，伏請准予備案施行，實爲公便。此上社會局。原擬辦培德學校張國淦呈。中華民國廿四年八月廿八日。

（二）張先生與本會顧先生第一函

敬啓者：茲將前培德學校購置後口袋胡同等處房地捐贈禹貢學會，業於本月二十八日呈本市社會局立案，所有契據文件，開單送交禹貢學會，即希會收保存，並請示覆爲荷。此上顧頡剛先生。張國淦啓。九月二日。

計開

一，各房地契據：

（甲）大紅羅廠內後口袋胡同六號：紅契一紙，憑單一紙，驗契收據一紙，老契一套。

（乙）大紅羅廠內後口袋胡同七號：紅契一紙，憑單一紙，驗契收據一紙，老契四套。

（丙）小紅羅廠八號：振懦女校出讓房地字據一紙，舒登濂登記證明書一紙，紅羅廠學校登記證明書一紙，登記地圖一紙。

（丁）大紅羅廠西口鋪房：公產租照一紙，租金收據一份，租摺一扣。

一，社會局呈文稿一件並圖一紙。

（三）張先生與本會顧先生第二函

敬啓者：查前培德學校購置後口袋胡同等處房地捐贈禹貢學會，除將呈請社會局立案並契據文件送交外，茲經前培德學校董事會議決：「此項捐贈房地原專作禹貢學會研究學術之用；如該學會不需用此項房地時，應仍交還原主，不得抵押變賣」云云，合再聲明，即祈示復，以憑存案爲荷。此致頡剛先生。張國淦啓。九月二日。

（四）本會顧先生復張先生函

敬啓者：日前接奉賜函二通，暨後口袋胡同六號七號房地，小紅羅廠八號房地，大紅羅廠西口鋪房各項契據，並社會局呈文稿及房地平面圖一紙，均經點收保存。竊念頡剛等集合同志，創辦禹貢學會，以研究中國地理沿革史及民族演進史爲標的，恒愧學力不足，未能多所發明，乃蒙先生暨培德學校董事會慨捐房地，俾作本會會址，同人等奉悉之下，無不與分銘感；此後懍臨兢兢，自應更加黽勉，以期國家民族相得裨益，藉懇先生等提倡學術之熱心，與獎勵青年之美意。至於該項房地當作本會研究學術之用，如不需用時，即行交還原主，不得抵押變售一節，頡剛等對於培德學校董事會之議決案，矢當遵守，諸祈釋念。專布謝忱，敬希鑒照。此上張石公先生。顧頡剛敬啓。中華民國二十四年九月七日。

禹貢第四卷第三期目錄豫告

伊斯蘭教入新疆考

王日蔚

作者素攻新疆民族史，嘗考求其中維吾爾族之文化，病其改宗伊斯蘭教之至參差不齊，因徧求伊斯蘭入中國之記載及論文。得陳援庵先生回教入中國考，則於此部從闕，陳先生謂別有回教入新疆考，徧覓未得；後親詢之陳先生，始知尚未發表。中山大學文史研究月刊譯載一外人著之回教入中國考，內容空虛無物，於該教之進入新疆更未隻字提及。地學雜誌之回教入新疆考亦多未能滿人意處。因積二旬之力，草成斯文，聊爲一己研究之便，並以之求正陳先生及諸師友。

新疆數百萬人口，除少數額魯特族爲喇嘛教徒外，餘則如伊蘭族（塔吉克），如突厥族（維吾爾【纏回】，哈薩克，布魯特），均伊斯蘭教之信徒也。伊斯蘭教，明以後中土人統名之曰回教；回教乃由回紇，回回之轉，蓋以種族之名而名宗教。回紇卽今之維吾爾族，是則回教一稱，實由新疆之突厥族而起。然在古代，新疆宗教最複雜，如景教，摩尼教，火祆教，佛教，均在此地有相當之發展。而尤以佛教深入斯土有千餘年之根蒂，其影響于新疆之文化與藝術也至鉅。伊斯蘭教較之以上各教入新疆最晚，其偏及于新疆各地亦至參差不齊。今特于該教之傳入新疆略加考証，此于研究新疆文化史上固爲不可缺之工作，于研究伊斯蘭教傳入中國史上當亦不無裨益也。

伊斯蘭教之入新疆蓋在十世紀之末與十一世紀之間，初由喀什噶爾葉爾羌以至和闐。此由伊斯蘭教徒之記載及該地伊斯蘭教徒之傳說，均可証明者也。和闐一地素爲佛教徒之根据地；據云伊斯蘭教初侵入時，此種宗教戰爭連亙二十四年之久，可云烈矣。

Bretschneider 在其中亞中古史研究中曰：

「依賓愛爾阿提爾（Ibn el Athir）阿剌伯史家，生于一千一百六十年，卒于一千二百三十三年，之喀米爾烏脫泰瓦力克（Kamil-ut-Tevarik）書記伊爾克汗（Ilk Khan）或突厥斯坦衆汗（Khans of Turkistan）之始祖曰撒土克喀剌汗（Satuk Kara Khan）崇奉伊斯蘭教。今俄國考古學家稱此朝曰喀剌汗朝（Kara Khanides）。由第十世紀中葉，君臨西突厥斯坦直至一千二百十三年始亡。竇桂因（Deguignes），福連恩（Fraehn），萊奴德（Reinaud）及其他研究東方學者，皆謂爲回紇人種。此朝最著名之君爲布哥剌汗（Boghara Khan），建都于八兒沙袞（Balsagun），疆土東至秦國（Sin）即中國，管轄喀什噶爾，和闐，喀喇崑崙（Kara korun）和闐南之山，怛羅私（Taras），烏提拉兒（Otrar）等處。布哥剌汗嘗帥師遠征馬瓦拉痕那兒（Mavarannahr）即阿母河北諸地，下布哈剌城；西曆九百九十三年班師，卒于途。嗣位者爲伊爾克汗（Ilk Khan）一千零八年滅阿母河北波斯之薩曼王朝，盡有其地。伊爾克汗卒，其弟陀干（Toghan）嗣位。據阿剌伯史家之記載，一千〇十七年時，秦國嘗遣大軍征突厥斯坦。進軍至八兒沙袞尚三日程，陀干率軍迎戰，擊敗敵人。追逐三閱月，始回軍八兒沙袞。陀干汗卒于一千〇十八年。以後尚有阿爾斯蘭汗（Arslan Khan），喀的兒汗（Kadyr Khan），阿爾斯蘭汗與上同名，布哥剌汗與上同名。

萬百里（Vambery）于一千八百七十年時，嘗發刊回紇書庫達庫畢力克（Kudatku Bilik），此書于一千〇七十年時著成于喀什喀爾城，書詩文體，專言國王對人民所負之責任。摩罕默德汗時，西遼人征服突厥斯坦，陷八兒沙袞及喀什噶爾城。伊爾汗仍君臨馬瓦拉痕那兒之撒馬爾汗與布哈剌等地，稱臣納貢于西遼之菊兒汗。一千二百十三年，此朝最後之君鄂斯曼（Osman）爲花剌子模國蘇丹摩罕默德所殺。國亡，疆土盡爲花剌子模所有」。（Bretschneider: Mediaeval Reserches From Eastern Asiatic Sources P. 252-253.）註一

據上文，知喀什噶爾和闐等地在十世紀十一世紀時爲奉伊斯蘭教之突厥族所佔有，則伊斯蘭教必由此時隨之傳入無疑。斯坦因氏在其古代和闐中（Ancient Khotan）謂據格利拿德（Grenand）之研究，由鹹海至喀什噶爾之地，在十世紀後半紀時爲沙特克布哥剌汗（Satak Boghra Khan）者所領有。汗信伊斯蘭教，相傳爲該教有力之宣傳者。西元一〇〇六年後，于闐亦在喀什噶爾及八兒沙袞之突厥王朝首領阿巴爾汗森納沙爾伊爾克庫剌汗（Abul-Hasam Nasr Ilk Qura Khan）及其從兄弟玉素普喀得兒

汗(Yusuf Qudr Khan)統治之下。方玉素普喀的兒汗率四萬大軍侵入于闐時，于闐國王賈克魯克兒哈魯(Jagalu Khalhalu)雖得西藏及回紇之援兵，苦戰二十四年之久，至十一世紀初時賈克魯克兒哈魯卒戰敗身死，玉素普喀的兒遂爲于闐國王。(Ancient Khotan P. 180-182)

中土亦有類似此等之記載，伽師及于闐鄉土志(註二)云：宋太祖開寶四年(九七二)沙買泥(地名)阿則勒提蘇塘(官名)阿布拉司里者，結比裘大克裔也，攻取喀什稱帕夏。阿布拉司里死，傳子玉山。玉山死，傳子玉素普卡底。衆叛，玉素普卡底乞兵于西國，衣瑪木于宋眞宗大中祥符二年(一〇〇九)自木達營國率衆十餘萬至喀什；衆復降，玉素普卡底爲帕夏。衣瑪木進兵葉爾羌，葉爾羌人降。又攻和闐，和闐人或逃或降。因名地爲固莽，今皮山之固瑪，言有來有不來也。至和闐山隘，爲敵所殲。玉素普卡底聞信，自喀什來收葬之。今于闐努勒村地，細黑剌痲札是也。後四十年，即宋仁宗皇祐元年(一〇四九)，玉素普卡底死，衆復叛。

按伽師及于闐鄉土志此種記載，不知其何所本；據情推斷，當係漢人根據此地之伊斯蘭教徒傳說而作。中人與外人之記載，雖人名地名不盡脗合，然玉素普卡底必爲Yusuf Qudr之對音。其他時間與進軍之路程二者亦均大致相同，故吾人斷定十世紀至十一世紀伊斯蘭進入喀什噶爾葉爾羌及和闐，當爲不誤。

中國正史關于新疆之記載，有西域傳一項，專記此地史事；十世紀十一世紀之時，正當五代遼宋之時。然五代史，遼史，宋史于上述之宗教方面，均毫無伊斯蘭教字樣。葉爾羌喀什且不見于正傳。惟此種啞叭材料正暗示喀什葉爾羌以被伊斯蘭教徒統治故，趣向俗習各異，故與中國不通貢使也。

于闐則至石晉天福中(九三六—九四二)封李聖天爲王；宋太祖建隆二年(九六二)其國摩尼師貢琉璃瓶二，是証其國此時尙有摩尼教。又記其國俗事祆神，則可証其國有火祆教。乾德三年(九六五)于闐僧善名善法來朝，賜紫衣。開寶二年(九六九)善名復至，賜號昭化大師。曰善名善法及昭化大師，均足証其爲佛教徒也。至宋太祖開寶四年(九七二)，其國僧吉祥以國王書來言破疏勒，且獻舞象。所言破疏勒，蓋即鄉土志所載玉素普時衆叛，乞兵于西國之役；此舞象當爲該役之戰利品。Bretschneider所引阿剌伯史家一千十七年時，秦國嘗遣大軍進征突厥斯坦，想亦指此役而言。所云秦國當即于闐。雖二役時間略有差別，然此種記載固不能求其毫無誤謬也。自此次貢獅子，直至四十年後，大中祥符二年（一〇〇九），其國黑韓王遣回鶻羅厮溫等以方物來貢，「黑韓」即可汗之訛，于闐本非突厥族，故其王名如李聖天，頗同漢語。此則曰可汗，蓋已被突厥所征服矣。且其使曰回鶻人，亦可玩味，此蓋在鄉土志所云玉素普卡底破和闐之後；所謂黑韓王，蓋即玉素普卡底。故吾人由此可斷定：十一世紀初和闐始改信伊斯蘭教也。至遼史則屢見阿薩蘭回鶻進貢之記載，其即指突厥朝之二阿爾斯蘭汗乎？

伊斯蘭教徒在中亞多以兵力傳教；十世紀十一世紀之時，除上述三地爲其所征服外，餘地當無伊斯蘭教徒。故其時，新疆之伊斯蘭教徒僅限于西南一隅也。

西遼建國于十二世紀（一一三四），亡于十三世紀初（一二一一），後爲乃蠻屈出律所篡。其領域東至和州別失八里，昌八剌，阿里馬等地。西至撒各納，八兒眞，氈地等地。南則浩罕各城地，北則葉密爾，哈押立等地。若喀什噶爾，葉爾羌，和闐，則均其畿輔重地也。

西遼本契丹族，受漢化最深，其對于此地之伊斯蘭教徒果持何態度乎？

Bretschneider 引易賓愛爾阿提爾云：

「五百二十二年時（此爲伊斯蘭教紀元，即西元一一二八），秦國之葛爾汗行抵喀什噶爾。此人渾名跛子，領率軍隊甚衆。時喀什噶爾之王爲哈三（Hasan）之子亞罕默德（Ahmend），舉全軍迎戰，卒敗死。……菊爾汗統治此地後，於其所征服國之行政不甚過問。於人民徵賦亦極廉，每家只出一地納耳（Dinar）。對屬國諸王亦極寬和。凡其臣屬繫銀牌一于衣帶上，表示歸順于彼即足。」

據此則菊爾汗並未干涉此地人之信教自由，但自屈出律篡西遼後，於伊斯蘭教徒乃大加壓迫；亡國之速，此亦一因。

多桑蒙古史卷一云：

「屈出律據黑契丹（西遼）汗位以後，濫用權力，首攻阿里馬里，擒其王奧查兒（Ozar），且使之自哉。喀什噶爾和闐之人，因反抗之故，屈出律遂加以壓迫，派軍駐其境，大事蹂躪，凡七年。屈出律于伊斯蘭教徒爲一極殘酷之仇教者，彼本爲景教徒，自娶菊爾汗女兒後，乃改宗佛教。

成吉斯汗遠征西域諸伊斯蘭教國時，派哲伯領軍二萬于一二一八進攻屈出律，時屈出律方駐軍喀什噶爾，哲伯至，即遠逃。蒙古軍即宣佈信教自由，于是向受壓迫之羣衆，乃盡屠屈出律之軍隊。蒙古軍繼追屈出律至巴達克山而擒殺之。」

據上所述，則喀什噶爾，葉爾羌，和闐等地，自十世紀半至十三世紀初，已幾盡爲伊斯蘭教徒矣。

十三世紀初長春眞人之西遊記于伊斯蘭教徒及佛教徒在新疆之分界地，略有說明。

「九月二日西行，四日，宿輪臺之東，迭屑頭目來迎。又歷二城，重九日至回紇昌八剌城。其王畏午兒與鎮海有舊，率衆部族及回紇僧衆皆遠迎。…有僧來侍坐，使譯者問看何經典。師云：『剃度受戒，禮佛爲師』。蓋此以東昔屬唐，故西去無僧，但禮西方耳。」

王國維註謂，「昌八剌即元史西北地坿錄之彰八里，八里之言城堡也。唐書輪臺縣西百五十里有張堡城守捉，疑即此城」。按唐輪臺似在北路距迪化甚近，與漢輪臺爲南北向。若果此地確在輪臺西百五十里，則此時伊斯蘭教徒之勢力已由喀什噶爾，而阿克蘇，而龜茲，而天山北麓矣。龜茲爲佛教在新疆之重地。第八世紀初期，慧超自喀什噶爾還，道經龜茲，述其國佛教狀況云：

「又從疏勒東行至龜茲國，即是安西大都護府，漢國兵馬大都集此。此龜茲國足寺足僧，行小乘法，喫肉及韮葱等也。漢僧行大乘法。」

是則三百年之間伊斯蘭教徒已由西及東將龜茲征服矣。宋史龜茲傳，稱龜茲爲回紇之別種，稱其國爲西州回鶻或龜茲回鶻。且記其國大中祥符三年（西元一〇一〇）遣使來獻其國產。羽溪了諦在其西域之佛教一書中，據此謂「龜茲國西元十世紀末或十一世紀之初期，既已受突厥族之支配，已全奉回教矣」。此種論斷，殊嫌未足，蓋回鶻族固近今盡奉伊斯蘭教者，然其初則爲摩尼教徒，爲佛教徒。回鶻由蒙古逃入新疆後，居高昌北庭者，改奉伊斯蘭教至晚。其奔入葛邏祿之一部，蓋即阿剌伯史家所謂葱嶺西之回紇王國，于十世紀半時改奉伊斯蘭教，後且征喀什噶爾，葉爾羌，和闐而臣之；前已言之矣。此龜茲之回鶻別種，若果係由西方之一支來者，尙有信奉伊斯蘭之可能；若果由東而來者，則吾等殊無力斷其爲伊斯蘭教徒，蓋伊斯蘭教進入新疆之路線係由西而東，而非由東而西；且東方(北庭高昌)之回鶻至明初始改奉伊斯蘭教。羽溪了諦不此之察，而貿然斷此地回鶻爲伊斯蘭教徒，實屬非妥。復次吾人由情理推測此龜茲之回鶻別種，亦斷非自西方來者；蓋據阿剌伯史家之記載，十一世紀時西方之回鶻始將和闐等地征服，焉有十世紀時而已征服龜茲乎！故十世紀十一世紀時，龜茲雖爲回鶻種，而必非伊斯蘭教徒也。且龜茲傳明言「自天聖(一○二三)至景祐四年(一○三七)入貢者五，最後賜以佛經一藏；紹聖三年(一○九四)使大首領阿速撒羅等以表章及玉佛至」。夫賜以佛經，以玉佛貢，均可証其崇信佛教；是則龜茲在十一世紀之末尙信佛教，何羽溪了諦于此竟不之察也。至十三世紀初，由長春眞人之記載，吾人確信龜茲已改信伊斯蘭教；其改信之過程係和平地抑係被武力所強迫，則在未尋得史料前當付闕疑者也。

至十三世紀初喀什噶爾，于闐，龜茲以外之地，則幾盡信佛教。天山北路爲乃蠻，乃蠻中雖有不少景教徒，然大部似均佛教徒也。北路之西如伊犂之地，似非乃蠻所治。或係西突厥斯坦伊克爾汗之轄地。若然，則該地亦當爲伊斯蘭教徒。西遊記所言輪臺以西但禮西方耳，亦可玩味也。自輪臺以東至哈密，盡爲畏兀兒地，彼等皆極虔誠之佛教徒。

元代征服西域後，建設親藩，並置行省。別失八里省轄西域左地(自巴里坤至阿克蘇)，阿母河省轄西域右地。元代于人民之宗教，向取不干涉主義，故太祖之時，佛，儒，道，景，伊斯蘭教徒皆爲所用。然其後諸王多信釋教，新疆南北皆爲元之親王藩屬，故可斷定該時之新疆，其上部統治者均爲釋氏之徒；至一般居民，則高昌北庭之地，仍宗佛教。元至順三年(一三三二)，年六十四而歿之比邱尼八哈石傳中云：「師諱舍藍：高昌人，其地隸北庭，其地好佛，故爲苾蒭者多」。則是十四世紀中高昌尙大部爲伊斯蘭教徒。至南路西部諸地，其人民尊伊斯蘭當如故。觀元順帝至正二十五年(一三六五)喀什嗣王托和樂可鐵木兒汗之改從伊斯蘭教，可証在此百年之中，伊斯蘭教徒雖在釋教徒統治之下，其勢有增無減，終且使佛教徒統治者改信伊斯蘭教也。鐵木兒改從伊斯蘭教後，藉其政治力之分遣和卓衣瑪木（均該教中之有權位者之稱）于各地傳教，于是伊斯蘭教乃風靡天山南路。故新疆南路之改從伊斯蘭教，當自元末始（十四世紀後半紀）；至新疆北路則仍爲佛教之勢力。

考伊斯蘭教自唐即已由海道入中國，然其深入內地及北方諸省也則自元代始。新疆雖近今幾全爲伊斯蘭教徒，然其徧及南路而在新疆各教派中執牛耳之地位，則亦自元代始。考其故，當係元朝起自朔漠，本無文化，以青草紀年，以木刻爲符契；其後征服歐亞，建歷代未有之大帝國，其組織與文化上之統治，初則以畏兀兒人爲助，繼則以伊斯蘭教徒輔之。觀其初用畏兀字，後用回回字可証。元分蒙古人色目人與漢人爲三大階級；其所謂色目人即廣義之西域人也，凡河西以至中亞之人皆屬之。色目人位雖在蒙古人下，然其權其勢幾相若；漢人與之較，實不啻主奴之別。色目人中大部分爲伊斯蘭教徒，故一時該教人之入仕中國者甚衆；觀陳援庵先生之元西域人華化考可概見也。此輩伊斯蘭教徒藉其政治之力以宣傳宗教，自事半功倍，且隨從之入居中國者，其爲數當亦甚鉅。此當爲元代伊斯蘭教徒急劇發展之主因。至新疆居民，則天山南路東部之人與西部之伊斯蘭教徒爲同種同文同語言之族（突厥族）；其傳染也，自較在內地語貌各異者易爲力，故新疆一地能靡然從風，而盡變爲天方之頂禮者也。至伊斯蘭之教旨，如愛清潔，不食死物之肉；如重施與，不使教內有乞食之人，則尤于文明較低，階級分化不明及多食肉類之民族（按天山南路雖久已爲農業之邦，然其地今仍多食肉，與遊牧民族之飲食相近）有裨益，其較佛教適用于較高級社會之出世主義，自易獲得一般人信仰；伊斯蘭教在新疆之能取佛教而代之者，其即以此歟！

元末伊斯蘭教雖已徧天山南路，然東部高昌哈密諸地之人衆並未能均爲該教之教徒，惟統治者與大部人衆爲伊斯蘭教徒耳，此則至明初猶然。明史哈密傳曰：「其地種落雜居，一曰回回，一曰畏兀兒，一曰哈剌灰，其頭目不相統率」。曰回回以與畏兀兒哈剌灰相别，則畏兀兒與哈剌灰非伊斯蘭教徒可知。且云，其頭目不相統率，則可証該時哈密之地，伊斯蘭教徒尚未能佔絕對支配地位。然此僅明初爲然耳。至弘治十八年（一五〇五）哈密之伊斯蘭教徒已爲該地之蘇丹矣：

「弘治十八年陝巴卒（哈密王），其子拜牙即自稱速檀（即蘇丹之對音）命封爲忠順王。」

火州雖有僧寺多于民之記載，然統治者與其居民大部亦當爲伊斯蘭教徒。明史火州條曰：

「火州，永樂四年（一四〇六）五月命鴻臚丞劉帖木兒，護別失八里。使者歸，因齎綵幣，賜其王子哈散。明年遣使貢玉璞方物。使臣言，回回行賈京師者，甘涼軍士多私送出境。城方十餘里，僧寺多于民。居東有荒城，即高昌故都。」

按哈散爲伊斯蘭教徒極普通之名稱，與基督教中之瑪麗，約翰相等。曰其王子哈散，則可証其父之爲伊斯蘭教徒。曰回回行賈京師者，則知此地伊斯蘭教徒之多。「僧寺多于民」，僅足供釋氏信徒之徘徊憑弔耳。即有少數僧人，其勢當亦微不足道也。

陳誠於永樂十七年（一四一九）奉旨使西域，有使西域記記此地之佛跡甚多，文亦清利，然于其地佛教徒之狀況則記述甚少，亦可間接証明佛教徒勢力之衰弱也。茲引其文如下：

「其國西北有靈山最大，土人言此十萬羅漢涅盤處也。近山有高臺，旁寺擁水泉林木。從此入山行二十里，至一峽，南有小土屋從屋登南山坡，得石崖奉小佛像五。前有池，池東山石青黑，遠望紛如毛髮。土人言，此十萬羅漢洗頭削髮處也。緣峽東南行六七里，登高崖，崖下小山纍纍，峯巒秀削。其下白石成堆似玉，青脆不可握。堆中有人骨，色澤明潤。土人言，此十萬羅漢靈骨也。又東下石崖得石筍，迸出如手足。稍南山坡，石復瑩潔如玉；土人言，此辟支佛涅盤處也。」

惟吐魯番明初頗有佛衆，然不久其王即爲伊斯蘭教徒。明史吐魯番傳云：

「永樂六年（一四〇八）其國番僧清來率徒法衆等朝貢。天子欲令化導番俗，即授爲灌頂慈慧圓智普通國師。徒七人並爲吐魯番僧綱。

成化元年（一四六五）其酋阿力自稱速檀。阿力死，阿黑麻嗣爲速檀。」

番僧淸來，學者多疑爲喇嘛教徒。惟至一四六五年，曰「其會阿力，阿黑麻」，皆伊斯蘭教中極普通之名稱。曰「自稱速檀，嗣爲速檀」，更可堅証彼輩之信伊斯蘭教也。

陳誠使西域記亦有「吐魯蕃居人信佛法，多建僧寺」之記載，可証明初此地佛法似甚盛。

至吐魯番以西，以受伊斯蘭教支配已早，故于明史西域傳中不見他教之消息。吐魯蕃西至撒馬爾汗，南崑崙，北天山，盡爲別失八里之地（非指元初之北庭言），爲一泱泱大國。洪武三十一年（一三九八），以其扣留明使，遣官賚書諭之曰：「前遣寬徹等往爾國通好，何故至今不返？吾于爾國未嘗拘留一人，而爾顧留我使，豈理也哉？是以近年回回入境者，亦令于中國互市，待徹歸放還……」則知別失八里之地，明均視之爲伊斯蘭教徒。

淸初新疆南路，已盡爲伊斯蘭教徒，時名之曰回部，然北部爲準噶爾盤据，仍非伊斯蘭教之勢力。淸代關于新疆之著作甚多，而于回部之世系多不得其詳，蓋以有明一代隔絕中國，且語文互異，內地之人自不易得其眞象也。祁韻士皇朝藩部要略曰：

「回部不詳其世系，大部二，曰哈密回部，曰吐魯蕃回部。二部居西域，以天方爲祖國，或城郭處，或逐水草。稱花門種。相傳祖瑪哈麻教，以事天爲本；重殺。不殺犬豕肉。嘗以白布蒙頭，故稱曰纏頭回，又稱曰白帽回。回人自稱白帽回曰達斯塔爾。別有紅帽回，輝和爾（畏兀兒），哈拉回諸族。然以纏頭回爲著。……順治十二年（一六五五）克拜賚葉爾羌表，獻內地民十五人。以拜城，薩嘛罕（疑即撒馬爾汗），諸地使從，表署阿布都喇汗。責表署異前故；克拜告曰：哈密吐魯蕃，葉爾羌長皆昆弟。其父曰阿都喇汗，居葉爾羌；卒已久。有子九，長即阿布都喇汗，居葉爾羌。次即阿布勒阿哈默德汗，居吐魯蕃，先二年卒。次蘇勒檀賽伊特汗嗣之。次巴拜汗，居哈密，以得罪天朝故，爲葉爾羌所禁；阿布勒阿哈默特汗子代之。次瑪哈默特蘇勒檀居帕力。次沙汗居庫車。次早死。次伊思馬業勒居阿克蘇。次伊卜喇伊木居和闐。前葉爾羌汗遣其弟自吐魯蕃請貢，故表稱吐魯蕃汗名，今以葉爾羌汗爲昆弟長，故表稱葉爾羌汗名。」

若克拜所述屬實，則在清初，新疆南路已完全為一封建大帝國，盡阿布都喇汗之後。有史以來，新疆南路屢為數姓所統治，分國數十餘，阿布都喇能統而一之，盡易其子弟為君長，實豪傑也。

西域圖志卷四十八雜錄二中謂回部世系，青吉思汗族屬共二十五世，云舊居天山北。雖代列其名稱，然不詳年代，與新疆回部之關係若何，實難考也。謂派葛木爾汗族屬共三十世，即大小和卓木之族，但年代淵源亦不詳，相傳自派葛木爾汗自天方東遷至葉爾羌和闐等處，西域圖志所述實不若祁韻士之闕疑為愈也。

至乾隆平定準噶爾回部後，設郡縣，屯戎兵，移回部于北路，于是伊斯蘭教徒之勢力乃入新疆北路，至今積二百年之久，北部亦大部為伊斯蘭教徒所居矣。

茲總結上文如下：

(一)十世紀十一世紀之時，伊斯蘭教始入新疆西南部，于闐，葉爾羌，喀什一帶。

(二)十三世紀之時，始漸東伸其勢力至庫車。

(三)元代(十三十四世紀)新疆伊斯蘭教勢力發展極速。

(四)元末(十四世紀)至明中葉(十五世紀)伊斯蘭教始進展至新疆東部。

(五)清初(十七世紀)南路已盡為伊斯蘭教徒。

(六)乾隆(十八世紀)後，始進展至北路。

註一　本文係根據張星烺先生中西交通史料匯篇中之譯文。

註二　伽師及于闐鄉土志，作者未親此書，在北平圖書館尋覓亦未得。本文係轉引自李晉年君回教入新疆考；按新疆圖識嘗引新省各縣鄉土志，其中建置四疏勒與和闐一項內，并未引用伽師及于闐鄉土志。惟于頁二小註內有如是之語「譯回考(疑係書名)書其教祖曰摩哈默特，于唐高祖武德四年立國，紀元後一百二十一年別將瑪哈默特阿札里糾合塔什干浩罕等處兵，征服喀什哈各城，後轉攻和闐敗歿。一百四十八年，其教祖外孫王遜之曾孫曰結比沙大克擊破東國兵，復喀什哈據之。考其時正高仙芝擊大食敗歿之後，事適相合。後結比沙大克進攻和闐戰死，遂連兵不已。蓋即大食傳所謂與吐蕃為勁敵也。據此當自天寶以後，縣境又為回部吐蕃相互割據矣。回書又云：三百五十年沙買泥阿則勒提書塽阿布拉司里攻取諸國，據喀什哈稱帕夏。阿布拉死，子玉山波果拉汗嗣。玉山死，子玉素甫卡底汗嗣，衆不服。玉素甫因乞兵于

西國，亦廝木拉斯勒頁等，于三百九十年自木達營國率衆十
餘萬至喀什哈，衆復降。亦廝木等遂率兵攻和闐，敵人誘入
山險，殲之。後十四年，玉素普死，衆復叛自立。按回曆百
年約多三年，阿布喇事當在宋太祖建隆二年。自是五季迄于
宋初，縣境似別立國。至是遂爲回部所據；其言喀什哈者，
即喀什噶爾。沙買尼，地名。阿則勒提蘇塘，回官名。帕夏
爲可汗之轉音，回曾之稱。木達英國即木剌溪國，今之布哈
爾」。
據上文則鄉土志所載與此處所載之譯回考上所載，似出自
一書。譯回考一書，作者亦未能覓出；又奇者，新疆圖識一
書出世甚晚，材料既同，何竟未引用伽師鄉土志；或鄉土志
反晚出于圖識乎？

日方計劃

開發華北經濟

設參謀部及興中公司

注意先開採龍烟鐵礦

【天津通信】日方對華北經濟提携之進行，雖距實現之期尚遠，但根本之計劃已定。前此一度宣傳，擬由前北政府內政部長高凌霨，津紳王揖唐等，受日本國際銀公司意旨，成立華北農村經濟委員會一事。頃因該項範圍過小，不足以包括所有開發目的，故經過日本滿鐵，日本關東軍部，暨日本華北駐屯軍部三方之協議，決定在天津設一中日經濟開發之負責機關，名爲參謀本部，由滿鐵，關東軍部，華北駐屯軍部，三位一體，依照方針，決定一切計劃。另於該參謀本部下置一興中公司，執行參謀本部決定方案，開發冀察晉綏魯五省資源地利，交通，港灣，鐵礦，農產等，其資本爲日金一千萬元，中日雙方負担。日方由滿鐵募集，華方由華北各地實業經濟家私人投資集足之。高凌霨等進行之華北農村經濟委員會，即併入該公司內，不再組織。滿鐵會社經濟調查團員一部，刻猶在津，與國際銀公司理事吉原大莊，暨各方接洽。將來興中公司社長，由前滿鐵理事十河信二担任，總社設於天津。滿鐵計劃，決先進行開採察省宣化龍烟鐵礦，該礦在於宣化北五十里處，面積約七十方里，產銑鐵最多，可鍊製成鋼，爲製造機砲用。前數十年，當地紳商，集資以土法開採，成績甚劣，其後廢置。近經滿鐵派員調查，擬發起中日合辦，集資五千萬元，在平郊購地，設一製鐵所，爲鍛鍊鋼鐵工廠，并使用平綏鐵路輸送採掘鐵塊至平。日方出現金二千五百萬，華方除集股一部現金外，餘則以地產代價。滿鐵調查員內海治，森俊長，野中時雄等，現猶在該礦區調查。又日方更有挖深掘寬海河計劃，使能容兩千噸船隻，直接入港，并內定於中日經濟提携前，儘先舉辦，目下亦有專家在津，測量設計。（十四日）（二四，八，十八，申報）

日滿組設公司

開發滿洲工業

定下月一日成立

全滿計劃電氣化

【東京】滿洲國政府定於九月一日設立滿洲工業開發公司，推舉丁鑑修爲委員長，以計開掘煤鐵煤油等資源。滿政府因本事業非常重要，請求日商工省選派委員，商工省十五日決定派現任鑛山局工業課長中川信爲委員，將於十七日正式發令。（十六日日聯電）

【長春】滿洲電業株式會社，此次在東京發社債一千萬元，已於八月一日畢事。現該社即將此欵作爲電化全滿之五年計劃中第一年之經費。屆右述經費之用途，計爲發電設備，變電設備，送電路綫，配電路綫，屋內設備，及其他瑣雜施設等。本年度之收支預想額，收入可達二千五百五十一萬五千元，支出一千七百八十二萬九千元，兩比得利七百六十八萬元。此種利金仍作爲增加之資本，連同社債再施行各種計劃，着手於統制全滿之電氣事業云。（十六日華聯電）（二四，八，十七，申報）

漢里之實長

仇在廬譯

西洋學者如德之李希霍芬，英之 Yule ，在四十年前已從事于中國古紀錄里數實長之研究。漢代一里之實長，自中亞細亞及新疆方面探檢測量之進步，其研究愈益精密。法之 Grenard 以漢之一里爲約四百二十米突。最近德之 Herrmann 以爲約四百米突。此四百米突之算法，乃在漢西域諸國中選其今日位置之略能確定者，以其相互之距離，與漢代之里數相對照所得之平均距離也。

例如漢車師國之交河城，即今新疆之雅兒湖 Yarkhoto ；焉耆國之渠城，即今喀喇沙爾 Karasher 西南之四十里城附近。自車師至焉耆之距離，漢書爲八百三十五里。自雅兒湖至四十里城之距離，現時爲約三百三十五基羅米突。是漢之一里約當今之四百〇一米突。

焉耆之西南隣尉犂國，當今之庫爾勒 Kurla 。自四十里城至庫爾勒，今約四十基羅米突。漢書所紀焉耆尉犂間之距離爲百里，由此推之，漢之一里正相當于今之四百米突也。

又漢書莎車，皮山，于闐三國之關係，略如下表：

國名	現今之位置	漢書紀載	現今實測	漢里之實長
莎車	葉爾光 Yarkand	三百八十漢里	155 基羅米突	408 米突
皮山	固瑪 Guma	三百八十漢里	150 基羅米突	400 米突
于闐	—— Yotkan			

由此可知漢之一里約當今之四百米突，實爲無疑之事。

——節譯桑原騭藏支那學研究者之任務——

詩緜篇『來朝走馬』解

于省吾 1

自來解詩者於此句聚訟紛紜，莫衷一是。毛傳於此句無解。鄭箋云，『「來朝走馬」，言其辟惡早且疾也』。箋意含渾。段氏詩經小學云，『「早」，釋「來朝」；「疾」，釋「趣」字。說文，「趣，疾也」。玉篇作「趣馬」，野王據漢人相傳古本也』。顧廣譽學詩詳說云，『「走馬」，猶言驅馬』。按以『來朝』爲來日之朝，『走馬』爲驅馬，程大昌顧炎武以爲單騎之始。不知『來朝走馬』誠如是解，則成後世委巷俚言，西周典册高文豈有此等語例哉！俞樾云，『豈有追述百年以前之事而猶曰「來朝」哉？誠言「來朝」，則詩中必應及其先一日事。乃於「古公亶父」之下不著一語，即曰「來朝走馬」，此語大有可疑』。是俞氏之致疑是也。然俞氏以『來朝』爲『夾朝』，『夾朝走馬』者，一朝走馬也，『夾』乃『甲』之叚字，而『來』又『夾』之誤字：亦所謂不知而妄作矣。

按『朝』『周』古音近字通。詩汝墳篇『惄如調飢』，易林兌之噬嗑作『倆如周饑』，說文作『惄如朝飢』；漢書東方朔傳『詼啁而已』，師古曰『啁與嘲同音』：胥其證也。

『走』，玉篇引作『趣』，本應作『走』，走正字，趣叚字。詩十月之交篇，『蹶維趣馬』。書立政，『趣馬小尹』。大鼎，『王召走馬雁，取傌[illegible]卅匹』。師兌毀，『正師龢父𤔲左右走馬，五邑走馬』。走馬亥鼎，『宋膾公之孫走馬亥自作會鼎』。後漢書張讓傳，『凡詔所徵求，皆令西園騶密約勑』，李注『騶，養馬人』。說文，『騶，廄御也』。周禮夏官，『趣馬，下士一人，皁一人，徒四人。趣馬掌贊正良馬而齊其飲食，簡其六節，掌駕說之頒，辨四時之居，以聽馭夫』。由是可證『走』，『趣』，『騶』古通。

『來朝走馬』，應讀作『來周趣馬』。『周』，地名，即岐周也。朱右曾云，『美陽有中水鄉，周太王所邑，見於地理志，所謂岐周也；東北去豳百三四十里』。皇甫謐曰，『邑于周地，始改國爲周』。通典曰，『美陽故城在京兆府武功縣北七里』。然則『來周趣馬』，謂太王自豳遷於岐周而養馬於斯也。三章云，『周原膴膴』，正來周後因所見而言之也。自來說詩者不知『朝』『周』之通叚，復以『走馬』爲單騎，而千秋疑案遂無人發其覆矣。

唐山戶口統計

共一萬餘戶，八萬餘人

【唐山通信】本市七月份公安局及礦警總所，所屬戶口統計如下。(一)公安局戶口調查，共一五三七七戶，男四七八六九人，女二九五〇一人，較六月份增加二〇戶，二四人。又洋行一六〇家，外僑三六〇人，日鮮僑三四七人，德法英共十三人。(二)礦警總所戶口調查，共一四一六戶，男四一四五人，女三三二三人，較六月減三戶，減九人。又外僑十八戶，七〇人，計英三二人，比二二人，俄九人，荷蘭五人，德二人。合計本市七月份戶口統計，共一六七九三戶，八四八三八人，外僑四三〇人。(二十日)　(廿四，八，二十一，大公報)

天津市戶口統計

共二二九六三四戶，一〇六二八五〇人

【本市消息】市公安局辦理戶口調查，六月份共二十三萬〇一百三十七戶，一百〇六萬二千六百三十七丁口。七月份較上月減去五百〇三戶，增加二百一十三丁口。統計核算，七月份本市共二十二萬九千六百三十四戶，男六十二萬一千六百一十五名，女四十四萬一千二百三十五口，合計一百〇六萬二千八百五十丁口。　(廿四，八，十六，大公報)

中央特准陝北設行政區

【太原】中央爲早日肅清陝北共匪，特准陝省府將陝北分爲三區，成立榆林，綏德，洛川，三行政專員公署。新任榆林專員毛績齋，四日由平來井，即轉榆就職。(四日中央社電)　(廿四，八，六，申報)

收回牯嶺英租地協定共同簽字

【南昌】牯嶺電，交涉已久之收回牯嶺英租地事，現告一段落。八日經蔣志澄與英總領默斯共同簽字，我方並宴請各國領事於廬山圖書館，晚各國僑民董事復答宴，由蕭純錦致詞，默斯答詞，盡歡而散。又簽字協定內容，(一)將一九〇五等年英人租地契交還我國。(二)原租地內公共事業交中國政府管理。(三)住牯英僑得設諮詢委員會，以供中國諮詢，但我國對諮詢之事有最後決定權。蕭純錦在牯辦收回英租地事畢，九日晚返省。(九日中央社電)　(廿四，八，十，申報)

粵政會通過欽邕劃界案

【香港】政會六日通過欽邕劃界案，將那陳墟劃歸邕欽兩縣共管。(六日專電)　(廿四，八，七，申報)

中英勘界委員會我方委員下月出發

【南京】中英勘界委員會各方委員，將分別出發，約定地點集合。我方委員定九月初起程。(十三日中央社電)　(廿四，八，十四，申報)

西藏各地籌設郵局

【南京】郵政總局計劃在西藏各地設立郵局，與內地各局同樣辦理，已派定人員，將於下月中赴藏，先行調查。(六日專電)　(二十四，八，七，申報)

2

張儀入秦說秦辨僞

張公量

1

史記蘇秦傳載蘇秦遊說趙肅侯後：

是時周天子致文武之胙於秦惠王。惠王使犀首攻魏，禽將龍賈，取魏之雕陰，且欲東兵。蘇秦恐秦兵之至趙也，乃激怒張儀，入之於秦。

張儀傳更原原本本，曲盡其妙的說：

蘇秦已說趙王而得相，約從親，然恐秦之攻諸侯，敗約後負，念莫可使用於秦者，乃使人微感張儀曰：『子始與蘇秦善。今秦已當路，子何不往遊，以求通子之願？』張儀於是至趙，上謁求見蘇秦。蘇秦乃誡門下人不爲通，又使不得去者數日。已而見之，坐之堂下，賜僕妾之食，因而數讓之曰：『以子之材能，乃自令困辱至此！吾寧不能言而富貴子，子不足收也！』謝去之。張儀之來也，自以爲故人，求益反見辱，怒。念諸侯莫可事，獨秦能苦趙，乃遂入秦。蘇秦已而告其舍人曰：『張儀，天下賢士，吾殆弗如也。今吾幸先用，而能用秦柄者，獨張儀可耳。然貧無因以進，吾恐其樂小利而不遂，故召辱之以激其意，子爲我陰奉之！』乃言趙王發金幣車馬，使人微隨張儀，與同宿舍，稍稍近就之，奉以車馬金錢，所欲用，爲取給而弗告。張儀遂得以見秦惠王，惠王以爲客卿，與謀伐諸侯。蘇秦之舍人乃辭去。張儀曰：『賴子得顯，方且報德，何故去也？』舍人曰：『臣非知君，知君乃蘇君。蘇君憂秦伐趙敗從約，以爲非君莫能得秦柄，故感怒君，使臣陰奉君資，盡蘇君之計。今君已用，請歸報！』張儀曰：『嗟乎！此吾在術中而不悟，吾不及蘇君明矣。吾又新用，安能謀趙乎？爲吾謝蘇君：蘇君之時，儀何敢言！且蘇君在，儀寧渠能乎？』

這個故事統不見於戰國策，而王充論衡答佞篇因之：

張儀不若蘇秦，相趙幷相六國。張儀貧賤往歸，蘇秦座之堂下，食以僕妾之食，數讓激怒，欲令相秦。儀忿恨遂西入秦。蘇秦使人厚送。其後覺知，曰：『此在其術中，吾不知也。此吾不及蘇君者』。

後世的史家更沒有異議。但這段話很可疑，甚至於是虛構的。

第一，呂氏春秋同載張儀入秦故事，竟無一合。

呂氏春秋報更篇云：

張儀，魏氏餘子也，將西遊於秦，過東周。客有語之於昭文君者：『魏氏人張儀，材士也(註一)。將西遊於秦，願君之禮貌之也』。昭文君見而謂之曰：『聞客之秦，寡人之國小，不足以留客。雖遊，然豈必遇哉！客或不遇，請為東周而一歸也！國雖小，請與客共之』。張儀還走，北面再拜。張儀行，昭文君送而資之。至於秦，留有間，惠王說而相之。

作者還以昭文君比趙宣孟，張儀比桑下餓人；以昭文君比孟嘗君，張儀比湻于髡。趙宣孟昭文孟嘗是賢主，桑下餓人張儀湻于髡是賢士。這段材料，最關重要。呂氏春秋為秦始皇七年，距蘇張遊說尚不及百年，呂不韋之賓客所作(註二)。秦始皇之前，孝文王在位僅一年，莊襄王僅三年。這班賓客都能親歷秦昭王後期的歷史，記當代掌故自然比較直接，它的可靠性也就大；今與太史公所聞竟如此其相反。

呂氏春秋告訴我們幾件事：

(1)張儀將西遊秦，過東周。

(2)由某客的介紹，往見昭文君。

(3)昭文君厚禮之，資送之入秦。

(4)張儀留秦有間，惠王悅而相之。

總之，張儀的相秦而榮顯，乃是昭文君的力量，是自動的。而史記論衡告訴我們幾件事：

(1)蘇秦恐秦兵攻諸侯敗約，使人感怒張儀。

(2)張儀由蘇秦使臣，往見蘇秦。

(3)蘇秦凌辱之，陰使人資送之入秦。

(4)張儀見秦惠王，惠王以為客卿。

總之，張儀的相秦而榮顯，乃是蘇秦的力量，張儀答蘇秦舍人所謂『賴子得顯』，是他動的。所以論衡又贊美這其間的奧妙：

2

知深有術，權變鋒出。故身尊崇榮顯，爲世雄傑。深謀明術，——深淺不能並行，明闇不能並知。

同是張儀入秦的故事，一個說得那麼淺近平凡，一個說得那麼離奇荒怪。我們自覺的不能沒有疑問。恰巧史記本文正顯露出內在的矛盾。

第二，秦魏雕陰之戰，龍賈之虜，不在蘇秦約從時，反在其約從解紐之後。

燕召公世家和燕表載蘇秦初說燕在燕文公二十八年，當周顯王三十五年，秦惠王四年，魏襄王元年。接着說趙。激怒張儀，就在這時。又接着說韓魏齊楚，約從告成。蘇秦傳所謂『蘇秦既約六國從親歸趙，趙肅侯封爲武安君，乃投從約書於秦，秦兵不敢窺函谷關十五年』者是。蘇秦傳又說約從的解紐道，『其後秦使犀首欺齊魏與共伐趙，趙王讓蘇秦，蘇秦去趙，而從約皆解』。姑不論其紀事的或眞或假，且先考察約從究在那一年解紐。這，集解徐廣曰：『自初說燕，至此三年』。梁玉繩從之，其史記志疑卷二十九說：『蘇子初說燕從約，至齊魏伐趙，而從解，首尾止三年』。燕文公二
3
十九年薨，明年而燕易王立：這可知蘇秦約從在燕易王元年，當秦惠王六年，魏襄王三年解紐。案蘇秦傳上揭『從約皆解』之後，即接：『秦惠王以其女爲燕太子婦。是歲文侯卒。太子立，是爲燕易王』云云，所謂『是歲』明指『從約皆解』之歲，則徐廣梁玉繩所見是不錯的(註三)。

史記蘇秦之所以激怒張儀，乃秦惠王攻魏，禽將龍賈，取魏雕陰，將東侵而敗約之故。這件事，歷史上記得清清楚楚。魏世家云，『襄王五年，秦敗我龍賈軍四萬五千于雕陰』。魏襄王五年，即周顯王三十九年，秦惠王八年，距說趙激張儀已四五年，距從散亦已三年。惟秦本紀云：『惠文君七年，公子卬與魏戰，虜其將龍賈，斬首八萬』，則差前一年。魏表又云：『襄王二年，秦敗我雕陰』，則差前三年。梁玉繩並斥其謬。史記志疑卷四於上揭秦本紀條云：『案此即所謂雕陰之戰也，惠文七年，爲魏襄四年。表又書於魏襄二年，當惠文五年，皆誤。宜依魏世家在襄王五年，當惠文八年爲是』。案其說雖沒甚佐證，但魏表之誤是很顯然，秦本紀之誤前二年如齊之破宋；之誤後二年如齊之破楚，

本極平常，此正不足怪。而魏世家多比較可靠（參下）。故史記志疑卷二十九又於上揭蘇秦傳條云：『秦魏雕陰之戰，在蘇子約從後五年，當秦惠王之八年，此敘約從前，甚誤』。此云五年，是以蘇秦之激怒張儀，與說燕同在第一年。約從前後，僅有三年，此說縱不可信，相差也很少。

第三，張儀相秦，在秦惠王十年，距蘇秦說趙已七年，約從解已五年。

張儀傳上揭文，一則曰：『秦惠王以爲客卿，與謀伐諸侯』。再則曰：『賴子得顯』。三則曰：『蘇君憂秦伐趙敗從約，以爲非君莫能得秦柄，今君已用，請歸報』。論衡逕云：『數讓激怒，欲令相秦』。又張儀答舍人後，就接以『張儀既相秦』云云，玩其文意，均以張儀於蘇秦約從時，即已得勢。但秦本紀云，『惠文君十年，張儀相秦』。秦表同。韓世家亦云：『宣惠王五年，張儀相秦』。趙世家亦云，『肅侯二十二年，張儀相秦』。楚世家亦云：『懷王元年，張儀始相秦惠王』。則張儀相秦在秦惠王十年，即韓宣惠王五年，趙肅侯二十二年，楚懷王元年。時約從已解。在未相前，不聞有若何之行動。其留秦及相惠王之期間，如呂氏春秋所說：『至於秦，留有間，惠王說而相之』，似不久。故其相秦之年距入秦之年當亦不久。那末，更顯得張儀相秦，與蘇秦約從，從沒有連環的關係。

依據上列的話，我們的推論是：

大概一百年之內，張儀的故事還沒有衍化，只是一個材（壯）士，由東周君資送而入秦。二百年後，蘇秦張儀的遊說系統在外交史上漸漸成立了，他們都成爲歷史的人物崇拜之中心了。在嚴整的一從一橫的情勢上得有緊密的維繫，於是張儀的由昭文君的資送一變而爲蘇秦趙王的資送了，一個普通的『將西遊於秦』的材士一變而爲『至趙數讓，激怒入秦』的勁敵了。三百年後，又變爲『蘇秦相趙幷相六國，張儀貧賤往歸』，與事實愈離愈遠了。可以說是完全虛搆的。

註一　文選卷三袁陽源效曹子建樂府白馬篇『荊魏多壯士』句，李善注引此作『壯士』，御覽四七五引同。

註二　史記卷八五呂不韋傳。

註三　司馬光通鑑卷二周紀二，獨載蘇秦約從於周顯王三十六年，即秦惠王五年，燕文公二十九年，魏襄王二年一年之中，而明年瓦解。約從較緩一年，不知所據。

二

張儀入秦，見於史記而不見於國策，爲通鑑所載。反之，張儀說秦，見於國策而不見於史記，爲通鑑所不載。張儀入秦別載於呂氏春秋報更，以爲周昭文君之資助。而張儀說秦，則互見於韓非子初見秦，以爲韓公子非之上書，這都可見張儀事跡的矛盾點之多，而不容任意憑信的。

秦策一，『張儀說秦王』一文甚長，剡川姚氏本編列『蘇秦始將連橫』與『秦惠王謂寒泉子』二段之後，高注，『秦惠王』。而縉雲鮑氏本移後至於秦昭王時，且低一格寫，去『張儀』二字以示存疑之意。鮑氏云，『此上有張儀字，而所說皆儀死後事，故刪去』。按姚寬戰國策後序已先云，『張儀說惠王，乃韓非子初見秦書』。故王應麟困學紀聞(卷一一)以鮑氏『失於考證』，而主姚說。吳師道補注亦云，『張儀誤，當作韓非』，清陸稼書戰國策去毒直題韓非，這都是因互見於韓非子而發的。其後清盧文弨羣書拾補韓非子校云，『此篇見秦策，作張儀說，誤也』。顧廣圻韓非子識誤上云，『韓非以韓王安五年使秦。始皇十三年也。今按吳依此，是也』。並從吳說。只有黃丕烈重刊姚氏本戰國策札記所云，『此當各依本書，劉向次第在此。而高注云，「秦惠王」，詳其意，皆不以爲韓非也』，比較模稜。總之，考證國策的人，以互見於韓非子，遂出張儀而主韓非。同樣，考證韓非子的人，以互見於國策，遂出韓非而主張儀。如胡適之先生中國哲學史大綱卷上說：

> 初見秦篇乃是張儀說秦王的話，所以勸秦攻韓(頁三六五)。

梁任公先生要籍解題及其讀法也說：

> 初見秦篇：此篇爲張儀說秦惠王之詞，明見於戰國策。吳師道顧廣圻輩乃據本書而指國策爲誤，可謂無識。篇中言『天下陰燕陽魏連荆固齊收韓而成從，將西面以與秦爲難』，此明是蘇秦合從時形勢(頁九七)。

還有一派人，既不主張儀，也不主韓非。如王應麟漢藝文志考證卷六韓子引沙隨程氏云：

> 非書有存韓篇，故李斯言非終爲韓不爲秦也。後人誤以范睢書廁其書之間，乃有舉韓之論。通鑑

謂非欲覆宗國，則非也（頁一五—六）。

則以爲范睢書。但我們詳其制作本意，有如黃丕烈，胡適之先生，梁任公先生他們所見，確是張儀的口吻，而且張儀爲蘇秦激怒入秦如上所說，繼以此番說詞，散蘇秦之約從，也是很自然的。至在韓非子者，或係編者誤收。故我們接着要考察本文的內容，找求實際的例據，定其爲張儀作，或不爲張儀作。

文中，『荊』字皆即『楚』字，鮑氏注云，『荊，楚也。始皇諱其父名（案，莊襄王楚），故稱曰荊，知此書始皇時人作』。始皇時人所作之說姑不遽信。案文中云：

> 臣敢言往昔。昔者齊南破荊，東破宋，西服秦，北破燕，中使韓魏之君，地廣而兵強。戰勝攻取，詔令天下。濟淸河濁，足以爲限。長城鉅防，足以爲塞。齊，五戰之國也，一戰不勝而無齊。

這個齊之國勢之膨大與逆轉，同燕策，史記蘇秦傳載蘇代（？）說燕昭王（註一）：

> 今夫齊王，長主而自用也。南攻楚五年，畜聚竭。西困秦三年，士卒罷敝。北與燕人戰，覆三軍，得二將。然而以其餘兵，南面舉五千乘之大宋，而包十二諸侯。

又史記樂毅傳：

> 當是時，齊湣王強，南敗楚相唐昧於重丘，西摧三晉於觀津，遂與三晉出秦，助趙滅中山，破宋，廣地千餘里，與秦昭王爭重爲帝。已而復歸之。諸侯皆欲背秦而服於齊。齊湣王自矜，百姓弗堪。於是燕昭王問伐齊之事。

樂毅是燕伐齊的大將，伐齊在燕昭王二十八年，可見這段話的時代性。又荀子王霸篇：

> （齊湣薛公）彊，南足以破楚，西足以詘秦，北足以敗燕，中足以舉宋，及以燕趙起而攻之，若振槁然，而身死國亡，爲天下大僇。

都是一個說法。尤其荀子連燕滅齊在內，與張儀說秦文爲完全一致。荀卿反齊爲稷下老師，在齊襄王六年間（註二），其時齊已滅，湣王已死。王霸之論齊湣王或在此時，後樂毅傳語又六七年。則張儀說秦文出世之晚，又可推知。此其一。文中又云：

> 秦與荊人戰，大破荊，襲郢取洞庭五都江南，荊

王亡奔走，東伏於陳。

此其二。又說：

天下有比志而軍華下，大王以詐破之，兵至梁郢，圍梁數月。……引軍而退，與魏氏和。

此其三。又說：

趙氏，中央之國也，……悉其士民軍於長平之下，以爭韓之上黨；大王以詐破之，拔武安。

此其四。又說：

秦乃復悉士卒以攻邯鄲，不能拔也。

此其五。這等事實，今逐一疏證如左：

(1)齊南破荊　田敬仲完世家，『湣王二十二年，與秦擊敗楚於重丘』。齊表同一年云，『與秦擊楚，使公子將，大有功』。楚世家，『懷王二十年，齊湣王欲爲從長(註三)，惡楚之與秦合，乃使使遺楚王書。二十四年，倍齊而合秦。二十六年，齊韓魏爲楚負其從親而合於秦，三國共伐楚。二十八年，秦乃與齊韓魏共攻楚，殺楚將唐昧，取我重丘而去』。楚表，懷王二十八年，『秦韓魏齊敗我將軍唐昧於重丘』。秦本紀，『昭王八年，齊使章子，魏使公孫喜，韓使暴鳶共攻楚方城，取唐昧』。按諸紀表世家所說，互有脫失，應以楚世家楚表爲正。即楚懷王二十八年齊敗楚，當齊湣王二十二年，實湣王始立之前一年(註四)，秦昭王六年(註五)。距張儀死已九年。

(2)東破宋　田敬仲完世家，『湣王三十八年，齊遂伐宋，宋王出亡，死於溫』。齊表同一年云，『齊滅宋』。秦本紀，『昭王十九年，齊破宋，宋王在魏死溫』。魏世家，『昭王十年齊滅宋，宋王死我溫』。魏表一年云，『宋王死我溫』。按秦本紀誤。齊湣王三十八年，實十五年(註六)，即魏昭王十年，秦昭王二十一年(註七)，距張儀死已二十四年。

(3)西服秦　田敬仲完世家，『湣王二十四年，秦使涇陽君(魏悝)質於齊。二十五年，歸涇陽君于秦，孟嘗君薛文入秦，即相秦。二十六年，與韓魏共攻秦，至函谷軍焉。二十八年，秦與韓河外以和，兵罷。三十六年，王爲東帝，秦昭王爲西帝』。齊表云，『湣王二十四年，秦使涇陽君爲質。二十五年，涇陽君復歸秦，薛文入相秦。二十六年，與魏韓共擊秦，孟嘗君歸相齊。三十六年爲東帝，二月復爲王』。秦本紀，『昭王六年，景陽君質於秦。九年，孟嘗君薛文來相秦。十一年，齊韓魏趙宋中山共攻秦，至鹽氏而還，秦與韓魏河北及封陵以和。十八年，王爲西帝，齊爲東帝；皆復去之』。韓世家，『襄王十四年，與齊魏王共擊秦至函谷軍焉。十六年，秦與我河外及武遂』。韓表同。魏世家，『哀王二十一年，與齊韓共攻秦，軍函谷。二十三年，秦復予我河外及封陵爲和』。魏表同。齊湣王二十六年實三年，即韓襄王十四年，魏哀王二十一年，秦昭王九年，自齊湣王即位十餘年間，即秦昭王六年以後十餘年間，齊秦爭強，最後立帝，據韓非子卷十內儲說下云，『穰侯(魏冉)相秦而齊強，穰侯欲立秦爲帝，而齊不聽，因請立齊爲東帝，而不能成』。這不更是齊服秦的消息麽？但距張儀之死已十二年(攻秦)二十二年(與秦爭帝)。

(4)北與燕人戰　此役不詳。揚倞注荀子缺，鮑氏注燕策云，『覆三軍得二將事，史並不書』。吳氏注秦策云，『齊宣王二十九年伐燕取之』。吳氏之出此，謂『齊南破荆以下，以地勢言之，非以年之先後』。梁玉繩史記志疑云，『此齊與燕戰事無考』。盧文弨羣書拾補校荀子云，『當在齊湣王十年，載史記燕世家』。

按自南破荆以下諸戰事，除『與燕人戰』一次不詳外，其餘確是順着年代先後排列的，不應『與燕人戰』一次是例外。盧氏齊湣王十年即吳氏齊宣王二十九年伐燕子之之亂，獨在張儀死前四年。二氏說似難信。楊倞鮑彪梁玉繩他們闕疑是對的。先秦諸子繫年攷辨(卷四，頁三六〇)云，『毅傳不載敗燕事者，事輕故略。雷氏學淇說之云：「齊策司馬穰苴乃湣王大臣，而史記穰苴傳謂燕侵河上，穰苴追擊之，遂取所亡封內故境，此即齊湣敗燕之一證」(介菴經說卷九)。觀於蘇代之言，北與燕人戰覆三軍，得二將，其事啓釁自燕，齊則始敗而終勝，則雷氏之說洵信』。雖不知的在何年，而在齊湣王世，與張儀不相及，是決不錯的。

(5)中使韓魏之君　鮑氏云，『兩國從其役』。

按楚世家懷王二十六年二十八年，當齊湣王二十一年二十二年，實其前一年三年，齊兩次率韓魏兵攻楚，田敬仲完世家，秦本紀，齊湣王三十六年，實三年，秦昭王九年，齊率韓魏兵攻秦。則與破荆服秦同時，距張儀死已十年至二十二年。

8

齊湣王即位十餘年間，國勢強大，駸駸有霸天下之勢，列國莫不賓服。田敬仲完世家湣王三十八年，實十五年，所謂『齊南割楚之淮北，西侵三晉，欲以并周室爲天子，泗上諸侯鄒魯之君皆稱臣，諸侯恐懼』。這很夠僞張儀『昔者』以下十二句的謳頌的。

（6）一戰不勝而無齊　齊湣王固有不可一世之概，但不幸得很，不到二年，又被燕報復而喪國了。燕召公世家，『昭王二十八年，燕國殷富，士卒樂軼輕戰。於是遂以樂毅爲上將軍，與秦楚三晉合謀而伐齊，齊兵敗，湣王出亡於外。燕兵獨追，北入臨淄，盡取齊寶，燒其宮室宗廟，齊城之不下者獨唯莒即墨，其餘皆屬燕』。燕表同一年云，『與秦三晉擊齊，燕獨入臨淄，取其寶器』。田敬仲完世家，齊湣王四十年，實十七年，『燕秦楚三晉合謀，各出銳師，以伐，敗我濟西，王解而却。燕將樂毅遂入臨淄，盡取齊之寶藏器，湣王出亡之衛』。齊表同一年云，『五國共擊湣王，王走莒』。秦本紀，『昭王二十三年，尉斯離與三晉燕伐齊，破之濟西』。秦表同。魏世家，『昭王十二年，與秦趙韓燕共伐齊，敗之濟西。湣王出亡，燕獨入臨淄』。魏表同。韓世家，『釐王咎十二年，佐秦攻齊，齊敗，湣王出亡』。韓表同。趙世家，『惠文王十四年相國樂毅將趙秦韓魏燕攻齊，取靈邱。十五年，燕昭王來見趙，與韓魏秦共擊齊，齊王敗走，燕獨深入取臨淄』。齊表，『惠文王十五年，取齊淮北』。燕昭王二十八年，即齊湣王四十年，實十七年，秦昭王二十三年，魏昭王十二年，韓釐王十二年，趙惠文王十五年。這一年齊國敗到如此，所以有『一戰不勝而無齊』的妙喻。距張儀死已二十六年。

（7）秦襲郢，取江南，荊王亡走　秦本紀，『昭王二十九年，大良造白起攻楚，取郢爲南郡，楚王走。三十年，蜀守若伐取巫黔中郡及江南，爲黔中郡』。秦表同。楚世家。『頃襄王二十一年，秦將白起遂拔我郢，燒先王墓夷陵，楚襄王兵散，遂不復戰，東北保於陳城。二十二年，秦復拔我巫黔中郡』。楚表同。白起傳，秦昭王十三年，明年，又明年，又明年，又後五年，又後七年，又明年，合秦昭王二十九年云，『攻楚拔郢，燒夷陵，遂東至竟陵，楚王亡去郢，東走，徙陳。秦以郢爲南郡』。魏世家，『昭王十八年，秦拔郢，楚王徙陳』。秦昭王二十九年，即楚頃襄王二十一年，魏昭王十八年。距張儀死已三十二年。

（8）華陽之役　秦本紀，『昭王三十三年，客卿胡傷攻魏，擊芒卯華陽，破之，斬首十五萬，魏入南陽以和』。秦表作昭王三十四年，幷云，『白起擊魏華陽軍，芒卯走，得三晉將斬首十五萬』。白起傳亦云，『昭王三十四年，白起攻魏拔華陽，走芒卯，而虜三晉將，斬首十三萬。與趙將賈偃戰，沉其卒二萬人於河中』。魏世家云，『安釐王四年，秦破我及韓趙，殺十五萬人，走我將芒卯。魏將段干子請予秦南陽以和』。魏表同。而韓世家云，『釐王二十三年，趙魏攻我華陽。韓告急於秦，八日而至，敗趙魏於華陽之下』。則其事屬韓，頗疑其誤。秦昭王三十四年，即魏安釐王四年，韓釐王二十三年。距張儀死已三十七年。

（9）長平之役　秦本紀，『昭王四十七年，秦攻韓上黨，上黨降趙。秦因攻趙。趙發兵擊秦，相距。秦使武安君白起擊，大破趙於長平，四十餘萬，盡殺之』。趙世家，『孝成王六年，發兵取上黨，廉頗將軍，軍長平。七年，廉頗免而趙括代將。秦人圍趙括，趙括以軍降，卒四十萬皆阬之。王悔不聽趙豹之言，故有長平之禍焉』。韓世家，『桓惠王十年，我上黨郡守以上黨郡降趙。十四年，秦拔趙上黨，殺馬服子（趙括）卒四十餘萬於長平』。秦昭王四十七年，即趙孝成王七年，韓桓惠王十四年，其事距張儀之死已五十年。此役爲趙之最後掙扎，不幸被秦國打得一塌糊塗。這是如文中所稱『以詐破之』，受了秦的欺騙的。剛好白起傳云，『秦昭王四十七年，秦使左庶長王齕攻韓取上黨，上黨民走趙，趙軍長平，據上黨民。四月，齕因攻趙，趙使廉頗將，……廉頗堅壁以拒秦，秦數挑戰，趙兵不出。趙王數以爲讓，而秦相應侯又使人行千金於趙爲反間，曰：「秦之所惡，獨畏馬服子趙括將耳。廉頗易與，且降矣」。趙王既怒廉頗軍多失亡，軍數敗，又反堅壁不敢戰，而又聞秦反間之言，因使趙括代廉頗將以擊秦。秦聞馬服子將，乃陰使武安君白起爲上將軍，而王齕爲裨將，令軍中有敢泄武安君將者斬。趙括至則出兵擊秦軍，秦軍詳敗而走，張二奇兵以刼之。趙軍逐勝，追造秦壁，壁堅拒不得入，而秦奇兵二萬五千人絕趙軍後，又一軍五千騎絕趙壁，間趙軍，分而爲二，糧道絕，而秦出輕兵擊之，……秦軍射殺趙括，括軍敗，卒四十萬人降武安君，……武安君乃挾詐而盡阬殺之』。又廉頗傳云，『趙括旣代廉頗，悉更約束，易置軍吏。秦將白起聞之，縱奇兵詳敗走，而絕其糧道，分斷其軍爲二。四十餘日，軍餓，趙括出銳卒自搏戰。秦軍射殺，括軍敗，數十萬之衆遂降秦，秦悉阬之』。是其絕好的註脚。

（10）邯鄲之役　秦拔長平後，繼續進攻邯鄲，卻沒有成功，如文之所云。秦本紀，『昭王四十八年，十月，五大夫陵攻趙邯鄲。四十九年正月，益發卒佐陵，陵戰不善，免，王齕代將。五十年十二月，益發卒軍汾城旁，齕攻邯鄲不拔，去還奔汾』。趙世家，『孝成王七年，秦圍邯鄲。八年，平原君如楚請救，還，楚來救，及魏公子無忌亦來救，秦圍邯鄲乃解』。楚世家，『考烈王六年，秦圍邯鄲，趙告急楚，楚遣將軍景陽救趙。七年至新中，秦兵去』。春申君傳，『考烈王五年，秦圍趙邯鄲，邯鄲告急於楚。楚使春申君將兵往救之，秦兵亦去』。魏世家，『安釐王二十年，秦圍邯鄲，信陵君無忌矯奪將軍晉鄙兵以救趙，趙得全』。信陵君傳，『魏安釐王二十年，秦昭王已破趙長平軍，又進兵圍邯鄲。公子姊爲趙惠文王弟平原君夫人，數遺魏王及公子書，請救於魏。魏王使將軍晉鄙將十萬衆救趙』。秦昭王五十年，即趙孝成王九年，楚考烈王六年，魏安釐王二十年，其事距張儀之死已五十三年。

審查結果，張儀說秦之文，僞證確鑿，可知決不是張儀所作。剡川姚氏本次此文於秦策一蘇秦之後，黃丕烈謂劉向次第在此，其意和梁任公先生以文中有『天下陰燕陽魏連荊固齊收韓而成從，將西面以與秦爲難』，明指蘇秦合從時形勢，認爲張儀說秦接着蘇秦約從而來即在秦惠王八年間的一樣，也一樣是錯的。張儀說韓魏齊趙連横，在秦惠王後元十四年，如果說秦是破從連横的，那也當在這一年，距相秦即已十七年，間隔不應這樣久。用不到說，本也是錯的。篇中最後邯鄲之役乃秦昭王五十年事，可知此文爲秦昭王五十年以後的遊士所作，但不是韓非，因爲和韓非存韓的主張不相容，如胡適之先生他們所說，也不是范睢，因范睢正以長平邯鄲事獲罪（註八）。容肇祖先生疑爲蔡澤（註九），錢賓四先生贊成之（註一〇）。總說一句，張儀入秦說秦，都不是張儀的實事，而是後人揑造起來的。

註一　參蘇代說燕辨僞。

註二　攷辨頁四〇一。

註三　索隱云，『俗本或作二十六年。按下文始作二十四年，又更有二十六年，則此云二十六年衍字也。當是二十年事。又徐廣推校二十年取武遂，二十三年歸武遂，則此二十年二十一年之事乎』。

註四　攷辨頁三五九—六〇。

註五　殿本史記卷五攷證。

註六　同註四。

註七　同註五。

註八　史記卷七九范雎傳，又卷七三白起傳。

註九　古史辨第四冊頁六八六。

註一〇　攷辨頁四四二。

上海市中心區鐵道全部完成

十月十日全運會開幕前通車

申時社記者，昨晤兩路車務處長蕭衛國，據談，市府爲便利市中心區交通起見，與鐵部合築市中心區鐵道，由淞滬路高境廟車站起，沿三民路至吳淞路口止，全程計長二公里許，建築經費四萬餘元，委由兩路局負責興建，於本年春間開工。計填土四千二百立方公尺，建造木橋二座，站屋及月台各一座。現已全部完工，俟鐵部批令，即可正式通車。預計在十月十日第六屆全國運動會開幕前，即可開車搭客。（廿四，八，二八，申報）

鐵部修築湘贛鐵路

【南京】鐵部以贛湘鐵路，於贛鄂湘諸省繁榮及交通運輸，頗爲重要，因將該路由南昌至長沙一段，浙江至南昌一段，定明年同時興工，從兩頭築起。其建築工程，由浙贛湘三省分別負責，現已開始測勘，預定三年內完成，俾與湘黔公路貫通西南諸省。（五日專電）（廿四，八，六，申報）

粵路羅坪段定期通車

【香港】粵漢路羅家渡至坪石一段，定十五通車。（十一日專電）（廿四，八，十二，申報）

鐵部咨請三省協助粵路整理工作

【南京】鐵部以粵漢路計劃整理會工作需當地政府協助進行，頃特咨湘，鄂，粵，各省府，請予協助。（十三日中央社電）（廿四，八，十四，申報）

閩贛鐵路已測竣

【福州】閩贛鐵路已測竣，建築費須二千餘萬。省府擬請經委會補助千五百萬，餘由閩贛省共籌。（十三日專電）（廿四，八，一四，申報）

粵籌設全省電話幹綫

【香港】粵建廳呈省府，請發電話公債百萬，完成全省四大幹綫。（三十一日專電）（廿四，八，一，申報）

蔣限期完成西漢漢寧兩路

均須在十一月底通車

與川省公路辦理聯運

【中央社西安十三日電】西（安）漢（中）公路，十一月底可竣工。漢（中）寧（羌）公路，本月可測竣。蔣委員長令兩路均須十一月底完成通車，與川省公路聯運。漢寧即興工，工務所設沔縣。工程人員均南下。經會以西蘭路已修成，工程人員概調西漢漢寧兩路服務。（廿四，八，十五，大公報）

西漢侯國考

史念海

1

言吾國之政治史者，類多以秦時爲分野，蓋以先秦之時，盛行封建制度，諸侯分封，各治其國，中央雖有宗主之名，實等敵國；及秦皇併滅六國，懲成周之弊，用李斯之計，乃盡廢封建，廣設郡縣，中央自此遂有集權之實矣。秦祚短促，二世即亡，漢祖起於沛上，掃除羣雄，復建一統，乃合周室秦皇之策，立封建郡縣並行之制，大序二等，王侯並封，於是諸王之國土與中央之郡縣犬牙相錯，並處宇內，而列侯之封邑亦雜居諸郡之中矣。諸王之國雖時有建置，數究不多。列侯之封，則上起高帝，下迄孺子，何時靡有？況中葉之後，王子並封，外戚皆侯，而所謂侯國者遂遍於國中矣。

侯國既多，其分佈之地域亦甚複雜。見於漢書地理志者，爲如左之一百九十四國：

河東郡

騏。

陳留郡

長羅。

潁川郡

成安，周承休。

汝南郡

陽城，安城，宜春，弋陽，歸德，安昌，安陽，博陽，成陽。

南陽郡

鄼，博山，安衆，舂陵，新都，紅陽，樂成，博望，復陽。

江夏郡

鍾武。

廬江郡

松茲。

九江郡

當塗，博鄉，曲陽。

山陽郡

城都，黃，爰戚，郜成，中鄉，平樂，鄭，甾鄉，栗鄉，曲鄉，西陽。

沛郡
廣戚，公丘，敬丘，洨，建成，建平，栗，扶陽，高，平阿，高柴，祁鄉。

魏郡
即裴，邯會，平恩，邯溝。

鉅鹿郡
象氏，新市，安定，歷鄉，樂信，武陶，柏鄉，安鄉。

常山郡
桑中，封斯，樂陽，平臺，都鄉。

清河郡
東陽，信鄉。

涿郡
廣望，州鄉，樊輿，成，良鄉，利鄉，臨鄉，益昌，陽鄉，西鄉，阿武，高郭，新昌。

渤海郡
定，參戶，柳，臨樂，脩市，景成，章鄉，蒲領。

平原郡
平昌，羽，富平，合陽，樓虛，龍頟，安。

千乘郡
平安，被陽，繁安。

濟南郡
朝陽，猇，宜成。

泰山郡
寧陽，桃山，桃鄉。

齊郡
北鄉，平廣。

北海郡
劇魁，瓡，劇，平望，平的，柳泉，樂望，饒，平城，密鄉，羊石，樂都，石鄉，上鄉，新成，成鄉，膠陽。

東萊郡
陽樂。

琅邪郡
慮水，臨原，祓，缾，雩段，雲，稻，臯虞，魏其，茲鄉，箕，高廣，高鄉，柔，即來，麗，武鄉，伊鄉，新山，高陽，昆山，參封，折泉，博石，房山，愼鄉，騶望，安丘，高陵，臨安，石山。

東海郡

良成，蘭祺，南成，山鄉，建鄉，容丘，東安，建陽，于鄉，平曲，都陽，陰平，郚鄉，武陽，新陽，建陵，昌慮，都平。

臨淮郡

高平，開陵，昌陽，廣平，蘭陽，襄平，樂陵。

豫章郡

安平。

桂陽郡

陽山，陰山。

零陵郡

都梁，泉陵。

廣平國

曲梁，陽臺。

信都國

樂鄉，平隄，西梁，昌成，東昌。

案漢代侯國將及一千，而地理志所載尙不足二百，其間相差爲數殊鉅，以之考究一代制度，不足孰甚？即令退一步而言，謂志文所載以元始一代爲斷（若依錢大昕氏廿二史考異所言，則志文侯國當以成帝元延爲斷），然何以解說志後序所云：『……迄於孝平，凡郡國一百三，縣邑千三百一十四，道三十三，侯國二百四十一』之語？是志文所載，遺漏之多可以想見。以淸儒錢大昕治史之精，僅補其失注者二十五處，未載者八地，尙不足志後序所言之數。即令補足，亦不能因之洞見有漢一代侯國之詳情。吾人欲窮究此問題，惟有舍此而別求之於史漢兩書紀傳及侯表耳。

錢氏所補漢志失注及未載諸侯國之名，具見廿二史考異之中。今爲便利起見，並錄於此。（錢氏所補以元延爲斷。）

一 漢志失注之侯國：

東　郡：陽平。

南　郡：高成。

沛　郡：漂陽，東鄉，臨都，義成。

千乘郡：延鄉。

泰山郡：柴，富陽，式。

齊　郡：廣，廣饒，臺鄉。

東萊郡：平度，臨朐，牟平，徐鄉。

臨淮郡：西平。

豫章郡：海昏。

零陵郡：夫夷。

廣平國：南曲，廣鄉，平利，平鄉，城鄉。

信都國：桃。

二　漢志未載之侯國：

利昌，懷昌，頃陽，昌鄉，卑梁，桑邱，陵石，樂昌。

再案：錢氏所補漢志失注之侯國，自言二十五處，覈實則得二十六國；豈以漢志桂陽郡所載之陰山，侯表未列受封人名，遂不以之爲侯國乎？（錢氏元延之說稍誤，辨見後。）

史漢二書侯表中所載之侯國，雖較詳於地志；然其於所在郡國，往往失注，卽令偶爾言及，則又舛錯訛謬不一而足，詳究其分佈之情形，殊覺爲難。清代樸學諸家之治班馬二書者，雖多有所補正；然言者紛紜，莫衷一是。今就史漢所載，旁求前哲舊說，參以私見，分述於後，聊爲治漢史者略資臂助而已。

漢代疆域區劃重在郡國，故敍述之時首標其名，而以列侯食封之地繫之於下。惟有漢列侯食士，除縣之外，又別有鄉亭，凡鄉亭之侯，則附其所屬縣於下。至如始封之侯，封除之期，亦幷及之，俾明侯國之始末。然列侯之中食地過小，國士甚微，而所屬郡國間或無考者，亦往往有之，則幷附於後以待來哲。（茲篇所列侯國，概以漢書三侯表爲準。史表有不同者，並附及之。）

京兆尹

宣曲　丁義國。高祖六年封，景帝四年除。宣曲，表失注，地志亦闕。考史記貨殖列傳有宣曲任氏，索隱：「上林賦云：『西馳宣曲』。當在京輔，今闕其地也」。正義：「按其地合在關內。張揖云：『宣曲，宮名，在昆池西也』」。覽此傳文義，則宣曲之在關內，固無可疑。且此縣必上承秦舊，至有漢中葉始行廢省。班氏失載，故莫得知其故處。

左馮翊

酇　呂台國。高祖九年由周呂侯更封，高后元年除。酇，史表作鄼。鄼屬左馮翊，酇則屬南陽郡。徐廣曰：「鄼，一作䣝」（呂后紀）。梁玉繩曰：「若南陽之酇，則非所封矣」。（史記志疑卷七）

合陽　劉喜（史表作仲。徐廣云，一作嘉）國。高帝八年封，惠帝二年除。合陽，表失注；索隱，屬馮翊。水經河水注：「（徐水）右逕劉仲城北，是漢高祖兄劉仲之封邑也」。太平寰宇記冀州信都縣條下：「合陽城，漢縣。高帝時以代王喜棄國降爲合陽侯。……地理志，平原郡有合陽縣云侯國，王莽曰宜鄉者也」。（卷六十三）其說非是。

塞　一，陳始國，景帝中五年封，後元年除。二，直不疑國，景帝後元年封，元鼎五年除。塞，地志不載。考項羽本紀：「故立司馬欣爲塞王，王咸陽以東至河；都櫟陽」。櫟陽，志屬左馮翊。二侯之國，吾人縱不能認爲卽在櫟陽，然當不至出司馬氏國之外。且左馮翊之地漢初卽爲塞國。秦漢郡國與縣同名者甚多，而縣之與郡國同名者必斷於本郡國，如信都廣陵諸國之縣皆是也，則塞之隸左馮翊又何疑乎！特班氏未記其廢省始末耳。

右扶風

栒　温疥國。高祖八年封，景帝中四年除。表作四年，依史表改。栒，史表作栒。王念孫曰：「說文，廣韻，玉篇，集韻皆無栒字，當作栒。此卽右扶風栒邑縣也。作栒者借字耳」。（讀書雜志四之三）

5

河東郡

猗氏　陳遬國。高祖八年封，景帝四年除。

下摩　謼毒尼國。元狩二年封，神爵三年除。摩，史表作磨。下摩屬猗氏。

汾陰　周昌國。高祖六年封，文帝後二年除。

端氏　劉忠國。元朔三年封，薨除。忠原封滋成侯，後改封端氏。

桓　賜國。景帝中三年封，後二年除。桓，史表作垣。水經聖水注以爲乃涿郡之垣縣，而小司馬索隱則以爲屬諸河東。案：地志涿郡無垣縣，自當以小司馬爲是。

郈　劉順（史表作慎）國。元朔三年封，天漢元年除。索隱：「郈，漢表在山陽」。然漢表實失注，志亦無此縣。郡國志河東垣縣有郈亭，劉順之國或在斯也。或疑郈乃郿之譌，或謂乃餞之誤，皆未妥。

岸頭　張次公國。元朔二年封，元狩元年除。岸頭之地，漢表注皮氏，皮氏河東縣也。小司馬索隱引晉灼說爲亭名，張氏正義引服虔云乃鄉名，而王氏漢書補註則云，蓋分皮氏置。案：岸頭固乃鄉亭之類，晉服二說雖各不同，亦所差無幾；若王氏之以爲縣名，似稍過矣。王氏此類註解甚多，此後不一一指出。總之，漢代有縣侯，亦有鄉亭之侯，吾人不必皆強認爲相同也。（本篇所引王氏之說，概出補註，後不備注。）

長脩　杜恬（史表，一云作杜恪）國。高祖十一年封，景帝中二年除。

平陽　曹參國。高祖六年封，征和二年除；元壽二年復封，東京時猶存。

高梁　酈疥國。高祖十二年封，元狩元年除。水經汾水注：「汾水過高梁邑西，故高梁之墟也。……漢高封酈疥於斯邑」。其地距楊縣不遠，或即楊之屬鄉。郡國志河東楊縣有高梁亭，可証。

絳　周勃國。高祖六年封，文帝後元年除；元始二年再封。案：元始所封，乃勃玄孫共，附於平曲侯堅下，錢大昭以爲乃紹封絳侯，非平曲也。（漢書辨疑卷六）

瓡讘　扜者（史表作扜者）國。元封四年封，天漢二年除。案：漢志有狐讘，而無瓡讘，師古注，瓡讀與狐同，則瓡讘即狐讘矣。

騏　駒幾（史表，一作騎幾）國。元鼎五年封，陽朔二年除；元延元年復封；何時再除，無考。漢表騏下注北屈，然騏北屈並河東縣，非鄉亭也；王先謙氏以騏乃由北屈分出，或是。

幾　張路國，元封四年封，六年除。

周陽　一，趙兼國，文帝元年封，六年除。二，田勝國，景帝後三年封，元狩三年除。錢大昭曰：『（周陽），司馬貞以爲在上郡，非也。上郡是陽周，非周陽。括地志：「周陽故城在絳州聞喜縣東二十九里」』。（辨疑卷八）海案：錢說是也，水經涑水注可証也。

太原郡

汾陽　靳彊（王氏補註本作彊）國。高祖十一年封，景帝後三年除。

祁　繒賀國。高祖六年封，元光二年除。梁玉繩云：「祁，或係沛郡之祁鄉縣」（志疑卷十一）。其說非也。

上黨郡

壺關　劉武國。高后元年封，六年除。

陽河　其石（史表作齊哀侯而不名）國。高祖六年封，元鼎四年更封埤山侯。陽河，應作陽阿。史表亦作陽河，俱誤。水經注有兩陽阿，一在平原，一在上黨，而所封亦係兩人（在平原者爲萬訢，在上黨者爲卞訢），蓋一事兩錄，因而致誤，然亦可與史漢二表互參同異。

陶鄉　劉恢國。元始元年封，初始元年除。水經濁漳水注：「陶水南出陶鄉，北流逕長子城東」。劉恢封國，當卽此地。

河內郡

汲　公上不害國。高祖十一年封，元光五年除。

山陽　張當居國。景帝中二年封，元朔五年除。

臨蔡　孫都國。元封元年封，太初元年除。水經河水注以臨羌城當之。然史漢表俱作臨蔡，非臨羌也。漢表注河內，地志無其地，或鄉亭之名。郡國志河內山陽邑有蔡城，劉昭注，故蔡叔邑。臨蔡或卽其處。

河陽　陳涓國。高祖六年封，文帝四年除。

共　旅罷師（史表作盧罷師）國。高祖八年封，文帝後四年除。

平皋　劉它國。高祖七年封，元鼎五年除。索隱謂屬河南，誤。

甯　魏遬（史表作選）國。高祖八年封，景帝三年除。甯，索隱曰：「漢表甯陽，屬濟南」。殊誤。水經淸水注：「脩武，故甯也，亦曰南陽矣。漢高帝封都尉魏遬爲侯國」。海案：郡國志朝歌縣有甯鄉。脩武朝歌二縣接壤，則此甯鄉或爲侯遬之故國。

邘　李壽國。征和二年封，三年除。水經沁水注：『邘水出太行之皐，南流逕邘城西。……京相璠云：「今壄王西北三十里有故邘城，邘臺是也。」武帝封李壽爲侯國』。是邘屬於壄王矣。

軹　一，劉朝國，高后元年封，四年除。二，薄昭國，文帝元年封；何時國除，無考。案：軹先封劉朝，後封薄昭，不衝突也；小司馬外戚傳索隱以爲乃長安之軹道，似誤矣。

隆慮　一，周竈國，高祖六年封，景帝中元年除。二，陳融國，景帝中五年封，元鼎元年除。

安陽　上官桀國。始元二年封，元鳳元年除。安陽屬蕩陰縣，見表注。

南鄭　起國。文帝七年封，尋除。南鄭，漢表失注；小

7

司馬引李彤云：「河內有郞亭」。

李鄉　劉般國。元始五年封，初始元年除。水經濟水注：「（奉濟水）又東南逕李城西。……（趙）封（李同）父爲李侯。故徐廣曰：河內平皐縣有李城，即此城也。……于城西南爲陂，……號曰李陂」。劉殷封國，或即在此。

河南郡

中牟　單右車（史表作單父聖）國。高祖十二年封，元鼎五年除。

平　工師喜（史表作沛嘉）國。高祖六年封，孝景中五年除。

陽武　案此侯即宣帝，元平元年七月庚申封，即日即帝位。

武彊　嚴不職（史表作莊不識）國。高祖六年封，元鼎二年除。水經渠水注：『一水東北逕東武强城北。漢書曹參傳：「擊羽嬰于昆陽，追至葉，還攻武强，因至滎陽」。薛瓚云：「案武强城在陽武縣」，即斯城也。漢高帝……（封）莊不識爲侯國』。

敬市　閻澤赤國。高祖六年封，元鼎五年除。（敬市，史表地志皆作故市。表作敬市，誤也。）

新成　趙欽國。綏和二年封，建平元年除。新成，表注穰，穰，南陽縣也。錢大昭云：「蓋分穰縣置」。（辨疑卷八）海案：地志河南本有新成，惠帝四年置，趙氏封國當在其地。表注穰縣，或是誤文。錢說亦非是。

開封，陶舍國。高祖十一年封，元鼎五年除。

東郡

黎　召奴國。文帝十年封，元封六年除。黎，史表作犂。

朝　劉義國。元朔二年封，五鳳四年除。顧祖禹曰：「故朝城在今（山東朝城縣）南十七里，（漢東郡東武陽地也。）舊唐書樂昌縣有故朝城」。（讀史方輿紀要卷三十四）劉義之封，或在斯歟？

清　室中同（史表作空中）國。高祖八年封，元鼎五年除。

樂平　一，衞毋擇（史表作無擇）國。高后四年封，建元六年除。二，翟山國，地節二年封，四年除。三，劉訢國，陽朔二年封，元壽二年更爲共樂侯。四，劉永國，綏和元年封，初始元年除。樂平之侯雖四，而各有不同。衞氏所封，漢表作樂成，史表

8

則作樂平，史表是也。甯氏之封，漢表作樂平，史表又作樂成，索隱謂漢表在平氏，志屬南陽。然漢表實注東郡，或小司馬誤也。王先謙因東郡清縣後漢更爲樂平，以樂平乃西京清縣之鄉聚，其名不自東都始，其說爲得。至二劉所封，亦當在此。然劉訢適在元延之時，志竟不載，殊爲可疑。

須昌　趙衍國。高祖十一年封，景帝五年除。

樂昌　一，張受國，高后八年封，文帝元年除。二，王武國，地節四年封，元始三年除。

從平　公孫戎奴國。元朔五年封，元狩二年除。

案：從平侯國，漢表注樂昌，當是鄉亭之名。王先謙氏以爲乃由樂昌分置之縣，恐非是。而梁玉繩氏以封於東郡之樂昌而號爲從平，「從平」者，從大將軍平匈奴也。（志疑卷十三）梁氏此釋，殊有望文生義之嫌，不可爲訓。

陽平　一，杜相夫國，景帝中五年封，元封三年除。二，蔡義國，元平元年封，本始四年除。三，王禁國，初元元年封，後入新。

壽梁　劉守國。元朔二年封，元鼎五年除。案：史漢二表均作壽梁，錢（大昭）梁（玉繩）諸氏皆以爲即東郡之壽良，蓋古「良」「梁」字通也。惟漢表下注壽樂，殊不可解。梁氏釋爲壽良之鄉名，恐非是。蓋表中縣侯之下，無別注鄉名之例，且即令爲鄉名，則與侯守之封壽良有何相關？ 9

榮關　劉騫國。元朔三年封，諄除。榮關，表注茬平，當爲茬平屬鄉。史表作榮簡，徐廣謂當作營簡，皆因字體相仿而譌。梁玉繩氏至疑爲營關，而以營丘之關塞當之，似仍未脫附會之嫌。

發干　衛登國。元朔五年封，元鼎五年除。

戚　季必（漢書灌嬰傳作李必）國。高祖十二年封，元狩五年除。戚，索隱曰：「漢志闕」，非也。志東海自有戚縣。水經河水注：「故瀆東北逕戚城西。……漢……（封）李必爲侯國」。是又以戚在東郡矣。錢大昕曰：「此則春秋之戚，非東海之戚也。酈說近之」。（廿二史考異卷一）

昌鄉　一，劉憲國，建始二年封，元壽二年除。二，劉旦國，元始元年封，初始元年除。水經河水注：「（河水）又東北過茬平縣西。河自鄧里渠東北逕昌鄉亭北」。則憲與旦之國當在斯矣。王先謙以二人封國必不能在一地，其說誤矣。

陳留郡

甯陵　呂臣國。高祖十一年封，建元五年除。

外黃　劉圉國。元始元年封，初始元年除。

長羅　常惠國。本始四年封，東漢建武時除。

陽城　田延年國。本始元年封，二年除。陽城，漢表注濟陽。索隱謂在濟陰，非也。蓋濟陰乃城陽，非陽城也。若濟陽則屬陳留，而陽城又爲濟陽之鄉聚矣。

外石　吳陽國。元封元年封，五鳳四年除。外石，表注濟陽，濟陽則陳留縣也。史表作北石，兩粵傳又作卯石，當爲形近而譌。索隱，漢表在濟南，與今本異。錢大昭曰：「閩本與索隱同」。（辨疑卷七）然商務之百衲本又爲濟陽，疑小司馬之說不足據。

宛鄉　劉隆國。元始五年封，初始元年除。春秋僖二十八年，甯武子與衞人盟于宛濮。杜注，陳留長垣縣西北有宛亭。侯隆之封或在斯矣。

潁川郡

周子南君邑　姬嘉國。元鼎四年封，地節三年除；元康元年再封，初元五年更封周承休侯。

周承休　姬延年國。初元五年封，綏和元年進爵爲公；建武時猶存。案：周子南君漢表注長社，當是初封之時食邑於其地，而以周子南君爲號。至侯延年時，始離長社別爲一國。

襄城　一，劉義國，高后元年封，二年除。二，韓嬰國，文帝十六年封，元朔四年除。

成安　一，韓延年國，元鼎五年封，元封六年除。二，郭忠國，元鳳三年封，一度中絕；居攝元年復封，後入新。王先謙曰：『成安，郟並屬潁川。成安，郟之鄉聚析置，故（韓延年之國）注曰：「郟」。昭帝以封郭忠時，爲縣已久，故注曰：「潁川」。索隱曰：「志在陳留」、誤』。水經汝水溵水二注，皆注韓延年國，是一人既封陳留，又封潁川，殊自矛盾矣。

舞陽　樊噲國。高祖六年封，高后八年除；文帝元年再封，景帝中五年復除；元始二年又封，最後失國之時無考。

昌武　趙安稽國。元朔四年封，太初四年除。昌武，漢表注舞陽，蓋舞陽之鄉亭也。

潦　王援訾（史表作煖訾）國。元狩元年封，二年除。潦，漢表亦注舞陽，當是鄉亭之名。

瞭　一，次公國，元鼎四年封，五年除。瞭，漢表亦注舞陽，王先謙曰：「瞭即潦也，先封王援訾」。二，畢取國，元鼎六年封，後元二年除。

潁陰 灌嬰國。高祖六年封，建元六年除。

傿陵 朱濞國。高祖十二年封，文帝七年除。

散 董舍吾國。元狩六年封，征和三年除。散，漢表注陽城，當爲陽城之鄉亭。董舍吾，史表作董茶吾，索隱以爲當作董余吾。

陽陵 傅寬國。高帝六年封，元狩元年除。索隱：「陽陵縣屬馮翊」。馮翊雖有陽陵，然地志明言「故弋陽，景帝改名」。是高帝之時尙稱弋陽，不稱陽陵。寬封於高帝之時，何能反用景帝時地名？明小司馬之說非也。春秋襄十年，諸侯之師還鄭而南至於陽陵。杜注，陽陵，鄭地。江永引春秋傳說彙纂云：「今在開封府許州西北」。（春秋地理考實卷三）。案其地望，當屬潁川。或因楚漢春秋作陰陵，非是。

汝南郡

陽安 丁明國。綏和二年封，元始元年除。

陽城 劉德國。地節四年封，漢亡國絕。

南利 劉昌國。本始元年封，地節二年除。南利，漢表注汝南，地志不載；蓋國除後併入女陽，別稱西門城矣。（見水經潁水注）

吳房 楊武國。高祖八年封，景帝後三年除。

安成 王崇國。建始元年封，後入新。

信成 王定國。五鳳二年封，永光三年除；元始五年復封，再除之時無考。信成，漢表注細陽，蓋細陽之鄉亭也。

宜春 一，衛伉國，元朔五年封，元鼎元年除。二，王訢國，元鳳四年封，後入新。

距陽 劉匄（史表作白）國。元朔三年封，元鼎五年除。距陽，表失注。考史記六國表，楚考烈王十年徙鉅陽。楚世家集解徐廣引表作距陽。顧祖禹引或說，謂鉅陽即汝南細陽。（紀要卷二十一）

汝陰 夏侯嬰國。高祖六年封，元鼎二年除。

褒新 王安國。元始四年封，後入新。錢大昭曰：「莽改汝南新蔡曰新遷，信新古字通，然則褒新亦卽新蔡」。（辨疑卷八）案：水經汝水注：「汝水又東逕褒信故城北」。褒信爲東京縣，當係沿新莽褒新之舊。又莽傳下：「地皇元年立子安爲新遷王」。新遷褒信當爲一地，特前後更名耳。地理志乃以元始二年爲斷，而安之封侯，則在四年，地理志已不及載之。私意：王安封時，即以新蔡更爲褒新，及莽篡位，又更褒新爲新遷；地理志新蔡之下，直注爲新遷，不言褒新，知省文也。

期思　賁赫國。高祖十二年封，文帝十四年除。

愼陽　樂說（史表作欒說）國。高祖十一年封，元狩五年除。

安遠　鄭吉國。神爵三年封，永光三年除。居攝元年復封，入新。安遠，漢表注愼，當爲愼之鄉亭。

安陵　于軍國。景帝中三年封，建元六年除。安陵，漢表失注。錢大昭引李奇說謂即潁川之鄢陵，以六國時其地爲安陵也（辨疑卷七）。然召陵自有安陵鄉，見於續漢志，安用遠求乎？

弋陽　任宮國。元鳳元年封，後入新。

長平　一，衞青國，元朔二年封，天漢元年除。二，彭宣國，元壽二年封，後入新。

賞都　王臨國。元始四年封，入新。案：漢宜祿縣，莽曰賞都亭。錢坫曰：「莽以子臨爲賞都侯，當即其地」。（新斠注地理志卷五）海案：錢說是也，蓋地理志以元始二年爲斷，而臨之封則在四年，斯時莽已開始改漢郡縣名稱，故賞都不見於地理志也。

歸德　先賢撣國。神爵三年封，建武時尙存。

陽信　呂青國。高祖六年封，元鼎五年除。案：陽信史表作新陽。陽信，渤海縣也，非是。當依史表改正。水經潁水注：「（細水）逕新陽縣故城南，漢高帝六年封呂靑爲侯國」，可証。

安昌　張禹國。河平四年封，入新。

安陽　一，劉勃國，文帝八年封，十六年除。二，周左車國，景帝中二年封，建元元年除。三，王音國，鴻嘉元年封，入新。

鄗成　周緤國。高祖六年封，不得除年。鄗成漢表注長沙。史表作蒯成，楚漢春秋則作憑成。索隱引晉書地道記謂屬北地（見表），又引三蒼云蒯鄉在城父縣（見緤傳）。正義引括地志云，蒯亭在河南西四十里苑中，又引與地志云，蒯成縣故陳倉之故鄉聚名也，周緤所封也。晉武帝咸寧四年分陳倉立蒯成縣，屬始平郡也（並見緤傳）。梁玉繩曰：「蒯乃蒯之譌，鄗卽蒯字，集韻載之矣」。（志疑卷十一）案：諸家之說皆未安。考徐堅西京職官印錄，載有「郿成侯印」，是此侯國名原作郿成。又考說文：「郿，汝南安陽鄉也」（段氏說文解字注六），則周侯封地當在斯矣。

博陽　一，陳濞國，高祖六年封，景帝五年除。二，丙吉國，元康三年封，甘露元年除；鴻嘉元年再封，入新。案：南頓博陽並為汝南縣，而漢表博陽下注南頓，當是丙吉封時，尚為南頓縣之鄉亭，未別為縣也。

平通　一，楊惲國，地節四年封，五鳳三年除。二，劉旦國，元始元年封，初始元年除。平通，漢表注博陽，當為博陽鄉亭名。王先謙釋此，又云平通屬博陽，蓋嘗析置平通縣。然侯且之國，元始元年始封，地理志即以翌年為斷，何以反不載此侯國，明王氏之誤也。

成陽　一，奚意（史表無「奚」字）國，高祖十二年封，建元元年除。二，趙臨國，永始元年封，建平元年除。三，劉衆國，元始元年封，初始元年除。

定陵　湻于長國。元延三年封，綏和元年除。

終弋　劉廣置國。元朔六年封，元鼎五年除。

（未完）

蘇聯與華茶

俄方積極經營產茶
華茶運俄未入正軌

【上海通信】據外高加索共和國京城提夫里斯最近發表之數字，一九三五年青茶之出產，可收一千二百萬公斤，茶田增加一萬六千海克他，總數為三萬三千海克他。從事茶業之農民為數甚巨，私人農場之種茶者計六萬四千餘人，組成集體農場八百三十處。國家農場十五處，用為農民之模範。中國與朝鮮人為蘇聯政府所雇用，工作於國家農場者亦甚不少。

俄人以機器方法從事茶之種植，據官方數字，種茶區域有機器與牽引機站十一，以農業機器，供給集體農場，為發展茶業，蘇聯政府已耗四年之期間與二千五百萬盧布，用力可謂勤矣。

蘇聯之茶業，為五年計畫之產物。一九二八與一九二九年時，凡欲在飯店中飲茶，店主人輒以黃色之水饗客，決非茶也。當記者居俄鄉間時，一次請居停主婦至鄰店購茶，伊以一小盒返，內貯類似香料之物，只能使沸水成黃色，味則毫無。至一九三〇年，蘇聯始於黑海岸邊首次開闢實驗茶田，並極力提高所產茶葉之品質。

蘇聯為次於中國之最大茶葉國家，吾人不需以廣告或其他宣傳方法勸俄人飲茶，因彼等對茶已有甚深之嗜好也。革命之前，俄人不以奢侈品視茶。一般工人亦對之有特嗜，晨起必先進茶，晚間工作完畢，必與人共坐桌前，對茶鼎(Somauar)而飲，雖無糖，亦不能減其飲茶之樂。今蘇聯之生活程度與年俱進，茶之消費亦增，此中國以產茶為業者之所以注意蘇聯市場也。

自中蘇復交後，中國出口貨物中，其唯一爲蘇聯所購者厥爲茶。一九三三年蘇聯所購華茶，值二百四十萬二千金盧布（今日美金一元合一又一三金盧布），一九三四年則增至二百六十一萬五千金盧布。此後因生活程度之提高，而有日漸增加之勢。

俄人亦自錫蘭運茶，但仍需要華茶攙入其中。華茶購買最多者，爲中等之祁門茶及其茶末。蘇聯本用此末獨多，而其收買之季節則自五月初至六月中旬。至於代蘇聯購買者則爲一英國公司，名Centrosojus。前此該公司購茶滬上，皆以買辦爲媒介，今則漸與茶商接近。此種直接交易，該公司倫敦總店或認爲適當，惟至最近，滬上支店認爲不如仍依舊習，交買辦負責之爲便也。

關於此點，該公司似宜調查與華茶商直接交易之可能性。因蘇聯對華茶之需要，係根據計劃，故於每年之始，即可按某種價格，定購茶若干。爲俄人計，調查是否能與祁門茶生產者合作社售賣都訂立契約，非無利也。

祁門茶生產者合作社之組織，係以改良華茶品質爲目的。本年該合作社所售之茶，屬於良好之中等品質，蘇聯及其他購買者先說明其需要，能免去若干糾紛，因其能按某種定貨若干，而合作社亦可於實驗室一試其茶之品質焉。

此外，俄人大量購買者爲漢口之老茶即老青茶磚。蘇聯政府輸入此茶，再售與中亞與蒙古人民。據云，中亞人民數世紀來即以此作肉湯，羊肉尤喜食。其法置茶於肉湯中，如此煮熟之羊肉，爲宴會上最佳之食品。此茶外蒙古亦嗜之，遂爲自中國經張家口輸入外蒙之唯一商品。

本年春夏之交，山西茶商赴漢口，準備購運老茶至張家口，此爲俄人外之唯一顧客。於此可注意者，即山西茶葉商自漢口運茶至庫倫，除付運費外，倘能以較廉之價，與獨佔外蒙貿易之蘇聯官方商業組織競爭，誠不易也。

去年漢口老茶之交易逾十三萬石，然因買辦之舞弊，有三萬餘石爲蘇聯所拒絕。茶商蒙此巨大損失，遂不願再根據舊制訂立合同。復益以水災等因，本季中難望俄人大量購買老茶矣。

中俄茶業貿易尚未入於正常軌道，唯有使買賣有定則可循。價格之變動，因季節造成者，皆爲買賣雙方所深悉始可。直至今日，一般青年俄商仍欲交買辦代辦，至於買辦是否能與華茶商公平交易則不過問。而買辦制度對於中國產茶者與茶商之不利，已盡人皆知。俄商之第二政策爲減低價格，其態度可以「不能較去歲多出一文」一語盡之。所謂正當交易，就價格言，須買者一如賣者，了然於茶價之上下，須視食糧價格，水旱情形，以及金融狀況而定。如情況良好，則茶價必有增高之趨勢。

吾人須知，多數俄商皆乏商業經驗，既無熟識中國市場特殊情況之機會，更無暇研究市場道德。因此，吾人不能不耐心以圖進步，並須創設機關，俾對中國國內貿易與中俄貿易之實際情況能有切實之了解，一切障害亦得謀補救之策。是中俄商會之組織實不容緩矣。（丕士，八月三日）

（二十四，八，八，大公報）

經委會在徽祁建茶葉改良場

專事研究種植改良製造

【蕪湖通信】安徽徽屬各縣，爲產茶著名區域。昔年運銷外洋，爲數至鉅，尤以祁門紅茶最爲名貴。乃以默守舊法，不知改良，海外市場，遂被日本錫蘭爪哇所侵奪。然祁茶色質味三者，得天獨厚，均較他國爲優，倘能積極改善，仍有挽回海外市場之可能。是以政府對於紅茶之改良，極爲重視　最近財政部已公佈免征祁茶稅率，卽所以減輕負担，特予提倡者也。全國經濟委員會秉承政府意旨，特籌劃在祁門縣南門外鳳凰山建築茶葉改良場，俾專事研究種植，改良製造；特派農業處趙處長，偕同實業部中央農業試驗場錢所長，親往祁門察勘場址。茲已事畢，於十六日乘汽車過蕪反京。據談已確定在祁門鳳凰山建築茶葉改良場，因地點適中，對計劃全境改良之實施極易統馭。已由改良場胡場長會同技師進行測量，約三四日內即可竣事，日內即可開工建築，並擬同時闢建五十華里之汽車道一條，以與南路坪里茶葉改良場取得聯絡，統作爲實業區。對於經費一層，將全由全國經委員會撥發。（十七日）

（二十四，八，十四，申報）

環居渤海灣之古代民族

八木奘三郎著　張傳瑞譯 1

一

渤海灣，南接山東之一角，北有遼東之半島，西接直隸之平野，宛若包擁之大池。白帆往來其間，映于朝暾之波，狀如名畫，想像古來航行灣之東西南北者前後不絕于途也。夫文化之移動，民族之轉徙，亦猶舟行往來之繁，世人多不易明其眞象。文獻上之資料雖感缺乏，然今日之考古學已有進步，足補其缺。予有鑒于是，述其大概如左。

二

渤海灣名稱之由來雖不可審，然見戰國策（卷八，齊二）蘇秦說齊宣王六國合縱之語。其文如左：

齊南有太山，東有瑯邪，西有清河，北有渤海，此所謂四塞之國也。

史記扁鵲傳（卷一百五第四十五列傳）亦有如左之記載：

扁鵲者，渤海郡鄚人也。

渤海之名稱，曾見於先秦之書；目下無餘暇，姑不細査。然周代此名確已通行，史記又有『渤』『勃』二種記載；依次序言之，『渤』當爲古字，其起源尚古，因漢代有渤海郡之名稱，顯然爲襲古之事。按古書云，此灣長八百十六里，濶四百七十六里，眞可爲港灣中之最大者。就地質學上言之，太古時，南北兩地相接，此灣內本爲陸地，因地相之變動，陷而成海。予觀渤海灣民族之轉移時，大體與現今無不同之點。溯古史觀之，灣南方之山東地域，三代時東夷諸族居之；北方遼東山地，漢代穢貊挹婁等族居之；灣之西北，古肅愼族居之，後劉據於東胡族；其西南爲戎狄所居；漢族則居其間，或居其外，未能支配其全部。第此數民族接觸之狀態尚不能明，況人種之一致與否乎。在文獻上所見諸民族旣如斯，則對於先史住民之不明，固當然也。今幸考古學之研究已有進步，從其遺蹟遺物上推定之，庶可得其梗概矣。

三

中國內地發見之石器類，爲古書紀載之例證者已不少，最近由學術上研究此事者，有安特生氏Andersson

等。據安氏推定此等石器爲漢族祖先所使用者（惟石鏃傳說爲肅愼時所用）。美人洛弗氏 Laufer 所推定時代上之見解雖不同，而亦斷定其爲漢族使用者。要之，山東發見之石器類其數極少，今日予知旅順博物館藏十數種，因非自已採集，尚有可疑；然在今日中國未達到售假古物程度之先，大體尚屬可信。今取右之石器類比較之，於遼東半島之作品，往往有不一致之點。如是以山東遼東之先史民族打成一片，或進而爲通古斯之說，不過一場迷夢而已。然山東石器與古文獻所見之東夷，二者之關係殊有一考之必要。今先述東夷。

四

書經之堯典內有「嵎夷」二字，蓋帝堯命其臣羲仲所居而管理農事之地也。又有一名曰「暘谷」者，言東方近日之地也。禹貢有「島夷」二字，下有「夾右碣石入于河」七字，此河爲黃河，其「島夷」疑指今居長山列島之居民而言；但後世指碣石爲昌黎縣旁山名，然古代之地點與今不同。或者山東海畔亦有與之同名者歟？次有：

海岱惟青州，嵎夷既略。

此與堯典之嵎夷同。其海字係指渤海，岱係指泰山，青州乃包括此地帶之汎稱；現在臨淄東南有名青州者，或由一地方之名稱而擴大者歟？次有：

萊夷作牧，厥篚檿絲。

蔡註曰：

萊夷，顏師古曰，萊山之夷，齊有萊侯萊人，即今萊州之地。作牧者，言可牧放，夷人以畜牧爲生也。

孔傳之說較簡單，其意義與蔡傳相同，故不述。蓋萊州在今掖縣，距渤海灣南岸甚近。次有：

海岱及淮惟徐州（中畧），厥貢（中略）泗濱浮磬，淮夷蠙珠暨魚。

徐州，蔡注云：

徐州之域東至海，南至淮，北至岱，而西不言濟者，岱之陽，濟東爲徐，岱之北，濟東爲青，言濟不足以辨，故略之也。爾雅濟東曰徐州者，商無青，并青於徐也。周禮正東曰青州者，周無徐，并徐於青也。

2 按岱即今泰山，以此爲界，其北方曰青州，南方曰徐州。濟，現在黃河流域，黃河本流古經淮河方面而注海者也。而濟河之流，雖由河南開封府以東，注入東北方之渤海灣，而以泰山爲中心觀之，當靑徐二州之西方；故曰『岱之陽，濟東爲徐，岱之北，濟東爲靑』。又就今日行政區劃上觀察之，徐州跨山東江蘇二省；現在之徐州在江蘇之西北方，若單以爲其在山東，則觀念頗易混亂。然禹之時代，則以淮濟二水爲界。至靑徐兩州，則以泰山山脈別之，北爲靑州，南爲徐州也。

五

其次淮夷，蔡註云『淮之夷也』。又國語中（卷六齊桓公語條）稱之曰『徐夷』，而註曰『徐州之夷也』。二者雖有不同之感，其實同一地方也。

古代文獻上之東夷居東海岸，其最南端爲上舉之淮夷——或稱徐夷，居其北靑州者曰嵎夷，又稱東北端之掖縣附近之團體曰萊夷，又有居於長山列島者曰島夷。此等夷族，果爲同一民族乎？今日觀之，當屬何種族乎？此等事雖全不明，然彼時非石器時代一事乃稍確實，蓋察文中之貢獻品可知。他條雖有石砮之例，然東夷中所見甚少。今通覽禹貢之文，於荊州雲夢之條有如左之語：

厥貢：羽毛，齒革，惟金三品（中畧），礪砥，砮丹。

雲夢於春秋時爲楚地，今湖北省安陸縣之南。此湖爲方八九百里之大澤，其水連揚子江。又梁州蔡蒙山方面有曰：

厥貢：璆，鐵，銀，鏤，砮，磬。

梁州包括陝西省之漢中，南跨有四川省之最西方。而文中之砮，蔡註曰：

中矢鏃之用，肅愼氏貢石砮者是也。

彼所指之石鏃者，乃當時南方之雲夢，西方之梁州之住民對朝廷之貢獻品也。然雲夢梁州地固皆非純粹石器時代之住民，因前者有『金三品』——金銀銅，後者有『鐵銀』諸貢獻品可推察之。今依次序，由其地方之貢獻品，一言其文化程度如何。

六

雲夢即周代楚地，貢品有如左之數種：

羽毛，齒革，金三品，杶榦栝柏，礪砥，砮丹，箘，簵，楛。

右羽毛，齒革，金三品等，揚州震澤皆同。蔡註曰：

鳥有羽，獸有毛，象有齒，犀兕有革。羽毛可以

3

爲旌旄，齒革可以成車用。

鳥羽獸毛非必爲旌旄，亦飾之於帽，着之於衣；又象齒犀革非必車甲之用，亦造日用器具，及乘馬用物。無論如何，因鳥獸繁殖，犀象棲居，不止於動物學上知其分布，而又可考察其氣候。金三品，金，銀，銅也。杶，栝，柏，三木名也。杶木，似樗，可爲弓。榦，栝，柏，皆木材也。又『礪砥皆磨石，砥以細密爲名，礪以麤礪爲稱』。又曰『砮，矢鏃之用。丹，丹砂也。箘簵，竹名。楛，木名。皆可以爲矢』。今以是等木材爲弓之原料觀之，竹及楛可做矢柄，砥則爲石鏃研磨之用品，以其鏃爲磨成者也。又丹砂如日本之「丹塗矢」「丹塗弓」等，乃染塗弓矢之材料也。今按書經（卷十三周書）文侯之命云；

用賚爾秬鬯一卣，彤弓一，彤矢百，盧弓一，盧矢百。

此命乃因周幽王爲西方之夷族犬戎所殺，平王東遷都于今洛陽，以晉文侯有送迎之功，賞賜之以秬鬯等物也。鬯乃交酒之香草，卣爲酒壺之類，而彤弓矢即塗紅之弓矢，斯物在墨子，國語，左傳，史記，博物志內亦記載之。又盧者黑也，指黑色弓矢也。蓋當時諸侯中有大功者，則賜以赤黑弓矢，使專征伐也。

附言：國語內所云白赤黑等弓箭旌旗等，乃示前後左右之軍團者也。但此事可別記之。

其染色原料自諸地方貢獻之事已明。孔傳內猶有關於齒革羽毛之事：

齒，象牙。革，犀皮。羽，鳥羽。毛，旄牛尾。

又有：

箘簵美竹，楛中矢榦，三物皆出雲夢之澤，常致貢之；其名天下稱善。

依本文與注釋，當時楚之貢物，石鏃以外，皆非人工物，悉不過自然產之原料而已。然即此已知金銀銅之用途，及在採掘方法之上，可明其應作之物品矣。

七

次梁州地方之蔡蒙山邊之貢物，如前揭之璆鐵銀鏤砮磬之外，有熊羆，狐狸，織皮之類。孔傳曰『璆，玉名。鐵，剛鐵』。然蔡註曰，『璆，玉磬。鐵，柔鐵。鏤，剛鐵，可以刻鏤者』。璆則璆琳琅玕四字相連，其爲美玉不言而知。然鐵不必決其剛柔，又銀與鏤不同，蔡註解釋鏤字甚適當，乃一種極細之工。蔡註又附加之曰：

後世蜀之卓氏程氏，以鐵冶之富擬封君。

蓋蜀地富鐵一事，見史記之貨殖傳，即可知其產額之多，及古代貢賦之地方。砮磬等等無別述之必要，然蔡註引林氏之說述石磬云：

徐州貢浮磬，此州既貢玉磬，又貢石磬，豫州又貢磬錯，以此觀之，則知當時樂器磬最爲重，豈非以其聲角，而在淸濁大小之間最難得其和者哉？

此乃自聲樂上觀磬音之不同，然確可見其用石如何緣起之事，恐最初製作者不拘斯事，只以好音之石，取而作之；然當時重磬之事可如林氏說。現舜典內亦有：

夔曰：於！予擊石拊石，百獸率舞。

漢族嗜好音律之事可不言，而周圍之民族亦多製之者。此磬可行於自石器時代以至當時，後世銅器之磬幣等，乃寫此石磬之遺風，但其用途有變耳。

其次『織皮』解熊羆等四獸之毛織物，然以原料織物分爲二種觀之亦可。如中國西部民族，一方用銀鐵之類，又能彫刻，他方亦使用石鏃，而其進化之程度則比較高。

5

以上之民族，按周代名稱上推測之，其南方應屬荆蠻，其西方應屬犬戎（禹貢有西戎之名），其東方則東夷，而「北狄」二字禹貢中未曾有，或稱之爲島夷乎？予推定島夷爲長山列島之居民，自一面觀之，亦可解爲北狄。文中碣石有二處：其一即前揭，其二於後段導河水之條有：

太行恒山至于碣石，入于海，

即此也。此文中太行，乃今日所謂太行山脈；又恒山，乃指漢代常山郡之山岳者也。此二山皆屬冀州。其山脈至碣石入于海者，余以爲當今日山海關附近。若果如此，其地方之舊住民未曾被稱爲島夷。古代有北海西海等名，其實非蒼海。山海關地方亦無著名之島，又無大羣島，故島夷二字名實不妥；且考查上文所云亦有不當。或於周代使用石鏃之肅愼民族，其位置在此，亦未可知。若果然，則此條漏掉石砮之記事。然圍漢族三面之民，即南蠻北狄西戎之三民族，依然有使用石器者，亦如其極東之可里拉庫秋空民族，比南洋之土民，乃屬金石併用過渡期之人民也。無論如何，彼等文化程度特別低，比之漢族有天淵之別，則爲無疑問之事。而當時獨有東夷脫去石器時代，專務放牧之事，又製篚（竹器之名），檿絲（山桑之絲，或曰山繭之類），以此爲貢物，有比他之南西北三面野人進步之想像。

禹貢時代之東夷既已超過石器使用之境遇，在彼處所出之石器，或如西伯利亞東端之九宮雞民族居地以前曾爲恩其倫所據之事，可分爲二民族。以故山東之先史遺物全無有之說，不能即時斷定也。

八

夏殷周三代所謂東夷，乃自今山東省蔓延江蘇省海濱之野人，此可稱舊東夷。秦漢以後，以滿鮮等包括日本之一邊，可呼之曰新東夷。而舊東夷之部族有何分別，其名爲何……等，今見書（周書第七）之旅獒云：

惟克商，遂通道九夷八蠻。

此乃周武王討滅殷紂之後，大啟四境之時，西戎亦隨四夷來獻其國產之大犬，弟召公草此篇，陳鑒戒之意。所謂九夷，孔傳曰『九八言非一』。然前揭禹貢之文（1）嵎夷，（2）萊夷，（3）淮夷，（4）島夷，（5）和夷之五種。其他缺少者或因其無貢獻品，抑或因部族眇小之結果亦未可知？後漢書（卷百五十）依竹書紀年云：

夷有九種：曰畎夷，于夷，方夷，黃夷，白夷，赤夷，玄夷，風夷，陽夷。

註：竹書紀年曰，后泄二十一年，命畎夷，白夷，赤夷，玄夷，風夷，陽夷。后相即位二年，征黃夷。七年，于夷來賓。後少康即位，方夷來賓也。

竹書紀年與經傳之正書不一致，故古來多認爲有疑問之書。夏之時代，夷族有四之語，固不止四種夷族；此四夷乃指四方蠻族而言也，不能認爲部族之數。實際上，嵎夷以下有五種民族，非不能確定其數。入殷代至周無大差，始有九夷之稱。堯舜時雖有夷名之小別，而於史則無之。其主要之別乃色，及其他畎于等之半；殷湯革命時更有「藍夷」，合爲五色，而增加至十夷。然彼夏殷時代決無以色彩名之夷族，唯周之春秋以後，西方之蠻族有（1）白狄，（2）赤狄（狄亦曰翟）之名稱，如後世雲貴苗族中紅苗白苗等之名，乃由衣服之顏色而稱呼。但彼乃周中葉以後之例，不能信用後漢書據竹書紀年所載之文也。

6

九

至於東夷與漢族之爭，二者之混血，東夷之消滅等，可於他日別說。必須考察之點，爲往來渤海灣之事情。今按先史時代之遺物，滿洲石器，其原產地在山東，而絕對不在遼東；雖有一二猶不能精究。今日所見如不錯，則其原料自山東運來之事從可知矣。考察古文獻中，其例甚乏，然戰國策（卷十九趙二之條）蘇秦之說云：

秦攻燕，則趙守常山，楚軍武關，齊涉渤海，韓魏出銳師以佐之；秦攻趙，則韓軍宜陽，楚軍武關，魏軍河外，齊涉渤海，燕出銳師以佐之。

秦攻燕趙則齊涉渤海者，因燕處今白河口之北，援兵自北京方面進行。趙在白河口之西南，水師向鉅鹿方面進行。而自遼東半島至營口，朝鮮等處之航海狀態雖不明，齊有水軍，往來此渤海灣之事大抵可推察之。又不止齊，燕亦有出船至齊者。周末亦有之。秦代徐福與童男女各五百人，出發地點在山東。又有漢武帝遣水軍東伐朝鮮之出發地亦在山東地方。由此觀之，則此事可謂有歸結矣。

就以上觀之，山東方面之人對於渤海灣之航行，是如何自由。禹貢時代，島夷，嵎夷，萊夷等在此附近航海之道路，大概能隨上事之狀態推測之矣。

又史記朝鮮傳有燕人衞滿王此地之事，古齊燕之亡命者皆服屬之，而都王險。燕人以外，齊人最初渡來之時，雖不明瞭，恐爲秦末漢初避漢楚之亂，而一帆直至朝鮮之地者歟？又漢族人渡來皆居何處之事，亦不明瞭。實際上，黃海道邊之居民，無論如何，有近中國之風氣。又此地方之住民測定上自尙須時日，或留有古漢人體質之遺跡亦未可知？此等事情，乃出乎關於渤海灣事情以外之例。然知其航海之事實，亦可以爲參攷之用也。

十

住於渤海灣之北方者，果何族爲最早乎？此問題任何人亦不能決定之。最古應爲漢族所占領。殷末周初之時，箕子國於東方之事載於古傳。然有學者斷定此非眞事。夫朝鮮遼東之區別，在周代戰國時，現於蘇秦語中；至朝鮮之位置，即今之半島鴨綠江方面，恐此處爲漢族之一派。至其人民果箕子之子孫與否雖不能確定，第觀吳太伯入荊蠻，晉之祖先爲唐叔虞，犬戎之狐氏等事，當時名家貴族不得志於當時，每去之而王蠻夷，其例甚多。故箕子王朝鮮之事，不能強抹殺之。史記之朝鮮傳記衞滿取此地之狀況曰：

滿亡命聚黨千餘人，魋結，蠻夷服而東走出塞，渡浿水，居秦故空地上下鄣，稍役屬眞番朝鮮蠻夷及故燕齊亡命者王之，都王險。

朝鮮之地全爲蠻夷舊燕及齊之亡命者以外，又有箕子之子孫。箕子至朝鮮之說雖不能斷其必有，然史記（卷三十八）宋微子世家有：

武王既克殷，訪問箕子（中略）於是武王乃封箕子於朝鮮，不臣也

之語又有秦伏生於尚書大傳亦云：

武王釋箕子之囚，箕子走之朝鮮。武王聞之，因以朝鮮封之。

當秦漢之際，有箕子爲朝鮮國王之說，然其起源確在周代。夫司馬遷略之於史記朝鮮傳者，避其複乎？抑苦無確證乎？二者中必居其一。但若爲周時之傳說，漢族居渤海灣邊或航海而至朝鮮半島等事，可知由來甚古。夏夷雜居，自文化上觀之，其勢力之大可想而知矣。至於滿洲南部即渤海灣畔之古代居民果爲誰乎？就今石器時代遺物而定之，亦一方法。惜此方法今尚不較進步，故就古文獻中之民族而述其大略如左。

十一

古代中國北方爲肅愼族所居之事，前已說明（滿洲舊遺志下卷），而可認爲扶餘高句麗族前身之貊種，亦有言在其西南方之說（同上）。然在此二族之外，又有東胡山戎二族。此爲渤海灣北方族最主要者，今特述之。

山戎之名稱先于東胡，故須首知之。記之者以管子，國語二書爲最古。此管子即管仲，比國語之筆者左氏時代較古，然其書則不比國語較古，今依先後列左。

國語（卷六）齊語云：

桓公曰：吾欲伐北（中略）。遂北伐山戎，制令支，斬孤竹而南歸。

山戎之名始見於斯。管子（卷八）小匡篇云：

桓公（中略）北伐山戎，制泠支，斬孤竹而九夷始聽。

又在同條之後有：

北至於孤竹，山戎穢貉拘秦夏

附言：史記匈奴傳內「山戎越燕而伐齊」，爲此條之誤讀歟？

之豁。管子小匡篇文乃取諸國語者也。又「穢貉拘秦夏」之五字必乃附加者也。今見前文，有令支孤竹等語。令支在漢書地理志（卷二十八下）遼西郡之條有：

令支有孤竹城，莽曰令氏亭，應劭曰：故伯夷國，今有孤竹城。

依前文，令支與孤竹似在一處。古記錄上，土地雖相接，然不似在一處。滿洲歷史地理（第一卷一三一頁）曰：令支在山海關西之遷安縣地方，孤竹更在其東，則山戎在令支之西乎？令支孤竹在山戎之東乎？今見宋蘇東坡所著指掌春秋圖，山戎在燕最東端，其西方有營平，無終，檀，薊，幽都諸地；山戎北有萬里長城，其外有遼水。此山戎之位置之確否，有多少考證之餘地，然古來在中國之最東北端似可信。

山戎犯燕境，燕苦之，故齊桓公加以討伐。夫此山戎果何種族乎？予見舊蹟志之前編（下卷）周代之最東北端民族即肅愼，山戎尤在其上，似可謂之即肅愼矣。然古來諸民族時常移居，尙不能決斷其爲肅愼族。然則爲西戎之一派移居於此者乎？此問題亦不能決斷。然觀漢代之匈奴，唐代之突厥，宋代之女眞，元代之蒙古族等範圍之廣大，西戎移居東方之事不能曰無。又依國語（齊語），晉之北方有山戎，或爲接續至東方者。原來當周代，其北方翟人居之，其南方貊種族居之，或因有特別事故而移動。當時戎狄侵入中原，諸侯爲其所苦，或亂用此名，彼此混合，其類甚多。玆將中國方面對於山戎之態度述之於左。

十一

國語（卷六齊語）注曰：

山戎，今之鮮卑，以其病燕，故伐之。

以山戎爲東胡之一脈（即鮮卑），殊於齊桓時代覺得不適當。蓋鮮卑之名始漢初，匈奴之冒頓單于滅東胡，其餘衆遁去而成烏桓鮮卑二族云。此在漢代史記以下之書可見，於周代未有東胡之名，何況鮮卑？其注解亦未必曰齊桓時有鮮卑之名，乃謂漢時之鮮卑古名山戎之義也；然亦不能謂有確證。又史記匈奴傳（卷百十）云：

匈奴，其先祖夏后氏之苗裔也，唐虞以上有山戎，獫狁，葷粥，居于北蠻。

9

此係司馬遷之獨斷，抑係以前之古傳雖不明，然漢代以山戎爲匈奴之事可想而知；其後斷之爲鮮卑之事亦可想而知。但匈奴之古名爲山戎之事，一切經傳中皆無之，其誤謬恐爲五十步與百步之事。蓋匈奴強大之時，東服遼東，朝鮮，西伐西域諸國，其壓伏諸族之事與山戎無涉。又爲匈奴所擊破之東胡餘衆遁至烏丸，鮮卑二山之地亦不明，其不適當之處不俟言。又假令其地點一致，依時代關係觀之，亦不可信。故予欲以山戎爲肅愼之一派，周之中葉，爲中國東北端之夷族，爲患北燕（當時諸侯），及借齊桓公之強兵，始奏討伐之功。由此觀之，彼等必非蠢爾石器時代之野蠻民族，必爲堂堂之隊伍，與有銳利之武器，有可陷堅城鐵壁之大勢力。故其地之石器時代之遺蹟遺物等亦應認爲彼等以前之物。

如上言，周之中葉時代，居其東北端（即山海關附近）之夷民族，稱之爲山戎者，似爲肅愼。而其已過石器時代之事，亦猶前之說也。又尋前條可注目之事，即自東胡民族而下，可詳細說明之。

附言：居山海關近傍之山戎如爲肅愼之一派，卽生與挹婁（即入寧古塔方面之肅愼族）在文化上大扞格之疑念。因挹婁後有勿吉靺鞨等名，有石鏃使用之形迹；與山戎與周之春秋戰國時代已入金屬時代之諸侯相爭之事似不合。此可分爲二種觀之：其一，入挹婁地方之肅愼，純然爲一種生番，其熟番之染文化者居舊地，於其智力上生活乃大徑庭。其二，入挹婁之一派，於周初使用石鏃，及至漢末，爲中國所同化；其餘則與唐代之靺鞨同。此乃依歷史而測定，如今日之北海道充滿之哀奴種族（蝦夷Aino）然；其間變化錯雜，固有難爲之强解者存焉。更申言之，漢初之挹婁與唐代之靺鞨不止其名不同，其民族移動之內容如何亦應考究。但此處須有相當之考證，而其觀亦應延長；故今暫置之於此，供後日研究可也。

前篇有山戎在今遷安縣之說，讀史方輿紀要（卷一歷代州域形勢一）內有云：

山戎，今直隸永平府境。莊三十年，齊伐山戎。

或曰即北戎也。

其居地之遷安縣之南方有盧龍，即今永平府。但無終條內又如是記載：

今直隸薊州玉山縣即山戎無終子國。或曰無終本在太原東境，後爲晉所滅，徙于燕薊之東。昭元年，晉敗無終及羣狄於太原是也。

玉山恐爲「玉田」，在薊州之東南，然前之永平府則更在薊州之東南。或方輿紀要之編者不能決定之，故二者並舉之歟？但以最古之記載之管子，國語，左傳等爲基礎而推察之，寧以於遷安之說爲近，故予從此說。世又有無終玉田之說，故今列舉方輿紀要之文於此云。

十三

東胡與匈奴之名，始見於戰國策（卷十九趙二）武靈王條曰：

> 王（武靈王）曰：今吾國東有河薄洛之水，與齊中山同之，而無舟檝之用；自常山以至代上黨，東有燕東胡之境，西有樓煩秦韓之邊，而無騎射之備。故寡人且聚舟檝之用，求水居之民，以守河薄洛之水；變服騎射，以備其參胡（注云，史記備燕三胡秦韓之邊）樓煩秦韓之邊。

趙武靈王用胡服騎射，乃周之赧王即位八年，當周之末期，在秦始皇統一天下之先八十六年。當時趙之南接齊境，北在燕與東胡之境。其中燕維持長城內，東胡取其外。蓋東胡據於今察哈爾熱河地帶。至于肅愼山戎等族已竄居東北方，或滅亡混化，或呈去舊迎新之態。又本文中之參胡，如注解之燕三胡，則恐東夷有三大部族之區別。關於此事之確不確雖不明，然有匈奴之事之發現也。

同書（卷三十燕三之條）燕太子丹質於秦，後亡歸國，問太傅鞠武何以防禦秦軍時，太傅答曰：

> 願太子急遣樊將軍入匈奴，以滅口；請西約三晉，南連齊楚，北講於單于，而後可圖也。

燕太子丹時周已亡，值秦強盛，歷史上已名爲秦代。而匈奴之名與秦俱出，爲北狄中強盛之一族。其爲突然由他方襲來者，抑爲由西北方侵入者，因其有接近漢族之觀念，故以爲北狄一派較爲妥當。蓋觀晉以後諸蠻族之興起於同部族中，必有一派起而掌握霸權，與元淸等太祖崛起之狀態不無相同。匈奴必爲古北狄總稱下之一分派之隆盛者，因其名喧噪於世，於是古北狄之名稱自消滅。此匈奴於周代雖與渤海灣無關係，而其後威勢及於朝鮮遼東，故略述之。

（未完）

江南鐵路

由美購到新機車六輛

將特開遊覽黃山專車

【蕪湖通信】黃山爲皖南勝境，風景秀麗。現經當局積極開發，聲名益著。江南鐵路公司頃特專備遊覽專車，遊客僅須費五天時間，用極經濟旅費，即可登覽山景，沐浴溫泉，而觀雲海巨瀑。該項專車，共開四次，第一次爲八月二十三日，二次九月六日，三次九月二十日，四次十月五日。費用計頭等四十五元，二等三十五元，三等二十五元，包括來往火車汽車膳宿及轎力等項。惟頭二等旅客之住宿地點爲山上中國旅行社，三等車客住慈光寺。沿路皆派有妥員招待。又江南鐵路向美國添購之新式車頭六輛，已運達上海，仍擬由原裝美輪運駛來蕪，交該路駛用。開京蕪間班次，以後每日將增加一次，行車時間亦將更訂，以利行旅云。(十四日)

(廿四，八，十七，大公報)

湘黔公路

常沅段定月底通車

建築費二百餘萬元

【長沙通信】湘黔公路關係軍事政治甚鉅，曾經蔣委員長迭令督催，並由湘建設廳長余籍傳，奉令親赴沅陵督修，以赴事功，始克觀成。查該路以常德對岸德山爲工程起點：經過桃源，沅陵，辰谿，芷江，晃縣，以達貴州邊境之鮎魚舖止，計長一千一百餘里，路基橋涵，均已竣工。由常德至沅陵一段，砂亦鋪好，惟沅陵邊境至鮎魚舖段，因經費不敷，又值秋收時期，徵工困難，故尙未鋪砂，擬俟秋收後，再征工將砂鋪好，以便行駛。現常沅段已定八月二十五日通車，二十七日發售客票。通車典禮由建設廳派工程師周鳳九主持辦理，分在常德，沅陵兩處，同時舉行。此路全部通車後，由長沙至黔邊鮎魚舖，八小時即可直達，較前往來便利實多。總合全部工程費用及事務費，湘省方面以建設公債抵押欵項，支用一百九十餘萬元，中央補助費三十萬元，共爲二百餘萬元云。(十四日)

(二十四，八，二十一，大公報)

歐亞開闢陝蓉線再度試飛

歐亞航空公司，前爲便利川陝交通計，特於月前開始籌闢陝蓉新航線，曾於本月一日一度派歐亞大號機試飛全線。嗣於同月十日返滬，謂沿途試飛頗感困難，且漢中原有機場，被當地農民佔種田地，故已不適用。總理李景樅得悉後，因卽赴陝，會晤陝主席邵力子，磋商收回事宜。昨據該公司查秘書語記者，現漢中機場業已勘收完竣，西安航空站現正派工前往修築，李經理亦已事畢返京，向交長朱家驊報告，今明日即可事畢返滬。公司方面爲促陝蓉線得能早日通航計，特定明日（即今日）上午八時四十分，仍派六號機，由代理機航組主任何恩而，副機師麥意(譯音)二人駕駛自龍華飛行港起飛，作第二次之試飛，但萬一明日(即今日)天氣有變，則須順延也。此次出發，過京鄭兩站並不停留，即直飛西安，預計六小時半可以到達。在陝留宿一宵，次日續飛至漢中降落，藉便視察一切，並視情形如何再裝置電台等事，一俟在漢中事畢，則仍擬飛往成都也。西安站主任楊醒鍾在第一次試飛時，卽留川佈置電台事宜，今將事畢，可隨第二次試飛機返滬，報告工作經過。又前此駕駛機師卡司特伯爵，因私事中途折回北平，今亦將返滬。至於陝蓉正式通航之期，則須視第二次試飛返滬後，聽取報告，然後再由李總經理決定。

(二十四，八，二十二，上海晨報)

中航公司籌闢川藏線將試飛

本埠中國航空公司，去春奉交通部令，籌闢之川藏線，係由四川成都至西藏之拉薩爲止。惟以中途多崇山峻嶺，飛行頗感不易，並爲顧全旅客安全，對於飛行技術須有精深之研究，且無適當飛機及資本，故遲遲至今，尙未着手進行。昨據記者向該公司探悉，川藏線將俟新購之巨型機抵滬後或將一度試飛。惟成都至拉薩間距離太長，決非一日可以直達，故該公司擬先闢成都經巴東至康定一段。兩地機場，曾由交通部電令四川省政府主席劉湘，及川邊綏靖主任劉文輝二氏代築，業經復電允予照辦，想不久之將來定可實現。

(二十四，八，二十二，上海晨報)

西藏圖籍錄

吳玉年

西藏古屬吐蕃，其地險阻，與中原絕少往來；故明以前專書記藏事者殊罕見焉。自淸自關外入統中原，洞悉邊情，故於蒙藏甚爲重視；於是研究藏事者日益夥，而記載藏事之書亦漸增矣。

頃顧頡剛先生囑爲禹貢撰稿，余於地理沿革夙屬門外漢，倉卒無以應命；乃取西藏之方志史料遊記奏議等書目彙爲一篇，名曰西藏圖籍錄，不過備注意藏事者之檢查。惟所錄僅止於專論西藏之書，如正史文集及筆記之涉及西藏者請俟諸異日。

凡書曾經閱讀者，略誌其要；其未及詳考者，則僅記其書名著者。

邇來英日人士研究藏事者甚多；其有中文譯本者，亦附誌之。

前承費福熹先生自英寄來英國圖書館所藏英文記藏事之書目五十餘種；玆爲譯漢，並附原文，載之於後。

末學膚淺，見聞譾陋；倉卒成篇，遺漏必多。如蒙海內博雅不吝賜教，實爲感幸！

玉年誌於自新軒 廿四，六，廿五。

西藏誌四卷 東方文化委員會藏舊鈔本

不著撰人姓名。黃沛翹之西藏圖考，許光世蔡晉成合編之西藏新志，日人山縣初男著西藏通覽引用書目中，俱有果親王著西藏誌，疑即此書。考果親王名允禮，爲聖祖第十七子；於雍正十二年奉命送達賴喇嘛回藏；是書意即遊歷藏地，歸而纂成。書中記事尙屬詳明，後人之言藏事者往往引用之：如盛繩祖衞藏圖識大都以此爲藍本也。

西藏志不分卷 東方文化委員會藏雍正刊本殘本

是書與鈔本西藏誌完全相同；所異者，惟間有脫落錯亂之處。且現僅存卷三卷四，而卷一卷二俱缺。然其中亦有可校鈔本之誤者，如能將兩書互校，則成雙美矣。

西藏記二卷 龍威秘書本

不著撰人姓名。內容與鈔本西藏誌完全相同，惟序次略異，中有節文，不如西藏誌之完美也。

西藏考一卷 仰視千七百二十九鶴齋叢書本

不著撰人姓名。內容甚爲譾陋，大都抄集他書而成，毫無心得者。

衛藏圖識四卷坿蠻語一卷 原刊本

清馬揭盛繩祖合纂。是書采四川通志中西域一卷及西域記事，西藏志等書而成。內分圖考二卷，識略二卷：圖列於前，分記道里山川番氏種類，而附以諸路之遠近，加以說明，謂之圖考。事詳於後，統記事蹟源流，風俗人情，制度物產，搜羅甚爲豐富。

西藏志不分卷 東方文化委員會藏乾隆四十三年鈔本

不著撰人姓名。所記大略與他書相同，惟於碑文略詳，可徵逸史也。

西藏紀述 振綺堂叢書本

清張海撰，海浙江人，爲四川滎經縣尉，後隨果親王入藏。所記皆目擊之事，自屬可信；尤於雅州土司之戶口，錢糧之數目詳載無遺。但見聞不廣，體例凌亂，爲可惜耳。

西藏述聞一卷 舟車所至叢書本

清玉山房居士輯錄魏源聖武記，盛繩祖衛藏圖識以成。然其中踳駁挂漏不一而足，似非諳於藏事者。

西藏見聞錄 東方文化委員會藏乾隆刊本

清蕭騰麟撰。騰麟，字十洲，江西長田人。由文生中康熙甲午武舉，戊戌會魁第五，選侍衛，歷官汴蜀。乾隆二年以川督幕府統領川兵駐鎮槎木多，督理西藏臺站多年。其後終養歸田，追憶康藏情形，手輯成書，得二十篇。記事原原本本，殫見洽聞，而於駐軍額數人口柴草，尤爲詳盡：蓋邊防之要籍也。卷首袁枚序及同治峽江縣志俱作西征錄；疑此爲初名，見聞錄乃後改者歟？

衛藏通志十六卷首一卷 石印本

不著撰人姓名。然考諸書尾有擬議爲和琳撰者。和琳，紐祜祿氏，滿洲正紅旗人；自筆帖式累遷至兵部侍郎，正藍旗漢軍副都統。廓爾喀擾後藏，福康安往勦，琳督辦前藏以東臺站烏拉等事；後以都統覈辦察木多以西糧餉事，兼理藏務。是琳熟悉藏情，則此書必爲琳撰無疑也。琳身入藏地，又管理藏務，故所記事蹟多上諭奏議，原委明晰，而序

2

次亦爲得體；可爲研究藏事之圭臬。末卷載大藏經目，尤爲他書所未見；詳人所略，堪稱佳作也。

西藏圖考八卷首一卷 坊刊本

清黃沛翹撰。沛翹，字壽菩，湖南善化人。以平黔軍功，洊保至道員。光緒初年英人由印謀藏，故作此書以爲當局籌藏之南針，可謂識時世之急務矣。著者雖未身臨藏地，而博采羣書，詳加纂定；敘次頗有條理，考證亦多精核。地勢山川，繪圖繫說，尤清眉目。末卷藝文考多散佚之文；雖僅一序一記，而吉光片羽，亦可貴也。

西域遺聞不分卷 精鈔本，傳沅叔先生藏

清陳克繩撰。克繩，字希范，歸安人。雍正十一年進士，官至嘉定知府，分巡川東道。書分十一門，其所載事蹟，尤詳於準噶納兵始末；殆身參戎幕，故多目擊之事。

西藏圖說一卷 鎮撫事宜本

綏服紀略詩一卷 仝上

西招圖略 仝上

藏甯路程 仝上

以上四種俱爲松筠撰，彙錄鎮撫事宜。筠駐藏多年，所記皆信而可徵。

衛藏攬要六卷 北平圖書館藏稿本

邵欽權著。

西藏新志 宣統三年鉛印本

許光世，蔡晉成編。

西藏記一卷 天津圖書館藏一瓻筆存叢書本

劉樹著，見叢書紀要。

西藏史 傳鈔本

不著撰人名氏。

西藏始末紀要

白眉初著。

西藏史大綱 稿本

吳燕紹著。北京大學印本未全。

西藏六十年大事紀 鉛印本

朱錦屏著。

藏政擷要 民國二年鉛印本

馬吉符撰。

藏事紀要　鈔本

藏案紀略　排印本

外交部政務司編。

藏語　光緒三十二年鉛印本

何藻翔編。

藏牘刼餘　鉛印本

馬吉符編。

西藏殘牘　鈔本

藏印往來照會　北平圖書館藏稿本

清有泰編。

西藏紀事　鈔本

達賴傳一卷

班禪額爾德尼傳一卷

西甯大呼畢勒罕考一卷

西藏聖蹟考一卷

諸佛出世事蹟考

以上五種俱張伯楨撰，彙爲滄海叢書第三輯。

西藏賦一卷

清和甯撰。

西藏碑文一卷　咸豐元年孟氏家刊本

清孟保撰。

西藏喇嘛事例　鈔本

戶部鑪藏則例　油印本

撫遠大將軍奏疏二十卷　鈔本

清允禵撰。原爲滿文，前蒙藏院譯爲漢文。

西藏奏疏十卷　道光刊本

清孟保撰。

川藏奏稿　鈔本

清有泰撰。

駐藏奏稿　鈔本

清定成撰。

駐藏奏稿　鈔本

清文碩撰。

使藏紀事五卷　鈔本

4

張蔭棠撰。

籌藏芻言 宣統元年鉛印本

蔡雁東撰。

籌藏政策 民國四年刊本

李明渠撰

西藏紀要 民國十九年南京蒙藏委員會印

尹扶一撰

西藏問題 民國十九年大東書局出版

華企雲撰。

西藏問題 民國十八年商務印書館出版

王勤堉撰。

康藏軺征 商務印書館出版

劉曼卿撰。

今日的西藏 生活書店出版

董之學撰。

西藏交涉略史 民國十七年中華書局出版

謝彬撰。

西藏調查記 東方文庫本

藏事紀略 羅惇曧撰。刊於民國二年庸言報一卷十期至十二期。

5

西藏外交文件 中華書局出版

王光祈譯

宗教源流考 鈔本

張其勤撰。

西藏佛學論原 民國二十二年商務印書館出版

呂澂撰。

西藏佛教史 民國二十二年中華書局出版

李翊灼撰。

藏行記程 昭代叢書本

清王睿撰。

鑪藏道里最新考 鈔本

張其勤撰。

康輶紀行 中復堂五種本

清姚瑩撰。

藏輶隨記一卷 宣統三年鉛印本

陶思曾撰。

竺國紀游 江安傅氏刊本

駐藏程棧　周藹聯撰。北平圖書館藏鈔本

藏行路程　見西藏通覽引用書目

西域述記　李菊園撰。見西藏圖考藝文考

維西見聞錄　見西藏圖考引用書目

清俞慶遠撰。

烏斯藏考　以下二十六種俱係小方壺齋輿地叢鈔本

清曹樹翹著。

前後藏考　清姚瑩著。

西藏紀略　清龔柴著。

撫綏西藏記　清魏源著。

西藏後記　清魏源著。

西征記

清毛振翧著。

藏鑪總記　清王我師著。

藏鑪述異記　清王我師著。

西藏巡邊記　清松筠著。

甯藏七十九族番民考　不著撰人名氏。

藏行紀程　清杜昌丁著。

由藏歸程記　清林儁著。

西征日記　清徐瀛著。

晉藏小錄　清徐瀛著。

旃林紀略

6

清徐瀛著，

前藏三十一城考

清姚瑩著。

察木多西部考

清姚瑩著。

乍丫圖說

清姚瑩著。

墨竹工卡記

清王我師著。

得慶記

清王我師著。

錫金考略

不著撰人名氏。

西招審隘篇

清松筠著。

西藏改省會論

不著撰人名氏。

西藏建行省議

清王錫祺著。

征廓爾喀記

清魏源著。

廓爾喀不丹合考

清龔柴著。

西藏全圖附說 鈔本

清嵇志文撰。

藏蜀界務圖說 見西藏通覽引用書目

西藏全圖 見西藏新志引用書目

法人寶脫依原著，世增譯。附英國官書印藏通道圖。

西藏通覽 民國二年鉛印本

日本山縣初男撰，陸軍部譯。

西藏通覽二編 宣統元年鉛印本

日本山縣初男撰，四川西藏研究會譯。

西藏遊記 商務印書館出版

日本青木文教撰，唐開斌譯。

西藏 光緒三十三年印

日本太田保一郎纂述，四川西藏調查會譯。

西藏旅行事記 見西藏遍覽引用書目

西藏人民之生活 民國十八年民智書局出版

英國柏爾（Bell, C.）著，劉炎光譯。

西藏民間之故事 民國十九年世界書局出版

查士元編譯。此書據 Shelton, A. L.: Tibet Folk Tales及 Lewitt, E. M.: Wonden Tales From Tibet 兩書而成。

西藏的故事 上海亞東書局出版

英國謝爾頓（Shelton, A.L.）著，程萬孚譯。

西藏外交文件 民國十九年中華書局出版

英國柏爾（Bell, C.）著，王光祈譯。

西藏過去與現在 民國十九年商務印書館出版

英國柏爾（Bell, C.）著。宮廷璋譯。

附英文西藏書目

1. Travels through Tibet, to and from China by several missioners. 1808
   教士旅行西藏記
2. Taylor A. R.: My Experience in Tibet 1894
   西藏經驗談
3. Stein: A Third Journey of Exploration in Central Asia 1918
   第三次探查中亞記
4. Bell: People of Tibet. 1928
   西藏之人民
5. Heber A. R.: Tibet in Himalayas. 1926
   喜馬拉亞之西藏
6. MacDonald: Trough the Heart of Tibet. 1926
   經過西藏之中心
7. Gregory J. W.: To the Alps of Tibet. 1921
   游至西藏之阿爾卑斯山
8. Bell: Tibet past and present. 1922
   西藏之今昔
9. Mc-Govern: To Lhasa in Disguise. 1923
   暗探西藏
10. Teichman: Travels of a Consular Officer 1924
   領事之旅行

11. Boulnois: Into Little Tibet. 1925

入小西藏

12. Rockhill: The Land of the Lamas. 1893

喇嘛地

13. Forbes: The Road from Simla to Shepki in Chinese Tibet 1893

自西藏之薩母拉至夏布渭

14. Knight: Where three Empires meet. 1893

三帝國之交界處

15. Landsdell: Chinese Centrel Asia. 1893

中國之中亞西亞

16. Bower: Diary of a Journey across Tibet. 1894

經過西藏之日記

17. Washington: Diary of a Journey across Tibet. 1894

經過西藏之日記

18. Louis: The Gates of Tibet. 1894

西藏之門戶

19. Marston: The Great Closed Land. 1894

未開放之大陸

20. Wellby: Trough Unknown Asia. 1898

經過未知之亞洲

21. Reid: Through Unexplored Aisa. 1899

經過未曾探察之亞洲

22. Lyderker: Great and Small Game of India, Burma, and Tibet. 1897

印度緬甸西藏等處大小之遊嬉

23. Schneider: Working and Waiting for Tibet. 1891

西藏之建設及希望

24. Graham: On the Threshold of three closed lands. 1897

三個未開放之地

25. Sandberg: The Exploration of Tibet, Its History 1623—1904. 1904

西藏之探險及一六二三年至一九〇四年西藏之歷史

26. Gander: The Unveiling of Lhasa. 1905

拉薩之眞像

27. Landon: An Account of the Country and People of

Tibet and of the Mission sent by the English Government. 1903-4
西藏人民土地之記載及英政府遣派之考察團之報告

28. Millington: To Lhasa at Last. 1905
最終至拉薩

29. Waddell: Lhasa and its Mysteries With a Record of the Expedition of 1903-4 1905
拉薩誌異及一九〇三至四年之探險

30. Scott: The Truth about Tibet. 1905
西藏之真像

31. Deasy: In Tibet and Chinese Turkestan 1901
西藏及中國所屬土爾其斯坦

32. Carey: Travel and Adventure in Tibet. 1902
西藏探險及旅行

33. Crosby: Tibet and Turkestan: A Journey. 1905
往西藏及土爾其斯坦之旅行

34. Hedin: Adventures in Tibet. 1904
西藏探險記

35. Jack: The Black Blocks of China, Experiences among the Chinese, and Tibetans. 1904
中國黑暗之區及在中藏人民中所得之經驗

36. Lander: Tibet and Nepel. 1904
西藏及尼泊爾

37. Rauking: The Great Plateau: An Expedition in Central Tibet 1903
大高原及西藏中部之探險

38. Rijnhart: With the Tibetans in tents and temples. 1901
西藏居住之幕寺情形

39. Francke: History of Western Tibet. 1907
西藏西部之歷史

40. Holdich: Tibet, The Mysterious. 1906
神秘之西藏

41. Keltie: Story of Exploration of Tibet. 1907
西藏探險記

42. Younghusband: India and Tibet, A History of the relation between the two countries. (J. Murray) 1901

印度西藏及兩國關係史

43. Ottley: With Mounted Infantry in Tibet. (Smith, Elder) 1906

騎兵入藏記

44. Burrand and Hayden: Sketch of the Geology and Geography of the Himalayas and Tibet. 1908

崑崙山及西藏之地質學地理學記略

45. Hedin: Trans-Himalayas: Discoveries and Adventures in Tibet. (Mcmillan) 1909

游外喜馬拉亞山，西藏探險及獲得之物

46. Robson: Two Lady Missionaries in Tibet. 1907

西藏之二女教士

47. Sherring: Western Tibet and the British Borderland. 1906

西藏之西部及英邊界

48. Younghusband: Our Position in Tibet (Central Asian Society Proceedings) 1910

我等在西藏之地位

49. Ollone: In Forbidden China. The Dollone Mission 1906-1909. China-Tibet-Mongolia (Fisher Unwin) 1912

漢蒙藏之情形

50. Ward: The Mysterious Rivers of Tibet (Seeley) 1923

西藏神秘之河流

51. Younghusband: Peking to Lhasa. The Narrative of Journeys in the Chinese Empire made by the late Brigadier-General George Pereira (Constable) 1925

北京至拉薩之旅行記

南滿路設輔助機關

經營華北經濟

資本一千萬元

【長春】南滿鐵路公司今日決定設一輔助機關以經營華北經濟開拓事業，其名定爲興中公司，資本日金一千萬元。現已呈請日政府批准。

（八日路透電）

【長春】滿鐵決定在華北設立新投資公司，積極開發華北經濟，該公司名稱興中公司，資本金一千萬元，任命前任滿鐵理事十河爲社長。

（八日日聯電）

【京都】松岡洋右就任滿鐵總裁後，朝鮮方面盛傳朝鮮鐵路之移交滿鐵經營說。然鐵道省對於此說表示不同意，即朝鮮鐵路有開發朝鮮產業之使命，滿鐵經營此鐵路不適當，現在滿鮮鐵路直接連絡毫無不便。

（八日日聯電）（二十四，八，九，申報）

閩省之農林事業

一面注重增加生產　一面注重進行合作

【福州通信】閩省建設事業，過去以軍事關係，祇注重於公路交通之發展。現在剿匪軍事已入綏靖階段，上下游各幹路亦已逐漸完成，生產建設遂成本省建設方針之嶄動向。本年（二十四年度）建設中心工作，雖經定爲建築工路，完成電話，普設農場，開採鑛場，培植人才，改善水利等六項，但本省氣候地質，宜於農林事業，頻年生產衰落，農村破產，尤有賴於當局之提倡振興，建設當局對農林事業之實施亦格外注意。據建設廳長陳體誠談，本省農林事業實施的方針，一面在注重生產的增加，一面在注重合作事業的進行。除合作由農村合作指導委員會負責辦理外，此外農林事業實施的狀況可分如下：

（甲）在進行中之工作

一，長樂農場。長樂是稻作之區，這農場之使命，當然注重在水利之改良。今年長樂旱稻之收成尚佳，颶風過境未受若何損失，同時溉田水利不久可以復興，預料本年晚稻之收成尚有可觀。該場計劃，在晚稻刈割後，再種一次麥子，務期一年有三熟之利。現正在收買大批純良麥種，作試驗之播種。

二，南平林場。南平是注重造林之工作，業已選派有林業經驗之人前往進行，在王台一帶有萬畝荒山，足供一時造林事業之用。

三，福安茶業試驗場。福甯五縣素以產茶著名，故該場以茶葉之改良爲試驗研究上之中心工作，將來使他成爲一個模範之茶場，以科學之方法實際去指導農民培植。

四，漳浦農場。閩南出產以水果爲多，如甘蔗芭蕉柑橘荔枝等皆甚著名，故該場注重園藝試驗之工作。

以上四處，業已開始進行，其試驗研究之工作，將來還預備在龍岩地方注重烟茶棉花的試驗改良，現已派員調查計劃。

（乙）預備工作

一，林墾團的出發。本省鑒於農林人才之缺乏，及農林調查工作之重要，除由建廳統計室派員赴縣實施調查外，並咨請實業部派遣林墾團來閩考察。查該團現已由閩北轉赴閩西一帶調查，據彼等考察所得，認爲本省氣候地質等天賦條件尚稱優厚，森林事業之發展頗有希望云云。

二，專家的聘請。去年鑒於本省各項生產事業亟待調查，曾聘有各種專家赴各地考察，俾解決各項生產問題。

三，茶葉專員的考察。本省亦屬產茶之區，惟近年來生產銳減，銷路遲滯，爲改良補救起見，曾選派專員赴南洋印度各地考察，俾對於茶葉之新式製造管理的方法與夫國際銷路實況尤加注意，俾資借鏡而便取法。現該員已公畢返省，所得材料正在整理中。

四，茶倉的設立。閩東閩北各地茶葉均須經過福州再行轉銷，故準備在省城設立茶倉以利茶商，同時藉此可以明瞭茶葉之價格品質數量等，俾爲管理及救濟茶業之準備。

五，豆餅蔗苗之借貸。要振興糖業，首在甘蔗品質之改良，而蔗苗及施肥方法尤爲基本之注意點。現甯田漳浦等縣，已以豆餅蔗苗借給農民，藉資提倡，改良甘蔗，并預備二三萬元之改良蔗苗，明春分貸農民。

六，訓練人員。建廳爲擴充農業人才起見，收羅中大金大農科及高級農業學校之畢業生，分發各地實際工作，並因建教合作之故，新近會同教育廳將農業職業學校設在農林場附近，同時又把五里亭試驗區接收過來，交給協和大學農村服務部辦理。

七，徵工造林。現正計劃在閩清古田沿江各地，徵用民工來造林，由省府出錢，區裏出力，而由縣負保護管理之責，分工合作，作一個大規模之公有林。

八，柑橘展覽會及柑橘儲存窖。爲要尋覓改良柑橘，今冬擬在福州漳州兩處舉行柑橘展覽會。又本省柑橘名聞全國，但都在冬天才有，夏天完全銷售外來之橘子，故建廳在去年曾請金大代爲研究補救之方法，使四季無缺乏之虞。近據校方報告，以儲存窖儲存柑橘已有相當效果。

九，荔枝病蟲害的驅除。荔枝爲本省特產，今年市上所售荔枝，十九都有病蟲，曾送交協和大學研究；經檢查之結果，認爲驅除這類害蟲，並不困難。如果所稱屬實，當準備擴大驅除病蟲運動，則來年荔枝產量與收入定有大量之增加。

（廿四，八，廿三，上海晨報）

西藏圖籍錄補

傅成鏞

吳玉年先生對于西藏問題頗有研究，故其所著西藏圖籍錄搜羅極為宏富，使研究西藏問題者人手一編，檢查便利，甚盛事也。後附費先生自英國寄來英文書目計五十一種，因吳先生「倉卒成篇」，似尚可以增補。茲將筆者所得之書不見于該書目者，繼費先生之號數，即自五二號起補列于下，想亦吳費二先生之所樂聞也。

52. Waddell: The Buddbism of Tibet or Lamaism, London, 1895.
53. Sarat Chandra Das: History of Buddbism inIndia and Tibet. Calcutta, 1908.
54. Combe: A Tibetau on Tibet, New York, 1926.
55. Noel: Through Tibet to Everest. London, 1927.
56. Easton: An Unfrequented Highway Through Sikkim and Tibet to Chumolauri.
57. MacDonald: The Land of the Lama.
58. MacDonald: Twenty Years in Tibet.
59. Das: British Expansion in Tibet.
60. Bell: The Religion of Tibet.
61. Hedin: Southern Tibet.
62. Kunner: The Geographical Description of Tibet.
63. Prothero: Tibet.
64. Ward: On the Road to Tibet.
65. Bishop: Among the Tibetans.
66. Bogle: Narratives of the Mission of G. Bogle to Tibet and of the Journey of T. Manning to Lhasa.
67. Landon: The Opening of Tibet.
68. Dainelli: Buddbists and Glaciers of Western Tibet.
69. David-Neel: My Journey to Lhasa.
70. David-Neel: With Mystics and Magicians in Tibet.
71. Desideri: An Account of Tibet.
72. Hosie: On a Journey to the Eastern Frontier of Tibet.

73. Hedin: Conquest of Tibet.
74. Wee-kuo Lee: Tibet in Modern World Politics.
75. King: We Tibetans.
76. Rockhill: The Dalai Lamas of Lhasa.
77. Trinkler: Tibet.
78. Rockhill: Notes on the Ethnology of Tibet.
79. Kawaguchi: Three Years in Tibet.
80. Roerich: Tibetan Paintings.
81. Markham: Tibet.
82. Ward: The Land of the Blue Poppy.
83. Clark: Tibet, China and Great Britain.
84. Kunner: The Ethnographical Description of Tibet.
85. Sarachandra Dasa: Journey to Lhasa and Central Tibet.
86. Thomson: Western Himalaya and Tibet.
87. Hedin: Scientific Results of a Journey in Central Asia.
88. Ward: Plant Hunting in the Wilds
89. Knight: Intimate Glimpses of Mysterious Tibet and Neighbouring Countries.
90. Landor: In the Forbidden Land.
91. Rockhill: Diary of a Journey through Mongelia and Tibet.
92. Rockhill: The Life of the Buddha and the Early History of His Order.
93. Hayden: Sport and Travel in the Highlands of Tibet.
94. Jenkins: Sport and Travel in Both Tibets.
95. Lansdell: Chinese Central Asia.
96. Pratt: To the Snows of Tibet through China.
97. Prinsep: Tibet, Tartary and Mongolia.
98. Stein: Exploration in Central Asia.
99. Roerich: Trails to Inmost Asia.
100. Wessels: Early Jesuit Travellers in Central Asia.

右表所列均係英文書籍，德法日文關于西藏之書籍亦不在少數，茲暫不列入。

附表第四號之書已譯成漢文，即吳先生中文書籍

2

目錄倒數第五號之書。譯本不可用，因「譯者昧于藏文」，且對于本國史地似太不熟習，故錯譯之處所在皆是。茲舉數項于下：

宗喀巴Tsong-ka-pa　譯爲「昌家巴」（見譯本初版一四八頁）

喀木即康Kam　譯爲「卡姆」（同上一五〇頁）

江孜Gyangtse　譯爲「揚子」（同上二頁）

日喀則Shigatse　譯爲「西克茨」（同上二頁）

廓爾喀Gurkhas　譯爲「格卡」（同上六頁）

班禪喇嘛　譯爲「大喜」喇嘛（同上六九頁）

拉薩　譯爲「拉沙」（同上二頁）

其他錯譯之處不可勝舉。而德格Derge，春丕Chumby，庫倫 Urga，亞東 Yatung 等：早有一定之譯名者均只用英文，不譯成漢文。至英文中常用之成語 ipso facto「實情」，未加繙譯，仍用英文。以上所舉之例，不過百分之一耳。

英文書目第八號即中文書目最末一號之書，作者爲英國之「西藏通」，且與達賴有密切之來往，曾任達賴之最高官吏。原書膚淺，且立塲非有利于我國，但英國對于西藏之企圖，及英人在藏之力量，均可于字裏行間尋出。宮君譯本，雖不無小疵，但就大體而言，遠較西藏人民的生活譯本爲高也。

第九號書只將耳聞目見之事實記下，亦屬膚淺，不及上書之重要。現經譯出，在蒙藏旬刋分期登載，可供參考。

第十號書，係英國駐西康寧靜之副領事台克滿所作。民國六年邊藏因割草衝突，經台克滿氏之周旋，于民七訂約罷兵。此書即台氏往來于察木多以東漢藏二軍間之見聞錄，即西康之旅行記，因作者之地位及任務，故原書頗有價値。現經中央政治學校大學部同學西康人高上佑君譯出，于康藏前鋒上分期發表。高君生長西康，繙譯該書，當然勝人一籌，「詞句新穎而暢達」，猶其餘事也。

第三十八號書，經王綬先生譯出，由商務印書館印行。譯名爲與西藏人同居記。原書雖無精彩之處，視爲西藏風俗之參考亦可。

第四十二號書，經孫煦初先生譯爲英國侵略西藏史，在商務印書館出版。作者榮赫鵬，爲一九〇三英國征藏團之首領，一九〇四英國迫西藏訂城下之盟，即作

3

者所爲，此書之價値可知。

第五十號書，經楊慶鵬先生譯爲西康之神秘水道記，由蒙藏委員會出版。作者係植物學家，原書所言及之地域甚小，且在滇康之間；書中所記，除寒暑晦明而外，可供植物學家參考。

第五十三號書，作者係印度人，對于佛教喇嘛教之觀察敘述，較異教徒爲可靠。

第五十四號書，作者本爲西藏人謝國安，經駐西康甚久之 Combe 校訂，記事多于議論。

第五十五號書，記載英國之額非耳士峯探險隊經過情形甚詳，先後數次，作者均親身參加。結果探得峯高二九〇〇二呎，但登山頂之團員二人失踪。

第五十八號書，作者爲英國駐藏商務委員（當地稱譏勝），留藏二十年。其間西藏所發生之重要事件，作者多係目睹，或親身參加。西藏之政治軍事經濟交通社會各項情形均經敘入，其價値遠在他書之上。

第五十九號書，係留學美國之印度人所作，以被壓迫民族爲立場，頗爲中國人鳴不平，國人讀之，必能與奮也。

第六十九號書，作者係法國女子，原書除耳目所及之事物外，無深刻之認識與敘述。

第七十一號書，所記爲十八世紀初葉經中央亞細亞入藏之經過，其時西藏尙少外人足跡。

第七十三號書，爲最近出版之斯文赫定氏之作品，只敘西藏人之生活情形，未及其他。插圖非相片而爲作者之親筆速寫，頗饒趣味。

第七十四號書，作者爲四川人，清華大學留美學生。原書側重于西藏對于中英俄三方之關係，以條約爲骨幹，並搜集雜誌報章之材料。

第七十五號書，作者爲英國駐西康之領事夫人，夫人口述，領事執筆。

第八十七號書，共十巨册，其三四兩册專記西藏。

英文書目共列一百種，茲只介紹其有譯本及易于得到者；至各書提要，容當另爲發表，恐非本刊篇幅之所許也。

又西康與西藏兩地共通之點甚多，言西藏者每涉及西康，是二而一者也。吳黄二先生之書目中，關于西康之書籍亦經收入。茲再本此原則，增補漢文書籍于後：

一、康藏　劉家駒著，新亞細亞月刊社版。作者係巴塘人，現任班禪秘書長及西康建省委員。此書所記爲作者生長邊地耳聞目擊之事實，爲研究康藏問題者之重要參考書。

二、策養甲錯(即達賴六世)歌集　于道泉編，中央研究院出版。于先生對于藏文研究甚深，此書附有漢文譯文，爲研究西藏史之要籍。

三、西藏情歌　劉家駒譯，新亞細亞社版。研究西藏社會問題之材料。

四、西康札記　任乃強著，新亞細亞社版。任先生因公赴康，時間雖短，見聞甚多，筆之于書，可供參考。

五、西康建省記　傅嵩秋著，中華印刷公司出版。作者爲清末川滇邊務大臣，改土歸流，作者亦任其工作，主張西康建省亦自其時始。此書爲西康建省事件之重要材料。

六、西康問題　陳重爲著，中華書局出版。是書之材料豐富，並提出新西康之建設計劃，尤見重要。

七、西康　梅心如著，正中書局出版。梅先生因公赴康，搜羅之數目字表甚多，可稱重要，惜用「夷」字以稱康民，示人不廣，殊爲憾事。

八、西康圖經　任乃強著，新亞細亞月刊分期發表，其境域篇已刊出單行本，民俗篇單行本不久亦可印出。

九、西康之實況　翁之藏編，民智書局出版。對于西康之天然狀況社會情形敘述較多。

十、西康疆域溯古錄　胡吉廬著，商務印書館出版。是書正編一，分述各縣狀況，可供參考。

至于康藏地圖，除附見于我國地圖者以外，下列地圖，均屬必要：

一、西康西藏全圖　蒙藏委員會

二、西藏明細全圖　四川官印刷局

三、川邊各縣輿地圖說　蔡廉洲製

四、喀木康全部圖說　蔡廉洲製

一九三五，八，二〇，于燕市。

蘇省本年度推進農業生產綱要

【鎮江二十一日訊】蘇省農業改進管理委員會設計委員會，確定本年度蘇省農業生產推進綱要八項，其實施方案之細目業已推員起草。茲將該八項綱要探誌於下：

（一）本省除蠶桑已實施改良推廣外，從本年度起增進本省農業生產做効推廣蠶絲辦法，實施稻麥棉之推廣。

（二）森林之推廣，注重全省公私經營統籌兼顧，應另訂詳細辦法。關於稻麥棉之推廣，就稻麥棉之中心生產區域各縣，設立改良推廣實施區，繁殖良種，逐漸推廣，在一定時期內，務使優良品種可以普遍傳播全省各生產區域，俾得增進其生產。

（三）關於稻，麥，棉，林推廣所需之經費，預定為二十萬元，由省庫設法撥給。用於稻麥推廣者十五萬元；改良稻麥種之推廣面積，本年度至少應各在五萬畝以上。用於棉業推廣者五萬元；本年度改良棉種之繁殖，及推廣面積，至少應在十萬畝以上。用於森林推廣者五萬元；其墾荒植林面積，本年度至少應在三萬畝以上。

（四）除森林之推廣，應獨立劃出墾植區域，責由林業試驗場統籌辦理外，稻麥棉之推廣，應以生產區域之各縣為實施單位，以各該縣縣長為實施區主任，負劃定推廣農田行政上之一切責任；而以當地之省場場長或省立農校校長為副主任，負推廣技術上輔佐指導之責任。其下之幹事及指導員，則以縣農業推廣所管理員或其他推廣人員及省場省校有關推廣之職員充任。惟指導員須先由省立專場會同省立農校切實訓練，以謀充分之供給。

（五）稻麥棉推廣所需之純系品種，以省立各專場盡量供給為原則。省立各農校如大規模施行繁殖之優良品種，同時亦可用推廣，總以省立專場與農校共同解決推廣材料問題為要。

（六）供繁殖用之純系稻，麥，棉由各實施區分給合作農戶指導其栽培，并由各該區收還原種，并收買繁殖之純系品種，以為逐漸推廣之用。其推廣於各地農戶之稻麥棉種，則以實行貸款放種為原則，應聯絡地方農戶銀行農業倉庫辦理貸種抵押及償還種款之一切事項。

（七）設立稻麥棉改良實施區各縣之合作指導員，應以各該項農業推廣工作為其中心工作，其工作範圍務須與推廣範圍一致，常川駐在實施區負指導組織合作社之責任。

（八）關於農產運銷之一切事宜，應由農業管理委員會與本省農民銀行及農業倉庫管理委員會商洽，統籌辦理，以期增進農民之收益。

（二十四，八，二十二，上海晨報）

宣化葡萄

產額因雹災減少
銷路亦略見滯塞

【宣化通信】宣化特產葡萄，味甘適口，經久耐藏，馳名遐邇，每年運銷平津各埠，獲利至厚，實為此間一大富源。茲當初秋葡萄下市之期，特將其市情調查於次。（一）產額，此間葡萄原有三千餘架，年產五〇〇〇〇〇斤，因獲利倍蓰，養植之戶日見其多，架數年有增加，今歲已亙五千餘架之譜。惜自民二十迄今，連被雹災四次，故架數雖多，產額未增。本年產額，原有五六〇〇〇〇斤之希望，不幸又遭雹擊，僅剩三七〇〇〇〇斤左右，損失當在一萬六七千元。以是養植各戶，靡不仰屋興嗟。（二）銷路，曩者葡萄銷路，甲於他種菓品，每當廢曆四月，葡萄甫經結實之際，平津商販即來訂購。比年災禍洊臻，買主恐遭損失，非至葡萄成熟下市，决不冒險採購，故其銷路稍見滯塞。今歲廢曆六月已過，未受若何損失，菓實亦甚豐厚，故葡萄販捲土重來，銷路大暢。乃於七月間，復罹雹患，買主如東來順，四合順，福生祥等號，均受損失，明歲訂購期間，當必更行遲延也。現運往平津者，每日僅為二三千斤，較諸往昔不啻霄壤之別。惟價格尚俏，通盤每百斤八元，最近期內有增至十元消息。（十九日）

（二十四，八，二十一，大公報）

金門志及浯州嶼志略概述

薛澄清 1

朱君士嘉所編中國地方志綜錄，已由商務印書館出版，余另有文評介，不多贅於此。福建部分，金門志及浯州嶼志略二書即爲朱君所未詳知者。國內外之收藏方志者，據綜錄所載，亦未有其書。故余作此文，略述金門志及浯州嶼志略，想當爲研究『中國方志學』與『歷史地理學』者所樂聞歟？

金門志編修者爲周凱氏。周係浙江富陽人，生平事略及其著述，請讀者參閱廣州中大圖書館報上所刊拙作，不贅。

金門係一島嶼，距厦門不遠，在今雖爲福建縣份之一，在民國以前——例如清代，即爲同安縣屬之一部，其方志晚出，無足怪也。金門之有志，即始於清道光間周凱氏之纂修，其纂修時間爲道光十六年，後厦門志之修纂凡四年（厦門志修於道光十二年），而二書之倡修則先後同出一手。

金門志雖編成於道光十六年，然刊行問世，則在編成後之四十六年，即光緒八年，其間經過情形，玆節引志中金華章倬標金門志序，便知底細：

『林巽甫（焜熿），明經積學士也，輯金門志若干卷，條分縷析，粲若列眉，……周芸皋觀察（凱），高雨農山長（澍然），各爲製序，將開雕而未果也，卓人孝廉（按即林豪）善讀父書，續而成之。癸酉歲（按即同治十二年）劉秀□總戎協鎮斯土，清晏之秋，講求文教，遂與郭午橋二尹洎諸紳士將謀付梓，而以稿請訂於傅雩湖中翰（按即傅炳煌，南安縣舉人），翦蕪刪蔓，存十之七焉。其書益簡而賅，詳而核。』

據此，吾人可得下列數項事實：

（一）序金門志者有周凱，高雨農，章倬標；此外書首尚有晉江舉人洪曜離序。洪序作于光緒八年，因金門志稿本于同治年間編定後，延至光緒八年始由金門浯江書院梓行。（章序作於同治十二年，時章氏爲泉州府知府。）

（二）金門志刊定之本，只有十分之七保存道光間由周凱倡修，而由林焜熿編纂之稿本。其餘十分之三則由同治間傅炳煌修飾而改竄者。故金門志全書，事實上應爲周凱劉秀□二人倡修，林焜熿，林豪與傅炳煌三人所合纂。

金門志凡八册，版本詳情請讀者參閱廣州中山大學圖書館週刊第四卷拙作閩南地方志經眼錄，不贅。

以上述金門志，補充朱君綜錄所未詳者。

浯州亦福建沿海小嶼之一，於清爲惠安縣屬之一部分，其地雖小如彈丸，至今仍非一獨立縣份，未嘗受研究地理者之注意；然以『歷史地理學』及『中國方志學』之眼光觀之，則其志略一書亦吾人所不可不知者也。朱君綜錄缺載此書，玆爲補充如下：

浯州嶼志略，凡四卷二册，清楊浚纂輯。楊爲閩侯人，與厦門志纂修者周凱氏頗爲友善。今厦門志易得，而此書則見者極少，故節錄楊氏自序及內容如左：

『……名之曰浯州嶼志略，略之云者，以簡明也。已脫稿，付寫官矣，將赴鷺島前一日，忽有持僧照乘輯書二卷，……遂命諸兒檢校重增，神若知余有此刊，特厚貺焉。』

此序作于光緒十四年，時楊氏因厦門紫陽書院修輯未竣，寄寓厦地。志略成，楊氏又有詩五排十六韻寄呈唐蓉石，玆不多引；僅錄其內容大概於下，以結束本文：

卷首：圖。

卷一：山川，宮廟，傳略等。

卷二：祀典等。

卷三：志乘，奏疏等。

卷四：藝文，叢談等。

廿四，八，廿六，錄於龍溪省師。

2

武昌亞新地學社本年出版新圖

●已出版 ○工事中

世界風雲，日趨緊迫，版圖萬里，在在堪虞。除腹地及東北各省，早經製有明細，分縣等圖，可供研究外，本年特集中精力，搜羅材料，編製邊區單幅地圖，計十餘種，臚陳於後，以備各界選購。

● 四川明細地圖 五角
● 雲南明細地圖 五角
● 西康明細地圖 五角
○ 西藏明細地圖 五角
● 新疆明細地圖 五角
○ 蒙古明細地圖 五角
● 青海明細地圖 五角
● 廣東全省形勢新圖 一元
○ 改版雲南分縣新圖 二角四分
● 西康分縣新圖 二角四分
○ 西藏地方新圖 二角四分
● 察哈爾旗縣新圖 二角四分
● 察哈爾南部政區及公路圖 一角五分
● 綏遠省政區及公路圖 五角

此外準於年內出版者：

單幅有

○ 湖北全省形勢新圖 一元
○ 河南全省形勢新圖 一元
○ 改版河南明細地圖 五角
○ 改版安徽明細地圖 五角
○ 改版河南分縣新圖 二角四分
○ 天津市街道詳圖 四角
○ 南嶽名勝地圖 二角

成本有

○ 河南分縣詳圖 六元
○ 世界析類分國圖 三元

注意

最後一種，供學校教課用，編制與甲丙兩種中華析類分省圖同，而篇幅大小，較爲適中，故取閱尤多便利。

發行所

首都及各省大都市均有發行

來薰閣書店方志目

江蘇

江南通志二百卷	清尹繼善	乾隆元年刊	竹紙一百册	一百七十元
江寧府志五十六卷	清呂燕昭 附光緒七年續志十五卷	光緒刊嘉慶本	竹紙二十四册	二十元
六合縣志八卷	清謝延庚	光緒九年刊	竹紙十册	二十元
揚州府志四十卷	清尹會一	雍正十一年刊	竹紙十六册	三十元
揚州府志七十二卷	清張世浣 附同治十三年續志二十四卷	嘉慶十五年刊	白紙五十六册	三十六元
揚州府志七十二卷	清張世浣 附同治十三年續志二十四卷	嘉慶十五年刊	竹紙五十六册	三十元
江都縣續志十二卷	清王逢源	光緒刊嘉慶本	竹紙四册	四元
儀徵縣志二十二卷	清陸師	康熙五十七年刊	竹紙六册	一百元
興化縣志十卷	明歐陽東鳳 (抄補卷十)	明萬歷十九年刊	竹紙八册	二百元
寶應縣志二十八卷	清孟毓蘭	道光二十年刊	竹紙十册	三十元
徐州府志二十五卷	清吳世熊	同治十三年刊	竹紙十六册	二十元
邳州志二十卷	清董用威	咸豐元年刊	竹紙四册	四元
宿遷縣志十九卷	清李德溥	同治十三年刊	竹紙六册	十二元
贛榆縣志十八卷	清王豫熙	光緒十四年刊	竹紙四册	十元
蘇州府志一百五十卷	清潘世恩 (抄補一百三十七八)	道光三年刊	白紙八十册	四十五元
常熟縣志十三卷	明鄧韍 (抄補卷九十)	明嘉靖十八年刊	棉紙六册	二百元
松江府志八十四卷	清宋如林	嘉慶二十四年刊	白紙四十册	三十二元
金山縣志二十二卷	清常琬	乾隆十六年刊	竹紙六册	五十元
南匯縣志二十二卷	清龔壽圖	光緒五年刊	白紙十二册	二十元
武進陽湖縣志三十卷	清湯成烈	光緒五年刊	白紙二十册	十六元
嘉定縣志三十二卷	清程其珏	光緒八年刊	竹紙十六册	十二元

北平琉璃廠一八〇

電話南局九九三

燕京學報中之

地理論文目錄

五至十二期每冊實價五角十三期以後八角

(一至四期售闕)燕京大學燕京學報社出版

晨熹

旬刊

第一卷第十五十六十七號合刊

內容

中華民國廿四年七月五日出版

價目：國內全年一元八角

(郵費在內)

地址：南京下浮橋清眞寺

正風

半月刊

第一卷第十七期

吳柳隅主編

訂閱全年四元郵費四角八分半年二元郵費二角四分零售每冊二角

總發行所

天津法租界三十三號路

正風社電話三局二八八五

商務印書館出版

史地小叢書

- 歷史之科學與哲學……黎東方譯 一冊五角
- 歷史方法概論……薛澄清譯 一冊四角
- 史學概要……盧紹稷著 一冊五角
- 史地叢考續編……馮承鈞譯 一冊六角
- 東亞文明之曙光……楊鍊譯 一冊二角五分
- 中國原始社會之研究……曾松友著 一冊二角五分
- 中國古代社會研究……楊鍊譯 一冊四角
- 神聖羅馬帝國……胡[illegible]譯 一冊二角五分
- 西歐中古近代史要……[illegible]譯 一冊三角
- 西歐近古史要……[illegible]譯 一冊二角
- 德國史……陳[illegible]譯 一冊四角
- 俄國史……[illegible]譯 一冊二角
- 俄國革命史……[illegible]譯 一冊二角五分
- 暹羅古代史……王又申譯 一冊四角
- 各國革命小史……[illegible]著 一冊二角
- 中華人[illegible]史……曹松葉著 一冊六角
- 西域文明史概論……鄭元芳譯 一冊五角
- 中國阿剌伯海上交通史……馮攸譯 一冊六角
- 匈奴史……向達譯 一冊二角
- 西學東漸記……容閎著 一冊四角
- 歷代求法翻經錄……馮承鈞著 一冊四角
- 外族音樂流傳中國史……孔德著 一冊二角五分
- 東漢宗教史……宋佩韋著 一冊二角五分
- 西漢經濟史……陶希聖著 一冊二角五分

- 張騫西征考……楊鍊譯 一冊二角
- [illegible]史略……王桐齡著 一冊三角
- 晉[illegible]史略……王桐齡著 一冊三角
- 宋元經濟史……王志瑞著 一冊四角
- 楊么事蹟考證……朱希祖著 一冊二角五分
- 唐宋貿易港研究……楊鍊譯 一冊三角
- 西遼史……梁園東譯註 一冊二角
- 蒙古史略……馮承鈞譯 一冊二角
- 蒙古史研究……陳捷等譯 一冊四角
- 成吉思汗傳……馮承鈞著 一冊二角
- 元朝制度考……陳捷等譯 一冊五角
- 元代經略東北考……陳捷等譯 一冊二角五分
- 遼金乣軍及金代兵制考……陳捷等譯 一冊二角五分
- 兀良哈及韃靼考……陳捷等譯 一冊二角五分
- 元朝怯薛及斡耳朵考……陳捷等譯 一冊四角
- 元代蒙漢色目待遇考……陳捷等譯 一冊三角
- 明清之際黨社運動考……謝國楨著 一冊六角五分
- 日俄戰爭史……陳[illegible]著 一冊二角五分
- 中國外交關係略史……王[illegible]譯 一冊三角
- 近代地理學……王勤堉譯 一冊五角
- [illegible]十年記……[illegible]譯 一冊三角五分
- [illegible]探險記……劉虎如譯 一冊四角五分

- 瀛涯勝覽校注……馮承鈞校注 一冊二角
- 蘇門答剌古國考……馮承鈞譯 一冊三角五分
- 交廣印度兩道考……馮承鈞譯 一冊四角
- 越南……黃[illegible]著 一冊三角
- 日本國勢概況……梁[illegible]編 一冊五角
- 中國沿革地理淺說……劉麟生著 一冊三角五分
- [illegible]新志……陳[illegible]著 一冊四角五分
- 車里……李拂一著 一冊六角
- 西北之地文與人文……王金紱著 一冊四角五分
- 西北古地研究……楊鍊譯 一冊三角
- 西康疆域溯古錄……胡吉廬著 一冊六角
- 苗荒小記……劉介著 一冊二角五分
- 景教碑考……馮承鈞著 一冊三角
- 元代白話碑……馮承鈞著 一冊二角
- [illegible]家古籍[illegible]……陳[illegible]譯 一冊九角
- 賈[illegible]計劃水道要論……陳[illegible]著 一冊五角
- 中國風俗史……張亮采著 一冊四角
- 中國秘密社會史……平山周著 一冊四角
- 中國鹽政史……郭[illegible]著 一冊三角五分
- [illegible]風俗[illegible]……吳[illegible]譯 一冊二角
- 西藏風俗志……汪今鸞譯 一冊四角五分
- 西藏奇異志……段克興著 一冊二角五分
- 南洋華僑史……李長傅著 一冊二角五分
- 出塞紀遊……朱俠著 一冊二角

上海中國書店經售書目

- 小方壺齋輿地叢鈔十二帙 清河王錫祺 鉛印白紙 六十四本十二元
- 西湖游覽志餘 明田汝成 明嘉靖刻黄皮紙 十本六十元
- 滇南雜志二十四卷 上海曹樹翹 申報館鉛印 八本二元
- 洛陽伽藍記鈎沈五卷 唐晏 石印白紙 二本一元
- 洛陽伽藍記五卷集證一卷 錢塘吳若準 石印白紙 二本一元
- 九州釋名 丹徒鮑鼎 石印白紙 一本一元
- 春秋國名考釋二卷 丹徒鮑鼎 石印白紙 二本二元
- 宋平江城坊考七卷 吳中氏族志及考補 仿宋鉛印白紙 四本三元
- 竹林八圩志十二卷 祝廷錫 浙江嘉 石印白紙 四本二元
- 光緒潯州府志三十八卷 魏篤 廣西 二十本三十元
- 民國松潘縣志八卷 傅崇榘 四川 八本八元
- 民國江灣里志十六卷 張資鑑 江蘇 二本三元
- 乾隆西隆州志不分卷 王譽命本 甘肅 傳鈔 二本十元
- 光緒嘉興府志九十卷 許瑤光 浙江 四十八本十四元

本店開設上海西藏路大慶里十有餘年搜羅古板舊書
不下數千種備有詳細目錄函索即寄

漢口商業月刊第二卷第八期(總第二十期)要目

(A)社評

水災如何善後？(鑒氏)中法越約中的稅率問題(宗伊)我國亟應確定貨幣政策！(宗伊)

(B)論文

(一)建設武漢為中國工業中心與明定漢口為國內自由市……李鑒民

(二)二十三年度漢市百業概況調查……鄭宗伊

(三)中國國際貿易之現態及其危機……幼申

(四)應兌限制的經濟基礎及其實施的技術……林夢觀譯

(C)工商調查

武漢之工商業(十)—金銀首飾業—紗業——本社調查部調查

(D)商業講座

如何發展營業……張一夢

(E)選載

論武漢宜為中國工商業之中心……王星拱

每冊訂價二角五分國內各大書店均有代售

禹貢學會出版地圖底本目錄表及批發章程

地圖底本甲種分幅表

（比例尺：每幅均爲二百萬分之一）

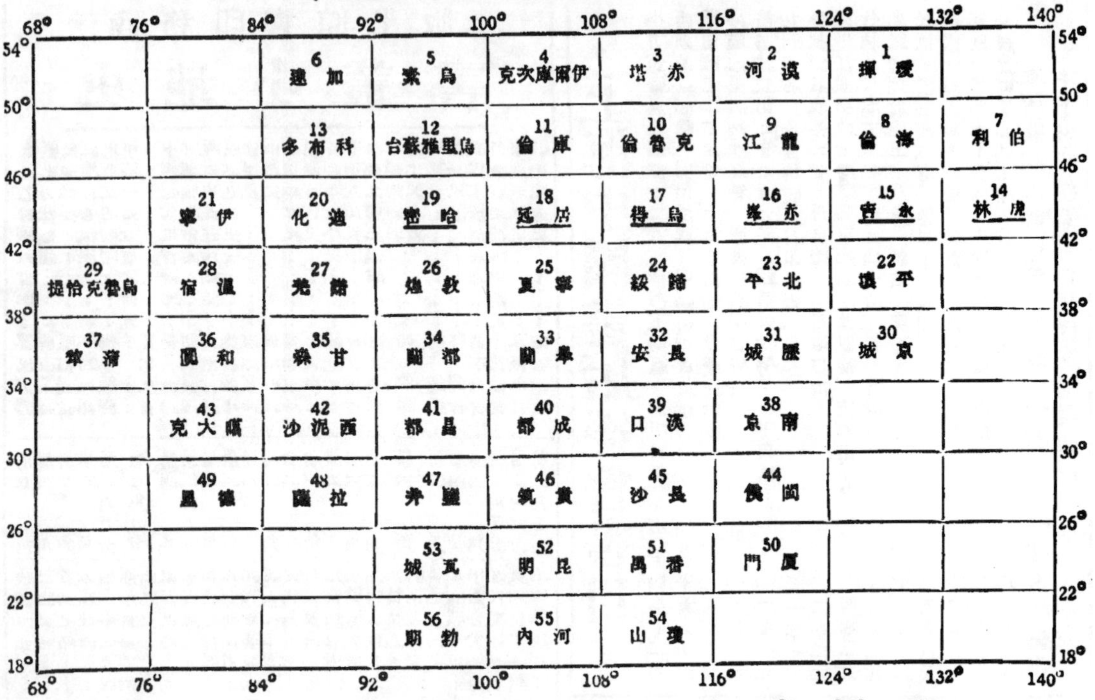

地圖底本乙種分幅表

（比例尺：每幅均爲五百萬分之一）

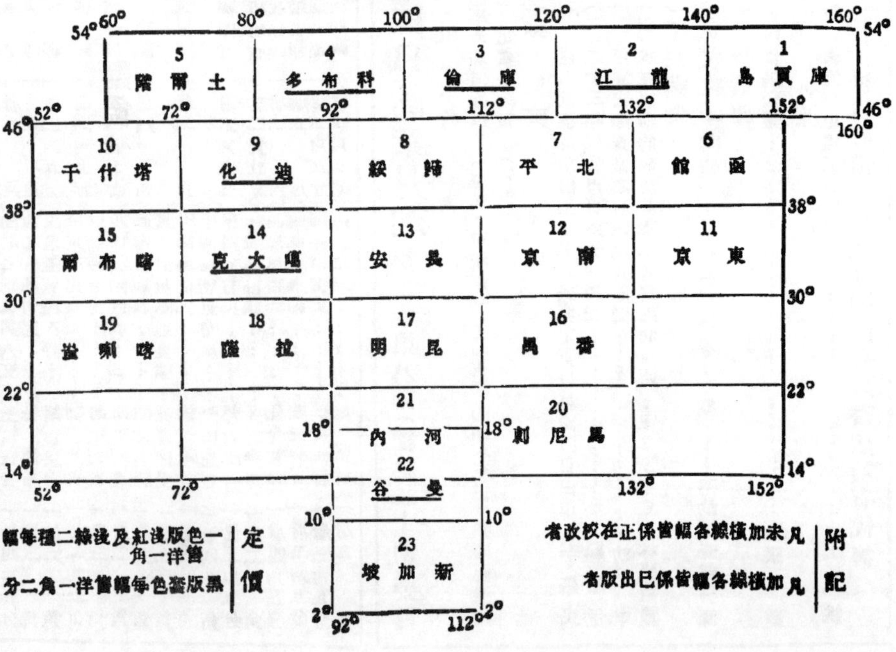

定價

一色版淺紅及淺綠二種每幅售洋一角

墨版套色每幅售洋一角二分

附記

凡加橫線各幅皆係已出版者

凡未加橫線各幅皆係正在校改者

批發簡章 凡寄售者一律七五折，現款批發七折，現款一百張以上者六五折，現款二百張以上者六折，現款三百張以上者五五折，本會會員無論零整一律六折。

發行所 禹貢學會 北平成府蔣家胡同三號

北平總代售處 景山書社 北平景山東街十七號

出版者：禹貢學會。
編輯者：顧頡剛，譚其驤。
出版日期：每月一日，十六日。
發行所：北平成府蔣家胡同三號禹貢學會。
印刷者：北平成府引得校印所。

禹貢 半月刊

The Chinese Historical Geography

Semi-monthly Magazine

Vol. 4 No. 3 Toal No. 39 October 1st 1935

Address: 3 Chiang-Chia Hutung, Cheng-Fu, Peiping, China

價目：每期零售洋貳角。豫定半年十二期，洋壹圓伍角，郵費壹角伍分；全年二十四期，洋叁圓，郵費叁角。國外全年郵費貳圓肆角。

第四卷 第三期
民國二十四年十月一日出版
（總數三十九期）

內政部登記證警字第叁肆陸壹號 中華郵政特准掛號認為新聞紙類

禹貢學會簡章

一，本會以集合同志，研究中國地理沿革史及民族演進史爲目的。

二，凡有志研究本項學術者，皆得加入本會爲會員；惟資格品行有疑問者，得由本會審查決定之。

三，本會設研究委員會及事務委員會，各選主席一人，副主席一人，委員五人至七人；任期一年，連選得連任。

四，選舉手續以通信方式行之；選舉結果由會務報告發表之。

五，研究委員會之職務爲編輯刊物，審查來稿，及聯絡各會員間之研究工作等事項。事務委員會之職務爲審查會員資格，徵收會費及捐款，主持印刷發行事務，編輯會務報告，及與其他團體合作事項。兩委員會得自定辦事細則。

六，會員應繳會費，分爲甲乙兩種：甲種會員年繳會費陸元，乙種會員年繳會費叁元，惟乙種會員以學生爲限。其特別認捐一次在壹百元以上者爲終身會員。會費於每年三月中一次交付，或三月九月中分期交付。其爲謀本會事業之發展而自願多繳者爲特別捐欵，得由研究委員會之決議，依照捐欵人之志願辦理。

七，本會出版物分爲期刊，研究報告，叢書，會務報告四種；除會務報告專贈會員外，餘均公布之。期刊先出禹貢半月刊一種；研究報告爲會員專門研究之結果；叢書爲前人關於本項學術之著述之彙刊。

八，禹貢半月刊即以會費印刷，每一會員按期贈送一分。研究報告等得酌量本會經濟情形，隨時付刊；本會力量不足時得募捐舉辦。

九，會員關於本項學術之著作，非本會力量所能付刊者，得由作者自行集欵付印，本會當負盡力介紹推銷之責任。會員私人重印之前人著述，凡關于本項學術者，本會亦當同樣介紹。

一〇，本會刊物得代登他處廣告，但與本項學術無關者概不登載。

一一，本會爲純粹研究學術之集合，除此以外，本會對於任何會員之公私事務概無關涉。

一二，本簡章得以會員十人以上之提議，討論修改之；提議與討論並由會務報告發表。

民國二十四年三月一日

禹貢第四卷第四期目錄豫告

春秋杞子用夷貶爵辨

陳槃

僖二十三年春秋：

冬十有一月，杞子卒。

左傳例云，杞本「伯」爵，用夷禮，故貶稱「子」：

杞成公卒，書曰「子」，杞，夷也。（左傳杜注：成公始行夷禮以終其身，故於卒貶之。杞實稱「伯」，仲尼以文貶稱「子」。）

又，僖二十七年及襄二十九年春秋均書「杞子」，傳例同：

僖二十有七年經：杞子來朝。——左傳：杞桓公來朝，用夷禮，故曰「子」。

襄二十有九年經：杞子來盟。——左傳：杞文公來盟，書曰「子」，賤之也。（杜注：賤其用夷禮。）

前人如趙汸：

私貶天王之爵，豈尊王之義乎？

湛若水：

左氏謂「書曰『子』，杞，夷也」，非也；或「子」或「伯」，史文爾，豈聖人黜「伯」而「子」之邪？（春秋正傳）

章潢：

後儒欲尊孔子，以滕杞書「子」爲貶諸侯。僭妄至于此極，而以加諸孔子乎？孔子曰，「爲下不倍」；曰「述而不作，信而好古」。信斯言也，必不貶諸侯也。（圖書編）

毛士：

左氏解「杞子」云，「用夷禮，故曰子」。（韓退之云，春秋於諸侯，用夷禮則夷之，爲左氏所誤。）春秋降諸侯爵，自左氏說起。胡康侯本此以解桓二年「滕子」，曰降「侯」爲「子」，罪其朝桓故。宣元年邾子朝宣與朝桓之罪同，奚不降其爵？解之者曰，于滕子已貶，于邾子不必又貶。若如此，是一樣惡事，後做的倒便宜，春秋焉有此例？（春秋三子傳前答問）

鄭文蘭：

左氏云，惡其用夷禮。春秋無用夷禮貶爵之例。

（春秋辨義）

高澍然：

春秋書爵，悉從實錄。僭如吳，楚而還其舊爵；賤如楚商臣，蔡般而因其本爵：是可以觀矣。（釋經）

胥辨之。

今按：據左氏經，杞除稱「子」外，又稱「侯」：

桓三年經：公會杞侯于郕。（杞，公羊經作紀。）

又，十有二年經：公會杞侯，莒子盟于曲池。（杞，公，穀二經作紀。）

或稱「伯」：

莊二十有七年經：杞伯來朝。

文二年經：杞伯來朝。

而孔氏正義則云，杞本「公」爵，今傳例云，杞伯用夷禮，故貶稱「子」。則其忽而「公」，忽而「侯」，何也？豈春秋褒之邪？此不可通者也！

復次，春秋無用夷貶爵例，列國中習于夷者有秦：

秦者夷也，匿嫡之名也。（何氏解詁：嫡子生不以名，令于四境，擇勇猛者而立之。孔氏通義：謹按，秦居西陲，雜犬戎之習，非實夷國也，用夷俗爾。——公羊昭五年）

今秦雜戎翟之俗。（史記六國表）

楚：

楚雖蠻夷。（國語楚語）

（楚武王）曰：我，蠻夷也。（史記楚世家）

吳：

吳伐郯，季文子曰：中國不振旅，蠻夷入伐而莫之或恤。（成七年左傳）

（吳入郢），申包胥如秦乞師曰：夷德無厭。（定四年左傳）

吳王曰：我文身，不足責禮。（魯周公世家）

越：

范蠡曰：昔吾先君，固周室之不成子也。余雖靦然而人面哉！吾猶禽獸也。（國語越語下）

徐：

徂茲淮夷，徐戎並興。（蔡氏集傳：淮夷，徐戎並起為寇，魯侯征之。）

衛：

衛侯（出公）會吳于鄖。衛侯歸，效夷言。（哀十二年

（左傳）

鄅，莒：

鄅人滅須句，成風爲之言於公曰：蠻夷猾夏，周禍也。（僖廿一年左傳）

邾人，莒人愬于晉曰：我之不共，魯故之以。晉侯不見公。子服惠伯曰：君信蠻夷之訴，以絕兄弟之國，亦唯君。晉人執季孫意如。穆子告韓宣子，且曰：爲夷執親，將焉用之？乃歸季孫。（昭十三年左傳）

郯：

郯子來朝，昭子問焉，曰：少皞氏鳥名官，何故也？郯子曰：我知之。仲尼聞之，見於郯子而學之；既而告人曰：吾聞之，天子失官，學在四夷，猶信。（昭十七年左傳）

變于夷者衆矣，未聞有貶爵之事也。

然則，杞君之忽「公」，忽「侯」，忽「伯」，忽

「子」，何也？曰，諸氏以爲舊史實錄是也。春秋已上班爵，最爲雜亂。王，公，侯，伯，子，男，並無定稱；非如後人想像中之周制，五等爵祿晝一不變者。此可以金文證之：說詳王靜安氏古諸侯稱王說（觀堂別集補遺）；余紹孟先生金文地名表（中山大學語言歷史學研究所周刊）；傅孟眞師論所謂五等爵（中央研究院歷史語言研究所集刊）；郭沫若氏周金中無五服五等之制（中國古代社會研究），及金文所無考（金文叢考）；——五等爵說，以上諸文發揮已極透澈，無庸再贅。除實物之文字外，古史籍中亦不無可供參證之材料。此種工作，顧棟高爵姓表已開其端；然顧氏諸根據者，不過春秋，國語，史記及孔氏正義四書，撮錄者亦止數事。今鈔原表如下，再以先秦載籍校之，聊書所聞，取資博識；其非有異文者，不悉錄也。

補顧氏「列國爵姓異文表」（次序視原表略有移動，又周與周公二事原表本無，今並附入）：

顧氏列國爵姓異文表

國	爵	姓
滕	侯——後書「子」。	姬
杞	侯——後書「伯」或「子」。按正	姒

今補表

國	爵	姓	附記

國	爵	說明	姓
		義，本「公」爵。	
薛	侯	——後或書「伯」。	任
吳	子	——按國語，本「伯」爵。	姬
北燕	伯	——史記作「侯」。	姬

國	爵	姓	說明
	王		國語，左傳，史記吳太伯世家，等。曲禮：「其在東夷，北狄，西戎，南蠻，雖大曰『子』；於外，自稱曰『王老』」。
	公		大戴禮記保傳：「召公爲太保，周公爲太傅，太公爲太師，此三公之職也」。公羊隱五年傳：「天子三公稱『公』，王者之後稱『公』；其餘大國稱『侯』，小國稱『伯』，『子』，『男』。天子三公者何？自陝而東者，周公主之；自陝而西者，召公主之」。或曰：稱「召公」，猶稱「魯公」，「晉公」耳，非爵也，諸侯之尊稱也。曰：非也。王制，「天子之三公之田視公侯」。大戴禮，「諸侯諸伯七命；子男五命；王之三公八命」（朝事）。白虎通，「周爵五等，謂公，侯，伯，子，男。公，卿，大夫者，何謂也？內爵（按：謂天子寰內）稱也。何以知『公』之爲爵也？春秋傳曰，諸侯四佾，諸公六佾。合而言之，以是知『公』『卿』爲爵。諸侯所以無『公』爵者，下天子也」（爵）。由是言之，三公實「公」爵也，非虛擬也。又，王制：「屬于天子之老二人，分天下以爲左右曰二伯」。鄭注：「老謂上公。周禮曰，『九命作伯』。春秋傳曰，『自陝以東，周公主之；自陝以西，召公主之』」。周，召二公所以或稱「公」，或稱「伯」，有自來矣。（參考下周公條。）
曹	伯	姬	春秋，左傳，等。
	侯		穆天子傳：「邢侯，曹侯來弔」。（卷六）
晉	侯	姬	春秋，左傳，等。
	王		莊子齊物論：「麗之姬，艾封人之子也。晉國之始得之也，涕泣沾襟；及其至於王所，與王同筐牀，食芻豢，而後悔其泣也」。按，齊太公世家：「齊頃公朝晉，欲尊王晉景公，晉景公乃不敢受」。據此，似晉固未嘗稱「王」者。雖然，不可知矣。
鄭	伯	姬	春秋，左傳，等。
	男		國語周語：「鄭伯，南也」。鄭司農：「南，謂子男」。韋昭：「按，內傳，『子產爭貢曰，爵卑而貢重者，甸服也；鄭伯，男也，而使從公侯之貢，懼弗給也』。以此言之，鄭在男服明矣」。
齊	侯	姜	春秋，左傳等。

楚	王		韓非子外儲說左下第三十三：「陽虎去齊走趙。簡子問曰，『吾聞子善樹人』。虎曰，『臣居齊薦三人：一人得近王，一人爲縣令，一人爲候吏。及臣得罪，近王者不見臣，縣令者迎臣執縛，候吏者追臣至境上，不及而止』。又，外儲說右下第三十五：「一日造父爲齊王駙駕，渴，馬服成」。又：「一日，造父爲齊王駙駕，以渴服馬，百日而服成。服成請效駕齊王，王曰，效駕於圃中」。 越絕書外傳記吳地傳第三：「齊門，闔廬伐齊，大克，取齊王女爲質子，爲造齊門」。
	子	羋	春秋，左傳，等。
	王		國語，左傳，史記楚世家，等。
	侯		吳越春秋：（陳音謂越王曰），「琴氏傳之楚三侯，所謂句亶，鄂，章，人號麋侯，翼侯，魏侯也。自楚之三侯傳至靈王，自稱之楚，累世蓋以桃弓棘矢而備鄰國也」。徐注，「熊渠三子，長子康爲句亶王，紅爲鄂王，少子執疵爲越章王；三侯者，未僭王號時所稱也。」（卷九）
宋	公	子	春秋，左傳，等。
	王		呂氏春秋必已：「宋桓司馬有寶珠，抵罪出亡。王使人問珠之所在」。（高注：春秋哀十四年傳曰，宋桓魋之有寵，欲害公；公知之，攻桓魋，魋出奔衛。公，則宋景公也。）
祭	伯	姬	春秋，左傳，等。
	公		春秋桓八年，國語周語，逸周書祭公解，穆天子傳（見下毛公條），呂氏春秋習染。 公羊桓八年：「祭公者何？天子之三公也」。（三公語見上北燕條。）
原	伯	姬	春秋，左傳，等。
	公		國語周語，等。
徐	子	嬴	春秋，左傳，等。
	王		禮記檀弓下，史記趙世家。
毛	伯	姬	春秋，左傳，等。
	公		尚書顧命，春秋文元年，九年，等。 穆天子傳有祭公，毛公，許男，奮侯，邢侯，曹侯等。其稱「天子大饗正公，諸侯」（卷三）；又天子作詩曰，「嗟我公，侯」（卷五）。「公」正指祭公，毛公，「侯」則奮侯，邢侯，等。故，「公」者，天子之三公也，實爵也，非諸侯通稱也。（參考上北燕條） 公羊傳（引見上祭公條）。

郇	侯	姬	據顧表。
	伯		曹風下泉：「四國有王，郇伯勞之」。注：「文王之後」。
州	公	姜	春秋，左傳，等。
	侯		管子大匡。 按：此指山東之「州」，——春秋時，「州」本有二：一都淳于（杜注），「卽今山東安丘縣東北之淳于城」（商務地名辭典），管子謂之「北州」；一在「南郡華容縣東南」（杜注），「卽今湖北監利縣東之州陵城」（地名辭典），管子謂之「南州」。
萊	子	姜	據顧表。
	侯		史記齊太公世家：「萊侯來伐」。
周	伯	姬	韓非子外儲說，史記周本紀，等。
	公		史記殷本紀：「以西伯，九侯，鄂侯爲三公」。戰國策：「魯仲連曰，昔者，鬼侯，鄂侯，文王，紂之三公也」。
	王		史記周本紀，尚書周書，禮文王世子，等。 或曰，文王稱「王」由武王克殷後所追封（僞孔叢子居衞，論衡自然篇），非是。大雅皇矣：「維此王季，帝度其心，……克長克君，王此大邦」。又，靈臺之詩：「王在靈沼，於牣魚躍」；序曰，「靈臺，民始附也，文王受命，而民樂其有靈德以及鳥獸昆蟲焉」。周之稱「王」，舊矣。周本紀云：「詩人道西伯，蓋受命之年稱王」，不知周之稱「王」遠在文王之上。王國維氏曰：古者天澤之分未嚴，諸侯在其國自有稱「王」之俗（古諸侯稱王說）。何獨于周而疑之？
周（指周公旦）	公	姬	左傳，史記魯周公世家，等。
	伯		白虎通德論：「傳曰，周公入爲三公，出爲二伯」。（巡狩） 僞孔叢子居衞：「子思曰，王季以功，九命作伯；故文王因之，得專征伐。此以諸侯爲『伯』，猶周，召之君之爲『伯』也」——按，孔叢子，僞書也，但此處所言，與王制及鄭注合，則亦非杜譔可比，故錄之。（參考上北燕條。）
越	子	嬭	左傳，等。
	王		左傳，國語，史記越王句踐世家，等。
驪戎	男	姬	左傳。
	子		國語晉語。
單	伯	姬	春秋莊元年，十四年，文十四年，十五年。

子	左傳莊十四年，文十五年，等。 春秋成十七年，襄三年，等。

五等爵祿，古無定稱，據此可見一斑。杞君之「公」，「侯」，「伯」，「子」無定稱，其例同此。詩小雅云：「普天之下，莫非王土；率土之濱，莫非王臣」；孟子云：「天無二日；民無二王」，此皆詩人儒士侈美之辭，古無是矣！

又按，孟子云：

吾聞用夏變夷者，未聞變於夷者也。今也，南蠻鴃舌之人非先王之道，子（陳相）倍子之師而學之，亦異於曾子矣。吾聞出於幽谷，遷于喬木者，未聞下喬木而入于幽谷者。魯頌曰：「戎狄是膺，荊舒是懲」，周公方且膺之；子是之學，亦爲不善變矣。（滕文公上）

疑漢儒取孟子之意比傅春秋，故有此用夷貶爵之曲說耳。

開闢內河八大航路

李儀祉之建議

【南京特訊】黃河水利委員會主席李儀祉，近向經委會建議，開闢內河八大航路，已由該會詳擬興辦計劃。玆錄其八大航路如下：一，開闢運河，使自天津直達杭州，千噸輪船可以暢行無阻。二，溝通河北之小清河與運河及黃河，使千噸輪船可以暢行無阻。三，延長衛河，自河南之道口，直至山東之臨清，以通於運河，使五百噸之輪船可以暢行無阻。四，開闢江蘇之鹽河至灌河，以通於臨洪口，使千噸之輪船可以暢行無阻。五，由綏遠之包頭，開掘運河至黃河，使成一由包頭至寧夏中衛之水路，使千噸之輪船可以暢行無阻。六，修濬黃河，使自蘭州中衛間，二百噸帆船可以直達。七，疏濬鄭州新安間之黃河，使五百噸至一千噸之輪船可以暢行無阻。八，修治江西之贛河，湖南之湘水，使五百噸之輪船可以暢行無阻。統計全部工程，必須五年始能告竣。

（廿四，九，五，北平晨報）

日本山下汽船會社新闢澳港上海大連航綫

日本山下汽船會社，決開航澳洲，香港，上海，大連航線，玆誌詳情如下：

新闢澳洲華北航線

山下汽船會社特租戞那特萊汀會社之戞那哀斯華達輪，總噸數五千噸，戞那拿維格藏會社之布拉特倍加輪，總噸數六千噸，及布拉特亞利翁輪總噸數六千噸等三艘，新闢澳洲香港上海大連航線，每月開航一次。其航線由澳洲新金山，經過布利斯培，香港，而抵上海，再由上海經過靑島，天津，抵大連。航期預定由澳駛滬爲兩星期。

籌備將竣下月開航

澳洲上海大連航線，該會社已籌備於經過各口岸設代理處，業將完竣，決定下月開航，第一艘戞那哀斯華達輪，準下月由澳洲新金山首途，裝貨駛滬，專以裝載貨物爲主，如澳洲小麥，羊毛，枕木等，輸入中國，及中國胡麻及特產品等輸入澳洲。今該航線開航定期班輪，山下汽船會社實爲首創云。

（廿四，九，十，上海晨報）

蘭青公路定月內興工

省府昨向經委會請款
蘭州西寧間郵政汽車已通

【蘭州二日下午十一時專電】蘭青公路，決定於本月中興工。省府二日電經委會，請增撥協欵，完成蘭青全線。蘭州至西寧郵政通車，已於八月二十九日通行。惟路面仍須修築，始成公路。此段計長二百三十餘公里，行程三日可到。其由西寧至大河壩及察漢津等段，已由綏署轉令第一百師酌派部隊，分別修理。

（廿四，九，三，北平晨報）

渝蓉航空增班次每日往返飛行

中國航空公司渝蓉線郵件乘客，日益擁擠。該公司為便利川中交通起見，鑒於原有之每星期往返一三五六四次航機，不敷應用，特將該線郵機改為每日飛行，往返重慶成都之間。現已經該公司籌備完竣，定於十五日起開始實行，同時由該公司通知上海郵務管理局知照云。

（廿四，八，十五，上海晨報）

蘇滬公路蘇崑段通車

長三十四公里票價四角五分
路局崑縣會議籌建青陽支線

上海市政府與蘇省建設廳合建滬蘇公路全線，長七十五公里，在京滬路南。蘇至崑山由蘇省建設廳建築，崑山至南翔由上海市政府建築，全線經費共計八十萬元，建築將近年餘，工程已於上月間全部完成，所有八十七座橋傑亦已建竣。記者特於十日驅車沿蘇滬線視察經過。

先行通車　蘇滬路蘇崑段，於十一日先行通車，並委沈紹曾為籌備主任。全線自蘇州金門起，沿官瀆里，外跨塘，唯亭，正儀至崑山正陽橋境止，計長三十四公里。票價自蘇至崑全程售洋四角五分；分程票價如下：蘇州至官瀆里售洋八分，蘇州至外跨塘售洋一角九分，至唯亭售洋三角，至正儀售洋三角五分。至崑山唯亭兩大站站長，則已委定沈紹曾等充任，其他各站則已託附近商店代辦、蘇州站附設于蘇嘉站內，崑山站暫託正泰旅館代行售票。旋又據管理處負責人稱現在已經運到福特牌汽車四輛，先行搭客，不日尚須增加。

滬崑一段　又滬崑沿路所經之地方為菉葭濱，花家橋，徐公橋，安亭，黃渡，南翔，接真北路（真如北站）直達抵滬，計長四十一公里，大約下月初可全綫通車。

青陽支線　又該路滬崑段，青陽港五十號橋，距鐵路花園約一公里，故崑山縣政府已計劃建一支路，俾直達鐵路花園。據縣府第一科梅科長語記者云，支路業已測丈完竣，計長一公里一，建築經費約須萬元之譜。本縣城廂城外馬路公司已願意擔任三千元外，其餘不足之數，半由縣府呈請省廳在本縣建設費下支撥，半則商請京滬滬杭甬兩路局擔任，一俟經費有着，即可鳩工興築云。十日下午一時，崑山縣長彭百川兩路局副局長吳紹曾等，特在青陽港鐵路飯店開會討論，議決結果，一俟經費有着即行建築云。

（廿四，八，十二，上海晨報）

滬松兩縣建築莘顓路

上海松江兩縣政府，為建築莘顓路，於昨日上午八時在顓橋農教館舉行談話會，出席松江縣府代表顧樹辰，上海縣府代表戚克中，上海縣第三區長王承堯，顓橋公安派出所朱宗明，衆安鄉公所張翼等，決定辦法如下：（一）起點：莘莊滬杭甬鐵路南。（二）終點：在顓橋鄉記牛奶棚往南接通建設路，往東接通滬閔汽車路。（三）路線：循秦皇道。（四）路基：連溝六公尺。（五）裁灣取直：盧家浜至孫家塘前。（六）收用民田：除裁灣取直外不給價。（七）建橋：甲種，橫瀝橋（在上海縣境），金郎中橋（在松江縣境），春申橋（在松江縣境）；乙種，春申庵橋（在松江縣境）；丙種，紅廟橋（在松江縣境）。（八）塡河：盧家浜春申廟前小潭，春申廟後小潭，春申庵前小港，春申庵後三塊石橋下。（九）實施測丈：定於八月十三日，兩縣政府技術主任在顓橋農民教育館會集後實施測丈。

（廿四，八，十二，上海晨報）

論秦舉巴蜀之年代

鍾鳳年

1

秦策一，司馬錯與張儀爭論章，鮑本於此章注曰，「儀傳有，在前十年前，而表在後九年」。按儀傳稱：「苴蜀相攻擊，各來告急於秦，秦惠王欲發兵以伐蜀，……張儀曰，『不如伐韓。……』卒起兵伐蜀，十月取之。……秦惠王十年，使公子華與張儀圍蒲陽，降之。……惠王乃以張儀爲相。……儀相秦四歲，立惠王爲王。

攷年表秦惠王前元十年，「張儀相，公子桑圍蒲陽，降之」。同時魏世家襄王七年亦云，「秦降我蒲陽」。儀傳既云秦取蜀在取魏蒲陽之前，則事宜在惠前九年，於周當顯王四十年。而秦本紀及表乃俱於惠後九年方云秦滅蜀，當周愼靚五年。同書一事，傳與紀表竟先後相差十四年，雙方必有一爲錯簡。玆舉證於下：

儀傳於苴蜀告急時，尙有「韓又來侵」之語。惜秦本紀年表及韓世家俱未之書，故無可借證。第稽諸年表，惠後九年於韓爲宣惠十七年，是歲無記事，世家同，止先一年韓與趙魏方爲秦大敗於脩魚，則十七年自不應反獨攻秦矣。

秦策二及甘茂傳茂論伐宜陽曰，「始儀西幷巴蜀之地，北開西河之外，南取上庸」。李斯傳諫逐客書曰，「惠王用張儀之計，拔三川之地（此蓋指年表惠前三年拔韓宜陽事。高誘策注謂三川即宜陽，唯於時張儀尙未入秦，不識斯相何爲以此役歸之？），西幷巴蜀，北收上郡（策作上洛或西河之外。如魏世家「襄王六年，魏敗楚於陘山；七年，魏盡入上郡于秦」之文，秦策四魏敗楚於陘山章則稱「魏效上洛於秦」。同策一楚攻魏章乃共記一事，而又作「張儀謂秦王曰，不如與魏以勁之，魏戰勝……必入西河之外。……犀首戰勝威王，魏……果獻西河之外」是也），南取漢中」（時上庸殆爲漢中之別名，如楚世家懷王十八年「秦使使約復與楚親，分漢中之半以和楚。……靳尙……謂夫人鄭袖曰，秦……將以上庸之地六縣賂楚」是也）。茂等於秦取諸地之次序所舉一致，此必各本當時事蹟之先後而敘列。魏盡入上郡，於秦本紀見惠前十年；取楚漢中則在後元十三年。依次第言，幷巴蜀既置於彼二事之前，則其時際定在最先，當可想見。

史漢西南夷傳云，「始楚威王時，使將軍莊蹻將兵循江上略巴蜀，……以兵威定屬楚；欲歸報，會秦擊奪楚巴」。莊蹻定巴蜀及欲歸報於何時，以別無所見，固不可攷；而按表楚威即卒於惠前九年，則秦奪楚巴至遲弗能逾茲際。參之儀傳，時事恰合。若惠後九年，於楚已懷十三年，莊蹻似不應出師若許年始擬還楚：仍當在楚威未卒之頃方是。

依上三證，可知秦舉巴蜀應在惠前九年，紀表乃錯簡。推原其故，葢因時際雖有前後元之別，而年數則適各爲九，或復緣史文流傳散亂，後人釐定而誤。不然，儀傳之敘事期間無非斷自年表，而表則太史公據秦記以箸者，表若已譌，則傳安從反得其眞。足徵原必俱在惠前九年，非史公之失。且此罅漏甚爲顯著，然古人考論之者，止以索隱與正義爲始；更前若徐廣裴駰，則尙弗聞察及。然亦未必即爲二氏之忽略，殆當時文猶完整，至隋唐乃乖舊序爾。

時賢馬培棠氏所箸巴蜀歸秦攷（見本刊第二卷第二期）亦云，「秦滅巴蜀宜在惠文王初元八年」，但舉證則未涉及與當時巴蜀相關之事；且因儀傳「苴蜀相攻擊」上「張儀既相秦」，及秦本紀惠後元八年「張儀復相秦」之文，謂後元是初元，復相是初相，儀實於惠前八年未取巴蜀之先即已相秦。又如上所引「儀相秦四歲，立惠王爲王」二語，馬氏云，「四宜作六，六篆文作宂，而晚周別字之四又作宂，與六極相似，因而致譌。……司馬遷據舊文定史記，誤六爲四」。此緣儀若初相於惠前八年，則至十三年儀立惠王爲王，首尾恰爲六年，以爲實其上說之據，竝證史原謂儀初相於惠前十年之失當。

按馬氏後二說恐未是，因「張儀既相秦」句下尙有「爲文檄告楚相曰，始吾從若飲，我不盜而璧，若笞我；若善守汝國，我顧且盜而城」諸語，繼始作「苴蜀相攻擊」云云。故「張儀既相秦」一語并非敘事文，乃純爲引出告楚相辭而設。此處三十六字，係預書未來，爲反插筆，用以回應上文「張儀……嘗從楚相飲，已而楚相亡璧，門下意張儀，曰儀貧無行，必此盜相君之璧，共執張儀笞掠數百」之事而作一結束。若論其實際，却應繼於惠前十年儀初相秦後；自「苴蜀相攻擊」起，則爲別敘一事，與上文絕不相涉：弗宜因彼置此上，便謂其事在前。今馬氏於引傳文輕將儀告楚相辭刪去，逕改作張儀既爲相，「苴蜀相攻擊」云云，驟睹之遂一若事相先

2

後，儀誠初相於秦取巴蜀之前者；按其實則旣未將史公著筆命意及行文段落分辨清晰，復強改儀傳之「四」字作「六」，本紀之後元八年爲初元，以自圓其說，因致一誤再誤。吾人試一檢點原傳，便是非自見。故所發問題根本不能成立。

又儀初相於惠前十年，不徒見於紀表及傳，同歲如與斯事豪無關涉之楚世家，於懷王元年亦云，「張儀始相秦」，及趙肅侯二十二年，韓宣惠五年，竝稱「張儀相秦」，其間尤以於楚文特標出一「始」字，較紀傳所書且格外肯定顯明。此蓋史公於秦記外尙別有所本，故著字若是確切而獨異，亦可證儀初相必不在惠前八年。

由上所證，可知紀傳文俱未誤，馬氏「四宜作六」之說固無待置辨。第古昔文字，亦非體式全無區別，可以任意雜廁竝用者。氏旣知兕爲晚周別字（按諸說文，云爲古文）而兕爲小篆，二字縱相似，然一古一今，何能執以相證。漢書藝文志於敘小學家云，「蕭何草律…曰，太史試學童，能諷書九千字以上乃得爲史。……吏民上書，字或不正，輒舉劾」，足見漢代對於字體審辨之精嚴。以司馬遷之博覽，且身職其事，何至於所據舊文爲某體書俱弗能鑒別，竟誤識篆文爲古字乎！此未免誣之過甚矣。

皖贛鄂省界將重行劃定

以揚子江爲界令內部三省府會商呈核施行

【本社三日南京專電】行政院三日晨九時開第二二八次會議，孔副院長提議，揚子江北岸皖贛鄂三省省界參差錯落，於一切行政措施殊多牽掣，而在水利行政方面尤爲顯著。今夏江水盛漲，漢口以下幹堤馬華堤之潰決，卽因省界失當所致。擬將該處三省省界重行劃定，以揚子江爲界，請令由內部及皖贛鄂三省府迅卽會商辦法，呈院核定施行案。議決，令內部及皖贛鄂三省府迅卽會商辦法，呈院核定施行。

（九，四，北平晨報）

三省劃界案

內部俟奉到院令後催三省府派員會勘

【南京四日下午十時專電】孔祥熙以長江北岸皖贛鄂交界處，參差錯落，水利行政極受影響，特向院會提議，重劃三省省界。經決議交內政部會同三省府迅商辦法，呈院核定。茲查三省瀕江交界，犬牙相錯，情形極複雜，關係長江堤防，至大且鉅。聞內部擬俟奉院令後，卽將催三省府派定負責代表，從事勘察，會商訂定重劃省境方案，呈院核定，以免來年堤防再受省界參差責任不專之影響。

（九，五，北平晨報）

西南新發現古物對滇緬劃界有貢獻

滇徵集文獻專員離滬南返
向各省先後徵得千百餘種
發現漢金及孟璇碑證明漢時滇已開化

雲南省政府前爲搜集該省文獻，存儲昆明省立圖書館以供後人景仰觀摩起見，特派該省著名史地學者張希魯，方躍仙二氏，出發至國內各省搜集。張方二氏於二月上旬離滇，經歷粵魯江浙湘鄂冀豫晉陝等十餘省，計共搜集得該省歷代文人之著作約千餘種，於日前分裝數十箱，由二氏押運來滬，於昨日搭招商局海元輪南下赴港，取道安南返滇，向政府復命。記者特以西南新發現之古物叩詢張氏於旅次，承答如下：

新發現古物之價值

張氏首謂西南所受文化之時代，在南方爲最遲；其地位又與英法兩强相接壤，故其現時在邊防上之價值殊爲重要。滇省年來時有古物發現，其數量較在南方各省中爲特多，而所發見之古物在年齒上又特古，彙之又均爲中國古代文化之遺跡，是則殊堪告慰國人並請國人注意者也。滇省邊境之片馬江心坡，果敢縣諸地，久被英人垂涎，指爲地屬緬甸，予以侵佔。而我國於永昌騰越公署內發見之元明以來各地所存公文檔案，均確切證明上列各地爲我國所有之土地，故現時此項古物成爲吾國與英交涉時最好之資物。舉一例，古物在雲南之價值，不僅以之賞玩，更利賴之以證實雲南之史地。雲南歷史文字記載素不詳明，自有古物發現，乃可彌補此項缺憾。

古物均富歷史價值

雲南近年來所陸續發現之古物頗多，其最值得介紹者，一爲東晉殘碑及明代三保太監鄭和代其父所立碑。東晉殘碑雖剝蝕太多，然確爲六朝古物。鄭和碑雖年代不久，然鄭氏本身爲世界有數航海家，足與麥哲倫分庭抗禮，此碑在昆明發現後，明史本傳所未能列入者因此碑乃得補其殘缺。一爲關於西南之開發有重大關係之唐摩巖，對於雲南邁東史跡，有相當價值。一爲在昭通發現之漢碑，孟璇碑，此碑發現後，乃證明雲南在漢時已大開化，而證明史傳清雍正間開始改土歸流者，乃非事實。一爲發掘梁墩，獲得古物頗多，均在雲南文化史上佔一重要地位。一爲漢金之發現，蓋西南發現之古物，向石多而金少，即有亦僅止於銅鼓，最近兩年內在滇果發現之漢金，較之過去所有，不可謂非驚人之事。由此可證明全國漢金大多數鼓鑄於西南，此事有漢誌上最多之地名「朱提」「堂狼」兩處可作證據。總之西南古物近時益出益古，益出益多。惟是古物雖多，而研究者太少，是則有待於今後各方之努力。

（廿四，七，四，上海晨報）

財部謀救濟南洋僑胞

已將許建屏考察報告詳加研究
僑胞有一部分擬挾資歸國投資

南洋一帶我僑胞向占有經濟上之特殊勢力，年來受世界不景氣之影響，漸見低落，關係我國社會經濟至鉅，故財政部前曾派員前往調查，以資救濟。中央社記者爲明瞭該地僑胞經濟衰落現狀起見，以此向本埠僑務界方面探詢，茲分誌其各情如次：

昔年狀況

南洋大小各島，距離我閩粵海岸甚近，故我國僑胞前往謀生者甚衆，以勤苦耆於經營，頗多赤手而往，滿載而歸，數百年來已握有該地金融上優勝勢力。僑胞之旅居南洋各埠，數達一千萬以上，大都業商，年有盈餘，在昔年匯寄祖國，最多者數達一萬萬二千萬海關兩，爲國內社會整個金融上一大幫助。僑胞富於愛國心，對於國內各種捐欵，尤踴躍輸將，陸續匯欵歸國，亦不在少數。但最近五六年來，受世界不景氣之影響，及當地之種種壓迫，以致年見低落，因之近年匯欵歸國亦年見減少，其影響所及實非淺鮮也。

衰落原因

僑商陳嘉庚之倒閉，以及各僑商營業之衰落，果受世界不景氣之影響，促成之者，未始非受各地當局之壓迫所致也。日英貨品之積極傾銷，同時限制華貨進口，此其一。增加華僑人口稅率，以限制華僑入境，此其二。凡此種種，都足以使華僑經濟上日漸衰落，亟須加以救濟者也。

財部救濟

財政部長孔祥熙氏，鑒於南洋華僑經濟衰落日甚，關係我國整個社會經濟至鉅，爲謀救濟計，曾特派該部總務司長許建屏前往考察。許氏返國後，即將考察所得，彙編報告呈部。茲悉財部已將許氏報告詳加研究，以資救濟。據本埠僑務機關方面消息，南洋僑胞經濟衰落之亟待救濟，誠屬刻不容緩，惟救濟辦法當從長計議，蓋茲事體大，實不易着手。僑胞方面已有一部份鑒於上述原因，擬挾資返國，向國內實業界投資者，想繼起必衆也云。

（廿四，八，十五，上海晨報）

關於公孫氏帶方郡之設置與曹魏樂浪帶方兩郡（一）

日本池內宏著　侯庸譯

後漢獻帝建安九年（A.D.204），公孫度之子康繼其父為遼東王，當高句麗王伊夷模（三國史記，高句麗紀之山上王延優）即位之初，出兵攻破佟佳江（沸流水）流域之高句麗國都，且援王位競爭者伊夷模之兄拔奇（高句麗紀之發岐），助長其內亂，使伊夷模不得不遷都于鴨綠江畔之丸都城。彼不僅於遼東之東方如此抑制高句麗勢力，向南且擴張至於朝鮮半島，收樂浪郡為己有。帶方新郡即建設於此種意義下也●魏志（卷三〇）韓傳有云：

　　桓靈之末，韓濊彊盛，郡縣不能制，民多流入韓國。建安中，公孫康分屯有縣以南荒地為帶方郡，遣公孫模，張敞等收集遺民，與兵伐韓濊，舊民稍出；是後，倭韓遂屬帶方。

所謂桓靈之末，即公孫度崛起遼東時。當時韓濊等，樂浪郡之南方及東南方之夷貊所以跋扈者，中國勢力因內郡兵亂不能及半島也。所謂「不能制」之郡縣者，即前漢昭帝時三郡（樂浪，臨屯，玄菟）合併以後，半島上所餘唯一之樂浪郡也。因之公孫康於本郡屯有縣以南部分新設帶方郡，同時用兵伐韓濊，使郡縣統治入於鞏固狀態。樂浪郡自後漢光武帝放棄沃沮及濊所住地之一部之夭租（即沃沮）以下七縣——即所謂嶺東七縣——以來，惟統朝鮮，詽邯，浿水，含資，占蟬（即黏蟬），遂城（即遂成），增地，帶方，駟望，海冥，列口，長岑，屯有，昭明，鏤方，提奚，渾彌，樂都等十八縣(二)。今新郡帶方所屬者，其中含資，帶方，海冥，列口，長岑，提奚六縣，及不詳為新設抑或改名之南新一縣；郡治所在地則為帶方縣（今之京城附近）(三)。而帶方郡北境似為劃大同江流域南邊之慈悲嶺山脈，故分割以後樂浪郡所屬縣中之最南者——屯有縣，當比定於今黃海道黃州附近也。

　　帶方郡分置以前，屯有縣以南地方為何謂之荒地？於此將略加考察，予以解釋。所謂荒地，蓋指樂浪郡南邊之韓族與東邊之濊族之侵入而成荒亂狀態之部分。然則，其地祗荒亂，置郡之際，果不見漢人及夷貊之占住者乎？依前文「桓靈之末，韓濊彊盛，郡縣不能制，民多流入韓國」之文觀之信然。蓋此文旨趣，乃對韓濊兩族之強盛，樂浪郡縣無力，郡內漢民多流入韓國——即韓族本地而言。然倘韓濊兩族之強盛，換言之，即侵入郡內爲事實，被其侵掠之漢人自無更流移夷貊本土之理，則「流入」二字之使用恐有錯誤，實謂自樂浪郡鄰境侵入之韓濊之跳梁跋扈。就郡內漢人言之，卽謂其沒入夷貊勢力之內耳。其沒入地方當爲與二族直接接境之樂浪郡南半。倘若如是，則所謂「屯有縣以南荒地」，並非土著之漢人散居，韓濊人亦不見出沒之荒地，實可解爲形容此等夷狄占有之下，郡縣統治秩序全被破壞之亂雜狀態。其後帶方郡分置之際，自遼東所遣諸將（公孫模，張敞等），「收集遺民，興兵伐韓濊，舊民稍出」。蓋以兵力逐韓濊等占住者歸彼等本土，同時安堵漢人之喪失居處者，或解放被囚虜者，一言以蔽之，即恢復舊土也。

由是觀之，則帶方郡分置事情更清晰地浮現於吾人腦海。方公孫康之擴其勢力於半島而欲占有之，且拒強盛之韓濊之侵入以安樂浪南半，控制彼等，則郡治位置不無稍稍偏於北方之憾。故陞帶方縣爲帶方郡，割屯有以南六七縣屬之也。

據前揭魏志之文，帶方郡設置結果，倭韓隨爲本郡所屬。茲述此語之意義。

公孫康死於魏文帝黃初二年（A.D.211）以前，弟恭被衆推爲遼東太守。康子晃淵等年少，然恭亦病弱，不能治國，至明帝太和二年（A.D.228）位遂被淵所奪（四）。此時三國分爭，吳王孫權欲引淵爲外援，黃初二年（魏太和三年）自稱皇帝時，自海上遣使遼東；嘉禾元年（魏太和六年）又通使聘。淵亦報聘，權喜，厚其贈遺，遣張彌，許晏等來襄平（今之遼陽）。於是淵將其一行四百許人分置遼東諸縣及玄菟郡，斬張彌許晏等首級送於魏（五）。權此次遣使目的爲聯淵以拒魏，而淵則不與遠方之吳，乃取親魏之態度焉。魏封淵爲樂浪公。然魏固不願永遠容認遼東之獨立勢力。景初元年（A.D.237）遣幽州刺史毌丘儉等，率大軍屯於遼東南境，以明帝璽書徵公孫淵。淵不之應，於近太子河河口之遼隊逆擊魏軍；及儉等以失利退還，乃自立，稱燕王。翌景初二年（A.D.238）遼東

2

征伐之役隨起，司馬懿之大軍圍淵於襄平，大破之，遂滅公孫氏(六)。

此次戰役結果，遼東及朝鮮半島之公孫氏領土悉歸魏有，即魏志明帝紀中所云「海東諸郡平」及公孫度傳中之「遼東，帶方，樂浪，玄菟悉平」。但傳中詳記者為進擊遼東方面之魏軍行動，無記討平樂浪帶方兩郡文字。依魏志東夷傳叙語「景初大興師旅，誅淵，又潛軍浮海，收樂浪帶方之郡」之語，二郡經略似由海上直渡半島，別為一軍也。

韓傳之文又惹吾人注意。前記帶方郡分置條之末尾云「是後，倭韓遂屬帶方」，其下續云：

> 景初中，明帝密遣帶方太守劉昕，樂浪太守鮮于嗣，越海定二郡。諸韓國臣智，加賜邑君印綬；其次與邑長。其俗好衣幘；下戶詣郡朝謁，皆假衣幘。自服印綬衣幘千有餘人。部(郡?)從事吳林，以樂浪本統韓國，分割辰韓八國以與樂浪。吏譯轉有異同。臣智激韓忿，攻帶方郡崎離營。時(帶方)太守弓遵，樂浪太守劉茂，與兵伐之。遵戰死。二郡遂滅韓。

「景初中……越海定二郡」與東夷傳叙所言為一事。帶方太守劉昕及樂浪太守鮮于嗣，蓋非魏出兵二郡(景初二年)以前已居官，乃與水軍之渡同時任命也。後漢末公孫康帶方郡分置結果之「倭韓遂屬帶方」與韓傳前文「(韓)漢時屬樂浪郡，四時朝謁」之文義相接。漢書(卷二八，下)地理志之燕條有云「樂浪海中有倭人，分為百餘國，以歲時來獻見云」。日本九州地方土民，自前漢時顯然已通中國。依「樂浪海中」所示倭國所在察之，其交涉在樂浪郡，或經由樂浪郡行之，蓋樂浪郡在倭人與漢朝廷中間掌管倭人之朝貢也。此不獨就倭人言，即韓國人之朝貢亦得云爾，同時——韓國人朝貢較頻繁——推知後漢時代亦必同矣(七)。魏志中所謂「漢時，韓屬樂浪郡，四時朝謁」云者必為叙此關係。然則帶方郡設置結果之「倭韓遂屬帶方」，專言朝貢之事，即從來樂浪郡所管者移之於新郡之意，因新郡地理上之位置使然也。

由是言之，倘注意「諸韓國臣智」云云之文，知乃指二郡歸魏有之後，韓諸部落朝貢狀態而言。而其授韓人之酋長——臣智為酋帥之大者之稱——以邑君，邑長等印綬，或賜與欲衣幘而來帶方郡之下戶(襲公孫氏之舊)

斯可知矣。易言之，即「下戶詣郡朝謁」之郡必爲帶方郡。且漢代樂浪郡與韓國人之關係，由他方面朝貢管掌事實亦可類推。閱魏志之高句麗傳中「漢時，賜鼓吹技人，常從玄菟郡受朝服衣幘(自前漢至後漢中世——高句麗王宮時代——之玄菟郡治，在渾河上流興京附近)。高句麗令主其名籍(受朝服衣幘者之名簿)。後稍驕恣，不復詣郡(疑興京附近之玄菟郡治退卻於奉天近，蓋王宮以後矣)。於東界築小城，置朝服，衣幘其中，歲時來取之。今胡猶名此城爲幘溝漊；溝漊者，句麗名城也」，漢世高句麗之朝貢，主由遼東玄菟郡管掌即高句麗爲玄菟郡所屬。與「漢時，韓屬樂浪郡，四時朝謁」云者同一意義。故當時之樂浪郡與之相並，同掌管韓國人朝貢事，殆無容疑。

是則公孫康分割樂浪郡之結果，掌管韓國人朝貢之權能，由樂浪郡移於帶方郡，二郡歸魏有後亦暫仍其舊。於是有分諸韓國爲二，使其半朝貢於樂浪郡之新制。即韓傳所云「部從事吳林(部爲郡之誤，帶方郡從事爲帶方太守之從事官)以樂浪本統韓國，分割辰韓八國以與樂浪」是也。辰韓八國之辰韓，如韓傳所記，本分爲十二國，帶方郡所屬遂減去四國。然韓族辰韓之外尙有馬韓及弁韓。前者分五十四國；後者分十二國。其國名亦一一爲魏人所知。蓋不惟辰韓，此等諸韓國之酋長亦各各朝貢於帶方郡(八)。至此次變革時如何區分，今無從得知焉。

最後必須考察者，爲隨伴上記之處置而激起之韓國人之叛亂。依「吏譯轉有異同，臣智激韓忿，攻帶方郡崎離營」之文，則魏郡吏所傳變革趣旨，由通譯者不正確地傳之於辰韓臣智(酋帥)，致激韓人之忿。惟韓人如何思考而憤怒，其詳不可推測。崎離營究何所在亦不得知。然其叛亂似相當大，帶方樂浪兩郡之太守親自率兵出征，帶方太守弓遵且戰死，其結局「二郡遂滅韓」。總之，以二郡之力鎮定之，但「滅韓」二字未免誇大耳。於此更有可資參考之記事，此次叛亂雖未記明其年代，如故那珂博士所指摘，當在正始七八年之交(九)。正始六年弓遵之消息，由魏志之濊傳中「正始六年樂浪太守劉茂，帶方太守弓遵，以領東濊屬句麗(領東爲嶺東，江原道脊梁山脈東側細長海邊地方之稱)興師伐之，不耐侯等舉邑降」可知。又觀倭人傳中之「正始元年[帶方]太守弓遵……其八年，太守王頎到官」，王頎必承弓遵之後爲帶方太

4

守，故弓遵戰死之年可以推定爲正始七年頃。據魏志(二八卷)之毌丘儉傳，正始六年從事高句麗之征伐時，王頎爲玄菟郡太守，亦助成此推定。於此吾人對魏志(卷四)齊王芳紀中之——

正始七年春二月，幽州刺史毌丘儉討高句麗，夏五月，討濊貊，皆破之；韓，那奚等數十國，各率種落降。

必不能不與以注意。依此文，韓那奚等數十國似爲被毌丘儉所伐之濊貊諸部落；然果如是乎？毌丘儉高句麗征伐之役之詳細考察，俟諸他日，其征伐在正始五年及六年，齊王芳紀繫之於七年，誤也。上記濊傳之文所謂六年之濊征伐，亦成爲所謂高句麗戰役之一部；玄菟郡太守王頎追擊奔至沃沮之高句麗王位宮時，樂浪帶方二郡之太守(劉茂，弓遵)攻伐沃沮及服屬高句麗之嶺東地方濊(貊)諸部落。然則齊王芳紀之「討濊貊皆破之」之文提前一年(正始六年)，不正可以比定此次濊貊之征伐乎？然而降於二郡太守之濊貊君長曰不耐侯等——後漢不耐，華麗，沃沮等嶺東地方夷狄君長，依前代七縣之名，被封爲縣侯——故齊王芳紀之韓那奚等數十國固可認爲與此異也。余分別此等數十國降服一條，與前文毌丘儉征伐之記事，同時以之爲正始七年之事實，且將「韓那奚等數十國」解作「韓之那奚以下數十國」，此一條即爲使帶方太守戰死及韓人叛亂之終局之具體記事。易言之，與毌丘儉之高句麗征伐及濊之征伐無何等關係之韓國人之叛亂爲一年後之正始七年中 (A. D. 246)，即自魏占有樂浪帶方二郡之景初二年約九年以後所起之事變，而韓傳中所謂「二郡遂滅韓」，不外那奚諸韓國之酋帥舉部落降服。揭載於韓傳中之辰韓十二國之一爲冉奚，蓋因「冉」與「那」文字之易於誤寫，那奚與冉奚比定亦屬可能(任何一方傳寫之誤)。至於叛亂範圍如何，若以降服之國數爲數十，則對辰韓十二國約當其若干倍。但，既因使辰韓之八國分屬樂浪郡而激起叛亂，至少認爲辰韓以外諸韓國不之與爲穩當。所謂那奚數十國，蓋將可適用於大部落之「國」之稱，亦用於其內之小部落，而漠然計之之數字也(十)。

〔附記〕 敘述魏與半島二部之關係中，註明附言倭之邪馬臺國女王卑彌呼由帶方郡始通於魏之在魏領有半島之翌年(景初三年)。魏志之倭人傳有云「景初二

5

年六月，倭女王遣大夫難升米等詣郡（帶方郡），求詣天子朝獻；太守劉夏遣吏將送詣京都（洛陽）。其年十二月，「明帝」詔書報倭女王曰」云云，如菅政友氏所指摘，二年爲三年之誤，日本書紀之神功皇后三十九年條註引魏志此條爲三年。梁書（卷五四）東夷傳倭條有「至魏景初三年，公孫淵誅後，卑彌呼始遣使朝貢」，亦可作參考（十一）。但帶方郡與邪馬臺國或其他倭諸國之交涉蓋不始於此時，公孫氏時代當已有之矣。

註——

一，本文載於日本弘文堂書房出版之內藤博士頌壽紀念史學論叢，頁一——十二。

二，後漢書卷三三郡國志。

三，晉書卷一四帶方郡條參照。

四，魏志卷八公孫度傳。

五，吳志卷二孫權傳及嘉禾二年條所引吳志。

六，魏志明帝紀及公孫度傳。

七，後漢書（卷八五）之韓傳有云「建武二十年，韓人，廉斯人蘇馬諟等詣樂浪貢獻，光武封蘇馬諟爲漢廉斯邑君，使屬樂浪郡，四時朝謁」，足爲此推測之一証。廉斯，依魏志韓傳註引魏略文，爲辰韓部落名。

八，韓傳辰韓條末云「始有六國，稍分爲十二國」；其次弁辰（弁韓）條「弁辰亦十二國」語下雜列弁辰及辰韓「合二十四國」之名稱（因廿五國有重複者），此蓋據朝　系乎？次條所云「弁韓與辰韓雜居」，蓋因此而起之修史家——魏略撰者魚豢或魏志編者陳壽——之意見。

九，那珂通世遺書，外交繹史卷二，八一頁。

十，併載弁辰辰韓國名之魏志韓傳文首云，「弁辰亦十二國，又有諸小別邑，各有渠帥，大者名臣智，其次有險側」。是國各有諸小邑，弁辰辰韓皆同。

十一，菅政友全集，漢籍倭人考，三二六頁。

中國地方志考

張國淦

蒲圻張石公先生研治地理之學，發憤忘食，蓋數十年如一朝。收集方輿圖籍之富，甲於舊都諸藏書家。徧求各省府縣古今志書而讀之，並輯集其佚者之散見於羣籍者，以及序跋評論之屬，一字之涉，咸所不遺，作中國地方志考數百卷，與宜都楊惺吾先生之歷代輿地圖，可謂秦華並峙者矣。其省志部分，已寫定，交上海商務印書館付印，題曰「省志叙錄」，將出版。而府縣志乘之材，浩洋無涘，殺青未易。先生旣奬掖本會同人之工作，捐屋以資研究，爰應頡剛等之請求，重爲董理，摘錄府縣志之目錄，序論兩部分，交本刊按期發表，自本期始。凡文字過多者，府與屬縣各占一期；否則合刊之。首舉江寧者，爲其爲今日建都地也。題「江蘇省二一」者，其「一」卽省志也。署「舊江寧府」者，示不與今制溷也。以後叙次並視此。本會同人有志研究，而自慙弱植，未能大有所成，得先進如先生者以爲之導師，復出其所著以爲本會工作之基礎，豈非一大幸事耶！特本刊限于經費，篇幅不多，但可登此節本，未得使讀者一時盡見先生宮室之美，引爲深憾。雖然，同人苟以不懈之精神獲得社會之同情與碩彥之輔助，他日由本會彙刊先生全書，固非不可期也。

中華民國二十四年九月三十日，顧頡剛記。

江蘇省二一

舊江寧府

志目

丹陽記　宋山謙之纂　佚　金谿王氏漢魏遺書鈔輯本

秣陵記二卷　唐書藝文志二　佚

丹陽郡圖經　昭明文選二十，又二十二注引　佚

金陵圖經　太平御覽經史綱目，又太平寰宇記九十江南東道昇州引　佚

江寧圖經　太平御覽經史綱目　佚

建康圖經　太平寰宇記九十江南東道昇州引　佚

□□舊圖經　輿地紀勝十七江南東路建康府引　佚

□□圖經　宋大中祥符□年　金陵新志新舊志引用古今書目　佚

金陵記　太平寰宇記九十江南東道昇州引　佚

金陵記　宋沈立纂　宋史藝文志二　佚

金陵地記六卷　宋黃元之纂　宋史藝文志二　佚

江左記三卷　宋張參纂　宋史藝文志二　佚

建康記　嘉慶府志五十五　佚

建康志十卷　宋乾道五年　知建康府史正志修　佚

建康續志十卷　慶元六年　知建康府吳琚修　佚

建康志五十卷　景定二年　知建康府馬光祖修幹官周應合纂　清嘉慶六年仿宋景定刊本

集慶路續志□卷　元天歷二年　南臺御史趙世延修郡人戚光纂　佚

金陵新志十五卷　至正元年　奉天路學古書院山長張鉉纂　四庫著錄　國學圖書館至正六年刊本金陵圖書館存卷一至十三；北平圖書館存卷一，二，四，六，十一，十三下，十四，十五，又存卷四至十五，又明初抄本存卷一，二，四，五。

應天府志五册　文淵閣書目十九舊志　佚

應天府志　文淵閣書目二十新志　佚

應天府志□卷　明正德十四年　知府白圻襲弘府丞許庭光寇天敘修上元徐霖等纂　未見

應天府志三十二卷　萬歷五年　府尹汪宗伊程嗣功修敎授王一化纂　四庫存目　日本內閣文庫萬歷刊本

江寧府志三十四卷　清康熙七年　知府陳開虞修江寧張怡纂　國學圖書館金陵圖書館北平圖書館康熙刊本又嘉慶七年補刊本

江寧府志三十四卷　康熙二十□年　知府于成龍纂修　北平舊抄本缺卷一，二，三，三十至三十三。

江寧府志五十六卷　嘉慶十六年　知府呂燕昭修桐城姚鼐纂　嘉慶刊本又光緒重刊本

續纂江寧府志十五卷　光緒七年　知府蔣啓勳趙佑宸修江寧汪士鐸纂　光緒刊本

敘論

右江寧府志。江寧：自周，戰國，楚曰金陵（太平寰宇記昇州引金陵圖經云：『昔楚威王見此有王氣，因埋金以鎮之，故曰金陵』）；秦改金陵爲秣陵；漢元封二年改丹陽郡，屬揚州；唐至德二載置江寧郡，乾元元年改昇州，上元二年廢，光啓三年復；宋初爲昇州，天禧二年陞江寧府，建炎三年改建康府；元初爲建康路，天歷二年改集慶路；明改應天府；清改江寧府。故江寧志唐以前曰丹陽，曰秣陵；宋曰建康；元曰集慶路，其沿舊稱者曰金陵（凡關地理書，大半曰金陵）；明曰應天府；清曰江寧府。

今可考者：宋山謙之有丹陽記，昭明文選注，太平寰宇記，輿地紀勝諸書引之；亦有引丹陽記，無山謙之名者，自漢末至唐初江寧俱號丹陽郡，似丹陽記不盡爲謙之一人所纂，莫可考矣。（萬歷溧陽縣志引山謙之丹陽記，當是轉錄。）秣陵記二卷，見唐書藝文志；而宋史藝文志未錄，國史經籍志有之，果是書至明尙存歟？凡此可確知爲唐以前之書。

其以『圖經』名者：有丹陽郡圖經，昭明文選注引之（當在唐或唐以前）；有金陵圖經，江寧圖經，太平御覽引之（亦作金陵圖，江寧圖；又有單稱圖經者）；有建康圖經，太平寰宇記引之（以上當在宋太平興國雍熙以前）；有舊圖經，輿地紀勝引之（紀勝並引金陵圖經，又有單稱圖經者）；又有祥符圖經，景定建康志引之。祥符圖經當是李宗諤纂，與直齋書錄解題，蘇州，越州，黃州圖經同（正德萬歷江寧縣志，嘉靖六合縣志均引祥符圖經，當是轉錄）。其以『記』名者：有金陵記，太平寰宇記引之（此在太平興國以前，非沈立金陵記）；有宋沈立金陵記，張參江左記（俱見宋史藝文志地理類），有建康記（見舊志，嘉慶府志藝文引）。康熙府志引書，有沈立金陵記。其江左記，建康記，僅僅存目而已。（此外許嵩建康實錄唐志入雜史類；張敦頤六朝事迹類編二卷，宋志作張養正六朝事迹十四卷，入故事類；此二書雖爲後修志者所本，今其書並存，究非地志體。又江南志二十卷，宋志入別史類；徐鉉湯悅江南錄十卷，鄭文寶江表錄二卷，宋志入霸史類：似此者茲併未錄。）凡此皆在北宋以前。

至南宋以後乃可依年次敘之，凡三修。乾道五年，知建康府史正志修建康志十卷（通稱乾道建康志）。更三十一年爲慶元六年，知建康府吳琚修建康續志十卷（通稱慶元建康志）。慶元志，據郡人朱舜庸金陵事十卷而訂詮次之，目曰建康續志；舜庸書原名金陵事，其以建康續志爲朱舜庸作者，固近混淆，而同治上江兩縣志以金陵事作爲金陵遺事，亦非是（錢惟演金陵遺事三卷，見宋史藝文志）。萬歷江寧溧水兩縣志引乾道志，國史經籍志並錄兩志，似明時尚有是書（以上今俱佚）。更六十一年爲景定二年，知建康府馬光祖屬幹官周應合纂建康志五十卷（通稱景定建康志）。其爲類，凡留都錄四；地理圖十四；表十：曰世表，曰年表（志後傳前）；志十：曰疆域，曰山川，曰城闕，曰官守，曰儒學，曰文籍，曰武衛，曰田賦，曰風土，曰祠祀；古今人傳十；終拾遺。據周應合序：留都錄，地理圖，年表，官守志，儒學志，文籍志，武衛志，田賦志，古今人表傳，拾遺，皆乾道慶元兩志之所無而創爲之；疆域志，山川志，城闕志，祠祀志，因前志所有者十之四，增其所無者十之六。是此書承乾道慶元兩志之後，雖因實粃，而其入局修纂之初，條上四事：一定凡例，二分事任，三廣搜訪，四詳參訂，修志者舍是末由矣。元明路府諸志，俱依據是志，至康熙修府志時，則未得見（周亮工序，宋馬制使光祖景定建康志最爲詳洽，今既不可得見），不能不爲陳志矣（今佚）。

元凡二修。自景定二年，更六十八年爲天曆二年，南臺御史趙世延屬郡人戚光纂集慶路續志□卷。曰續志者，據景定志賡續爲之。正德江寧縣志引戚氏曰，是明時尚有是書（康熙府志引戚氏曰當是轉錄，今佚）。更十三年爲至正元年，奉天路學古書院山長張鉉纂金陵新志十五卷（通稱至元金陵志，省稱金陵志）。其爲類，凡地理圖十八；通紀一；世年表三；志十：曰疆域，曰山川，曰官守，曰田賦，曰民俗，曰學校，曰兵防，曰祠祀，曰古蹟，曰人物；終摭遺，論辨。維時因集慶續志改竄舊例，乃增輯是書，以繼景定志之後，故其體例略依景定志。而元代故實，則本集慶續志及路州司縣呈報事蹟。後來修志者未得景定志，大都以是志爲藍本也。

明凡四修。應天府志六册，見文淵目舊志，當是洪武年修；應天府志，見文淵目新志，當是永樂年修（今俱佚）。洪武永樂兩朝志，今可知者僅百之一二，而文淵目舊新志，錄至千百餘部，竊不解永樂以後修志者何以俱謂舊未有志也？至正德□年，知府白圻龔弘，府丞許庭光，延上元徐霖等纂應天府志□卷；初曰南京志草，十四年，府丞寇天叙乃取舊稿仍由徐霖等修飾成集（今未見）。更五十六年爲萬曆五年，先是府尹汪宗伊屬教授王一化等纂應天府志，未竣，府尹程嗣功繼之，纂成三十二卷（通稱汪志）。其爲類：凡紀三，表九，志十一，傳九。援據頗爲賅洽（據四庫總目）。

清凡四修（順治五年，知府林天擊就應天府改名江寧府志，據其自序，雖云亟加蒐輯，並未重修）。康熙六年，知府陳開虞延江寧張怡修江寧府志三十四卷（通稱陳志）。首圖七十三。其爲類，凡表三：曰沿革，曰科貢，曰歷官；志十：曰疆域，曰山水，曰建置，曰賦役，曰學校，曰古蹟，曰災祥，曰祠祀，曰寺觀；傳二：曰宦蹟，曰人物（其次第前後雜出）；終摭佚。是書第據至正志、萬曆志，並以部頒秦豫二志爲式。重刊景定志費淳序：陳志考證疏陋，刪落唐宋碑碣尤多，似未見景定志而爲之者。然在康熙之初距萬曆修志已八十餘年，且時值鼎革後，得此多方蒐索，詮次成書，亦非他郡所能強爲也。康熙二十□年，知府于成龍修江寧府志三十四卷。是志僅有抄本，卷帙不全。其目次略依陳志，而事實亦無甚異同。曰于成龍修者，據是志歷官表，知府止於康熙二十一年于成龍也。自是書未見以前，俱不知陳志後之尚有于志矣。更一百二十□年爲嘉慶十六年，知府呂燕昭延桐城姚鼐纂江寧府志五十六卷（通稱姚志，亦稱呂志）。首天章，次輿圖八；其爲類凡十七：曰疆域，曰分野，曰沿革，曰山水，曰古蹟，曰風俗物產，曰祠廟，曰賦役，曰學校，曰武備，曰驛遞，曰秩官，曰名宦，曰人物，曰金石，曰藝文；表三：曰古今紀年事，曰秩官，曰科貢。是書詳於乾隆四十年賦役全書，而略於人物，盡刪秦淮游晏及無益詩文。人第知桐城古文特成宗派，而不知其纂輯是書重民生而輕文藝，陸隴其靈壽縣志號稱名箸，其最詳者酒在賦役，斯志亦然；先賢後賢，其揆一已。更六十年爲光緒七年，知府蔣啟勳，趙佑宸，延郡人汪士鐸續纂江寧府志十五卷（通稱汪志）。首圖說七，其爲類凡九：曰田賦，曰軍制，曰祠祀，曰學校，曰實政，曰建置，曰名蹟，曰藝文，曰人物；表四：曰大事，曰秩官，曰科貢，曰兵事；終拾補。是書廣續嘉慶志，以補七十年之事蹟。士鐸深於禮經，復精輿地之學，故其書簡覈有要，其義例則以姚志爲先導也。

要之金陵自昔爲重鎮，自六朝以來代有作者。北宋以前俱已佚亡。自南宋以後修凡十三次：佚者五，未見者一，存者七。綜其先後相承之序，明清以後，大都依據丹陽記，建康志，金陵新志，萬曆志，以迄於康熙志，並後之嘉慶志，光緒志，並輔翼以建康實錄，六朝事迹類編，洪武金陵圖志，金陵世紀，金陵人物志諸書。其中如景定周志之賅博，嘉慶姚志之謹嚴，府制雖更而志乘不廢，後來修志者當亦知所取法矣。

江寧府志見存卷目異同表一（據景定建康志次第）

景定建康志	至正金陵新志		
序	序	目錄	修志本末職名
表，牋，宣諭	修志文移	留都錄	新舊志引用古今書目
			總目

宮城圖，行宮紀載，行宮規制，行宮都守，行宮匙鑰司，養種園 一
詔令 二三
御製，御書 四
建康圖 五
建康表 世表年表六至十四
疆域志 十五十六
地爲都，地爲治所，地所屬分野，地所屬國，地所屬州，地所屬郡，地所置僑郡，地所置府，地所統縣，地所接四境 十五
鎮市，鄉村，坊里，巷陌附，鋪遞，道路，橋航，津渡，壍埭 十六
山川志 十七至十九
山阜，岡嶺，峴坡堆附 十七
江湖，淮附，溪澗 十八
河港，溝瀆，池塘，井泉，諸水，巖洞，州浦，磯汀夾沙附 十九
城闕志 二十至二十三
古城郭，今城郭，門闕 二十
古宮殿，樓閣，堂館，齋附 二十一
亭軒，臺觀，園苑 二十二
諸倉，諸庫，務場，藥局，雪害，獄犴，營寨，廬院 二十三

地理圖 一
金陵通紀 二
金陵世年表 三
疆域志 四
歷代沿革，地爲都，地爲治所，地爲屬國名，地所屬州名，地所屬郡名，地所置僑郡名，地所置府號，地所統縣名州名，歷代廢縣名，地所接四境。
鎮市，街巷，坊里，舖驛，道路，橋梁，津渡，堰埭，圩岸。
山川志 五
山阜，岡嶺
江湖，溪澗
河港，溝瀆，池塘，井泉，諸水，巖洞，洲浦
古蹟志 十二
城闕
營寨教場 十(兵防志)

官守志 二十四至二十七
府治，通判廳，職官廳，曹官廳 二十四
諸司寓治，都督府，宣撫司，制置司，安撫司 二十五
諸司寓治，總領所，轉運司，侍衛馬軍司，御前都統制司，提領茶鹽所，提領戶部酒庫所 二十六
諸縣令 二十七
儒學志 二十八至三十二
前代學校興廢，本朝興崇府學，置教授，增學計，立義莊 二十八
建明道書院 二十九
建諸縣學 三十
祀先賢 三十一
貢士 三十二
文籍志 三十三至三十七
書籍，書版，石刻 三十三
諸論 三十四
奏議，書 三十五
露布，表狀 三十六
詩賦，樂府 三十七
武衛志 三十八三十九
形勢，攻守，江防 三十八
尺籍，器甲，軍裝火攻附，戰艦 三十九

官守志 六
歷代官制，本朝統屬官制，題名
官署 十二(古蹟志)
學校志 九
歷代學制沿革，置經籍，增學計，立義莊，設官，建書院，置縣學，祀先賢，歷代貢士，貢額，貢院，本朝學校，建設書院，州縣學，科第進士，儒籍
論辨 十五
諸國論，奏議，辨攷
兵防志 十
歷代形勢，攻守，江防，尺籍，軍籍，戰艦，本朝兵戍

7

康熙七年府志	田賦志 四十四十一 田數，賦稅 四十 營租，沙租，圩租，錢賦雜錄 四十一 風土志 四十二四十三 風俗，民數，災祥，第宅，土 貢，物產 四十二 古陵，諸墓，義阡 四十三 祠祀志 四十四至四十六 古郊廟，社稷，祠廟 四十四 宮觀 四十五
康熙二十□年府志	田賦志 七 歷代沿革，本朝田土 民俗志 八 古今戶口，風俗 第宅 十二（古蹟志） 貢賦，物產 七（田賦志） 陵墓，碑碣 十二（古蹟志） 祠祀志 十一 古郊廟，社稷，祠廟 宮觀
嘉慶府志	寺院 四十六 古今人表 四十七 古今人傳 四十七至四十九 正學傳 四十七 孝悌傳，節義傳，忠勳傳，直臣 傳 四十八 治行傳，耆舊傳，隱德傳，儒雅 傳，貞女傳 四十九 拾遺 五十
光緒續纂府志	寺院 人物志 十三 世譜：郡姓，游宦，封爵 列傳：孝悌，節義，忠勳，治 行，儒林，隱逸，耆舊，儒釋， 方技，列女 摭遺 十四 采輯建康實錄諸史傳記，自吳以 下及南唐趙宋，凡涉江左遺文逸 事

江寧府志見存卷目異同表二（據嘉慶府志次第）

康熙七年府志	序，原序 詳文 凡例 目錄 圖紀 一二 疆域志 四 災祥志 二十九 沿革表 三
康熙二十□年府志	疆域 六 星野 三 祥異附 歷代沿革表 四
嘉慶府志	序 修志姓氏 凡例 目錄 天章 一二 輿圖 三 疆域 三 分野 三 沿革 四
光緒續纂府志	序 續纂銜名 續纂凡例 目錄 圖說 一

山水志　五六
古蹟志　二十八
宅墓附
風俗附　四(疆域志)
建置志　七
祠祀志　三十
寺觀志　三十一三十二
賦役志　八至十
學校志　十一
歷官表　十五至十七
封爵附
宦蹟傳　十八十九

山川　七八
古蹟　二十四
陵墓　二十五
風俗　六
建置　五
祠祀　二十二
寺觀　二十三
田賦　十二
戶口　十一
水利　十三
學校　十
兵制　十八
歷官表　十四至十六
帝王世系　九
封建附
宦蹟　十七

古今紀年事表　五
山水　六七
古蹟　八至十
風俗物產　十一
建置　十二
城池，行宮，官署
雜署公所
祠廟　十三
(在古蹟十)
賦役　十四十五
糧運關稅附
(在賦役十四)
(在山水七)
學校　十六
武備　十七
兵制
江防，馬政
驛遞　十八
秩官　十九
秩官表　二十至二十四
名宦　二十五至二十八

大事表　十
名蹟　八
建置　七
實政　六
祠祀　四
田賦　二
(在名蹟八)
學校　五
軍制　三
兵事表　十三
秩官表　十一
名宦　十四之一(人物)

8

科貢表 十二至十四 薦舉附 人物傳 二十至二十三 孝義 二十四 方技 二十六 列女 二十五 釋道 二十七 摭拾 三十三三十四	科貢 十九至二十一 人物 二十六 孝義 二十八 忠節 二十七 文學 二十八 隱逸 二十八 游寓 二十九 藝文 三十四至三十八 摭佚 三十九四十	科貢表 二十九至三十三 人物 三十四至五十一 儒林 三十四 敦行 三十五三十六 忠義 三十七 仕蹟 三十八三十九 文苑 四十 隱逸 四十一 流寓 四十二 技藝 四十三 列女 四十四至五十 仙釋 五十一 金石 五十二五十三 藝文 五十四至五十六	9 科貢表 十二 人物 駐防 十四之一 儒行 十四之七 先正 十四之二至四 孝友 十四之五 義行 十四之九 忠義貞烈 十四之十至十三 仕蹟 十四之六 文苑 十四之八 寓賢 十四之九 列女 十四之十四 藝文 九 拾補 十五

江寧府縣名沿革表

書名／舊府縣名／今縣名	景定志	至正新志	康熙七年府志	康熙二十□年府志	嘉慶府志	光緒府志	備考
	建康府	集慶路	江寧府	同	同	同	案江寧府民國元年裁，後府並同。
	上元縣	同	同	同	同	同	案上元江寧兩縣，江寧府附郭。民國元年上元併入江寧，今國都。

江寧縣	江寧縣	同	同	同	同	同	
句容縣	句容縣	同	同	同	同	同	
溧水縣	溧水縣	同	同	同	同	同	
溧陽縣	溧陽縣	溧陽州	溧陽縣	同			案溧陽縣，雍正八年改屬鎮江府。
江浦縣			江浦縣	同	同	同	
六合縣			六合縣	同	同	同	
高淳縣			高淳縣	同	同	同	

拙編中國地方志考，意在作一有系統之蒐尋；而漏遺譌誤，仍復不免，窮年兀兀，至今未敢付刊。茲禹貢學會屢次索稿，以原考篇幅過長，祇登志目，考後敘論，並表，藉以就正有道。其中遺誤之處，伏冀閱者詳加指示，即寄由禹貢學會轉交，或逕寄北平西四北大紅羅廠十二號，以資改補，至爲感幸！

編者附啟。

貽穀督辦內蒙墾務記

孫媛貞

讀過禹貢二卷十二期王同春開發河套記的，都知道開發河套的大偉人，是一個有天才有毅力而不讀書不做官的農夫。憑着他天賦的聰明與堅苦的勞働，才把內蒙荒蕪的牧埸開闢成肥沃的農田。當他埋頭苦幹的期間，清朝何嘗有一絲一毫的力量幫助過，但是到事業成功，生產繁盛之後，朝廷上却又眼紅起來；於是在光緒二十七年冬天，慈禧太后正式任命兵部左侍郎貽穀做墾務大臣，到內蒙古去督辦墾務。

貽穀是個精明強幹的滿洲人（吉林省伊通縣人），在幼年時代，非但讀書成績很好，就是對於經商也很內行。後來他考中了鄉舉，家道也漸漸豐富了，於是他就裝滿了錢包到北京去活動做官。當時朝廷上最得勢的大臣是榮祿，所以貽穀竭力想法同他結納，果然不久以後，大爲榮祿所親信，聲勢煊赫，權重一時。不幸後來拳匪起事，貽穀很傾向匪團，在朝廷上竭力爲他們鼓吹，並且親自當過大隊長，所以事後很受中外人士的指摘，在京城委實有些不安。恰巧這時朝廷有開發內蒙的意思，於是就派了他去。

貽穀是在光緒二十八年的春天，佩着『欽差印』到內蒙古的。到二十九年，又兼任了『綏遠將軍』與『理藩院尚書』兩個重要職位。於是內蒙的政權差不多完全操縱在他一人的手裏。論辦事，可以說是絕少牽掣了；然而開發內蒙的事業，雖然落在這麼一位政府特派的權重勢大的大臣手裏，卻並不見得幸運。試看貽穀在任七年之久，結果除了聯絡好幾個內蒙的王公貝子，接收了一大批土地之外，對於漢蒙民族的調協和整個墾殖事業的發展，非但不見進步，反而還不如王同春等私人經營時代來得興旺。這的確是值得我們注意的一件事呵！

現在先把貽穀督辦蒙墾的情形，略叙一二。貽穀是光緒二十八年到任的，當年就着手辦理東盟察哈爾的墾務。他看到當地地商包攬放墾的利益，很是嫉妬；於是一方面下令禁止，一方面奏請朝廷，在張家口設立一個墾務公司，來代辦這件事業。名義上公司是官商合辦的，實際官股很少；所謂商股，據說也大半是貽穀等一班貴官們的化名；公司的職員，也都由墾務局的職員兼任。說句老實話，這公司也許是一種騙人的圈套罷。公司的事業是先繳出押荒銀兩，向墾務局領取整批的田地；然後再零零碎碎的賣放給各個農戶：一轉手之間，就可以得到幾十萬銀兩的贏利。（其實是否先繳押荒銀兩，還是問題。）有如此富厚的利息，公司的範圍自然就一天一天擴充；後來劃分爲東西兩部，東公司仍舊在張家口，西公司在綏遠。並且還兼營放貸的行業，例如光緒二十九年，貽穀正式命令公司在地價項下撥庫平銀五千兩，發給商人算利；後來伊克昭盟盟長又借用公司銀五千兩；副盟長又借二千五百兩；鄂爾多斯札薩克又借四千兩；議定每月按三分起息，付款時先扣下兩個月的利錢，並且還要指定上好的田地作爲抵押。到光緒三十一年正月，伊克昭盟盟長因爲沒有歸還本利的能力，只得把烏審旗三百頃田地抵還給公司。這件事後來因爲烏審旗的蒙古人竭力反對，終究沒有實行：可是從此以後，蒙古人對於朝廷官員總懷着一種不信服的態度了。

墾務局的土地是從那兒來的呢？是蒙古人報効給他的。墾務局把這些土地賣放之後，就把所得的押荒銀分做十分，蒙人取三分，墾務局取七分。何以蒙古人會甘心做這種吃虧事情的呢？簡單一句話，受名利的誘惑與威勢的脅迫而已。貽穀的手段是很巧妙的：譬如說烏審旗的報地罷，他先收買一個名字叫王德呢瑪的喇嘛去對烏審貝子說道：『若是你肯劃出一部分田地來報墾，一定陞你做盟長，並且還替你向朝廷請求王銜』。烏審貝子聽了十分喜歡，立刻就指地報墾。後來果然陞做盟長，加上王銜了，於是又依從着王喇嘛的勸告，向墾務公司借五千兩銀子，酬謝貽穀。

然而這種事情，犧牲了一般蒙古人的利益來滿足一二個王公貝子的私慾，當然是一般蒙古人所不願意的；而墾務局裏的職員，非但不好好的勸諭他們，倒還常常的欺詐壓迫，難怪蒙古人都頑強地起來反對報墾了。例如光緒三十一年，烏審旗就發生抗墾風潮，始終堅持着不讓墾務局接收土地。就是杭錦旗也發生過同樣的風潮，原因是杭錦旗有許多人合夥去報墾，而墾務局不賞衆人，獨獨賞梅楞棍布一個人六千兩銀子，其餘的人因此哄鬧起來，聲稱要殺死梅楞棍布，再向墾局理論；幸虧有王同春從中排解，總算漸漸的平息了。

抗墾風潮鬧得最利害的是準噶爾旗。最初也是爲準旗的貝子答應了報地，而小酋長與人民多不願意，當墾務分局派人去丈量田地的時候，蒙人們肯吉亞等就實行搶局，把墾務分局的委員攆走，局裏的東西也搶掠一空。西墾務局總辦姚學鏡得了消息，立刻遣派軍隊去保護墾務局，同時又進兵剿捕暴動的主使人丹丕爾；丹丕爾率領衆人抵抗了一陣，不得已還是逃了出去，官軍緊緊的追趕着，終于在豹子塔把他活活捕獲了。貽穀爲懲一儆百起見，不及細審，馬上就叫處死。經過了這一番刀兵，蒙古人誠然有點心驚胆怕，然而說是心悅誠服，可不見得呢。

開發內蒙最重要的事情是與水利，假使沒有水，非但荒地不能墾熟，就是熟地也只能變荒。前面我們已經說過，王同春等在墾務局還沒有開辦之前，早已私自開鑿了好些渠道，灌溉的田地有幾萬頃。貽穀到了那邊，既然從蒙古人手裏取得了田地，當然不能讓渠道仍舊留在別人手裏；恰巧王同春有個仇人叫陳四的被暗殺了，人家都疑惑同春是主使人；貽穀抓住了這個把柄，就強逼着他獻渠道與田地來贖罪。王同春不得已，就在光緒二十九年六月，第一次向墾務局上呈，把中和渠，天生渠與田地一萬頃，報効歸公。三十年十二月，又第二次上呈，把義和，恒和，永和三條大渠，與五條支渠，二千頃田地，同心堂房屋一所，一起獻納。兩次報効，墾務局一共祇給他三萬二千兩修渠費；然而這還是因爲貽穀器重王同春的才能，要他幫助墾局和蒙古人交涉與修理渠道的緣故，否則恐怕像丹丕爾那樣，連性命都不保呢。至于其他地商，如郭敏修侯永奎等所修的渠道，也統統被逼着報効了。貽穀收回了這許多渠道，然而墾務局裏邊沒有人懂得水利，怎樣引水，怎樣疏通，仍舊要請王同春他們來幹。你想王同春被墾務局逼得破家蕩產了，還肯盡心竭力地替墾務局出力麼？不過是爲威勢所逼，不得不敷衍敷衍而已。所以從此渠道日漸毀壞，田地日漸荒蕪。據王同春說，光緒三十一年還可以收到三萬三千兩租銀，以後就祇有二萬多兩。

光緒三十二年冬天，副參文哲琿突然上奏朝廷，控告貽穀吞侵公款，愚弄蒙旗等種種罪狀。朝廷就派鹿文瑞等人前去調查，結果斷定貽穀確實有二大錯誤，四大罪狀。於是下詔把他革職拿辦，交與法部審問。這場公案一直遷延到宣統三年，才判決把貽穀戍邊贖罪，並追還一些侵款。當貽穀因在法部的時候，他的子姪拚命的在外面施行賄賂，上自朝廷大臣，下至婢僕輿役，以及報館主筆等等，只求可以減輕貽穀的罪名，無不揮金如土，盡力收買。前後四五年，所費何止百萬？於是一般人說：貽穀在內蒙委實搜括了不少金錢啊！

然而自從京控案發生以後，內蒙的詳情才逐漸暴露於京都。因此中原人士對于塞苦腥羶的塞外荒地，也漸漸的發生了興趣；譬如鹿文瑞在調查貽案的覆奏裏，就提出興辦蒙古學校，訓練蒙古軍隊，修築張綏鐵路，連接歸大電線等善後方策，這倒是一種很好的影響了。

湖南產銻最豐佔世界產量第一位

湘省出產豐富居全國經濟重要地位

國際貿易局發表該省最近實業概況

【上海航訊】實部爲謀發展我國實業基礎工作，令飭國際貿易局調查各省實業狀況，除江，浙，魯三省業已調査竣事外，最近湘省亦經調查完畢。記者昨訪該局局長何炳賢氏，當承發表湘省實業概況如次：

全省劃分八區調查

湖南全省共有七十五縣一市，國際貿易局調查時將該省劃分爲八區。第一區包括長沙市，長沙縣，湘陰，岳陽，臨湘，平江，湘潭，湘鄉等共一市十一縣。第二區包括寧鄉，益陽，漢壽，常德，臨澧，及沅江等十縣。第三區包括桃源，沅陵，永順，龍山，及石門等九縣。第四區包括瀘溪，辰溪，鳳凰，及保靖等八縣。第五區包括醴陵，安仁，茶陵，桂東，及耒陽等十縣。第六區包括衡山，衡陽，宜章，臨武，及常寧等十縣。第七區包括武岡，新寧，東安，及祁陽等九縣。第八區包括綏寧，靖縣，及晃縣等八縣。

出產豐富經濟優越

湘省居我國之中部，當長江及洞庭湖之南，東接江西，西連黔蜀，南枕兩粵，北止鄂疆，氣候溫和，人口繁庶，交通便利。論鑛產，則蘊藏極豐，純銻站世界第一位。鉛，鋅，錳，硫磺，佔全國第一位。煤鎢金銀之產量亦巨。論農業則以水利特優，甚宜種植，穀米，棉，紅茶，雜糧，竹，木，蔴之出產，素稱豐饒。論工業則以民性耐勞，勇於進取，桐油，夏布，鞭砲，湘繡，茶油，紙，傘，瓷器，染料等之製造，久已見重於世。就全國經濟言，湖南實居甚重要之地位。

特產桐油行銷歐美

湘省重要特產，以米桐油夏布及銻等爲最著名。所產之桐油有紅白二種，白桐油專銷歐美市場，紅桐油銷於江浙兩省爲多。產桐油地分澧水，沅水，湘水等三大流域，每年產量巨大，民元時佔全國出口總額百分之十六七。此後逐年增加，民十八年激增至百分之四十五。又該省因地處洞庭之南，得水利灌溉，產米量亦爲全國之首。

銻產佔世界第一位

銻爲我國之特產，湘省又爲我產銻之區域。該省所產之銻不僅在我國有重要性，而於世界鑛產上更有其卓越之地位。因我國產銻，在一九〇八年時已佔世界銻產量之半數，其後逐年增加，平均每年產量佔世界總產量百分之八十左右。而我國之銻，產自湖南者，約佔全國產量百分之九十以上，可知湘省銻產大有左右世界銻市之權威。該省產銻集中於新化之錫鑛山，及益陽之板溪，其中尤以錫鑛山之銻產量最富。錫鑛山位於該省新化縣之東，現劃歸鑛山直屬鎮。當歐戰時銻價陡漲，該處產銻，每月多至一千三百餘噸；近因銻價暴跌，產量減少，前途頗難樂觀云。（九月三日）

（廿四，九，四，北平晨報）

跋康熙丙午刊本方輿紀要

錢穆

1

顧祖禹讀史方輿紀要，最先刊本在康熙丙午，僅州域形勢說五卷；今本歷代州域形勢凡九卷，第九卷明代爲丙午本所無，餘亦詳略迥殊，亦有五卷中舊說而今本加改訂者。蓋丙午五卷本爲今本之初稿也。

丙午本有顧氏凡例一篇，與今本全異。自稱余方輿紀要凡七十二卷，而此編實爲之冠。……其繼此編而出者，曰兩京紀要，分省紀要，古今川瀆異同說，海防海運說，鹽漕屯牧合攷，九州郡邑合攷，十二州分野說。又集古今輿圖更爲訂正，職官輿程諸圖皆以類從，而後此書始成全構。

今本凡一百三十卷，視初本殆增一倍。計歷代州域形勢九卷，各省一百十四卷，川瀆六卷而漕河海道居其一，分野一卷，丙午凡例尚有郡邑合攷，則今本殆散入各省也。今本又附輿圖要覽四卷，凡海防，海運，鹽漕，屯牧，職官輿程諸大端並約略附見焉。今本凡例云，「余初撰次歷代鹽鐵，馬政，職貢及分野共四種，尋皆散軼，惟分野僅存。病侵事擾，未遑補綴，其大略僅錯見於篇中，以俟他時之審定」云云。疑原稿散軼，或當在祖禹南遊時。又祖禹爲黃守中六十壽序，謂「予辛酉病後，雖視息猶存，而神明未善」。辛酉祖禹始客徐乾學家，則所謂病侵事擾，或其時語，然則今本凡例，殆成於祖禹五十一以後也。蓋今本總叙三篇成在前，凡例成在後，而皆在丙午刊本之後；輿圖要覽則尤晚成也。顧氏卒年六十三（據無錫縣志），少魏叔子七歲（據魏季子集先叔兄紀要），叔子卒於康熙十九年庚申，年五十七，是歲顧年五十，上推丙午，則顧年三十七也。今本彭士望序，謂祖禹之創是書，年二十九，則距丙午初刊，已歷九載。丙午本首頁，有「分省即出」四硃字，則所刻雖僅五卷，而全書七十二卷之大體必已完就，蓋即成此九年中矣。

閻若璩尚書古文疏證（卷六下）謂「景范地志之學蓋出於家，其尊人耕石先生著山居贅論」云云，下引其論黃河一大段凡數百字。今按祖禹父名柔謙，字剛中，耕石其別號也。據魏禧所爲墓誌銘，柔謙卒在康熙乙巳，年六十，則正在丙午前一年，今丙午刊本凡例自稱「棘人顧祖禹」，其證也。是柔謙及見其子箸書且潰於成，先後歷八年之久也。

柔謙以明遺民，抱宗國之痛，抗節不仕，祖禹亦棄舉子業。柔謙常教之曰：「汝能終身窮餓不思富貴乎？」曰，「能」。「汝能以身爲人机上肉，不思報復乎？」曰，「能」。柔謙乃大喜曰，「吾與汝偕隱矣」（據魏傳顧柔謙墓誌銘）。祖禹志節得之家訓，蓋不啻顧炎武之於嗣母也。而祖禹爲方輿書，亦以得於其父之教命者爲多。今本總叙第一祖禹自述先世，當明嘉靖間有光祿丞顧大棟，爲祖禹高祖父，好談邊徼利病，躍馬遊塞上，撰次九邊圖說，梓行於世。其子奉訓大夫文耀，萬歷中奉使九邊，以論邊備中忌諱，仕不獲振。祖禹祖龍章，早卒，則所謂請纓有志，攬轡無年者。其父柔謙，得疾且卒，呼祖禹而命之曰：

「及余之身，四海陸沉，九州騰沸，獲保首領，具衣冠，以從祖父於地下耳。園陵宮闕，城郭山河，儼然在望，而十五國之幅員，三百年之圖籍，泯焉淪沒，文獻莫徵，能無悼嘆乎！余死，汝其志之」。祖禹匍伏嗚咽而對曰，「小子雖不敏，敢放棄今日之所聞！」

彭序謂祖禹爲是書，秉厥考之遺言，及先祖所爲之地志，九邊之圖說，即謂此也。是顧氏一家輿地之學，祖孫相傳，淵源已歷五世，固非偶爾而然矣。然今丙午本卷首凡例，絕不道及其父隻字，何耶？蓋柔謙卒於康熙乙巳十二月之二十九日（據魏誌），而丙午刊書成於夏杪，歷時甚暫，祖禹斬焉在喪服中，悲痛未已，固無暇以詳也。

丙午本首列嘉魚熊開元，無錫秦沅兩序，熊序今本有之，秦序則已删去。又首行列「三韓吳興祚伯成鑒，錫山華長發商原參」兩行，首頁又有「華府藏板」印，則是書乃華長發付刊者。今本有吳興祚序，謂「余因華子商原，始覩其書」，而丙午本無之，可證此本刊行甚促，吳序稍遲，故不及載耳。

又按丙午本原名二十一史方輿紀要，敘次迄於元末，今本則下及明代。今本總序，祖禹自述其「父卒一年而祖禹以疾廢，又三年疾愈，不揣愚昧，思欲遠追禹貢

2

職方之紀，近考春秋歷代之文，旁及稗官野乘之說，參訂百家之志，續成昭代之書」，是祖禹之續爲此書，當在丙午後之三年，即己酉庚戌之間也。今本有魏禧序，已稱讀史方輿紀要一百三十卷，則應尙在庚戌後。今按魏氏爲柔謙墓誌銘有云：

寗都魏禧客吳門，見方輿紀要，奇之，曰：此古今絕無而僅有之書也！旣交其人，沈深廉介，可屬大事，相與爲齒序，弟畜之。祖禹因出君狀乞誌銘。

是顧魏相識，顧父已先卒，而魏氏於吳門所見紀要，殆即丙午刻本；否則未識其人，無由讀其全書之寫稿。及兩人旣深交，乃得盡見其全稿而爲之序，乃曰讀史方輿紀要一百三十卷矣。魏氏長祖禹七歲，四十始出遊，至江浙，時祖禹年三十三，其父尙未卒，書亦未刊，兩人相識應在後。魏氏於康熙十一年壬子又客吳（據黃子錫墓誌銘），上距庚戌又已三年，則祖禹書之自七十二卷擴大爲百三十卷者應在此三年內也。

祖禹抗節首陽，窮槁不仕，人知之。方三藩事起，而祖禹跳身走閩海，期與復，則知者甚少。近張子曉峯創爲祖禹年譜，親至膠山訪搜遺聞，得黃氏宗譜，有黃守中與祖禹交游踪跡，而其事乃大白（詳見國風半月刊四卷十期膠山黃氏宗譜選錄專號）。滇變作於癸丑，閩變起於甲寅，祖禹南遊當在癸甲之際，出魏氏作序後，故熊吳魏三序及祖禹自序，皆有「足不出吳會」之語。康熙丙辰，耿精忠復降滿洲，祖禹亦不久留。其在閩海，先後不出三年也。黃梳爲其父守中府君行略，謂「顧子以雄才大略，慨然願有爲於天下，乃寄妻孥於吾父。吾父則以養以教，數年如一日」，即此矣。

今本復有彭士望序，謂「望行年七十，得此一士」，又曰，「祖禹之創是書，年二十九，經二十年始成。藉資遊歷，更獲新勝，即改竄增益，雖十易草不憚」。今考彭氏年七十，當康熙十八年己未，時祖禹年適四十九。翌年魏禧卒，彭序成於今年，故述及魏序而未及其死。其稱述祖禹爲人，謂「其膽似韓稚圭，而先幾旁矚，不敢置勝負於度外」，則祖禹之不淹滯於閩可知也。又謂「其奇才博學似王景略，雖去桓溫必不爲苻堅所用」，尤明屬閩海歸來語。自丙辰至己未亦四年，祖禹之十易其草不憚者，應以此數年間爲尤勤也。

康熙十九年庚申十一月，魏禧卒於儀眞，而祖禹始客徐乾學家。彭士望徐氏五十壽序（按顧徐同年）云：

　庚申八月，余在吳江。崑山徐子藝初章仲二孝廉遣書使，因顧子景范，迎余居其家。

又曰：

　公既延武林陸子拒石，太倉顧子伊人，與共晨夕，欣賞析疑，及四方士過從，禮之無倦；而虞山顧景范，不求聞達，落落人外，惟潛心方輿紀要一書。公禮而致之，不煩以事，聽自纂述。更爲具脡餼筆札書史，以相佽助。

是祖禹五十以後仍肆力此書。彭序謂經二十年始成者，仍非定稿也。

　自是祖禹與徐氏往來之迹頗密。康熙二十六年丁卯，淸廷修一統志，命徐乾學爲總裁，徐氏羅致祖禹於幕下。閻氏尙書古文疏證（卷六上）謂「己巳與顧景范同客京師，時顧年已五十九。翌年庚午，徐氏歸里設局洞庭，祖禹仍爲分纂，而其子士行亦在志局（見裘璉纂修書局同人題名私記），既父子同硯席，又得恣意博覽四方圖册，復與胡渭閻若璩黃鴻諸人上下其議論。越三年癸酉，卒」（翌年徐亦卒）。此數年中，紀要一書當必又有所增訂。

　然則祖禹此書，既上承其家高曾兩世之餘緒，又及身父子孫三代討論潤色。而祖禹則畢精萃力於其書者達三十四年，先則槁臥窮廬，專心一志，繼則南遊嶺海，北上燕冀，遠搜博涉，又得徐氏藏書之探討，賓客之研窮，取精而用宏，體大而思深，宜其可以躊躇無餘憾矣。

　然祖禹雖溷迹顯貴之門乎，其皭然不汚之節，則固終其身無少渝也。姚椿通藝閣集顧處士祖禹傳略，謂「一統志書成，徐將列其名上之，祖禹不可，至於投死階石始已」。又全祖望結埼亭集題徐狷石傳後，謂「狷石最善祖禹，有事欲就商，會其在徐館中，狷石徘徊門外不入。適祖禹從者出，因以告，乃得見。徐乾學聞之，亟遣人出迎，則狷石已解維去矣」。磨而不磷，涅而不淄，殷有三仁，固不在形迹之間也。

　余觀今本首卷所列各序均無年月，此蓋不署永初之旨耳。又以「昭代」稱明，敘史跡亦至明而止，絕不涉建州入關，拳拳故國之情溢於言表。而祖禹自序及魏彭兩序，尤躍躍不啻探口出。雖祖禹詩文事蹟流傳極少，然此書幸免焚禁，不可謂非大幸矣。（四庫未收其書，殆時人未敢輕進也。」丙午本首頁即大書「吳伯成先生鑒定」，秦序顧凡例皆著康熙丙午年月，益證祖禹自在喪中，事出華氏，非祖禹本意。今祖禹書傳布極廣，然其立身大節，及著書用意所在，與夫數十年辛勤之經歷則人鮮知者，爰因讀丙午本而縱論之如此。

二四，九，七。

中委蕭忠貞等為湘省災民呼籲

澧水流域淹斃十萬人

湖南九澧一帶，本年慘遭空前之水災，故湘西旅京中委蕭忠貞及軍政界湘人田誠龍侯雄才張羣力等，發起組織籌賑會，為災黎請命。記者覓得該會快郵代電一則，摘錄如下：（銜略）湖南澧水流域，值水旱匪共種種摧殘之餘，本年七月澧水上游，及漊澹涔道等各流，因大雨傾盆，山洪暴發，致釀亙古未有之巨災，茲將慘狀略陳之，幸垂察焉。大庸縣居澧水上游，山溪水易漲易落，首當其衝，受災自不待言。慈林境內漊水，來勢猛急，沿河市鎮，如九谿，江埡，象耳橋，杉木橋，東嶽觀，楊柳鎮，東洋渡一帶，遽成一片汪洋，屋宇洗刷殆盡，人口死亡在五千以上。其濱澧水地帶，災情與漊水同，人口死亡，亦在五千上下，縣城東北西門及女校校舍均被沖毀。尤慘者，縣城左近之段家洲，四圍受水，居民兩千以上，災後調查，倖存者僅四五十人。石門㵲水縱貫全境，上游山地，因貧民掘食草根，土皆剷鬆；此次雨量特大，土隨水溶，勢如萬馬奔騰，沿㵲上下三百里，各市鎮，自宜沙，所市，水南渡，古州溪，磨市，夜嚮廟，沿公渡，皂市，新關，及縣場易家渡，公私房屋，除縣府後棟建築較固，尚獲保存外，其餘皆付漂流，教育局址且沖成溪溝，縣北之十里長灘，及字壁岩等處，以水力激射，致成懸壁，總計溺斃人口二萬左右，而兩岸田地或被沖毀，或為砂石積壓，秩秩桑田，頓成荒邱。澧縣因㵲水直下，湖水倒灌，江水南逼，涔，澹，道，眾水陡漲，城垣竟於七月五日深夜溢潰，頃刻水深二丈有餘，淹斃人口約二千以上，絕戶達百餘家，所有街房民舍及機關學校等多數倒塌，同時城外四鄉，低地水深十數丈，高地亦侵水丈餘，致各處一片汪洋，全成澤國。道水沿岸市鎮，如停弦渡，燊家河，劉家河，新渡河，十道港，大石橋，津市，新州，匯口，渡口等處，屋宇沖毀倒塌者，不計其數。又涔水沿岸市鎮，如燄市，閘口，甘溪灘，王家廠，大堰擋，彭家廠，清泥潭，夢溪市，周公渡，永鎮河，白洋堤，蔡口灘，小渡口，紅廟等處，皆被洪濤沖刷，多成溪溝與沙州。此次災區之廣，西起燄市東至焦圻，達二百數十里，北起南家廠南至渡口，達一百八十餘里；凡在此災區內田園廬舍，蕩然無存，屍體枕藉，臭氣沖天，加以目前瘟疫流行，故淹斃自殺餓死，以及瘟疫病亡者，共達五六萬人之多；至於受災人口統計五十萬以上，非賑濟不生者達三十萬，財產損失約七千萬元，事變之慘，損失之巨，為開縣以來所未有也。安鄉處澧水下游，長江之南，洞庭之濱，河道緊複，全縣並無山路，地勢向極低窪，居民築堤防水，徼倖度日；今年澧水西來，江水北逼，沅湘各水，復同時膨脹於東西，眾流所匯，以致水位越趁堤面兩尺餘，全縣九鄉，除宮壋，長壽，永大三鄉，尚各有一小部份與水抗衡外，其餘文豐城中，夾州，焦圻，梅景，恙田六鄉，完全浸入水平線下，封簷沒脊，居民逃生無路，棲身無所，淹溺以及自盡者，約三萬人，與上游人畜屍身，浮蕩江河，慘不忍睹，臭氣薰蒸，疫病流行，受災人口，近二十萬，財產損失，在三千萬元以上。臨澧雖地勢較高，然以澹水窄狹，水勢湍急，勢如建瓴，沿河新安，合口，油家洲等市鎮，與夫人畜屋宇，漂洗一空，田地損失亦不少。南縣東南兩面，濱臨洞庭，西接安鄉，北嘗荊衢，眾流湍激，繼漲增高，全縣潰境五分之三，淹斃人口至少一萬以上。合計澧水流域七縣，此次被水淹斃人口十萬左右，房屋牲畜，什具禾稼，等等損失值一萬萬數千萬元，災民將近百萬，或以生活斷絕，投水自殺者日有所聞，其苟活者奄奄欲斃，嗷嗷待哺，災情慘重，言之心酸。旅京同人，痛等切膚，業於上月二十五日組織籌賑會，敬乞仁漿義粟，踴躍救助，以惠災黎，無任感禱。倘承恩賜，即經交本會代收，自當一面鳴報誌謝，一面分發災區，以照鄭重，而均實惠，不勝迫切之至，謹此電達。

（廿四，八，十二，上海晨報）

紅卍字會調查豫省災況報告

人畜陸沉廬舍邱墟災情慘重

紅卍字會東南各會聯合總辦事處昨接冀豫陝聯合辦事處報告調查河南偃師滑縣鞏縣淅川彰德修武等縣水災情形極詳，茲特錄之如后，以告各界留心豫災者。豫民不幸，災患頻仍，今春旱魃為虐，近復洪水為災，人畜陸沉，廬舍墟坵，種種慘狀，楮墨難書。本處職司救濟，業經派隊辦理急賑，並派專員赴各地調查，茲將災況報告，敬祈各會各界憫茲遺黎，速施救濟。

一，最重，偃師，地勢低窪，南北背山，中貫伊洛兩河，水高二丈有餘，冲坍城垣約八百丈，適值夜間，堤防不守，全城陸沉，淹沒房屋城廂一萬八千二百七十二間，各區計二萬一千八百八十五間，城廂戶口計一千三百六十四戶，現有下落者一千二百〇七戶，死亡人計二百七八十名口，牲畜三百餘頭，各區災民計四萬九千三百七十名口，死亡按調查時，撈尸四十二人，全縣淹沒田畝計十五萬五千三百畝，財產損失約四百十八萬九千七百七十二元，所有村莊地土農產物及水退後土地損失尚未估計在內。現在城內積水有盈丈不等；各區待賑人數，計六萬〇二百二十七名口。

一，最重，偃城，窪居澧河沙河瑪瑙河穎之中，連年水災元氣未復，先旱後潦，諸河接連，水勢洶湧，溢堤決口，水高一丈二尺，淹澇戶口八百七十餘戶，冲塌房屋三萬四千餘間，漂沈人民二百餘名口，淹沒村莊三百餘村，冲毀田禾佔全縣之五六，尚有積水六七尺不等，各區災民六萬五千四百餘名口。

一，最重，滑縣，地勢低窪，去年被黃河決口後，災患未已，今因大雨滂沱，又受漳淇衛等河暴漲，溢堤決口，直向東流，匯積該縣，淹沒六百餘村，包圍縣城，西北方面，咸成澤國，平地積水六七尺，漂沒人口五千七百六十餘名，冲坍房屋三千八百九十間，淹沒田禾佔全縣之八九，死亡人畜五百餘名口，糧食衣服冲沒殆盡，損失財產約一百七十餘萬金，待賑災民三萬六千餘人。

一，最重，鞏縣，舊城一帶地勢低窪，洛河暴漲，上游水勢，如萬馬奔，溢堤決口，直衝該縣之週郭鎮，羅莊，清易鎮，黑石關，孝義鎮，白沙，焦灣石關，石灰神等堤週圍二百餘村莊盡成澤國。計淹人口四千二百餘戶，冲坍廬舍二千九百餘間，淹沒田禾佔全縣之四。因偃師陸沉，所以該災患之慘重，多未注意。待賑災民三萬二千三百餘名口，損失財產約一百四十餘萬元。

一，最重，淅川，地居西陲，始患匪禍，繼罹水災，接連而來，災情之重不亞偃師。比時山洪暴發，河水陡漲，有一丈二尺，水勢洶湧，橫冲直撞，淹沒廬田，佔全縣之四，冲坍寨垣房屋二千四百餘處，漂沒人口一千五百餘戶，損失糧食財產約二百四十餘萬元。因交通阻隔，鮮有傳聞。待振無衣無食之災民二萬五千六百餘名口。

一，最重，彰德，始則亢旱，繼受水患，因連日大雨，由西山太行山山洪暴發，以致漳淇衛三河猛漲，先後溢隄決口，湮沒一百五十餘村莊，冲毀田禾佔全縣之二三，倒坍房屋八百餘間，漂沒人畜二千四百餘名口，損失財產四十餘萬元。

一，次重，修武，因上游山洪大發，河水陡漲，溢堤決口，勢如奔馬，縣之東北一帶盡成澤國，淹沒村莊三十餘村，倒坍房屋七百四十餘間，冲毀田禾佔全縣之三，漂沒人口一千二百十七戶，淹斃人畜二百八十餘名口，損失財產糧食等估計五十三萬元，待賑災民三千六百餘名口。

一，次重，襄縣，汝河陡漲，溢堤決口，沿汝河之督度長搗等八十餘村莊，皆被水淹沒，寨垣廬舍倒坍六百八十餘所，水高七尺有奇，冲毀田禾佔全縣之二三。該縣素稱菸葉中心，損失菸葉不下十萬餘金。漂沒人口七百二十餘戶，損失財產糧食等估計三十五萬元，待賑災民三千九百餘名口。

一，次重，新野，地居鄂豫，近鄰襄河，上游陡漲，溢堤決口，直灌新野，波浪滔滔，勢甚猛急，水高一丈有奇，冲毀田禾佔全縣之三四，倒坍房屋一千八百餘間，淹沒人口四千六百五十餘戶，死亡人畜二百八十餘名口，損失財產糧食計三十八萬餘元，待賑災民一萬四千三百餘人。因該縣偏僻西南，交通梗阻，消息鮮通。

一，次重，伊洛兩河沿岸居民，河水暴漲，水急地裂，房屋坍陷三千六百餘間，逃避不及，紛紛落水，隨波漂沉人民一千二百餘戶，冲毀田禾十萬餘畝，損失財產糧食計二十五萬元，待賑災民一萬七千四百餘名口。

一，次重，蘭封，淹沒廬舍一千二百餘間，冲毀田禾三萬餘畝，漂沒村莊三十餘村，淹斃人畜一百四十餘名口，待賑災民三千二百餘名口。

一，次重，封邱，被災人口一千四百餘戶，冲毀田禾三萬六千餘畝，淹沒村莊二十餘村，人畜隨波漂沒一百五十餘名口，待賑災民三千四百餘名口。

一，次重，沁陽，淹沒東西王曲等莊二十餘莊，冲毀田禾二萬三千餘畝，倒坍房屋六百五十餘間，漂沒人口四百三十餘戶，待賑災民三千六百餘名口。

一，次重，獲嘉，淹沒田禾六千七百餘畝，冲坍房屋二百三十餘間，漂沉人口四百八十餘戶，待賑災民二千八百餘名口。

一，次重，臨漳，漳河陡漲，由展莊營硯花台一帶決口，復從東南迴龍鎮一處溢漫，經牛辛莊等四十餘村莊全被淹沒，平地水深六尺，冲毀田禾佔全縣之三，倒坍房屋九百七十餘間，淹沒人口七百五十餘戶，待賑災民八千六百餘名口。

一，次重，淇縣，淹沒村莊三十餘村，冲毀田禾佔全縣之二三，倒坍房屋八百三十餘間，漂沒人口六百七十餘戶，待賑災民五千三百餘名口。

（廿四，八，十二，上海晨報）

評傅著新省區

楊　寔

新省區，傅角今著，民國二十三年二月，商務印書館出版，列爲小學生文庫地理類之一。全書將民國十七年自舊置之特別區，或鎮守使，護軍使轄地，略加更異，改設而成之熱河，察哈爾，綏遠，寧夏，青海，西康六省，分作六章敘述，說明其沿革，地勢，氣候，物產，及其主要都邑等等，並各附省區圖一幀。

是書既爲小學生而作，固難苛求其詳賅。但內中察哈爾省一章，予因舊遊之地，較爲熟悉，細讀一過，覺其似未能將『省區』與『特別區』之轄境認淸，而誤以爲相同，故雖以『省』爲標題，卻仍以特別區之境域爲主，混淆不淸，是其大病；其他敘述亦頗有可議之處。用是逐條摘錄於下，並貢一得之愚見：

（一）『民國三年六月，以張北等七縣……劃爲特別區域。……七年置興和道，轄張北等縣。民國十七年改察哈爾特別區爲察哈爾省。』原書頁一九

寔案：民國三年，察特別區轄縣固是七個，但此七縣爲何名？果若此後縣區無何增益，小學生讀者披閱附圖，即可知之，無庸更註明縣名。但察區至改省前，縣數已由七而增至十一。而民國七年前，六年時，業已新置商都寶昌二設治局（詳大公報史地周刊第四十期，拙著），後均改縣，則是三年時之七縣寔有註明之必要，否則讀者或尙以爲七年時之興和道亦僅轄七縣也。至若興和道，亦非七年所置。林傳甲察哈爾鄉土志（地學雜誌七年六至十二期，民國五年）文內，已有道尹制度，則非七年所置明矣。是當與設特別區同時。十七年改省後，所轄縣數及其境域，與前頗不相同。概言之，前特區所轄之西部五縣——豐鎭，集寧，興和，陶林，涼城撥歸綏遠省（即今所謂之『綏東五縣』是），而易以外長城內之前直隸省口北道十縣——萬全，宣化，涿鹿，懷來，延慶，赤城，龍關，懷安，陽原，蔚縣。於是省界與前亦略相異（詳後文）。此事頗關重要，而傅氏乃略而不述，讀者或將以爲省區與前不殊，豈不大誤！

（二）『察哈爾東界熱河，北及西北界外蒙車臣汗，西界綏遠，南以長城界山西河北兩省。』頁一九

此處僅云『察哈爾』，未言明爲『省』，抑是『特別區』。但標題既以省命名，而下文其『面積約廣二十五萬八千平方公里』，與曾世英先生估計該『省』面積數字相似。人口又係根据改省後民國十八年（即一九一九年）郵局之調查。則此『察哈爾』當是指『省』而言。然視其所述外界，則仍是特別區之情形。如『南以長城界山西河北二省』一語，今省界寔不如是，而與特別區時則頗符合。且其所述隣接省若區，爲數只五。爰取申報館中國新地圖證之：察省東北尙界有黑龍江及遼寧二省。東，北，及西北三界與書同，而其西則界綏遠山西二省。蓋特別區時，察哈爾轄境悉在外長城之外，故其西僅界綏遠。今口內十縣（即前口北道十縣）既撥歸省轄，綏東五縣又去，於是山西省遂不在其南界，而易在其西，且不得仍云『以長城界』矣。河北省（傅文既稱河北省，亦足爲十七年後省界之證，蓋前特別區實界直隸省也）於是不僅界其南面，亦復界其東南矣。

（三）『察哈爾的地勢，可分爲山地和瀚海兩部。……自多倫而西南爲山地部，……此地爲長城以北天然之牧塲。』頁一九

是段所述地勢，仍屬特別區之情形，於外長城以南之口內十縣地勢，竟不提及。且此種劃分亦不甚當。蓋察省長城以北之地，多爲一千公尺以上之高原，內部甚形平坦，雖間有岡阜起伏，然坡度甚緩，遠望似丘陵，近視則爲平野，曷得名之爲山地！試取中國新地圖視之，察省長城以北之地勢，均屬高原性質。至若山地部分，則惟口內十縣始克當之（參閱史地周刊第四十六期拙著）。今傅氏乃將高原地方區分爲此二種，而將口內之眞正山地遺置不言，不徒區劃未當，且於省轄境域亦似未能瞭然也。

（四）『察哈爾的山脉，在省境西界外的有陰山的幹脉，在東界外的有蘇克斜魯山的幹脉。介乎二者之間，八旗牧地之上的……』頁二十

此處既言八旗牧地，則是仍將綏東五縣與察省混爲一談。蓋察哈爾右翼四旗牧地約在今綏東五縣境內（詳史地周刊第四十期拙著），不屬察省。傅書附全省圖，將察哈爾部完全置省境內縣區之北，亦誤。蓋今日省境內僅有該部左翼四旗，不得包容全部。觀於今春十二旗羣醞釀改盟，及右翼四旗要求遷入察省境內事，可

知之矣。

（五）『……以上各河源（灤河，沽河，清水河，洋河）均水淺且瘦，無航行灌溉之利，且都爲沽灤遼黃諸河的尾閭。』

頁二十一

上述四河，除灤河上游在察省境內之名稱及經流敘述較詳，餘均甚簡。自此處可見作者對於口內部分，幾且視非察屬者。如沽河只云『上源出沽源縣北境，夾縣城而南流，入獨石口』。爰察中國新地圖，沽河上源有二支：在沽源縣境內流入熱河省者，曰黑河；入獨石口，經赤城縣流入熱省與黑河會合者，曰白河。今傅書只云『入獨石口』即無下文，不徒過簡，且似入口後即非察省，則誤甚矣。清水河亦僅述經過張家口，洋河則僅云出綏遠與和縣北境。寔則清水河過張家口後，即流入洋河。洋河爲察省最主要之河流，其幹支流域包括口內八縣（赤城龍關則屬沽河流域），爲永定河之上游。支流大者有東，南，西三洋河，嫣水河，及桑乾河與其支流壺流河。以上諸河均較清水河爲大。若傅氏屬稿時，心目中存有口內十縣應屬察省之觀念，而言河流，當不至將清水河單獨提出，與洋河並列；而於洋河亦當敘述較詳，方始合理。今觀其所述，其心目中寔仍以特別區之境域爲根据，故無怪其如此之輕重倒置，詳上都河（即灤河上源）及清水河，而略洋河也。蓋上都河在長城以北，察區境內實爲最大者；特一與口內之洋河相衡，則乃如小巫矣。且洋河在口內雖無航行之利，但在灌溉上則尙有裨益。如該省建設廳二十三年六月統計（見察省建設事業概況，全年八月建廳印製）：口內之萬全，宣化，懷安，陽原，蔚縣，涿鹿，懷來等七縣，均屬洋河流域，其引渠灌田之畝數，共計三四九一頃，則是洋河亦自有其灌溉之功用也。傅文復云：『以上各河源都爲沽灤遼黃之尾閭』。爲沽灤之上源誠是矣，遼黃則不知與察省境內之河流有何關係？此風馬牛不相及者，何能併作一談！況『尾閭』之意義何解？莊子有『尾閭泄之』之語，其意爲『衆水所歸』，意甚明顯，而傅氏乃如此云云，豈沽灤遼黃四大巨流俱以察省爲尾閭乎？用字殊不恰當。

（六）『平綏鐵路自北平至張家口，西南行，達山西大同，復北折出長城，入本省境，西北經歸綏而達包頭，

3

約通過本省西南一角。』頁二十一

此處言『本省』，當以省區爲依歸。現時平綏路過南口即入本省境，經張家口，過柴溝堡，即出本省境，始達山西大同；此後北折出長城，經豐鎮集寧，過歸綏而達包頭。豐鎮集寧，前雖屬察哈爾特別區，今則屬綏遠省。此段至足證明傅氏仍以綏東五縣爲察省區，而將口內提出省外，故有『北折出長城，入本省境』，及『約通過本省西南一角』等語。寔則今平綏路約通過本省之南部，不必過大同，出長城，始入本省境；但觀傳書附圖即可知之，不必更旁徵博引，以佔篇幅。此眞以其矛攻其盾，不知傅氏將何以自解？更不知書既附圖而兩不相合，又何故也？

（七）『蘑菇本爲察哈爾之著名產品，內地稱「口蘑」。』頁二十三

察省口外誠產蘑菇，沽源所產亦頗負相當之盛名，但爲量甚微。愚前在張家口曾詢之商人，据云，大宗來源，寔仰恃外蒙。故自庫倫獨立，交通斷絕，蘑菇之來源即告稀缺，價亦較前昂貴。而內地所以呼之爲『口蘑』者，以張家口爲此物之集散地，故以名之。亦猶栗子以良鄉產著名，寔則良鄉並不產栗子（見史地周刊拙著，評張其昀本國地理），因其經過此處，遂浪得虛名耳。

（八）『張家口，即萬全縣。』頁二十四－二十五

此亦誤。近人多以張家口即萬全縣，寔則萬全縣城在張家口之西北。改省前張家口雖屬萬全縣境，然察哈爾都統則借治此處，故伊時萬全縣屬前直隸省口北道，而張家口則隸特別區。是地雖爲萬全縣之附邑，但以其握對蒙貿易之樞紐，極盛時，人口且達十七萬餘，儼然爲一獨立市。內政部十七年之人口調查，即將張家口市與萬全縣分列二項，其非此即是彼，明矣。斯地現爲省府所在，萬全縣府雖亦自其故城移駐堡裏，然其職權不能達及此市區內。如警政一項，另有省會公安局辦理。本年二月時，該省會公安局公布之察省人口統計（載天津大公報本年二月二十六日第十版），內將縣市分列。建設廳之全省各縣商號概況統計（載察省建設事業概況統計，工商類），亦復如是。故張家口即萬全縣之說，未盡然也。

（九）『多倫縣在張家口東北五百里，爲察哈爾左翼正藍

旗地。』頁二十六

多倫縣是否爲正藍旗地？此處頗有商榷之必要。嘗考清初，宣大邊外尙未設廳之前，農田未闢，都屬游牧草地。然在康熙十四年之前，察部八旗悉駐義州，並未在是區內。伊時已設置各牧廠。清通志卷二七〇載，多倫諾爾廳地方，其前爲上都牧廠。直至康熙十四年，平布爾尼之亂後，移置察部八旗於宣大邊外，當各牧廠之北，而與其壤地相錯。大清一統志（卷四百十之四，乾隆朝修）載『正藍旗察哈爾……南至御馬廠（即上都牧廠）官羊羣界三十五里………東南至御馬廠界四十里』。是御馬廠在正藍旗察哈爾之南及東南。卷四百九之二載：御馬廠區內之山川有『灤河，在牧廠西，俗名上都河』，及『多倫泊，在牧廠東北』，而彙宗寺及善因寺俱在是區內。按今圖籍，若上都河，若多倫泊，若彙宗善因二寺，俱在今多倫縣內，則是上都牧廠所在地總應有一部分爲今多倫縣之前身。更查一統志卷四百十之四，內載正藍旗之山川，並無上都河及多倫泊，故揆其旗區位置，當在上都牧廠之北，與今圖所載無何更異。新地圖多倫縣北境與正藍旗相接，縣旗界限不詳。容或正藍旗之南境，經此數十年之墾治，業經劃入縣區，似尙可能。但若謂多倫縣即爲正藍旗地，則誤矣。蓋河也，泊也，寺也，其初即不屬正藍旗而屬上都牧廠，今俱在多倫縣內，安可強以爲多倫縣之前身而爲正藍旗地耶！

（十）印刷謬誤之處，如：與和縣，附圖作興『河』，而頁二十一行七作『和與』。同頁行八—九，『境內有鹽湖甚多，西南凹地有多倫泊，在多倫上都河之曲』，此『西南』二字似當作『東南』，蓋多倫泊寔在察省之東南也。若是西南，豈不將與晉綏接境乎？頁二十二，述通外蒙之大道，其西北路至庫倫，中經滂江，烏得，陶林等地，此陶林之『陶』（行三）亦誤。蓋陶林爲綏東五縣之一，而張庫路所經者則爲叨林也。同頁行十一，張庫誤作『長』庫。頁二十三，行三——四，『北部錫林郭勒盟中的烏珠穆沁地方之達里噶厓牧廠……』，附圖作『岡』，此處作『噶』，應以『岡』爲是。蓋雖俱屬音譯，然習慣多作岡，應從衆；且書圖亦宜相符，不當差異。達里岡厓牧廠亦不屬錫林郭勒盟，更不在烏珠穆沁地方。國學雜誌第四期

5

(民國四年九月)，庸庸最近地方建置沿革表，內載察哈爾特別區轄『興和一道，內蒙錫林郭勒一盟，察哈爾左翼右翼各四旗，各旗牧廠，達里岡厓商都各牧廠』，是達里岡厓牧廠不屬錫盟也明矣。(傅書頁一九所載察特別區轄境亦與此相同，乃後文又與此相矛盾，殊覺不解。)按新地圖，烏珠穆沁旗在錫盟之東部，達里岡厓牧廠則在錫盟西部蘇尼特及阿巴哈二旗之北，其位置亦間隔不相連屬。豈烏珠穆沁地方另有一達里噶厓牧廠耶？而附圖又未載，何耶？

夫政府新設六省，實爲鞏固邊疆之良策，而作者之著是書，更爲喚起民衆注意邊疆之要着。在此民無遠志之時，此類出版品自有獎勵之必要。然綜觀其察哈爾省一章，連同附圖，僅僅十頁，而可議之疵點已如是之多，不禁爲之一歎。蓋其主要原因，爲作者未曾將省區與特別區之轄境異同分清，書與圖又不能相合，遂致書內所述者錯誤矛盾，到處皆是，而排印時校對又欠仔細，更叢舛謬。夫是書既爲小學生而作，小學生判別是非之能力本較薄弱，設使沿襲其訛，先入爲主，則積重難返，其爲害豈不甚大！爰本責備賢者之義，作爲是評；願念攻錯之義，交相勉焉。

(附註一)參後文第十款，引國學雜誌文。該誌於民國四年九月出版，已述察特別區轄興和一道，故知是道必不在民國七年時始行設置。

(附註二)日本東京地學協會東亞地質第七圖內將達里岡厓牧廠置於察部八旗地方，亦誤。

本文屬稿畢，自顧師處獲讀白眉初氏中華民國省區全誌第一册京直熱察綏五省區誌(民國十三年六月，求知學社印刷)，乃知傅書察哈爾省一章，多自此採用。惟伊時所述乃特別區之疆域，而傅書已爲察省，其間自有差別。乃竟未加選擇，多依白氏資料，而述省區地理概況，其舛誤自無足怪也。

寔附誌。廿四，八，十八。

興和道之設置，實與特別區同時。民國三年七月六日，大總統制定公布熱河道綏遠道興和道區域表，及都統府官制(敎令第九十一及九十三號)二令，載東方雜誌民國三年八月號，可爲確證。

寔再誌。廿四，九，十六。

6

清代學者地理論文索引(續)

王重民 1

四 河渠水利

攷釋

禹貢三江辨 朱鶴齡 愚菴小集 一二,四下

三江論 楊椿 孟鄰堂文鈔 七,一一下

三江考 李紱 穆堂初稿 一九,一三上

禹貢三江依經說義篇 程瑤田 禹貢三江考 一,一上

三江辨惑論(二篇) 程瑤田 禹貢三江考 一,九上

荊州江漢,揚州三江異名同實說 程瑤田 禹貢三江考 一,一九上

全氏謝山經史問答論三江諸說辨 程瑤田 禹貢三江考 三,六一上

三江辯(上下篇) 錢塘 漑亭述古錄 一,一一上
湖海文傳 一三,一上

禹貢三江說 許宗彥 鑑止水齋集 一四,一上
湖海文傳 一五,一二上

三江考 張燗 養素堂文集 一〇,一四上

三江考 張海珊 小安樂窩文集 一,一上

禹貢三江說 蕭穆 敬孚類稿 一,九上

三江說 汪士鐸 汪梅村先生集 三,一上

禹貢三江解 陳一麒 詁經精舍文續集 一,一一上

三江說 胡薇元 玉津閣文畧 一,八上

答張廉卿書(考三江) 吳汝綸 桐城吳先生文集 一,六六下

再復張廉卿論三江書 吳汝綸 桐城吳先生文集 一,七一上

『三江既入』考 黃家辰 詁經精舍四集 二,一一上

鄭注『三江分於彭蠡』爲三孔解 程瑤田 禹貢三江考 一,二三上

鄭注『三江分於彭蠡』『於』字解 程瑤田 禹貢三江考 一,二四上

彭蠡三江說 洪榜 湖海文傳 一五,一〇下

彭蠡三江說 管世銘 韞山堂文集 二,一下

三江彭蠡東陵考 鄒漢勛 斆藝齋文存 一,九下

答禹貢三江震澤問 趙一清 東潛文稿 下,八四上

禹貢三江九江辨 黎庶昌 拙尊園叢稿 四,五上

4

涇水出蕪湖解　趙紹祖　琴士文鈔　二，三上

與吳南屏舍人論羅水出巴陵　郭嵩燾　養知書屋文集　二，七下

西域井渠考　王國維　觀堂集林　一三，一六上

葱嶺南北河考　沈垚　落帆樓文集　一，一三上

秀州水利納洩泖湖考　顧廣譽　悔過齋續集　一，一三上

黃巖水利考　王棻　柔橋文鈔　四，二五下

西湖水利考略　黃彭年　陶樓文鈔　二，二五上

記敘

河源記(附讀河源記書後)　楊椿　孟鄰堂文鈔　一四，七下

尋淮源記　沈彤　果堂集　九，九上

直隸水道記　崔述　無聞集　三，二四上

記直隸水利　包世臣　安吳四種　四，八上

代大名兵備富敬齋爭堵漳河決口稟蕺使相　包世臣　安吳四種　四，一二上

南河雜記(二篇)　包世臣　安吳四種　二，二八上

閘河日記　包世臣　安吳四種　六，一上

湘潭水利記　張雲璈　簡松草堂文集　七，二七上

贛縣水災記　姚文田　邃雅堂集　三，二八上

上河水災記(上下篇)　焦循　雕菰集　二〇，一二下

濬河述略　趙士麟　讀書堂綵衣全集　二〇，二上

總河近事考　俞正燮　癸巳類稿　一二，二五上

史公張秋治河記　袁枚　小倉山房文集　一三，五上

書山東河工事　張惠言　茗柯文補編　上，二二上

辛丑河決大梁守城書事　蔣湘南　七經樓文鈔　五，五五上

重濬吳淞江碑　唐仲冕　陶山文集　七，一上

吳松口驗功記　梅曾亮　柏梘山房文集　一〇，一五下

嘉慶九年重濬杭城水利記　阮元　揅經室三集　四，二下

重濬洺河碑記(代)　黃彭年　陶樓文鈔　三，五下

劉河記　瞿中溶　瞿木夫文集　一，一二上

新開海州甲子河碑　唐仲冕　陶山文錄　七，五上

杭城濬河記(代)　潘耒　遂初堂文集　一二，一九上

浦陽江記　全祖望　鮚埼亭集　三〇，一上

東萊大小沽河記　全祖望　鮚埼亭集　三〇，四上

重濬古洺莽渠記(代)　戚學標　鶴泉文鈔續選　五，七上

昭文縣濬河記　陳祖范　陳司業文集　二，六二上

昭文縣重濬城河記　孫原湘　天眞閣集　四六，二下

常熟縣李侯疏濬城河記　孫原湘　天眞閣集　四六，三下

7

重修長虹隄南塘記　王源　居業堂文集　一九，二一上
重濬常熟縣福山塘記　王鳴盛　西莊始存稿　一八，二下
開興福塘記（代）　朱琦　小萬卷齋文集　一五，一四上
崇明平漢沙築海隄記　吳偉業　梅村家藏稿文集　一八，四上
亳州渦水堤銘（并序　代亳州知州今任鳳陽府知府儀徵江恂作）　汪中　述學補遺　一，二一下
桐城縣護城石堤記（代）　戴鈞衡　味經山館文鈔　三，三〇上
兩浙巡撫金公重修西江塘碑記　毛奇齡　西河合集　六七，一上
白公堤記　朱軾　朱文端公文集　一，五二上
李公堤記　俞樾　春在堂雜文五編　一，一上
劉公堤記　李紱　穆堂初稿　三〇，一一上
桃花隄記　全祖望　鮚埼亭集外編　二一，一五上
築子嬰隄記　方苞　望溪先生文集　一四，二一上
白河隄記　董以寧　文友文選　一，二二上
安州南北隄工碑記（代）　黃彭年　陶樓文鈔　三，八上
淮安運河西福公隄記　丁晏　石亭記事　一，一三上
己酉重修運河西太平南隄記　丁晏　石亭記事　一，二八上

狄道州引河築隄記工碑　牛運震　空山堂文集　九，一二上
建脩汧河隄記　馬國翰　玉函山房續集　四，X
金家陂修子隄記　汪士鐸　汪梅村先生集　六，一八上
重修帆游橋堤記　孫衣言　遜學齋文續鈔　三，二三上
重修漁梁壩碑記　胡賡善　新城伯子文集　五，五上
鹽阜潮河新築長圩記（代）　劉毓崧　通藝堂文集　一〇，九上
新開吳淞閘碑記　毛奇齡　西河合集　七二，四上
修建山陰茅山閘記　石韞玉　獨學廬五稿　一，四上
荊南船閘記　杜貴墀　桐華閣文集　一一，一四上
尖山壩工紀略　馮浩　孟亭居士文稿　二，四二上
無爲州江壩記　張際亮　張亨甫文集　四，九上
移築永豐塘石口記　王榮商　容膝軒文稿　二，一五上
小江湖強堰記　全祖望　鮚埼亭集外編　一八，四上
堵築張秋漫口碑記　錢保　梅庵文鈔　四，三下
史家塢搶險記（代）　韓夢周　理堂文集　七，二〇上
甲子歲水災紀事　孫原湘　天眞閣集　四三，一上
記加徵省衞運行糧始末　錢大昕　潛研堂文集　二二，六下
記開海口始末　方苞　望溪先生集外文　六，一九上
道光丙戌海運記　魏源　古微堂外集　七，三〇上

新繁縣王虎臣明府重修來薰橋碑記　張澍　養素堂文集
七，二一下
重修宛溪二橋碑記　施閏章　施愚山先生學餘文集　一三，四下
和濟橋記　馬國翰　玉函山房文集　二，一三上
重建秀江橋記　施閏章　施愚山先生學餘文集　一三，七下
青雲橋記　吳德旋　初月樓文鈔　六，二上
楊舍鎮青龍南橋碑　李兆洛　養一齋文集　九，二三下
重築長虹橋碑　錢儀吉　衎石齋記事稿　九，八上
重建金青橋記(代李明府)　戚學標　鶴泉文鈔　上，五二上
青州南陽橋碑記　趙執信　飴山文集　五，一上
重修衎慶橋碑記　胡賡善　新城伯子文集　五，二二上
吳門訪洗馬橋記　朱珔　小萬卷齋文集　一五，一八上
大足縣修東郭虹橋記　張澍　養素堂文集　七，二四上
重修孫公橋記　劉大櫆　海峯先生文　一〇，八下
恩江橋記　施閏章　施愚山先生學餘文集　一三，三下
改建涿州石橋記　汪師韓　上湖分類文編　下，X
修廻瀾橋記　張澍　養素堂文集　七，一八下
脩單石鋪旌善橋碑記　張澍　養素堂文集　七，二二下
重修福州府南臺昇壽橋記　吳榮光　石雲山人文集　三，七上

丹陽麥舟橋記　石韞玉　獨學廬三稿　一，一〇下
湖州下昂村淸遠橋記　王昶　春融堂集　四八，一〇下
大通鎮重建紫陽橋並修路碑記　朱珔　小萬卷齋文藁
一八，一七下
重建陳渡橋碑記　趙懷玉　亦有生齋文集　一五，五下
重建陳渡橋碑記　吳德旋　初月樓文鈔　六，七下
餘姚縣復江橋碑　胡天游　石笥山房文集　四，一三上
重修東溪惠濟橋記　施閏章　施愚山先生學餘文集　一三，六上
旌德縣建登瀛橋碑記　盧文弨　抱經堂文集　二五，四下
朱氏重建渚頭橋碑記　張雲璈　簡松草堂文集　七，二一上
萬安橋記　戚學標　鶴泉文鈔　上，五〇下
萬松橋記　姚鼐　惜抱軒文後集　一〇，三下
重修湘西萬福橋記　何紹基　東洲草堂文鈔　四，三下
萬福橋碑　吳之英　壽櫟廬巵言和天　六，二下
貽慶橋碑記　陶澍　印心石屋文鈔　二，一五上
良鄉縣閻窪村新建通濟橋碑記　方苞　望溪先生文集
一四，二四上
重修通濟橋碑記(代)　王植　崇德堂藁　二，六四上
龍游縣通駟橋碑　張鑑　冬青館乙集　八，二七下

策議

請修河渠志　陸燿　切問齋集　九，五上
條陳分黃洩湖策　張伯行　正誼堂文集　四，八上
條陳黃淮河務十條　張伯行　正誼堂文集　四，一上
黃淮議　方苞　望溪先生集外文　三，一二下
畿輔河渠議　魏源　古微堂外集　六，一上
京東水利議　陳黃中　湖海文傳　一四，二二上
渾河改歸故道議　方苞　望溪先生集外文　三，一一上
永定河工停止捐納議　韓菼　有懷堂文藁　一一，一八下
挑濬趙王河議　王念孫　王石臞先生遺文　一，一三上
築隄捍海議　陳玉樹　後樂堂文鈔　四，一四下
上制府委查河海灘地議　唐仲冕　陶山文錄　六，八上
疏消文大二邑積水議　趙一清　東潛文稿　下，八二下
疏濬小清河條議　陸燿　切問齋集　一〇，一上
疏通江漢水利議　杜貴墀　桐華閣文集　三，四上
湖北隄防議　魏源　古微堂外集　六，一一上
吳江水利議（二篇）　潘耒　遂初堂文集　五，一一上
濬吳淞江工竣善後議　唐仲冕　陶山文錄　六，二〇上
開濬吳淞江議　汪之昌　青學齋集　二八，一五上
蘇松水利議（蘇州府志）　任兆麟　有竹居集　六，四四上
請罷修三江閘議　毛奇齡　西河合集　八，一上
白茆水利議　顧鎮　虞東先生文錄　四，八上
滸山濼水利議　李文藻　南澗文集　上，七下
興挑澗河議　潘德輿　養一齋集　一七，一四上
開濬西湖私議　張雲璈　簡松草堂文集　九，八上
議挑儀河章程（十二則）　姚瑩　東溟文後外集　一，一一下
儀河情形亟要先事籌濬議　姚瑩　東溟文後外集　二，二上
重修蛟犀二池議　全祖望　鮚埼亭集外編　三九，一九下
重浚鄞三喉水道議　全祖望　鮚埼亭集外編　三九，二〇下
重浚古小溪港議　全祖望　鮚埼亭集外編　三九，二二上
條陳水利社倉疏　朱軾　朱文端公文集　三，一六上
興水利議　馮桂芬　顯志堂稿　一一，九上
捍水議　張澍　養素堂文集　一七，一三下
代懷遠令孫仿山上孫制府言水利　李兆洛　養一齋文集　一八，六上
酌籌開壩議　陸燿　切問齋集　一〇，四下
籌漕篇（上下篇）　魏源　古微堂外集　七，一上
籌運策（三篇）　張鑑　冬青館乙集　三，八下
河漕私議（附採買川米說）　姚椿　晚學齋文集　一，一四下

雜說

庚辰雜著（論漕運及鹽法）　包世臣　安吳四種　三，一上
復蔣中堂論南漕書（代）　魏源　古微堂外集　七，三八上
糧漕利弊說　王念孫　王石臞先生遺文　一，一九上
糧船量米捷法說　阮元　揅經室三集　二，八上
截漕事宜　李紱　穆堂別稿　四九，二三下
天津起運囤米事宜　李紱　穆堂別稿　四九，二五下
復魏制府詢海運書（代）　魏源　古微堂外集　七，三四下
上江蘇巡撫陸公論海漕書　魏源　古微堂外集　七，四二上
海運十宜　包世臣　安吳四種　三，一九下
洞庭湖創設淺水商輪有益無損說　楊仁俊　沅湘通藝錄　五，五〇上
洞庭湖淤塞於常德有何損益說　戴丹誠　沅湘通藝錄　五，五二上
洞庭湖淤塞於常德有何損益說　蔡鍾濬　沅湘通藝錄　五，五五上

序跋

擬酈道元水經注序　譚瑩　學海堂三集　一七，八上
擬酈氏水經注序　汪士鐸　汪梅村先生集　八，三上
水經酈道元注序　戴震　戴東原集　六，一上
書水經注後　戴震　戴東原集　六，三下
宋刊水經注殘本跋　王國維　觀堂集林　一二，二〇上
明抄本水經注跋　王國維　觀堂集林　一二，二二下
校定水經注箋序　朱鶴齡　愚菴小集　七，八下
水經注朱謀㙔箋跋　杭世駿　道古堂文集　二五，一〇上
明朱謀㙔校刻水經注書後　朱筠　笥河文集　六，一八上
朱謀㙔經注箋跋　王國維　觀堂集林補遺　一二，二四上
校本水經注箋跋　王國維　觀堂集林補遺　一，二九下
柳氏水經校本跋　全祖望　鮚埼亭集外編　三二，一上
清常道人趙琦美脈望館三校本水經跋　全祖望　鮚埼亭集外編　三二，一下
孫氏水經再校本跋　全祖望　鮚埼亭集外編　三二，二上
孫潛夫手校水經注殘本跋　王國維　觀堂集林　一二，二四下
何氏三校本水經跋　全祖望　鮚埼亭集外編　三二，二下
再跋何氏水經　全祖望　鮚埼亭集外編　三二，三上
三跋何氏水經　全祖望　鮚埼亭集外編　三二，三下
沈氏水經校本跋　全祖望　鮚埼亭集外編　三二，三下
水經注釋序　趙一清　東潛文稿　上，一四上
趙刻水經注跋　汪士鐸　汪梅村先生集　九，九下

贛省務會議決議開闢廬山植物區

分類種植樹木百萬株

【南昌航訊】贛省府以廬山森林植物園爲全國僅有之大規模植物園，亟應積極繁榮，業經省務會議議決，募款添植各種花木，一面並飭農業院擬訂栽培計劃。茲經訂定開闢各種植物區十五區，栽植樹木百萬株，預計三年內完成。茲將其計劃錄下：

（甲）開闢自然分類區，（一）森林植物標本區，（二）灌木區，（三）草本植物區（本區內之種類最多，每科各爲小區，每種栽植二至六株，整齊排列，使觀者易於識別），（乙）性質分類區，該區依各種植物之生態性習或效用而分類。

竹林區　我國竹類至繁，迄今無確實記載，究其原因，不外因竹須經十數年或數十年著花一次，而其種類之識別，惟花是賴，故竹之分類研究，舍栽培之法末由。且竹爲森林植物，又爲重要工藝植物，故宜廣事搜集品種而栽培之，每種各爲小區以免年久混雜。

藥用植物區　藥物什之八九取諸植物，自西藥昌行後，中藥大受影響。近來少數國內藥物學家欲明瞭中藥性效起見，競相從事研究國產藥物，然或因取材非易，或因種類鑑別不明，甚難有良好結果。本園擬搜集各省新鮮著藥，用植物栽培繁殖鑑定其種名，然後加以化驗，則中國藥物學之標準庶幾可以確定。且我國藥物除少數種類係栽培品外，餘皆取諸野生植物，殊非經濟之道；苟經化驗，知爲有效良藥，則大舉栽培，實爲刻不容緩之舉。

食用植物區　蔬菜瓜菓荳穀類植物。栽培目的，爲使一般人一目瞭然於其日用必需食品之來源與種類。

工藝植物區　我國產生工藝植物產特多，如油漆桐烏各種芝蔴及其他纖維植物等皆屬之。栽培之目的，一方面爲生產的，一方面爲研究的。

沼澤植物區　我國水產植物種類至繁，或食用，或爲觀賞品，應另置一區以位之。且本園雖位於高山，而水源則在在皆是，足資利用，以栽培此項植物。

石山植物區　屬於此區之植物，多富於耐旱性或具肉質組織，如景天科仙人掌等植物，或具美麗之花，或具奇形之莖葉，在歐美園庭競以栽培此類花木相尙，我國對此項園藝則素乏研究，本園尤宜首爲之倡。

天生植物區　劃定園中一隅，由麓至頂，不加人力干涉，任其界內各界植物滋生繁植，而調查其種類及組合情形，一方面爲植物生態學之研究，一方面可以永觀園界內植物社會之本來面目。

溫室植物區　凡溫熱地帶之植物，在本園氣溫不克生長者，而在植物分類上復不可少之種類，在溫室栽培之。本園現有小溫室一幢，供繁殖之用，將來尙須建築大溫室，以栽培此類植物。

杜鵑區　杜鵑爲我國川滇高山特產，種類之多，不下百餘種，歐美人士莫不珍異之。本園氣候土質最適宜於此類名花之栽培，故闢一專區，以供大規模之栽培。

花卉區　專培宿根球類，及一年草生，本園藝花卉而研究其用途，兼備夏季牯嶺之需。

苗圃區　此區專爲培育各種樹苗，以供以上各區定植之用。

森林區　除以上各區外，本園尙有傾斜度較急之山地，概劃入造林地帶，以建造風景林，經濟林及薪炭林等。其樹種以金錢松錐栗及各種楊柳爲主，前者爲建築材林，後者爲薪炭林。以上各區之規劃，均在分別進行中，預計三年內大體均可就緒；至薔薇花綉球花區，金銀花區等等亦將漸次闢添。

（廿四，八，十七，上海晨報）

日本製鐵所購買鄂產鐵鑛

【東京】乘中日經濟提攜好轉之氣運，滿洲事變後禁止出口之中國湖北省象鼻山鐵山，與日本製鐵所之間已成立本年內購十五萬噸鑛石之契約，昨日松浦丸已由象鼻山出發載四千九百噸鐵鑛，開往八幡。其鑛石品位係百分之六十之鐵鑛。日本鋼管公司亦擬向該地方之開平鐵山購買鑛石，將於日內開始交涉。（三十日電通社）（廿四，八，三十一，申報）

邊事研究

第二卷 第三期

民國廿四年八月十五日

編　輯　邊事研究會編譯組
社　址　南京高樓門九號
定　價　每册二角全年十二册二元四角郵費二角四分

新亞細亞

月刊

第十卷 第一期

民國二十四年七月一日

出版者　新亞細亞月刊社
社　址　南京江蘇路十一號
定　價　每册二角五分全年十二册三元郵費在內

新蒙古

月刊

第四卷 第二三期合刊

編輯兼發行者　北平新蒙古月刊社
社　址　北平旃壇寺西大街
總　代　前當鋪胡同二號
售　處　北平和平門外民友書局
定　價　每份大洋一角五分　半年六期訂閱八角郵費本埠三分外埠六分　全年十二期訂閱一元五角郵費本埠六分外埠一角二分

新青海

第三卷第八期要目

中華民國二十四年八月

總發行所 南京曉莊 新青海社
定價 每册一角 預定半年六册六角 全年十二册一元 國外預定全年二元五角（郵費在內）
代售處 全國各大書坊
代訂處 全國各地郵政管理局及一二三等郵局

研究中國經濟及世界經濟之唯一刊物

中國經濟

第三卷第九期

二十四年九月一日出版

南京將軍廟龍倉巷二號
中國經濟研究會主編發行
南京太平路二四八號
總代銷處現代書局
本誌預定全年二元半年一元一角
本期另售每册大洋二角

浙江圖書館館刊

第四卷第四期

浙江省立圖書館編輯
中華民國二十四年八月三十日

食貨

半月刊

第二卷　第八期

中國社會史專攻刊物

陶希聖主編

定價　零售每册大洋一角

預定全年國內連郵二元國外連郵三元

晨熹旬刊

第一卷　第十五十六十七號合刊

廿四年七月五日出版

社址　南京下浮橋清真寺晨熹社

價目　每册五分全年三十六册一元五角郵費三角六分

出版者：禹貢學會。
編輯者：顧頡剛，譚其驤。
出版日期：每月一日，十六日。
發行所：北平成府蔣家胡同三號禹貢學會。
印刷者：北平成府引得校印所。

禹貢
半月刊

價目：每期零售洋貳角。豫定半年十二期，洋壹圓伍角，郵費壹角伍分；全年二十四期，洋叁圓，郵費叁角。國外全年郵費貳圓肆角。

The Chinese Historical Geography
Semi-monthly Magazine

Vol. 4 No. 4 Total No. 40 October 16th 1935

Address: 3 Chiang-Chia Hutung, Cheng-Fu, Peiping, China

第四卷 第四期
民國二十四年十月十六日出版
（總數四十期）

內政部登記證警字第叁肆陸壹號 中華郵政特准掛號認為新聞紙類

本會紀事

張石公先生捐與本會北平後山袋胡同等處房地，業在本刊四卷二期本會紀事欄內發表。嗣張先生以舊有房屋不適于辦公之用，特在小紅羅廠八號內建造新屋三間，復於日前移贈。同人受茲厚迺，感激無可言喻，惟有益勵所學，以無負先生之期望而已。謹將往來文件發表於下：

(一)張先生與本會顧先生函

頡剛先生大鑒：茲捐贈禹貢學會新房三間。據大森木廠今日交工。附上該木廠估單一扣(內磚瓦木料洋及工料洋均已付清)，單內保固一年，請暫存勿遺，並即日派人接收爲荷。此頌撰安。弟張國淦拜啓。十月六日。

(二)天森木廠估單(節錄)

計開作法單：原有地基一處，今添蓋北房三間，面寬進深尺寸，說明列左：

一，刨槽寬二尺五寸，深二尺五寸，築打夯硪素土一步，灰土二步，用三成白灰，七成原土，用水浸透夯硪，築打結實。

四，木架尺寸，柱高八尺五寸，面寬一丈，進深一丈四尺五寸，添檁子十五根，椽子二百四十根，柱子四根，檁柱大五寸，檐椽大二寸，內椽大一寸六分做。

八，屋內地滿鋪尺二方磚，粗墁用碎磚砌，隔斷一墻，洋式門全份。

共合工料洋陸佰叁拾捌元，用本宅的磚瓦木料合洋叁百玖拾叁元，言明共合工料洋貳百肆拾伍元。一年之內如有坍漏，歸本廠修理。

民國二十四年九月十七日，天森木廠。

張宅台照。

(三)本會顧先生覆張先生函

石公先生大鑒：接讀十月六日賜函，幷天森木廠估單一扣，謹悉。先生前既慨捐房地以供本會同人研究之需，復以舊有房屋不適於辦公室之用，爲造新屋三間，茲落成見贈。承此愛護之深情，雖達感銘之拙語，惟有勉厲同人，勤於治學，期於有成，以報答先生無盡之厚惠。除即日派人接收外，專此奉函道謝。敬請道安。顧頡剛拜啓。二十四年十月八日。

禹貢第四卷第五期

目錄預告

水利與水害（下篇，論南方江域）

錢穆

黃河在古代，未見爲中國之害，已詳上篇。而長江在古代，亦未見遽爲中國之利。遠者不論，春秋楚地不到湖南（詳顧棟高春秋大事表四），此證橫江截渡之事尚不甚易；吳楚相爭亦在淮漢之間（詳顧祖禹方輿紀要卷八十四，此後清儒迭有證發），此證順流泂湖之事亦覺艱難。直到戰國，此種情勢依然無大變。長江舟楫交通之利尚未興，灌漑農事之利更談不到。史記貨殖傳說：

總楚越之地，地廣人稀，飯稻羹魚，或火耕而水耨（此猶謂不用耒耜耕耘，聽禾苗之自生自長也），果隋蠃蛤，不待賈而足，地勢饒食，無饑饉之患，以故呰窳，偸生無積聚。沂泗水以北，宜五穀桑麻六畜，地小人衆，數被水旱之害。（地廣人稀，故無饑饉，地小人衆，故有水旱之患，此乃社會文化高下之殊，非黃水之不如長江也。）民好畜藏，故秦夏梁魯好農而重民。三河宛陳亦然，加以商賈。齊趙設智巧，仰機利。燕代田畜而事蠶。

可見那時的黃河流域，早已在高度的農業文明裏，又兼有着工商業的發展，而長江一帶大部的楚越人好像還未全脫原始生活之形態。

史漢言吳王濞鑄山煮海，國用富饒。太史公又云：『夫吳，東有海鹽之饒，章山之銅，三江五湖之利，江東一都會也』。又曰：『江南多竹木，豫章出黃金』。所陳吳之饒足，僅在銅鹽他物，不及桑麻稼穡。又言長安歲漕關東粟，不聞言江南。漢代的長江流域，除卻上游巴蜀，在農業上，他們實不見有重要的地位。

三國鼎立，吳人於江南廢郡縣吏而置典農督農之官，農事稍稍振起。乃至東晉渡江，長江下游的地位益見重要。晉書食貨志說：『間者流人奔東吳，東吳今儉，皆已還反江西，良田曠廢來久。火耕水耨，爲功差易。宜簡流人，興復農官』。是東吳農事多由北方流入開發。正猶元明以來，河北畿輔求興農事必招吳人。卽此一例，便是長江黃河在中國史上利害先後倒轉之好證。

隋書食貨志則云：『晉自中原喪亂，元帝寓居江左，百姓之自拔南奔者，並謂之僑人，……往往散居，無有土著。而江南之俗，火耕水耨，土地卑濕，無有蓄積之資。諸蠻俚洞，霑沐王化者，各隨輕重收其賧物，以裨國用』。此見農事田租，在南朝的國計上，還不重要。（地理志又云：『江南之俗，火耕水耨，食魚與稻，以漁獵爲業』。又曰：『毗陵，吳郡，會稽，餘杭數郡，川澤沃衍，有海陸之饒，珍異所聚，故商賈並湊』。所舉均不在農事。）

那時長江流域的經濟狀態，受到大批北方人的努力開發，至多也不過和黃河流域走上漸次均等的地位。黃河流域固然無需仰給於長江，長江流域亦還無力供養黃河。所以漢與匈奴，唐與吐蕃回紇，北宋與遼，南宋與金，皆有歲幣，而南北朝獨否。此不僅爲雙方國力抗衡之表見，亦爲當時雙方經濟不相上下之一種極準確的尺度。而春秋時楚國，則對周天子只貢了些苞茅。

長江黃河經濟上先後倒轉一個極顯明的事態，便是隋代以下有名的運河之利用。然而隋書高祖紀開皇七年於揚州開山陽瀆以通運漕，則仍是漕北粟以濟南，非運南粟以濟北。煬帝大濬渠道，明明爲游幸，不爲漕運；明明是浪費他北方積存的財力，並非有意地來朘削南方的脂膏。

大規模的轉運江淮米以給北方，這是唐代裴耀卿劉晏以下的事。而長江流域經濟情形的蒸蒸日上，亦在中唐以後。中國史上經濟向上的第一標準，即在農業；農業開發的第一基礎，便是水利。這便是說長江流域的水利，要在中唐以後才充分表現。

長江水利最重要的代表區域，在其下流太湖流域一帶，俗稱『江南』。江南水利農事大規模的興修，則在五代時之吳越。（唐陸龜蒙耒耜經，始言江南田事。顧炎武天下郡國利病書載江南歷代水利，五代前僅舉唐元和五年王仲舒治蘇，堤松江爲路一事。今按蘇州有瓦屋，亦自仲舒始也。）據吳任臣十國春秋吳越武肅王天寶八年，

> 時置都水營使以主水事，募卒爲都，號曰撩淺軍，亦謂之撩清。命於太湖旁置撩清卒四部，凡七八千人，常爲田事，治河築堤。一路徑下吳淞江，一路自急水港下澱山湖入海。居民旱則運水種田，澇則引水出田。又開東府南湖（即鑑湖），立法甚備。（元知水人潘應武云：錢王時於太湖旁置撩淺軍四部。曾鞏開鑑湖說云：南湖歷錢王鏐父子，立法甚詳。今按成及傳，武勇都以治溝洫過勞叛變，事亦見徐綰傳。）

又寶正二年，

是時浚柘湖及新涇塘，由小官浦入海；又以錢塘湖葑草蔓合，置撩兵千人，芟草濬泉。(今按蘇軾知杭州乞開西湖狀亦曰：錢氏有國，置撩湖兵士千人，日夜開浚。國初以來，稍廢不治。)

又忠懿王乾祐二年，

置營田卒數千人，以淞江闢土而耕。(一云，吳越時，開墾田土，修理水利，米一石不過錢數十文。按宋高宗時，知揚州晁公武言，吳越墾荒田而不加稅，故無曠土。)

此皆吳越注意農田水利之證。及宋仁宗慶曆間，范仲淹守平江上奏，略曰：

江南舊有圩田，每一圩田，方數十里，如大城。中有河渠，外有門閘。旱則開閘，引江水之利。潦則閉閘，拒江水之害。旱澇不及，爲農美利。又浙西地卑，常苦水沴。雖有溝河可以通海，惟時開導則潮泥不得以湮之。雖有堤塘可以禦患，惟時修固則無摧壞。臣知蘇州日，點檢簿書，一州之田，係出產者三萬四十頃。中稔之利，每畝得米二石，或三石，計米七百餘萬石。東南每歲上供之數六百萬石，乃一州所出。臣詢訪高年，則云曩時兩浙未歸朝廷，蘇州有營田軍四部，共七八千人，專爲田事導河築堤以減水患。于時民間錢五十文糴白米一石。自宋朝一統，江南不稔則取之浙右，浙右不稔則取之淮南，故慢於農政，不復修舉。江南圩田，浙右河塘，大半隳廢，失東南之大利。今江浙之米，石不下六七百，足至一貫省。比於當時，其貴十倍。

這一節文字，說明當時江南水利的情形，可謂深切而著明。原來『水可爲利，亦可爲害』，江南的水利，是時人不斷的用了精心果力得來的酬報。若稍一慢懈，則向之所樂以爲利者即今之所苦以爲害。范仲淹說：『宋朝一統，江南不稔則取之浙右，浙右不稔則取之淮南，故慢於農政，致失大利』。黃河流域的農田水利之日就荒落，何嘗不是靠了長江的接濟而慢於修舉之故。目前水害滔滔，延及長江，怕是五洲大通，洋米進口的太多了吧？

神宗時，又有崑山人郟亶，奏論蘇州水利，他說：

昔禹時，震澤爲患，東有堈阜以截斷其流，禹乃鑿堈阜，疏爲三江，東入海，而震澤始定。然環湖之地尚有二百餘里可以爲田。而地皆卑下，猶在江水之下，與江湖相連。民既不能耕植，而水面又復平闊，足以容受震澤下流，使水勢散漫，而三江不能疾趨於海。其沿海之地，亦有數百里可以爲田，而地皆高仰，反在江水之上，與江湖相遠。民既不能取水以灌漑，而地勢又多西流，不得畜聚春夏之雨澤以浸潤其地。是環湖之地常有水患，而沿海之地每有旱災，如之何而可以種藝耶！古人遂因其地勢之高下，井之爲田。其環湖之地，則於江之南北爲縱浦以通於江，又於浦之東西爲橫塘以分其勢而棊布之：有圩田之象焉。其塘浦闊者三十餘丈，狹者不下二十餘丈；深者二三丈，淺者不下一丈。且蘇州除太湖之外，江之南北，別無水源。而古人使塘深闊若此者，蓋欲取土以爲堤岸，高厚足以禦其湍悍之流，故塘浦因而闊深，水亦因之而流耳；非專爲闊其塘浦以決積水也。故古者堤岸高者須及二丈，低者不下一丈。…借令大水之年，江湖之水高於民田五七尺，而堤岸高出於塘浦之外三五尺至一丈，故雖大水不能入於民田。既不容水，則塘浦之水自高於江，而江水亦高於海，不須決泄而水自湍流矣。故三江常浚，而水田常熟。其堈阜之地，亦因江水稍高，得以畎引灌漑。此古人浚三江治低田之法也。所有沿海高仰之地，近於江者既因江流稍高，可以畎引；近於海者，又有早晚二潮可以灌漑。故亦於沿江之地，及江之南北，或五里七里而爲一縱浦，又五里七里而爲橫浦，其塘港之闊狹與低田同，而其深往往過之。且堈阜之地，高於積水之處四五尺七八尺，遠於積水之處四五十里至百餘里，固非決水之道也。然古人爲塘浦闊深若此者，蓋欲畎引江海之水，周流於堈阜之地，雖大旱歲亦可車畎以漑田，而大水之年，積水或從此而泄之耳；非專爲闊深塘浦以決低田之水也。至於地勢西流之處，又設堈門堰門斗門以瀦畜之。是雖大旱，堈阜之地皆可耕以爲田。此古人治高田畜雨澤之法也。故低田常無水患，高田常無旱災，而數百里地常獲豐熟也。

觀於亶文，可見三吳水利，全出人爲，並非天然。一旦人力稍疎，則水之爲利者即轉而爲害。亶又言之：

古人治田高下，既皆有法。方是時也，田各成圩，圩必有長。每一年，率逐圩之人修築隄防，治浦港，故低田之隄防常固，旱田之浦港常通。（古之田雖各成圩，然所名不同，或謂之段，或謂之闉。今崑山低田，皆沉在水中，而俗呼之名，猶有野鵝段，大泗段，湛段，和尙闉，盛墩闉之類。）至錢氏有國，尙有撩淸指揮之名。……洎乎年祀綿遠，古法隳壞，其水田之隄防，或因田戶行舟及安舟之便而破其圩（古者人戶各有田舍在田圩中，浸以爲家。欲其行舟安舟之便，乃鑿其圩岸以爲小涇小濱，……遂至壞却田圩都爲白水也。今崑山柏家瀼水底之下，尙有民家堦甃遺址，此古者在在圩中住居之舊迹也。今崑山富戶陳新顧晏陶湛等，田舍皆在田圍之中，每至大水年，亦是外水高於田舍數尺，此今人在田圩中作田舍之驗也），或因人戶請射下脚而廢其堤，或因官中開淘而減少丈尺，或因田主只收租課而不修隄岸，或因租戶利於易田而故要渰沒（吳人以一易再易之田謂之白塗田，所收倍於常稔之田，而所納租亦依常數，故租戶樂於間年渰沒也），或因決破古堤張捕魚蝦而漸致破損，或因邊圩之人不肯出田與衆做岸，或因一圩雖完，傍圩無力而連延隳壞，或因貧富同圩而出力不齊，或因公私相吝而因循不治，故隄防盡壞，而低田漫然復在江水之下也。……其高田之廢，始由田法隳壞，民不相率以治港浦。港浦既淺，地勢既高，沿於海者則潮不應，沿於江者，又因水田隄防隳壞，水得瀦聚於民田之間，而江水漸低，故高田復在江水之上。至於西流之處，又因人戶利於行舟之便，壞其堈門而不能蓄水。故高田一望盡爲旱地，……此高田之廢由也。故蘇州不有旱災，即有水患。

言吳中水利比較最古而最詳備的，就要算郟氏之書了。他本是農家子出身，雖其所言不免羼有主觀及理想的成分，然大體可據。唐中葉以後，北宋以前，三吳一帶農田水利的情形，可以從他的書中推見。他又說：

古人治水之迹，縱則有浦，橫則有塘，……亶能言者，總二百六十餘所。

上項塘浦，既非天生，亦非地出，又非神化，是皆人力所爲。

他又說：

自來議者，只知治水，不知治田。治田本也，本當在先。決水末也，末當在後。（此與徐貞明水害未除正由水利未興之說，先後如出一口。）

蘇州水田，東南美利，而隄防不立，溝洫不通，二三百年間，風波蕩蝕，僅若平湖。議者見其如此，乃謂舊本澤國，不可使之爲田，上偸下安，恬不爲怪。（蘇軾亦云：『議者多謂吳中本江海太湖故地，魚龍之宅，而居民與水爭尺寸，以故常被水患，蓋理之當然，不可復以人力疏治』。足證當時人羣認吳中爲水害之區，不認有水利可興也。）

當時朝廷信其說，令提舉興修（事在神宗六年五月），凡六郡三十四縣，比戶調夫，同日舉役。蘇人大以爲擾，因呂惠卿言而止。然惠卿言不可修者只在無土，而王安石云：

臣嘗遍歷蘇州河，親掘試，皆可取土。土如塹，極可用。臣始議至和塘可作，蘇人皆以爲笑。……後來修成，約七八十里，高岸在深水之中，何嘗以無土爲患。

神宗又以爲圩大不可成，車水難。安石曰：

今江南大圩至七八十里，不患難車水。但亶所爲倉猝，又妄違條約爾。（上述郟亶事，參看李燾續資治通鑑長編卷二百四十五，范成大吳郡志卷十九，張溥刪本歷代名臣奏議卷二百五十，顧炎武天下郡國利病書卷十五。宋史河渠志六記亶事最略，不足觀也。）

可見郟亶興修水利之失敗，並不在其水利見解之本身。（歸有光亦謂『郟氏父子規畫之精，自謂范文正所不逮，非虛言也』。）

至王安石所言至和塘，據沈氏夢溪筆談：

至和塘自崑山縣達於婁門，凡七十里。自古皆積水，無陸途。民頗病涉，久欲爲長隄抵郡城，澤國無處求土。嘉祐中，人有獻計就水中以籧篨爲牆，栽兩行，相去三尺。去牆六丈，又爲一牆，亦如此。漉水中淤泥實籧篨中，候乾則以車畎去兩牆間舊水。牆間六丈，皆留半以爲隄脚，掘其半爲渠，取土以爲隄。每三四里則爲一橋以通南北之水。不日隄成，至今爲利。

至和塘創始於至和二年，最後完成在嘉祐六年，距今只八百七十餘年。試問乘坐京滬路火車的旅客，經過蘇州崑山一段，憑窻眺覽，田塍如繡，屋舍如櫛，那裏想得到八百年前只是一片白水，有無處取土之苦呢？幸而北宋不久失國，建炎南渡，江浙水利繼續興修。明清以來，蘇松田賦乃占天下十分之一（參看日知錄卷十）。郟亶所謂七里一縱浦，十里一橫塘之說，吳人到今還可依稀尋證。然而現下的蘇松天府，已是常犯著高田鬧旱，低田鬧水的苦況。而一般達人貴客，因有洋米洋麵進口，饑年荒歲，慢不在意。正猶如唐宋以來，北方仰食江南，而北方的農田水利日益墮落。待到將來的江浙，墮落到現在北方的地位，而再和他提及往年之所謂水利，以及七里一縱浦、十里一橫塘之說，則必將攘臂而起，正如近人辨古史上之井田溝洫，終為一令人難信之疑案也。

郟亶既卒，其子僑又嗣其父言水利，其說曰：

浙西昔有營田司，自唐至錢氏時，其來源去委，悉有隄防堰閘之制，旁分其支脈之流，不使溢聚以為腹內畎畝之患。是以錢氏百年間，歲多豐稔，惟長興中一遭水耳。暨納土之後，至於今日，其患方劇。蓋由端拱中，轉運使喬維岳不究隄岸堰閘之制，與夫溝洫畎澮之利，姑務便於轉漕舟楫，一切毀之。初則故道猶存，尚可尋繹；今則去古既久，莫知其利。營田之職，又謂閒司冗職，既已罷廢。則隄防之法，疏決之理，無以考據，水害無已。至乾興天禧之間，朝廷專遣使者，興修水利。遠來之人，不識三吳地勢高下，與夫水源來歷，及前人營田之利，不過採愚農道路之言，以目前之見為常久之策。

這一段話，雖已完全是歷史上的陳迹，實亦還有做我們參考的價值。三吳水利，明清兩朝五六百年，究還是比較的不斷有人注意到。而清末以迄今茲，走上中國史上民族墮落少有的一階段。社會百務倒退（外力促成的畸形發展不計），太湖流域的水利自也不能例外。經過好幾度的水災旱荒，據留心到當地水利的人說，一條京滬鐵路，東西橫越，對於各處水流宣洩吐納的作用，實有不少妨礙。然誰來顧到這些！近年來江浙兩省競事公路建設，想來跨水架橋，窄洞曲流的去處，定也不少。其對於農田水利的影響，不會沒有。且待事實之證明，而姑懸吾說於此。亦盼侈談新建設者，稍稍注意及之耳。

廿四，九，一二，舊歷中秋之夜。

邊事研究

第二卷　第四期

民國廿四年九月十五日出版

目錄

論著

蒙古民族的檢討……華企雲

青島目前三大恐慌的檢討（續）……趙殿詰

開發川南大凉山之計劃……蜀子

研究

龍達金廠視察記……且維屏

青海概況（續）……易海陽

近百年中國邊事史（續）……周馥昌

資料

西康敎育方案（完）……

譯述

中國邊疆的特質……張覺人譯

伊斯蘭的重要敎規……張建勳譯

遊記

賨興視察記（續）……周寶韓

附錄

一月來邊事輯要……警中

南京邊事研究會發行

地址：高樓門九號

總經售處：南京太平路中央書局

定價每冊大洋二角

全年二十冊二元六角四

專門研究邊疆問題與東方民族問題之唯一鉅刊

新亞細亞月刊

第十卷第二期出版了！

<本期要目>

插圖二幅

世界之現在與將來……戴季陶

孔子事蹟及生卒年月日之考信……孔德成

尊孔史敍……孔德成

孔門弟子學說考略……盛襄子

孔子哲學中之姚江學派……郗之御

孔子年表……吳心恒

尊孔論……李源澄

祀孔考略……吳心恒

雲南的經濟……丁驌

南洋及東南洋地理誌（續）……陳壽彭

日本在我東北之公路建築及汽車交通統制……張佐華

中央亞細亞之居民……一人譯

孝園文稿……戴季陶

青海兩週遊記……劉梅青

西康噴爾雪山調查記（續）……魏大鳴 古振今

一月間邊疆東方大事記……樹華輯

會務概要……新亞細亞學會

總發行所　南京江蘇路十一號本月刊社

定價　每月一册　零售二角半　全年十二册　預定三元

△歡迎直接定閱郵票作實洋計▽

開發西北

第四卷　第一二合期

外蒙古之牧畜……蘇俄Maiski著　漢昭譯

西藏蒙古喇嘛之階級……文萱

新疆與土西鐵路……張若渠

青海之政治區域……竟凡

西康實業紀要……高長柱

甘肅造林之可能……芬·次爾著　白蔭元譯

甘肅手工業之概況……虬

西北考察記……馬鶴天

玉珍納母旅行筆記……玉珍納母著　張靜波整理

編輯　開發西北學會

會址　南京新街口與業里三號

定價　每册二角　全年十二册二元

蒙古前途

八月號

本刊的過去現在及將來

從意亞爭端說到復興蒙古民族

試評「內蒙風光」

榮總管一年來的政績

收復失地應有之我見

年來蒙漢糾紛之檢討

歡送蒙藏班第二期蒙古畢業同學

編輯　蒙古前途社

地址　南京和平門外曉莊

明代察哈爾部沿革考

楊寔

一 東徙前之察哈爾部

察哈爾，一作插漢兒，均音譯自蒙古語，『近接』之意。一說此爲地名，乃近接長城處。案明時，遼東塞外爲三衞地，楡林塞外爲套部，大同邊外爲土默特，故察哈爾似應爲宣塞外。如明史韃靼傳：

『……虎墩兔者，居插漢兒地，亦曰插漢兒王子，元裔也。其祖打來孫，始駐牧宣塞外；俺答方強，懼爲所併，乃徙帳於遼，收福餘雜部，數入掠薊西。四傳至虎墩兔，遂益盛。』（卷三二七）

此段頗曖昧，既未將插漢兒所在地說明，又未言打來孫是否亦爲插漢兒王子。察其文意，插漢兒作宣塞外地固可，然以爲是遼邊亦可。而清通考則以爲是東徙前之牧地，如：

『……嘉靖間，有小王子卜赤（大清一統志改正作布希），駐牧察哈爾之地，因以名部，亦曰插漢兒。時諳達方強，懼爲所併，乃徙帳於遼東邊外，收福餘雜部。四傳至林丹汗，自稱胡土克圖汗，勢漸強。……』（卷二九一）

明史之虎墩兔，卽胡土克圖之轉音，乃汗號，非人名，史誤。東徙之原因，二書相同。時間，史雖未具，然俺答方強，正是嘉靖間。惟卜赤乃博迪之轉音，爲達延汗之嫡孫；而打來孫乃達賚遜之對音，博迪之子（詳沈曾植蒙古源流箋證卷六，孱守齋校補本，張爾田等校補），此其不同者。但卜赤始駐牧察哈爾，後徙至遼邊，其地似與明史之宣塞外相同。然張爾田則以爲察哈爾是東方福餘衞（遼東三衞之一，其地段自黃泥窪逾瀋陽鐵嶺至開原，爲明福餘衞。黃泥窪在今遼寧省遼陽縣西，遼中縣小北河之東），引錢牧齋送董漢儒總督宣大詩註：

『「嘉靖十二年，元順帝十七傳，卜赤立爲小王子。其別部賽那剌有七子：長吉囊，壁河套，名袞兒都司（卽鄂爾多斯）；次俺答，壁大同外之豐州灘：二人雄黠善兵，卜赤從父行也。其弟老把都，一名昆都力哈，壁宣府外之張家口地，名哈喇慎。諸部落百十處，各有分地，名尊小王子，寔不受其約束。卜赤遂徙壁東方，奪福餘地居之，號土蠻；其所居地名插漢」。當時右翼之強已漸非小王子所能控馭。博迪之卜幕察哈爾，殆以避套部也。』(箋證卷六，頁十二)

其『卜幕察哈爾，殆以避套部』二語，與『奪福餘地居之，……所居地名插漢』文相印證，則知其非宣塞外，明矣。但清通考以為察哈爾部之名，始於卜赤(一統志同)；明史以為打來孫始駐宣塞外，虎墩兔居插漢兒地，號插漢兒王子，則插部之名，始於何時雖不詳，然不能在打來孫之前；張氏引錢詩註，插漢之名見於東徙後。諸說雖不一，然都未能在嘉靖之前。惟夷案蒙古源流卷六，達延汗時，轄部有察哈爾，如：

『……伊斯滿太師專擅事權，郭爾羅斯之托郭齊寔古錫，聞此倡義遣兵往掠(成化二十三年事)，遂殺伊斯滿太師；令錫吉爾福晉乘馬，乃哭悼伊斯滿太師，逡巡不前。托郭齊寔古錫怒甚，謂之曰：「得毋以結髮之賽音濟農(寔案即達延汗之父巴延蒙克博囉忽濟農也)為下賤乎！得毋以親生之子達延汗(寔案達延汗為巴延蒙克與錫吉爾所生之子)為庸惡乎！得毋以所屬之察哈爾土默特為陋劣乎！」』(頁一)

時為成化二十三年(一四八七)，在嘉靖之前。察哈爾為達延汗直轄部落之一，一統志以為『迪延可汗(案即是達延汗)仍服屬於察哈爾』(卷四百八之三)，似誤。在達延汗之前，察哈爾之名亦已見於同書：

『……齊齊克拜濟即將察哈爾之呼拉巴特鄂托克之鄂推媽媽之女，置於搖車內(張氏引蒙古世系譜：必濟雖以其兒易察哈爾呼拉必斯婦額退之女置寢所以待……)，前往薩穆爾公主媽媽處訴其故，公主遂取其子，命名巴延蒙克。……』(卷五，頁二十)

時為景泰三年(一四五二)，已有察哈爾部，則非始於嘉靖間，明矣。然察哈爾之名，元時未見；順帝北奔後，蒙古部落初本局處漠北；『宣德(一四二六——一四三五)以後，各衛皆棄為邊外地，時韃靼遺種繁衍，漸駐牧於漠南』(引清通考卷二九一語)。其或者，察部之名始於此時乎？

伊時察哈爾部之牧地，不詳。但達延汗時，其所屬部落，分左右翼。如鄂爾多斯，永謝布，及土默特等部，俱屬右翼；而察哈爾，喀爾喀，及烏梁海等部，俱屬左翼。烏梁海即兀良哈，當明遼東邊外三衛之地。明史卷三二八，三衞之朶顏所在地，爲自大寧前抵喜峯口，近宣府；泰寧則自錦義歷廣寧，至遼河；福餘見前。喀爾喀有內外之分，外七鄂托克喀爾喀，當今外蒙古地；內五鄂托克喀爾喀，沈氏箋證僅知有三，曰巴林，曰札嚕特，曰巴岳特（巴林及札嚕特均在今熱河省北部，巴岳特不詳）。察哈爾部共八鄂托克，源流內見有浩齊特，敖罕，奈曼，克什克騰，及呼拉巴特等；其地則約當今熱察二省境內，惟呼拉巴特不詳所在。達延汗時，已滅烏梁海，但其地屬察哈爾否，則不可知。然伊時察哈爾似不僅限於宣府塞外，包容寔甚廣袤；特近接長城處，若三衞不屬之，其西又爲土默特及鄂爾多斯，則亦只餘宣塞外矣。

察哈爾部之名雖早見於十五世紀之中葉，然達延汗（一四六四，天順八年——一五四三，嘉靖二十二年）時，察哈爾乃其屬部之一。至若明史諸書之察哈爾，則爲『元之嫡裔大宗』（引聖武記卷三語），其源寔始於博迪（即清通考之卜赤或一統志之布希是也）。博迪於嘉靖二十三年，嗣其祖達延汗位（據蒙古源流）。雖負共主之名，然所統甚狹。蓋達延汗歿時，分其地與諸子：

『次子烏魯斯博羅特無子（寔案且早歿爲伊巴哩等所害）。令巴爾斯博羅特賽音阿拉克（汗之三子，爲俺答等之父；方輿紀要等書以爲是歹顏哈之次子，似非是）統率右翼三萬人之衆；阿爾薩（蘇）博羅特墨爾根鴻台吉統率七萬人之衆；阿爾珠博勒特統率內五鄂托克喀爾喀；格哷森扎率外七鄂托克喀爾喀；斡齊爾博羅特統率察哈爾之八鄂托克克什克騰；格哷博羅特統率察哈爾之敖罕奈曼；阿爾博羅特統率察哈爾之浩齊特；烏巴繖察（即鄂卜錫袞青台吉）統率阿蘇特永謝布二處；其格哷圖台吉無子。』（源流卷六頁十四——十五）

如此分析，博迪所餘者寔無幾，尚未領有察哈爾全部也。箋證引續文獻通考，則宣府大同塞亦且不屬之博迪。其文曰：

『…卜赤，稱亦克罕，有衆七萬，分五大營，曰好陳察罕兒，曰召阿兒，曰克失旦，曰把郎阿兒，曰卜爾報。卜赤居中屯牧，五營環繞之。又東有罔留罕哈爾嗔三部（沈氏以爲即是明之三衞），…南部酋曰巴答罕奈，哈連酋曰失剌台吉，衆可二萬，居宣府大同塞』。沈氏以爲『卜赤即此博迪；亦可罕者，阿拉克汗之對音也。其所稱五大營……常是阿拉克汗初徙漠南時（頁八以爲南遷之漸，即在達延汗收服右翼之初，年不詳）部分據其中。克失旦即此克什克騰，與好陳察罕兒召阿兒並列。察罕召阿均爲察哈對音，而好陳乂與浩齊特對音逼近。把郎阿兒兩營無可考，要必爲達賚遜之子未分浩齊特部以前制，無疑也。……巴答罕奈者，佔據七鄂托克喀喇沁之巴雅斯哈勒，即明人所稱老把都（巴爾斯博羅特之第三子）也。哈連當作哈速（即阿蘇特）。……』（卷六，頁十六—十七）

此與前略異，即克什克騰與浩齊特未屬斡爾齊博羅特及阿爾博羅特（此或爲較後事，俺答等强盛，老把都據張家口，博迪遂北徙，故與達延汗初歿時不同。且卜赤之事跡，似包容博迪及達賚遜兩代，詳後文）；而喀喇沁阿蘇特居其南—宣府大同塞，三衞在其東，於是博迪之牧地，只在克什克騰（今熱河省東北部）及浩齊特（今察哈爾省錫林郭勒盟地方）一帶，領域寔甚狹隘也。

二　徙遼後之察哈爾部

察部徙遼之時間，清通考，一統志，方輿紀要及錢牧齋詩註等書，以爲是嘉靖十一二年間事。若依源流紀年，則達延汗尚未歿，博迪似不至爲受俺答逼而東徙。而錢詩注，紀要，一統志及明史均以俺答爲徙遼小王子之從父行。今案源流之世系，俺答（即阿勒坦汗）爲達延汗之孫，與博迪爲從兄弟，應爲達賚遜之從父。且明史韃靼傳嘉靖二十三年冬小王子自萬全右衞入至蔚州及完縣，京師戒嚴。而三十二年時，尚乘隙爲寇，犯宣府赤城。自其犯邊之地域考之，尚在宣府塞外。但自三十五年以後，始未見有小王子之名，而易以土蠻，則僅寇擾遼東，不及宣府。土蠻即圖們之轉音，圖們爲達賚遜之子嗣汗位者。諸書均謂東徙後改稱土蠻，蓋由圖們之訛。而圖們乃人名，諸書誤以爲部所改稱。明史及一統志且將土蠻與察哈爾分述，似不屬一系統，亦云惑矣。

自嘉靖三十二年，尚有入寇宣府赤城；及三十五年始見土蠻之名；與東徙後改稱土蠻等事合觀之，不禁懷疑以爲東徙者非博迪，時亦不在嘉靖十一二年間。

案源流卷六，博迪於嘉靖二十三年嗣位，二十六年歿。其子達賚遜於二十七年嗣位，三十六年歿。其子圖們則於三十七年嗣位。三十二年入寇宣府赤城事，當爲達賚遜在位時。三十五年土蠻寇遼東，則已至達賚遜歿時之前一年。或伊時圖們已長（案源流當爲十八歲），率衆寇掠，故始見其名，似尙近情。由二十三及三十二兩年寇邊事，其地域似漸由西向東挪移。萬全右衞在德勝堡（萬全縣故城），而赤城則在獨石口內，德勝堡之東，近朶顏衞。且諸書以俺答爲此東徙小王子之從父行，是東徙者非博迪，乃達賚遜。卜赤雖是博迪之對音，但事却與達賚遜合。明史未言東徙小王子之名，然有打來孫徙遼事。打來孫即是達賚遜。且圖們至博迪上差二代，與改土蠻事似不甚相衡接。若達賚遜則較近。

惟察部東徙事，非突然產生，其來也漸，蓋與俺答勢力之消長有密切之關係。博迪時，俺答已強盛，故源流載博迪阿拉克汗有往征右翼之議，以太后之言而終止，此爲俺答勢力東逼之反證。大清一統志載：嘉靖二十一年時，俺答入掠太原。二十九年，始入古北口，薄京師（卷四百八之三）。是爲自西東漸之事實。然二十三年時，小王子入寇蔚州及完縣，是伊時俺答勢力尙未伸至宣府塞外，否則何能容小王子之縱橫？箋證引續通考三衞門載唐順之奏疏：嘉靖二十九年，把都兒打來孫二虜，收屬東夷而居其地，遂巢穴其地。與俺答入古北口同年。故愚以爲當是該年俺答東逼，打來孫遂不得不徙遼而居。其後三十二年寇赤城，亦因該地近遼邊也。

聖武記及明史以爲小王子東徙之原因，係富強厭兵，理由頗不充足。方輿紀要（卷四十五）雖亦言如是，然同時以不能約束俺答諸部爲主因，與錢詩注同，可補明史及聖武記之遺漏。惟紀要以爲卜赤是巴禿猛可之從孫，則甚誤。蓋巴禿猛可即是巴圖蒙克，亦即達延汗。若卜赤爲博迪，應是其嫡孫。紀要又將巴禿猛可與歹顏哈當作二人，亦誤；蓋均是達延汗，並非二人。然歹顏哈與巴禿猛可之世系亦不合，不知紀要何所本？

明史將東徙之小王子與打來孫當作二人，致小王子改稱爲土蠻，至萬曆二十六年（一五九八）後，即豹隱不見其尾；而插漢兒部始自打來孫，亦莫明其源始。特萬曆二十五年時，炒花糾土蠻寇遼東；至四十一年時，又有炒花糾插漢兒王子虎墩兔寇遼東事。土蠻隱而插漢兒現，其中蛛絲馬跡亦堪使人涉想及此二部之關係。寔則察哈爾部（達延汗之嫡系）始於博迪，明人於其東徙前曾稱

5

之爲小王子而隱小王子之名；東徙後，勢衰弱，已不稱蒙古共主（小王子爲自瑪爾科爾以來蒙古共主之通稱）之虛名，遂以圖們汗名而訛稱其部爲土蠻；比至林丹汗始有插漢兒之稱。將一部分作三段，且使土蠻與插漢兒幾若風馬牛之不相連屬，其史學殊難逃粗疏之譏也。

達賚遜雖東徙，其部尙遺留有在西北邊者。如其弟庫格珠特（藩部要略作庫克齊噶墨爾根台吉，見卷一）台吉爲蘇尼特部祖，翁袞都噶爾（要略「噶」作「剌」）爲烏珠穆沁部祖。此尙可以爲博迪所遺留者。然其次子達賚巴噶達爾罕岱青台吉，則爲浩齊特部祖（要略僅云浩齊特爲庫登汗【即達賚遜】之裔。箋證卷六頁十二證爲次子），若博迪已東徙，安能使其子若孫仍領西方之部衆耶！

察部雖移遷，寔心懷故地，奈伊時俺答方強，攻之不克。箋證引名山藏（何喬遠著）：『黃台吉勸俺答無臣土蠻，土蠻伐之不能克』，乃嘉靖間事。方輿紀要亦云：『是時（嘉靖），諸部獨俺答強，土蠻嘗攻之不能克（案此與名山藏所述相似）。與連合西海之亦不剌阿爾禿斯，始猶與角，後折而入於彼』（卷四十五）。既曰土蠻，又在嘉靖間，當是圖們可汗時。源流述圖們於萬曆丙子（四年，一五七六）授禪教，令左右翼各部會共同致理大政，而自珠爾齊特額里克特達奇鄂爾三部落取其供賦。斯段可與前文相印證，珠爾齊特等三部落，疑當是三衞（參箋證卷六，頁十三）；而將大政使左右翼（左翼爲察哈爾及喀爾喀，右翼爲鄂爾多斯阿蘇特及土默特）共執，是與俺答之勢強盛，東逼之情形相合；萬曆四年始如此者，或即是攻俺答不能克（嘉靖間事），至是時乃確定恢復故土不可能。共執大政乃虛辭，實則即爲俺答等所取而代也。

察部東遷後，宣塞故地爲喀喇沁部所佔（一說似在卜赤時喀喇沁已在此地），直至林丹汗時，始行收復。一統志載：俺答開拓疆土，南至山西大同邊，東至喀喇沁。箋證引名山藏：老把都（喀喇沁之始祖）璧張家口（卷六，頁十六）。二文相互印證，察部徙出後，宣塞外即爲喀喇沁之牧地。直至天啓間，爲林丹汗所攻破，始復屬察哈爾。

明史韃靼傳及清通考均云，察部東徙，卜幕遼邊。遼邊何所指？並云『收福餘雜部』，而錢詩注則確言『奪福餘地居之』。明史李成梁傳：

『…當是時（隆慶間）俺答雖款塞，而插漢部長土蠻（案即是圖們，與源流時間合）… 勢方強，泰寧部長速把

亥炒花，朵顏部長董狐狸長昂佐之。東則王杲王兀堂湍佳弩楊吉砮之屬亦時窺塞下。』(卷二三八)

泰寧朵顏俱爲三衞之一，獨不見有福餘。王杲等則爲建州之部酋，在其東。故福餘地似爲察部所据。同傳：

『……明年(隆慶六年)十月，土蠻六百騎營舊遼陽北河，去邊二百餘里。

『萬曆元年，又擊走之前屯，已又破走之鐵嶺鎭西諸堡。』

北河及鐵嶺均爲舊日福餘地，故察部東徙，實奪福餘地而居之。而泰寧朵顏二部，亦聽其指揮，稱雄遼東塞外。一統志載：永樂初，以大寧地賜三衞酋長，朵顏最強。後爲察哈爾所滅，予其塔布囊，是爲喀喇沁(卷四百六之五)。然朵顏滅於何時，不詳。明史韃靼傳載天啓間炒花爲滿洲所襲破，部衆半亡歸於插漢。炒花即泰寧部是也。自錦義廣寧，至遼瀋海蓋一帶，時爲其所蹂躪。隆慶元年(一五六七)時，且深入寇薊鎭，昌黎撫寧樂亭盧龍等均被陷，京師爲之震動。(參紀要及明史。諸地均在今河北省東北部，山海關內。)歷嘉靖隆慶萬曆三朝，察部爲明遼邊鉅患，事詳明史李成梁及韃靼傳。

圖們歿於萬曆二十年(一五九二)，子布延徹辰汗嗣位，即明史及昭代武功錄(箋證引)所謂之卜延台周是也。韃靼傳述土蠻事，終於萬曆二十六年，蓋誤以圖們人名作蠻土部名，而將其包容圖們及布延兩代。

布延歿於萬曆三十一年，其長子莽和克台吉前死，生陵丹巴圖爾台吉，嗣其祖布延汗位(參据源流卷六，頁十四)。自達賚遜至陵丹，恰爲四傳，與打來孫至虎墩兔相同。張爾田以爲『史稱虎墩兔祖打來孫，…四傳至虎墩兔，蓋不數莽和克』(箋證卷六)，實誤。若不數莽和克則只爲三傳矣。一統志以爲卜赤四傳至林丹，卜赤即博迪，則其四傳未將莽和克計入，蓋莽和克前死，未曾嗣汗位也。然諸書所述之卜赤，似將博迪及達賚遜合爲一人。如紀要以爲卜赤是大元大可汗之孫，與博迪之於達延相合；而卜赤又爲俺答之從子，則又有爲達賚遜之可能矣。

三　林丹汗之統一蒙古

察部因勢衰而東徙，歷圖們布延二代，生聚日繁。比林丹汗嗣位，遂西併喀喇沁土默特諸部，儼然復爲蒙古之共主。

箋證引朱健古今治平略(崇禎朝撰)：

『先是，土蠻與俺答吉囊皆小王子後，爲元種，居雲中迤北。俺答強，東置趨兎於薊鎮，西置吉囊於河套，遂橫行沙漠間。土蠻東徙舊遼陽，雖不能頡頏於黃台扯力，而生聚日繁衍，衆可八十萬，有八大部，世爲虎墩兎憨，猶華言可汗也。雜於二十四營中，時出沒爲遼患。而受傷於廣寧(寔案此或是李成梁傳萬曆九年間之事)，頗就戎索，無他異，兵甲粗具……。

『萬曆末，曾孫漢兒新立(寔案此卽是林丹汗，其即位爲三十二年)，年少，嗜酒及色，即能雄視朵顏諸旗。會金人(即滿洲)勃起，時蠶食其邊界，驅殺牛馬羊無數，不能支。……既爲金逼處，遂悍然有故土之思焉。則席捲西行，戰勝哈愼(案即是喀喇沁)兀擺諸部，無有抗扞者。徙帳直壓宣雲(時在天啓時)。……今上(案即是崇禎帝)即位，……令卜(失兎)永(邵)聲合從與插戰，皆戰負。插鹵卜會關氏與其印，……盡夷俺答諸種。遣精騎入套，吉囊子孫皆順首屬之。東起遼東，西至洮河，皆受此虜約東矣。……』(卷八，頁十二。洮河，源出今青海東部西傾山，至甘肅皋蘭西南入黃河。)

林丹汗於天命四年(萬曆四十七年，一六一九)致滿洲書，自稱『統四十萬衆蒙古國主』(東華錄天命四年十月)，與古今治平略之『八十萬』，雖皆非確數，但亦可見其人數必甚衆多。

察部爲滿所逼西移事，似在崇禎元年(天聰二年)。東華錄載：

『天聰二年九月庚申，以征察哈爾，諭外藩科爾沁，喀喇沁，敖漢，奈曼，喀爾喀部諸貝勒會師。癸亥，上率大軍征察哈爾。乙丑，次都爾鼻。……丙寅，次遼陽。……己巳，駐營綽洛郭爾。……丁丑旦，馳擊席爾哈席伯圖英湯圖諸處，克之。戊寅，遣精騎追捕敗兵至興安嶺。十月辛卯，還師。』

是年戰爭在興安嶺之東；戰畢，始將察部逐過嶺西。惟在是年以前，察部已爲滿逼，漸向西移。如遼陽綽洛郭爾諸地，前均屬察哈爾部，是年則在滿洲勢力圈內，可爲滿察勢力消長之一證。惟經此番戰事，察部在嶺東地方，遂不復能立足。而此番從征之科爾沁諸部，前亦均爲察屬而先後降滿者。由此諸部之嚮背，亦可見察哈爾爲滿逼處之概況。

察部移至嶺西之前，極盛時代，蒙古各部落幾皆屬其治下。藩部要略：

『初，蒙古有強部三，曰察哈爾，曰喀爾喀，曰衞拉特(後譯轉爲厄魯特)。明洪熙間(一四二五)，科爾沁爲厄魯特所破，避居嫩江，以同族先有阿嚕科爾沁，乃號嫩科爾沁以自別。與札賚特杜爾伯特郭爾(羅)斯皆服屬於察哈爾。』(卷一)

『外蒙古喀爾喀，亦元太祖裔，以在漠北，故謂之外蒙古。大部四，……分左右翼，……舊服屬於察哈爾。』(卷三)

蒙古之三強部：厄魯特在青海；外喀爾喀則服屬於察哈爾，內喀爾喀則見挫於滿洲，又爲察所侵掠，勢亦衰弱；是今內外蒙地方，伊時當以察部爲最強者。此外如浩齊特，克什克騰，阿巴噶，阿巴哈納爾，鄂爾多斯，及歸化城土默特，据要略卷一載，俱皆服屬於察哈爾。

秦邊紀略：

『……插漢於天啓元年(一六二一)，入河套，吞併套部。』(蕃鑑卷六頁十四引)

與古今治平略合參，則喀喇沁部(在宣塞外)亦嘗爲其所征服。藩部要略：

『天聰二年秋七月，喀喇沁部塔布囊蘇布地，遣喇嘛偕五百三十八人來朝。先是二月，蘇布地偕弟萬丹偉徵等，乞內附，表奏：察哈爾汗不道，喀喇沁被虐困。……』(卷一。東華錄與此略同)

此喀喇沁則似在三衞地方，而非宣塞外者。內喀爾喀亦嘗與察部相連和，後乃爲其所征掠。如藩部要略：

『科爾沁部長奧巴以書請曰：……但察哈爾及喀爾喀知我歸附，必見掠……(天命九年事)。十年十一月乙卯，發兵援科爾沁。時察哈爾林丹汗，糾喀爾喀掠其地。……』(卷一。此爲二部連和之證。)

『天聰元年正月，有喀爾喀部人逃至者，言察哈爾林丹汗興兵攻掠其部，從者收之，拒者被殺。札嚕特巴林二部，奔依科爾沁。』(卷一)

敖漢奈曼二部，於天聰元年前，亦屬於察哈爾。東華錄載：天聰元年，二部貝勒來歸。七月，『上率之告天曰：察哈爾汗敗棄典常，罔恤兄弟，致敖漢奈曼部落諸貝勒與之交惡，來歸於我』等語，可見其端倪。阿嚕科爾沁亦嘗爲察哈爾所逐。藩部要略：『天聰五年十一月，聞察哈爾林丹汗侵掠阿嚕科爾沁部，乃遣貝勒薩哈璘豪格率兵往援，上親統師繼之，林丹汗遁。至是（六年四月）大軍復發，……以諸部發兵少，嚴責之曰：爾附近喀爾喀諸部爲察哈爾侵略，甚或離其妻孥，取其部曲。……阿嚕科爾沁爲察哈爾所逐，來歸我國（寔案此當是天聰五年以前之事）。朕屢令移牧近地，乃不遵朕旨，仍遠游牧，致被掠……』等語（卷一），可知之。其『附近喀爾喀諸部』一語，似翁牛特部亦在其內。若蘇尼特及烏珠穆沁，原爲察部同族，俱爲所屬。

上述各部，或原爲察部舊屬，或爲其所攻掠征服，要言之，『東起遼東，西至洮河』，今內外蒙古地方各部落，幾皆歸其約束。設無滿洲與其角逐，則林丹汗庸非中與蒙古之共主。奈瑜亮並生，察部終非滿洲之敵，遂及其身而遭破亡，走死祁連。於是統一蒙古之察哈爾國，遂亦冰消瓦解矣。

四　察哈爾部之滅亡

察滿之正面衝突，始於萬曆四十七年十月。林丹汗致滿洲太祖書曰：

『統四十萬衆蒙古國主巴圖魯成吉思汗問水濱三萬人滿洲國主英明皇帝安寧無恙耶？明與吾二國，仇讎也。聞自午年來，汝數苦明國。今年夏，我已親往明之廣寧，招撫其城，收其貢賦。儻汝兵往廣寧，吾將牽制汝。吾二人非有讐端也，但以吾已服之城，爲汝所得，吾名安在？若不從吾言，則我二人是非，天必鑒之。先是二國使者，常相往來，因汝使臣謂不以禮相遇，搆吾兩人，遂不復聘問。如以吾言爲是，汝其令前使來，復至我國。』

是書詞頗傲慢，滿洲遂縶留其使臣，並於翌年遣使齎書責之，亦爲察所留，釁端遂起。

林丹汗致滿洲書，爲萬曆四十七年十月；而同年八月，滿洲滅葉赫。葉赫酋金台什孫女爲林丹之婦，故明史載：於是薊遼總督文球等以利啗誘察部助捍滿洲。此爲察滿衝突之一因。但果如此簡單乎？

滿洲與察部俱處遼東邊外，其間本無天然之隔障。

兩雄不能並立，非察併滿即滿逐察，地勢使之然也。夷案：滿洲自萬曆初，奴兒哈赤崛起於長白山麓，不數年間，蠶食附近部落殆盡。萬曆二十一年，破葉赫等九部聯軍於古勒山下（今遼寧省內蘇子河與渾河會流處）；翌年，科爾沁及喀爾喀各遣使通好，是爲滿洲勢力西漸之明證。而林丹汗於萬曆三十二年嗣位，雄視諸部，儼然若爲蒙古之共主，庸甘坐視他人之酣睡其榻側！且其所居福餘舊地適當滿洲勢力西漸之衝。萬曆四十七年，滿洲陷開原，屠鐵嶺，禽宰賽（內喀爾喀之貝勒），滅葉赫，均侵入其勢力範圍之內，縱無明廷之利誘，其衝突亦自難免。況滿洲如欲進取中原，必先斷明之左右臂，方易成功，以免邀擊後路之肘，朝鮮及察部殆即明之左右臂也。是以自萬曆四十七年後，至崇禎八年，十餘年之久，滿洲幾以全力搏擊察哈爾部。而林丹汗徒恃武力高壓屬部，遂啟分化之端，授滿洲以利用之機會。如科爾沁，札賚特，杜爾伯特，郭爾羅斯四部於明天啟四年（天命九年），敖漢，奈曼二部於天啟七年（天聰元年），巴林，札嚕特，喀喇沁三部於崇禎元年（天聰二年）先後叛察歸順滿洲，於是察部在遼東塞外之領域日蹙，勢日單弱，遂於是年九月爲滿洲及科爾沁等部之聯軍所擊破，逐過嶺西。

然察部受此鉅創，勢仍未衰，宣大塞外以及歸化城河套一帶仍屬其治下。明廷歲與撫金八萬一千兩，以示羈縻。而滿洲方面亦存除蔓務盡之心，於崇禎四年徵調蒙古諸部長各率兵來會，太宗親率師往征之。以蒙古兵未能俱集，馬匹皆不堪用，暫還師。於此可見斯時滿洲之對察，仍須出以全力，尚未可輕視之也。

是年十一月，林丹汗率兵至嶺東西拉木輪河北岸，大略塞冷阿巴海（似即是藩部要略之阿嚕科爾沁）一營而去。翌年四月，滿洲太宗率蒙古諸部會師親征之，過興安嶺，至大兒湖（一作達勒鄂謨，即達里泊，在今烏珠穆沁旗之南端）。林丹汗懼不敵，率衆渡黃河西奔，滿兵追至歸化城而還。

崇禎七年，林丹汗病卒於青海之大草灘祁連城。八年，其子崞果爾額哲率餘衆降滿。明年，滿洲遂改元崇德，國號大清。蓋察部既破降，腹心患除，喜可知也。

額哲既降滿，尚主爲固倫額駙，晉封爲和碩親王，位諸蒙古部落之上。即其部編爲八旗，安置義州。清通考：

『天聰九年，設蒙古八旗官員。先是，八年，以和碩貝勒德格勒等所獲察哈爾國千餘戶，分給八旗（崑案此係滿洲八旗）。是年正月，復以察哈爾來歸官兵，均隸各旗。至是始編審蒙古壯丁及在內舊喇嘛沁壯丁為蒙古八旗，……官制悉與滿洲同。』（卷七十七）

此為今察哈爾八旗之起源。大清一統志：

『義州，在（錦州）府北九十里……，本朝初，以其地賜察哈爾。康熙十四年，察哈爾叛，討平之。十五年，設巡檢司，屬廣寧縣……。』（卷四十三）

伊時察部之牧地祗限於義州一隅，已非復昔日之盛況；僅爵位尚尊顯，列在藩封，且位於諸蒙古部落之上而已。

崇禎十四年（崇德六年），額哲卒（清通考作順治五年），無子，弟阿布鼐襲爵。至康熙十四年（一六七五），阿布鼐子布爾尼据義州叛，經討平，分移其衆於宣大塞外，與各牧塲壤地相錯，置都統總管等官轄之，『官不得世襲，事不得自專，與各札薩克君國子民者不同』，蓋以懲其叛變也。於是察哈爾部之祚遂滅。今察哈爾八旗牧地，即為康熙十四年所移置者；惟此二百餘年來，歷經墾闢，設縣十餘，亦非復舊觀矣。

附察哈爾部世系表（凡早歿未嗣汗位者，加括弧符號，以示區別。並各附註其即位與歿時之年分）：

達延汗——（圖嚕博羅特）——博迪阿拉克汗（嘉靖二十三年即位，二十六年歿）
　達賚遜庫登汗（二十七年即位，三十六年歿）——圖們扎薩克圖汗（三十七年即位，萬曆二十年歿）
　布延徹辰汗（二十一年即位，三十一年歿）——（莽和克台吉）
　陵丹巴圖爾庫圖克圖汗（三十二年即位，崇禎七年歿）
　　崆果爾額哲（崇禎十四年歿）
　　阿布鼐（歿年不詳）
　　　布爾尼（康熙十四年歿）
　　　羅布藏（康熙十四年歿）

案阿布鼐前曾以有罪被奪爵，故以其子布爾尼襲封親王，何年不詳。

12

于闐國攷（續）

日本堀謙德著 1
紀彬譯

七，佛教史上之于闐

【考証】此處，吾人擬將高僧傳，旅行記，佛典同錄等書中，凡足以說明于闐佛教狀況之資料，綜合而觀察之。

（一）第三世紀之于闐佛教——後漢之世，月氏支婁迦讖（Lokarakṣa）漢譯道行般若經十卷，流布于世。至第三世紀時，朱士行常愛讀之，且以之教授子弟。因感譯文意義有未盡意者，乃親赴西域求原本。曹魏高貴鄉公甘露五年（西曆二〇六年）自中國出發，入塔里木流域，在于闐得般若經之梵本。出三藏記集（卷二）云：

「沙門朱士行，以甘露五年到于闐國，寫得此經，正品梵書胡本九十章。」

朱士行在于闐所見之般若經，爲以梵書即Brāhmi文字書寫之 Sanskrit 語之聖典。朱士行據此寫一抄本，攜歸中國。大唐内典錄（卷二）云：此梵本約有六十萬言，朱士行攜歸中國之際，于闐之小乘僧徒建議于王曰：「如般若經等大乘經，乃外道人混入邪說而剽造之僞經，以之送予中國，則于闐佛教徒將不免擾亂中國佛教之責」。一時，朱士行之事業陷于困難。然國王終許之，遂送至中國。據開元釋教錄卷二云：西晉武帝太康三年（西曆二八二年），朱士行弟子弗如檀等十人，携梵本至洛陽。惠帝元康元年（西曆二九一年），于闐僧無叉羅（Mokṣala）與生于中國之印度人竺叔蘭，共同漢譯之爲三十卷，題曰放光般若波羅密多經，即現行之放光般若經。

（二）第五世紀之于闐佛教——西曆四百〇一年，法顯至于闐，留三月。法顯傳述當時之見聞曰：

「其國豐樂，人民殷盛，盡皆奉法，以法樂相娛。衆僧乃數萬人，多大乘學。皆有衆食。彼國人民星居，家家門前，皆起小塔，最小者可高二丈許；作四方僧房，供給客僧及餘所須。國主安頓供給法顯等于僧伽藍。僧伽藍名瞿摩帝，是大乘寺。三千僧共揵搥食，入食堂時，威儀齊肅次第而坐，一切寂然，器鉢無聲。……停三月日，其國中十四大僧伽藍，不數小者。……瞿摩帝僧，是大乘學，王所敬重。……」

第五世紀初之于闐，大乘教盛行，大乘僧數萬人；寺院之大者有十四所。中瞿摩帝(Gomati)寺，爲首府之大寺院。國王皈依之，有大乘僧三千人。國中僧人靜肅修法，故甚得君民之信仰。此瞿摩帝寺，亦如玄奘所傳之牛角山精舍，爲有名之古刹，而爲所崇敬。據法顯所傳，僧徒數萬人，大乘派占多數；但玄奘則云：「伽藍百餘所，僧徒五千餘人，竝多習大乘法教」。蓋玄奘時代，僧人之數曾有顯著之減少，此雖由于闐領地縮小之結果，然亦可見在法顯時代爲于闐佛教之最隆盛時代也。

僧人支法領往于闐，得華嚴經梵本三萬六千偈；東晉安帝義熙十四年（西曆四一八年），覺賢等漢譯之，即今之「六十華嚴」（參照出三藏記集卷二，開元釋教錄卷三）。故支法領在于闐獲得華嚴經梵本時，必爲西曆四百十四五年頃。據梁高僧傳（卷二），開元釋教錄（卷四），印度有曇無讖(Dharmarakṣa)者，携大涅槃經之梵本，由本國過罽賓，龜茲；西曆四百十一年（或四一二）來姑臧（今凉州），受北凉沮渠蒙遜之皈依。由西曆四百十四年起，即着手譯大涅槃經，翌年完成。讖以所携梵本，僅經文之前半而不完備，請還印度。留一年，即向塔里木河流域進發。在于闐，得經文後半之梵本，抄之，復返姑臧。西曆四百二十一年，譯完大涅槃經全部四十卷。讖入于闐之年，爲西曆四百十五六年，當時，大涅槃經之梵本已存于于闐一事實，足爲大乘學研究盛行之証明。據梁高僧傳（卷三）所云：于闐小乘僧智勝，以法顯先在錫蘭所得化地部之律本未譯，乃于劉宋少帝景平元年（西曆四二四年）十一月，助佛駄什譯之于江南，成五分律三十四卷。若然，則智勝之來揚子江以南，應在西曆約四百二十四年。開元釋教錄（卷四）云：北凉領主沮渠蒙遜之從弟沮渠京聲，夙奉佛教；入于闐，在瞿摩帝寺就印度僧佛陀斯那(Buddhasena)習大乘學及禪法，歸姑臧（今凉州），譯禪法要解二卷。北凉所存在之期間，爲西曆四百三十三年至四百三十九年。故沮渠京聲在于闐學大乘及禪法，亦必在此時代。據開元釋教錄（卷六）載：凉州僧慧覺威德等八人，至于闐，在一大寺中習梵語；得賢愚經梵本，後魏太武帝太平眞君六年（西曆四四五年）由于闐還至高昌國，譯爲十三卷。又僧法獻，以劉宋後廢帝元徽三年（西曆四七五年）遊西域，在于闐得梵本及佛牙，歸中國。蕭齊永明年間，與西域僧法意共譯法華經提婆達多品。由此觀之，在于闐所得之經文，有般若，華嚴，涅槃，法華等大乘經以及禪法，故于闐之已有大乘研究與信仰甚明。此外，尚有賢愚經等小乘經，智勝等之小乘僧，亦可知已有小乘之存在。

（二）第七世紀及其以後之于闐佛教——慧超傳述于闐之佛教曰：

「足寺足僧，行大乘法，不食肉也。…………于闐有一漢寺名龍興寺；有一漢僧名□□，是彼寺主，大好主持；彼僧是河北冀州人士。」

大乘家禁食肉，故大乘僧不食肉。有名爲龍興寺之漢僧寺院，慧超時代有漢人住持僧一人。據開元釋教錄卷九所載：于闐僧天智（Devajña），于則天武后之永昌元年（西曆六八九年）來洛陽，至天授二年（西曆六九一年）譯經論六部。據傳：天智精大小乘，復善咒術禪觀，譯有華嚴經之一部分，及法界無差別論等，均大乘教書。同書又載：則天武后疑以前漢譯之華嚴經非全部，且聞于闐有華嚴經完全梵本，遂遣使于闐，求華嚴經之複寫本及能講說此經之僧人。于闐王選實叉難陀（Sikṣānanda）携梵本來中國。難陀于証聖元年（西曆六九五年）至洛陽。武后即使之在洛陽譯華嚴經。聖曆二年（西曆六九九年）完成，即所謂「八十華嚴經」也。此外，難陀在長安洛陽所譯述之經論達十九部，然均爲大乘之書，足証難陀乃代表于闐之大乘教而來中國者。宋高僧傳（卷三）云：唐德宗貞元初（西曆七八六），悟空至塔里木流域之北庭（即今土魯番），聘于闐僧戒法（Śīladharma）于北庭龍興寺，譯十地經等。該經乃華嚴經之一部分，可知華嚴法門之傳于于闐已甚久矣。

八，牛角山精舍

【本文】王城西南二十餘里，有瞿室餕伽山（唐言牛角）（註四）。山峯兩起，巖隒四絕，于崖谷間建一伽藍，其中佛像時燭光明。昔如來曾至此處，爲諸天人略說法要；懸記此地，當建國土，敬崇遺法，遵習大乘。牛角山巖有大石室，中有阿羅漢，入滅心定，待慈氏佛。數百年間，供養無替。近者崖崩，掩塞門徑；國王興兵，欲除崩石，即黑蜂羣飛，毒螫人衆，以故至今石門不開。

3

王城西南十餘里，有地伽婆縛那伽藍(註五)，中有夾紵立佛像，本從屈支國而來至止。昔此國中有臣被譴，寓居屈支，恒禮此像；後蒙還國，傾心遙敬。夜分之後，像忽自至。其人捨宅，建此伽藍。

(註四)瞿室䬨伽山為梵語 Gośṛnga-giri，即牛角山。

(註五)地迦婆縛那伽藍為 Tikabhavana-Sangharama。

[考証]據西藏所傳于闐史 (Rockhill: Life of the Buddha, P. 238)，Vijayavirya 王嘗從佛使 (Buddha-dhuta) 習佛法，于牛頭山 (Gośirsa-giri) 上建 Hgento-Shan 寺。Rock-hill 氏以為于闐史上之牛頭山即玄奘所謂牛角山，蓋牛頭與牛角，其意義相同也。隋代那連提黎耶舍(Norendrayaśa)所漢譯之大方等大集經卷四十五日藏分，記佛陀命諸龍王為諸國塔寺之守護者事云：

「復以自浮提內于闐國中，水(玉之誤?)河岸上，牛頭山邊，近河岸側，瞿摩婆羅香大聖人支提住處，付囑吃利呵婆達多龍王守護供養。……于闐國牛角峯山瞿摩娑羅乾陀牟尼大支提……」

此文，前云牛頭山，後云牛角峯山，可知為同語異譯。瞿摩婆羅香即為瞿摩婆羅乾陀(梵文Gomasala-gandha)，牟尼為聖人之名；建于此聖人住地之支提(Caitya)即寺院，名曰瞿摩婆羅香；其位置在玉河岸之牛角山邊。據大集經日藏分(Sūryagarbha)之西藏譯本：佉沙國(Khaśa)之地乳(Khustana，即于闐)地方有牛角(藏語Glaṅ-ru)山，臨瞿摩帝河(Gomati)。在河岸山崖之上，仙人瞿摩婆羅香居止。(參照S. Lévi: Notes Chinoises Sur l'Inde, Ja., 1897, I. P.40.) 正法念經(卷六十七)云：

「復有第二河，名瞿摩帝，以多饒牛，故名牛河。如是二河，廣半由旬，長三百由旬，入于大海。」

此即瞿摩帝為河名之實例。枳橘易土集卷八亦有牛河之譯名。如前所引，法顯傳曾云：于闐之最大寺院，名瞿摩帝寺，有大乘僧三千人，為一大名剎。如瞿摩帝寺為由山下所流河流之名稱而得名，似瞿摩帝之河名與瞿摩婆羅香之人名有相當關係。且若梵語之Go有牛之義，則牛角山一名與此恐亦有關聯。瞿摩帝河為黑玉河，牛角山則為指其岸上之山。斯泰因氏探險和闐，以為今之 Kohmari 山即古之牛角山。黑玉河與白玉河之間，有一山脈，中分兩河，突出于平原，其北端即 Kohmari 山。

在黑玉河東岸，與 Ujat 村相對，有一嶌立二百五十呎之斷壁。此 Kohmari 山，自外觀之，若兩峰相向立，恰相當于玄奘所謂「山峰兩起，巖隒四絕」。此二峰間之崖谷中，即俗所傳 Khoja Maheb Khojam 仙人所住之地，有名爲 Mazān 之古祠，距首府約二十里，又在沙漠島之南端，正與玄奘所云相一致。後代回教之殉教者亦于此祀祠，故現代和闐之回教徒，亦頗尊崇 Kohmari 山(Stein: Ancient Khotan. I. pp. 187,189)。Koh 在波斯語有「山」義，Mar 在波斯語又爲「蛇」義，故 Lévi 氏以爲蛇山之名，蓋自 Gṛhapati Nāgaraja 龍王之名轉來者(Lévi: Notes Chinoises sur I'Inde, P. 40 Nate)。但大集經日藏分中之龍王名，乃 Gṛhovadatta 而非 Gṛhapati。Grenard 氏在 Kohmari 山中，曾發現于闐之人民所崇敬之石窟，足可証明玄奘所謂牛角山巖有「大石室」之語。總之，玄奘所謂牛角山爲今日之 Kohmari 山，已可斷定。在西曆一千八百九十二年，Dutreuil de Rhins 及 Grenard 二氏，在 Kohmari 山中曾發現佉樓文字之梵語法句經迭于俄京；經研究結果，証明爲世界最古之寫經。

玄奘本文所謂地迦婆縛那一名之語原，有二說焉：玖林氏(Julien)以爲 Dirghabhavana(Julien: Memoires, II. 230)；瓦塔斯氏(Watters)以爲 Tikabhavana (Watters: On Yuan Chwang, II. 301)。婆縛那，原語應爲 Bhavana；然地迦並非梵語 Dirgha，故玖林氏之說甚難同意。關于寺內佛像之由來，傳說所云者，蓋表示：流寓屈支之于闐貴族，造此與屈支本像同行之佛像，而流入于闐。斯泰因氏于玄奘所指定之地點曾發現寺院廢址；然俗傳爲聖人 Ali Pādshāh 之住地，至今人民猶尊敬之。廢址高約二十尺，正表示其爲寺院之基礎 (Stein: Ancient Khotan, I.225)。

九，勃加夷城

【本文】王城西行三百餘里，至勃加夷城。中有佛坐，像高七尺餘，相好允備，威肅嶷然；首戴寶冠，光明時照。聞諸土俗曰：本在迦濕彌羅國，請移至此。昔有羅漢，其沙彌弟子，臨命終時，求酢米餅，羅漢以天眼觀見瞿薩旦那國有此味焉，運神通力，至此求獲。沙彌噉已，願生其國，果遂宿心，得爲王子。既嗣位已，威懾遐邇，遂踰雪山，伐迦濕彌羅國。迦濕彌羅國王整集戎馬，欲禦邊寇。時阿羅漢諫王，勿鬬兵也，我能退之。尋爲瞿薩旦那王說諸法要。王初未信，尙欲興兵。羅漢遂取此王先身沙彌時衣，而以示之。王旣見衣，得宿命智，與迦濕彌羅王謝咎交歡，釋兵而返。奉迎沙彌時所供養佛像，隨軍禮請。像至此地，不可轉移，環建伽藍，式招僧侶，捨寶冠置像頂。今所冠者，乃先王所施也。

【攷証】勃伽夷城之原音，玖林氏以爲是 Pogai (Julien: Mémoires, II. 230)，瓦塔斯氏以爲是 Bhagya (有福之義) (Watters: On Yuan Chwang, II.302)。慈恩傳卷五亦載有如上之傳說。玄奘曾留勃伽夷城七日。于闐王聞玄奘入國，躬自出迎。先自歸府，使王子侍玄奘。出勃伽夷城行二日，王又遣達官 (Darkan) 即部下官吏來迎；玄奘宿于距首府四十里之地。翌日，于闐王從衆僧俗，奏樂散香迎于城外；入城後，即以小乘部寺院爲玄奘之館旅焉。

十，鼠壤墳

【本文】王城西百五六十里，大沙磧正路中有堆阜，並鼠壤墳也。聞之土俗曰：此沙磧中鼠大如蝟，其毛則金銀異色，爲其羣之首長。每出穴遊止，則羣鼠爲從。昔者，匈奴率數十萬衆，寇掠邊城，至鼠墳側屯軍；時瞿薩旦那王率數萬兵，恐力不敵，素知磧中鼠奇而未神也。洎乎寇至，無所求救，君臣震恐，莫知圖計；苟復設祭，焚香請鼠，冀其有靈，少加軍力。其夜瞿薩旦那王夢見大鼠曰：敬欲相助，願早治兵，旦日合戰，必當克勝。瞿薩旦那王知有靈祐，遂整戎馬，申令將士，未明而行，長驅掩襲。匈奴之聞也，莫不懼焉！欲駕乘被鎧，而諸馬鞍，人服，弓弦，甲縺，凡厥帶系，鼠皆齧斷。兵寇既臨，面縛受戮。于是殺其將，虜其兵，匈奴震懾，以爲神靈所祐也。瞿薩旦那王感鼠厚恩，建祠設祭，奕世遵敬，特深珍異；故上自君王，下至黎庶，咸修祀祭，以求福祐。行次其穴，下乘而趨，拜以致敬，祭以祈福；或衣服弓矢，或香華肴膳。亦既輸誠，多蒙福利；若無享祭，則逢災變。

十一，娑摩若寺

〔本文〕王城西五六里，有娑摩若僧伽藍，中有窣堵坡，高百餘尺，甚多靈瑞，時燭燈光。昔有羅漢，自遠方來，止此林中，以神通力放大光明。時王夜在重閣，遙見林中光明照耀，于是歷問，僉曰：「有一沙門，自遠而至，晏坐林中，示現神通。」王遂命駕，躬往觀察，既覩明賢，心乃祗敬，欽風不已，請至中宮。沙門曰：「物有所宜，志有所在，幽林藪澤，情之所賞；高堂邃宇，非我攸聞」。王宜敬仰，深加宗重，爲建伽藍，起窣堵坡；沙門受請，遂止其中。頃之，王感獲舍利數百粒甚慶悅。竊自念曰：「舍利來應，何其晚歟？早得置之窣堵坡下，豈非勝迹」。尋詣伽藍，具白沙門。羅漢曰：「王無憂也，今爲置之！宜以金銀銅鐵大石函等，以次周盛」。王命匠人，不日功畢，載諸寶輿，遂至伽藍。是時也，王宮導從，庶僚凡百，觀送舍利者動以萬計。羅漢乃以右手舉窣堵坡，置諸掌中，謂王曰：「可以藏下也」。遂坎地安函，其功斯畢。于是下窣堵坡，無所傾損。觀覩之徒，歎未曾有，信佛之心彌篤，敬法之志斯堅。王謂羣官曰：「我嘗聞佛力難思，神通難究，或分身百億，或應迹人天。舉世界于掌內，衆生無動靜之想；演法性于常音，衆生有隨類之悟。斯則神力不供，智慧絕言，其靈已隱，其教猶傳；餐和飲澤，味道欽風，尚獲斯靈，深賴其福。勉哉！凡百宜深崇敬佛法，幽深于是明矣」。

〔考証〕娑摩若寺之寺名，玖林氏以爲語原係 Samājñā（Julien: Mémoires, II. 235），瓦塔斯氏以爲係 Samajñā (Watters: On Yuan Chwang, II. 302），斯泰因氏以爲 Somañā (Stein: Ancient Khotan, I. 225)。娑爲 sa，sá，摩爲 ma，mā，若爲 jña，jñā，ṅgā，ṇa，ṇya，ña，故玖林及瓦塔斯二說，由聲音上觀之均屬正當。在梵語中，則採玖林氏說，表示聲譽之義，尤爲妥善。至以娑爲 so，著者尚未之聞，故斯泰因氏說，未能同意。然此 Samājñā，亦幷非不能轉爲 Somana 也。據西藏所傳之于闐國史 (Rockhill: Life of the Buddha, 238)，佛教傳至于闐時，在位者爲 Vyayasambhava 王之第八代孫 Vijayavirya 王。王在 Srog-mkhar 樓上遙見林中有金銀色火光，乃憶及佛陀之豫言：未來于闐林中，應建佛寺。遂

7

招Buddhadūta爲之師。得其指導，乃建Hgumstir精舍。西藏所傳之Buddhadūta，相當于娑摩若寺之羅漢；Vijayavirya卽玄奘所謂國王，Hgumstir精舍似即玄奘之娑摩若寺。

據玄奘所云：娑摩若寺之位置，在王城西五六里。而據法顯傳所載，則：

「其城西七八里，有僧伽藍，名王新寺。作來八十年，經三王方成；可高二十五丈；彫文刻鏤，金銀覆上，衆寶合成。塔後作佛堂，莊嚴妙好；梁柱戶扇窻牖，皆以金薄。別作僧房，亦嚴麗整飾，非言可盡。嶺東六國諸王，所有上價寶物，多所供養。」

此云在首府西七八里，有經王三代，費時八載始行完成之新寺，結構莊麗，頗爲近鄰諸國所崇敬。此王新寺，蓋即玄奘所謂娑摩若寺，其與首府之距離亦甚相似。

斯泰因氏探險于于闐附近時，曾在 Yōtkan 之西，發現一名爲索米亞 (Somiya) 之村落。在此村落中，尤可認出丘塚之存在。古老中尙有土俗之傳說：此丘塚爲由遠方而來之聖人所居止之聖蹟，人皆禮拜之，供養之，不稍怠忽。又一說以爲是Mullah Yahyamti, Mullah Alamutti, Mullah Serekmutti三聖隱遁入定之古蹟(Stein: Ancient Khotan. I. 225)。索米亞村之位置，正當于闐舊部西一哩餘，故該村之丘塚蓋即娑摩若之舊址。現地名Somiya，正爲娑摩若(Samājñā)之轉音。

十二，麻射僧伽藍

【本文】王城東南五六里，有麻射僧伽藍，此國先王妃所立也。昔者，此國未知桑蠶，聞東國有之，命使以求。時東國君秘而不賜，嚴勅關防，無令桑蠶種出也。瞿薩旦那王乃卑辭下禮，求婚東國；國君有懷遠之志，遂允其請。瞿薩旦那王乃命使迎婦，而誡曰：爾致辭東國君女，我國素無絲棉桑蠶之種，可以持來，自爲裳服。女聞其言，密求其種，以桑蠶之子置帽絮中；既至關防，主者遍索，唯王女帽不敢以檢，遂入瞿薩旦那國，止麻射伽藍故地。方備儀禮，奉迎入宮，以桑蠶種留于此地。陽春告始，乃植其桑。蠶月既臨，復事採養。初至也，尚以雜葉養之。自時厥後，桑樹連陰。王妃乃刻石爲制，不令傷殺，蠶蛾飛盡，乃得製繭；敢有犯違，明神不祐。遂爲先蠶，建此伽藍；數株枯桑，云是本種之樹也。故今此國，有蠶不殺。竊有取絲者，來年輒不宜蠶。

〔考證〕麻射，寺名，宋本作『鹿射』，福州本作『庶射』，有三種異傳。然今高麗書則作『麻射』。據玄奘所傳，于闐之蠶本由東國輸入；西藏所傳則稱自中國傳來。據西藏之于闐史，Vijayavirya 王之世，佛教自印度流入于闐。經二代至 Vijayajaya 王，娶中國君主之女 Punye-shar，此王妃自本國携蠶種至于闐；此後，于闐始有養蠶之業。王以印度僧衆音 (Samghaghosa) 爲師，爲蠶修供養，乃建 Potarya 塔及麻射大寺 (Ma-dza) (Rockhill: Life of the Buddha, 238)。西藏所傳之寺名 Ma-dza，相當于玄奘所傳之麻射，均爲與養蠶有關係之名稱。當斯泰因氏探險于闐時，曾在舊都東南約一哩地方，發現俗名爲 Kum-i-Shaidan 之聖祠。此聖祠爲古來國王建國之靈場，故頗得一般人民之尊崇。其位置，恰與玄奘所指「王城東南五六里」相一致。據此推測之，可斷定即古之麻射寺也 (Setin: Ancient Khotan, I. 230)。

十三，鼓池之寺院及龍女

〔本文〕城東南百餘里，有大河西北流，國人利之以用溉田。其後斷流，王深怪異；于是命駕問羅漢僧曰：「大河之水，國人取給，今忽斷流，其咎安在？爲政有不平，德有不洽乎？不然，垂譴何重也！」羅漢曰：「大王治國，政化清和；河水斷流，龍所爲耳；宜復祠求，當復昔利」。王因回駕，祀祭河龍。忽有一女，凌波至曰：「我夫早喪，主命無從，所以河水絕流，農民失利；王于國內選一貴臣，配我爲夫，水流如昔」。王曰：「敬聞，任所欲耳」。龍遂目悅國之大臣。王旣回駕，謂羣下曰：「大臣者國之重鎭；農務者人之命食。國失鎭則危，人絕食則死。危死之事，何所欲行？」大臣越席跪而對曰：「久已虛薄，謬當重任；常思報國，未遇其時。今而預選，敢塞深責；苟利萬姓，何吝一臣？臣者國之佐，人者國之本，願大王不再思也！幸爲修福建僧伽藍」。王允所求，功成不日。其臣又請，早入龍宮。于是舉國僚庶，鼓樂飲餞；其臣乃衣素服，乘白馬，與王辭訣；敬謝國人，驅馬入河。履水不溺，濟乎中流，麾鞭畫水，水爲中開，自茲沒矣。頃之，白馬浮出，負一旃檀大鼓，封一函書。其書大略曰：「大王不遺細微，謬參神選，願多營福，益國滋臣。以大鼓懸城東南，若有寇至，鼓先聲震」。河水遂流，至今利用。歲月浸遠，龍鼓久無；舊懸之處，今仍有鼓。池側伽藍，荒圮無僧。

【考証】斯泰因氏探險于闐時，在 Yōtkan 之東南方，曾發現一池沼，名曰 Aiding-kul，今尙號爲鼓池，其側仍有名爲鼓舍 (Naghārakhānah) 之丘塚。東西百七十五呎，南北七十二呎，可証明其爲古寺院之遺趾。若然，則斯泰因氏所發現之 Aiding-kul 湖蓋卽玄奘所謂鼓池；鼓舍，應爲池側伽藍之遺跡 (Stein:Ancient Khotan, I. 227—28)。大方等大集經卷四十五，載有佛陀關于于闐之預言曰：「于闐人民，誹謗高僧，敗德無極，故高僧皆他往。諸天震怒，于闐諸河遂絕水源，故河川，池沼，井泉等，皆成枯涸。國人死滅，國王荒廢。至佛滅百年，于闐復興，市邑復盛，產業復興，人民富裕，大乘教弘通」。此雖爲佛教傳來後之傳說，然亦頗足與玄奘所傳斷水之傳說相對照也。

十四，東西兩軍之戰地

【本文】王城東三百餘里，大荒澤中，數十頃地，絕無蘖草，其土赤黑。聞諸耆舊曰：敗軍之地也。昔者，東國軍師百萬西伐，此時瞿薩旦那王亦整齊戎馬四十萬衆，東禦強敵。至于此地，兩軍相遇，因卽合戰。西兵失利，乘盛殘殺。虜其王，殺其將，誅戮士卒，無復孑遺！流血染地，其迹斯在。

十五，媲摩城

【本文】戰地東行三十餘里，至媲摩城。有雕檀立佛像，高二丈餘，甚多靈應，時燭光明。凡有疾病，隨其痛處，金薄帖像，卽時痊復；虛心請願，多亦遂求。聞之土俗曰：此像昔佛在世，憍賞彌國鄔陀衍那王所作也。佛去世後，自彼凌空至此國北曷勞落迦城中。初此城人安樂富饒，深著邪見，而不珍敬；傳其自來，神而不貴。後有羅漢，禮拜此像，國人驚駭；異其容服，馳以白王。王乃下令，宜以沙土，坌此異人。時阿羅漢身蒙沙土，糊口絕粮；時有一人，心甚不忍，昔常恭敬，尊禮此像，及見羅漢，密以饌之。羅漢將去，謂其人曰：「從後七日，當雨沙土，塡滿此城，略無遺類；爾宜知之，早圖出計。猶其坌我，獲斯殃耳」。語已便去，忽然不見。其人入城，具告親故；或有聞者，莫不嗤笑。至第二日，大風忽發，吹去穢壤，雨雜寶滿衢路；人更詈所告者。此人心知必然，竊開孔道，出城外而穴之。第七日，天宵分之後，雨沙土滿城中；其人從孔道出，東越此國，止媲摩城。其人纔至，其像亦來；即此供養，不敢遷移。聞諸先記曰：「釋迦法盡，像入龍宮」。今曷勞落迦城爲大堆阜，諸國君王，異方豪右，多欲發掘，取其寶物；適至其側，猛風暴發，烟雲四合，道路迷失。

〔考証〕媲摩，梵語爲 Bhimā，西藏則作 Śrī Mahādevī，即女神，爲于闐地方人民所崇敬(On Yuan Chwang, II. 303)。斯泰因氏于探險之際，曾研究媲摩城之位置，而以和闐東北約五十五哩今之Uzun-Tati 當之(Stein: Sand-Buried Ruins of Khotan, P. 434)。塔里木流域之南道，在中國交通初期，雖通行之處甚多，然中央之沙漠，每因大風，即挾沙以南，南路之道路及城市，次第爲其所湮沒者不少；至玄奘時代，人多取南道以通西域。故曷勞落迦城被埋沒之說並非毫無根據之傳言，而爲有某種事實作基礎又加以修飾者，已屬瞭然。

十六，尼攘城

〔本文〕媲摩川東，入沙磧，行二百餘里，至尼攘城；周三四里，在大澤中。澤地熱濕，難以履涉，蘆草荒茂，無復途境；唯趣城路，僅得通行，故往來者莫不由此城焉。而瞿薩旦那以爲東境之關防也。

〔考証〕觀玄奘所記，尼攘在沙漠島中。位于媲摩川東四十哩之地。尼爲梵語 ñã (niʔ) 之譯；攘爲梵語 ŋya, ña, jña之譯。故尼攘應爲原音 Niña 之音譯。今之 Niya，恰當玄奘所指尼攘之位置。在 Niya 地方所發現之佉樓文字之刻文中，據 Rapson 氏之解釋，曾有 Nina 之地名(Rapson: Specimens of Kharosthi Inscriptions, P. 14, Kha-rosthi tablet, I. 16)。蓋此 Nina 即 Niña 變形，Niña 更變而爲現在之地名 Niya。Ña 恰有如 nya 之發音，

n被略去，遂僅爲ya。此種變形，在Prakrit語中極爲普遍。故可認定：Nina｜變而爲Niya，今日之Niya即爲玄奘之尼攘城(Stein: Ancient Khotan, I. 311)。斯文赫定氏曾親至Niya地方，于玄奘所傳之正確頗有讚詞(Sven Hedin: Through Asia. p.783)。

十七，南道之沙漠

【本文】從此東行，入大流沙；沙則流漫，聚散隨風，人行無迹，遂多迷路，四遠茫茫，莫知所指。是以往來聚遺骸以記之。乏水草，多熱風；風起則人畜惛迷，因以成病。時聞歌嘯，或聞號哭，視聽之間，怳然不知所至。由此屢有喪亡，蓋鬼魅之所致也。

十八，覩貨邏及折摩馱那之舊地

【本文】行四百餘里，至覩貨邏故國。國久空曠，城皆荒蕪。從此東行六百餘里，至折摩馱那故國，即涅末地也。城郭巋然，人烟斷絕。

【考証】覩貨羅(Tukhara)在Niya東八十餘哩，應爲今之Endere：更東百二十哩之折摩馱那(梵語Chalmadana)，應爲今之Cherchen(Watters: On Yuan Chwang, II. 343—44)，此爲斯密士氏所指定，一般學者均表同意。慈恩傳卷五謂：「折摩馱那故國，即沮沫地」。漢書及魏書之西域傳均作且末，故西域記之「涅末」蓋爲沮末之誤寫。漢書西域傳云：

「且末國王治且末城，……戶二百三十，口千六百一十，勝兵三百二十八。」

魏書西域傳云：

「且末國都且末城，在鄯善西。……眞君三年，鄯善王比龍避沮渠安周之難，率國人之半奔且末，後役屬鄯善。且末西北，有流沙數百里；夏日有熱風，爲行旅之患。風之所至唯老駝預知之，卽鳴而至，立埋其口鼻于沙中，人每以爲候，亦卽將氈擁蔽鼻口。其風迅駛，斯須過盡。若不防者，必至危斃。」

此謂後魏太武帝眞君三年(西曆四四二年)，鄯善王比龍率國人移于且末，其後即屬于鄯善。次謂且末以西之沙漠，通行困難。是即與玄奘本文所記尼攘以東通行困難之處爲同一地域。洛陽伽藍記云：

12

「從鄯善西行，一千六百四十里，至左末城；城中居民，可有百家。……」

此以城名爲左末，蓋左末與且末，沮沫，爲同音之異譯。今以上諸傳綜合觀之，可知且末本爲城名，在沙漠島中；由漢代以至南北朝時代，乃爲一村鎭；至唐代，則大衰，幾無人居。而今之Cherchen，乃唐代以後恢復之狀態。

十九，納縛波

〔本文〕復此東北行，千餘里，至納縛波故國；卽樓蘭地也。

〔考証〕納縛波一名，不見于中國正史。漢武帝通西域時，稱爲樓蘭。至昭帝元鳳四年(西紀前七七)，改爲鄯善。水經注引釋氏西域記云：「南河自于闐東，于北三千里，至鄯善入牢蘭海者也」。牢蘭與樓蘭，若出于同一語源，則樓蘭似爲由海卽湖名而得之國名。牢蘭海爲今羅布泊(Lop-Nor)，已無疑義。蓋樓蘭或卽由羅布泊之古名轉化而來者。古之羅布泊在今湖之北，故樓蘭之領土必爲古羅布泊南岸一帶。

(一)漢代之鄯善——漢書西域傳載武帝時代之樓蘭曰：

「鄯善國，本名樓蘭，王治扜泥城。……戶千五百七十，口萬四千一百，勝兵二千九百十二人。……土地沙鹵，少田，仰穀傍國。國出玉，多葭葦，檉柳，胡桐，白草。民隨畜牧，逐水草。有驢馬，多橐駝。」

扜泥城爲樓蘭之首府，人口一萬四千，兵士約達三千。人民以遊牧爲業。漢武帝張兵威至西域，樓蘭乃質子于中國；同時，又質一子于匈奴：介于二強國之間，均表服從。至漢軍迫匈奴，心常近漢而叛匈奴。武帝征和元年(西紀前九二)，樓蘭王死，匈奴遂使質子歸國，立之爲王。昭帝元鳳四年(西紀前七七)，漢發兵殺樓蘭王，立其弟質于漢之尉屠耆爲王，國號改爲鄯善，以宮女爲王妃。新王懼前王下人之黨與匈奴者加以危害，乃請中國兵駐國內，爲之保護。于是，漢遣司馬一人，吏士四十人，屯田于伊循城。其後，中國派遣文武官員，甚久。後漢時代，光武帝建武十四年(西曆三八)及二十一年，鄯善與中國曾有來往。明帝永平十六年(西曆七三)，班超使西域，至鄯善，國王廣厚遇之。後數日，會匈奴使者至，遇超頓疏。超覺其情，即夜以其部率襲匈奴使者，悉殺之。自是，鄯善乃專屬漢。

(二)晉代之鄯善——三國時，小宛，精絕等三國屬鄯善。魏文帝黃初三年(西曆二二二)，鄯善使使至中國；晉武帝泰康四年(西曆二八三)，復相通。至晉勢衰，僻在江南，苻秦領有江北諸地；考武帝太元七年(西曆三八二)，鄯善遣使于苻秦。法顯以姚秦弘使二年(西曆四〇〇)自長安出發，赴塔里木流域，入鄯善。其記事曰：

「鄯善國，其地崎嶇薄瘠。俗人衣服粗與漢地同，但以氈褐為異。其國王奉法。可有四千餘僧，悉小乘學。諸國俗人及沙門，盡行天竺法，但有精麤。從此西行，所經諸國類皆如是。唯國國胡語不同；然出家人皆習天竺書，天竺語。住此一月日。」

在法顯時代鄯善有小乘僧四千人，足見佛法之流行矣。

(三)後魏時代之鄯善——鄯善在後魏太武帝太延元年(西曆四三五)至西魏大統八年(西曆五四二)之間，遣使于魏者六次。洛陽伽藍記謂「蒙古民族吐谷渾王之次男領有鄯善」，是西曆四百三十四年之頃鄯善在吐谷渾勢力之下也。後魏太平眞君王中，沮渠安周伐鄯善，國王比龍將降，幸有漢士使者過鄯善，援之以拒安周，一時得免。比龍之世子復應安周而叛魏。太武帝太平眞君六年(西曆四五五)，萬度歸以五千兵征鄯善，捕其王而還。嗣後，鄯善即為魏之保護國。

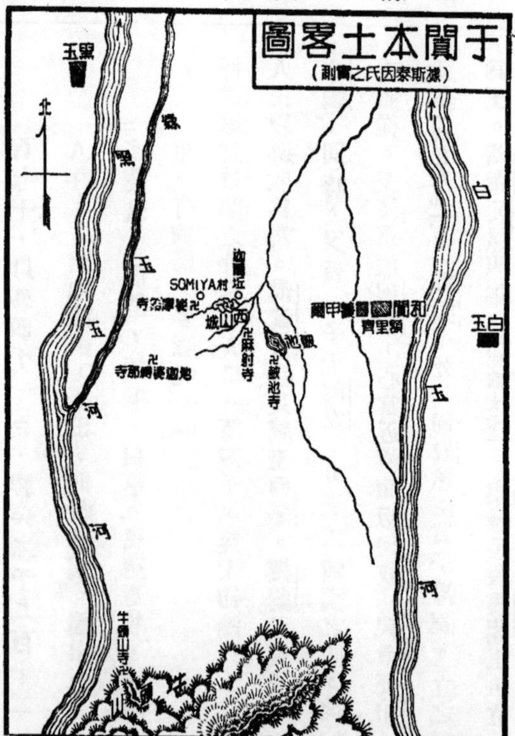

于闐本土畧圖
(據斯泰因氏之書製)

14

中國地方志考（舊江寧府屬縣）

張國淦

舊上元縣今併江寧縣

志目

上元縣舊圖經　太平寰宇記九十江南東道昇州上元縣引　佚

上元縣志六冊　文淵閣書目十九舊志　佚

上元縣志　文淵閣書目二十新志　佚

上元縣志□卷　明正德十六年　知縣白思齊修縣人管景纂　未見

上元縣志十二卷　萬曆二十一年　知縣程三思修縣人李登盛敏耕陳桂林等纂　北平圖書館萬曆刊本

上元縣志二十四卷　清康熙六十年　知縣唐開陶修　徐家匯藏書樓抄本　日本內閣文庫康熙刊本

上元縣志二十七卷卷首一卷卷末一卷　乾隆十六年　知縣藍應襲修縣人何夢篆等纂　金陵圖書館　故宮圖書館乾隆刊本

上元縣志二十六卷卷首一卷卷末一卷　道光元年　知縣武念祖修敎諭陳栻等纂　國學圖書館道光刊本

敍論

右上元縣志。上元：秦置秣陵縣；後漢建安末，孫權改建業，爲丹陽郡治；晉改建康，隋改江寧，俱屬丹陽郡；自唐改上元，屬昇州；五代屬江寧府；宋屬建康府；元屬集慶路；明屬應天府；淸屬江寧府。故上元事蹟，並載丹陽記，建康志，金陵志，應天府志，江寧府志。

其縣志今可考者：上元縣舊圖經，太平寰宇記引之，當在宋以前。宋元志乘未有著錄。

明凡四修。上元縣志六冊，見文淵目舊志，當是洪武年修。上元縣志，見文淵目新志，當是永樂年修（以上今佚）。正德十六年，知縣白思齊延縣人管景纂上元縣志□卷，其爲類凡十：曰圖表，曰疆域，曰山川，曰建置，曰版籍，曰祠宇，曰宮室，曰古蹟，曰紀錄，曰撫遺（見沈序）。管景曾與修正德府志，故其用舍取與皆遵府志已成之集，未嘗有所更易（今未見）。更七十二年爲萬曆二十一年，知縣程三省延縣人李登等纂上元縣志十二卷，首圖二，其爲類凡表二：曰沿革，曰歷代縣令；志十：曰版籍，曰田賦，曰地里，曰建置，曰祠宇，曰古蹟，曰職官，曰科貢，曰人物，曰藝文。據焦竑序：地理，文學，祠祀，食貨，兵衛，與夫良吏，名人，忠義，孝友，高行，隱佚，儒林，文苑，靡不備載，而列女，方技若事之不可吐棄者咸附焉。康熙縣志凡例：縣始志成於正德，才通而蹟略；繼志增於萬曆，事核而代更。可見此兩志之大凡矣。

淸凡三修。自萬曆二十一年，更一百二十八年為康熙六十年，知縣唐開陶修上元縣志二十四卷，首圖述八，凡表三，志九，傳十三。是志以萬曆志為底本。據唐開陶序，首重名宦先賢，次則士風文藝。明季程宰舊志無庸更易者因之，有所變通者損益之。其學校則裒採焦竑京學志，亦足知其意恉之所在也。更三十年為乾隆十六年，知縣藍應襲等延縣人何夢篆等纂上元縣志二十七卷，卷首末各一卷。首紀二：曰錫賜，曰南巡；其為類凡志十：曰天官，曰輿地（圖十四），曰官守，曰民賦，曰學校，曰選舉，曰祠祀，曰古蹟，曰人物，曰藝文；末摭佚。何夢篆曾與修康熙志，而此義例則不沿康熙志而重訂者也。更七十年為道光元年，知縣武念祖屬教諭陳栻等纂上元縣志二十六卷，卷首末各一卷。首天章，聖訓，錫賜。其為類與乾隆志同，其目略異。此則依據乾隆志，而增益其所未有（以上今俱存）。

上元志自□以後修凡八次：佚者三，未見者一，存者四。正德萬曆兩志，外間絕尠傳本；其乾隆道光兩志，則體例相承不紊；至同治十三年有上江兩縣志（詳後江寧縣），而自是上元無單行志矣。

舊上元縣志見存卷目異同表（據道光縣志次第）

萬曆縣志	乾隆縣志	道光縣志
序	序，後序，舊序	序
目錄	凡例	凡例
	目錄	目錄
	錫賜恩紀，南巡恩紀　首	天章，聖訓，錫賜　首
	宸翰　九（學校）	

地理志　三
沿革表　一
沿革　三
圖
版籍　二
坊廂，鄉圖
城闕　六（古蹟志）
風土，山川　三（地理志）
職官志　七
歷代縣令表　一
知縣，縣丞，主簿，典史
封爵附
驛傳　二（田賦）
舖舍　四（建置志）
田賦　二
戶口　二（版籍）
稅糧，里甲，均徭，坊廂賦役，坊廂應付　二
學校　四（建置志）
書院　四（建置志）
科貢志　八

天官　一
星野，極度，庶徵
輿地　二至四
沿革　二
圖說
疆域
城池，廨署　三
山川，形勢，風俗　四
物產附　八（民賦）
官守　五六
歷官　五
良政，封爵附　六
民賦　七八
戶口
田制，地租，蘆課，雜稅，鹽引　七
積貯，蠲賑　八
學校　九
儒學，廟祠，禮樂，經籍
學額，學田，府學
附書院，社學
選舉表　十

天文志　一
星野，極度，庶徵
輿地志　二至四
沿革
圖說　二
疆域，坊廂以下附
建置　三
山川，形勢，風俗
物產　四
官守志　五至七
歷官　五
名宦，封爵，循良　六
營制，江防，馬政
驛遞
舖遞　七
民賦志　八
戶口
田賦，雜稅，鹽引
積貯，蠲賑
學校志　九
學宮，祭器，樂章，樂器，二祭洒掃附，諸祠
碑刻，書籍，學額，學田，府學
書院
選舉志　十

茂才，進士，薦舉，貢士，歲貢，恩廕附
祠宇志　五
祠宇
寺觀
古蹟志　六
宮殿
建置志　四
公廨，倉場
鎮市，街巷，津梁
苑囿　六（古蹟志）
樓臺　六（古蹟志）
第宅，陵墓　五（祠宇志）
人物志　九至十一
列女　十一
人物雜志　十一
藝文志　十二

祠祀　十一十二
壇壝，廟宇　十一
寺觀附　十二
古蹟　十三十四
都邑，宮室，郊廟
庠序，宮舍，倉庫
苑囿　十三
樓閣，亭臺，堂軒，柵埭，村驛
第宅，陵墓，碑碣　十四
人物　十五至二十五
祠賢　十五
邑獻　十六
宦績　十七
治績　十八
文學　十九
忠烈　二十
孝友　二十一
義行　二十二
隱逸　二十三
方技　二十四
列女附　二十五
藝文　二十六二十七

進士，舉人，薦辟，貢生，武科，恩廕
祠祀志　十一十二
壇壝，廟宇　十一
寺觀　十二
古蹟志　十三十四
都邑，宮室，郊廟
庠序，官舍，倉庫，官所
苑囿　十三
樓閣，亭臺，堂軒，柵埭，郵驛，古石附
第宅，陵墓，碑碣　十四
人物志　十五至二十二
仕蹟　十五
儒林，文苑　十六
忠烈　十七
孝友　十八
義行　十九
隱逸，寓賢　二十
技藝，釋道　二十一
列女　二十二
賢母，壽母，孝婦，孝女，才淑，烈婦，烈女，貞女，節婦
藝文志　二十三二十四

4

詩，文，雜著

雜遺 六

跋，後序

表，疏，啓，記，序，贊，銘，論，文 二十六

賦，詩，辨，議，考 二十七

摭佚 末

編校姓氏 首

表，疏，啓，記，序，贊，銘 二十三

示，禁，辨，議，論，考，文，賦，詩 二十四

摭佚 末

志原

纂校姓氏

5

江寧縣

志目

江寧縣圖經 輿地紀勝十七江南東路建康府江寧縣引 佚

江寧縣舊志 太平寰宇記九十江南東路建康府江寧縣引 佚

江寧縣志四册 文淵閣書目十九舊志 佚

江寧縣志 文淵閣書目二十新志 佚

江寧縣志十卷 正德十六年 知縣王誥修縣人劉雨管景等纂 北平圖書館正德刊本

江寧縣志十卷 萬歷二十六年 知縣周詩石允珍修上元李登盛敏畊縣人顧起元纂 北平圖書館萬歷刊本存卷一至四

江寧縣志十四卷 清康熙二十二年 知縣佟世燕修溧陽戴本孝纂 日本內閣文庫康熙刊本

江寧縣新志二十六卷 乾隆十三年 知縣袁枚修 故宮圖書館乾隆刊本存卷一至二十 日本內閣文庫

敍論

右江寧縣志。江寧：漢置秣陵縣；晉改江寧，並分置秣陵縣，隋省秣陵入江寧，俱屬丹陽郡；唐爲上元縣地，屬昇州；自五代仍置江寧，屬江寧府；宋屬建康府；元屬集慶路；明屬應天府；清屬江寧府。故上元事蹟，並載丹陽記，建康志，金陵志，應天府志，江寧府志。其縣志今可考者：江寧縣圖經，輿地紀勝引之，不能詳其時代。江寧縣舊志，太平寰宇記引之，當在宋以前。宋元志乘未有著錄。

明凡四修。江寧縣志四册，見文淵目舊志，當是洪武修。江寧縣志，見文淵目新志，當是永樂年修（以上今俱佚）。正德十六年，知縣王誥延縣人劉雨等纂江寧縣志十卷，首圖二，其爲類凡表二：曰沿革，曰官守；又類

二十八：起建置沿革，訖懨釋。據是志凡例，采輯大明一統志，京城圖志，及歷代史書圖經志譜文集有涉於邑者致入。冠天敍序，是志延劉雨修纂，訖四十五日書成。徐琉序，修末閱月，復博采羣書，廣延故老，又翼之俊髦管景等(王誥後序祗言劉雨)。故修志姓氏有劉雨修纂，又有管景等增修。劉雨管景曾修正德府志，其所依據者當即十四年先成之府志也。更七十七年爲萬歷二十六年，知縣周詩等延上元李登纂江寧縣志十卷。首圖二。其爲類，凡表三：曰沿革，曰官守，曰科貢。志六：曰地里，曰建置，曰版籍，曰戶口，曰祠宇，曰古蹟。傳二：曰宦績，曰人物。據是志凡例，舊志修於正德之季，玆發凡起例，不盡相襲，而采用強半。徐大任序，謂其集諸乘之嘉者而酌采之，與上元志稱儷美云。正德間劉雨管景等修府志，管景又修上元志，劉雨管景又修江寧志；萬歷間王一化修府志，盛敏畊陳桂林並與其事(見萬歷府志殷邁序)，李登又與盛敏畊陳桂林修上元志，又與盛敏畊顧起元修江寧志。此一府二縣志兩次修纂，先後俱成於數人之手，亦云盛矣。淸凡二修。自萬歷二十六年，更八十五年爲康熙二十二年，知縣佟世燕延歷陽戴本孝纂江寧縣志十四卷。據佟世燕序，宋以前事不患不詳，而自元明以至昭代，邑人所爲志林說部不下數十種，攈摭而裒錄之。則其搜採之所致力者，可以知其概略也。更六十五年爲乾隆十三年，知縣袁枚修江寧縣志二十六卷，圖十五，其爲類，凡表三：曰沿革，曰秩官，曰選舉；志八：曰疆域，曰建置，曰山川，曰民賦，曰學校，曰祠祀，曰古蹟，曰藝文；傳十二；終拾遺。其義例詳明，亦通於志體者之所爲作也(以上今俱存)。

江寧志自□以後修凡八次：佚者四，存者四。正德萬歷兩志，外間絕尠傳本(與上元志同)，即康熙乾隆志亦復罕覯。

至同治十三年上元知縣莫祥芝，江寧知縣甘紹盤，延江寧汪士鐸等纂上江兩縣志二十九卷，卷首一卷，首天章。其爲類，凡記二：曰聖澤，曰大事；考十：曰山，曰水，曰城廂，曰田賦，曰食貨，曰學校，曰兵，曰祠祀，曰建置，曰藝文；譜八：曰秩官，曰科貢，曰列女，曰古今人，曰古迹，曰咸豐三年以來兵事，曰忠義，曰貞烈；錄六：曰名宦，曰鄉賢，曰忠義孝悌，曰書舊，曰方技，曰方外；又圖說十五；摭佚，敍錄，商例。綜之以紀考譜錄，而圖說在諸類之後，與他志不同。莫祥芝等肆求志事，汪士鐸與甘元煥等皆一時閒人，分類纂輯，復經莫祥芝甘紹盤商訂，故其書之成也詳覈而有體要，亦輓近地志中之善本矣（今存）。今上元縣已併入江寧，此後爲江寧志者，據上江兩縣志爲底本，則其綜合亦易於爲力也。

江寧縣志見存卷目異同表 據乾隆縣志次第，同治上江兩縣志附。

正德縣志	萬歷縣志	乾隆縣志	同治上江兩縣志
目錄	目錄	志目	目次
序，後序	序，後跋，舊序	舊序，新序 一	序
凡例	凡例		
修志名氏	修志氏名		采訪修纂姓名
圖	圖	圖 一	圖說 二十七
			天章 首
			聖澤記 一
			大事記 二
沿革表 一	沿革表 一	沿革表 二	
官守表 一	官守表 六	秩官表 三	秩官譜 十三
科貢 八	科貢表 七	選舉表 四	科貢譜 十四
薦舉附	附薦舉，恩蔭，封爵		
	地里志 一	疆域志 五	
建置沿革，分野，疆域 一	沿革，疆域	星野，地界，形勝，守禦，	
風俗 二	風俗	風俗	
	建置志 二	建置志 六	建置考 十一
公署，倉塲，廨院附，郵	公廨，倉塲，驛舖		

傳，舖舍附 四			
市鎮，衢衕，橋梁，航渡附 五	鎮市，衢道，津梁		
義阡附 七(塚墓)		義塚附	
山阜，岡壠附 二	山川 一(地理志)	山川志 七	山考 三
川澤，湖堰塘圩井泉附 二			水考 四
坊鄉 五	版籍志 三 坊廂，鄉圖		城廂考 五
戶口 三	戶口志 三	民賦志 八	田賦考 六
蓄畝，賦稅，課程，土貢，孳牧，力役，舖行附 三	田賦，稅糧，里甲，均徭，驛傳，坊廂賦役，坊廂應付，雜賦，清軍，雜記附		
			食貨考 七
		軍政	兵考 九
			咸豐三年以來兵事譜 十八
物產 三		物產附	
學校 四	學校 二(建置志)	學校志 九	學校考 八
社學書院附	書院 二(建置志)		
	祠宇志 四	祠祀志 十	祠祀考 十
壇廟 六	祠廟		
古蹟 七	古蹟志 五	古蹟志 十一	古迹譜 十七
樓閣，亭臺園池附 六	官署，城壘，壇壝，樓館，苑囿，雜遺，碑頌		
第宅，塚墓 七	第宅，塚墓 四(祠宇志)	宅墓	
寺觀 六	寺觀 四(祠宇志)	寺觀附	
		藝文志 十二十三	藝文考 十二

宦蹟　八	宦績傳　六	秩官傳　十四	名宦錄　二十一
人物　九	人物傳　八至十	勳舊傳　十五	古今人譜　十六
流寓　八		儒林傳　十六	耆舊錄　二十四
方技　十		孝義傳　十七	鄉賢錄　二十二
僊釋　十		忠節傳　十八	忠義譜　十九
列女　十		文苑傳　十九	忠義孝悌錄　二十三
		治行傳　二十	方技錄　二十五
		高士傳　二十一	方外錄　二十六
		寓公傳　二十二	列女傳　十五
		藝術傳　二十三	貞烈譜　二十
		釋道傳　二十四	撫佚　二十八
		列女傳　二十五	敍錄，商例　二十九
		拾遺　二十六	

9

句容縣

志目

江乘地記　太平寰宇記九十江南東道昇州府上元縣引　佚

勾容縣圖經　太平寰宇記九十江南東道昇州上元縣引　佚

句曲志　宋□□□年□□張侃修　至正金陵新志引用古今書目　佚

句容縣志四册　文淵閣書目十九舊志　佚

句容縣志　文淵閣書目二十新志　佚

句容縣志稿□卷　明景泰五年　縣人胡瑀纂　未見

句容縣志十二卷　弘治九年　知縣王僖杜磐修縣人王韶纂　天一閣　弘治刊本

句容縣志□卷 嘉靖十九年 知縣周仕修 未見

句容縣志十卷 萬曆三十一年 知縣丁賓茅一桂修縣人王裕纂 未見

句容縣志十卷 清順治十四年 知縣葛翊宸叢大爲修縣人胡岳江五岳纂 北平圖書館順治刊本存卷一至四又卷三至九 紹興王氏藏本全

句容縣志十二卷卷首一卷卷末一卷 乾隆十五年 知縣曹襲先修縣人樊明徵纂 乾隆刊本又光緒重刊

續纂句容縣志二十卷卷首一卷卷末一卷 光緒三十年 知縣張紹堂修桐城蕭穆纂 光緒刊本

敘論

右句容縣志。句容：漢置縣，屬丹陽郡；隋屬江都郡；唐後屬昇州；五代屬金陵府，江寧府；宋屬建康府；元屬集慶路；明屬應天府；淸屬江寧府。又江乘：漢置縣，屬丹陽郡；後漢省；晉復置，屬南瑯邪郡；至隋廢。故句容江乘事蹟，並載丹陽記，建康志，金陵志，應天府志，江寧府志。

其縣志今可考者：江乘地記，北堂書鈔引之，當在唐以前。江乘復置於晉而廢於隋，似是晉人書。句容縣圖經，太平寰宇記引之，當在宋以前。宋張侃有句曲志；曰句曲者，太平寰宇記，茅山本名句曲山，其形如句字，因立縣名，金陵新志引用書目有之。是元至正尙見是書。

明凡五修。句容縣志；見文淵目新志，當是洪武年修。句容縣志四册，見文淵目舊志，當是永樂年修（以上今佚）。景泰五年，縣人胡瑀纂句容縣志稿（今未見）。更四十二年爲弘治九年，知縣王僖等延縣人王韶纂句容縣志十二卷，首圖一，其爲類二十七：起沿革，訖雜錄類（今存）。更四十四年爲嘉靖十九年，知縣周仕修句容縣志□卷。更六十三年爲萬歷三十一年，知縣丁賓等延縣人王裕修句容縣志十卷，據順治志叢大爲序，舊志之可考者，在弘治之丙辰，至嘉靖之庚子，周公仕乃加删削，其後丁公賓稍稍損益，方繕本存笥，而茅公一桂實成之，時在萬歷癸卯也（以上今未見）。

淸凡三修。自萬歷三十一年，更五十四年爲順治十四年，知縣葛翊宸等延縣人胡岳等纂句容縣志□卷。首圖二。其爲類，凡考十二：曰地理，曰建置，曰古蹟，曰官制，曰選舉，曰典禮，曰祥異，曰版籍，曰名德，曰兵制，曰藝文，曰外紀。據李來泰序：其書一循故法，復參以郭美命江夏志；例如地里考之城池改入古蹟，外紀考之仙釋不携寺觀，以坊街繫鄉都，以版籍後祥異，退典禮於選舉之下，升官制於選舉之上，固異而不害其爲同者。至若兵制一考，則昔所絕無而今所特創。郭正城江夏志，修於萬歷十九年，世鮮傳本，就李來泰序推之，是江夏志分類係以考名，是志地理，建置，古蹟，官制，祥異，版籍，名德，藝文，外紀，自是依據江夏志；其兵防考似爲江夏志所無；並其目次之先後分合，亦末由詳較其異同也。更九十三年爲乾隆十五年，知縣曹襲先延縣人樊明徵纂句容縣志十二卷，卷首末各一卷。首圖紀六，又御製詩。其爲類，凡志十：曰輿地，曰建置，曰山川，曰古蹟，曰民賦，曰學校，曰秩官，曰選舉，曰人物，曰藝文；末雜志。據曹襲先序，句容志修於前令葛君；前乎此遠莫可稽。是以葛志爲底本，而葛志以前諸志俱未之見，其體例與葛志則不從同。更一百五十四年爲光緒三十年，知縣張紹堂延桐城蕭穆纂續句容縣志二十卷，卷首末各一卷。首圖說十，其爲類，凡紀二：曰聖澤，曰大事（在建置後）；表二：曰秩官，曰科貢；又類十七：曰建置，曰古蹟，曰祠祀，曰學校，曰實政，曰田賦，曰水利，曰風俗，曰物產，曰選舉，曰人物，曰列女，曰金石，曰藝文，曰祥異，曰兵事，曰拾遺；末雜狙。據張紹堂序，弘治萬歷順治志已佚，曹公襲先乾隆志亦僅舊鈔本，尚殘缺不可校；杭州文瀾本有藏本，乃展轉假鈔重刊，爰肇議續修。是以曹志爲底本，而曹志以前諸志俱未之見，其體例與曹志亦不從同。此亦句容志因革損益之大概也。

句容志自□以後修凡十一次：佚者五，未見者二，存者四。光緒修志時，匪惟明志無徵，即清志較遠者亦訪求未得，於此可知舊籍保存之不易也。

句容縣志見存卷目異同表 據乾隆縣志次第

弘治縣志	順治縣志	乾隆縣志	光緒縣志
目錄	目錄	目錄	目錄
序	序	序，原序 首	序 首
	呈啟	原纂修姓氏 首	續纂姓氏 首
	凡例	凡例 首	凡例 首
圖	圖	圖紀 首	圖說 首

地理類 四五
沿革，邑名，分野，形勝，
疆域，至到
風俗 一
市鄉，村里 一
鎮坊，街巷 一
土產 四
城池 一
公署類 二

地理考 一
事蹟沿革，分野，疆域，形勝
風俗
鄉都里
市鎮，街坊巷，牌坊附 二(建置志)
土產
建置考 二
縣治，公署，壇壝，倉庫，舖舍
兵制考 六
兵防
驛站 四(版籍考)
馬政 四(版籍考)
山川 一(地理考)
橋梁，路津，閘附 二(建置考)
圩岸附 一(地理考)

御製詩 一
輿地志 一
沿革，星野，疆域，形勝
風俗
鄉里
市鎮，街坊，路巷，牌坊附
物產
建置志 二
城池，倉庫，壇壝，公署，舖舍
營汛
驛站
山川志 三
山，峯，巖，岡，谷，洞，石，
湖，河，溪，澗，潭，泉，井，
池，橋，閘，渡，溝，瀆，堰，
塘，圩岸附

聖澤紀 一
風俗 六
物產 六
建置 二
兵事 十九
水利 六
大事記 二

12

	古蹟考 二	古蹟志 四	古蹟 二
	城壘，裁革衙門		
	丘墓	塚墓	
	義冢 四（典禮考）		
	祠廟	祠廟	
	寺觀 二（建置考）	寺觀	
	宮室	宮院，殿壇，庵堂	
			實政 四
	版籍考 四	民賦志 五	田賦 五
戶口，田土，稅糧。課程 三	田賦，戶口，土田，賦稅，稅課，俸糧，均徭，歲辦，優免官田，大清田賦，大清戶丁，折色起運，本色起運，均徭存留，額外歲徵，官解志附	戶口，田賦，三田附，草場，課鈔，均徭，實輸	
	學校 二（建置考）	學校志 六	學校 三
	書院，社學 二（建置考）	學宮，書院	
	典禮考 四		
	祀典，郵典，養濟院，禮儀	祀典	祠祀 三
	書籍樂器附 二（建置考）	祭器，樂器	
	官制考 三	秩官志 七	
		官制	
歷代衙門官吏，本縣官員年表，儒學官員年表 三	秩官，官師年表，知縣，縣丞，主簿，典史，教諭，訓導	秩官表	秩官表 七
	名德考 五		

人物類 六

名宦
選舉考 三四
進士，舉人，貢生 三
薦辟 六(名德考)
貤封，恩廕，例生，吏員 四
鄉賢 五(以下名德考)
孝行，節義附，篤義附 六
文士 六
貞節 六
耆隱 六
流寓，遷徙附 六
方技 六
藝文考 七至九
碑

名宦傳
選舉志 八
正科表
薦辟
封廕，應例，別進
人物志 九
鄉賢
忠節
政治
孝義
儒林，文學，武勳
貞節
義行
隱逸
耆年
流寓
方技
仙釋
藝文志 十
碑文

科貢表，選舉 七
人物 八至十二
先正 八
忠義，忠義表， 十一
宦績 八
仕績 九
孝友 八
儒行，文學，武功 九
列女 十三至十五
節婦 十三
孝婦，孝女，烈婦，烈女，貞女，賢媛，才媛 十四
貞烈，貞烈考 十五
義行，附義舉 十(以下人物)
耆年 九
流寓 十二
技藝 九
方外 十二
藝文 十八
金石，附國朝石刻 十六十七

14

製詞類 七
題咏類 八
文章類 九至十一
雜錄類 十二

記（下闕）
外紀考 十
祥異考 四
祥異

各體詩文
雜志 末
軼事
遺書
祥異

詩，文 十八
拾遺 二十
雜俎 末
書目 十八（藝文）
祥異 十九

15

溧水縣

志目

溧水縣圖經 輿地紀勝十七江南東路昇州溧水縣引 佚

溧水縣志 宋咸淳□年 知縣周成之等修 金陵新志新舊志引用古今書目 佚

溧水縣志四册 文淵閣書目十九舊志 佚

溧水縣志 文淵閣書目二十新志 佚

溧水縣志□卷 明正德四年 知縣陳憲修縣人范祺纂 未見

溧水縣志二卷 嘉靖四年 知縣王從善修教諭方彥縣人黃志達纂 未見

溧水縣志八卷 萬曆七年 知縣吳仕詮修縣人黃汝全纂 北平圖書館萬曆刊本

溧水縣志□卷 清順治十二年 知縣閔派魯修福清林古度纂 未見

溧水縣志十一卷卷首一卷 康熙十五年 知縣劉登科修縣人謝文運纂 北平圖書館康熙刊本

溧水縣志十六卷 乾隆四十二年 知縣淩世御實文興修桐城方性存休寧吳鶴齡纂 金陵圖書館故宮圖書館乾隆刊本

溧水縣志二十二卷卷首一卷 光緒八年 知縣傅觀光施春膏修縣人丁維誠纂 光緒刊本

敘論

右溧水縣志。溧水：漢溧陽縣地；隋開皇十一年置溧水縣，大業中屬丹陽郡；宋屬建康府；元元貞初升州；明復降縣，屬應天府；清屬江寧府。故溧水事蹟並載丹陽記，建康志，金陵志，應天府志，江寧府志。其縣志今可考者：溧水縣圖經，輿地紀勝引之，不能詳其時代。

宋咸淳□年，知縣周成之等修溧水縣志，金陵新志引用書目有之。是元至正尙見是書。

明凡五修。溧水縣志四册，見文淵目舊志，當是洪武年修。溧水縣志，見文淵目新志，當是永樂年修(以上今佚)。正德四年，知縣陳憲延縣人范祺纂溧水縣志□卷。更十六年爲嘉靖四年，知縣王從善屬教諭方彥等纂溧水縣志二卷，據萬歷志黃汝金小引，正德已巳陳侯憲得抄本，略爲裒益，嘉靖乙酉王侯從善纂輯校讐，視前志稍加詳矣。嘉靖志僅二卷，則正德志之簡略可知(以上今未見)。更五十三年爲萬歷七年，知縣吳仕銓延縣人黃汝金纂溧水縣志八卷。首圖四，原志。其爲類，凡紀一：曰邑紀；表三：曰沿革，曰官師，曰選舉；考二：曰官師，曰薦辟；傳八：曰名宦，曰鄉賢，曰孝子，曰義士，曰隱逸，曰列女，曰流寓，曰方外；又類二十八：起邑名，訖藝文(其次第前後雜出。以後各志同者不詳注)。據黃汝金小引，凡所纂輯一本於正嘉兩志，金陵新志，及鄰郡邑諸志吾溧曾隸屬焉者，悉取參閱焉。其與他志異者，無分野，形勝，食貨。據原志云，他志必載分野，形勝，食貨；余謂分野而至一邑甚微渺矣，至於形勝在溧無可恃也，食貨在溧無專產也，故於三者均勿述焉(今存)。

清凡四修。自萬歷七年，更七十六年爲順治十二年，知縣閔派魯延福清林古度纂溧水縣志□卷，據閔派魯序，補前志之缺略，續曩籍以簡嚴。是依據萬歷志以增益其所未備(今未見)。更十一年爲康熙十二年，知縣劉登科延縣人謝文運等纂溧水縣志十一卷，卷首一卷，首圖四。其爲類，凡紀一：曰邑紀；表四：曰沿革，曰官師，曰學職，曰科貢；考一：曰薦辟；志九：曰建置，曰祀典，曰郵典，曰風俗，曰田賦，曰山川，曰輿地，曰雜志，曰藝文；傳十二。據劉登科序，其間若山川疆域，若城池賦稅，若仙人古蹟，悉仍舊志。而事物，災祥，孝義，節烈，隱居，高士，及遊玩詩章，不無增損。則以舊志爲依據矣。更一百六年爲乾隆四十二年，知縣凌世御等延桐城方性存等纂溧水縣志十六卷，首圖十三。其爲類，凡十二：曰天官，曰輿地，曰官師，曰民賦，曰學校；曰選舉，曰廟祀，曰人物，曰列女，曰藝文，曰古蹟，曰摭拾。略本乾隆十六年江寧縣志。先是乾隆十六年知縣曹江曾經修輯，迄未成功。據凌世御序，所傳者康熙十六年劉君登科本，其間參舊志以歸折衷，驗聞見以求眞確。是以劉志爲底本，而以近事附益之也。更一百五年爲光緒八年，知縣傅觀光等延縣人丁維城等纂溧水縣志二十二卷，卷首一卷，首繪圖十二。其爲類，凡志十六：曰天文，曰輿地，曰建置，曰封爵，曰官師，曰賦役，曰學校，曰典祀，曰選舉，曰武備，曰人物，曰列女，曰藝文，曰名勝，曰二氏，曰軼事。據傅觀光序，由前明以迄國朝，志凡六修（此未計文淵目舊新志），俱無傳本，惟乾隆丁酉凌君輯書尚存。則其所依據者，祇乾隆志矣（以上今俱存）。 17

溧水志自□以後修凡十一次：佚者四，未見者三，存者四。在溧水修志時，萬歷志見正德嘉靖志，順治志見前志，康熙志見舊志，未知其詳。至乾隆志僅見康熙志，光緒志又僅見乾隆志。其存者尚徵求未得焉，儻亦爲方隅所限歟？

溧水縣志見存卷目異同表（據光緒縣志次第）

萬歷縣志	康熙縣志	乾隆縣志	光緒縣志
序	序	序	新序 首
修志名氏	修志姓氏 首	修志姓氏	修志銜名 首
原志	凡例 首	凡例	凡例 首
目錄	目錄 首	目錄	目錄 首
圖	圖 首	圖	圖說，繪圖 首
		天官 一	天文志 一
		星野，庶徵	星野，庶徵
	輿地志 五	輿地 二三	輿地志 二
邑紀，邑名 一	邑紀 一		

沿革表　一
疆界　四
山川，岡嶺井泉附，杠梁，
河渡附　四
圩塘　五
市鎮，鄉鄙　五
風俗　三
城濠　四
坊廂，街巷　五
公署，醫學，僧會司，道會
司，養濟院附，倉場，演武
場，察院，京兆館，坊表，
鄉約，保甲　二
官師考　一
官師表，學職，雜職　一
名宦傳　六
田賦　三
戶口，田畝，稅糧，里甲，均
徭，驛傳，馬政，匠役，漁課，

沿革表　一
山川志　五
風俗　四
建置志　三
官師表，學職表，雜職　一
名宦傳　六
田賦志　四
郵典志　三

沿革
疆域　二
山川
圩堤
村保　三
風俗　二
物產　五(民賦)
城池，坊巷，坊表，公署，舊
署，鄉約所，倉厫，養濟院，
育嬰堂，獄租，義阡　二(輿地)
封爵　四(官師)
官師　四
設官名目表
駐防
宦績
民賦
蠲賑
戶口，田制，賦額，鹽政

沿革，表，考
疆域
山川
圩堤
村保，市鎮，形勝附
風俗
土產
建置志　三
城池，官署，公所，坊巷，坊
表，倉厫，養濟院，育嬰堂，獄
租，義阡
封爵志　四
封爵
官師志　五
設官名目
秩官表
防汛
名宦
賦役志　六
蠲賑
戶口，田制，賦額，鹽政

18

桑棗，食鹽，錢法，借辦紀原
學校　二
學田附
文廟，啓聖祠　二(祀典)
中山書院　二(祀典)
祀典　二
名宦祠，鄉賢祠，山川壇，社稷
壇，城隍廟，邑厲壇
薦辟考，選舉表　一
例貢，秀民，儒士，別途，吏
員，知印，承差，陰陽術，武
蔭，封君，恩蔭
軍政　三(田賦)
郵遞　二
鄉賢傳
忠節傳
孝子傳　六
義士傳，隱逸傳，流寓傳
列女傳　七

祀典志　三
薦辟考，科貢表　二
廩監，選監，例監，民監，武
科，將材，儒士，別途，陰陽，
知印，吏員，承差，封君，恩
蔭
人物傳
鄉賢傳，廉能傳
忠節傳　六
孝子傳
義士傳，隱逸傳，耆德傳，
流寓傳
貞烈傳　七

學校　六
學宮，祀典，祭器，書籍，學
額，學田
書院
廟祀　八
壇祀
選舉　七
徵辟表，科目表，武科表，仕
籍，封贈，恩蔭
營制　二(輿地)
郵遞　二(輿地)
兵事附　二(輿地)
人物　九十
鄉賢
忠義
孝友　九
文學，尚義，流寓，隱逸，方
技　十
列女　十一
節婦
孝女，孝婦，貞女，烈婦

學校志　七
學宮，祀位，祀儀，祭器，祭
品，樂器，樂懸，書籍，學額，
學田
書院
典祀志　八
壇壝，廟制，祠祀
選舉志　九
科目表，武科表，徵辟，仕籍，
封贈，錄蔭
武備志　十
營制
郵遞
兵事
人物志　十一至十三
鄉賢，鄉宦　十一
忠義，表附
孝友　十二
文學，尚義，流寓，隱逸，方技
十三
列女志　十四十五
節婦　十四
貞女，孝婦，孝女，烈婦，烈

藝文　八
記，詩，箴
古蹟　五
墳墓　五
方外傳　七
祠廟，寺觀，庵院附　五
後引

藝文志　八至十一
古蹟　五（輿地志）
墳墓　五（輿地志）
仙釋傳　七
雜志　七

藝文　十二至十四
古蹟　十五
遺跡，碑碣
墳墓
仙釋　十（人物）
寺觀　八（廟祀）
摭拾　十六
舊序　首

女，殉難表附　十五
藝文志　十六至十八
名勝志　十九
古蹟，碑碣
墳墓
二氏志　二十
仙釋
寺觀
軼事志　二十一
摭拾
舊序，跋
舊修銜名　二十二

江浦縣

志目

江浦縣志　文淵閣書目二十新志　佚

江浦志稿　明景泰口年　縣人郁珍石淮纂　未見

江浦縣志稿　成化口年　知縣張鳳修縣人莊泉纂　未見

江浦縣志稿　弘治口口年　知縣章文韶修　未見

江浦縣志十二卷　萬曆七年　知縣沈孟化修縣人朱賢張邦直張夢柏等纂　未見

江浦縣志口卷　萬曆四十六年　知縣余楓修縣人熊師望等纂　未見

江浦縣志十二卷　崇禎十四年　知縣李維樾修沈孚中纂　北平圖書館崇禎刊本

江浦縣志八卷　清康熙二十四年　知縣郞廷泰修　北平圖書館康熙刊本

江浦縣志八卷　雍正四年　知縣項維正修縣人楊居丙等纂　故宮圖書館雍正刊本

江浦埤乘四十卷卷首一卷　光緒七年　縣人侯宗海夏錫寶纂　光緒刊本

叙論

右江浦縣志。江浦：漢堂邑全椒二縣地，晉尉氏縣地，隋六合縣地，俱屬丹陽郡；自明洪武九年置江浦縣，屬應天府；清屬江寧府。故江浦事蹟並載丹陽記，應天府志，江寧府志。

其縣志自明始。明凡七修。江浦縣志，見文淵目新志，當是永樂年修（今佚）。景泰□年，縣人郁珍等纂江浦志稿□卷。成化□年，知縣張鳳延縣人莊昶纂江浦縣志稿□卷。弘治□年，知縣章文韶修江浦縣志稿□卷。萬歷七年，知縣沈孟化延縣人朱賢等纂江浦縣志十二卷。更三十九年爲萬歷四十六年，知縣余樞延縣人熊師望等纂江浦縣志□卷。據雍正志修志系考，明景泰中，邑人郁珍石淮始草創志稿，成化中知縣張鳳纂而未就，弘治中知縣章文韶輯而未刊；沈志萬歷七年知縣沈孟化著，知縣余乾貞田懇續訂，余志萬歷四十六年知縣余樞重修。故此江浦志首推沈志，次推余志（以上今未見）。更十八年爲崇禎十三年，知縣李維越延沈中孚纂江浦縣志十二卷，首圖五。其爲類，凡紀一：曰縣紀；表二：曰秩官，曰選舉；志七：曰輿地，曰建置，曰賦役，曰水利，曰學較，曰秩祀，曰兵防；傳二：曰宦蹟，曰人物。自有是志，較舊志始加詳矣。

清凡三修。自崇禎十三年，更四十五年爲康熙二十四年，知縣郎廷泰修江浦縣志八卷，首圖紀四。其爲類，凡十四：曰疆域，曰風俗，曰山川，曰建置，曰賦役，曰歷官，曰學校，曰人物，曰古蹟，曰寺觀，曰祠祀，曰災祥，曰藝文，曰營兵。其歷官自崇禎十四年起，科貢自順治戊子年起，蓋續崇禎十三年志以後所不載前志之事蹟也。更三十九年爲雍正四年，知縣項維正延縣人楊居丙等修江浦縣志八卷。首修志系考，輿圖，名勝圖三。其爲類，凡志八：曰封域，曰建置，曰武備，曰秩祀，曰田賦，曰職官，曰人物，曰藝文。據項維正序：其全編合新舊爲一，分綱領爲八，所統條目七十有一，各加序跋。此則統以前各志而彙加編輯也。更一百五十五年爲光緒七年，縣人侯宗海夏錫寶纂江浦埤乘四十卷，卷首一卷，首圖二。其爲類，凡十三：曰疆域，曰山水，曰建置，曰賦役，曰學校，曰武備，曰祠祀，曰職官，曰選舉，曰人物，曰藝文，曰古蹟，曰雜記。先是侯宗海著有江浦備徵錄（江寧汪士鐸序），夏錫寶著有浦纂（上元顧雲序）。是志蓋裒合兩書以成之。莫芝祥序，謂其爲功也專而久，其爲例也精而詳，其爲文也博而雅，殆非溢美。

江浦志自明以後修凡十次：佚者一，未見者五，存者四。雍正以前志皆官修，惟光緒江浦埤乘係私纂，而此埤乘則為是邑最詳備之書矣。

江浦縣志見存卷目異同表 據光緒埤乘次第

崇禎縣志	康熙縣志	雍正縣志	光緒埤乘
序 舊志重修姓氏　末 圖 縣紀　一 輿地志　四 疆域，星野，形勝 鎮店 鄉圖　六（賦役志） 風俗 物產　六（賦役志） 山川 水利志　七 橋渡　五（建置志）	序 目錄 圖紀　一 疆域　二 鄉圖　四（賦役） 風俗　二 山川　三	序，原序，跋 例義 修志系考 重修姓氏 目錄 輿圖，名勝 封域志　一 疆域，沿革，分野，形勝 都鎮 風俗 土產　五（田賦志） 山川 水利　五（田賦志） 橋梁　二（建置志）	序 凡例 采撫書目 助刊姓氏 參閱釐訂姓氏 目錄 圖說　首 疆域　一 沿革表，界至，形勝 鄉保，村鄉 風俗 物產 山水　二至四 山　二 江，河，溝渡，洲渚 圩岸塘壩　三 井泉，橋梁　四

建置志　五
城池
關堡　十(兵防志)
公署，倉庫，坊牌，鋪舍
賦役志　六
田賦
戶口，差役
郵政　五(建置志)
課鈔，鹽法，錢法
學校志　八
兵防志　十
民兵
附軍衛，屯營
孳牧　六(賦役志)
秩祀志　九

建置　三
賦役　四
田賦，漕糧
蘆課
戶口
蠲賑
鹽課，雜稅
學校　五
營兵　八
屯衛　四(賦役)
夫馬　四(賦役)
祠祀　七

建置志　二
城池　一(封域志)
關堡　三(武備志)
公署，倉庫，坊表，郵傳，驛遞
五(田賦志)
田賦志　五
田糧，地丁，屯衛，賦役
戶口
蠲賑
課稅，鹽政
學校　二(建置志)
丁祭　四(秩祀志)
小學，書院　二(建置志)
武備志　三
營汛，烟墩，團練，教場，保甲
軍衛，營屯，草場
附明馬政　五(田賦志)
秩祀志　四
祠宇　二(建置志)
壇壝，祠祀
職官志　六

23

建置　五六
城池，附街巷
關堡　五
衙署，倉儲，驛遞，坊表，官建，義建　六
賦役　七至十
考賦，田畝　七
額徵，附欵目，蘆課　八
戶口，丁差　九
蠲賑，積儲
雜稅，鹽法　十
學校　十一十二
廟學，祀位　十一
典禮，祭器，學田，學籍，書院，小學，鄉飲，附重遊泮宮　十二
武備　十三十四
營額，墩汛，附教場，民兵，附保甲
附軍衛，營屯，草場
附明代馬政　十三
兵事，附咸豐三年以來兵事月日　十四
祠祀　十五至十七
官祀　十五十六
私祀　十七
職官　十八十九

秩官表　二
知縣，縣丞，主簿，典史，儒
學，教諭，訓導，巡檢
官績列傳　十一
選舉表　三
進士，舉人，歲貢
辟舉，武胄，封廕，例貢，雜
科
人物列傳　十二
理學
隱逸
儒寓，方技
孝節
古蹟　四（輿地志）
冢墓　四（輿地志）

歷官　五
官績
科貢　五（學校）
武科　五（學校）
人物　六
孝義
隱逸
儒居
節婦
烈女
藝文　八
古蹟　七

官僚
名宦
科目，貢選　七（人物志）
薦辟，武科，武勳，封蔭，掾仕
七（人物志）
人物志　七
鄉賢，忠烈，孝子
書籍
義行，隱逸
儒寓，方技
貞烈
節孝
藝文志　八
詩，賦，記，序，辭，銘，志，
傳
古蹟　一（封域志）
冢墓，義冢　一（封域志）

令尉表，學官表，江淮巡檢，浦
口營都司，城守外委千總，附烏
江丞令尉簿，附明代監倉守禦，
附明代縣屬各職　十八
名宦　十九
選舉　二十二十一
文科，五貢　二十
薦舉，武科，例士，武秩，封
贈，蔭襲　二十一
人物　二十二至三十四
鄉賢，忠義，孝悌　二十二
仕蹟　二十三至二十五
書儒　二十六二十七
義行，隱逸　二十八
藝術，游寓　二十九
列女，節婦　三十至三十二
烈婦，烈女附，殉難婦女　三十
三
貞女，孝婦，孝女，賢婦，才女
三十四
藝文　三十五三十六
書目
附金石　三十六
古蹟　三十七三十八
雜記　三十九四十

附寺觀 五（建置志）

災祥 八
寺觀 七

跋

六合縣

志目

六合縣志□卷 宋嘉定十一年 知縣劉昌詩修 嘉靖縣志凡例 佚

六合縣志 文淵閣書目二十新志 佚

六合縣志□卷 明成化十二年 知縣唐紹修縣人李彝敎諭周灝纂 未見

六合縣志□卷 正德十六年 知縣林幹修訓導帥子阜縣人鄭泰徐祿纂 未見

六合縣志八卷 嘉靖三十二年 知縣董邦政修縣人黃紹文纂 天一閣 北平圖書館嘉靖刊本

六合縣志□卷 萬曆二年 知縣李箴修縣人黃驊楊郡等纂 未見

六合縣志八卷 萬曆四十三年 知縣張啓宗修縣人陸懷倫等纂 北平圖書館萬曆刊本

六合縣志十二卷 清順治三年 知縣劉慶運修縣人孫宗岱纂 金陵圖書館北平圖書館順治刊本

祥異 一（封域志）
寺觀 二（建置志）
仙釋 七（人物志）

祥異
寺觀
方外傳 三十九
摭拾 四十

後序，跋

六合縣志十二卷 康熙二十三年 知縣洪煒修縣人汪鉽纂 北平圖書館順治刊本存卷三，四，十一，十二。

六合縣志□卷 雍正十三年 知縣蘇作睿修縣人江國綬張簡等纂 未見

六合縣志六卷 乾隆五十年 知縣何廷鳳廖掄升李龍滋修縣人戴祖啓纂 故宮圖書館乾隆刊本

六合縣志 嘉慶□年 未見

六合縣志八卷附錄一卷 光緒十年 知縣謝延庚姚德鈞呂憲秋修縣人賀廷壽等纂 光緒刊本

六合縣續志稿十八卷卷首一卷 民國八年 知事鄭矞烈修縣人汪昇遠纂 民國刊本

叙論

右六合縣志。六合：晉置秦尉氏二縣，屬秦郡；隋開皇四年，改尉氏置六合縣，屬方州；唐後屬揚州；宋屬眞州；明洪武初屬揚州府，二十一年屬應天府；清屬

25

江寧府。故六合事蹟，並載維揚志，應天府志，江寧府志。

其縣志今可考者：宋嘉定十一年知縣劉昌詩修六合縣志☐卷。據明嘉靖志凡例，劉昌詩所修志板已剷滅，其本無傳，近於藏書之家覓得寫本。其後萬曆修志時並據嘉定志。是明時尚有是書。

明凡六修。六合縣志，見文淵目新志，當是永樂年修（以上今俱佚）。成化十二年，知縣唐詔延縣人季璘等纂六合縣志☐卷。更四十五年為正德十六年，知縣林幹延訓導帥子卓等纂六合縣志☐卷（以上今未見）。更三十二年為嘉靖三十二年，知縣董邦政延縣人黃紹文纂六合縣志八卷，首圖五。其為類，凡志七：曰天文，曰地理，曰人事，曰宮室，曰秩官，曰人物，曰藝文。據是志凡例：據成化志及考十七史并先哲文籍中有相關者采輯之。又舊志分類未備，如民業，徭役，防衞，古蹟，古事，災祥，官制，職官，雜途之類，今皆增入。是嘉靖志依據成化志，其類目之異同者，即可以此志推得之也（今存）。更二十一年為萬曆二年，知縣李箴延縣人黃驊等纂六合縣志☐卷，據桑子美序，是志蓋據嘉定志，永樂志，成化志，嘉靖志以增益之（今未見）。更四十一年為萬曆四十三年，知縣張啟宗屬教諭施所學等纂六合縣志八卷，首圖五。其為類，凡志七，與嘉靖志同。其目略異，亦增益嘉靖志之遺缺者也。

清凡六修。自萬曆四十三年，更四十一年為順治三年，知縣劉慶運延縣人孫宗岱等纂六合縣志十二卷。首圖十四。其為類，凡志十：曰輿地，曰建置，曰賦貢，曰官紀，曰禮樂，曰人物，曰物產，曰災祥，曰文藝，曰志外紀。蓋據縣人孫國敉棠邑枝乘以纂著是書。又有志外別紀十集（見劉慶運序），未見傳本。更三十八年為康熙二十三年，知縣洪煒延縣人汪鉉纂六合縣志十二卷，今僅存賦貢，官紀，文藝三志。志外紀與順治志同。據汪鉉跋，丙戌重修舊本加意整輯，事增於舊志十之四三，辭減於舊志十之七八。是以順治志為底本，其體例則本順治志也（以上今存，康熙志闕）。更五十一年為雍正十三年，知縣蘇作睿延縣人張簡等纂六合縣志☐卷（今未見）。更五十年為乾隆五十年，知縣何廷鳳等延縣人戴祖啟等纂六合縣志六卷。首圖考十五。其為類，凡志六：曰地理，曰田賦，曰建置，曰官師，曰人物，曰藝文；表二：曰官師，曰選舉；終附錄。略本舊志而變通之(今存)。至嘉慶□年曾經修輯(見光緒志凡例)。在光緒修志時，但聞諸耆老，已不知其詳矣(今未見)。光緒十年知縣謝延庚等延縣人賀廷壽等纂六合縣志八卷，附錄一卷，首圖說十五。其爲類，凡志六：與乾隆志同；表一：曰選舉(官師表附官師志)；考一：曰兵事；終附錄。據是志凡例，前人舊志信推康對山武功志爲最，今略仿其例。立門曰地理，田賦，建置，官師，人物，選舉，藝文。增以兵事攷。是志之修，僅見雍正乾隆兩志(並見凡例)，其體例依據乾隆志，而兵事攷則爲舊志所無，蓋是志承咸同兵燹之餘，故於兵事特詳也。

至民國八年知事鄭耀烈延縣人汪昇遠纂六合縣續志稿十八卷，卷首一卷，首輿圖二。其爲類凡十：曰地理，曰賦稅，曰學校，曰武備，曰官師，曰人物，曰實業，曰藝文，曰金石，曰附記。不沿前志之舊，據其蒐輯蓋補前志所未備，並續其所未有。舊江寧七屬，惟是志與高淳志於民國七八年先後成書，亦不易得者已。六合志自宋以後修凡十四次：佚者二，未見者五(雍正本有存者，但未見)，存者七。乾隆光緒民國三志，大抵相因而成；得此，則是邦之文獻亦足徵矣。

六合縣志見存卷目異同表 據民國續志稿次第

嘉靖縣志	萬曆縣志	順治縣志	康熙縣志	乾隆縣志	光緒縣志	民國續志稿
目錄	目錄	目錄	(是志卷一，二，	目錄	目錄	總目
序	序	序，舊序	五至十，闕。)	序，總叙	序	序 首
凡例	凡例	凡例		凡例	凡例	凡例 首
	續修姓氏，歷	掌修名氏		纂修姓氏	舊志纂修姓	題名 首
	修姓氏				氏，纂修姓氏	
圖	圖	圖		圖考	圖說	輿圖 首
地理志 一	地理志 一	輿地志 一		地理志 一	地理志 一	地理志 一至三
沿革，疆域，形	沿革，疆域，形	沿革，歷代紀事		沿革疆界	沿革疆界	沿革表，界至，
勝	勝	附，形勝，疆域				形勝
天文志 一	天文志 一					

星野	星野	星野				晷度　一
山川　(以下地	山川　(以下地	山川，泉附		山川	山川	山脈，水道　二
里志)	里志)					
水利	水利	水利		水利	水利	
坊市，鄉都，橋	坊市，鄉都，橋	坊市，郵舖，鄉		坊鄉，驛遞，橋	附坊保	市鄉，交通，水
梁，關津	梁，關津	都，橋梁　二(建		渡　三(建置志)	驛遞，橋渡　三	陸道路，郵政，
		置志)			(建置志)	小輪
古蹟	古蹟	古蹟		古蹟	古蹟，附坊保	
		塚墓　六(人物志)				
土產　二(人事	土產　二(人事	物產志　七		物產　二(田賦	物產　二(田賦	物產　三
志)	志)	石，紙，穀，蔬，		志)	志)	
		藥，花，果，帛，				
		木，蟲，鱗，介，				
		禽，獸				
人事志　二	人事志　二	賦貢志　三	賦貢志　三	田賦志　二	田賦志　二	賦稅　四至六
戶口	戶口	戶口	戶口	戶口	戶口	戶口　四
貢賦，徭役	貢賦，徭役	田賦，徭役	田賦，徭役	民田，衛田，蘆	民田，衛田，廟	田賦　五
田土，內蘆洲及	田土，內蘆洲及	洲田屯田附	洲田屯田附	課	田附，蘆課	
各衛屯田附　一	各衛屯田附　一					
(地理志)	(地理志)					
		鹽法	鹽法	雜稅	雜稅	鹽稅，雜稅表，
						附地方公共欵產
						六
		建置志　二		建置志　三	建置志　三	
城池　一(地理	城池　一(地理	城池		城池	城池	
志)	志)	倉厫　三(賦貢	倉厫　三(賦貢	倉庫	倉庫	
		志)	志)			
惠政　二(人事	惠政　二(人事	惠政　四(官紀	惠政　四(官紀			

志） 宮室志 三 公署，廟學，祠祀，寺觀 防衛 二（人事志） 孳牧 二（人事志） 古事 二（人事志） 秩官志 四 官制
志） 宮室志 三 公署，廟學，祠祀，寺觀 防衛 二（人事志） 孳牧 二（人事志） 古事 二（人事志） 秩官志 四
志） 公署，寺觀，壇祀 五（禮樂志） 學校 二（建置志） 兵防 四（官紀志） 馬政，孳牧附 三（賦貢志） 官紀志 四
志） 兵防 四（官紀志） 馬政孳牧附 三（賦貢志） 官紀志 四
學宮，壇廟，公署，寺觀 營汛 三（建置志） 官師志 三
宮廟，壇附，公署，寺觀 營汛 三（建置志） 兵事考 八 紀略附 官師志 四
學校 七八 學宮，殿廡位次，祭器，祭品，樂器，樂章，祝辭，學署，學額，學田 七 書院，社學，義學，學堂，公共體育場，教育會，勸學所，教育經費 八 武備 九十 兵制，屯操 馬政 民團，保甲，團練，保衛團，警察，槍械 九 歷代兵事 十 官師 十一

職名 人物志 五 忠賢，隱逸，文人，武功 旌表 歲貢，援例附，鄉貢，進士，雜途 民業 二（人事志）
封爵，歷官 人物志 五 勳封 忠賢，死事附，孝友，一行附，隱逸，尙義，文苑 列女 薦舉，科第，武舉附，歲薦，應例，冠帶附，武弁，諸途 封廕 民業 二（人事志）
守令，師儒，轄屬，武弁 宦蹟 人物志 六 勳封 （官紀志） 忠孝，文苑，隱逸 流寓 節烈 科第，薦舉，歲貢，例監，雜職。 封廕 四（官紀志） 鄉飲 五（禮樂志） 民業 三（賦貢志）
守令，師儒，轄屬，武弁 宦蹟 勳封 （官紀志） 封廕 四（官紀志） 民業 三（賦貢志）
官師表 五 縣令，學官，佐雜，武職 人物志 四 忠孝，事功，儒林，義行 節烈 選舉表 五 文科，明經，武科，薦舉 仕宦，武仕宦 封廕 鄉飲
表附 縣令，學官，佐雜，武職 人物志 五 忠義，表附，孝友，儒林，文苑，事功，義行 列女，表附 選舉表 六 文科，明經，武科，薦舉 文仕官，武仕官 封廕 附鄉飲
官師表 人物 十二十三 寓公 列女 科貢表 仕宦表 十三 實業 十四 農業，農產物，農用器，農田土壤，農田水利，農田肥料 一 農會，模範農場，

30

藝文志 六至八 制命 六 文類 七 詩類 八 災祥 二（人事志） 風俗 二（人事志） 仙釋 五（人物
藝文志 六至八 制命，奏疏 六 文類 七 詩類 八 舊志跋 災祥 二（人事志） 風俗 二（人事志） 方技 五（人物志） 方外 五（人物
文藝志 九至十一 誥勅，奏疏，碑記 九 記序，雜著，傳誌 十 詩 十一 災祥志 八 禮樂志 五 風俗，時序 方技 六（人物志） 仙釋 六（人物
詩 一十
藝文志 六 奏疏 雜著 詩 附錄 六 禮俗 方技 仙釋
藝文志 七 奏疏 雜著 詩賦 附錄 八 禮俗 方技 仙釋
蠶桑，育蠶試驗所，苗圃，林務公會，園圃，漁牧 商業，商市，商品，商類，商情，商會 工業 藝文 十五十六 經類，史類，子類，集類 十五 歷代舊志，及紀述本地事物之書 十六 金石 十七 附記 十八 祥異

31

志）

後序

志）

後序

志）

志外紀 十二

雜攷，稼學，書苑，畫苑，秇林，膳秩，古木記，水陽秋，茗芨，石圖

志外紀 十二

雜攷，稼學，書苑，畫苑，秇林，膳秩，古木記，水陽秋，茗芨，石圖

雜事

雜事

雜事

前志校勘記

高淳縣

志目

高淳縣志四卷 明正德九年 知縣頓銳修 未見

高淳縣志四卷 嘉靖五年 知縣劉啓東修教諭賈宗魯纂 天一嘉靖刊本

高淳縣志十四卷 萬曆三十五年 知縣項維聰修鄞縣張子檥纂 未見

高淳縣志十八卷 清順治十三年 知縣紀聖訓修福清林古度纂 北平圖書館順治刊本

高淳縣志二十二卷 康熙二十二年 知縣李斯佺修縣人邢振發纂 北平圖書館康熙刊本存卷六至二十二日本內閣文庫

高淳縣志二十五卷卷首一卷 乾隆十六年 知縣朱紹文修縣人邢景暘等纂 金陵圖書館故宮圖書館乾隆刊本

高淳縣志二十八卷卷首一卷 光緒七年 知縣楊福鼎修縣人陳嘉謀等纂 光緒刊本

高淳縣志二十八卷 民國七年 知事劉春堂修縣人吳壽寬等纂 民國刊本

敘論

右高淳縣志。高淳：漢溧陽縣地；隋溧水縣地；明弘治六年分置高淳縣，屬應天府；清屬江寧府。故高淳事蹟，並載應天府志江寧府志。

其縣志自明始。明凡三修。正德九年知縣頓銳修高淳縣志四卷；高淳置縣，至是祇二十一年，是志其剏修也(今未見)。更十二年爲嘉靖五年，知縣劉啟東屬教諭賈宗魯纂高淳縣志四卷。首圖一。其爲類，凡二十七：起

建置，訖外志。據賈宗魯後序，增入新事，補其舊遺。蓋依據正德志以重輯成書（今存）。更八十一年爲萬歷三十五年，知縣項維聰延鄞縣張子檯纂高淳縣志十四卷，其爲類，凡志三：曰天文，曰地理，曰人事（見張子檯後序，今未見）。張子檯曾與修建平縣志（萬歷三十六年，朱之梓志），並無傳本。

清凡四修。自萬歷三十五年，更四十九年爲順治十三年，知縣紀聖訓延福清林古度纂高淳縣志十八卷，首圖四。其爲類，凡表四：曰沿革，曰官師，曰科貢，曰武科；紀一：曰邑紀；考三：曰官制，曰薦辟，曰賦役；志十五：曰分野，曰建置，曰祀典，曰疆域，曰形勝，曰山川，曰水利，曰古蹟，曰雜志，曰風俗，曰物產，曰賦役，曰鹽政，曰馬政，曰藝文；傳十六（其次第前後雜出）。據紀聖訓序，舊本正德嘉靖俱不可得，萬歷之志其本幸存。蓋以萬歷志爲底本，而其體例則不從同。林古度於十二年纂輯溧水志，至是年又纂輯是志。至康熙十八年，知縣劉澤嗣有增補。康熙二十六年，知縣李斯佺延縣人邢振嵒纂高淳縣志二十二卷，今僅見卷六至二十二，是志據萬歷順治兩志，而其類目依順治志，多有異同。更七十年爲乾隆十六年，知縣朱紹文延縣人邢景暘等纂高淳縣志二十五卷，卷首一卷，首圖紀四。其爲類，凡志十二：曰沿革，曰建置，曰疆域，曰山川，曰學校，曰祀典，曰賦役，曰郵典，曰祥異，曰祠廟，曰寺觀，曰古蹟；表二：曰官師，曰選舉，傳十四；終藝文，摭軼，遺編。此則變通舊志，而爲光緒以後志之所本也。更一百三十年爲光緒七年，知縣楊福鼎延縣人陳嘉謨等纂高淳縣志二十八卷，其體例與乾隆志同。據張裕釗序，乾隆辛未以前悉遵舊志，辛未後各依類綴輯以次比附。蓋即乾隆志之續志也。是志重修志乘名氏，總纂張裕釗，彙纂陳嘉謨等。張裕釗序：余旣以時日迫遽，於邑之舊聞軼事未暇考問翔實，又其書皆已周愼詳覈，誠不敢漫爲增損。楊福鼎序亦謂：廉卿先生不加點竄，陳君嘉謨君總司彙纂。是張裕釗於是志並未纂輯，重修志乘名氏仍列總纂者，蓋借重先生之名，而其實總司彙纂者乃陳嘉謨等也。

更三十七年爲民國七年，知事劉春棠延縣人吳壽寬等纂高淳縣志二十八卷，其體例與光緒志同。據劉春棠序，新志即斷自光緒七年，俾與舊志銜接，按原有篇目

33

各從其類分門增輯，每門於原書之尾注明以上舊志以清界限；惟隱逸，流寓，仙釋三類，無事實可得摭，姑從其缺，自餘概有所增。蓋即光緒志之續志也。

高淳志自明以後修凡八次：未見者三，存者五。其相因以成也與六合志同。而乾隆光緒民國三志同一體例賡續爲書。則稽考是邦故實者，得此可順序以求之矣。

高淳縣志見存卷目異同表 據民國縣志次第

順治縣志	康熙縣志	乾隆縣志	光緒縣志	民國縣志
序	（是志卷一至五闕）	序	序	序
凡例				
修志姓氏		修志姓氏	前修志名氏，重修志乘名氏	前修志名氏，重修縣志名氏
目錄		目錄	目錄	目錄
		舊序 首	舊序 首	舊序 首
圖		圖紀 首	圖紀 首	圖紀 首
沿革表 一		沿革志 一	沿革志 一	沿革志 一
邑紀 一				
建置志 四 公署，郵舍，坊表		建置志 二	建置志 二 官守，舖舍，坊表	建置志 二 官守，舖舍，坊表
山川志 五 山嶺，岡隴，墩灼		山川志 三四	山川志 三 山，嶺，岡，隴，墩	山川志 三 山，嶺，岡，隴，墩
塚墓，義塚 六（古蹟）	塚墓 二十一		塚墓，義阡	塚墓，義阡
湖，河，溪，澗，潭，灣，灘，嘴，埸，塘，			湖，河，溪，澗，潭，灣，溝，港，灘，嘴，塘，井	湖，河，溪，澗，潭，灣，溝，港，灘，嘴，塘，井
水利志 六 井泉，溝，港	水利志 九 圩岸		水利 圩埠	水利 圩埠

橋渡　四(建置志)
物產志　七
疆域志　五
分野　一
形勝志　五
街巷，市鎮，鄉里　五
(疆域志)
風俗志　七
學校　四(建置志)
祀典志　四
賦役志　七八
戶口
土田　七
稅糧，徭役，雜賦　八
賦役考　九
鹽政　八
馬政　八
官制考　二
官師表　二
學職，屬職
薦辟考　三
科貢表　三
例貢，掾選，封贈，恩蔭
武科表　三
武爵，武職

物產　九
邑防，保甲　九
學校　十一
祀典　十
戶口　六
田賦，稅糧，徭役
雜賦　七
賦役考　八
鹽政　八
馬田　八
官制　十三
官師　十三
科貢　十二

疆域志　二
學校志　五
祀典志　六
賦役志　七至九
戶口
土田，賦額，支給　七
賦考　八九
鹽額附　九
官師表　十
選舉表　十一

橋，渡
物產
疆域志　四
星野
形勝
街巷，鎮市，村聚
風俗
學校志　五
祀典志　六
賦役志　七
戶口
土田，賦額，支給
賦役考志　八九
鹽額附　九
官師表　十
選舉表　十一

橋，渡
物產
疆域志　四
星野
形勝
街巷，鎮市，村聚
風俗
學校志　五
祀典志　六
賦役志　七
戶口
土田，賦額，支給
賦役考志　八九
鹽額附　九
官師表　十
選舉表　十一

祠廟　四(建置志)
寺觀，殿菴四(建置志)
古蹟　六
列傳　十至十三
名宦，宦守
鄉賢　十
人物
忠臣，孝子，義夫　十一
文學　十三
義士，篤行　十二
隱逸，流寓，方技，仙釋
十三
藝文志　十四至十八
文，詩
節孝　十三(列傳)
貞烈　十三(列傳)
雜志　六
後跋

郵典　十九
祥異　二十
古蹟　二十一
列傳　十六至十八
名宦　十四
鄉賢　十五
人物　(以下列傳)
忠臣，孝子，義夫　十六
文學
篤行，義士
隱逸，流寓，仙釋　十七
藝文　二十二
貞女，節婦　十八(列傳)

郵典志　十二
祥異志　十二
祠廟志　十三
寺觀志　十四
古蹟志　十五
列傳　十六至二十
名宦
鄉賢　十六
鄉宦　十七
忠臣，孝子，義夫
文學　十八
篤行，好義　十九
隱逸，藝術，流寓，仙釋
二十
藝文　二十四
貞節　二十一至二十三
(列傳)
摭軼，遺編　二十五

郵典志　十二
祥異志　十二
祠廟志　十三
寺觀志　十四
古蹟志　十五
列傳　十六至二十
名宦
鄉賢　十六
鄉宦　十七
忠臣，義烈，孝子，義夫
文學　十八
篤行，好義　十九
隱逸，藝術，流寓，仙釋
二十
藝文志　二十一
列傳　二十二至二十七
貞女，烈女，雙節　二十
二
貞烈　二十三至二十六
殉難　二十七
摭軼，補遺　二十八

郵典志　十二
祥異志　十二
祠廟志　十三
寺觀志　十四
古蹟志　十五
列傳　十六至二十
名宦
鄉賢　十六
鄉宦　十七
忠臣，義烈，孝子，義夫
文學　十八
篤行，好義　十九
隱逸，藝術，流寓，仙釋
二十
藝文志　二十一
列傳　二十二至二十七
貞女，烈女，雙節　二十
二
貞節　二十三至二十六
殉難　二十七
摭軼，補遺　二十八

清代地理沿革表（續）

趙泉澄 1

六 江西省

南昌府——順治初年仍，領州一：寧；縣七：南昌，新建，豐城，進賢，奉新，靖安，武寧。

嘉慶六年，改寧州爲義寧州，仍領州一縣七。

饒州府——順治初年仍，領縣七：鄱陽，餘干，樂平，浮梁，德興，安仁，萬年。

康熙三十二年，於景德鎮設景德鎮廳，移府同知駐紮，隸府屬；領廳一縣七。

廣信府——順治初年仍，領縣七：上饒，玉山，弋陽，貴谿，鉛山，永豐，興安。

雍正九年，永豐縣改爲廣豐縣，仍領縣七。

乾隆三十六年，於河口鎮設河口廳，移府同知駐紮，隸府屬；領廳一縣七。

南康府——順治初年仍，領縣四：星子，都昌，建昌，安義。

九江府——順治初年仍，領縣五：德化，德安，瑞昌，湖口，彭澤。

咸豐八年天津條約，九江爲英國開爲商埠，又英國於九江府附郭縣地設英租界，仍領縣五。

光緒二十四年，俄國於九江府附郭縣地設俄租界，仍領縣五。

建昌府——順治初年仍，領縣五：南城，新城，南豐，廣昌，瀘谿。

撫州府——順治初年仍，領縣六：臨川，崇仁，金谿，宜黃，樂安，東鄉。

臨江府——順治初年仍，領縣四：清江，新淦，峽江，新喻。

乾隆三十年，於新淦縣之樟樹鎮設樟樹鎮廳，移府通判駐紮，隸府屬；領廳一縣四。

吉安府——順治初年仍，領縣九：廬陵，泰和，吉水，永豐，安福，龍泉，萬安，永新，永寧。

乾隆八年，於府西蓮花橋地方設蓮花廳，隸府屬；領廳一縣九。

瑞州府——順治初年仍，領縣三：高安，上高、新昌。

光緒三十三年，改銅鼓營同知爲銅鼓廳撫民同知；領廳一縣三。

袁州府——順治初年仍，領縣四：宜春，分宜，萍鄉，萬載。

贛州府——順治初年仍，領縣十二：贛，雩都，信豐，興國，會昌，安遠，長寧，寧都，瑞金，龍南，石城，定南。

乾隆十九年，寧都縣升爲直隸州，瑞金，石城二縣往屬；三十八年，定南縣升爲定南廳同知，仍隸府屬；領廳一縣八。

光緒二十九年，改觀音閘通判爲虔南廳，隸府屬；領廳二縣八。

南安府——順治初年仍，領縣四：大庾，南康，上猶，崇義。

寧都州——乾隆十九年，贛州府之寧都縣升爲直隸州，贛州府之瑞金，石城二縣來屬；領縣二。

1—18 順治朝 1644—1661	江西省		南昌府 1,7	饒州府 0,7	廣信府 0,7	南康府 0,4	九江府 0,5	建昌府 0,5	撫州府 0,6	臨江府 0.4	吉安府 0.9	瑞州府 0,3	袁州府 0,4	贛州府 0,12	南安府 0,4	
1—61 康熙朝 1662—1722	江西省		南昌府	+32 饒州府 0,1,7	廣信府	南康府	九江府	建昌府	撫州府	臨江府	吉安府	瑞州府	袁州府	贛州府	南安府	
1—13 雍正朝 1723—1735	江西省		南昌府	饒州府	9 廣信府 0,7	南康府	九江府	建昌府	撫州府	臨江府	吉安府	瑞州府	袁州府	贛州府	南安府	
1—60 乾隆朝 1736—1795	江西省		南昌府	饒州府	+36 廣信府 0,1,7	南康府	九江府	建昌府	撫州府	+30 臨江府 0,1,4	+8 吉安府 0,1,9	瑞州府	袁州府	A 19-38 贛州府 0,1,8	南安府	A 19 寧都州 0,2
1—25 嘉慶朝 1796—1820	江西省		6 南昌府 1,7	饒州府	廣信府	南康府	九江府	建昌府	撫州府	臨江府	吉安府	瑞州府	袁州府	贛州府	南安府	寧都州
1—30 道光朝 1821—1850	江西省		南昌府	饒州府	廣信府	南康府	九江府	建昌府	撫州府	臨江府	吉安府	瑞州府	袁州府	贛州府	南安府	寧都州
1—11 咸豐朝 1851—1861	江西省	A 英國8-	南昌府	饒州府	廣信府	南康府	A 8- 九江府 0,5	建昌府	撫州府	臨江府	吉安府	瑞州府	袁州府	贛州府	南安府	寧都州
1—13 同治朝 1862—1874	江西省		南昌府	饒州府	廣信府	南康府	九江府	建昌府	撫州府	臨江府	吉安府	瑞州府	袁州府	贛州府	南安府	寧都州
1—34 光緒朝 1875—1908	江西省	A 俄國24-	南昌府	饒州府	廣信府	南康府	A 24- 九江府 0,5	建昌府	撫州府	臨江府	吉安府	+33 瑞州府 0,1,3	袁州府	+29 贛州府 0,2,8	南安府	寧都州
1—3 宣統朝 1909—1911	江西省		南昌府	饒州府	廣信府	南康府	九江府	建昌府	撫州府	臨江府	吉安府	瑞州府	袁州府	贛州府	南安府	寧都州

記本年湘鄂贛皖四省水災

侯仁之

民國二十年的大水災還應該和同年九一八事件同樣留在我們沈痛的記憶中——十六省的廣袤，五千萬的災民，二十萬萬元以上的財產的損失，在此方在掙扎圖強的民族中，不得不算是一筆天大的「支出」。降至今日，「九一八」三字在執筆者的「此時」「此地」幾乎成了一個「諱言」的名詞，而江南四年前的洗刼却又重演了一番。益之以兩粵的江潦，黃河的氾濫，則四年前的水災實不過一個更慘的悲劇之序幕而已。

本年入夏以來，各地災訊，屢有所聞。先是河北永定中泓的爲害，次是兩粵三江的江潦。繼之以閩越的多雨，山洪爲虐。一直到六月下旬，江水陡漲，湘漢並發。江災未已，黃汛又來。繼演以至今日，蘇北災情猶在蔓延中。本文僅先就日報所記將湘鄂贛皖四省災情縷述如次，而於詳確之論文或報告則須待各項水災史料滙集整理後，始有可能。

造成本年江災之最普通的原因，當是入夏以來江南的多雨。据七月初中央氣象研究所發表之六月份十九處雨量記錄，即可見南方多雨之一般（十九處中今只擇錄其中江南十二處）： 1

地點	本年六月份雨量（粍）	往年平均百分數
南京	一〇〇	六三
南通	一六五	一〇四
上海	二七三	一五二
杭州	一三二	五七
漢口	三〇六	一三七
重慶	一九七	一〇八
長沙	四九五	二二五
常德	四三八	一三八
衡州	三六〇	一三七
岳陽	二八三	一四七
昆明	一三七	八五
廈門	九九	五七

根據上表十二處雨量記錄，無一不較往年爲高，就中尤以洞庭湖流域四處，均超出往年一倍以上，常德且達往年三倍。結果，在湖南是湘，資，沅，澧的並漲，在湖北是漢水的暴發，在江西是河汛江汛的齊至。於是自蕪湖以上宜昌以下，乃造成本年江災集中的區域。武漢以

上之荆江大堤東灣堤，武漢以下之馬華堤等均告潰決。至於漢水沿岸各堤圩，幾至無一得全。即向以調節長江及內河水量見稱之洞庭鄱陽二湖，亦雙雙失効，裏湧外灌，吞吐無從；濱湖各地，同釀巨災。結果，縱橫四萬四千餘方公里之沃壤，乃悉爲江漢水量消納之所。災情之重，有逾民國二十年。茲以敍述方便起見，就湘，鄂，贛，皖依次分述如下。

湖南

六月下旬，境內以雨量過多，湘資沅澧四大主流同時並漲，氾濫成災，就中尤以湘沅二水爲害最大。

湘水流域——湘出廣西海陽山與灕水同源，稱灕湘。二水於興安縣分流南北，湘水北流入境，會瀟水於零陵，稱瀟湘。至衡陽會蒸水，又稱蒸湘。此俗所謂「三湘」者是。此次三湘各段被災最重者，衡陽以上當以安仁，常寧，祁陽，東安爲最，其次則爲宜章，寧遠。安仁位於湘水支流之永樂江上，災情最慘。水勢瞬息忽漲數丈，爲近五十年來所罕見。至於永樂江上游一帶之大麓鄉，蓮花鄉，湖山鄉，雷峯鄉，太平湖等處，至六月底爲止，淹沒禾田各千餘畝以至數千餘畝不等。衡陽以下則衡山，湘鄉，湘潭，長沙，以至攸縣，瀏陽，平江無不被災。只長沙一處潰決堤圍至七月中旬已有東南垸三才垸等十三處之多。湘潭之水，且浸入城，人民多爭相架椽以居。

沅水流域——災情集中下游常德桃源一帶，田禾被淹，屋宇冲毀者比比皆是。常德於六月二十一日後，四日之間水漲二丈四尺有奇，西關外之杜家口堤垣終歸潰決。至七月五日常德水又陡漲五尺，水浸入城者丈餘，全境垸潰達四十有奇。桃源之水則早在六月底已告入城。至於中上游及各支流之通道，辰谿，漵浦，麻陽，瀘溪，鳳凰，乾城，沅陵，古丈，保靖，綏寧，永綏諸縣，一併被災。

資澧流域——此外資水流域之邵陽，新化，安化，澧水流域之桑植，大庸，慈利，石門，臨澧，澧縣亦無一倖免。且此後者數縣災情之重，不減湘沅。六月下旬，石門沿江一帶已成澤國。七月五日澧縣城池竟被冲倒，淹斃居民達二千餘人。截至七月中旬，湘資雖見減退，沅澧則始終在氾濫中。

濱湖各地——然而此次全省災情最重區域尤在臨湘，岳陽，湘陰，沅江，益陽，漢壽，安鄉，南縣，華容等濱湖各縣。至湘陰之臨湘口以至沅江一帶，堤垸倒塌極多。靖港銅官附近，田舍農作一概漂沒。除上列九縣外加常德，澧縣，平江，臨澧，石門，慈利六縣，共為全省濱湖災情最重之十五縣。只此十五縣之損失，根據全省賑災會調查結果，總計潰決堤垸已達一•六五九垸，潰水堤垸二八三垸，潰垸田畝三•八九六•四六畝，被潰水田一•六六〇•八五八畝，淹斃人數三七•五三二口，待賑人數三•六二〇•九八〇口，稻穀損失二九•一九四•〇七〇石，房屋器皿牲畜及其他項損失約計一五•八二六•〇〇〇元。此外四水流域等三十餘縣則迄無確實統計。

總觀此次湖南水災，雨量之多固係最大，最普遍之原因。但洞庭湖苟不失其調節作用，災情當必不致如此之慘；蓋洞庭湖本為一極佳之儲水庫，於長江及省內諸河水，具有吐納作用，乃自二十年大水以來，堤垸多已崩潰，一經水漲，即失去前項作用。且以久未疏濬，湖身日益淤塞。濱湖居民，更貪圖小利，爭圍淤地，與湖爭田，湖面因之又日益狹小。演至今日，遇旱固無所蓄，遇潦亦無所洩，於是每逢水漲，便致潰決，本年自不例外。江災之構成，豈非半由人事哉！

湖北

湖北為此次江災最重之區，被災縣份佔全省三分之二強。自二十年水災以後元氣未復；去年大旱，益增凋敝。今年再罹浩刼，最近期內一切復興希望將成夢幻。且目下經濟情況，斷非二十年水災前可比，加之此次受災最重之鄂北襄樊，鄂西宜沙及中部漢川天門一帶，又適為全省生產能力最富之穀棉產區，影響全省經濟至重。即以去年天門一縣出口棉產而論，為數已達三千餘萬，宜昌沙市去年運滬之米亦達二百餘萬包。今將全省災區分江漢兩流域敘述。

漢水流域——漢水又名襄河，源出陝西嶓冢山，東流入本省，蜿蜒東南，沿途納渚，丹，南，白，唐，涓諸水至漢陽入江，幾乎斜貫全境，所經各地又多富產之區。乃此次大水，上起鄖西，下至漢陽，沿河十一縣，各縣堤垸，無不潰決。下游附近各縣，並遭淪喪。受災之重，即鄂西亦所不及。漢水上游之水，來勢較長江遠爲急驟，例如七月六日襄陽岳口兩處急電稱，一日之內水漲且達十二呎，沙洋天門等處，數小時內盡遭淹沒；平地水深三丈，防無可防。

七月六七八日間漢水猛漲，鄖西當其上流之衝，首被淹沒。鄖縣東城城垣被急流掃刷，潰決十三四尺，被災難民五千餘人，光化穀城一片汪洋。襄陽城垣於七日晨崩陷二丈餘，四岸盡成澤國，淹斃人畜無算。隔岸所屬樊城竟遭滅頂，容景芳部第一營留守官兵，盡化魚蝦。縣境內老龍堤崩潰達十八處之多。宜城全縣被淹。鍾祥堤三四工至十一工於七日漫潰，共口門十二處；其中最大一口，長達八里有奇。其下天門縣因受鍾祥十一堤工崩潰影響，全縣幾全冲沒，雙河垸九日晨亦告潰決。潛江王家營蓮花寺等處，被淹五分之四；原有住民七萬餘人，救出者不及萬餘，餘悉順流而去。漢川於七八九日間全縣尹家，彭公，香花，索垸等三十餘垸，全部陸沉。三十餘萬畝田地，咸水深尋丈，城垣之上，災民蟻集。至於漢陽，爲漢水入江處，因隔岸漢口張公堤堤身堅固，防禦又得力，水勢向該縣猛衝，以致所有堤垸均告潰決，卒至七月十三日全縣淹沒，七十二堡盡遭洗蕩，屍畜滿河，情形至慘！其上之蔡甸襄永堤保豐垸於七月十七日水越堤頂，全堤漫潰。漢水雖於同日退落，而全流域災象已成。鄂北半壁爲之陸沉，沿水精華盡付洪流。下游左近隣縣，如應城，黃陂，孝感，無不受災。

長江流域——江水西自巴東入境，東自黃梅出境，橫穿全省。南北兩岸二十四縣，盡陷災區之中。江水陡漲原因，第一由於江漢湘沅三路洪水同時暴漲，匯集鄂境。第二由於下流贛皖等省亦連日大雨，宣洩困難。結果武漢上游各地之水幾全行打破二十年洪水記錄。漲水時期，自六月下旬即已開始，七月六七日第一次達於非常嚴重狀態。其後水勢稍定，迨七月十一日忽又猛漲，至十三日又第二次達到非常險惡情形。直至月底，始漸退落。

被災區域：上游秭歸，興山，長陽均大半被淹。宜昌一帶，七月四日迄七日大風雨，六日水位陡漲八尺六寸，已超過二十年洪水時最高水位二寸餘。其下十溪堵，王家場，張家場悉淪鉅浸。宜都枝江一片汪洋。當陽城牆崩潰過半，荊門西北境亦遭淹沒。松滋縣金城垸岩板窩七月七日潰決，江陵陰湘吳家大堤則已先二日潰決，口門達五十餘處，縣城進水。沙市沿江一帶水深一二尺，江水較市區高出四五尺。公安縣所有堤垸均破，淹沒全縣四分之三，被災人民達二十餘萬。石首縣復興，顧興兩幹堤漫潰，天興，大興，羅興，陳公四幹堤，相繼崩潰，牽連二十餘民垸。江南岸之盧公張城等垸漫溢。監利東灣堤當監利潛江數縣之衝，亦終於七月四日午後被沖崩，白漯，麻布拐，東大垸，西大垸均潰。嘉魚六合垸於七月五日夜半潰決，口長五十公尺，萬成垸谷花洲以及沔陽之新堤葉家邊大木林並告潰決。至於武漢三鎮，則不啻此次江災的重心，情形最爲險惡。三鎮中以漢陽情形最慘，已見上文。武昌武惠堤於七月上旬險狀即告嚴重，土質鬆蝕，堤身傾斜。初則武惠閘之石閘內發現三四寸之裂痕，而自武惠閘至永保閘之間堵閘泥土亦自下陷丈餘；繼至中旬，永保閘內部竟崩塌甚廣。至於白沙洲鲇魚套一帶則已早成澤國。漢口防災最力，二十年大水後張公堤已加高至五十六七呎，較之二十年洪水位高出甚多。此外並在沿江修築防水牆，與張公堤啣接，成一環形。是以當七月十三日左右大水最嚴重期間，全市竟成一孤島，島身且在水下七八呎。十二日晚十時至十三日晨八時，情形最爲危急，張公堤後漢水水位已高平堤頂，突出市區達一丈八呎餘。十四日爲最險之一日，晨三時許張公堤姑嫂樹附近堤忽半部下陷二丈餘，寬亦丈餘。經由憲兵及百零五師各一團開往搶救，迄午後五時險狀始略減。當時日夜在張公堤堵搶者，常川有二萬人以上。十五日姑嫂樹舊缺口忽又下陷三丈餘。十八日禁口段又裂堤二十餘丈。直至二十日江水始漸穩定。總計張公堤在此期間發現裂痕及險象者計有禁口，姑嫂樹，金銀潭，分金爐，閘眼港，陳陽逕，黃家灣等十餘處，其餘漏水之處更多。卒以防護得力，全市得倖免，而所費代價亦不貲矣！

三鎮以下，鄂城北區被淹，大冶黃石港進水，陽新葛湖堤洋燈下南岸漫潰，全縣成災。黃岡方家湖，魏家湖兩堤潰決，團風萬壽宮堤堤身沖毀三丈餘，陽邏全鎮盡成澤國。浠水永保堤及圻春恒豐復成兩垸均潰。廣濟黃梅因受馬華堤影響，一部份受災。廣濟之武穴全市淹沒。此外鄂東之黃陂，鄂北之孝感房縣，鄂中之雲夢，鄂西之恩施，五峯，鶴峯，來鳳，遠安，竹谿，鄂南之通城蒲圻等縣，都在被災之區。

總計此次水災　全省七十縣，受災者達五十縣兩市，被災面積共四•四八六•九九〇方公里，被災農田七〇•二七三•一五九公畝，被災人口七•一四九•七一二八人，較之二十年災民人數約多一倍弱。糧食棉花損失約共一四九•一七五•〇〇〇元，全省公路各項損失共一•四一六•〇七五元。其他房屋農具牲畜損失不計。

江西與安徽

本年贛災較次湘鄂，被災情形與湖南極相似。六月以來贛，修，鄱，信各流域霪雨兼旬，平均雨量竟達七五二公釐，沿途匯漲，至入鄱陽湖處水高已一丈有餘。且近十年來湖身久欠疏濬，龍口豬母山屏峯星子至湖口各段，湖身淤塞，容水量較前減低。是以尾閭各縣咸被水災。但災情最重者尤在濱湖各縣。鄱陽湖之於贛，正如洞庭湖之於湘，江西全省河水皆來注，於是面積一萬四千方里之鄱陽湖，乃形成全省內河之天然儲水庫。唯近來湖身淤積，高於長江，只可供內河之儲積，不足供江水之宣洩。加之本年江汛河汛相偕而至（常年河汛早於江汛），江水且有倒灌入湖之勢，河水自不能容納於湖。結果濱湖各地，終釀巨災。如永修新建等縣圩堤截至七月五日，雖經防汛人員力救，仍冲塌九十餘處。七月二十三日鄱陽湖風災，巨堤馬王圩冲決數十丈，縱橫百餘里頓成汪洋，財產損失約數百萬元，被災人民近十萬，涕泣逃災，爲空前浩刼。翌日集義圩第九十兩段亦告潰決。至於濱湖各縣農作物之淹沒者，不可數計。且鄱陽，餘干，萬年等縣早稻，本出穡已齊，且有十分豐稔年歲。不意方待收穫，竟遭浸爛，全縣毀壞十分之七八。鄱陽，湖口，都昌，新建，星子等縣災民因衣食無着，多數十成羣向外逃生。總計濱湖以及贛，修，錦，袁，信，饒，汝，昌，樂安，武陽等水流域被災者共四十九縣，所受損失尙無確計。

至於沿江一帶，七月十三日阿公堤潰決數丈，初公同仁等堤亦曾下陷，最深處達三公尺。赤心堤於二十日忽告潰決，該堤長三十里，田畝三千餘，損失當在五萬元左右。但關係最大者當推馬華堤。馬華堤位於皖贛之交，濱長江左岸，堤線所經，有皖之望江宿松，贛之彭澤三縣，共長四十三公里，三縣農田均直接受其利益。此外皖之太湖，懷寧，鄂之黃梅，廣濟等縣亦間接受其保護。全堤關係農田約七十餘萬畝，其地位不謂不重要。往者該堤防護責任，依百分法為鄂五十六，皖三十一，贛一十三。然鄂非堤線所經，只是間接受益，贛省雖堤線較長，而田畝實少，以互相推諉，責無專任。此次於七月五日堤身發生破口，直徑初僅尺許，只因乏人搶護，漸致崩坍；迨江西水利局總工程處發現時，已達二百五十八尺。八日又潰四十餘丈，一時無從救護。

安徽境內，蕪湖低處早在六月二十二三日間業已上水，幸不久即退。但同時宣城境內之天成歐陽等圩忽然潰決，淹沒熟田數千畝。其後宣城經縣又逢蛟水暴發，直向蕪湖湧出，加之江潮倒灌，七月二日下午水勢立漲四五尺。縣屬五丈湖，東湖灘，義興三壩等圩先後潰決，淹沒田畝數萬。近蕪湖之六百丈地方，其堤原修高度較二十年最高水位尚低一公尺，因之江水終亦浸入。附近之徐圩，永豐，同樂，錢責等圩，悉被淹沒。其背部另受陳瑤湖之浸灌，故沈淪益甚。此外所潰各堤，如貴池之萬興圩，東流之裕來圩等，關係農田均在萬畝以上。至於江北懷寧縣屬之寶聚圩，因在堯年鄉金雞下保，當潛山洪水之衝，亦於六月底被洪水冲潰，所有圩內田廬，牲畜，悉付飄流，圩民數萬頓失所在。又境內海口州之廣成圩亦於七月八日被江水冲破，損失在四十五萬元左右。望江華陽等處圩田亦終成一片汪洋。

全省損失，據劉鎮華氏與災區籌賑會所報告，被災區域沿江兩岸自宿松望江以至蕪湖當塗共十三縣，潰決大小七十八圩，淹田四十一萬畝，損失約在六百萬元左右。此外房產牲畜不計。被災難民極貧者達三十餘萬人，是皆非賑不生者。

據許世英長江水災視察報告，四省統計：災區當達十萬平方公里，災民約逾一千四百萬人，淹斃人口亦在十萬以上，直接公私損失恐不下五萬萬元。江災為期前後不過半月，而損失竟如此之鉅，災情如此之慘，近年所謂「國難」，有復甚於此者？人禍何懼，天患可畏！然天患可因人力而減，亦可因人力而促其成。「人力愈蠢，則天患愈輕；人力達於頂，則天患近於零」。人種一部文明史，正不啻人天相爭之一幕連環戰劇。十三世紀橫遭海暴侵襲之荷蘭（七十村落，幾近一萬之居民，一夜之中怒淪巨浸），於今乃握全世界水利工程之牛耳。自一四五〇年以來，排除海水，與築「圩田」(Polders)，化數千方哩魚蝦海豹之故居爲十萬居民生息樂業之沃壤。語謂「上帝造海，荷蘭人造陸」，洵非過譽。反顧大自然之獨厚於我，何啻千百倍於荷蘭！而於今一向爲利之長江，五年之內竟氾濫三次之多。「水可爲利，亦可爲害」，在人爲耳。湖北一年原有二百餘萬之海關附捐堤款，自經委會接辦以來，對於民堤工程一向不加補助。此平時民力有限，水來倉促加工，自不堪大水之一擊。此次受災，主因在此。又馬華堤向由鄂皖贛三省共管，以此乃得互相推諉，責無專貸，終致潰決，且至不可收拾。吾姑誌此二事以示反省，俾國人咸知江之爲害容有人事未盡者。

二四，九，一九三五。

8

韓城禹門口記遊

黃文弼

先是在長安，聞韓城縣發現古銅器及古墓室，余因職責所在，於五月杪，偕書記陳君前往視察，歷華陰，朝邑，郃陽，六月一日行抵韓城。工作完畢後，遂擬一探龍門之勝，其地在縣治東北五十里，亦不爲遠也。

六月二日之清晨，僱車二輛由縣署派員導引前往。上午八時，由韓城縣出發，出城西門，繞東北行，上劉公坡，經董村，坡底村；下坡爲王馮村溝；旋又上坡，經梁戴村，過慶善坡；又下坡過坤元廟，謝莊村，即至黃河。沿河行，不及半里，轉西北行，過河下村；越小河流至昝村鎮，此爲東鄉之首鎮。再前進過潘莊下坡，行黃河灘，經北謝村，至橋南村（俗呼橋耶村）。已後經行沙灘中，約五里許，即至龍門山，即俗稱爲禹門口者也。黃河流行山中，至此，山勢緊縮，口亦收小，水流益激。出口則豁然開朗，河身增廣四五倍。山口兩面突出，東西對峙，恰如門形，傳爲大禹所鑿，故名禹門口，亦名龍門。山上各建有禹王廟一所，河東者爲東廟，河西者爲西廟，爲元至元中所建，清康熙四十一年重修。湍流經其下，憑檻俯瞰，駭詫神奪。廟二進，正殿前殿均有壁畫，蓋爲明清所繪。門弄有墨繪番王拽馬像，有唐人氣韵。廟旁之老君殿，西壁有無名氏所畫虎一隻，甚雄健生動，傳說出一神仙之手；與東廟禹王鎖蛟，稱龍門二絕。遂各攝一影。本擬赴東廟視察，而大風怒吼，渡船均停止，加以地方未靖，遂未果行。稍息即返，約行二十里至李村宿焉。

盥洗進餐後，賓主坐談禹門口故事，由主人王先生介紹一曾爲船戶之某，其所談歷歷如繪，大動人聽。據云，『所謂禹門三汲浪之處，即在禹門口之上游二里許，陰歷五月後波濤沸騰，此刻尚無所睹。再沿河上行約二百里，東岸爲山西之大寧縣交界處，西岸名老龍灣。山峽一如禹門口，黃河從高約三十丈之壁崖上直流而下，八十里外可聞其聲』。按三秦記云，『龍門水懸船而行，兩傍有山，水陸不通，龜魚集龍門下，數十不得上，上則爲龍』，疑即此處也。至上者爲龍，是增言耳。現商人爲便利交通及運輸起見，傍山邊開一石槽，引河水流入，空船可上下通運。由禹門口上溯，兩岸皆峭壁懸崖，山勢陡絕，水流亦激，即空船上溯亦無路可曳。舟子咸以鐵鈎着竹竿頭，掛石壁，以脚蹬船而上。初由石工在壁上鑿成坎孔，以備着鈎。至咸豐年韓城縣有史獨力者，作鐵樁，長方形，寬約六吋，長二呎許，頭繫大環，沿禹門口往上，密嵌壁中，延亘四十里，大環外垂；舟子以鈎掛環，依次推曳，利賴實深。此樁在西禹廟井亭內，存其一，上鑄「咸豐年史」字樣，尚完好。傍河東崖上行約十里許，山頭有一大洞，內藏禹王治水鑿山器具。山口有石匣三，俱寬約一呎五分，長約五呎餘，高與寬同，兩端有鐵帶捆之，器具即在匣內。匣有罅隙，尚可窺見其形狀。據說此為器具之小者，其大者盡藏洞後。然洞甚深遠，常聞風聲呼呼，人恒恐懼，故終無敢入者。洞下有石級，攀鐵索可達，乃為後人所鑿者。舊路更險峻，傳有鹿過此，人遂從之，因以成路，今尚在也。

又云，『自禹門口上行，其兩岸由峽皆為大禹所鑿。上行約四五十里處，有錯開河』。按通志云，『龍門山北有河口，略似龍門而不能通，相傳鯀治水時所鑿，今名錯開河』。今河牀尚在，有積水，惟水無出路耳。由龍王灣下來之船，多為炭船，每船可裝重量四萬八千斤。此間以騾馱計數，如載重四萬八千斤之船，則呼為能裝二百個炭，而此類船身甚小，只能適用於口內急流中，而不能用於口外之平流中，故出口後即以一船所載之量，分裝二船，常行平流中而恰好，習慣如此也。黃河在禹門口內暗礁嶙峋，時有破船之虞；至口外則全為沙底，絕無觸礁之險，但沙底忽淺忽深，且河身曲折過甚，故河水雖大而輪船汽船均無法行駛。現有造成之汽船一座，仍停泊於東岸邊，不能行動也。老龍灣相傳曾有一龍，降落於此，故名；聞該處尚出大量龍骨云。

以上皆為王家一老船戶所述。關於黃河上游，余未前往，所述禹鑿龍門器具是否可信，固難肊斷；但其所述關於河流情形，及兩岸形勢，亦不無可據云。

余等遊完禹門口後，翌晨由李村出發，返至韓城。略憩，即行抵芝川鎮宿焉。芝川鎮北距縣治二十里，因旁有芝川河故名。河在鎮南約里許，古名陶渠水。水經注云，『陶渠水出西北梁山，逕流司馬子長墓北，東南

2

流，雜水滲水沆水來會同濾水入河』。現漢太史墓在芝水南，故云流於墓北。舊有芝陽橋，已圮。韓城縣署擬重修建，已壘石墩約高五尺許，因無款而罷。現猶存舊芝陽橋牌坊一座；橋在河北，故云芝陽橋。橋東有一小山，太史廟即屹立於山峯上。四週爲燒塼所砌，頗陡峻巍峩。中有石級，余等拾級而登，幾盡汗濡，乃達頂巔。有牌坊一座，題『太史廟』。廟五楹，碑碣數十，皆宋元以來所題詠者。殿中間塑太史公像，極生動閒靜。廟後爲太史墓，墓圓形，亦爲燒塼所砌。有柏樹伸出於墓中，甚蒼老，據說已三百年矣。瞻望芝川，曲折迴環，逕流於阡陌之野，樹木交翠，村舍櫛比，景緻殊優。下級沿坡行，坡鋪青石，長約五里許，至中間高處，有塼砌樓坊一座，上題『太公故里』，相傳太史公舊居於此。近世建一道觀，亦已傾圮也。

禹門口向東(東廟)攝　在韓城東北五十里

禹門口向東望

3

芝川鎮太史故里

太史公墓

芝川鎮太史廟

太史祠上南望芝川

評日本大宮權平著河南省歷史地圖

劉盼遂 1

此圖出版于日本昭和庚午，當中華民國之十九年。內容除詳列各處古蹟外，尤注重于民族特性及動植礦產之分布。其優點甚多，不必繁陳。

惟此圖有大缺點一，即印行者爲靳惜紙幅起見，將圖樣位置顚橫，以東居上，以西居下，以南北居左右，實違近代地圖學之通例，而予讀者以無上不便。此其短也。至各地現況調查，亦多有不確之處。姑舉予之鄉里息縣一隅言之，知大宮氏實未能免于扣槃捫燭影響附會之嫌焉。

圖中於息縣下注云：

> 鄉人習拳術，有息縣打家之勇號。

考息縣打家之說，原出於有淸時代光州五屬——光州，光山，固始，息縣，商城——每年會考場中之滑稽諺語，即所謂

> 光州說家，光山告家，固始穿家，息縣打家，商城吃家

是也。息縣在淸一代，無武功無文名，人才之乏極矣。官不挂于朝籍，學未列于通人。較之其他四縣之工制藝，掇巍科，顯官世族媲美三江，固自汗顏卻步。而生童之應試來州者，又復年老貌寢，衣服襤褸，率挽一白線布囊，裝置筆墨等具，腰帶間插一竹根旱烟袋，言語鄙俚，以視其他四縣之少年英俊，駕輕策肥，衣履楚楚，而出言秀雅者，顯然有淸渠濁泥之分。以故四縣生童往往不肯與息人齒，而微辭焉嬲之；而息之生童不覺也。其覺者亦懾于其僕從之盛，裘履之都，低首下心悅焉受之，不較也。其萬一不幸，而遇息之中年好事者，不甘其輕薄谿刻之態，則遝報以惡聲毒詈，甚或更以老拳加之，必至於鼻靑眼烏，口耳血殷而後已。故光州試場中，凡聞有哭啼聲，及鬥毆聲者，人必曰「息縣侉子又打人了」。此「息縣打家」之榮譽之所由謚也。實則息縣處于光光固商四縣北鄙，體格自較四縣堅強，性格亦較獷暴；然以方之正陽新蔡以北諸郡縣，則固脆弱輕滑多矣。在汝寧府境內，固不能稱雄自肆以無敵稱，而況于荆河之間乎。覘國者不能切實從事于民性物產風

士之實況，而徒采摭一二歌謠善言，斷章取義，蓋未有不蹈「息縣打家」之覆轍也。又南五縣有一歌云：

光州的城牆，
光山的婆孃，
固始的文章，
息縣的牌坊，
商城的衣裳。

此亦足顯暴五縣特色。暇日容再著文說之。

國內地理界消息

最近期間之中國鐵路公路新聞彙誌

葛啟揚
楊向奎輯

我國自北伐成功之後，於鐵路公路之建築大有進步，尤以最近期間之發展爲速，是誠建國之好現象；蓋道路猶人體之血脈，血脈暢則體壯，滯則手足不靈矣。今蒐輯最近月來報紙所載築路消息於下，以備關心國事者觀覽焉。

（一）鐵路

1.粵漢路整理計畫： 據本年八月十七日大公報南京通信稱鐵道部以粵漢鐵路株韶段工程將於明年年底完成，爲預先籌劃該路完工後之統一與整理，特設立粵漢鐵路整理計劃委員會主持其事。委員會即設於武昌，現已開始辦公，擬於最短期內將全路各段設備及行車等一切制度預爲規劃完善，俾明年年底全路通車時，可發揮最大運輸能力云。

2.京粵鐵路京浙段已測竣： 據本年八月三十一日上海申報杭州通信云，鐵道部爲縮短京粵行程，前曾計劃與築京粵鐵路，經於本年春間組織測勘隊，於五月間由京出發測勘，現已全段測竣。該隊所勘路綫，係由南京，經溧水入皖境，經宣城寧國績溪徽州深州而入浙境，再經淳安壽昌龍游等而與浙贛鐵路接軌，全長四百公里，需費四千二百萬元。龍游以下則完全利用浙贛鐵路，經玉山南昌萍鄉至株州再與粵漢路接軌，即利用該路南段，以達廣東。

3.計劃完成中之浙贛閩鐵路： a.據本年八月二十五日上海申報云，浙贛鐵路共分三段建築：一由杭州至玉山段，長三百五十五公里，已於二十二年通車；二由玉山至南昌段，長三百公里，定本年底通車，據九月五日上海晨報載，此段鋪軌已達貴溪，理事會已令十一月底趕竣通車；三由南昌經豐城清江等而達萍鄉，現已進行測量。又據九月八日北平晨報云，浙贛路南萍段之測量已完竣，計由南昌之命，經豐城清江等地以迄界首鎮，共長一百五十六公里，再由界首至於萍鄉共長一百公里。南萍路全段經濟環境良好，物產豐富，將來甚有希望云。　b.據本年八月三十日大公報福州通信云，浙贛鐵路局爲謀發展該路運輸起見，擬由贛上饒延展至閩南平，貫通三省，全線長約三百餘公里，現已勘查竣事，即可開始測量。預計土木工程及築基敷軌兩項費用最少需二千數百萬元，現贛閩兩省當局正在與經濟委員會往返磋商云。又據八月十二四日申報云，修築浙閩鐵路，蔣汪已商定具體辦法，由鐵部支撥二十五萬爲基金，並核準發行公債三千萬元，滬銀行團承擔千八百萬。

4.淮南鐵路工程現狀： 據本年九月二日大公報正陽關通信云，淮南鐵路礦山合肥段早經通車，由礦山至田家庵（起站地點）及由合肥至巢縣兩段，亦經修竣，接軌試車。自九月一日起，即正式通車矣。全路通車亦在不遠。

5.鐵部籌劃與築成渝鐵路： 據本年九月三日大公報云，成渝鐵路關係川省交通至鉅，省府擬設法興修，已呈請行政院，奉指令交鐵道部統籌辦理。

6.上海市中心區鐵路全部完成： 據本年八月二十五日申報云，上海市政府爲謀繁榮市中心區並便利交通計，特與鐵道部合作，建築淞滬路通至該區支綫。現已全部完成。該項鐵路係由江灣站附近第六五公里築起直達三民路，距第六屆全國運動大會會場不遠。正式通車售票當在十月一日，因全運會十月十日開幕云。

(二)公路

1.陝省公路： 據九月三日大公報西安通信云，陝省公路主要幹線共計八道，本年底可次第完成。今特撮錄之如下： a.西蘭公路，爲自西安至甘肅蘭州者，共長七百二十公里，爲陝甘兩省交通之大道。工程分爲二期，第一期爲救濟工程，第二期爲治本工程。第一期救濟工程本可於本月底通車，但因有被大雨沖毁者，正在修理中云。 b.西漢公路亦係國道之一，自西安達南鄭，共長七百二十華里。蔣委員長以該路係川陝聯絡公路之一段要道，特限本年十一月底完全通車。 c.漢寧公路爲由南鄭至寧羌者，全長百四十公里，亦限十一月底完工。 d.漢白公路，由南鄭起達陝鄂交界之白河，全長千餘華里，工欵定百五十萬元，自興工後進展頗速，但工款僅籌得五十萬元，只得暫時緊縮，土石工程暫緩修築。後該路紳民自動請求，由地方負責興修土工，石工則由省方負責，省府據呈當卽照准云。 e.西荊公路，爲京陝幹線之一段，自西安起達豫鄂陝交界之荊紫關，全長三百公里，工欵預定百四十五萬元。分兩段修築，第一段由西安至商縣已於今春測竣，今夏開工，本月底可以完工。 f.原慶公路，爲通隴東及寧夏幹綫，自三原起至慶陽，全長四百餘里，於今春即已測量，惟因地方不靖，時告停頓，現僅至甘邊。現陝當局擬先修築陝境者；三原至淳化縣通潤鎮之一段，最短期內即可開工修築。 g.咸榆公路，此路爲通陝北及蒙邊要道，自咸陽起以達榆林，全長一千四百餘華里，工欵預計二百餘萬元，於二十二年秋開始測量，隨即動工修築，於本年四月間中央代表來陝掃墓時，趕築至中部縣，其後繼至洛川，洛川以北，因匪勢猖獗，遂暫停工。 h.府包公路，此路非官辦，乃商辦性質。此路由府谷起，經蒙地之準格爾旗以達包頭，全長四百餘華里，已大致就緒，定下月開始試驗。 此外陝省已成公路有西潼公路（西安至潼關），西朝公路（西安至朝邑），西盩公路（西安至盩厔），西藍公路（西安至藍田），鳳虢公路（鳳翔至虢鎮），西南公路（西安至南五台），鳳隴公路（鳳翔至隴縣），原渭公路（三原至渭南），岐虢公路（岐山至虢鎮）等。

2.鄂省公路： 據本年八月二十六日大公報武昌通信云，鄂省公路已完成者計三千三百零七公里，其餘正在興修中者有八百一十一公里，計劃興修者有一千零二十五公里。兹分誌於次：鄂東：興築中者有黃梅省界至廣濟，浠水至李家集，麻城至孔子河，滕家堡至羅田；計劃中者有浠水至英山，田家鎮至浠水，松子關至滕家堡，麻城至省界，黃梅至十池口。鄂南：興築中者有陽新至省界，辛潭舖至崇陽，崇陽至通城省界，咸寧至通山；計劃中者有新堤至崇陽，通山至省界，通城至省界。鄂西：興築中者有巴東至恩施；計劃中者有恩施至利川，新堤至河市。鄂北：計劃中者有石裝街至房縣，房縣至竹山，竹山至竹谿，孟家樓至者河口。武漢：興築中者有倉子埠至陽邏，石家巷至諶家磯；計劃中者有油坊嶺至葛店。以上全省正在興修公路八百十一公里，計劃中者一千零二十五公里。

3.川省各公路： 據本年八月二十八日大公報載中央社成都二十六日電云，川公路除川黔已通車外，川陝，川甘，川滇，川鄂，川康等五線，統限明年四月前全部完成。據公路局長魏軍藩二十六日談。(一)川陝路已派測量隊分七段勘測，材料工具，已陸續由渝起運，沿線電話線正安設中，九月初全線動工，十一月底前通車。(二)川甘路由鄢油至甘境碧口，段長二百餘公里，現在測量中。(三)川康路雅安至康定段，已派續測量隊實測，雅安至瀘定段由經委會測量隊担任，亦定十一月底通車。(四)川鄂路由渠縣經梁山大足至萬縣，及由萬縣至鄂境利川各段，均已勘定，並派隊前往補充實測。(五)川滇川湘各路，均在計劃進行中，積極整理已成各路。現全省路長三千餘公里，但車務管理極紊亂，行營已通盤規劃，令該局辦理。

4.閩西各公路：　據本年九月九日上海晨報福州通信云，閩省公路網除閩南各幹線均已完成，閩東因有特殊情形尚未興築外，當局現在推進之築路工作，厥爲閩西閩北二線。閩北之延平至浦城一線，因有軍事關係，去年即已完全通車；沙永一段，亦於六月底完成。現正在趕築中者，爲延平經過順昌將樂邵武接至贛邊一線，由四十五師兵工擔任建築，九月底亦可竣工，閩西方面龍汀一線之自龍岩至朋口一段，去年攻汀之際雖草草通車，惟朋口至長汀間，因松毛嶺工程甚鉅，以致延限。查該段起線坡路甚峻，應大加掘低，而路面之下大部又皆爲岩石，此次開工迄今已有半月之久，每日工作人數在三百名以上。以現在工程估計，約需一月後方能通車。河田之木橋前被水衝損，現亦重修，其橋身加長，橋基亦增高，在水漲時，可免再有傾倒之虞。至巖峰段早已興築，由岩至坎市，民十七業經行車。後因共匪暴動，坎峰一段工程中輟，至今春粵軍撤防，始由駐軍十師五十六團督率民工趕築，現路基已大部完成，惟橋梁涵洞石方因限於財力，多未動工，故陷於停頓狀態。此次建廳長陳體誠特向南洋鉅商胡文虎商借欵五萬元，爲完成閩西公路專欵，後各段工程又復緊張。據該路工程處人員云，十月底可以行車。至杭峰段刻亦積極測量中。大約本年底閩西各段公路工程可全部完成，此後脈絡貫通，交通便利，地方繁榮可預料也。

5.湘黔公路：　據本年八月三十一日大公報載中央社長沙二十九日電云，何鍵電蔣委員長，湘黔公路二十六日通車，試行結果良好。

6.滇緬國道：　據本平九月八日北平晨報昆明六日中央社電云，曾養甫氏白滋滇後，近與滇當局會商籌修滇緬國道，並商由公路總局做集圖案，選擇路線，擬於最短期間組織測量隊，分頭測勘，欵可由中央撥給。

最近期間之中國鑛業新聞彙誌　3

可成可敗之中國錫礦業

我國錫鑛產，以雲南省爲最多，次之湖南，廣東，廣西，江西。雲南省內，尤以箇舊縣所產最豐，自蒙自至箇舊縣治，中有南北向山脈，其山南部，即錫產最富之區。全省產額，約佔全國百分之八十。湖南之郴縣，宜章，臨武，江華等縣，亦爲錫鑛重要產地。廣西富川縣屬之望高，松木寨，粟頭源，賀縣之水岩鎮，五拱水，新村坪，鍾山縣之中路墟，廟灣，白沙，蓮塘，南丹縣之灰羅，抗馬，大廠大山，河池縣之鹿洞，羅富等處，產錫亦復不少。廣東錫產，則以忠陽，陵水，紫金，瓊山等縣爲多；其電白縣，化縣等處，亦有少量出產。江西則以大庾爲著。茲將各省近年產錫數產，列表如下：(單位噸)

	民十九年	民二十年	民二十一年
雲南	六·六四五	八·一九七	七·一四〇
廣西	四〇	一八〇	五〇〇
江西	二二五	—	—
湖南	二三二	一八一	二〇〇
廣東	七五	八〇	五〇
共計	七·二一七	八·五九八	七·八九〇

錫鑛局之最著者，當推箇舊錫務公司。箇舊錫鑛據土人傳說，元，明，清以來，歷有採者。至光緒九年，當局撥發官欵，設立招商局，採鑛煉冶。十三年裁撤招商局，全歸商辦。二十八年，有法領事某與外務大臣瑞良合組隆興公司，包辦雲南七府鑛產採冶事務。三十一年，箇舊士紳與官方集資創辦官商公司，並派員赴南洋馬來各產錫區調查，以資

借鐵。嗣又改組爲雲南箇舊錫務股份有限公司，即現在之錫務公司也。厥後增股至二百萬元，購買鑛山，並向德國訂購新式洗砂製煉索道及各電氣工程，延德人爲總工程師，大加擴充。雖近因營業不振，規模略有緊縮，然仍爲全國最大之錫鑛局。且組織尙稱嚴密，經營亦頗得法。茲示該公司近年盈利數額如下：（單位滇幣元）

十七年	一・〇八六・七六三・二四
十八年	一・二八一・五〇三・九九
十九年	五二六・八八九・七七
二十年	一・七五七・一一一・〇四
廿一年	三・〇二〇・三二七・五二

箇舊鑛區鑛床之分佈，可分南北兩區，南區面積約四萬英里，佔百分之八五，北區佔百分之十五。現在開採鑛地，有葉期硐，半坡，馬拉格，荷葉坝，鼓山，耗子廠，松樹脚等十餘處。

湖南臨武香花嶺錫鑛局，亦有悠久之歷史，鑛口極多。民十七以後，由省府自辦，近年頗有盈餘。廣西富賀錫鑛局，在省境東北。李宗仁等入桂後，由建廳接辦，直至最近，採冶日見發達。以上爲錫鑛局之犖犖大者。其他小規模鑛局及各產錫區土人，多以土法砂採煉錫。設能改良採冶方法，則錫鑛產額必當大有增加也。

世界錫產，以英國本部及其屬地爲最多，而全球煉冶錫產，則以新加坡爲中心。一九三二年世界錫產共計九五・三〇〇噸，馬來聯邦以二七・〇〇〇噸居首，玻璃維亞次之，復次爲荷屬東印度，及暹羅；中國則以六・〇〇〇噸佔第五位。前數年各國比率亦大致相同。惟因錫價暴落，世界總產額已由一九二八年之一七七・〇〇〇噸降至一九三二年之九五・三〇〇噸矣。至消費數額則以美國爲最鉅，恆佔十分之四左右，次之英國，德國。中國消數，與本國產數無甚出入。自一九二八年至一九三一年，錫價每噸由二二七磅之平均價落至一一八磅，相差幾至一倍！一九三二年較前一年平均價格漲起十六磅；此則各國組織國際錫業委員會限制錫產之功效也。現各國又有錫產屯集所之組織，錫價不達一百六十五磅以上時，不得售出，故今後錫價之回漲，頗有希望。我國錫產之輸出，遜清末年值六百餘萬兩，民國以來，多則一千二百萬兩，少則七八百萬兩；近年來，受主要產錫國限制錫產影響，江河日下。民十七以來輸出數量及價值，有如左表：

	數量(担)	價值(關兩)
十七年	一一八・一四七	九・五一四・一四一
十八年	一一三・八七八	九・二九六・八七六
十九年	一〇八・九一一	八・八〇八・〇七六
二十年	五八・四一四	四・六九四・〇三〇
廿一年	三三・七四八	二・六八二・二五五

由上表可見十九年以後下落之速。我國錫產，多輸往香港精煉後，始轉銷國內外，故市價常操縱於英商之手。目下我國錫產，僅足供求相應，故一面出口，一面又有大批進口。茲示二十一年各國輸華錫產數額及價值，以見一般：

來源國別	數量(担)	價值(海關金單位)
香港	二〇二	二三・三一七
新加坡等處	二・二三九	一八一・二一一
英國	一七一	一一・九六三
日本	二三一	一八・九六八
進口總數(其他各國在內)	三・一〇〇	二四九・四八〇

錫之用途，不在銅鐵之下。日用器無論矣，即工業及化學原質，亦利賴之。科學愈發達，則需要亦愈多。我國錫鑛藏量不可謂不富，改良冶煉之方法固有待於鑛商之努力，而開發交通以便利運輸則不得不望之於政府也。

（二四，九，七，大公報）

整理鎢鑛

贛南十四縣劃爲測探區

【南昌六日下午六時發專電】贛整理鎢鑛，第一步調查與統制工作達到，刻進行第二步測探工作。贛南會昌等十四縣，劃爲測探區，然後從事發展與製煉純鎢，以供本國工業之需要。（廿四，九，七，大公報）

中國鎢鑛業產銷概況

世界鎢鑛產額，中國占百分之六十以上。在民十三年至十七年間，江西一區年產七千噸至一萬噸左右。十八年後，產額漸減。二十一年後鎢砂價漲，產額復增。二十二年約在五千噸以上，去年增加更多。年來世界戰雲密布，各國積極備戰，莫不爭先來華採購鎢砂以製軍器。因之在我國對外貿易衰落聲中，鎢砂得躍居重要地位。茲錄一九二八—一九三〇年世界鎢砂產額如次：（單位噸）

	一九二八年	一九二九年	一九三〇年
中國	七•三〇四	八•七二五	八•五八五
北美	一•一二一	七八九	七二七
南美	五三	一•七九三	一•〇九六
歐洲	八三九	一•一八二	八七〇
澳洲	二四四	三〇三	二四〇
合計	九•五六一	一二•七九二	一一•五一八

由上表可見中國鎢砂產量在世界上之重要。我國產鎢區域首推江西，次則湖南，廣東。惟鎢鑛發現最早者，爲河北之撫寧遷安二縣。前北京政府曾設官局採辦，不久即停。其後湖南資興縣屬之瑤崗山又發現鑛苗，由是而汝城，而臨武，宜章，茶陵，郴縣等相繼開採，公司林立。至民國七年，年產鎢砂已達五千噸。然尚不及江西之盛也。江西鑛區之最著者，爲大庾縣之西華山，洪水寨，生龍口，漂塘，樟東坑一帶，及定南龍南兩縣交界之歸美山，虔南縣之大吉山，安遠縣之仁風山，崇義縣之揚眉寺，上猶縣之營前，鷄形等處。至廣西發現之鎢鑛，則尚未開採，廣東產額亦不甚多。廣西之賀陽縣，福建之長樂，霞浦，建陽等處亦產鎢鑛，然爲數甚微，每年合計不過二三十噸。若合全國鎢產量計算，江西約占百分之七十。除一九三二——一九三三年江西爲匪盤踞，無從調查確數外，其近年鎢砂產額如次表：（單位噸）

一九二八年	七•〇〇三	一九二九年	五•六四四
一九三〇年	三•八〇五	一九三一年	三•五〇〇
一九三二年	二•〇〇〇×	一九三三年	五•〇〇〇×

（註：×號爲推計）

江西之開採鎢鑛，始於民國六年，時有德教士發現鎢苗，私購地皮採掘，嗣由土人收回。十七年有廣鉅等七家合組利濟公司，向贛省府包辦，年納二十二萬元。十八年改由振華，越華合組之建興公司包辦，年納三十五萬元。西華山自民七年至民十年間鑛工達萬餘人，日產鎢砂數百担，現在鑛工約三千人。洪水寨鑛工之數與西華山相等，惟鑛脈分佈較少，不能容納大量工人。歸美山與大吉山，工人數亦可與西華山相伯仲。至漂塘蕩坪，生龍口，九龍腦等處，工人自數百至千餘不等。鑛工多來自附近，每日工作約十小時，婦孺如之。天雨不能工作。春夏之交多雨，工人類多棄鑛而從事耕作，故三四五等月有淡月之稱。湖南瑤崗山鑛區，歐戰時開採極盛。年前鎢價跌落，各公司泰半停閉，現尚繼續開採者，僅興裕等三數家，年產淨砂約七百担，運往長沙及香港出口。

我國所產鎢鑛，幾乎全部輸出國外。據關册所載，一九二五年以來之輸出額如下表：（單位噸）

5

一九二五年	五・九一六	一九二六年	七・〇四四
一九二七年	五・〇三二	一九二八年	七・三〇四
一九二九年	八・七二五	一九三〇年	八・五八五
一九三一年	六・八〇四	一九三二年	二・四〇四
一九三三年	六・〇〇〇×	（註：×號為推計）	

歐戰期中，美國爲中國錦鑛之最大市場。戰後美國錦價漸次下落，輸出趨勢一變。一九二五年以後，對英輸出激增，對德、法亦增加甚巨，一九二九年以來之錦鑛，每噸平均價格如左：

一九二九年	三五二兩	一九三〇年	四八六兩
一九三一年	四四四兩	一九三二年	三一六兩
一九三三年	六二一元	一九三四年一—四月	一・七五二元

江西湖南等區錦鑛，雖已開採十餘年，但不均深度僅及十丈，而鑛脈深入地下，其底層或較上層更厚，含量必愈豐富。現雖未經精確之測量，惟從露頭處考察，大庾嶺山脈左右鑛區縱橫達數千里，開採者未及百分之一。設能善爲經營，將來大有希望也。

陝西省之礦產及礦業

陝省礦區，國營或官辦者，面積在一千公頃以上，民營者亦不在少。至其分布狀況，則關中區富於煤礦，漢南金屬較多，陝北廣布石油。邇來連年災祲，更以交通不便，陝省礦業殊少生氣。陝南陝北產煤各縣，均係極小土窰，設備簡陋，資金殊微。延長石油官廠，已有三十餘年之歷史，近亦機件破舊，產量反致減少。去歲外油跌價，營業益形不振。所幸國防設計委員會，已擇定延長延川膚施三縣油區試採，施工在即，陝北石油事業，或將有新希望。金屬礦產近只開鐵礦一種，惟交通不便，燃料（木炭）短絀，發展頗屬不易。鹼則有官商辦之神木官鹼局，近時每年產量約萬餘錠（每錠八十餘斤），銷售於晉省汾陰舊屬八縣及神木附近。硫礦產量尚無確切統計。筆鉛礦現正由阜民公司籌備開採。同官所產磁土，亦有待於改良也。（廿四，九，四，大公報）

閩省鑛業近況

省府曾聘日技師探視鑛苗

【福州通訊】閩省西南素富鑛產，如龍巖，漳平，安溪等縣之煤鐵鋅鉛等，尤著聞於世。惜經營者因資本不充，與運輸不便，多告失敗，致本省鑛業，至今尚無若何進展。本年夏初，省政府特聘日本技師偕參議徐瑞霖赴西南各縣探視鑛苗，亦認爲絕大利源，計劃開採。嗣因資本過鉅，遂行作罷。茲將本省鑛業查誌於下。一、建甌縣東游塘金沙鑛，面積七百八十舊畝，前由建甯公司領採，現已停辦。二、建甌縣梨山煤鑛，面積六百七十三舊畝，前經劉崇倫領採，現已停辦。三、建甌縣將相里上樟境等處煤鑛，面積三百七十九舊畝，前經高如岳領採，現已停辦。四、政和縣獅子崙鋅鑛，面積一百三十三舊畝，前經政和鋅礦公司領採，現已停辦。五、屏南縣黃家山筆鉛鑛，面積二百四十六舊畝，前經華興公司領採，現已停辦。六、德化永春安溪等縣羊棚坑各處鐵煤礦，面積八千七百八十五舊畝，前經林長民領採，現已停辦。七、德化永春安溪等縣鐵煤礦，面積一萬二千九百九十四舊畝，前經永德安公司領採，現已停辦。八、永泰縣馬尾山馬項山等處鉬礦，面積六百五十六舊畝，前經崇實公司領採，現已停辦。九、泰甯縣官常口滑石鑛，面積一百八十五公畝零，現由豐南公司領採。十、甯德縣黃柏村鉛礦，面積一千四百五十四公畝，現由華興公司領採，因辦理不善，鑛權已經實業部撤銷。十一、安溪縣青洋湖筆鉛鑛，面積五公頃六十二公畝，現由中興公司領採。十二、甯德縣坑源鉬鑛，面積二千八百八十四畝，現由楊世志領採。十三、南平縣葫蘆山大理石鑛，面積九公頃四十公畝，現由南平公司領採。十四、甯德縣赤田洋鉬鑛，面積十公頃三十五公畝，現由黃毓奇領採。十五、邵武魚坑煤鐵，面積一百三十七舊畝，現由義記公司領採。十六、永泰縣犂壁坑鉬鑛，面積三百零五公畝，現建設廳擬自行開採。十七、海澄縣流會與古兩社煤鑛，面積三萬一千二百二十三公畝，現由華興公司領採。十八、永春縣天湖山煤鑛，鑛區面積尙未勘定，現由天湖公司領採。十九、華安縣仙都鉬鑛，面積二十一公頃六十九公畝，現由寶巖公司領採。此外未經開採各鑛概未列入。（八月三十一日）（二四，九，四，申報）

桂省武侯發現金礦

【南京三十日專電】廣西南寧附近之武侯地方，發現大量金鑛，容量甚鉅。據專家調查，年可採取二千餘萬元，聞桂省府將投資開採。（廿四，八，三十一，申報）

宣化無烟煤鑛

察建廳籌備開採

【張垣通信】宣化縣屬屈家嘴地方之無烟煤鑛，前經鑛商杜某領得鑛權後，兩次期滿，終未興工開採，業經察建廳依照鑛業法公佈撤銷該商之鑛權。然而迄今歷時已久，終未有第二者呈領。建設廳鑒於該鑛交通便利，且產量亦頗豐富，長此荒蕪，殊爲可惜，乃爲發揮地利計，擬由官辦，俾免荒棄。前曾呈請實業部於鑛政會議通過，准由該廳依照法定手續呈領開採。建設廳現正積極籌備進行，約於年內即將興工開採云。（三十一日）（二四，九，三，大公報）

察集沙壩煤礦

建廳招商承租即將興工開採

【張垣通信】張北集沙壩官礦局，向由建設廳經營，祇以煤質欠佳，且年來產量亦復減少，日積月累，以致虧累不堪。建設廳爲謀救濟起見，前曾令該局停工結束，另行招商承租。近已有商人孟子裕，于日前呈請建設廳，願遵章承租，當規定租價一萬一千元，以十五年爲限，租欵分期繳納。該包商孟某現已領到租照，不久即將興工開採云。（二十一日）（二十四，八，二十四，大公報）

日本地質專家調查冀察礦產

【北平】張垣電，日人爲援助開發冀察兩省天然富源計，特派地質調查團由日經東北赴察省調查鑛產。該團一行共二十餘人，內有技師十二人，由地質師木原率領，於本月下旬抵察，二十五日起分赴宣化龍家堡等地調查。預計調查期間爲一個月，下月二十五日離察返國，然後將調查結果呈報日政府，及滿鐵會社，並關東軍等方面，俾根據報告，實行援助開發冀察兩省產業。該團預定調查各地，計一、烟筒山鐵礦，二、龍家堡煤礦，三、辛窰子煤礦鐵礦，四、石景山石灰產，五、門頭溝煤礦。該團之技師等皆爲地質專家，對上述各地礦產將分別負責調查化驗，並將採取煤鐵及石灰等礦本，攜回本國呈報當局。（二十九日專電）（廿四，八，三十，申報）

日人計劃開發熱河富源

【北平】日人爲開發熱河省天然富源，前曾由奉天鐵路總局組織熱河產業視察團，一行共二十餘人，由橋本博士率領，本月十五日由錦州出發視察，已於二十日視察畢返抵瀋陽。傳橋本此次視察熱河結果，謂該省實可謂埋藏之寶庫，如能開發，熱河資源實爲滿洲之惟一命脈。橋本並宣稱，開發熱河富源時，必須利用察哈爾東南部之潮濕地帶，更須在察省築造一大堰堤，俾作種種工作方便。察綏交界地質亦佳。對朝鮮人民，自察省移增，亦將趁便實行。橋本最後又稱，開發熱察兩省，實比開發奉山沿綫各地，較爲有利。（二十一日專電）（廿四，八，廿二，申報）

通訊一束

一

編輯先生：

禹貢半月刊第四卷第一期中張家駒先生之宋代分路考一文，考證精詳，令人欽佩！茲略有鄙見，願加補充，不揣冒昧，另紙呈政。惟旅居少書，謬誤不免，尙希垂教！鄙意以爲研究一種制度，於其如何運行最宜注意。史册所載的制度偏於抽象，應以若干項具體事實補充之，始能「呼之欲出」也。高明以爲然否？半月刊中似宜多發表本會計劃，通訊，談話，消息，以便團結精神。即頌撰綏。　于鶴年敬啓。九月九日。

編者按：以前本刊專載論文，未想及發表通訊等可以團結精神，實爲疏忽。從本期起，即按照于先生提議辦理。希望本會同人多多通信，俾不負本闌的創立。至於以前信函有發表價値者亦甚多，當檢出補刊也。

二

敬啓者：禹貢四卷一期及地理新聞紙片均收，惟地理新聞紙片中不見禹貢中所已揭露之新聞，務請千萬將已揭露之地理新聞亦按期寄回爲盼，因敝人尙須用以編輯成文也。茲有一事向我學會建議：即地理新聞宜耑闢一欄披露爲是。查四卷一期所揭露之地理新聞，參閱極爲不便。爲便於參閱起見，實應改進也。此致禹貢學會。　葛啓揚。九月十日。

編者按：葛先生提議甚是。從本期起，即將新聞與論文分開登載，並由楊向奎先生將新聞系統化，而將廣告及筆記補白。希望葛先生將來編輯成文之後，仍由本刊發表。尙有欲告讀者一事：葛先生收集地理消息已歷多年，現任山西太谷銘賢中學教員，希望讀者各就見聞，將此類消息多多告給葛先生，俾其集地理消息之大成，在本刊上作偉大的貢獻。

三

起潛先生鑒：奉示，知前次足下南游，曾經過訪，失之交臂，悵歉奚如！敝藏讀史方輿紀要稿本，據卷首康熙時人手跋，係成書後第一清稿（並非顧氏手稿），爲景范先生之孫世守者。似彭氏付刊時，即用此本。惟全書內黏籤甚多，對於原書多所糾正，未知有無顧氏親筆，抑華商原諸人之所爲，此蓄疑者一也。又原書有朱筆删改，對於地理沿革往往增删甚多；且文義亦有更改。此又何人之所爲耶？蓄疑者又一也。顧氏未成書時已將首數卷付刊（顧沒後一年清稿始寫訖，原稿則不可見），已成書後抄本甚多，市中頗有流傳，但譌奪甚夥。惟敝藏抄寫精美，絕無誤字。康熙時人之跋，似尙可信。惜蓄疑二端，迄無人爲之解釋，是以藏庋多年，每一展卷，輒思就正有道。幸貴會同人對於古今輿地之學極有研究，弟願將此書送至貴會攷究一過，加以論定。秋末或有北行，當酌帶重要者十餘册，先行面交，共餘覓便寄平可也。復頌著安。

弟葉景葵頓首。二十四年九月十六日。

編者按：本刊方發表錢賓四先生所著之跋康熙丙午刊本方輿紀要，而葉揆初先生卽將以所藏讀史方輿紀要稿本見假，可謂奇緣。葉先生現已抵平，希望錢先生見此本後，再寫一篇精博之考證，登入下期本刊。

文殿閣書店

創業紀念特別廉價

第一期書目現已出版

西江志　二百〇六卷　白潢　康熙年刊　初印竹紙百六十册　三百元
岱史　十八卷　查志隆　明刊　棉紙六册　五十元
行水金鑑　百七十五卷　傅洪澤　原板　竹紙三十六册　七十元
歷代帝王宅京記　二十卷　顧炎武　精抄本　竹紙八册　五十五元
輿地廣記　三十八卷　附札記二卷　清黃丕烈刊　竹紙八册　五十元
安徽通志　三百五十卷　沈葆楨　光緒三年刊　竹紙百二十册　七十五元
浙江通志　二百八十卷　乾隆年刊　竹紙百二十册　四十元
湖北通志　百七十二卷　嘉慶年刊　白紙六十四册　六十元
山西通志　二百三十卷　覺羅石麟　雍正年刊　榜紙百册　百元
八旗通志初集　二百五十卷　抄序目　殿板　開花紙百二十册　五百五十元

本店開設舊京發售古今善本新刊影印書籍定價概求低廉以便流通士林茲以創業紀念自十月一日至十一月三十日止舊刻書籍特售八折（新書在外）書目函索即寄

北平隆福寺街文殿閣書店主渟馥謹啟

王華隆先生

所著地學圖書要目

禹貢學會代售

戰後世界新形勢紀要　一册　定價三角
東方文庫第十種　蒙古調查記　一册　定價一角
新著人文地理學　一册　六角五分
新學制高中天文學　一册　定價四角
地學通論卷上　自然地理學　一册　一元六角
地理通論卷下　人文地理學　一巨册　定價一元
增訂三版遼寧省分縣最新圖　五采一大幅　定價一元五角
增訂再版遼寧省城市街全圖　五采一大幅　附表一元四
華英對照遼吉黑熱分縣詳圖　一大幅　一元二角
中東鐵路形勢圖　袖珍一幅　非賣品
東三省鐵路全圖　五采一幅　定價四角
最新東北形勢圖　一幅　一角二分

熱河全省分縣檢灤平津詳圖　甲種八采版六角　乙種三采版三角
東北地理總論　一巨册　插圖表　甲種精裝一元七角　乙種平裝一元四角
黑龍江省新形勢圖　五采一幅　定價六角
河北要部長城內外津沽滄石熱察交界詳圖　五采分縣一幅　四角
長城南北灤河東西平津詳圖　五采精印　定價三角
最新察哈爾綏遠分縣圖　背面附北平四郊名勝詳圖　五采一幅　定價二角五分
河北全省分縣詳圖　五采一大幅　定價一元
北平市及近郊詳圖　五采一大幅　定價一元
東北經濟地理　印刷中
東北交通地理　印刷中
東北四省分縣地方詳誌　印刷中
中國地理大詞典　本書自民國十一年編起迄今已得八百餘萬言之材料現正在徵文校印中

出版者：禹貢學會。
編輯者：顧頡剛，譚其驤。
出版日期：每月一日，十六日。
發行所：北平成府蔣家胡同三號禹貢學會。
印刷者：北平成府引得校印所。

禹貢 半月刊

價目：每期零售洋貳角。豫定半年十二期，洋壹圓伍角，郵費壹角伍分；全年二十四期，洋叁圓，郵費叁角。國外全年郵費貳圓肆角。

The Chinese Historical Geography

Semi-monthly Magazine

Vol. 4 No. 5 Total No. 41 November 1st 1935

Address: 3 Chiang-Chia Hutung, Cheng-Fu, Peiping, China

第四卷 第五期

民國二十四年十一月一日出版

（總數四十一期）

內政部登記證警字第叁肆陸壹號　中華郵政特准掛號認為新聞紙類

禹貢半月刊登載廣告章程

一，本刊爲研究中國地理沿革史之專門雜誌，故所登廣告應有限制，凡不在下列各類者恕不登載：

甲，地圖；

乙，地理沿革史之專著；

丙，地理專書之索引；

丁，地理教科書；

戊，地方志；

己，人口土地之統計圖籍；

庚，其他關於地理學之著作（如考古團之報告，遊記，景物照片等）；

辛，地質學；

壬，天文，生物，經濟，政治諸學及各種文化史之有關於地理者。

二，廣告之價目如下表：

地位／面積	全面	二分之一	四分之一	折扣
底封面	二十元	十一元	六元	以上價目均以每期計算；登三期以上者九折，六期以上者八五折，半年十二期者八折，全年二十四期者七折。
封面裏頁	二十元	十一元	六元	
底封面裏頁	十六元	十元	五元	
普通	十二元	七元	四元	

三，凡欲享折扣之利益者，廣告價須一次付清。

四，凡登載長期廣告者須簽訂廣告契約。

五，廣告均爲白底黑字，用與正文同樣之紙張排印。如用彩印，價加一倍。

六，凡廣告用之銅版，鋅版或木版概歸自製；其委由本刊代製者，須繪就圖樣，並由本刊酌收製版費。

七，本章程暫以一年爲期。

中華民國二十四年九月一日，禹貢學會重訂。

會址：北平成府蔣家胡同三號。（匯欵請書成府郵局。）

本刊第四卷第六期目錄豫告

本刊積存稿件過多，而篇幅有限，以致先期豫告篇目，臨時多不克登出，重勞作者見詢，讀者懸盼，曷勝抱疚。現在決於下期專載業已公布諸篇，目次如下：

如尚有餘幅，除登載地理界消息及通訊外，當再錄下列諸篇：

葱嶺西回鶻考

王日蔚

回鶻自唐末被黠戛斯所破遷居新疆後，中史記錄即多闕略；遼宋諸史僅詳葱嶺東（新疆）之回鶻，而於葱嶺西之回鶻則無隻字提及。元代遊記如北使記西使記西遊記有述及葱嶺西回鶻者，後世學者則謂係諸書作者以突厥諸族爲回鶻之誤。作者初亦從此說，以爲葱嶺之西並無回鶻族；後讀西方學者關於回鶻之研究，覺此說未足爲定論，乃復檢中史細尋繹之，視其有否足於西方記錄相印證者，乃恍然悟前此一說之謬，知中史記載已足證回鶻西遷葱嶺之西，特一己粗心閱讀，視而不見耳。今特考而出之，以誌前非。

回鶻被黠戛斯所破後，一部逃至葛羅祿。

『開成四年（八三九）俄而渠長句錄莫賀與黠戛斯合騎十萬攻回鶻城，殺可汗，誅掘羅勿，焚其牙，諸部潰。其相馺職與厖特勒十五部奔葛羅祿。』

——唐書回鶻傳

葛羅祿時居葱嶺西，故可證回鶻部之有至葱嶺西者。

『葛羅祿本突厥族，……至德後（七五六—七五七）葛羅祿寖盛，與回鶻爭強，徙十姓可汗故地，盡有碎葉怛羅斯諸城。』

——唐書回鶻傳葛羅祿條

按十姓可汗係指西突厥十姓之共汗而言，西突厥可汗中之以十姓可汗稱者，計有都支，懷道，昕三人。故十姓可汗故地，當於其十姓部落之居地求之。新唐書突厥傳叙十姓部落云：『可汗分其國爲十部，部以一人統之，號十設，亦曰十箭，爲左右。左五咄陸部，置五大啜，居碎葉東；右五弩失畢部，置五大俟斤，居碎葉西。其下稱一箭曰一部落，號十姓部落云』。據上文則十姓可汗故地在碎葉左右。葛羅祿條復謂其盡有碎葉怛邏斯諸城，前後相符。

按碎葉城即西域記之素葉城，今之 Tokmak。怛邏斯城，西域記作呾邏斯，西使記作塔剌寺，元史作答剌速，其城今名 Aulieata。碎葉城在今吹河附近，怛邏斯在今 Talas 水附近，均葱嶺西之重地也。

西方史者謂在九世紀十世紀時突厥族之 Tagazgaz 即回鶻種，其疆土西直至花剌子模國。足證回鶻至葱嶺西後，不僅依臣葛羅祿，且取而代之，巍然爲葱嶺西之大國也。

『Reinaud 在其 Abulfeda 序言中證明九世紀與十世紀阿剌伯地理學者稱爲 Tagazgaz 之突厥族，實即回鶻族。Masudi 謂在彼時（彼死于九五六年）Tagazgaz 爲突厥族中最雄武，人數最多及統治最善者。彼等帝國之疆域由花剌子模至秦（卽中國）。彼等之京城爲 Kushan，彼等之王有 Ilkkhan 之號。Masudi 復謂 Tagazgaz 爲突厥族中惟一之信摩尼教者。Reinaud 謂 Kushan 即東突厥斯坦之庫車。Babrier de Meynard 則謂此名詞所指與中史中之高昌爲一。』

——Bretschneider: Mediaeval Researches from Eastern Asiatic Sources: Uigurs

按 Abulfeda 一書全名 Geographiad d'Aboulfeda，爲 Abulfeda（一二七三——一三三一）所著，M. Reinaud 所譯。

Masudi，著名史地學者，曾至錫蘭印度及中國海岸，爲 Meadows of Gold 之著者，死於九五六年。

宋史所據之王延德行記云回鶻之境西南抵波斯大食，亦足與西史所言相印證。

『太平興國六年（九八一）太宗遣供奉官王延德殿前承旨白勳使高昌，雍熙元年（九八四）四月王延德等還叙其行程來獻云：………乃至高昌，高昌即西州也。其地南距于闐，西南距大食波斯。西距西天步（此字似衍），路涉雪山葱嶺。』

——宋史卷四百九十回鶻傳

按上文言其西南與波斯大食相接，西與西天相接而路涉葱嶺，則其國境之西至葱嶺西可爲明證。

Bretschneider 引阿剌伯 Ibn el Âthir 史家關於十世紀至十一世紀時，西突厥斯坦伊爾克汗朝之記載（Ilkkhanidess）而斷其爲回鶻種。

『Ibn el Âthir（一一六〇—一二三三）在其 Kamil ut Tevarik 一書中有敘述由十世紀半至一二一三年統治突厥斯坦與 Transoxiana（河中地）之伊爾克Ilkkhans 或突厥斯坦衆汗之記載。De Gurignes, Fraehn, Reinaud 及其他東方學者，均謂伊爾克衆汗爲回鶻種。彼等之見，似爲不誤。Grigorieff 教授在俄國考古學會報告册中有關於此朝之論文，彼稱之爲喀拉汗朝，其始祖 Satak Boghra Khan，信奉伊斯蘭教。但喀拉汗朝中最著名之君爲普可汗（Boghra Khan），据云其疆土東遠至秦國（即中國），八兒沙衮爲其國都。突厥斯坦之重城喀什噶爾，和闐。Karakorum 怛羅斯，訛打剌皆歸其統治。普可汗曾遠至 Mavarannahar 陷布哈剌城，於九三三年，死於歸途。

繼位者爲伊爾克汗 Ilek Khan，於一〇〇八年降 Mavarannahar之薩曼尼朝（Samanides）而樹立其政權。彼死，其兄 Toghan Khan嗣。据阿剌伯史官云，一〇一七年秦國嘗遣大軍至突厥斯坦，遠進至離八兒沙衮三站之距。彼召集軍隊，敗敵人；追北三閱月。一〇一八年卒於回軍八兒沙衮之途。Toghan 死，繼位者爲 Arslan Khan, Kadyr Khan, Arslan Khan, Boghra Khan。前所述回鶻文本 Kudtku biblik 卽成於此朝最後一君之 Boghra Khan 朝，時在一〇七〇年，著於喀什噶爾城。』

——Bretschneider: Mediaeval Researches From Eastern Asiatic Sources: Uigurs

遼史宋史有阿薩蘭回鶻與阿斯蘭漢之記載，當與 Ibn el Âthir 所述之 Arslan Khan 有關。此決非中西記載之偶合，而必爲同据一史實者也。

『太平興國六年（九八一）其王始稱西州外生師子王阿斯蘭漢，遣都督麥索温來獻。』

——宋史卷四百九十回鶻傳

『遼屬國可紀者五十有九，朝貢無常，有事則遣使徵兵，或下詔專征，不從者討之。助軍寡衆，各從其便無常額。……回鶻，甘州回鶻，阿薩蘭回鶻，沙州回鶻，和州回鶻。』

——遼史卷三十六營衞志

按此外遼史本紀中，散見阿薩蘭回鶻者，不下十餘處，足証阿薩蘭回鶻與遼交涉之繁也。

Ibn el Athir 所述伊爾克衆汗之信伊斯蘭教及其進兵喀什噶爾和闐葉爾羌之情形，中土記載亦可相証，愈証此史料之可信；而彼等之爲回鶻種亦間有透漏消息之處。

中國正史關於新疆之記載有西域傳一項，專記此地實事。十世紀十一世紀正當五代遼宋之時，然五代史，遼史，宋史，于此地之宗教，均無伊斯蘭教字樣。葉爾羌，喀什且不見於正傳。惟此種啞吧材料，正暗示喀什葉爾羌以被伊斯蘭教徒統治故，趣向俗習各異，故與中國不通正使也。于闐則至石晉天福中（九六三—九四二）封李聖天爲王，宋太祖建隆二年（九六一）其國摩尼師貢琉璃瓶二，是證其國此時尚有摩尼教。又記其國俗事祆神，則可證其國有火祆教。乾德三年（九六五）于闐僧善名善法來朝，賜紫衣。開寶二年（九六九）善名復至，賜號昭化大師。曰善名善法及昭化大師均足証其爲佛教徒也。至宋太祖開寶四年（九七一）其國僧吉祥以國王書來言破疏勒，且獻舞象。當即 Ibn el Âthir 所言一千十七年時，秦國嘗遣大軍進征突厥斯坦之役。所云秦國當即于闐。雖二役時間略有差別，然此類記載固不能求其毫無謬誤也。自此次貢獅子，直至四十年後，大中祥符二年（一〇〇九）其國黑韓王遣回鶻羅厮溫等以方物來貢，黑韓即可汗之訛，于闐本非突厥族，故其王名如李聖天，頗同漢語。此則曰可汗，蓋已被突厥所征服矣。且其使曰回鶻人，頗可玩味。又其王復自稱外甥，以舅稱宋，按回鶻以世尚唐公主，故西州甘州之回鶻均以甥自居。此處之可汗設非回鶻種，斷無自稱甥之理也。

此外于闐及伽師鄉土志，新疆圖識所引之譯回考均有與 Ibn el Âthir 所述類似之記載，玆不復引，詳可參考拙著禹貢四卷二期之伊斯蘭教入新疆考。

金史有葱嶺西商人自言其地爲回紇部。

『大定中（一一六一—一一八九）回紇移習覽三人至西

南招討使貿易，自言本國回紇鄰括番部，所居城名骨斯窩魯朵，俗無兵器，以田爲業，所獲十分之一輸官。耆老相傳，先時契丹至，不能拒，因臣之。契丹所居屯營，乘馬行，自旦至日中始周匝。近歲契丹使其女婿阿木司領兵五萬北攻葉不輦等部族，不克而退，至今相攻未已。（金世宗聞後）詔曰：「此人非隸朝廷番部，不須發遣，可於咸平府舊有回紇人中安置，毋令失所」。』

——金史卷一百二十一粘韓割奴傳

按移習覽所云其居城骨斯窩魯朵，即西遼京城之虎思窩魯朵，突厥人傳說中天下之中心八兒沙袞也。其云先時契丹至之契丹，即西遼之耶律大石。大石由遼逃至西突厥斯坦，降中亞諸國，傳世者幾百年，移習覽所謂契丹至，不能拒，因臣之，是也。

虎思窩魯朵當在今之 Tokmak 附近，移習覽自謂其地爲回紇部，實爲葱嶺西有回鶻種之鐵証。

成吉思汗時，中西史家均有畏吾兒（回鶻）人傳說之記載。西史所記則謂彼等之祖普可汗，曾遠征西突厥斯坦，建八兒沙袞城。此傳說之所述，固不能認爲信史，然言進征西突厥斯坦而建都八兒沙袞城，則必非無因。中史所記，雖無進征西突厥斯坦之明文，然其傳說之性質則十分相同，可証此傳說之普遍也。

『Tarikh Djihan Kushai 一書，敘述回鶻之故事曰：回鶻人相傳，彼等初居於阿爾渾河之畔，此河發源於喀剌和林山，窩闊台汗於其處建一城名和林即以此故。由此山發源之水約三十，有三十種族居於各該河之畔。回鶻人居於阿爾渾河溪谷中，分爲二族。後人數衆多，乃選一王，五百年後而普可汗(Buku Khan)出。彼等謂普可汗與 Efrassiab 實爲一人。喀剌和林中尚有古闕展穴（爲一波斯英雄名，被 Efrassiab 所擒，囚之穴中甚久，後爲有名之 Rustem所釋出），阿爾渾河畔亦有城與宮殿遺址。此地古名窩魯朵城，今則通稱之爲 Mau Balik。宮殿前發現有刻有文字之石塊，吾人嘗親見之。窩闊台汗時，移動此等石塊，乃發現其下一穴中有一刻有文字之石碑。汗令各國之人識讀其文字，但無一能識者，遂遣人至中國求 Kames（即中國巫覡之類）來，乃知其文爲漢字。其文如下：

在發源於喀剌和林山之 Toungla 河與色楞格河(Selinga)會流處 Kumlandju 地方，有二樹相結，一爲 Fistuk 樹，似松，常青如柏，結有球形果物，一爲野柏。二樹之間忽生一丘，自天有光一道照之。此丘漸長，其上時顯奇跡。經如婦女妊娠之久，此丘忽開，中有小丘五如天幕。幕中各有幼兒一，居人對之甚爲尊敬。其幼者名普哥特勤(Buku Tekin)，最精幹，後回鶻人乃尊之爲可汗。普可汗之權甚強大，有三天烏助之。三烏通萬國之語言，受令報告各地之消息。一次普可汗夢一神女引其至 Kut Tag（山名）於該地每夜會談，凡閱七年六月二十二日之久。最後一夜臨別時，神女謂普可汗將來必能統治全世界。普可汗於是招集軍隊遣其弟兄等征蒙古，吉爾吉斯，唐兀，契丹等，皆大獲戰利品與俘虜而還阿爾渾河，乃建築窩魯朵城。普可汗復夢一白衣老人與之一松柏形之玉石一塊曰：「汝若能保持此玉，當可征服四方」。其相所夢亦同。普可汗因領軍西征至突厥斯坦，駐蹕於水草豐美之平原，於其地建八兒沙袞城，即今之 Gubalik。凡十二年，全球均服。其軍直遠至野如獸類及遼遠無人之地。被征服之國王皆被虜至普可汗處，汗均待之甚厚。惟印度王以貌形奇醜未蒙召見。各國王獻普可汗所責之貢賦後，均遣令回國。汗亦離八兒沙袞而歸故國。』

——Bretschneider: Mediaeval Researches from Eastern Asiatic Sources: Uigurs

『巴而述阿而忒的斤亦都護，亦都護者，高昌國主號也。先世居畏兀兒之地，有和林山，二水出焉，曰禿忽剌，曰薛靈哥。一夕有神光降於樹，在兩河之間。居民往候之，樹乃生癭，若懷妊狀；越九月十日而樹癭裂，得嬰兒五人。土人奇而收養之，其最稚者，曰布可汗，既壯雄武，遂能有其土地而爲之君長。傳三十餘君，號爲玉倫的斤，事荒遠不能紀其事次。……玉倫的斤卒，災異屢見，民弗安居，傳位者又數亡，乃遷於交州，統別失八里之地。北至阿木河，南接酒泉郡，東至兀敦甲石哈，西臨西蕃。』

——續宏簡錄卷二十九巴而朮阿而忒的斤傳

按元史與虞集高昌王世勳碑，所載亦與續宏簡錄大致相同，茲不俱引。

西遊記明記葱嶺西爲回紇人居地。

『西南至尋思干萬里外回紇國最佳處，契丹居焉。……九月二十七日至阿里馬城，……從師西行七日，……明日遇大雪至回紇小城。雪盈尺，日出即消。十有六日西南過板橋渡河，晚至南山下，即大石林牙。至賽藍城有小塔。回紇王郊迎入館。……復經一城，回紇頭目遠迎。飯於城南，獻蒲萄酒，且使小兒爲緣竿舞刀之戲。再經二城，山行半日入南北平川，宿大桑樹下，其樹可蔭百人。前至一城，臨道一井深踰百尺，有回紇叟驅一牛挽轆轤汲水以飲渴者。初帝之西征也，見而異之，命蠲其賦役。仲冬十有八日過大河至邪米思干大城之北。太師移剌國公及蒙古回紇帥首載酒郊迎。……少焉，由東北門入。其城因溝岸爲之，秋夏常無雨，國人疏二河入城，分繞巷陌，比戶得用。方算端之未敗也，城中十餘萬戶；國破而來，存者四之一。其中大率多回紇人，田園不能自主，須附漢人及契丹河西等。其官長亦以諸色目人爲之，漢人工匠雜處城中。有崗高十餘丈，算端氏之新宮据焉。太師先居之，以回紇艱食，盜賊多有，恐其變，出居水北。…師因暇日出詩一篇云：「二月經行十月終，西臨回紇大城墉：塔高不見十三級，山厚已過千萬重。……」七日舟濟大河，即阿母輦也，…又四日達行在。…上約四月十四日問道；將及期，有報回紇山賊指斥者，上欲親征，因卜十月吉。…得八月七日得上所批答，八日即行，太師相送數十里，師乃曰：「回紇城東新叛者二千戶，夜夜火光照城，人心不安。太師可回安撫」。……回紇多餅食，且嗜鹽，渴則飲水，冬寒，貧者尙負瓶售之。』

——長春眞人西遊記

按上所述則葱嶺西之邪米思干（撒馬爾干），賽藍（峯藍，西使記明史均同，元西北地附錄作賽蘭，當在今Chimkend附近），均回紇人居地也。

西使記亦以葱嶺西為回鶻種。

『出關至阿里馬城，市井皆流水交貫，有諸果，惟瓜葡萄石榴最佳。回紇與漢民雜居，其俗漸染，頗似中國……二十八日過塔剌寺，三月一日過賽藍城，有浮圖諸回紇祈拜之所。三日過別石蘭，諸回紇貿易如上巳節。』

——劉郁西使記

据上述則阿里麻城（伊犂附近）西之塔剌寺，賽藍城（均見前說明），與別石把均回紇種也。

北使記亦同，惟所言印度回紇，當非回鶻種，似其所用回紇之含義甚廣。

『自（興定）四年（一二二〇）冬十二月初出北界，行西北向，地寖高。前夏國前七八千里，山之東水盡東，山之西水亦西，地寖下。又前四五千里，地甚燠，歷城百餘，皆非漢名。訪其人，云有磨里奚，唐可里，紇里迄斯，乃蠻，航里，瑰古，途馬，合魯諸番族居焉。又幾萬里至回紇國之益離城即回紇王所都，時已四月上旬矣。大契丹大石者在回紇中，昔大石林麻，遼族也，蓄異志，因徙西征，入回鶻因其地而國焉。因政荒，為回紇所滅，今其人無幾，衣服悉回紇也。……有沒速魯蠻回紇者，性殘忍，肉又手殺而噉，雖齋亦酒脯自若。有遺里諸回紇者，頗儒弱不喜殺，遇齋則不肉食。有印度回紇者，色黑而性愿。其餘不可殫記。』

——烏古孫仲端北使記

元史見回鶻之處，有數指葱嶺西之族而言者。

『夏避暑塔里寒寨，西域主札蘭丁出奔與滅里可汗合，忽都忽與戰不利。帝自將擊之，擒滅里可汗，札蘭丁遁去。遣八剌追之不獲。秋金復遣烏古孫仲端來請和，見帝於回鶻國。』

——元史太祖紀

『阿剌瓦而思，回鶻人，八瓦耳氏，仕其國為千夫長。太祖征西域，駐蹕八瓦耳之地。阿剌瓦而思委其部曲來降。」

——元史列傳第十

按上文太祖紀之回鶻國在阿母河流域，惟其文不見於元秘史及烏古孫仲端北使記，不知宋氏何所本也。至列傳中之八瓦耳氏，八瓦耳地，當爲今之布哈爾對音。

錢大昕氏元史氏族表列阿剌瓦而思爲回回人八瓦耳氏，蓋彼認葱嶺西無回鶻人，故改之爲回回也。

此外，尙有見回鶻者數處，莫明其係指葱嶺西抑東之人而言，茲不贅。

今西突厥斯坦之烏茲伯克社會主義蘇維埃共和國，土克曼社會主義蘇維埃共和國，其民族意識，語言，文字，宗教，風俗，均與新疆內之回鶻族（纏回）同，而自認爲回鶻之後；俄人則通呼斯三者爲薩爾特(Sart)，均足証葱嶺西之有回鶻種也。茲附突厥族統系圖如下：

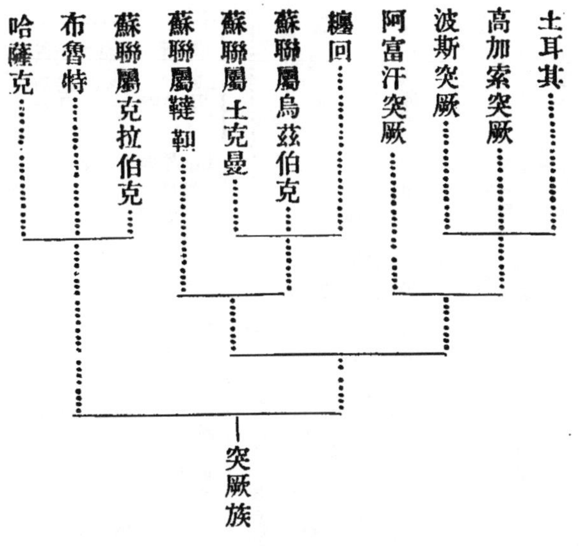

Bretschneider與近人陳援庵先生謂元代遊記中之回鶻係伊斯蘭教徒之稱而非種族之稱，是非的論。蓋以諸作者旣以回紇稱葱嶺東之非伊斯蘭敎徒，則斷不能仍以之稱葱嶺西之伊斯蘭敎徒也。詳見拙着維吾爾族名稱演變考。

總結上文，則葱嶺西之回鶻一問題，

已證据確鑿，足斷其自唐末即已遷入，而為該地土著。若洪鈞氏謂『回鶻之衰其播遷未越於葱嶺金山以外』之說，及陳援庵先生謂西遊記濫用回紇之稱，均不攻自破矣。

北魏鎮戍制度續考

周一良 1

前撰北魏鎮戍制度考（禹貢第三卷第九期），論鎮制起源，疑行臺及元遵之鎮合口乃鎮之前身。率爾言之，固未敢信其必是，既承谷君霽光於鎮戍與防府（禹貢第三卷第十二期）文中指正之矣。前文略略考見北魏鎮戍制度之規制，而於其分佈及作用猶未能得肯綮，易言之，即於此制度之靜的方面雖加敍述，而動的方面猶嫌未盡，蓋資料所限，不得不爾也。刊佈前文後，翻檢所及，又得足以補苴之者若干事。雖屬餖飣片段之資料，顧以稍可補前文之未備，故輯爲續考。識小之譏，所不敢辭，倘足供言沿革地理者之所取資乎？

前文謂：『太和以前涼州與涼州鎮並立，鎮在州治，遂以州名名鎮。太和中始罷鎮，祇存涼州』，猶據魏書地形志『神䴥中爲鎮，太和中復』，及城陽王鸞傳之文而云然也。今考高湖傳：『世祖時除寧西將軍涼州鎮都大將，鎮姑臧，甚有惠政』。顧祖禹讀史方輿紀要六十三陝西十二涼州衛姑臧廢縣下云：『漢置縣，爲武威郡治。晉因之，又爲涼州治。張軌呂光并都於此。後魏武威郡治林中，或曰即姑臧也』。涼州乃平沮渠氏後所設，沮渠氏即都姑臧，意者既立涼州，更於州治置涼州鎮。征獲一地，即設鎮於阨塞以資威懾，固魏之常制。湖傳謂涼州鎮都大將鎮姑臧者，涼州乃北魏所定州名兼鎮名，而姑臧則沿襲舊稱也。然城陽王鸞傳又云：『高祖時，……改鎮立州，以鸞爲州刺史姑臧鎮都大將，餘如故』。姑臧鎮之稱它無所見，豈太和中罷涼州鎮，只存涼州，而於涼州州治更立姑臧鎮乎？若然，是非罷鎮存州，乃改易鎮名而已。魏書地形志武威郡領縣二：『林中，襄城』。北魏涼州是否治姑臧不可考；且既改稱林中，而仍用姑臧爲鎮名，亦不可解。

鎮設於州治，以鎮將兼刺史之例，史書屢見，前文徵引已多。其鎮將與刺史爲二人者，前文未及。如魏書東平王道符傳：『顯祖踐祚，拜長安鎮都大將』。又顯祖紀：『皇興元年正月庚子，東平王道符謀反於長安，殺副將駙馬都尉萬古眞，……雍州刺史魚玄明』。又陸眞傳：『以眞爲長安鎮將，……咸陽民趙昌……據赤谷以叛，眞與雍州刺史劉邈討平之』。又于烈傳：『太和初，秦州刺史尉洛侯，雍州刺史宜都王目辰，長安鎮將陳提等貪殘不法』。是皆雍州刺史與長安鎮將爲二人也。魏書酈範傳：『除……青州刺史，……是時鎮將元伊利表範與外賊交通，……高祖詔範曰：……而將鎮【當是鎮將，誤乙。北史範傳即作「孝文詔範曰，鎮將伊利……」。】伊利妄生姦撓，表卿造船市玉，與外賊交通。規陷卿罪，窺覦州任』。是青州刺史與東陽鎮將爲二人，且知南境州鎮並立者，鎮將之地位乃在刺史下也。鎮設於州治之證茲又得如干條。魏書任城王雲傳：『遷……長安鎮都大將雍州刺史，……薨於州』。又源懷傳：『出爲長安鎮將雍州刺史』。齊州治歷城，見於地形志及肅宗熙平二年紀，亦即歷城鎮之所在矣。因防寇盜而設鎮者，廣阿鎮而外，又有瑕丘。魏書辛子馥傳：『天平中，……入除太尉府司馬。長白山連接三齊，瑕丘數州之界，多有盜賊。子馥受使檢覆，因辨山谷要害宜立鎮戍之所』。南境有一州同時設二鎮者，如齊州既於州治設歷城鎮（地形志：『齊州治歷城，劉義隆置冀州，皇興三年更名』。考之本紀，顯祖皇興元年閏正月劉彧冀州刺史崔道固擧州內屬，三月復叛，慕容白曜攻之；二年二月道固擧城降。三年二月，遂以白曜爲都督青齊東徐三州諸軍事。歷城鎮之常設當在皇興三年以後），而東平原郡之平原縣又設平原鎮（魏書堯暄傳：『高宗【時】……奉使齊州，檢平原鎮將及長史貪暴事』。據水經注及元和志，明元帝太常七年置，孝文帝太和十三年罷）。魏書房士隆傳又謂東淸河郡盤陽城爲盤陽鎮，然係東魏興和中事；如太和以前已有盤陽鎮，則齊州一州有三鎮矣。

州之統戍者，除前所擧外，魏書肅宗紀：『正光五年十二月魏子建招降南秦氐民，復六郡十二戍』。又元法僧傳：『稍轉……益州刺史，……上表曰：……統內城戍，悉已陷沒』。是南秦及益州亦統戍，而徐州之統戍更見於魏書廣陽王深傳及靈徵志延昌二年二月正光二年八月條。

隋書百官志：『三等諸鎮置鎮將，副將，長史，錄事參軍，倉曹中兵長流城局等參軍事，鎧曹行參軍，市長，倉督等員。三等戍主副，掾，隊主副等員』。雖紀北齊之制，然『後齊制官多循後魏』也。鎮有長史又見魏書樊子鵠及堯暄傳；有司馬亦見北齊書杜弼傳，王士良傳，楊忠傳。又有省事，戶曹史，外兵史諸職，北齊書神武紀：『與懷朔省事雲中司馬子如及……懷朔戶曹史孫騰，外兵史侯景……相友結』。郡太守帶戍亦見於魏書李輔傳，劉騰傳，而騰傳云：『吏部嘗望騰意，奏其弟爲郡帶戍，人資乖越，淸河王懌抑而不與』。是郡守帶戍且爲顯職焉。魏書肅宗正光元年紀云：『十二月詔曰：……幷勅懷朔都督簡銳騎二千，躬自率護』。則鎮將稱都督不始於東魏，惟東魏稱都督者尤多，見北齊書堯雄傳附堯傑傳。魏書裴修傳：『出爲張掖子都大將，……在邊六年，關塞淸靜，高祖嘉之』。今案魏書尉元傳有子都將之稱（魏書苟頹傳：『世祖南征，以頹爲前鋒都將』。冊府元龜三八一將帥部褒異七作『爲子都將』，北史頹傳不載此事。蓋本有子字，今本魏書脫之），乃偏裨之任。子之云猶言副也，小也，如稱子都督（周書王傑傳：『魏孝武初，起家子都督。……太祖奇其才，擢拔……尋加都督』。又見李賢傳，李和傳）。然子都大將四字不應相連，諸書言鎮將者亦從未有此稱，子當是鎮字之誤。北史裴駿傳不附裴修傳，冊府元龜四二九將帥部守邊條亦云，『爲張掖子都大將』，亦誤。

元萇　元舉墓誌統萬鎮作統萬突，而周書明帝紀亦云：『小名統萬突，……永熙三年太祖臨夏州，生帝於統萬城，因以名焉』。知統萬突乃統萬城本名。（周書高祖字禰羅突，齊煬王憲字毗賀突，文帝十三子中，九人皆三字字，且皆云某某突，當非全是地名，不可解也。）元保洛墓誌謂永平元年爲吐萬突鎮都大將，亦一聲之轉也。前文據魏書安定王燮傳，知世宗以前華州州治李潤堡曾立鎮，而未悉其名。今考之魏書閹官傳：『王遇，……馮翊李潤鎮羌也』，知即以李潤爲名。前文謂魏書劉藻傳『遷離城鎮將』爲衍文，祇有雍城鎮，即後岐州治所。今案魏書張那傳謂其爲雍城鎮將，和歸傳謂其爲雍城鎮都大將，而史書從不見離城之名。周書段永傳：『曾祖愢，仕魏黃龍鎮將』，黃龍蓋即和龍之異稱也。

北魏鎮名之可考者，茲又得若干，曰：

洛城鎮　魏書王慧龍傳：『泰常二年……歸國。……

後拜洛城鎮將，配兵三千人鎮金墉。……太宗崩，世祖初即位，咸謂南人不宜委以師旅之任，遂停前授』。

河內鎮　魏書羅結傳：『太宗時，除……河內鎮將。又于栗磾傳：『轉鎮遠將軍河內鎮將』。

安定鎮　魏書世祖紀：『神䴥三年……遂取安定。……番巴東公延普等鎮安定』。又：『延和二年二月，征西將軍金崖與安定鎮將延普及涇州刺史狄子玉爭權構隙，舉兵，……詔散騎常侍平西將軍安定鎮將陸俟討獲之』，陸俟傳同。

濟陰鎮　魏書刁雍傳：『遷鎮濟陰。……在鎮七年，太延四年徵還京師』。

撫寧鎮　周書史寧傳：『魏平涼州，祖灌隨例遷於撫寧鎮，因家焉』。

焉耆鎮　魏書車伊洛傳：『收集遺散一千餘家歸焉耆鎮，世祖嘉之』。

梁國鎮　魏書費于傳附萬傳：『太和初，除……梁國鎮將』。

樂陵鎮　魏書韋珍傳：『高祖［時］……除……樂陵鎮將』。

陝城鎮　魏書崔玄伯傳：『寬後襲爵武陵公鎮西將軍，拜陝城鎮西將。（按北史崔宏（即玄伯）傳記崔寬事，作『寬後襲爵武陵公陝城鎮將』。此處西字當是涉上鎮西將軍而誤衍。）……及解鎮還京，……高祖嘉之』。

張掖鎮　魏書裴修傳：出爲張掖子［鎮字之誤，辨見前］都大將，……在邊六年，關塞清靜，高祖嘉之』。

無善鎮　魏書乞伏保傳：『出爲無善鎮將』，北史保傳同。今案無善之名不可考，地形志：『恒州天興中置司州，治代都平城；太和中改，孝昌中陷』，有善無郡，註云：『天平二年置』，領善無沃陽二縣。疑無善乃善無誤倒。周書比列伏龜傳謂其世父業正光中爲善無郡守。保傳又稱其還洛云云。善無當今山西右玉縣地，適在平城之西，相距不遠，則善無鎮蓋孝文遷洛後與平城同時所立者乎？

隴西鎮　魏書辥安都附辥巒傳：『隴西鎮將帶隴西太守』。又世宗永平三年紀：『二月癸亥，秦州隴西光殺鎮將趙儁，阻兵反叛，州郡捕斬之』。

大谷鎮　周書陽雄傳：『父猛，魏正光中……擢爲……

4

大谷鎭將』。

龍門鎭

稷山鎭　北齊書辥循義傳：『正光末……拜循義龍門鎭將；……循義宗人鳳賢……拜稷山鎭將。』

撫宜鎭　北齊書孫騰傳：『從高祖東征邢杲，師次齊城，有撫宜鎭軍人謀逆』。

赤城鎭　魏書趙逸傳：『拜……赤城鎭將，綏和荒服』。

團城鎭　魏書趙琰傳：『轉團城鎭副將』。

蒲城鎭　魏書劉裕傳：『蒲城鎭將何難於風陵堆濟河』。

汧城鎭　周書達美武傳：『祖春，魏懷荒鎭將；父長，汧城鎭將』。

楡中鎭　周書王傑傳：『高祖萬國，魏伏波將軍燕州刺史；父巢，龍驤將軍楡中鎭將』。

昌平鎭　周書梁椿傳：『祖屈朱，魏昌平鎭將』。

北魏諸鎭建置沿革不可考者多。周書楊忠傳：『高祖元壽，魏初爲武川鎭司馬』，知武川鎭之設甚早，可與廣陽王深上書謂六鎭始於皇始相參證。正光孝昌間，盛唱改鎭爲州之議，尤以北鎭爲改革者之所急，而實未盡施行。周書閻慶傳：『曾祖善，仕魏，歷龍驤將軍雲州鎭將，因家於雲州之盛樂郡』。魏書地形志雲州下注云：『舊置朔州，後陷，永熙中改』。所領有盛樂郡，註云：『永熙中置』。孝昌以前於朔州置雲中鎭，閻慶傳所謂雲州鎭將常即雲中鎭將，以鎭設於州治，遂用州名名鎭。周書楊纂傳：『父安仁，魏北道都督朔州鎭將』，亦指雲中鎭言，惟其時猶未改爲雲州，故稱朔州鎭將耳。周書蔡祐傳又云：『曾祖紹爲夏州鎭將』，亦謂統萬鎭也。雲州之稱始於永熙，盛樂郡亦永熙中置，而閻慶猶爲鎭將（慶傳非用後世地名追述舊事），則雲中鎭迄永熙時猶未罷矣。魏書爾朱兆傳：『兆頻爲步蕃所敗，於是……令人頻徵獻武王於晉州，乃三分六鎭之人，令王統領』。北齊書神武紀云：『神武曰：六鎭反殘，不可盡殺，宜選王素腹心者私使統焉。……遂出宣言，受委統州鎭兵』。此孝莊帝時事，六鎭之名或已廢罷，而六鎭之實猶存，可想見也。

魏分東西後，北方情勢一變，昔日之鎭多已改州，然亦有因襲北魏之舊者。如北齊書文宣紀：『天保六年秋七月己卯，帝……親率輕騎五千追茹茹；壬午，及於懷朔鎭。帝躬當矢石，頻大破之，遂至沃野』。當是懷朔沃野鎭猶存，而非僅用舊名。周書趙昶傳：『大統十五年，拜安夷郡守帶長虵鎭將』，即高宗時陸眞所築者也。此外昔之鎭名多不復見於史書，而北齊北周固未嘗廢鎭戍之制。今輯錄東西魏及齊周見於史書之鎭名，而試求其遞替之故焉。

東魏鎭名之見於史書者：

新野鎭　周書獨狐信傳：『建明初，出爲荆州新野鎭將帶新野郡守』。

下灌鎭　北齊書杜弼傳：『〔天平四年〕竇泰總戎西伐，詔弼爲泰監軍，……泰失利自殺，……左遷下灌鎭司馬』。

磨城鎭　北齊書堯雄附堯傑傳：『元象初，……出爲磨城鎭大都督』。

河橋鎭　北齊書暴顯傳：『元象二年，……從高祖與西師戰於邙山，高祖令顯守河橋鎭』。

楊志鎭

陽夏鎭　魏書孝靜帝紀：『興和三年三月己酉，梁州人公孫貴賓聚衆反，自號天王，陽夏鎭將討擒之』。

百家鎭

呼延鎭　北齊書破六韓常傳：『常啓世宗曰：常自鎭河陽以來，頻出關口太谷二道，……而太谷南口去荆路踰一百，經赤工坂，是賊往還東西大道，中間曠絕一百五十里，賊之糧餽唯經此路。愚謂於彼選形勝之處，營築城戍，安置士馬，截其遠還，自然不能更有行送。世宗納其計，遣大司馬斛律金等築楊志，百家，呼延三鎭』。又斛律金傳亦云：『〔武定四年〕侯景據潁川降於西魏，詔遣金……等固守河陽，以備西魏。……仍率所部於宜陽築楊志，百家，呼延三戍，置守備而還』。惟謂置戍，與常傳異。

北齊鎭名之見於史書者：

盱眙鎭

蘄城鎮　北齊書辛術傳：『〔天保時〕，盱眙蘄城二鎮將犯法，術皆案奏殺之』。

臨海鎮　北齊書杜弼傳：『〔顯祖時〕徙臨海鎮，……勑行海州事，即所徙之州』。

宜陽鎮　北齊書獨孤永業傳：『乾明初出爲河陽行臺左丞遷洛州刺史。……宜陽深在敵境，周人又於黑澗築城戍以斷糧道，永業亦築鎮以抗之，治邊甚有威信』。

義寧鎮

烏蘇鎮　周書達奚震傳：『建德五年，又從東伐，……攻克義寧，烏蘇二鎮』。

武平鎮　北齊書高靈山傳：『子懿，卒于武平鎮將』。

海西鎮　北齊書郎基傳：『累遷海西鎮將』。

西魏鎮名之見於史書者有：

五原鎮

蒲川鎮　周書王德傳：『大統十三年，授大都督原，鹽，顯三州，五原，蒲川二鎮諸軍事』。

南由鎮　隋書地理志扶風郡南由縣下云：『後魏置，西魏改爲鎮』。

北周鎮名之可考者曰：

魯山鎮　周書崔謙傳：『保定二年，遷安州總管隨，應等十一州，甑山，上明，魯山三鎮諸軍事安州刺史』。又見靜帝紀及司馬消難傳，杜杲傳。

甑山鎮　見周書崔謙傳及靜帝紀，司馬消難傳。

上明鎮　見周書崔謙傳及司馬消難傳。

長城鎮　見太平寰宇記，謂弘州城周天和四年築，置長城鎮，後改爲長川鎮。

伏夷鎮　周書馮遷傳：『子恕，〔天和建德間〕位至儀同三司伏夷鎮將』。

長寧鎮　周書裴果傳：『子孝仁……〔建德時〕出爲長寧鎮將，捍禦齊人，甚有威邊之略』。

洪雅鎮　見元和郡縣志，謂周武帝攘却夷獠而立。

沛陽鎮

應城鎮

平靖鎮

武陽鎮

須水鎮　俱見周書司馬消難傳，與魯山，甑山，上明俱交州總管所管。

河陽鎮　周書靜帝紀：『大象二年九月丙戌，廢河陽總管爲鎮，隸洛州』。

番和鎮　隋書地理志武威郡番和縣下云：『後魏置番和郡，後周郡廢置鎮』。

火井鎮　見太平寰宇記，謂周於臨邛縣地置火井鎮。

北魏設鎮主意在於固南北邊境；次或地屬新附，立鎮以資威懾；或勢同犬牙，則鎮所以防寇盜。故北魏鎮戍徧四境，而以北面西北面及南面諸鎮爲重。然迨齊周之世（統東西魏而言），北魏舊鎮不復見於史書，其故又安在耶？蓋北齊文宣帝築長城於北境，自西河總秦戍東至於海，前後所築東西凡三千餘里。雖遠在六鎮之南，與高閭所陳者異，然其『罷游防之苦』，『息無時之備』（皆閭上表語，見魏書本傳。谷君文謂『罷游防之苦』源賀傳語，誤），則一也。北齊書文宣帝天保八年紀：『凡三千餘里，率十里一戍，其要害置州鎮凡二十五所』。又趙郡王琛傳附子叡傳：『天保八年仍除北朔州刺史都督北燕，北蔚，北恒三州及庫推以西黃河以東長城諸鎮諸軍事。叡慰撫新遷，量置烽戍，內防外禦，備有條法』。又元景安傳：『〔天保〕時初築長城，鎮戍未立，突厥強盛，慮或侵邊。仍詔景安與諸軍緣塞以備守』。於是北面及西北面之邊防由昔日之北鎮移於沿城鎮戍，東西連接，易於呼應及防守，北方賴以寧謐。舊日諸鎮既失其重要性，宜其不再活躍於史書矣。南朝自侯景亂後不復能振，後梁又服屬於周，北強而南弱，南朝無力北侵，是以南境諸鎮亦不如昔日之爲軍事要衝焉。然齊周屢屢交兵，於是兩國之重要鎮戍乃在齊之西境與周之東境。自上文所引諸資料觀之，周齊之鎮，地望雖不甚可考，然其分佈之大概在兩國交界阨塞之地，一變北魏置重南北之形勢，固昭然可睹也。齊周設鎮之數不可知，然周書于翼傳云：『〔建德五年〕大軍復東討，……徑到洛陽……河南九州三十鎮一時俱下』，似較北魏時爲多。蓋北魏祇重南北兩端，齊周則各以己之四境爲邊界，雖南北諸鎮已多廢罷，其總數亦當在北魏上矣。

西漢侯國考（續）

史念海

南陽郡

汜鄉 何武國。綏和元年封，漢亡國除。汜鄉，漢表注犨，當爲犨之鄉聚。

博望 一，張騫國，元朔六年封，元狩二年除。二，許舜國，元康二年封，河平四年除；元延二年復封，後入新。

漢書何武傳：『武更爲大司空，封汜鄉侯，食邑千戶，汜鄉在瑯邪不其。哀帝初即位，褒賞大臣，更以南陽犨之博望鄉爲汜鄉侯國，增邑千戶』。是武所封，名爲汜鄉，實即博望；與光武祖舂陵侯改封之情形頗相類似，因舂陵本零陵冷道鄉名，後更封南陽蔡陽之白水鄉，而仍以舂陵爲名也。然南陽自有博望侯國，宣帝以之封許舜，舜之國雖一度中斷，元延時即復續封。何武封時，適在許氏紹封之後四年，似相衝突。錢大昭氏因疑武傳誤載，必非犨縣之鄉名（辨疑卷八）。而梁玉繩氏則以當張（騫）許（舜）封時，博望尚爲縣邑。至西漢末廢不爲縣，故何武乃以鄉封。惟考之漢志，則博望固尚未廢也；且何許二家，封時相同，豈可廢彼論此，明梁氏之說蓋未審也。案，何武之封固在博望，許舜之封亦同此名，名雖相同，地則非一，前者爲犨縣之鄉，後者乃南陽之縣，彼此固不衝突也。兩漢疆域同名者甚多，西京之汝南潁川皆有陽城，一爲侯國，一爲縣治；東都之汝南有安陵鄉，又有安陵亭，前者尚在兩郡，後者則直隸一郡。以此例彼，則南陽郡中有博望之縣，又有犨屬博望之鄉，當無惑矣。

杜衍 王翥（史表作王翳）國。高祖七年封，景帝中五年除；後元年復封，元狩五年除。

高武 傅喜國。建平元年封，後入新。高武，漢表注杜衍，當是杜衍之鄉亭。

宜陵 一，息夫躬國，建平四年封，元壽二年除。二，劉豐國，元始元年封，初始元年除。宜陵漢表亦注杜衍，是又杜衍之鄉亭也，

酇 蕭何國。高帝六年封，高后元年除；二年復封，文帝四年復除；五年又封，景帝二年除；元狩三年第四次封，元封四年第四次除；地節

四年第五次封，永始元年第五次除；同年又第六次封，此後入新。案：南陽有酇，而沛郡亦有之。歷來學者對於何之封國，有主在沛者，有主在南陽者。前說錢坫，王先謙，梁玉繩，吳卓信諸家主之，後說則趙一清，全祖望諸家主之。在此諸家之前，言者更多：兩司馬（彪與貞）皆以沛郡當之，酈道元與杜佑又認南陽爲是；其他者文穎，臣瓚之輩，尤不勝書，其紛紜之狀可以知矣。然考其持論，率以音訓爲主，据地理而論斷者爲數殊少。蓋沛郡之酇，其先本以鄌爲名，而班孟堅又適有泗水亭銘之文，遂以爲爭執之根據，主沛者更堅持之。（班氏之文爲：「文昌四友，漢有蕭何，序功第一，受封於酇」。以韻而言，酇當爲鄌音。）然漢之縣邑同名者實多，若因此二縣之音偶有差異，即起紛紜：則其他名同音同者又當何如？吾人今且置此不顧，別求之於史漢二書。考何之封國雖時有斷續，然大抵與漢長久，侯雖數易，國名不異。地志以元始爲準，而元始時封於酇者，又僅蕭氏一家，他再無人。地志南陽之酇，注爲侯國，沛郡之酇，等於諸縣，是蕭氏之封，地志固已明言爲南陽，又何用他求乎？或以蕭氏初封於沛，後又更封南陽，則可於上二說，雙方符合；然史漢二書又無更封明文，是蓋自作聰明者之流亞也。

博山　孔光國。綏和二年封，建平二年除；元壽元年復封，後入新。

涅陽　一，呂騰（史表作呂勝）國，高祖七年封，文帝五年除。二，最國，元封四年封，太初元年除。

湘成　一，敞屠洛國，元狩四年封，元鼎五年除。二，監居翁國，元鼎六年封，五鳳四年除。

案：敞屠洛所封之湘成，漢表注陽城。陽城之縣，汝南潁川二郡皆有之。監居翁所封之湘成，索隱以爲漢表在堵陽，惟今本漢書奪去。錢大昭曰，「閩本有之」（辨疑卷七），明小司馬所言非誤也。然堵陽在南陽，與陽城不同。實則漢表所注之陽城誤也。二湘成皆爲堵陽之鄉聚，錢大昭已明辨之矣。錢氏之言曰：「（監居翁之）湘成，即敞屠洛所封也。彼注陽城，此注堵陽，或堵陽舊有陽城之名，故王莽改堵陽曰陽城也」（同上）。其言是也。堵陽在秦時本名陽城，具見漢書曹參傳注，莽時所改不過又復故耳。

山都　王恬啟（史表作恬開）國。高后四年封，元封元年除。

新甫　王嘉國。建平三年封，元壽元年除；元始四年復封，後入新。新甫，漢表亦注新野，當同爲新野鄉聚。

筑陽　蕭延國。高后二年封，文帝元年除。

宜禾　劉得國。元壽二年封，漢亡國除。案：地志，南陽筑陽，莽曰宜禾，得所封當在此地。

涉都　喜（史表作嘉）國。元封元年封，太初二年除。涉都乃筑陽之鄉聚，見水經沔水注。

棘陽　杜得臣國。高祖七年封，元朔五年除。

平陵　一，蘇建國，元朔二年封，元鼎六年除。二，范明友國，元鳳四年封，地節四年除。平陵，漢表注武當，蓋鄉聚名。

親陽　月氏國。元朔二年封，五年除。親陽，漢表注舞陽。王念孫曰：「（舞陽之）陽當作陰。地志水經並言親水出南陽舞陰，此侯封在親水之北，舞水之南，故曰親陽，而其地則分自舞陰也。舞陰與親水皆在舞水南，舞陽在舞水北，則親陽之不屬舞陽，審矣」（見讀書雜志四之三）。

下鄘　左將黃同國。元封元年封，三年除。下鄘，史表作下鄜，漢表誤也，水經注可証。湍水注：「（湍水）南逕南陽鄘縣故城東，史記所謂下鄘析也。漢武帝元朔元年（當爲元封）封左將黃同爲侯國」。

安衆　劉丹國。元朔四年封，居攝元年除。

冠軍　霍去病國。元朔六年封，元封元年除。

冠陽　霍雲國。地節三年封，四年除。褚少孫補史記仍稱冠軍侯，然漢書侯表及霍光傳皆作冠陽，今從之。

若陽　猛國。元朔二年封，五年除。若陽，表注平氏。

義陽　一，衞山國，元狩四年封，太始四年除。二，傅介子國，元鳳四年封，元康元年除；元始四年又封，後入新。三，厲溫敦國，五鳳三年封，甘露二年除。右若陽義陽二國，漢表皆注平氏，當是平氏鄉聚。

煇渠　一，僕朋國（史表作僕多），元狩二年封，征和三年除。二，應疕國（史表作扁訾），元狩三年封，元鼎三年除。煇渠二侯，國名相同，而又同注魯陽，然是否一地，殊屬疑問。索隱引韋昭說，以僕多所封者爲煇渠，扁訾（即應疕）所封者爲渾渠；繼又引孔文祥說，謂是元狩中所封，則一邑分封二人也。其意蓋以後說爲是。周壽昌氏則謂乃一地而析戶封之也，其說略與孔氏同。梁玉酈氏因廣雅引風俗通稱渾梁侯僕多，以封僕多者是渾梁，封扁訾（郇應疕）者爲煇渠，煇近於渾，渠形似梁，故傳譌耳（志疑卷十三）。其說爲得。

春陵　劉買國。元朔五年封，東京時猶存。後書宗室四王傳，買封零陵之春陵鄉，孫仁乃徙南陽之白水鄉，猶以春陵爲國名。是春陵之名，省於彼而存於此矣。

新都　王莽國。永始元年封，後篡位稱帝。

紅陽　王立國。河平二年封，後入新。

樂成　一，丁禮國，高祖六年封，元鼎五年除。二，衛毋擇國，高后四年封，建元六年除。三，許延壽國，元康二年封，鴻嘉三年除；元延二年復封，後入新。

復陽　劉延年國。元康元年封，漢亡國除。

路陵　劉童（史表作章）國。元朔四年封，元狩二年除。路陵，史表作洛陵，錢大昭疑爲長沙昭陵之譌（辨疑卷四），蓋拘於王子分封必近本國之例也。然下述之劉喜，不亦遠離本國乎？

葉　劉喜（史表作嘉）國。元朔四年封，元鼎五年除。

安道　一，劉恢國，元朔五年封，元鼎五年除。（安道，史表作安遙。）二，揭陽定國，元鼎六年封，征和四年除。

特轅　樂國。元朔元年封，元鼎元年除。特轅，史表作持裝。索隱謂漢表裝作轅，與今本異。

隨桃　趙光國。元鼎六年封，本始元年除；元始五年復封，再除無考。隨桃，漢表失注。索隱云，漢表在南陽。

南鄉　陳崇國。元始五年封，表不注除國之年，或入新。南鄉，漢表失注。續志南陽有南鄉縣，或是東京因陳崇故國置。

襄鄉　劉福國。綏和元年封，漢亡國除。襄鄉，漢表失注，地志亦無。水經沔水注：「（濜）水出于襄鄉縣東北陽中山，西逕襄鄉縣之故城北。案郡國志，是南陽之屬縣也」。劉福國除，在西漢亡時；東京建始，當因其故國復置諸縣。

南郡

郎　黃極忠國。高祖十二年封，元鼎元年除。

當陽　劉益國。元始二年封，初始元年除。

高城　劉梁國。元康元年封，漢亡國除。漢表有二高城侯，一在昭帝始元六年封，一則爲元康時封，皆長沙頃王子也。周壽昌曰：「以年事考之，……從元康元年封爲是」（漢書注校補卷七）。其地在南郡，地志已明載之矣。全祖望曰：「地志屬南郡，予以爲是渤海之高成也」（稽疑卷五）。全氏素主王子封地應鄰本國，今乃舍南郡而取渤海，殊自歧矣。

江夏郡

軑　黎朱蒼（史表作利倉）國。惠帝二年封，元封元年除。

安陸　劉平國。元始元年封，初始元年除。

鍾武　劉度國。元康元年封，一度中絕；元延二年復封，漢亡國除。錢大昕曰：「志有兩鍾武縣：一屬零陵，一屬江夏。江夏鍾武爲侯國，蓋後來徙封，如舂陵本在泠道，後移於南陽也」（考異卷二）。

杏山　一，劉成國，元光六年封，元鼎五年除。二，劉遵國，元始五年封，初始元年除。錢坫曰：「後書岑彭傳：『許郜起杏。』注：『南陽復陽縣有杏聚』。郡國志同。寰宇記：『光州仙居縣有杏山』。仙居於漢爲軑縣，屬江夏」（漢書辨疑卷四引坫說）。

廬江郡

巢　陳最國。景帝中六年封，後元年除。案：廬江有居巢，無巢縣。王先謙，錢大昭，全祖望諸家皆以巢即居巢，今從之。

松茲　一，徐厲國，高后四年封，建元六年除。二，劉霸國，始元五年封，漢亡國除。案：徐厲封國，漢表作祝茲。今依史表及錢大昕說改。

九江郡

當塗　魏不害國。征和二年封，居攝二年更爲翼漢侯，後入新。

東城　一，劉良國，文帝八年封，十五年除。二，劉遺國，元朔二年封，元鼎元年除。三，居股（史表作居服）國，元封元年封，征和三年除。

博鄉　劉交國。竟寧元年封，漢亡國除。

曲陽　王根國。河平二年封，後入新。

阜陵　劉安國。文帝八年封，十六年除。

卑梁　一，劉嬰國，元朔三年封，元封四年除。二，劉都國，建始二年封，初始元年除。劉嬰之國，史表及官本漢表皆作畢梁，或本又作卑梁，王先謙曰：「作卑是也」。漢表注魏，疑非。史記楚世家：「吳之邊邑卑梁與楚邊邑鍾離，小童爭桑」。正義：「卑梁邑，近鍾離也」。鍾離於漢爲九江郡縣，則卑梁之地或在郡內。

山陽郡

成武　孫建國。元始五年封，入新。

漢陽　呂祿國。高后元年封，八年除。王念孫曰：「漢陽當作胡陵。史表作胡陵。地理志胡陵屬山陽，若漢陽則屬犍爲郡。犍爲自武帝始開，則呂祿斷無封漢陽之理。湖漢陽陵皆字之誤」（雜志四之三）。錢大昭疑爲漢中褒中之漢陽鄉，其說不若王說理長。

楊鄉　朱博國。建平二年封，元始三年除。楊鄉，博傳作陽鄉；漢表注湖陵，當爲湖陵之鄉聚。

湖鄉　劉開國。元始元年封，初始元年除。湖鄉，漢表失注。全祖望曰：「當屬山陽之湖陵」。

郁根　劉驕國。元朔三年封，元鼎五年除。（郁根，史表作郁狠。案：郁狠是也，吳熊封泥印編有「郁狠鄉印」可證。沈欽韓曰：「郁狠即郁郎也」（疏證卷三）。春秋隱公元年夏，費伯帥師城郎。杜注曰：「郎，魯邑，高平方與縣東南有郁郎亭」。案：方與縣於漢屬山陽郡，山陽與魯相去不遠，或是。

橐　陳鍇國。高祖八年封，元鼎五年除。（橐，史表同漢表。索隱謂屬山陽，然地志有橐無槖，水經泗水注亦作橐，當依酈說班志是正。

東茅　劉到（史表作劍）國。高祖六年封，文帝十六年除。左傳僖二十四年，凡蔣邢茅胙，周公之胤也。杜注高平昌邑縣西有茅鄉。江永曰：「彙纂，今兗州府金鄉縣西北四十里有昌邑城，其西有茅鄉，古國也」（春秋地理考實卷二）。郡國志山陽高平有茅鄉城，與杜江二說合。高平即西京之橐也。沈欽韓曰：「所以謂之東茅者，以解州平陸縣西南亦有茅城，古茅戎之邑，而別之也」（疏證卷三）。

爰氏　便樂成國。本始元年封，地節二年除；元始五年復封，入新。

城都　一，金安上國，地節四年封，五鳳四年除；元始元年復封，後入新。安上之國，漢表作都成，失注。錢坫曰：『霍光傳及補史記並作都成。索隱云：「志屬潁川」。考潁川無此縣。地理志山陽郡有城都侯國，應即此也。水經注作郕都，云：「春秋：隱公元年郕侵衛。京相璠曰：東郡廩丘縣南三十里有郕都故城。褚先生曰：漢封金安上爲侯國」』。(案：文見瓠子河注，是水經注亦以安上封者作城都矣。古城成郕三字同。說見漢書辨疑卷七引，新斠注與此稍異。)趙一清曰：『金日磾封秺侯，秺屬濟陰。安上之封必與日磾附近，山陽濟陰又地界接連也』(水經注釋卷二十四)。是公認郜成即城都矣。二，王商國，河平二年封，綏和二年除；建平元年復封，入新。

黄　劉順國。建昭元年封，元壽二年除。黃，漢表注濟陰；王先謙曰：「蓋封時所隸，後改屬山陽耳」。

爰戚　一，劉當國，不得封年，後元三年除。二，趙長年國(褚少孫補史表作趙成)，地節二年封，建武時猶存。

邛成　王奉先國。元康二年封，建平二年除；元始元年復封，入新。案：邛成，漢表注濟陰。地志濟陰無邛成，而山陽別有郜成。段玉裁曰：『宋祁云：「郜當作邛，外戚侯表，邛成屬濟陰，與山陽相距不遠」。案：玉篇邛字下曰，「山陽邛成縣」，此即邛成之確証也。……前漢時容有改屬，故志表不符耳。志云侯國，即表之邛成共侯王奉先也。邛成之誤郜成者，以莽曰告成之故也。郡國志成武有郜成，與此無涉』(說文解字注卷六)。又案，水經泗水注：「黃溝又東逕邛成縣故城南，地理志，山陽縣也，王莽更名曰郜成矣」。二說可證邛成即山陽之郜成矣。

中鄉　劉延年國。建昭元年封，初始元年除。

平樂　劉遷國。建昭元年封，漢亡國除。

鄭　劉罷軍國。建昭元年封，漢亡國除。

褒城　孔均國。元始元年封，除時無考。褒成，漢表注瑕丘，當爲鄉聚而屬瑕丘者。

甾鄉　劉就國。建昭元年封，漢亡國除。甾鄉，表誤注濟南。

栗鄉　劉護國。鴻嘉元年封，漢亡國除。

曲鄉　劉鳳國。永始三年封，漢亡國除。

西陽　劉竝國。元延二年封，漢亡國除。

金鄉　劉不害國。元始元年封，初始元年除。金鄉，漢表失注。水經濟水注：『郡國志曰：「山陽有金鄉縣」，菏水經其故城南』。王先謙曰：「金鄉縣蓋緣(金鄉)侯國復設」，其說是也。

重鄉　劉少栢國。元始元年封，初始元年除。重鄉，漢表失注。水經濟水注：「菏水東逕重鄉城南，左傳所謂臧文仲宿于重館者也」。沈欽韓曰：「重鄉城在兗州府魚臺縣西北十一里」(見漢書疏證卷三)。以地望按之，則漢之重鄉當屬山陽郡也。

濟陰郡

宛朐　劉埶國。景帝元年封，三年除。宛朐，地志作宛朐，實爲一地。水經濟水注可證。

煮棗　革朱國。高祖十二年封，惠帝七年除；文帝二年復封，景帝中四年除。煮棗，漢表失注。水經濟水注：『(濟水)東北逕煮棗城南。郡國志曰：「宛朐縣有煮棗城」，即此也。漢……封革朱爲侯國』。

乘氏　劉買國。景帝中五年封，六年除。

秺　一，商它意國，征和二年封，後元二年除。二，金日磾國，始元二年封，永光元年除；元始四年復封，入新。

參䝁　劉則國。不得封除之年。參䝁，漢表注東海，然東海無此縣，疑誤。郡國志濟陰定陶有三䝁亭，則劉則之封當在此地。

沛郡

龍　繆廣德國。元鼎五年封，六年除。龍，史表作龍亢。索隱引蕭該說：「廣德所封，止是龍，有亢者誤」。王念孫曰：『此當依史表作龍亢侯。漢表作龍侯者，傳寫脫亢字耳。南粵傳作龔侯者，龍亢二字合譌爲一字，而「亢」又譌爲「木」耳。龔乃房屋之疏，非古字。晉灼以表作龍侯，故強爲之說；而蕭該遂以有亢者爲非。……史表史傳皆以龍亢爲廣德封邑，必確有所据，不得以漢表之譌脫而謂龍下無亢字也』(雜志四之三)。是龍爲龍亢之誤明矣。龍亢，志屬沛郡。

方陽　孫寵國。建平四年封，元壽二年除。方陽，漢表注龍亢，當爲龍亢之鄉亭。

穀陽　馮谿國。高祖十二年封，除時無考。穀陽，史表作穀陵。

汝昌　傅商國。建平四年封，元壽二年除。汝昌，漢表注陽穀，地志無陽穀縣。錢大昭以郡國志東平國須昌之陽穀城釋之(辨迹卷八)。然侯國無注鄉名之例，錢說恐非。王先謙疑爲穀陽誤倒，其說近理。穀陽，沛郡縣也。

廣戚　一，劉將(史表作擇)國，元朔元年封，元鼎五年除。二，劉勳國，河平三年封，居攝二年侯嬰爲孺子。

鄲　周應國。景帝中元年封，元鼎三年除。

富民　車千秋國。征和四年封，本始三年除。富民，漢表注蘄，蓋蘄之鄉亭也。

公丘　劉順國。元朔三年封，漢亡國除。

邳離　路博德國。元狩四年封，太初元年除。邳離，表注屬朱虛。史表及本傳皆作符離，而索隱又云志屬沛縣，或邳乃符之譌。

瑕丘　劉政（史表作貞）國。元朔三年封，除時無考。案：瑕丘應作敬丘，請以水經注爲證。睢水注不云乎：『睢水又東逕太丘縣故城北。地理志曰：「故敬丘也」。漢……封劉政爲侯國』。知瑕乃敬之譌也。

夏丘　劉遇國。元朔三年由千章侯更封，薨除。

孔鄉　傅晏國。綏和二年封，元壽二年除。孔鄉，漢表注夏丘，當爲夏丘之鄉亭。

洨　一，呂產國，高后元年封，六年除。二，劉周舍國，征和元年封，除時無考。呂產所封之國，漢表作汶，史表作郊，今考齊魯封泥集存載有「郊侯邑丞」封泥，知當以郊爲正。

沛　劉濞國。高祖十一年封，次年除。

芒　彭跖國。高祖六年封，惠帝元年除。

建成　一，呂釋之國，高祖六年封，高后二年除。二，黃霸國，五鳳三年封，後入新。

城父　尹恢國。高祖六年封，高后三年除。城父，史表誤爲故城。

建平　一，周開方國，惠帝四年封，文帝後元年除。（案：周開方之封建平，漢表失載，而史表載之。）二，程嘉國，景帝四年封，元光四年除。三，杜延年國，元鳳元年封，入新。

栗　劉樂國。征和元年封，除時無考。

扶陽　韋賢國。本始二年封，甘露元年除；永光二年再封，後入新。扶陽，漢表注蕭；然扶陽及蕭並沛郡縣，或扶陽原蕭之鄉聚，後乃分出爲縣。

高　劉舜國。建昭元年封，漢亡國除。

高柴　劉發國。建昭元年封，漢亡國除。

溧陽　劉欽國。建昭元年封，漢亡國除。案：溧陽，漢表作凓陽，下注沛。溧陽沛郡縣，而溧陽則屬丹陽。以梁國虔之（欽乃梁敬王子），則應以溧陽爲是。王氏補註既於侯表中斥師古音溧爲栗之譌，然於沛郡之溧陽及丹陽之溧陽皆注爲劉欽封國，殊不可解。

平阿　王譚國。河平二年封，後入新。

東鄉　劉方國。建昭元年封，漢亡國除。

臨都　劉未央國。建昭元年封，漢亡國除。

義成　甘延壽國。竟寧元年封，居攝二年更爲誅郅侯。

祁鄉　劉賢國。永始二年封，漢亡國除。

休　劉富國。景帝元年封，三年國除。

紅　劉富國。景帝三年封，元朔五年除。案：休，紅二地，地志不載。春秋：「昭公八年，秋，蒐於紅」。杜預曰：「沛國蕭縣西有紅亭」。水經獲水注：「即地理志之虹縣也。景帝三年封楚元王子富爲侯國」。顧祖禹，梁玉繩諸家雖不滿酈氏之釋虹即紅亭；然虹即紅，亦即劉富之封國，固無疑也。富本先封於休，紅侯實由休侯更封。錢大昭以：「休紅二地，故云更封」（辨疑卷四），其說是也。梁玉繩以：「富之易國，非增食邑，而紅與休亦非一地，不可相合」（志疑卷十二），其說亦是也。二地後爲富五世孫歆封國，合爲一處，即以紅休爲名，是紅休雖非一地，其壤土自必相接也明矣。

紅休　劉歆國。元始五年封，後入新。

浮丘　劉不害（史表作不審）國。元光六年封，元鼎五年國除。梁玉繩云：「（浮丘）蓋即水經注所云淮水東逕浮山者也」（志疑卷十四）。

蘢鄉　一，劉固國，建昭元年封，鴻嘉四年除。二，劉襃國，元始元年封，初始元年除。

滕　呂更始國。高后四年封，八年除。案：志無滕之名，僅公丘之下注曰「故滕國」，故前代學人即以此爲更始封地，而梁玉繩說尤精，其言曰：「秦始置滕縣，漢初猶未改，故高祖之爵夏侯嬰，高后之封呂更始，皆稱爲滕；至武帝之封魯共王子劉順，乃稱公丘。竊疑更名在武帝時，孟堅作志失書爾」（志疑卷十二）。

般紹嘉　孔何齊國。綏和元年封；同年進爲公，元始四年（表作二年）更爲宋公。水經潁水注：「（細水）又東南逕宋縣故城北。縣即所謂郪邱者也。……漢成帝綏和元年詔封殷後于沛，以存三統，平帝元始四年改曰宋公；章帝建初四年徙邑於此，故號新郪爲宋公國也」。是何齊之封固在沛郡也。其移于新郪者，乃東京時事也。王先謙以封於新郪，屬諸汝南，恐誤矣。

（未完）

唐宋兩代的「道」和「路」

于鶴年

宋代的制度有許多地方是沿唐代之舊而加以變化的。宋代的兩種路都起於唐代。以轉運司而分的路可上溯至唐代的十道；以經略安撫司而分的路可上溯至唐藩鎮。這兩種制度本來是各成系統，不過因爲名稱的類似，人事的便利，遂致有些混淆的地方。

貞觀元年所設的十道和開元二十一年所改設之十五道都是一種監察區。道的長官（先名巡察使，改名按察使，又改按察採訪使，又改按察使，又改採訪處置使，最後改觀察處置使）先由中央派遣，後即由道所治之州刺史領之。

藩鎮初置都在邊陲，內地沒有，雖然亦以道稱，但是與前所謂道不是一事。如河北道採訪使治魏州，范陽節度使則治幽州，轄境亦只偏於北部。又如河東道採訪使治蒲州，節度使則治太原。惟隴右嶺南二道採訪使和節度使均同治鄯州和廣州，是爲例外。

自從安祿山以范陽節度使兼河北採訪使，二種道纔開始混合起來。以後黃河南北用兵地方都被軍閥分據，大者十幾州，小者一二州，各成爲道，亦稱爲鎮。其長官或爲節度使，或爲都團練使，或爲都防禦使，同時兼所轄各州之觀察處置使。江淮川劍一帶亦同此趨勢。所以至德以後，二種道演變成爲一種。不過其分配極不平均，亦不固定，隨時有置廢增減。

黃巢亂後，藩鎮間起了分化作用，出來若干大藩鎮，各統轄若干小藩鎮。除了最強者佔據中原，稱了皇帝（梁，唐，晉，漢，周）不算外，其次強者都建國稱王，再次者稱王而不建國，仍帶節度觀察等使的官銜，再次者則依附於前三者之下。這就是五代十國的情形。

十道之稱，文字上或許有之，實際上則毫無此事。

宋代減削軍人之權，將各藩鎮所轄的支郡改爲直隸中央，又略依唐代十五道之意分路置轉運使（宋初的道可留之不論），監督所屬各州。舊有的藩鎮制度僅存節度使之名，實在算是消滅了。不過雖然消滅，而軍事防區仍有設置的必要，乃有經略安撫使之設，所領地方亦稱爲路。置經略安撫使的地方大部分就是以前節度使等所治的地方。例如河北四路，大名路治魏州，即天雄軍所

1

在；興定府路治鎮州，即成德軍所在；定州路治定州，即義武軍所在；惟高陽關路是例外。

唐代分道和宋代分路的經過大略如此。

說驩兜所放之崇山

童書業

尚書堯典云：『放驩兜于崇山』。此崇山之所在地，自漢迄清解釋頗紛紜。

大戴禮記五帝德曰：『放驩兜于崇山，以變南蠻』；史記五帝本紀引此文。是崇山之地在南方也。

馬融曰：『崇山，南裔也』（史記集解引）。淮南子脩務訓：『放驩兜於崇山』，注：『崇山，南極之山』。書僞孔傳並云：『崇山，南裔』。莊子在宥：『堯於是放驩兜於崇山』，釋文：『崇山，南裔也』。是唐以前解釋崇山者多祇謂其在南方，而不能確指其處也。

書正義云：『幽州在北裔，雍州三危在西裔，徐州羽山在東裔；三方既明，知崇山在南裔也』。是所以知崇山在南裔者，亦祇以幽州，三危，羽山三地方推而知之耳。正義又云：『禹貢無崇山，不知其處：蓋在衡嶺之南也』。彼一面既自云不知崇山之處，一面又云蓋在衡嶺之南，蓋從南裔中推出較確定之地點矣。

太平御覽引盛宏之荊州記曰：『書云：「放驩兜于崇山」，崇山在澧陽縣南七十五里』。此眞所謂霹靂一聲，崇山從此有確實之地點矣。盛氏，劉宋時人，其所作荊州記蓋多得之耳目所見聞（通典云：『……盛宏之荊州記之類皆自述鄉國……』）；其當時所謂澧陽縣有一崇山之地與？然此崇山不見古籍，或如江西之崇義縣亦有崇山，本名旗山，明王守仁改曰獨秀峯，後又改今名也（見縣志）。通典云：『澧陽縣有崇山，即放驩兜之所』，從盛說也。

唐沈佺期有從崇山向越裳詩，序云：『案九眞圖，崇山，至越裳四十里，杉谷起古崇山』。其詩云：『朝發崇山下，暮坐越裳陰』。又云：『杉谷古崇岑』。通志云：『以此驗之，崇山乃在交廣之間爲是』。案隋唐於安南北部置驩州，沈佺期又有從驩州廨宅移住山間水亭贈蘇使君詩，其末句云：『古來堯禪舜，何必罪驩兜？』蓋隋唐時交廣之間又有崇山之地名，故於其處置所謂驩州也（驩州之名又從咸驩—懽—來）。淸一統志從通志說，以爲尚書疏謂崇山在衡嶺南，又有唐沈佺期詩爲證，尚書之崇山當在交廣之間。此復以尚書疏之臆說徵成沈佺期之實記矣。

通志又云：『驩兜崇山，今以爲湖廣之慈利縣，非也』。朱子云：『崇山或云在澧州慈利縣』。是又謂崇山在慈利縣。書蔡傳云：『崇山，南裔之山；在今澧州』。蓋渾淪其詞，以折衷於諸說也。（澧陽慈利皆澧州領。其實上所謂澧陽慈利蓋一地也。）

至清蔣廷錫作尚書地理今釋，乃云：『崇山在今湖廣永定衞西，大庸所東』。蓋衍蔡傳之說，而細定崇山在當時之地點也。

查古今圖書集成職方典岳州府部彙考建置沿革考慈利縣下云：『唐虞本崇山地，放驩兜于崇山，即此。……南北朝置北衡州，隋更爲崇州（讀史方輿紀要云：「隋置崇州，蓋以山名」），置崇義縣，又更慈利』。疆域考形勝慈利縣下云：『天門峙其左，崇山拱其右』（案嵩山亦有天門）。永定衞下云：『前倚天門』，大庸所下云：『擁蔽崇山』。山川考大庸所下云：『崇山在所城東，山勢巑嶸，與天門相連。（案天門山卽古嵩梁山，嵩崇字古通，此或崇山一名所由來歟？水經注澧水有嵩梁山，無崇山。）……最上巨壟云驩兜墓，人不易見，見多不祥』。又古蹟考澧州下云：『繫馬樹在州南四十里，相傳隋建驩兜廟，石室左立石野人三，謂繫馬樹』（案嵩山亦有繫馬峯）。蓋崇山之正統解釋在澧州慈利縣一帶，故此等處有所謂驩兜墓驩兜廟之古蹟也。

尚書崇山之眞正地望，今已不可明。觀漢書王莽傳云：『迺流棻于幽州，放尋于三危（案上云「放」，下不云「崇山」而云「三危」，可異！）殛隆于羽山』；四罪地名已見其三，獨無崇山，可見當時已不知崇山之實在地，故有罪者無從放之也。

疑驩兜傳說中之崇山本係河南之嵩山，後以此名被取與幽州三危羽山相配，遂逸在南裔，致後人迷其地點。嵩高古稱崇高（古籍中證據甚多）。國語周語云：『昔夏之興也，融降于崇山』。韋注：『崇，崇高山也；夏居陽城，崇高所近』。山海經大荒南經云：『鯀妻士敬，士敬子曰炎融，生驩頭』。鯀，夏祖，炎融當卽國語之融（卽祝融）。驩兜爲炎融所出，故亦有放于崇山之傳說也。

觀自漢迄清對於驩兜所放崇山一地之解釋，乃無可信據（司馬相如大人賦云：「吾欲往乎南嬉，歷唐堯於崇山兮，過虞舜于九疑」。此崇山若指爲卽驩兜所放之崇山，則與不得已，澧陽縣說爲近之）；且世愈後而其說彌詳，即此亦足覘傳說演變之實例矣。

中國地方志考（二續）

張國淦 1

江蘇省三

舊鎮江府

志目

南徐州記二卷　宋山謙之纂　隋書經籍志二，舊唐書經籍志上，唐書藝文志二　佚　金谿王氏漢唐遺書鈔輯本

京口記二卷　宋劉損纂　隋書經籍志二，舊唐書經籍志上，唐書藝文志二　佚

潤州圖注二十卷　唐孫處玄纂　唐書藝文志二　佚

□□圖經　太平寰宇記八十九江南東道引　佚

□□舊圖經　輿地紀勝七鎮江府引　佚

潤州圖經　宋大中祥符□年　輿地紀勝七鎮江府引　佚

鎮江志十卷　乾道□年　教授熊克纂　宋史藝文志二　佚

鎮江志二十二卷卷首一卷　嘉定六年　知鎮江府史瀰堅修教授盧憲纂　儀徵阮氏文選樓焦山書藏抄本，丹徒包氏道光校刊本，丹徒陳氏宣統重刊本

嘉定鎮江志續□卷　嘉定十六年知鎮江府趙善湘修教授何澂纂　佚　嘉定鎮江志附錄輯十二條

咸淳鎮江志□卷　咸淳元年　知鎮江府陳均趙汝㦿等修西廳通判方逢辰永嘉黃國用纂　佚　嘉定鎮江志附錄輯六十條

至順鎮江志二十一卷卷首一卷　元至順□年　丹徒俞希魯纂　儀徵阮氏文選樓焦山書藏抄本，丹徒包氏道光校刊本，國學圖書館景抄本，金陵圖書館燕京圖書館傳抄本

鎮江府志□卷　明永樂三年　知府羅觀修丹徒丁禮纂　佚　嘉定鎮江志附錄輯二十二條

鎮江府志□卷　成化□□年　知府熊佑修丹徒丁元吉纂　未見

鎮江府志三十二卷　正德八年　知府林魁修推官史魯黎龍纂　未見

鎮江府志三十六卷　萬曆二十五年　知府王應麟修金壇王樵纂　北平圖書館萬曆刊本

鎮江府志五十四卷　康熙十四年　知府高得劉鼎修丹徒張九徵等纂　北平圖書館康熙刊本闕卷十五，四十六，日本內閣文庫

鎮江府志五十五卷　康熙二十四年　知府高龍光修　見乾隆府志刊本

鎮江府志五十五卷　雍正四年　丹徒知縣馮詠纂　見乾隆府志刊本

鎮江府志五十五卷卷首一卷 乾隆十五年 知府朱霖修 金陵圖書館北平圖書館宜興任氏乾隆刊本

敘論

右鎮江府志。鎮江：自後漢分會稽置吳郡，領丹徒曲阿二縣；建安十四年，孫權自吳徙丹徒，號曰京城，亦曰京口，後遷建業，於此置京口鎮；晉屬毗陵郡，渡江後於京口僑置徐州兗州；宋元嘉中以南徐州治京口，以南兗州治廣陵；隋開皇中改置潤州，唐因之；宋政和元年陞潤州爲鎮江府；元爲鎮江路；明清爲鎮江府。故鎮江志隋以前曰南徐州，其沿舊稱者曰京口，唐曰潤州，宋未改府以前亦曰潤州，以後曰鎮江府，元曰鎮江路，明清曰鎮江府。

今可考者，宋有山謙之南徐州記二卷，南徐州兼有舊鎮江府，舊常州府，舊江寧府，又浙江舊寧波府地，其治在京口，故屬之鎮江府焉(國史經籍志有南徐州記三卷)。又有劉損京口記二卷，劉損世居京口，故有是作；損亦作損之，其作楨者誤也。此二記，隋兩唐志俱著錄，太平寰宇記引之，並見輿地紀勝，是宋嘉定時尚有是書(萬歷鎮江府志引劉楨京口記，當是轉錄)。圖經，則唐有孫處玄潤州圖注二十卷，見新唐書藝文志，輿地紀勝作孫處元潤州圖經。又圖經，太平寰宇記引之；又舊圖經，又祥符圖經(當是李宗諤纂，此時尚曰潤州，未知是否名潤州圖經，並詳江寧府志)，輿地紀勝引之。此所引書皆在北宋以前。

南宋以後凡四修，乾道□年，教授熊克纂鎮江志十卷(通稱乾道鎮江志)，見宋史藝文志(以上今佚)。嘉定六年，知鎮江府史彌堅延教授盧憲纂鎮江志三十卷，今存者二十二卷(通稱嘉定鎮江志)，其爲類凡二十四：曰郡縣表，曰地理，曰風俗，曰攻守形勢，曰田土，曰賦稅，曰地理(山川)，曰宮室(祠廟)，曰僧寺，曰道院，曰學校，曰兵防，曰古蹟，曰宮室(樓臺亭堂)，曰公廨，曰刺守，曰參佐，曰將佐，曰宰貳，曰寓治，曰人物，曰總目(釋道)，曰祥異，曰雜錄(是志與至順志係從永樂大典錄出，此目錄非盧原本)。據阮元刊本序，是志於六朝僑寄郡縣，縷析條分，於節度觀察等官能復，紀之甚詳。其刺守歷任年月，於紀傳所不載者，皆稽考得其次序，如韋損張子良等傳，以新舊唐書李錡傳，舊唐書憲宗紀，通鑑，太平廣記參定。此例爲前此作郡志者所未有，此亦可爲良史

2

矣。嘉定十六年，知鎮江府趙善湘延教授何滂纂嘉定續志□卷。咸淳元年知鎮江府陳均等延淳安方逢辰等纂鎮江志□卷，據方逢辰序，嘉定七年史貳卿昇校官重修，今餘四十年而輯續之，趙公與可兼郡，命工鋟梓。咸淳志據嘉定志，未及嘉定續志（成化府志丁元吉序，亦祗言嘉定盧志，咸淳方志），咸淳志已刊行矣，而元至順志則輯續史志，亦未及嘉定續志並咸淳志，何也？（此二志今俱佚）

元凡一修。自咸淳元年更六十□年爲至順□年，丹徒俞希魯纂鎮江志二十一卷（通稱至順鎮江志）；其爲類凡二十九：曰郡縣表，曰官制表，曰地理，曰風俗，曰戶口，曰土產，曰田土，曰賦稅，曰山水，曰神廟，曰僧寺，曰道觀，曰學校，曰兵防，曰古蹟，曰宮室，曰公廨，曰廩祿，曰公役，曰封君，曰刺守，曰參佐，曰宰貳，曰司屬，曰學職，曰將佐，曰寓治，曰人材，曰雜錄。其體例取法於嘉定志，益以官制表，戶口，土產，廩祿，公役，封君，司屬，學職；而易地理（山川）爲山川，宮室（祠廟）爲神廟，道院爲道觀，人物爲人材，總目（釋道）爲方外。據嘉定志阮元刊本序，至順志本承宋志而作，絕不勦襲其書；宋志於刺守宰貳等官，載至嘉定九年止，而元志即從嘉定十年起，其例尤爲可法。土產門引說文，廣雅，字林，方言等書，亦地志中所僅見。故是志足與嘉定志並稱也。（文淵目舊志鎮江志十五冊，又鎮江志六冊，似是嘉定咸淳至順等志。）

明凡四修。自至順□年更七十□年爲永樂三年，知府羅觀延丹徒丁禮纂鎮江府志□卷。羅觀爲一時循吏，丁禮亦當世名儒，其纂輯是志，正羅觀守郡之時（文淵目新志鎮江府志，又鎮江府並屬縣志四冊，當有一即永樂志）。更七十□年爲成化十□年，知府熊佑延丹徒丁元吉纂鎮江府志□卷，據丁元吉序，『郡倅盧憲之嘉定志，蛟峰方公之咸淳志僅可考，勝國俞用中至順志例加精密，而國朝永樂中先伯考蘭室先生（禮）續修之者於茲百年，卷帙亦散失矣。元吉取舊本，證以史志圖經傳紀文集諸書，旁摭斷碑殘碣，詢于父老，爲重定其凡例，提其綱要』。元吉爲禮從子，淵源有自，熊佑亦著賢聲，又得名儒俞桂爲之助（見嘉定鎮江志校勘記附錄），故議者以是志與永樂志並稱。更三十□年爲正德八年，知府林魁修鎮江府志三十二卷，據林魁序，『推官史君宗道（魯）嘗重纂是書，二册首刻也，予至郡忽半載，迺就史君請故草全帙，命工足之。自疆域至函管凡九卷爲舊刻，自學校至雜紀凡二十三卷爲今刻。其文惟人物卷予嘗與今推官黎君乾道(龍)間有補擬，餘則皆因其舊』。是此志爲史魯所纂，林魁爲畢其剞劂之役也（以上今未見）。更八十四年爲萬歷二十五年，知府王應麟延金壇王樵纂鎮江府志三十六卷，圖三。其爲類，凡志八：曰郡邑，曰山川，曰戶口，曰賦役，曰官守，曰士品，曰文翰，曰物產；終雜志。據王樵序例，『記傳表志乃國史之體；然既以志名，則紀表列傳皆非所宜施于郡國也，今悉從志體』。後之修志亦多有主此立論者。

清凡四修。自萬歷二十五年，更七十八年爲康熙十四年，知府高得貴延丹徒張九徵等纂鎮江府志五十四卷，圖六。其爲類凡四十六：起建置沿革，訖遺事。據高得貴序，『是志從舊志大加增汰，而助以史志圖經子集諸書，參訂異同，考鏡得失』。其義例不沿萬歷志之舊，蓋亦一郡掌故詳博之書矣（以上今存）。至康熙二十年，知府高龍光據原書遞補至康熙二十四年止。更四十一年爲雍正四年，丹徒知縣嵇詠復據原書補刻，而增河工坍田疏稿，桐村藝文爲五十五卷於後。高龍光補刻仍爲五十四卷，嵇詠補刻增爲五十五卷，其以五十五卷屬之高龍光者誤也（以上二志見乾隆志，未見單刻本）。更二十四年爲乾隆十五年，知府朱霖修鎮江府志五十五卷，其前五十四卷據康熙（二十四年）志，第五十五卷據雍正志。據朱霖序，『溧陽初屬江寧，雍正八年撥入鎮屬，溧陽縣志修於乾隆八年，是宜以郡志例類入之。茲以原板之磨滅不可復識，與夫溧邑之所應入者纂序編輯，彙成一書』，故是志體例悉依舊志，祇益以溧陽所應入者；康熙志二十四年雍正志四年以後事實，並無增益。今所傳康熙張九徵志後，即乾隆朱霖志，其作高得貴原修高龍光續修者亦誤也（今存）。

鎮江志自南宋以後修凡十三次：佚者四，未見者四，存者五。綜計江蘇舊志存於今者，宋建康有嘉定志，鎮江亦有嘉定志，元有至正金陵新志，鎮江亦有至順志；千古秘笈兩地抗衍，絕非他省他郡所能偶得者。惜此兩書之出世在道光以後，爲康熙乾隆修志時所未及見！萬歷志而後有康熙（十四年，二十四年）雍正乾隆志，其康熙（二十四年）雍正乾隆志仍據康熙（十四年）志原本，康熙（二十四年）志僅增職官，雍正志僅增藝文，乾隆志僅增溧陽，則猶是康熙（十四年）志，與通常所謂重修者不盡同也。

鎮江府志見存卷目異同表一 據景定志次第

景定志

目錄

郡縣表 首
州郡，縣，封爵食邑，官名

地理 一二
敍郡，子目，子目，子目 一
城池，坊巷，橋梁，津渡 二

風俗 三

攻守形勢 三

田土 四
屯田，軍田，職田

至順志

目錄

郡縣表 首
州郡，郡國，縣邑

官制表 首
封君，刺史，太守，參佐，宰貳，司屬，學職，將佐，寓治

地理 一二
敍郡，子目 一
城池，坊巷，鄉都，橋梁，道路，津渡，子目 二

風俗 三
子目，歲時

戶口 三
土著，僑寓，單貧，僧道

土產 四
穀，布帛，飲食，器用，花果，蔬，藥，草，竹，木，畜，禽，獸，魚，蟲

田土 五
總屬，官民，荒熟，輸復

景定志

賦稅 五
土貢，錢鹽，寬賦，常賦，和買，經總，制錢，免役錢，均役，課程，坊場河渡

地理 六
山川

宮室 七
祠廟

僧寺 八
寺，院

道院 九
觀，院

學校 十
子目，鎮江府學，丹徒縣學，丹陽縣學，金壇縣學，書院

兵防 十
子目，子目

古蹟 十一
居宅，陵墓

宮室 十二

至順志

稅賦 六
常賦，土貢，子目，造作，孳息，子目，寬賦

山水 七
山，沙，洞，水，河，湖，港，浦，瀆，潭，洲，蕩，陂，塘，池，泉，井，海，湖

神廟 八
祠廟

僧寺 九
寺，院，菴

道觀 十
宮，觀，院，菴

學校 十一
蒙古字學，儒學，醫學，陰陽學

兵防 十一
敎場，營，寨，屯

古蹟 十二
園圃，居宅，陵墓

宮室 十三

樓，菴，亭，堂

公廨 十二

治所，倉，庫，驛傳，郵傳，務，場

刺守 十三至十五

晉徐州刺史，晉晉陵太守，宋南徐州刺史，齊南徐州刺史，梁南徐州刺史，陳南徐州刺史，宋齊梁行南徐州事，宋齊梁南東海大守，宋齊梁陳南蘭陵太守 十三

唐潤州刺史，五代潤州刺史 十四

宋太守 十五

參佐 十五 十六

晉宋齊梁陳大小中正以下，晉宋齊梁陳長史司馬以下，晉宋齊梁陳別駕治中以下，宋迄陳郡丞，齊梁典籤文學，唐副使行軍司馬以下 十五

唐別駕長史司馬以下，唐知鹽鐵院宋通判以下 十六

宮，樓，觀，臺，閣，亭，堂

公廨 十三

壇壝，治所，倉，庫，務，驛傳，院，局，場，囹圄

廩祿 十三

俸錢，祿米，職田

公役 十三

胥吏，皁隸，戶役，力役，傭役，雜役

封君 十四

漢，後漢，吳，晉，陳，宋

刺守 十五

宋太守，元刺史

參佐 十五

宋通判以下，元同知以下

將佐 十六

唐都頭以下，宋都統制以下

宰貳 十七

丹徒縣，丹陽縣，金壇縣

寓治 十七

總領所，糧料院，幹辦公事

人物 十八 十九

總目 二十

釋，道

祥異 二十一

天文，虹，地震，火，花卉，龍鳳，鳥獸，蟲魚，器物，謠，讖，紀異

雜錄 二十一 二十二

子目，文事 二十一

武事，恤刑，鞠獄，拾遺 二十二

將佐 十七

宋都統制以下，元鎭守萬戶以下

宰貳 十六

錄事司，丹徒縣，丹陽縣，金壇縣

縣

司屬 十七

元司獄以下

學職 十七

蒙古字學，儒學，醫學，陰陽學

寓治 十七

宋總領所以下，元行大司農以下

人材 十八 十九

科舉，仕進，節義 十八

孝友，隱逸

方外 十九

雜錄 二十 二十一

天文，祥異

地理，郡事，人物，姓氏，文事 二十

武事，刑罰，談笑，考古，拾遺 二十一

7

鎮江府志見存卷目異同表二 據乾隆府志次第

萬歷府志	康熙十四年府志	乾隆府志
序，舊序	序，舊序	序，舊序
		憲牌
	重修姓氏	續修姓氏，重修姓氏
叙例		
	目錄	目錄
圖	圖經	圖
		宸翰，金山，焦山 首
郡邑志 一		
建置沿革	建置沿革 一	建置沿革 一
	星野 一	星野 一
坊巷，鄉都，沙鎮附	疆域 一	疆域 一
山川志 二 三	山川 二 三	山川 二 三
山 二		
水，堰堤津梁類附 三		
	形勝 四	形勝 四
城池 一（郡邑志）	城池 四	城池 四
		風俗 四
戶口志 四	戶口 四	戶口 五
賦役志 五至十三	賦役 六至十三	賦役 六至十三
田賦 五		
鹽鈔，諸課 六		
里甲，軍需，即土貢及諸公費 七		

郵政　十四
學校　十五
公署　十六
武衛　十六
秩壇，廟祠　十七
津梁　十八
宮室　十九
寺觀　二十
陵墓　二十一
古蹟　二十二
刺守　二十三
參佐　二十四
宰貳　二十五
師儒　二十六
軍鎭　二十七
封爵，舉辟　二十八

8

進士 二十二
鄉舉 二十三
貢 二十四
封贈，門蔭，軍資，武科 二十五
貲選，吏道 二十五
士品志 二十一至二十六
古先賢哲 二十一
隱德 二十六
釋道，方技 三十五（雜志）
物產志 三十
祥異 三十四（雜志）
文翰志 二十七至二十九
誥記 二十七
序，書 二十八
詩 二十九
雜紀 三十六（雜志）

進士 二十九
鄉貢 三十
貢士 三十一
武科，恩封，恩廕 三十二
國系 三十三
名宦 三十三 三十四
名臣 三十五 三十六
儒林 三十七
孝義 三十八
高隱 三十九
仙釋，方技 四十
列女 四十一
物產 四十二
祥異 四十三
藝文 四十四至五十三
遺事 五十四

進士 二十九
鄉貢 三十
貢士 三十一
武科，恩封，恩廕 三十二
國系 三十三
名宦 三十三 三十四
名臣 三十五 三十六
儒林 三十七
孝義 三十八
高隱 三十九
仙釋，方技 四十
列女 四十一
物產 四十二
祥異 四十三
藝文 四十四至五十三
遺事 五十四
河工疏稿，坍田疏稿，桐村藝文 五十五

9

鎮江府縣名沿革表

今縣名 \ 舊府縣名 \ 書名	嘉定志	至順志	萬曆府志	康熙十四年府志	乾隆府志	備考
	鎮江府	同	同	同	同	
丹徒縣	丹徒縣	同	同	同	同	案丹徒縣舊鎮江府附郭，今江蘇省治。
丹陽縣	丹陽縣	同	同	同	同	
金壇縣	金壇縣	同	同	同	同	
溧陽縣					溧陽縣	案溧陽縣原屬江寧府，雍正八年改屬鎮江府。

10

明成祖北征紀行二編

李素英 1

成祖于永樂八年二月第一次北征，追逐本雅失里于斡難河，旋師敗其將阿魯台，遂于七月班師回京。是冬阿魯台入貢歸誠，至十一年秋封爲和寧王。旋以瓦剌馬哈木強盛，侵阿魯台，又弑其主本雅失里，別立答里巴爲可汗，阿魯台告警，成祖爲援阿魯台及根本肅清朔漠起見，因于十二年春再率六師北征。是年正月辛丑（二十六日）發山東，山西，河南及鳳陽，淮安，徐，邳民十五萬運糧赴宣府。二月丙午（二日）命成山侯王通往宣府大同閱遼東都司調至軍馬。庚戌（六日）命安遠侯柳升領大營，都督馬旺，陳翼，程寬，金玉副之；武安侯鄭亨領中軍，興安伯徐亨，都督馬英章安副之；寧陽侯陳懋領左哨，襄城伯李隆，都督朱榮副之；豐城侯李彬領右哨，遂安伯陳瑛，都督費瓛，胡原副之；成山侯王通領左掖，保定侯孟瑛，都督曹得副之；都督譚青領右掖，新寧伯譚忠，都督馬聚副之；都督劉江，朱榮等爲前鋒，先往興和操備，蓋將有事于北征也。

三月戊子（十五日），賜從征將士鈔。上諭之曰：『今四方無虞，獨殘虜爲患，而瓦剌尤甚，馴之然後中國安。其一乃心力，效謀奮勇，凡有功者，高爵厚賞，朕不吝也』。

庚寅（十七日），較于承天門。遣官祭太歲旂纛及所經山川之神。是日車駕發北京，皇太孫從行。晚次清河。（據實錄之文爲綱，下倣此）

　　永樂十二年三月十七日庚寅，上躬率六師往征瓦剌胡寇答里巴，馬哈木，太平，把秃，孛羅等，馬步官軍凡五十餘萬。予與學士胡公光大，庶子楊公勉仁偕扈從。是日辰時啟行，由安定門出，午至清河下營。晚微雨，夜復驟雨，五更雨止。（金幼孜北征記低二格書，下倣此）

辛卯（十八日），駐蹕沙河。勅陝西行都司，凡瓦剌使人來及買賣回在甘肅者，悉遣赴陝西，毋令出邊。

　　十八日晨發清河，午至沙河，命光祿寺賜酒饌。

壬辰(十九日)駐蹕龍虎臺。勅守居庸關及長安嶺將校，凡從征官軍非奉勅毋擅令出入。勅使往迤北及開平奏報邊務者，密驗實遣行。

十九日早雨，晨發沙河，途間雨止，午次龍虎臺，午後復雨。

癸巳(二十日)

二十日晨發龍虎臺，度居庸關，午後至隆慶州下營。

甲午(二十一日)

二十一日至榆林，雨，午後至懷來下營，雨不止。

乙未(二十二日)駐蹕沙城。命成安侯郭亮等督運糧車赴萬全。

二十二日早雨止，發懷來，午次沙城，晚晴。

丙申(二十三日)駐蹕雞鳴山。

二十三日午次雞鳴山，大風。

丁酉(二十四日)

二十四日午次泥河。

戊戌(二十五日)駐蹕宣府。命錦衣衛指揮僉事袁江署宣府前衛事，留備禦。

二十五日次宣府，大風，雨下即止。是日穀雨。

己亥(二十六日)

庚子(二十七日)駐蹕寧遠鎮。車駕發寧遠鎮將十里許，度一山坡，草間有兔突起過馬前，上命皇太孫射之，應弦而斃，將士皆歡呼踴躍。上亦喜曰：『射雖小藝，一發即中，亦人所難』。命中官以兔付尚膳，而賜皇太孫名馬。

二十七日發宣府，午次宣平，大風。

辛丑(二十八日)車駕至萬全。命忻城伯趙彝，建平伯高福，尚書吳中郭資，御史李慶，通政馬麟，督運兵餉。又命都指揮王煥等以騎兵護送。上進彝等諭之曰：『役民數千里，隨軍餽運，艱難勞苦，此已過矣，爾等宜朝夕撫慰勞勉，無毒以刑威；不然，是重吾過也！其務體朕意！』

二十八日次德勝口，晚發風下雪。

壬寅(二十九日)

二十九日度野狐嶺，風寒，午後次興和。

癸卯(三十日)

三十日風寒。

四月甲辰朔，駐蹕興和，大閱。

乙巳（二日）

丙午（三日）勅兵杖局，以神機銃砲盔甲辟手額項鐵袴馬甲各二百，明甲一千，送行在所。召甘肅千戶滿答剌馳驛詣行在。滿答剌者都指揮滿都之弟，壯勇便捷，自甘肅來從征，後期至京，不敢前進；上聞而召之。

丁未（四日）

戊申（五日）

初五日移營于興和北十里沙城。

己酉（六日）頒軍中賞罰號令。

初六日大閱軍士。

庚戌（七日）敕大營及五軍諸將曰：『軍令嚴則人心一，功賞明則人心勸，行師之要也。令或朝發一令，而夕不下聞，此不嚴所致；將士效力，而名不上達，此不明所致。其立傳令及紀功官，凡出一令，傳令官即馳驟報各營；將校有功者，紀功官隨錄以聞；其有作奸慢令者，亦錄來聞』。

辛亥（八日）

壬子（九日）

癸丑（十日）

初十日次紅橋。是日立夏。

甲寅（十一日）

十一日次凌霄峯，即兀出于伯顏，雨，連宵不止，甚寒。

乙卯（十二日）

十二日早雨，食後發凌霄峯，午後次大石鎮，無水，暗宿。

『皇帝勅諭開府儀同三司，特進金紫光祿大夫，太師，中書右丞相，樞密院爲頭知院和寧王阿魯台：前者指揮徐晟去，賜爾茜紅肩纓一付；千戶曹者帖木兒回言，肩纓未有。今賜爾黃綾紅勇字號一個，鐵鏡三個，紅纓十二斤，與爾作肩纓所用，有餘可分與大頭目爲號，就發信砲十五個與爾，故勅！』（弇山堂別集北征軍情事宜低三格書，下倣此）

丙辰（十三日）

十三日早微雨，午前次五雲關，即哈剌罕，有水。

丁巳（十四日）駐蹕五雲關。勅掌行後軍駙馬都尉廣平侯袁容、士卒有逃歸者俱收繫之，俟回京處置。

十四日霜寒，次高平阜，即忽牙撒里禿。

戊午(十五日)

己未(十六日)

十六日次殺虜城，即答虜城。

庚申(十七日)駐蹕龍沙甸。以萬壽聖節，賜從征文武羣臣宴。

十七日次龍沙甸，即阿蘭惱兒，午後雨。

辛酉(十八日)駐蹕錦雲磧。命都指揮伯失，指揮卯罕曲列兒等前爲鄉導。

十八日次錦雲磧，大風，雨雪，晚復晴。

壬戌(十九日)駐蹕小甘泉。命五軍循次而行。初軍行爲大陣，至是以沙磧之地，大陣不便，故命循次云。

十九日次小甘泉。

癸亥(二十日)

二十日次大甘泉。

甲子(二十一日)駐蹕清水源。禁軍中私殺馬驢，捕告者重賞之。

二十一日次淸水源，即馬塔馬。

『說與大營各軍總兵官幷管隊大小頭目：如今征勦番寇，全憑馬匹脚力。有等無知之徒，故意偸盜馬驢宰殺，是欲滅朝廷氣力，論其情罪非輕。今但有偸盜馬驢私自宰殺的，許諸人首告。其同偸盜人有能首告者免罪；犯人淩遲處死；首告得實的，回軍之日，賞米十石，絹十疋，布十疋，鈔三千貫。若有知情不出首告的，一體治罪，都要發落。軍士每知道，故勅！』譯出達達字一道，齎去薛脫歡，吳允誠，裴雅失帖木，李英，趙成，夏曲倫歹等處看。

乙丑(二十二日)和寧王阿魯台遣指揮蠻加歹等來朝。

『說與劉江狗兒：爾二人明日來安宿處迎接，聽發落。爾二人去後，令朱榮春山來；朱榮春山去後，令不花禿來，勅。』

『皇帝勅諭開府儀同三司，特進金紫光祿大夫，太師，中書右丞相，樞密院爲頭知院和寧王阿魯台：四月二十二日朕率領軍馬至馬塔兒海子，爾差都指揮蠻加歹等同曹千戶來見，所奏事情，朕悉知之。今爾爲朕出氣力，爾等家小隨爾從便處置，務要無虞。今遣千戶曹者赤帖木兒同都指揮櫜加歹等齎勅諭爾，勅至，爾即收拾人馬前來臚朐河會合前進，勦捕不順天道之賊，故諭！』

『皇帝勅諭開府儀同三司，特進金紫光祿大夫，太師，中書右丞相，樞密院爲頭知院和寧王阿魯台：今命爾爲總兵官，率領爾處都督，都指揮，指揮，千百戶，大小頭目軍士人等，前來臚朐河會合，勦捕瓦剌賊寇，就命爾永守和寧之地。爾所領大小頭目軍士人等務要用心協力，以成其功，悉聽總兵官和寧王阿魯台節制，如勅奉行！』

丙寅（二十三日）

丁卯（二十四日）車駕發清水源，皇太孫從行。上于馬上指示山川險易，及將士之勤勞，且曰：『汝知吾所以爲此者乎？』對曰：『陛下豈爲圖其土地，利其資畜，而勤遠略哉！顧此虜禽獸之性，雖施以天地大恩，不知感戴，暫服而遽叛，非殲薙之，亦久難制。昔禹之征苗，文王之伐崇密，皆非得已也。陛下尊居天位，享四海之奉，豈不自樂，而仰勞聖躬，跋涉邊外者，無非欲驅除此虜于遐荒絕漠，令一迹不敢近塞下，使子孫臣民長享太平之福耳！』遂下馬叩頭。上嘆曰：『孫之語，吾之心也！』駐蹕屯雲谷，韃靼孛羅不花等五人，及孛羅男速渾詣軍門降，命勞之，遣人護送北京。自上之出塞也，屢戒飭諸將，師行所誅惟首逆，其降者撫之，順者懷之；虜中聞之，於是降附者稍稍至矣。

二十四日午發清水源，晚次屯雲谷，無水；自清水源載水至，作晚飡。

戊辰（二十五日）

二十五日至玉雪岡。是日小滿。

己巳（二十六日）駐蹕玄石坡。申令將士愛惜戰馬，兵行毋擅離隊伍，違令者斬。

二十六日發玉雪岡，晚次元石坡，大風。

庚午（二十七日）

二十七日次鳴穀鎮。

辛未（二十八日）駐蹕清風壑。命大營五軍諸將，但官軍有疾，命大醫給藥，未痊者遣人護送還萬全休養。因諭安遠侯柳升等曰：『士卒是將帥手足，將帥非士卒不能獨成功。若爲將素不得士卒心，猝有緩急，能有出力相援耶？爾等宜盡心撫卹，無令失所！』

二十八日發鳴毂鎮。晚次清風蜸，無水，大風。

『說與狗兒：永樂八年在飲馬河哨見本雅失里聲息，是爾誤了。今哨見聲息，又是你誤了。我前已有號與阿魯台，兩處哨馬相見，我的十個人左旋，他的十個人右旋。今他的人旣擺立，爾處哨馬卻不與答號；若爾哨馬答號，彼必答號；若不答號，必是瓦剌之人，便須相機追趕擒拏。爾不答號，不知爾意思如何？是故欲壞事遮罪，不干別人事，皆是爾所爲。論爾之罪，重如泰山，是爾自取殺身之計，故勑！』

壬申（二十九日）

二十九日早寒，午次歸化甸。

五月癸酉朔，駐蹕楊林戍。勑忻城伯趙彝，刑部尚書吳中等，督運糧餉赴禽胡山。

五月初一日癸酉，早寒，午次楊林戍。

甲戌（二日）

初二日次禽胡山。

乙亥（三日）駐蹕禽胡山。上念在潛邸時，嘗禽虜寇乃兒不花于此，遣禮部尚書呂震祭其山川之神。

丙子（四日）勑前鋒都督劉江等曰：『騎士哨瞭，若遇寇東走，即瓦剌之人詐阿魯台者；西走即阿魯台下往瓦剌者，須並執之。蓋虜情多詐，不可不察』。忻城伯趙彝，尚書吳中等，督餽運至，遂築城貯糧，命彝等率官軍守之，悉遣民丁還。

『勑大營幷各營總兵官及各管隊頭目，所有事件條示于後：

一官糧麨衣甲軍器好生點看。

一馬驢有瘦乏的選出來，着運糧官軍帶回。

一軍士有病重去不得的，取勘出來，逐名明白交與運糧官帶回，仍取領帶文書，務要好生將息，不致失所。

一有等無理官軍，將收得馬騾驢匹垜子，不取送赴大營與人識認；却將垜子檢括，把馬騾驢匹馱載自己行李，每日又不飲水喂草，及至壓損瘦乏，丟棄在路。倘有收得馬騾驢匹垜子者，不許停藏，即便送赴大營著人認識；如有隱匿者，拏

6

住定依軍法處斷』。

『勅諭都督何濬，尚書郭資，通政范政，大理寺丞馬麟，鴻臚寺丞劉泉，所有事條列于後：

一爾等所領運糧官軍人夫，及忻城伯趙彝所領運糧官軍人夫，除存留官軍守城護糧外，其餘官軍及人夫盡數領回，原係扈從者令回北京，不係扈從令同各衛所，人夫即放回寧家生理。

一患病官軍人夫，自禽胡山直抵興和，一路務要盡數收拾，不許遺下一人；沿途務要用心調理，軍民相護，不致疎失；痊可之日，照前發落。

一瘦乏馬驢，自禽胡山至興和，一路務要盡數收拾，不許遺下一馬一驢；沿途務要好生喂養，不許抛棄；回至萬全摘撥官軍就彼喂養。

一患病官軍人夫所帶衣服糧麨，務要用心照管，不許強梁之徒刼奪；敢有恃強刼奪者，卽便拏審問是實，斬首示衆。

一清水源幷殺胡城所存下運糧軍夫，回途口糧務要照數一名名交割明白；如是交割不明，或有軍夫缺食，爾等與原管糧及放糧官員俱以軍法處治不赦。』

丁丑（五日）命各部尚書及光祿卿六科給事中爲督陣官，遇戰即隨軍後，視將士用命不用命者以聞。

『勅兵部尚書方賓，今朕親率六軍征勦瓦剌番寇，肅清沙漠，特命爾掌管錢糧文書軍馬數目，爾其夙夜恪盡乃心，毋怠毋忽，欽哉！故勅。』

戊寅（六日）勅前鋒都督劉江等曰：『朕昨夕觀氣候，瓦剌之寇已動，爾等尤宜愼重，毋或怠忽！』

『勅都督劉江朱榮，朕昨夜觀氣候，瓦剌賊寇已動，或往東行，或來襲我軍，俱未可知。勅至，爾等哨馬見時，不可輕戰，恐地遠接應不及；務要十分小心謹愼，勿爲番寇掠一二人去。今已令人護送糧米與爾等，爾等且在廣武鎭聽候，故勅！』（此段原作初五日，依實錄移此）

己卯（七日）駐蹕香泉戍，令將士各賫糧以行，禁各營毋隱匿他人亡失馬驢。

初七日大風，寒，晨發禽胡山，晚次香泉戍。

庚辰（八日）

初八日風寒，巳時發香泉戍，午後次廣武鎭，即哈剌莽來，夜雨。

『勅大營各軍總兵官：今日路近只有三十里，且將驢馬撒放，至巳時起程。昨日各軍人馬多有落後未至，有不到者又不來報；若被賊拏，是故意送與賊。勅至，即便催促前來，到廣武鎮逐一點閘，有一人不在者，該管頭目治以重罪，故勅！』

辛巳（九日）駐蹕廣武鎮。遣指揮塔不歹等往覘瓦剌事勢。

初九日大雷雨，下雹如雪，積地二三寸。

壬午（十日）

初十日次懷遠塞。

癸未（十一日）

十一日次玉帶川，即柴禿。是日芒種。

甲申（十二日）

十二日次富平鎮，即兀兒禿。

乙酉（十三日）

十三日次翠幕甸，無水，暗宿。

丙戌（十四日）

十四日次長山峽，少水。

丁亥（十五日）

十五日次至喜川。

戊子（十六日）駐蹕至喜川。命前鋒都督劉江等先發偵騎往飲馬河偵虜。

己丑（十七日）

十七日次環秀岡。

庚寅（十八日）

十八日午後發環秀岡，暮次野馬泉，暗宿。

辛卯（十九日）駐蹕速兒温都之地，其地有海子，水清冽，賜名曰蒙山海。蓋軍行已二程乏水，至是始足用云。

十九日次蒙山海。

（未完）

贈書致謝

本會承徐旭生先生惠贈臺灣通史三冊，又承武昌亞新地學社惠贈中俄交界詳圖十六幅，春秋戰國地圖一冊，特此致謝。

8

第二次蒙新考察記

黃文弼

余於二十二年九月奉教育部令，隨鐵部新綏公路察勘隊赴新，考查教育及古代文化，於九月杪發自南京，十月中旬由北平西行，經內蒙草地，到達新疆。二十三年十月中旬，離迪東返。同年十一月十五日返抵南京。計費時一年零一月。謹將經過情形略述於次：

一、綏哈段　按由內地至新疆有三路。一為北道，即由綏遠往北，經行內蒙草地至新疆哈密；現綏新商人均由此道，謂之『商道』。一為中道，由綏遠西至包頭，經寧夏至甘肅，與大道會；此道亦為商行道，因途中未安寧，行之者稀。一為南道，即由陝西西安西北行至蘭州，循甘涼肅至哈密者，為官員往來大道；舊為左宗棠所闢，亦可稱為『左宗棠大道』。余等取其捷徑，決由北道西發，返時由大道東歸。

余等在平籌備就緒後，即同乘車至綏遠。時因汽車被火車碰損，另行購備，約有十餘日之躭擱，余即乘時偕同西北科學考查團助理員白萬玉君，往托縣清水和林考察古蹟古物。十月二十四日出發，十一月三日返綏遠，又住數日。十一月十日全隊發自歸化，經武川，十一日至烏蘭淖爾北，已入草地，皆蒙人牧畜之所，氈帳為室，酪漿為飲料；漢人甚稀。

十五日全隊發至貝勒廟，此地屬烏蘭察布盟達爾汗旗，有廟，為達爾汗貝勒之廟，故稱貝勒廟。廟基甚為宏闊，駐喇嘛千餘。在烏蘭察布盟中以此廟為大。河東旁有漢商十餘家，均以米麪布疋為業。此地為東西往來衝要，綏新汽車及來往駝商均經行過此。綏遠亦有汽車數輛，來往於歸化白靈廟（貝勒廟之音訛）之間，故白靈廟為中國北部重鎮。當粥等抵貝勒廟時，值內蒙自治會議開幕，黃部長蒞止之時。余等駐於貝勒廟之北阿布渾河邊。在十六日之清晨，自治會中要人聞余等至，前來謁訪。包悅卿亢仁兩君並至余等帳棚，談敘申述自治會成立之原因及經過，並述及國文教科書中引用八月十五日殺韃子故事，認為與五族共和主義有防碍。經余等加以解釋，彼亦渙然冰釋。

在此休息四日。二十五日發至黑柳圖，過渾闊爾鄂博。二十七日至黑沙圖，此地有道可通五原臨河包頭，地屬於烏盟東貢旗，亦爲中國北境要地。現有漢商數家，大率皆山西人，出售米麵布疋，收買皮毛。東貢旗設卡兵數十名於此，藉以警衛行旅。

二十八日即至烏利烏蘇，此處爲北道之首站，蓋由黑沙圖往西南行，經善丹廟過拐子湖，至額濟納河上之黑城，爲草地南道；由黑沙圖向西北行，經烏利烏蘇，過銀庚，至瓦窰陶來，爲草地北道。南道多沙磧，汽車不可行，故走北道。此地有漢商一家，包頭人。余等抵此後約有數日之停留，余遂乘機作古物之探查。先是聞在此之北約三十里，有古長城遺址，東自張家口，西抵額濟納河上，塹山堙谷，蜿蜒千餘里；每四十里有一土城，以爲守望之所。余以爲此必古代國防遺址，乃僱駝擔糧，前往踏查兩次。由闊爾登至察罕鄂博，沿邊墻行，約百餘里。墻寬約四尺，高三尺許，多爲石板所砌，亦漸傾圮。每四十里有土城一座，四方形，面約九十步，中間間布黑磁陶片等，亦無他物。在闊爾登之西，阿爾巴圖山中，有土城一座，此城基尚存，想亦爲長城之守望者所居也。商家在此拾得『乾祐元寶』鐵錢一枚以贈余，蓋西夏時故物，當宋乾元間，今以此錢合磁片證此邊墻，則此邊墻爲遼金所築，已無可疑也。

十二月十四日復全隊出發，往西南行，至黑山頭松道裡，又轉西北行，過公胡圖克，千曾莫多，至銀庚，尋覓石器。此地爲內外蒙交界之地，有井二口：一屬外蒙，一屬內蒙。中國商隊每在此處爲外蒙所掠奪。往西即爲般金托羅蓋，有漢商三十餘家，均與外蒙貿易，收買皮毛，情形良好。再西過迭納生胡圖格，可可托羅蓋。二十四日至瓦窰陶來，即抵額濟納河邊。明日爲耶穌聖誕日，遂在此停留。一月二十六日至王爺府之東二十里衙門察罕住焉。

按額濟納有二海，東爲索果淖爾，西爲喀巽淖爾。中國地圖統稱爲居延海。有二大河，均自甘肅境內北流：東爲額濟納河，中國地圖稱爲弱水，或黑水，河流入索果淖爾；西爲烏蘭木倫河，在西廟與額濟納河分支，西北流入喀巽淖爾。河身寬約二百餘步，夏秋水大時，深約三尺，沙灘湍廻，不便行舟，河牀頗高，沙山迤邐。余等爲繞過此沙丘及過河之困難計，遂由瓦窰陶來北行，繞索果淖爾之北面，轉南行，過王爺府，仍住於額濟納河之西岸。王爺府在兩河之中間，水草甚優，蒙人氈帳大率散布此一帶也。

余等在此度陽曆年關，後因察勘隊預計在此休息二星期，修理汽車，余乃乘時作考古之探查。在二十三年之元旦，僱駝五匹，携帳幕擔糧向西出發。一月十四日返衙門察罕，共二星期。此行成績尚優。先是額濟納河自甘州北流入戈壁後，沿河兩旁均有土墩，直抵湖邊，皆爲漢代防禦匈奴之遺址。余在民國十六年時，在天倉附近發現漢簡後，瑞典人貝格滿繼續在此一帶工作，發現漢簡甚多，有地節神爵等年號。則此土墩爲漢代遺址，與居延塞有關，毫無可疑。然居延故址，居延障，及霍去病李陵等所出入之地，今在何所，迄莫能明。余乃乘此作第二次之踏查，冀其復現。時天寒地凍，北風凜冽，余在攝氏零下二十六度半之清晨，發現西夏國之廟塔焉，惜多被焚燬；其餘燼中猶包藏不少西夏文經典。復前行，進入沙窩，出沒於沙窩中者十日，駱駝不飲者七日。每日奔馳，必得古房址十數處，屋宇雖已傾圮而牆基則巋然獨存，石磑石磨稻場溝渠尚宛然如舊；尤其在每村之旁，必有一廟或塔，並在沙磧灘中覓得石器及銅件之類，若預置於此而供余等之探取者也。在探檢之最後一日，覓得土壘八十餘座，散布如星棋，其布置區域直徑約十五里，週約五十里，包含古城兩座，古墳數百座，同時有五銖錢及繩紋陶片散布地表，確爲漢址無疑。又在其附近發現古道一條，車輪遺迹猶存。道旁有漢繩紋陶片甚多，上爲浮土所掩，高約三尺。私自慶幸，以爲此卽居延故城，覓之數次不獲者，今竟無意中得之也。略加工作，卽返河上，並踏查古塞城遺迹。城爲雙牆，布織如羅網，知古人眞不可及也。

抵河上時，彼等亦移地而西。返隊後，休息一日，料理一切。一月十六日，仍隨同出發，向南西行，過烏蘭木倫河。時河已凍冰甚堅，吾人安然渡過。至烏蘭參紀，因再西行，經大戈壁，沿途不見一人。二十日至野馬泉，在四山中間顯露平原。有一泉，泉水甚旺而甘。駐三日過石壁井，至公跑泉，蒙名端布半省，有土房遺址，雖無人居住，而房屋建築甚爲精巧。在民國初年，有自外蒙逃來之端布喇嘛駐此，並隨帶蒙民千餘戶，繫山築房，自爲守衛。此房亦卽端布喇嘛所築，故名端布半省。半省，土房之義。後被外蒙兵所逐，遂空無居人

3

矣。漢名公跑泉，泉水甚旺，草亦豐美，可養駝馬數萬頭；惜中國人不顧也。二十九日至明水，有漢代古堡一座。仍西行，穿行天山。四日至鴨子泉。五日過廟爾溝，民國十六年楊增新派兵阻余等於此；今已荒寂無人，祗空留幾段圍牆，幾株柏樹而已。六日過黃蘆岡，有馬部纏兵在此守卡，即西行。是日抵哈密。至是吾人方脫出內蒙遊牧生活，入於新疆農居境地矣。

按凡一地文化，必與一地人民之生活有相互之關係。生活如火，而文化乃其光焰。草地蒙民生活之苦，凡旅行斯土者皆有同樣之感覺。蓋吾人生活之要素不外於衣食住，蒙民對於此三者皆不講求。蒙民衣服不潔；所住之處爲蒙古包，數人麕聚一室，且形勢散漫，遷徙無常；所飲食者惟酪漿奶皮，最上麵粉而已，食料以羊肉爲大宗，菜蔬極缺少。蒙民天資本俊良，惟以生活之簡陋，致使其本質無由發展，殊爲可惜。故現欲推廣蒙民教育，當先自改良蒙民生活入手。不然，居住星散，遷徙無定，欲求施以學校教育，將使人無下手處也。

二、哈庫段

按新疆分南北兩路，中以天山爲斷。在天山北路，其居民以漢人，可薩克，蒙古，通干爲最多。漢人多經營貿易，通干則力於耕種，可薩克蒙古則爲遊牧民族。北路最東之起點爲鎮西，即巴里坤；循山北，過迪化，西極伊犂，北至塔城，阿爾泰，謂之北道。左宗棠平新疆，即由安西，先至巴里坤古城子是也。在天山之南者，謂之南路，以纏族爲最多，築室而居，習於耕種。其最東之起點爲哈密，循山南過吐魯番庫車，西極喀什，南至和闐，謂之南道。哈密與鎮西南北對峙，而中隔一山，山北多雨雪，氣候甚冷，冬春不宜旅行；山南氣候中和，四季咸宜。

時馬仲英盤據南疆，與省軍對峙，迪化路隔，故余等決先旅行南路。余等在哈密停留數日，於二月十二日復西發，曾有馬部軍官四人，隨車護送。經瞭墩七角井西鹽池而至七克騰木，原有村舍，近成邱墟。在瞭墩西邊有一戰壕，衣巾遍地，骨骼半露，而七克騰木之斷墻頹垣，懸危欲墮，棟椽木具，久爲軍士薪材之資矣。人去樓空，狗猶依依，蹲坐自傷，半夜悲鳴，回思當日景象，不勝潸然。十五日過闢展，至連木沁，爲鄯善西之一大村莊。纏民聚居，泉水淙淙，猶不減當年景緻，而人懷恐懼，面現飢色，則所處皆同。余嘗問一纏民，

『你今如何？』彼以半纏半漢語答曰，『我們沒有巴巴（父親）。我們每天作「乃瑪子」（禱告），願「胡打」（上天）給我們一個巴巴』。又一纏婦見余訴苦，余給洋一元，亂離之末，乃見眞誠。

十六日過勝金口，至吐魯番。時馬派黎參謀長堯司令招待一切，因住於吐魯番焉。吐魯番爲南疆東部之一大縣，地肥美，民殷富，馬據此作根據。時馬正與省軍戰，傳聞不利，余等乃急謀離吐西去。二十二日開始向焉耆進發，而省軍飛機猶時嗡嗡於頭上。經托克遜，至阿胡布拉山溝，死人死馬猶橫藉溝中。二十五日過曲惠，爲焉耆西一大鎮市。往時漢人蒙人在此種地，及通干軍至，漢人被害，蒙人逃入山中，完全易以通干。但此地逼近蒙古，蒙兵亦時乘機刼掠；通干不得安，亦遷徙他處。余等過此，方在被刼之後，火猶熊熊未熄，箭簇滿布地表，附近不見來往人踪。二十六抵焉耆，即駐於焉耆河之北岸。焉耆在南疆中部，即居於塔里木盆地之東北。首有海都河，發源於焉耆山中之珠爾都斯，曲迴南流，經焉耆之野，東入博斯騰淖爾，溢出西流而爲孔氣克河，繞庫爾勒尉犂之西，折而東流，入羅布淖爾。故焉耆古有魚鹽之利。焉耆山中爲舊土爾扈特及和碩特遊牧之地。焉耆河南爲西寧降回耕種之所，名曰撫回莊，因水草肥沃，已臻富庶。在焉耆西哈拉木登，則爲漢人墾植之區，故焉耆舊以漢人蒙古通干爲最多，纏民較少。自新疆變亂，於二十二年二月一日，通干軍至，漢人悉遭殺戮，財產搶刼一空。原有漢人二千餘戶，現祇剩七十二戶，亦窮困無依，蒙人則逃入山中，焉耆遂全爲通干民族所統一矣。當時焉耆置警備司令一員，管理焉庫四縣。

余等抵此後，即商定汽車西行至喀什，余南行過尉犂至羅布淖爾。二十三年三月三日，汽車隊先發西駛。余另購駝馬，於三月七日離開焉耆，南渡河而河東槍聲大作，流彈經落幕前，飛機繞轉天空，知省方聯合軍至。停一日，復南行，烟火瀰漫，路絕行人。過四十里城市，人民恐怖，羣逃入蘆葦中以避亂；聞余至，稍安。十日即到庫爾勒，知焉耆已被省軍收復矣。時敗兵亂民麕聚庫市，察勘隊亦被迫折回，余亦移匿一纏民家中，而人心騷動，秩序垂破；及省軍至乃稍安。而余在此荒亂騷動之中，損失駱駝兩頭矣。

三、庫迪段　庫爾勒在塔里木盆地之東端，與巴楚東西對峙，而中隔一大沙漠，塔克拉馬堪沙漠。由庫爾勒西行，經輪臺，庫車，阿克蘇，巴楚至喀什，在大沙漠之北；在漢時為北道。由庫爾勒西南經尉犂婼羌轉西行，經車爾成，于闐，和闐，皮山，葉城，莎車，英吉沙至喀什，皆在大沙漠之南；漢時由敦煌西至婼羌轉西行，謂之南道。現南道久不通，至和于闐者亦由庫爾勒繞道喀什，轉東行，故須時二月。庫爾勒舊屬焉耆，設一縣佐統治之，氣候中和，饒水草，出產甚豐，棉花瓜果超越全疆，完全為纏族耕種地。略有漢人，因變亂多已死亡；其未死者已入禮拜寺，變而為纏頭矣。所有南疆皆如此，非僅庫爾勒為然也。

余等抵此後，雖因省軍至，秩序稍恢復，而四週伏莽未盡，乃議北返。三月二十四日離庫北上，四月一日至烏沙他那。先過此地時，完全為通干民族，人口衆多；及今過此，人民已逃徙一空，戶門半塞矣。故新疆戰爭，聚族而戰，勝則男女爭先，敗則老幼同逃，蓋猶有封建遊牧時代之遺風也。時方遣送焉耆亂民回籍，沿途嘯聚搶刼，余等亦戒備終夜。

四月二日，北行入山中，經行和碩特蒙古遊牧地。三日至博爾圖，見郡王。後女王聞余至，並為中央派來視察教育者，甚喜，給余哈達，為蒙族極尊貴之禮節；見余詢問內地情形甚詳，並云『蒙古人是忠心於南京政府的。倘有不依從南京政府的命令，我們必不願意』。又談及教育問題，余云『將來余返京後，一定請政府在焉耆為蒙古辦一所學校』。女王云，『我們很願意教子弟讀書。因此地距迪化太遠，交通不便。如能在焉耆設學校，我們是很感謝的』。女王名托克斯太諾允，極能幹，思想甚清晰；頻頻以郡王托余照顧，亦可感念。

復行山中，三日過英宗布拉克，共巴子，至大板溝中，岩石壁立，氷雪猶未消融。在溝中住一日，出溝口，大風彌天，不辨東西，同人多被吹散。七日至亦拉湖，人馬多有二日不進飲食者矣。八日至托克遜休息，遇省來鄧民政廳長，楊宣慰使，藉悉迪化安謐如恆。四月十四日離托向羅布淖爾道中進發。十六日抵哈拉和卓之一纏民家中。先是哈拉和卓有一舊城，名達克雅洛斯賽里，即古高昌國之都城也，週廻十餘里，房址猶存。先後經東西人士在此發掘，地下古物已採奪淨盡。余於

6

民十九年首來此遊歷，無所採獲；今則無暇工作。但此地有一纏民頗知發掘事項，帶之行。二十日至得格爾，又帶獵戶一名。

二十三日之清晨，攜帶駝馬人夫向羅布淖爾進發。蓋羅布淖爾在新疆之東南隅，北界庫魯克山，即吐魯番南部之低脊山脈；東接敦煌之南山，西接焉耆之天山，蜿蜒二千餘里；南界崑崙北支之阿爾金山，西界鐵里木河，東至敦煌西之白龍堆，週廻數百里，均稱爲羅布淖爾。無一居民，亦鮮有旅客來往。自東西探險學者穿行其間，著書立說，而羅布淖爾遂顯稱於世。蓋羅布淖爾舊有一國，名樓蘭，一千八百年後，即被淹沒。同時樓蘭國有一海，名牢蘭海，亦稱鹽澤，又名蒲昌海，位於樓蘭之東北，而當時海都河及塔里木河亦皆灌入其間。及樓蘭南遷，河水乾涸，海水已變其位置，而此地遂爲一片沙漠不毛之地帶矣。在一九〇二年以前，東西人士之探險斯地猶復如此。至一九二七年，西北科學考查團莅止新疆，余時擔任考古職務，在吐魯番工作完後，即穿過庫魯克達格至羅布淖爾，知河水又復舊道，海水亦北移，同時發現西漢時烽火臺一座，掘出木簡數十，由是知此地爲漢通西域要道，中國極西端之國防線所在地也。然時間迫促，未及詳細考查。及此次二次至新，重往探查，冀有所發明。余等一行在得格爾籌備完竣後，即直南行向庫魯克山中進發。 7

二十八日至圖胡拉克布拉克，因駝馬多有死亡，因另僱駝馬，展轉延滯。至五月六日方抵孔雀河岸，纏名庫魯克達里雅，即『乾河』之義。在二千年前後，焉耆之海都河，滙葉爾羌河，而爲孔雀河，直東流入羅布淖爾。後孔雀河南流至婼羌，匯車爾成河東入海，故此河變爲乾河，而海水亦南徙。余第一次來此河水方至，但尙未歸故道，溢水四出，兩岸猶屬枯寂；今春來此，則水流甚大，綠草馥郁於兩岸矣。在河岸附近，每有高阜風化成渠狀。余檢視上下，每得先民遺物，如石器陶片之類，蓋當初有水時居民之所遺也。

沿河行，九日至土垠，即余第一次所發現處，在其南北端發現當時駐兵營房，塹地築室，藉避石矢。又得漢簡數根，有簡一寫論語數字，頗爲珍貴。一簡爲指示大路旁之古倉庫，余即本此前往尋覓，在其北約五里許，發現古路一條，沿道兩岸，拾五銖錢，銅矢鏃，銅件等約八百餘枚。尤其在循沿海灣，穿過沙磧，顯露古時地理形勢，而指示吾人以前進之途徑也。蓋漢時開西域有三道：一爲南道，即由敦煌達陽關至鄯善至于闐；一爲北道，即由敦煌出玉門過五船，經車師龜茲而至莎車，此爲漢書所載；一爲中道，即由敦煌出玉門關，經三隴沙西北行，過故樓蘭，直詣龜茲，此即魏略所載。此道即與烽火臺甚近，則烽燧爲大道之保護者，已無可疑。且與龜茲故國正東西對直，彼此參證，則此古道爲漢之中道，無可疑也。復沿道西行，略過高仰層之土阜後，遂沿河行，古道亦沒入河岸，風水之剝蝕已毀滅其痕迹。但隨地均覓得銅錢及矢鏃之類，表示其爲行人所遺。而河旁枯胡桐樹，或立或倒者，猶復散布於河岸。在西行之第三日，見河曲之北岸，沙積成丘，枯樹叢植，但在沙積層中露出古人之居室，編葦爲褡，枯樹爲椽，以木承之，若是約五六處；陶片瓦缶遍布地表；並拾鉛質一塊，知當時居民除使用陶器外，已進而用鉛鑛矣。村旁有乾渠一，東西行，蓋當時引河中水以灌地者，則當時居民非僅漁獵，亦漸務耕種矣。再西行，時行戈壁，時入河岔，猶其在戈壁上之古代塚墓栽木樁作橢圓形，每一墓以木樁表示之，聯合數墓爲一營，有墓道以爲聯絡；亦有上蓋葦褡，下支木柱作住室，而中陳死屍者。其草褡多織葦，爲辮，編排成褡，可以蔽風寒而不能蔽雨雪。

在西行之途中，遇余僕人米及提毛拉，自雅爾當返，告余以前面不遠有一古城，名喀達喀沁，葦墻猶存。余帶隊往察，則知非故城，乃一阻水之長堤耳。上覆以紅柳及葦草，蜿蜒約五里許，蓋阻河水東北流，障之使南流以灌地者。土人誤以爲城，實誤。但由此而漢人在樓蘭地有大規模之墾植，可以明也。

時余所帶之食料已告罄盡，天氣又炎熱，考古時期已成過去，乃謀返行。五月二十二日，率隊北上，仍經行庫魯克達格之西段。返吐時，吐魯番糧料極缺乏，石米麥萬兩，而庫爾勒庫車之米麥甚低廉，商人前往轉運，經行小道，至吐魯番南一百二十里之戈壁上，即邀售於途。故荒漠不毛之戈壁灘上，今乃爲往來交易之塲所矣。在吐魯番休息數日，即到迪化，已六月初旬矣。

8

臨清小記

楊效曾

(一)沿革與形勢

臨清古屬兗州，西周時屬衛，戰國時屬趙，秦時屬鉅鹿郡。在漢爲清淵縣，隸魏郡；魏因之。晉咸寧中改爲清泉縣。後趙建平元年改爲臨清縣，臨清之名始此。北齊改爲清泉。隋開皇六年復爲臨清；唐因之（大歷七年析臨清另置永濟縣）。至明弘治中升爲州；清因之。民國復改爲縣。

臨清南鄰館陶；東南與堂邑爲界；東連清平；東北與夏津相接；西北兩方則與河北省之曲周清河接壤。東西廣約八十里，南北縱約六十里，面積約四千餘方里。境內無山，地勢平坦，土質宜於種棉，爲魯西產棉區之中心。有衛河（一名御河）汶河（即運河）流經境內，爲魯西北部交通的中樞。附近各縣輸出輸入的貨物，都以此爲集散地。

戶口在明末（崇禎十三年）有丁一〇六四九，至清末就幾增至十倍（光緒二十九年丁數爲九六六九三一）。今則有戶五五六〇〇，有口二七三二八五了。

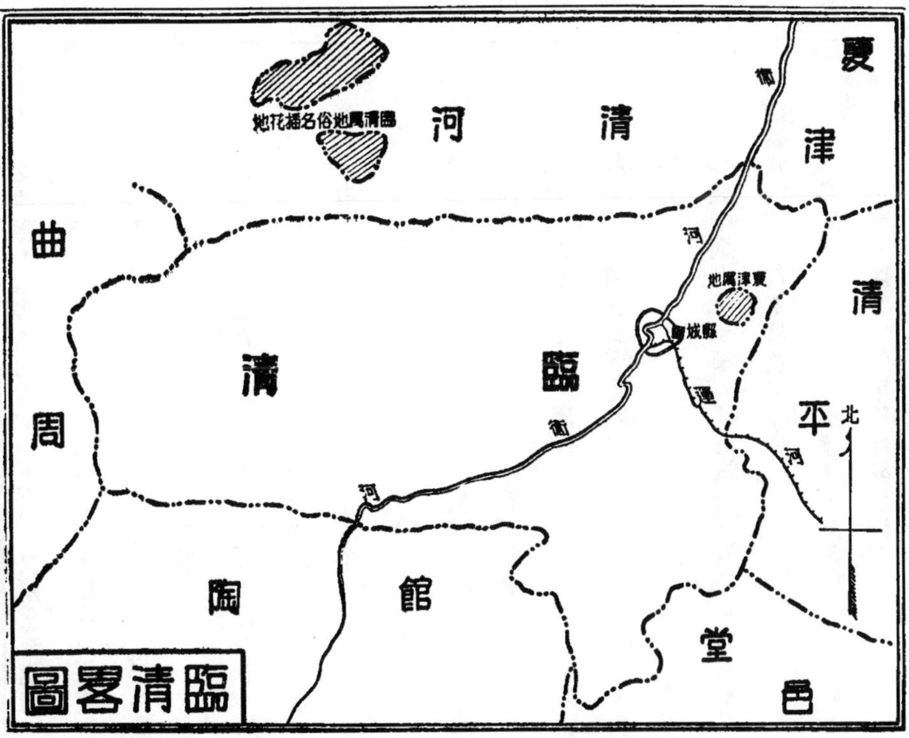

臨清略圖

(二)過去之臨清

臨清商業的發達，始於元代。在北宋時還是荒涼的邊塞。王安石永濟道中詩：

『燈火匆匆出館陶，回看永濟日初高。已聞空舍鳥烏樂，更覺荒陂人馬勞。客路光陰眞棄置，春風邊塞祇蕭騷。……』

元時因利漕運，開會通河——

『光宗皇帝在位之十七年……乃置汶泗都漕運事司，控引江淮嶺海，以供億京師。自東阿至臨清二百里，捨舟而陸，車輸至御河。徙民一萬三千二百七十六戶，除租庸調。道經茌平，其間苦地勢卑下，遇春夏霖潦，牛僨輻脫，艱阻萬狀；或使驛旁午，貢獻相望，負載底滯，晦冥呼警，行居騷然，公私以病，爲日久矣。……壽張尹韓仲暉，前太史令史邊源相繼建言：引汶水屬之御河，比陸運利相十百，……遂以都漕運副使馬之貞同源按視之。貞等至則循行地勢，相度功用，參之衆議，圖上曲折，備言可開之狀。政府信其可成，……二十六年正月己亥首事，起須城安山之西南，壽張西北行，過東昌，又西北至臨清，達御河，其長二百五十餘里。……以六月辛亥決汶流以趨之，……仍起堰埽以節蓄洩，以備潟激。……』（楊文郁：會通河記，縣志引）

商業因之興盛。明弘治中建會通東埽，『舟行上下，如乘安流』（會通東埽記，見縣志），後又修南版新開二埽，『放舟上者無號挽之勞，下者無激射之險』（南版新開二埽記，見縣志），於是『速貢輸之程，廣貨殖之用』（同上），臨清商業愈爲發達了。當時繁華的情況，雖因文獻的缺乏，不可詳考，但由前人詩中亦可看出個輪廓來：

『十里人家兩岸分，層樓高聳入青雲。官船賈舶紛紛過，擊鼓鳴鑼處處聞。』（李東陽：繁項讖，見縣志）

『城中烟火千家集，江上帆船萬斛來。』（同前）

至淸益爲繁華，賀王昌題清源詩：

『名區東郡首淸源，水陸交衢市井喧。翠羽明珠多大賈，奇花怪石有名園。……』

『舟車輻輳說新城，古號繁華壓兩京。……』

『千帆寒影落平沙，烟火沿堤幾萬家。市肆朝光輝錦繡，江橋晚渡列魚蝦。富商喜向紅樓醉，豪客驚看白日斜。……

『晨光萬井已喧闐，無限舟車似湧潮。……』(俱見縣志)

自『經王倫之刼(乾隆三十九年)而商業一衰，繼經咸豐甲寅之變(賊生才曾立昌陷臨清，殺人甚多，廨宇廬舍悉付㷊如)而商業再衰，運河淤涸而商業終衰』。惟『衞河一流，上通衞輝，下達津沽，舟楫之往來如織』，勉支殘局而已。近年來德臨(德縣至臨清)，臨館(臨清至館陶)，東臨(東昌至臨清)，臨濟(臨清至濟南)諸汽車路相繼通車，商務漸有起色；但因農村經濟崩潰，購買力低落，商業又受不少的影響，據今年四月會(臨清最大之廟會)看來，生意較前幾年蕭條了(據言：四月會往年有二百餘萬的賣欵，今年則只有一百六十萬元之譜)。然就市面上的情形，如電燈電話的裝置，以及各種商店的林立等，仍有繁華的表現，較之內地的名都大邑，如太原洛陽等處，決無遜色的。

上述臨清過去的情形，可以該括如下：

『臨清自東晉迄五代，……無商業之可言。至元明建都燕京，全國經濟端賴運河，臨清處汶衞流城，每届漕運時期，帆檣如林，百貨山集，……當其盛時，北至塔灣，南至頭埠，綿亙數十里，市肆櫛比。……今雖滿目刼灰，元氣不復，而殘餘之商市，猶屹然爲魯西貿易中心。』(縣志商業)

(二)商業

臨清城內，頗爲蕭條，商業所在地爲西南關——

『臨市繁盛之區，在中洲一部，北自天橋至南

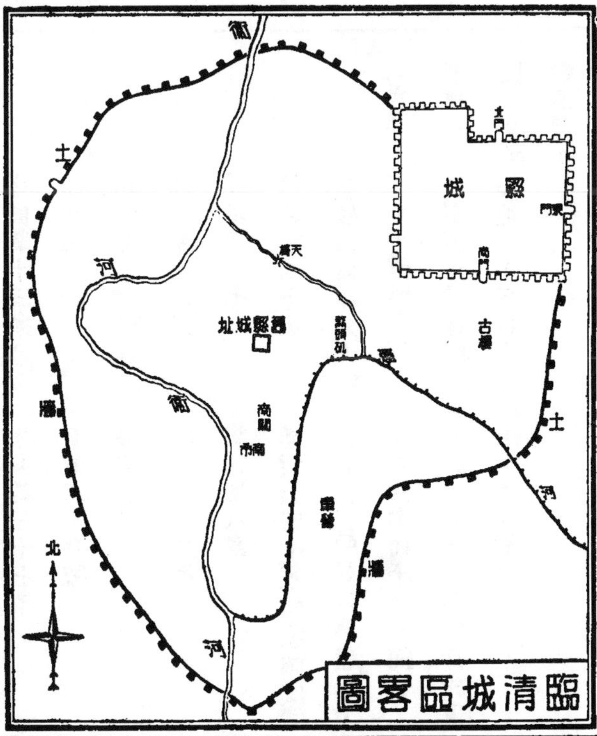

臨清城區略圖

關，東自鰲頭磯至衛河，街市蟬聯，人烟輻輳。……此外則天橋以北為皮商營業之區，南市車營為糧商營處之地，衛河西之街市強半以營銷土產為業。至古樓街之糧行，十年前向稱東市，今則倒閉無餘矣。』（縣志商業）

商人有同業公會的組織，除不入公會之商家（有若干家不詳）外，有——

『棉業四十家　錢業十八家
糧業三十九家　布業十六家
砟炭業八十五家　木業三十七家
雜貨業二十八家　竹業十五家
銅錫業十二家　鐵貨業十家
硝皮業四十家　藥業九家
漂染業七家　銀器業五家
毛頭紙業四家　鞋業二十家
線貨業八家　蔴線業十四家
廢骨業三家　絲煙業五家
茶食業二十一家　醬園業十家
茶業十家　飯館業十七家
猪肉業十三家　牛肉業三十七家
油坊業七家　酒業二十九家
麪館業二十五家　書業七家
印刷業十二家　船業二十二家
洋車業十七家　煤油業八家
捲煙業二十家　洋貨業四十家』（縣志商業）

出口貨物以棉花為大宗，每年出品在四萬包以上（每包百六十斤），值洋八百餘萬元。其次如小麥，雞子，醬菜等，亦多運銷於津濟青島等處。而哈蟆向銷行於東三省蒙古等地，年在百萬元以上；皮貨輸出，亦達三十餘萬元。

輸入之貨，以砟炭，鹽，茶等為多。煤油洋布雜貨等輸入日增。總觀輸入輸出的情形，雖出超約四百餘萬元，但輸出之貨，不惟闇無起色，且銷路日蹙，而舶來品則源源不絕，輸入日多，農村經濟勢將日趨於崩潰！

（四）農村概況

縣志農業：

『全縣可耕之地萬頃有奇，而人口則在三十萬以上，除婦孺不任耕作外，所餘只有半數；其中工商士兵及游猾無業者又佔大部，所謂勞農不過十之二三。而農民之中又有佃農，傭農，自耕農，半自耕農之區別。……

『佃農——盡人力以種他人之田而分其收成，謂之佃農。每一佃農之田，約在四十畝以上，其所收穫，則田主得其七，佃戶分其三。間有平分者，則除丁漕附捐外，凡牛馬籽種肥料所需，田主與佃戶共任之。

『租農——納一定之租價於田主，收穫多寡與田主無涉。其價之低昂因地之肥磽而異。普通之數在三元左右，年分兩季繳納，荒則免之。租定之後，書立契據，名曰租約，以三年爲限。價值漲落，期滿時再爲規訂。至招租之地，面積廣濶，獨力難勝，則由一人承租，或組合數家通力合作，或分租於其他農戶，名爲包租。

『傭農——純係傭工性質，有長工短工之分。長工以年爲度，工價約四十元，衣食均取給於田主。其職務則力田之餘，兼任樵牧，較之佃農租農尤爲勤苦。至於短工，或以月計，或以日計，月工所得在十元上下，日工三角或四角不等。每屆農忙時期，邑民業此者甚多，故四鄉工市所在多有。臨時工價，由勞資兩方於趁市時規定之。

『自耕農——自耕其田之謂。此皆薄有田產，僅足自給，……既無暇舍己而耘人，又不能役人以自養。……

『半自耕農——此項農民約分兩類：一則有田較多而絀於人力，則以所餘之田分招佃租，或出資傭工以免荒蕪（效曾案，此種農民非半自耕農，乃小地主也）。一則所有土田不足自給，尙須代種他人之田以資補助，……境內此農最多。

『地主——凡不任耕作，純恃地租爲生活者，皆屬於此。此類之由來，或仕宦故族遺產於子孫，或豪富工商投資於土地，所謂役人以自養者也。然查臨清習俗，田主之於佃戶所分收穫，向以七成爲率，而田賦牛馬肥料及一切捐攤均歸地主担任，頻年所得幾於不償所失，以故農村經濟比較破產，曩日富農十九陵替。……有力之家以置田產爲戒，於是地價日跌，地主日少，統計全境，田有百畝者已落落如晨星矣。』

上引一段記述，將臨淸農民情形約略的告訴我們，惟未能將各種農民所佔的比例數調查出來，不免是一種缺憾。

（五）工藝

臨淸工藝，舊日粉絹行（一名哈噠莊）最爲發達。最盛時機房有七百餘處，漿坊（染絹鋪）七八處，收莊十餘家，織工五千餘人。今則因外蒙不通商旅，東省又復淪陷，銷路旣斷，此業遂衰，現存機房不過數十家而已。

新興工業，有——

『魯西火柴公司　創於民國二十一年冬。廠內男女工人計一百六十餘名。……

『仁和製油廠　成立於十七年秋。收購當地棉子，用機器製油。有電力發動機及柴油發動機各一部，每部平均爲三十馬力。並有裝置軋碎機一部，每日可軋棉子萬斤；鋼製榨取機八具，每日可出油千斤。……

『協盛鐵工廠　……所製以鍋爲大宗。廠內有發動機一部（計六馬力）及電爐雷磨等。每日可造鍋二百五十口。……

『華北造胰公司　……每年出品約三千箱。……

『印刷業……汶衞規模較大，工人四十餘（據該公司經理云：現公司內共有八十餘人），並置鑄字爐一部。……』（縣志工藝）

此外如糖坊，油坊，粉坊，織布工廠等規模較小，不備錄。又小手藝工人，如張羅，修秤等，及家庭工藝，如縫皮，織布等，與他處無大差別；而縣志中又未將此種手藝工人的生活及其對于全縣人口的比例等調查出來，亦不贅述。但就上錄新興工業上看來，亦可窺見臨淸已走上了資本主義的道路，工業機器化已具相當的規模了。

（六）風習

臨淸婚嫁葬喪之禮，與各地大同小異，無甚差別。但『地處通津，習於世故，其人喜聲華而工趨避，團結力不強；其治生也，長於營運而短於蓋藏』（縣志習尚）。其風習之尤弊者，則爲早婚。諺云：

『十八大姐九歲郎，錯配姻緣怨耶娘。說他是郎年又小，說他是兒不叫娘。」

縣志的編者也感慨的說：

『早婚之弊，相沿成風。往往女子在二十以上，男子則僅十餘齡，男小女大，因嫌成猜。……』

（縣志婚嫁）

附記：今秋來臨，適值臨清縣志修成，亟取讀之，以覘此地之概況。此書只印一千部，購求不易，因錄述如上，以餉未見此志者。

二四，九，四，臨中。

7

清代學者地理論文目錄（續）

王重民

5. 山川

攷釋

五嶽說　姚鼐　惜抱軒文後集　一，一上
五嶽釋　臧庸　拜經堂文集　一，X
五嶽考　金鶚　求古錄禮說　一，二五上
五嶽辨　陸心源　儀顧堂集　一，一三上
五嶽考　俞樾　詁經精舍自課文　二，三下
釋五嶽　王舟瑤　默盦集　二，七上
釋山五嶽前後異義考　皮錫瑞　經訓書院自課文　二，三一下
續爾雅釋山論南嶽　段玉裁　經韵樓集　四，四〇上
霍山爲南嶽解　洪頤煊　筠軒文鈔　四，一七上
霍山即衡山考　沈濤　十經齋文集　三，一七上
衡山考　楊守敬　晦明軒稿　上，五一上
秦始皇南渡淮水之衡山乃天柱山考　張宗泰　質疑刪存
中，二上
北嶽辨　顧炎武　亭林文集　一，一上
恒山辨　陸隴其　三魚堂文集　二，七下
嶓冢漢源辨　朱鶴齡　愚菴小集　一二，一〇上
水經嶓冢山帖子柬東潛　全祖望　鮚埼亭集外編　四五，一〇下
釋嶓冢　汪士鐸　汪梅村先生集　一，二五下
攷碣石　王舟瑤　默盦集　二，二上
碣石考　楊守敬　晦明軒稿　上，六二上
塗山考　張澍　養素堂文集　一〇，六上
塗山考（二篇）　陳還聲　詁經精舍四集　二，六上
禹貢崑崙辨　萬斯同　羣書疑辨　一〇，一上
崑崙辨（二篇）　萬斯同　羣書疑辨　一〇，一八上
昆侖山釋　洪亮吉　更生齋文甲集　一，三下
昆侖虛異同考　張穆　㞐齋文集　一，三下
鑿龍門析底柱說　汪之昌　青學齋集　一五，三〇上
大伾山在成皋說　蔣湘南　七經樓文鈔　一，三二上
大荒西經炎火之山考　吳承志　遜齋文集　八，一六下
歷山辨　牛運震　空山堂文集　一一，六上
首陽山考　金鶚　求古錄禮說　一四，三六上

首陽山考　張澍　養素堂文集　一一,二下
旱山考　張澍　養素堂文集　一一,二上
與邵編修辨爾雅斥山書　洪亮吉　卷施閣文甲集　七,一二上
釋大別山一篇寄邵編修晉涵(附漢水釋)　洪亮吉　卷施閣文甲集　七,五下
訂大別在安豐,大隧直轅冥阨不在鄳縣說　張聰咸　經史質疑錄　一,二一下
復胡景孟編修論大別書　張聰咸　經史質疑錄　一,一六上
與張阮林孝廉書(駁張撰大別考)　胡承珙　求是堂文集　二,六上
復姚姬傳夫子論大別書　張聰咸　經史質疑錄　一,二七下
大別山考　黃彭年　陶樓文鈔　二,一五上
小別大別考　汪之昌　青學齋集　九,二一下
夫椒考　黃以周　儆季史說略　四,三下
復王德甫書(狼居胥山考)　趙文哲　湖海文傳　四二,二三下
再復王德甫書(續考狼居胥山)　趙文哲　湖海文傳　四二,二四下
祁連山考　全祖望　結埼亭集外編　四〇,一〇上
縣度考(在葱嶺南,見漢書西域傳)　汪之昌　青學齋集　一六,一八上
水經積石辨　萬斯同　羣書疑辨　一〇,一二上
孟嘉落帽龍山不在姑孰考　張宗泰　質疑删存　中,一八下
與湘汀論蒙山嶧山書　朱琦　小萬卷齋文稿　七,一上
魯山考　武億　授堂文鈔　三,四上
濩路山考　鄭浹助　敦藝齋文存　一,二〇上
泉山辨　陳壽祺　左海文集　三,八四上
原山考　趙執信　飴山文集　一二,一上
左山考(山東曹縣)　俞正燮　癸巳類稿　九,八上
彌婁山鐵圍山攷　俞正燮　癸巳類稿　九,三五上
乍浦九山辨　顧廣譽　悔過齋續集　一,九上
四明山九題考　黃宗羲　南雷文案　一〇,一〇上
長白山錄　王士禎　帶經堂集　五二,一上
馬鞍山錄　王鳴盛　西莊始存稿　二三,一〇上
南海說　胡元直　介堂經解　一,七上
西海釋　洪亮吉　更生齋文甲集　一,五下
蓋地海論　俞正燮　癸巳類稿　九,三三上
震澤太湖辨　朱鶴齡　愚菴小集　一二,七下
震澤考　張澍　養素堂文集　一〇,一八上
震澤考　汪之昌　青學齋集　二,一六下
彭蠡說　秦瀛　小峴山人文集　一,八上

雜說

序跋

國內地理界消息

甲　各省生產狀況

葛啟揚
楊向奎　輯

蘇省當局計劃改進全省棉業
劃分中美棉推廣區域
各學術機關無不參加

【淸江浦通信】　江蘇土質氣候適於植棉，向爲我國產棉重要區域。年來因農民墨守成規，不知改進，致收穫量日漸減少。蘇省當局以棉業爲改進農業問題之急要問題，且本省爲全國產棉之中心，計劃改進，實難再緩。查本省棉田面積之廣，出產之豐，尤爲各省所不及，若任其荒廢，殊屬可惜，特擬就改進計劃，茲錄如後：

棉產概況

(甲)江蘇現有棉田面積常年約九百萬畝，各縣中以南通之植棉面積爲最多；海門，如皋，崇明次之。上列棉田均係栗熟者，其倘未開墾，而預計開墾後可以植棉者，約有二千萬畝。(乙)　皮棉產額，江蘇年產皮棉約一百八十萬担，各縣產棉，南通第一。(丙)棉花品質：江蘇各地棉花品質，分通州棉，崇明棉，常熟棉，下沙棉，太倉棉，鹽城棉，上海棉，等種。自社會進步，紡紗趨勢由粗而細，往時以紡十八支紗作爲中心者，今則改進至二十支以上。蘇省各地棉花纖維短而極曲數低，大多不適於紡製二十支以上之細紗，則應謀品質之改進，誠不可再緩也。

棉區劃分

江蘇各地所植棉作，雖品質不一，然大別之，不外中美棉兩種，故棉區之劃分，即可依中美棉分布狀況，而劃分中棉與美棉兩大區域。(甲)中棉區域，江蘇之腹部及長江兩岸地帶，包括南通，海門，啟東，如皋，靖江，崇明，泰興，江陰，常熟，嘉定，上海，寶山，太倉，川沙，南匯，金山，松江，青浦，江浦等縣。(乙)　美棉區域，江北濱海一帶自啟東起，歷海門，南通，如皋，東台，鹽城，阜寧，漣水之鹽墾區域及徐海各地。

棉業改進

(甲)改進目的，一，本省棉作產量之增加，二，本省棉作之品質改進；以上兩項中，第二項尤加注意。(乙)改進原則，中棉與美棉並重。(丙)改進方針，一，用試驗方法，研究改良棉作之品種及栽培方法，推廣普及於農間。(丁)改良方案：(子)改良本省棉作品種：(a)原則，一，繼續選育並繁殖已經改良而又合於本省之品種。本省已改良品種，中棉如鷄脚棉，江陰白籽棉，美棉如脫子棉，鷄脚洋棉，均已有顯著之成績，應積極繼續選育並繁殖，以供推廣。二，選育合於本省之新良品種。(b)方法，積極進行下列各法：一，純系育種法。二，引進新種法。三，雜交新種法。(丑)改良本省棉作栽培方法，(a)原則，一，繼續改進已經改良而又合於本省之栽培方法。二，改進本省尙未改良之栽培方法。(b)方法，用植棉試驗方法，對各項棉作栽培方法分別舉行試驗。(戊)推廣，目標使普及於全省，中美棉分區推廣，同時並進，擇定中心地點，向外擴充，完全採純種主義，劃分中棉推廣區，美棉推廣區。

栽培方法

品種及栽培方法，視各地情形而定，關於品種方面，分述如下。一，中棉暫用改良白籽棉，鷄脚棉兩種，應以各地風土分別推廣之，以鷄脚棉種爲原則。二，美棉暫用脫子脫千棉，及改良鷄脚洋棉，亦視各地風土而分別推廣之，以南通之狼山爲中棉推廣區全區之中心。三，美棉之推廣，以南通三餘鎭爲第一中心，銅山爲第二中心，第一中心以鹽墾區域各公司爲範圍，第二中心以徐海淮各地爲範圍，俾便普及農民，保持純種辦法，組織合作社及軋花廠。

改良機關

一，江蘇省立棉作試驗場。二，江蘇省棉作改進所。三，產棉各縣農業推廣所。四，南通農學院。五，中央大學農學院。六，金陵大學農學院。以上各機關，雖性質不同，組織互異，然謀致力於江蘇棉業之改良殆無不同。以後應合力進行，整齊步伐，以收分工合作之效云云。（十日）

（二四，九，一三，北平晨報）

閩省實施農村合作

委員會已正式成立　經費年定十二萬元

【福州通信】閩省連年受天災及匪患影響，全省七百二十餘萬農民，及二千三百多萬畝耕地，均陷入疲敝不堪狀態。去年勦匪軍事大功告成，匪區相繼收復，本省曾成立農村金融救濟處，以蠶六丁為處長，在順昌十三縣，辦理農村貸款事宜。惟當時辦理成績尚未大著，經蔣委員長將蠶六丁調赴行營，訓示辦法，至最近始令閩省依照豫鄂皖贛四省農村合作規程，將農村金融救濟處改組為農村合作委員會。任命財政廳長徐桴兼該會委員長，蠶六丁沈鏡為委員。並由行營派受有農村合作訓練之胡堅等多人來閩辦理。現農村合作委員會，於九月二日正式成立。徐桴蠶六丁沈鏡三人同日在省府禮堂宣誓就職。該會經費，年定為十二萬元，已列入本年預算，至農貸經費已由行營撥給三十萬元應用。本年度工作縣份，除農村救濟處原辦之順昌，將樂，建寧，泰寧，邵武，崇安，浦城，仙遊，羅源，連江，閩侯，福清，長樂等十三縣外，另選定福安，寧德，屏南，平潭，閩清，莆田，德化，晉江，同安，漳浦，建甌，建陽，南平，沙縣，長汀，連城，龍巖等十七縣，共三十縣，每縣各派指導員一人或二人前往指導。先由委員會成立指導員訓練所，招取各縣有農村合作思想及服務農村興趣之合格人員入所訓練三個月，派赴各縣為指導。本省陳主席對於該會成立，並以三事勗各委員，（一）當此民窮財盡之際，一切須以經濟為本，要以最低費用獲得事業最大之效果；（二）辦事要認眞，克勤克儉，忍勞耐苦，才博得農民的信仰；（三）態度須絕對公正，不能有絲毫偏私，應借貸的就要借貸，該收回的就要收回，庶農民得普沾利惠，而顯示合作的功能。

（二四，九，六，上海晨報）

贛省農產豐收

各縣農田均及時耕種　農村經濟可稍資調劑

【饒州通信】贛省位揚子江之右，居江水之中游，地廣土沃，物產豐富，各地特產，除瓷器，木材，紙張，夏布，茶葉，蔗糖外，餘如糧食，棉花，菸葉，黃豆等，尤為農產之大宗。民十七年後，因赤禍蔓延全省，久勦未清，各地農作失時，出產日形衰退。近年經國軍之層層包擊，已告肅清，各地農田，均能及時耕種，農村劫後經濟，得以稍見舒調。今歲菸，棉，稻，豆，四大農產物，雖遭夏季霪雨成災，稍受損失，惟高處未被水浸田地，及上游各河流積水早退者，農民均先後補種，產量普告豐收。今將菸，棉，稻，豆生產狀況，調查述次：

菸葉

贛省菸葉輸出量，向佔九江出口總價之大宗，產區分佈二十餘縣。產量最多者，為廣平，信豐，鄱陽，石城，瑞金，廣豐等縣。惟因農民種植選種不得法，除鄱陽，廣昌，廣豐，所產葉質能製雪茄捲烟皮絲外，餘均只可製黃烟絲，需要既狹，銷路隨之不起，日趨衰落。本年各產地菸葉因播種及出苗時得天時之調勻，發育甚好。至夏季因霪雨過多，沿鄱湖低窪菸田大半被水浸腐，農民不及收穫，損失甚重。高地及提早收摘者，收成都稱豐稔，且產質優良。鄱陽等處頭期伏葉，長江湖南安徽等幫，搜辦頗勁，價自三十餘元至十七八元，比上年每擔見高八九元，內地去買，因出產不多，亦俱儘量購進。現在戶行積葉多是次等脚貨，買方需求尙殷，咸望本季秋葉出新增辦，市勢頗呈佳象。菸葉收成，雖遭水災而減歉，但得價格之抬高，猶可稍補前失耳。

棉花

本省值棉之區頗廣，出產較多者，為贛北之鄱陽，都昌，九江，湖口，彭澤，永修等縣。在未受匪禍以前，每年產額約在十七萬擔；近五六年來逐歲衰減，各縣產額，年只七八萬擔。本年新花，在立夏節當棉播種後，因雨多發育甚齊，亦因雨多而致苗根浸爛。至六月間霪雨連綿，鄱陽，樂平，濱湖低窪棉田，多被水淹，農民以棉收無望，多拔去腐苗，改種其他作物。七月來，天時轉順，各地棉花之生長甚好，花實十分秀茂，至白露止，如天氣無特殊變化，可望八九分收成。預計本年產量，當比上年豐收。

早稻

本省農民，佔全省人口十分之六，鄉人以務農居多，撫，吉，饒，贛，各河流域，爲產米最富之區。長江各口岸米穀輸出量，除蕪湖長沙外，要推九江爲第三位。今歲產稻各縣，春間播穀時，天氣尙稱順調，稻苗生長良好。入夏因積久霪雨，山洪暴發，各河流水勢猛漲，鄱湖，贛江，吉水，下游各處圩堤，次第被水冲破。撫贛各河水位，繼漲增高，一般農民，咸疾首蹙額，深念早稻無收；米商亦乘機囤積，糧價飛騰。幸不久水位漸退，天氣放晴，穀粒多垂頭結實，且得泥肥積殖，益勃榮滋長。除一部稻田遭水淹損，餘均有十成年歲，上月新早稻已先後登場。產量之豐，以吉安，鄱陽，撫州，豐城，德興，萬年等縣爲最(指未被水災旱稻)。半月來，饒，信，撫，贛各屬新穀市價，每石自三元至四元餘，穀價最昂之婺源，每百斤秤市價，自一百二十元跌落至八十元以內。現在各縣中稻正在抽穗，晚稻亦將吐花，且因時雨頻降，禾苗蓬勃，未來豐收又可預卜。刻省府爲調節米穀價格，特定辦法十一項，由省府向豐收地方出價營運，全省米穀一律通行無阻，不得征收任何捐稅，使供求相應，免致穀賤傷農。

黃豆

本省沿鄱陽湖之彭澤湖口，瑞昌，鄱陽，餘干，及贛江流域之清江，永新，分宜，進賢各縣，向爲豆產最富之區。今歲各產地黃豆，早已出新，收穫亦告豐稔。初因內地銷路微薄，市價每石跌至三元以內，較之去年同期市價，已低落二三元。上月來，因去買漸暢，饒城，清江，九江各埠到貨，走銷活躍，產地以秋季大豆已放花，近得天時之調勻，發育甚佳。本月中旬後，早者可收穫，對黃豆之市價，均不扳緊，一致放鬆脫售，且因滬市寧波搜辦頗強，市勢亦呈步穩之象。

(二四，九，一三，北平晨報)

上半年中國棉業統計

華商紗廠聯合會發表，本年度上半年—二十四年一月至六月，中國棉業統計，開工錠數爲四•八〇九•五五九錠，與二十三年度下半年之開工錠數爲四•七七七•〇九二錠兩相比較，增加僅三萬二千四百六十七錠。更查去年下半年比較去年上半年增加錠數，共達九萬八千八百二十錠。而去年上半年比前年下半年之增加錠數，亦達三萬八千〇六十六錠。以此比較，即可佐證紗業之不景氣。至於銷用花衣，則今年上半年總計用花一•一七三•一五〇包(每包五百磅)，亦遠不如去年下半年之用花衣一•三一八•八三二包之多。

(二四，九，七，上海晨報)

粵省製糖業之展望

【廣州通信】粵省自施行糖業統制，卽設立糖廠，施行製糖工業以挽漏卮。自去年十二月市頭新造兩廠開工之後，惠州二廠亦隨於一月間開工，對於過去榨煉及販售各情，多已散見報端。茲値榨蔗時期已過，今後關於本省糖業建設進行步驟究爲如何，以事屬生產事業，當爲一般社會人士所注意。記者昨特分別詳加調查作成有系統之概述，用饗讀者。

整理糖廠 自本年四月底市頭新造兩糖廠將甘蔗榨完後，即積極從事修葺機械，並加以整理及改善。故一切工人並無停工。廠內機械自經改善後，將來開工則市頭廠可榨蔗超過一千噸以上，新造廠可榨蔗超過五百噸，蓋照前次最後榨蔗時期，市頭廠已可榨至千一百噸，新造廠亦可榨至六百噸。如再加此次停工時期之整理，將來成効增高自不待言。

開始煉糖 現在廠內已經開始煉糖，因在此期無蔗可榨，而本省市面及國內各處均極需白糖，故本省政府特呈准財政部照章付稅運入原料糖以爲製煉原料，同時搜集本地土糖改煉，故市頭新造兩廠日來經已開工製煉白糖，以應本市及上海之需要，而此次製煉經加多些少機械可以製煉幼砂，現兩廠合計每日可出糖二千五百担。

改良蔗種　關於改良及蕃殖蔗種事務，數月來，均注重指導植蔗農家改良種蔗方法，及蕃殖優良蔗種。查去年運入優良蔗種千餘萬株，此項優良蔗種之產量，約比本地蔗種增加一倍以上。經一年來之試驗，知爪哇三二八七八及二八八三及二七二五與菲律濱種等蔗種成績優佳，曾在番禺之三角洲及潮汕惠州一帶試種，結果皆比本地種多產一倍以上。現在本省種植此項蔗種之蔗田面積約八千餘畝，足供十二萬畝蔗田蕃殖之用。在今年因優良蔗種未能盡量蕃殖，故所榨多為本地蔗，如明年良蔗種成熟，便可全榨優良蔗，對於糖之成本可輕一半，而農民之收穫又可增加一倍，此為優良蔗種大規模蕃殖成功情形。

訂約購蔗　查兩糖廠去年訂約購蔗，全省各地大農呈報，而蔗田面積實際與呈報數目不相符合。今年曾派出測量員三隊切實將各地定約蔗田測量，據報各地蔗田約七萬畝，但測量後約得實數五萬畝，故經此次之測量，農民不能以少報多，同時糖廠方面可以指導改良，而不足之數可以預早計算補購。此為今年種蔗事務之改善者。

改善斬運　現在積極整理去年斬運甘蔗情形。查去年斬運甘蔗係批交商人或大蔗農辦理，故工作不大妥善，往往斬運甘蔗不依日期及延遲農民斬運，兼有勒索農民之嫌疑。現正設法切實取締，將來辦法，由農民自斬，由糖廠組織運輸部份代為運輸，不再經大農之手，以免有從中欺壓小農事情。現各廠雖停工兩月以整理機械，惟各方面工作如貸欵種蔗改良蕃殖蔗種等事務，致各工作人員實無一刻閒暇，並且蔗種工作全年皆有，如在未榨蔗前對於植蔗，改良蔗種，指導農民種蔗，整理運輸煉糖，調查蔗田，貸欵農民種蔗，分配肥料蔗種等事，異常煩雜，均須於此時期內辦理，俾一到榨蔗時期，製糖工作能迅速也。

整頓惠廠　惠州軍墾糖廠因去年所種為本地蔗，復因受水浸災害，致品質不大優良，同時因斬運補種工作均屬初辦，及新機器安裝草率，工作人員不大熟練，故榨蔗方面略有窒碍。惟現正由檀香山公司負其全責，將機器修妥，至今年開工時，准可榨至一千噸以上。該區改良蔗種亦大有成績，其新種每畝可出至三百餘擔。然現有蔗田面積甚少，不過四百畝，如能陸續蕃殖，除今年尚須再榨一年外，明年便可全榨優良蔗種，屆時時益尚可超過市頭新造兩廠。

籌備新廠　現農林局對於順德潮汕兩糖廠均依照條約籌備進行，順德廠由斯可達公司建築，潮糖廠則由檀香山公司建築；一方面並籌備購蔗，以備年底供給糖廠原料。順德方面經照廣州區第一營造場辦法，貸欵農民種蔗，至潮汕方面辦法則就地召集蔗商組織，根據政府通過購蔗條約及價值，向農民收買成料蔗以供蔗廠，預料兩廠均可依期完成，而原料蔗之供給亦不致或有缺乏之虞矣。

（二四，八，二八，申報）

渤海魚產

生物研究室發現文昌魚

【平訊】國立北平研究院動物學研究所籌設之渤海洋生物研究室業於本年四月二十日在煙台成立，該所所長陸鼎恆曾於七月初赴煙台視察，並考核煙台與威海兩地之情形，準備建設一永久之研究機關。陸氏考察事畢，已於日前返平，據談，威海環境佳良，極宜於建設研究場所云。陸氏此次並採有大批海產動物標本，其中有浮游性之文昌魚幼體一種尤為珍奇，足徵此動物在渤海灣內亦有存在。按文昌魚日本名蛞蝓魚，為下等之脊索動物，較魚類位置為低，華北尚無發現，該所膠州灣動物調查團數月前曾在青島附近發現云。　（二四，八，三〇，大公報）

乙　華僑在南洋之分佈及入口稅

孫總理嘗曰華僑為革命成功之母，孫總理嘗作斯言者，蓋目覩華僑之人力財力，大有裨益於革命也。余遭九一八國難家難，存申胥之志，抱南八之憤，奮而二遊南洋，足跡徧歷英，法，荷各屬地。今謹將華僑在南洋各地分佈之狀況，及各屬入口稅之概況，集誌於此，想亦關心南洋華僑人士所樂讀也。

一　英屬馬來亞華僑概況史

依據英政府發表，一九二一年之統計，英屬馬來亞之人口，共爲三百三十三萬二千六百〇三人，華僑總數爲一百十七萬三千三百四十五人。較諸一九一一年，增加二十六萬八千四百六十二人，約當全數百分之三十。自一九二一年以後，中國國內政治之紊亂，經濟之恐慌，兵災匪患之餘，貧寒富有，多遠適異國，藉獲生活安全，故英屬馬來亞華僑之人數，較前數年激增。茲將一九二三年至一九二七年，五年間自新加坡出入口之人口數目列下：

共出口人數	四九〇，八四五
入口人數	一，二〇九，二一六

由上觀之，五年間竟增加七十二萬八千三百九十一人，可謂多矣。

依照一九二一年之統計，華僑籍貫，依據南洋習慣，以方言不同而分類，計佔較多數者，爲福建人，廣府人，客屬人，潮州人，瓊州人五大派別。下列一表，示一九二一年旅居英屬馬來亞各籍華僑人數：

籍貫	人數	籍貫	人數
福建人	三七九，九九五	廣府人	三三二，〇四二
客屬人	二一七，八五〇	潮屬人	一三〇，一二二
瓊州人	六八，三〇八	其他	四五，〇三七

由上表觀之，華僑旅居英屬馬來亞者，福建人約占百分之三十三，廣府人約占百分之二十八，客屬人約占百分之十九，潮屬人約占百分之十一，海南人約占百分之六，屬其他籍貫者僅占百分之三。

華僑散布英屬馬來亞，無政府之提倡，無國力之後盾，而到處有華人足跡，除丁加奴，及吉蘭丹外，一切大商業，小商業，手工業，及勞動階級，幾盡屬華僑掌握。在海峽殖民地，華人數目比土人多一倍；在馬來聯邦，華人數目亦幾與土人相等。其他民族，論人數更不足與華人相頡頏。華人之在南洋，氣魄可謂雄矣。

依英政府政治專刊所載，一九三一年華僑在馬來亞全數共增至一百七十萬零九千三百九十二名，在各邦人口列下：

海峽殖民地	六六三，五一八	馬來聯邦	七一一，五四〇
馬來屬邦	三三四，三三四	合計	一，七〇九，三九一

海峽殖民地中，計新，檳，馬三大埠，華人人口分列如左：

新加坡	四二一，八二一	檳榔嶼	一七六，五一八
馬六甲	六五，一七九		

英屬馬來亞，對華僑入口完全免稅。華僑初次入口，繳納新幣五元（約當現洋國幣九元七角），六個月中出口，可以領回。如不出口，領居留執照，作爲執照手續材料費免領。

二　英屬緬甸華僑數目概況

英屬緬甸，因距我國稍遠，故華僑之前往彼地者不甚踴躍，據英緬政府統計局報告，一九三一年華僑人數，共三十二萬七千六百八十三名，各籍人數如下表：

廣東省	九一，三二八	福建省	八三，四五七
雲南省	一一五，二〇九	其他各省	三七，六八九
共計	三二七，六八三		

觀以上統計，緬甸之華僑以雲南省爲最多，蓋雲南人之往緬甸者，大半由陸路赴上緬甸，路程遠者不過一二千里，近者只數百里耳；不若閩粤人之船行重洋，經時匝月也。茲將華僑在緬甸各大埠之人數分佈，及各埠華僑主要營業，分列於後：

仰光埠	二九，八七一	勃生	一七，六三一
毛淡綿	一四，七一四	勃臥	一一，三七四
卑謬	三，二一九	仁安羌	四，七一八
敏巫	九四六	敏建	七一七
卜岸	五四二	曼德里	八，九一一
臘戍	六六七	美只那	二，七四六
舞港	八八七	勇馬	一一，四一五
其他各埠	一九，三二六	合計	三二七，六八三

仰光埠，各種商業俱全。勃生，勃臥，以營米穀爲大宗。毛淡綿，海產。仁安羌，媒油礦工人。美只那，營紅綠寶石。勇馬，挖寶石工人。

其他各埠，各種營業均有，不若以上各埠營業單純耳。

緬甸華僑入口，即辦理居留執照之手續費亦全免，故華僑入口甚為便利。

三　暹羅華僑人數

暹羅全國人口，據暹政府內政部一九二九年調查所得，各省人口統計共一千一百五十萬六千二百零七人，華僑共三百五十八萬九千零零五人。但華僑實數，華僑咸云超過五百萬，因暹政府將華僑之一二代土生者悉列作暹人也。列表如左：

省名	全人口	華僑人口
京畿	九二一，六一七	五三四，一七七
大城	八三九，七七五	一四八，九二四
巴真	五〇八，三三九	一一〇，二四九
坤西施	四七四，五四二	八一，六六一
洛武里	五七九，七五七	一一二，九三五
詩貪嗎叻	九〇九，一七五	三〇八，二七一
北大年	三三五，一四八	九〇，四一七
蒲吉	二四二，〇四八	七八，〇五五
莊他武里	一六九，六二六	九八，一三四
叻察詩嗎	二，八二二，七一〇	六三七，四一九
烏隆	一，〇六〇，五六五	七一二，六一九
那坤素旺	五〇二，九七一	二六，〇一五
彭世洛	五七六，九五一	一〇四，九八六
帕葉	一，五四九，三九〇	五四五，一四三
合計	一，五〇六，二〇七	三，五八九，〇〇五

暹羅政府對華僑入口，收入口稅一百二十銖（暹讀銖音為帕，每銖合我國幣一元三角，共合國幣一百五十餘元）；惟旅行在一月內出口者，可免繳入口稅。但暹政府近年來，對華僑入口，檢查限制極嚴，余曾赴其移民入口稽查局參觀，見有佈告多張，均係限制華僑入口條例，擇錄數條如下：

限制華僑入口條例

一，繳入口稅一百二十銖。

一，有目病者不准入口。

一，男女入口移民年齡在十歲以上不識隻字者，不准入口。

一，單身女子，不過二十歲，不准入口。

其餘覓保登記，種種麻煩，不可勝舉。總之華僑在南洋各屬之入口，以暹羅為最困難耳。

四　華僑在越南情形

華僑在法屬安南境內，在民國十五年前，約有八十萬名；民二十年後，因種種關係，華僑相繼返國，至今只有四十二萬餘。記者旅行安南全境，調查華僑數目如下表：

在五大屬邦者

北圻	一一〇，九四六	中圻	五九，一六四
南圻	一五九，七四一	高綿	九四，五二三
遼國	一，六四七	合計	四二六，〇三一

在主要各埠者

西貢	四，八一四	堤岸	八六，七三四
金邊	三五，九九六	馬德望	五，六五五
順化	八，二〇〇	海防	四八，一六七
河內	五九，三四二		

在南圻各省者

芹苴省　二千名，計廣府一千餘人，潮客二幫七百餘，福建人一百餘。

迪石省　共三千七百六十五人，計廣府人五百六十八名，潮州人一千七百六十九名，海南人一千四百二十八名。

沙瀝省　省垣共有一千三百餘名，計廣肇幫有九百六十名，客幫三百六十名，福建一百七十名。

檳椥省　省垣共有一千五百名，計廣肇幫七百五十名，福建人四百三十名，海南人二百二十餘名。

金歐省　有八百餘名。

滀臻省　有三千五百名。

東川省　有二千七百餘名。

土龍木省　有八千七百餘名。

薄寮省　有四千一百餘名。

南圻共分二十一省，爲省篇幅，餘從略。

華僑納稅情形：

一九三〇年越南政府移民局發表華僑入口稅則如左表：

一，凡年齡在五十六歲以上，無論何季到埠，加納臨時免去當工銀五元，餘外俱照納。

二，女客無論新舊客入口，照納稅費五柱，共四元七角。

三，男女小童，不論新舊客入口，年在七歲至十四歲者，納稅費二柱，一元五角。

四，小童不論新舊客入口，年十五歲至十七歲者，納稅費五柱，共四元七角。

五，男界舊客入口納稅，凡已納本年身稅者，共二元七角。

六，男界舊客入口，凡未納本年身稅者，五柱共十七元七角。另限一個月內，到衙門再納十九元二角五分。

七，凡舊客到埠時，遺失回國之出口紙存根罰五元，凡未及出口而遺失者罰五元。

凡領出口紙自掛號起，限四十二天內出口，逾限須再納費。

八，男客在埠，由十八歲至五十五歲者，每年身稅三十五元七角五分。

九，男客由十八歲以上，出口紙納稅七元二角。

十，女客十五歲以上，及男童十五歲至十七歲，出口納稅四元二角。

十一，女客小童由七歲至十四歲，納稅共一元五角。

十二，凡到衙門簽字，每名三角。

十三，男客在埠，遺失身稅紙，罰十五元。

註，越南法紙幣一元，約合我國幣二元一角。

第二，納稅表：男客新客入口在十八歲以上納稅表如下：

	正税	紅十字	船頭	公所費	衣箱亭	築箱亭	統計
頭季（一，二，三月）	十五元	六元	五角	一元五角	五角	二角	二十三元七角
二季（四，五，六月）	十一元二角五	六元	五角	一元五角	五角	二角	十九元九角八
三季（七，八，九月）	七元五角	六元	五角	一元五角	五角	二角	十六元二角
四季（十，十一，十二月）	三元七角五	六元	五角	一元五角	五角	二角	十二元四角五

附註：華人入口，在衣箱亭內檢查，有新衣一件，須納稅五元以上。

第三表：另限一個月內到衙門再加納稅列下：

西貢頭季	當工	五元	
	市政費	十四元二角五分	共十九元二角五分
西貢二季	當工	五元	
	市政費	十元〇七角	共十五元七角
西貢三季	當工	五元	
	市政費	七元一角三分	共十二元一角三分
西貢四季	當工	五元	
	市政費	三元五角七分	共八元五角七分

上表係西貢華僑納稅規定，在其他各省微有出入，但均相差有限。又在南洋各地，華僑所納稅律，均與當地土人一律；惟在法屬越南各地，華人所納之稅，多逾土人七倍以上，因土人年僅納七元身稅，土人尙叫苦連天，無方繳納，我華僑遠適異邦，財力有限，將何能荷此重負，宜乎返國者相繼，入監者相連也。我政府宜早設法交涉取銷。

五　華僑在荷屬東印度分佈情形

華僑在荷屬東印度（卽爪哇，婆羅州，新幾尼亞，，西利伯士，蘇門答臘等五大島，瓜哇稱內島，餘四島稱外島，下仿此）境內分佈，據荷印政府調查如下：

一九二〇年調査表

種別	男	女	共計
華僑	五一八，三五五	二九一，二九二	八〇九，六四七
土人	二三，九四三，〇五四	二四，四〇一，五六六	四八，一〇四，六二〇
歐美人	九五，〇一〇	七四，六九八	一六九，七〇八
東方外僑	三九，二九〇	二七，五六九	六六，八五九
總計	二四，五五五，七〇九	二四，七九五，一二五	四九，三五〇，八三四

一九三〇年調査表

種別	男	女	共計
華僑	七四九，五三〇	四八四，三一六	一，二三三，八五六
土人	二九，〇七一，〇〇七	二九，九三七，四一六	五九，一四三，七七五
歐美人	一二九，〇二七	一一三，三四五	二四二，三七二
東方外僑	六二，二五九	四九，七六二	一一二，〇一一
總數	三〇，〇一一，八二三	三〇，五八四，八五〇	六〇，七三一，〇二五

兹將一九三三年荷印七大口岸人口數目列下：

埠別	歐人	土人	華人	東方外僑	總計
吧達維亞	三七，〇七六	四〇九，六五五	七八，八一五	七，四六九	五三三，〇一五
萬隆	一九，六五〇	一二九，六〇八	一六，六五七	四八〇	一六六，三九五
三寶瓏	一二，五七七	一七五，四一八	二七，四五一	二，三二九	二一七，七七五
泗水	二六，四六三	二六五，八七二	三八，七九七	五，六八二	三三六，八一四
達港	一，八八	八七，五一六	一五，八一五	三，八五五	一〇九，〇六九
棉蘭	四，二九二	四〇，〇九六	二七，一八〇	三，四〇八	七四，九七六
孟加錫	三，六〇〇	六七，一七八	一五，二八二	六〇二	八六，六六二

荷印境內外僑中以吾僑爲最多。最近調査，計爪哇內島共有五十八萬三千三百六十名，外島共有六十五萬〇四百九十六名。比較前十年增加百分之五十二，全荷印人口比較前十年增加百分之二十一。

華僑入口稅情形

華僑在荷印入口稅現在爲一百五十盾（合我國幣約三百二十元）。荷印政府開始徵收入口稅，始於一九一九年，初爲二十五盾，一九二三年增爲五十盾，一九三〇年增加到一百盾；一九三二年增加入口稅爲一百五十盾，今仍之。

（二四，九，一，北平晨報，人口副刊第四十二期，吳雪生作）

通信一束（第二次）

四

頡剛先生大鑒：讀貴刊，備悉貴學會以禹貢著名；循名考實，亟思有所貢獻於貴學會。欲知禹貢九州，須先明瞭上古九州疆域，得其根據，然後知其改組本旨。禹組九州，祇是裁割神州北部，逕合於正西弇州北部，特建九牧以統之；其不入九州界域，號爲蕃國，統以五長。故東土八州並在神州域內，惟雍州東部在神州西北，其西部則在弇州（即今亞洲西境），中隔無數蕃國，故曰雍州，言壅隔也。西周以前，世界一統，文化一元，不但堯典可以考見，觀於禹貢九州別分內外之組織，亦可以推知其全豹。他姑無論，即如雍州之黑水，三危，南海，弱水，合黎，流沙，於葱嶺以東求之弗得（舊說皆非），於伊蘭高原以西求之則全體具在，一一皆可指數；倘繪圖列說，尤爲分明易曉。觀此可知周禮職方，爾雅釋地於雍州西疆之山水澤地均無一字之及，其非成周盛時之作品洵定論矣。茲特備錄拙著禹貢雍州規制要指一篇呈鑒，希冀采登貴刊，俾世界學者皆知爲盼。此頌撰祺，并希示覆。姚大榮手狀，時年七十有六，寓宜外校場五條二十號。

他日如能組織一雍州西疆考古學團，徧歷亞洲西部各地，實行勘察，訪地脈川，布告四方，昭信萬世，則不佞今日所創發之古義一字萬金，不足方其實貴矣。謹又及。

編者案：安順姚愷桓先生高年篤學，以畢生精力研究西王母一問題，積稿等身，同人久深佩仰。乃荷先施，慨賜大作，曷勝欣幸。我輩讀山海經，穆天子傳等書，亦嘗疑古代西北早有交通，容有先張騫而「鑿空」之事。但以古籍屢經竄亂，地下埋藏尚多未發，僅可建立假設以待他日之實證。姚先生所言固與同人宗旨頗有出入，然必可給研究此學者一提示，或一論題，則不容疑也。雍州規制要旨一篇，稍緩當刊出，敬此致謝，並祝康健！

五

頡剛先生史席：久乏問候，歉甚。良以六月一日，棠忽染重病幾於不治，三月於茲，略能扶床學步，勉強握管。惟復元尚遠，不堪教職之勞，業已辭却校課，稍事休養，或可乞命於來日也。……今暑本擬赴平小住，親聆教益，加以保定陋邑，許多參攷書籍徧求不得，亦須到平查錄。其預定課程爲謄抄禹貢編制考，刪改舊稿中之論墨（五篇），論儒（二篇），釋巫，又新草釋崑崙，禹生汶山辨，冀州赤縣之易名擴大與遷移，皆以大病綿延，不得不稍遲時日。心雖焦急，無如之何！刻臥床上翻舊稿古代中國民族考，仍自覺其小有可取處。前二年曾在學校講義餘頁中印成幾册，而非定稿。茲擬小加訂正，奉禹貢半月刊發表，聊報先生期許之厚，如何？又禹貢編制考擬印爲研究報告一節，不知會中果有此餘力否？如能成爲事實，則當急續謄抄，否則從緩。均請抽暇示知爲盼。棠目下猶居培德，大教請仍寄該校可也。不多叙。書此，敬請安。

馬培棠頓首。　八月廿八日。

六

頡剛先生史席：奉來敎，殊勞錦念，不勝感激。賤恙近日頗有起色，精神漸佳，食量亦增，半年中或可復元也。研究學問，大非易事，有其志而無健康之身體，亦只使大好光陰擲之虛度而已。每念及此，不禁惘然。禹貢學會承張先生捐房一所，空地五畝，俾研究工作更可努力進行，是足見張先生襄助學術之熱忱，尤足見先生登高一呼，聞者皆應也。會中如是邁進，則將來成績更當百倍今日者，何幸如之！先生近正研究何項問題？古史方面又有何項新心得？敢請暇中示知爲荷。不多叙。專此，敬請撰安。

堉棠頓首　九月二日。

編者案：馬紹伯先生爲本刊健將，會內外皆所素稔；最近半年中未登隻字，讀者必以爲疑。今特將此兩函刊出，以慰羣望。同人固盼馬先生早續工作，俾釋崑崙諸篇可快先覩，禹貢編制考及中國古代民族考可早出版，但爲馬先生將來之大貢獻計，則甚願安心療養，俟完全復原而後動筆也。今日離來函二月矣，不悉精神身體進步如何？諸維爲學自愛！

七

頡剛吾兄：前日聚談甚快。記龍門文中引水經注文云：『陶渠水出西北梁山，逕司馬子長墓北』下均請删去，直接『漢太史遷墓在芝川南，故云流於墓北』云云，因原文所述諸水係抄自碑文，不足據，水經注無是語也。又蒙新考査記如能在下二期登極佳，因欲附一單簡路線圖並照片也。餘不一一。此請撰安。

弟文弨上。　十月十四日。

八

頡剛吾兄：昨到市場觀書攤雜誌，知弟蒙新二次考査記已載西北問題，故此篇祗好撤消；擬另換一篇新疆在中國文化上之地位一文，緩日卽當奉上。累次遷改，不勝惶愧。此請撰安。

弟文弨上。　十月二十一日。

編者案：黃仲良先生兩次來書，已在此二文排印完畢之後，未能遵命，至深歉仄。謹載於此，藉作聲明。至於新疆在中國文化上之地位一文，仍請早作，以饗讀者，蓋此等通論文字尤易振起人心也。

九

頡剛我師：

察哈爾沿革一文，原以爲係舊作，稍潤色增補卽可；乃今發現此應分作二部：明代以史爲主，地爲副；淸代則側重在地。未可併作一談。然明代之察部沿革，初本盲從淸通考及一統志之說，自卜赤（布希）始；乃今取方輿紀要，明史及聖武記諸書相與比較，各有異同，未可盡信。比又取蒙古源流參證，始知卜赤之說大可推倒。明末之林丹汗實源自戉化間之達延汗（小王子之一）。乃明史等將小王子與林丹汗中間之連鎖—土蠻，誤作與林丹汗爲兩事，是以遂使林丹以前之察哈爾眞象不明，故非將土蠻與察哈爾之關係辨正，則明代察部沿革甚難着筆，是以有明土蠻考之作。

本擬將此文併入察部沿革內，奈甚長冗，故先將其單獨提出討論。嗣後請稍假時日，當續作明清兩代察部之沿革。若再有時間，擬將方輿紀要及明史諸書關于察部先世之記述加以比較，以覘其異同。

今以限期已過，交卷太遲，恐誤禹貢第三期，是以先將明土蠻考錄出呈政。惟此文似無何獨立價值，如不堪付梓，乞擲還，以便將其併入明代察部沿革文內。

吳寄荃先生之材料，對于清代部分頗有助益。玉年先生惠假抄本蒙古源流諸書，則於明代部分賜助不少。惜時間太倉促，未能拜讀秘笈全豹；他日當繼續前往。再者口北三廳志，清華圖書館無有此書，不知我師有此否？此于清代察哈爾沿革似有相當之關係，甚思一窺其內容也。

本星期六擬往戎府拜謁。餘容面陳。此請道安。

受業楊寔頓首。　九月十五夜。

一〇

頡剛我師道鑒：前持呈近稿明土蠻攷一篇，值師外出。比赴學會，聞馮先生言，二十一日師未必能返平，故未如期往謁。日來借得蒙古源流箋證一讀，始悉土蠻與圖們之關係，前人已先我道及，而寔文所本之書，甲子印刷有誤，故空費却數日精力，並無若何發表之價值。連日草察哈爾沿革考，明代部份約于月底可脫稿，屆時當持呈政，並將土蠻考取回。特此先達，並請道安。

受業楊寔拜啓。　九月二十三日。

編者案：楊欠弓先生明代察哈爾部沿革考已在上期刊出，登此兩函，以見其工作之經過，並見其著述之審愼。本刊作者研究邊疆及鄰國者不少，滿洲，朝鮮則有馮家昇先生，日本則有王輯五，周一良兩先生，新疆則有黃文弼，王日蔚兩先生，西藏則有吳玉年，傅成鏞兩先生，而蒙古方面亦有楊先生與侯仁之先生。如此努力作去，將來在我國學術界中必有空前之成績，可豫言也。

一一

頡先生：

很久沒接到你的信，想念得很。昨天許地山先生過厦，特地要來找我，恰巧在街上相遇，高興極了。

我作一篇水經注的文章，爲了找畢沅的山海經校正，竟延了一個多月。這本山海經我本有的，在北平時朋友竟久假不歸。現在要用，厦門三個圖書館都找不到。私人問了幾十家，都沒有。到浙江圖書館買去，又老不寄來。等了又等，現在尙不能完結。該書一到，便可以結束寄上。文名水經注研究史料滙編，約十餘萬言。

我暑假敎了一個月的暑期訓練班外，還有幾種工作，完成三篇水經注的文章：(一)水經注趙戴公案的判决，約二萬言，草完，校閱後擬投燕京學報。(二)水經注書目錄，約八千言，擬投圖書館學季刊，草完。(三)關於戴校水經注，譯日人森鹿三文，草完，擬投地學雜誌。你以爲何如？

關於水經注，我現在問題很多，只須有時間，便可以有文章。這是我的本行。不過我這季每週十四小時，共五門功課，中國史上下五千年全包，那有工夫再作別的事！作文章只有假期中才有時候了。

近況如何？請時時賜教。專此，敬頌著祺。

學生鄭德坤敬上。　九月三日。

一二

顧先生：前天給你寫一封信。今天浙江圖書館的書寄來，水經注研究史料匯編便做了個結束，另郵掛號寄上，請查收。這篇文章分四本裝訂，約十一二萬言，所錄頗為完備，擬在禹貢分期刊登。我有個提議，把這篇刊完之後，抽印三五百份，作為禹貢學會叢書第一種。不知道這辦法你讚成嗎？

如果你不讚成，請于刊完之後抽印五十份，我可以送送朋友。需費若干，由我負担。

再者：水經注引書考一文，張石公先生早寄來了，本擬在廈大學報發表。但是我一看，書目用筆畫分前後，不甚妥當，所以尚未付印。有空，再分類重編，檢查可較方便。這篇也有十幾萬言，也可作為禹貢學會叢書之一，未知你以為何如？如可以，等重編完，當即寄上，先分期在禹貢發表。如果禹貢學會無款印叢書，禹貢排完後之紙費印費我當可以負擔。這種抽印裝訂費用，應比排印少許多的。

如果你不反對的話，我以後水經注各種的論文都可收入叢書。我相信倘使我不教十幾個鐘頭書，我定可以有許多文章出來。請你務必要時時指導我。我知道你很忙，不過有空兒不妨給我一二個鐘頭。專此，順請撰安。

學生鄭德坤敬上。　九月五日。

編者案：鄭德坤先生為本會創辦人之一，會中所繪「地圖底本」即由其計畫者。不幸本刊出版時彼已離平，擔任廈門大學歷史系主任後，事務既繁，功課又重，遂不得為本刊作文。廈門書籍不多，研究時感困難，使他人處之，舊日工作必已停頓。但鄭先生不自暇逸，暑假中完成關於水經注之四篇文字，彌可欽服。水經注史料彙編早寄到，以篇幅過長，尚未付刊，殊以為恨。水經注引書考，俟寄來時當先將地理類書籍刊登，因全文亦不少也。邇來本刊收稿過多而篇幅不足，加增篇幅則經濟力量又不足，觸處感受困難。得鄭先生書，希望本會多出叢書，此事固為當務之急，蓋半月刊既充實，自當更進一步而以著述與世人相見也。所苦者，同人教書讀書，資力有限，而富貴利達者流對於此等事不屑注目，以是欲圖發展，等於自走絕路，此等苦衷，一言難盡。但現在本會既有會所，亦不容不謀發展，以是同人主張捐募。俟有定法，當再公布，屆時願對於本會工作發生同情之人肯賜以將伯之助也。

一三

季龍學長先生賜鑒：頃得顧師自磁縣來信，囑為禹貢撰文，新作倉卒，未能脫稿。僅將暑假間所作金陵六朝陵墓遺物研究第一篇抽出奉上，請為核正發表。該書性質及末附圖片各則，已于本文末尾附識數語，今不贊。此後擬就閩，贛，粵，桂人種與民族諸問題多寫短文奉上請正（頡師來信特以此爲言）。第讀書無多，又鮮實地考察，恐淺薄不足以報頡師大命耳。弟本學年因担任上海暨南史地系之兼任教授，課務較忙；且爲正中書局編輯各書，事雜形勞，學日以退，甚自愧也。禹貢合訂本如有存書，請賜寄一份，因弟連年奔馳，書報散亂，所存已不完整也。即候教安。

弟羅香林上。 九月二十八日。

編者案：羅香林先生研究南部民族歷有年所，所作文刊載中山大學文史研究所集刊者若干篇；又自刊客家研究導論一書，本刊第一卷中曾有提要。得此書，知其將就閩，贛，粵，桂人種問題多寫短文，曷勝欣慰。願即抽暇寫寄，無使本刊此一方面永在偏枯狀態中也。

一四

頡剛我師：

奉讀來教，敬悉一是。

今歲蘇北水災之慘酷，據云爲六十年來所未有。徐海原屬貧瘠之區，何堪罹此重災！加以非水災區復患旱癆，秋收大形減色。斯民之痛苦，大有追上梁山之勢。暇當就耳目所及，作一系統報告。

校中工作，初來時尙覺輕鬆，近來則漸漸應接不暇。計每星期共有課卷（歷史練習題）三百本，週記數十本，加以種種會議，種種活動，繁冗極矣。然而偶獲閒暇，必善爲利用，或閱讀書報以增進常識。國慶日，曾約同事數人至銅山縣東北界（鄰近山東嶧縣）賈旺鎭，參觀煤礦公司，並深入煤井，實地考察礦穴中各種工程及工人作工之情況，頗有興趣。公司之規模並不宏大，現在舊井均已採完，僅只有新井一號在進行工作。復因近來東洋煤之大量傾銷，本國煤銷路大滯，故積餘日多。開採方面不得不縮小範圍，辭退工人。現在採煤工人（包工）每日分三班輪流工作，每班二三百人，每日出煤約八百噸（原來計劃可出一千五百噸）。設備方面則大部均應用新式機器。不過對工人生活全不顧問，似欠妥善耳。

肅此，敬祝撰安。

受業媛貞謹啓。 十月十三日。

編者案：孫女士近任徐州女子師範教員，蘇北水災，聞見親切，希望早日作一系統之敍述，登入本刊。至於銅山礦產，倘得就近搜集材料，草一長文，藉以激起國人開發寶藏與購用國貨之熱誠，亦爲要着也。

一五

頡剛先生：

生于二日離平，一路尙好。惟自保定以南，不免較熱耳。

頃有友人自杭州來，據云，杭州拆城時，發現阿拉伯文及阿文中文合璧之石碑甚多。以意度之，恐係南宋之物，蓋過早則阿拉伯人在杭之勢力似尙不大，過晚則當元時，應以波斯文之石刻爲多也。此種新發現，當可裨益中國回教史之研究不少。其阿文拓片，上海禮拜寺中存有數十份，已得當事人同意，允與借閱。現更設法覓一全份拓片（包含阿文的及中阿合璧的），俟覓得後將分別翻譯考釋。如成績較好，或可對中國交通史及中國宗教史之研究作一新的提貢也。

敬祝健康。

學生白壽彝上。　九月九日。

編者案：白先生先世，於元為色目人，其家信奉回教，故銳志治西亞文字，以創作交通史與回教史自任。近回開封理家事，願回平之日更出所得與本刊讀者相見。

一六

頡剛先生台鑒：葛君建議專闢地理新聞一欄事，學生以為關于某項材料特多者，如今所輯之鐵路公路新聞，礦產新聞，皆可特闢一欄。若零星片段者，固仍可作補白用。不知先生以為如何？專肅敬請著安。

學生楊向奎謹上。　九月廿二日。

編者案：此議甚是。本刊此後登載地理新聞，當並用兩種方式。但同人所見之報紙種數不多，且容有重要之地理消息不見於報紙者，願會內外同志隨時搜集見寄，俾欲知此類新聞者不必須檢讀本刊。本刊前途，實利賴之！

一七

頡剛師：拜別後於上月廿八日離平，三十日至上海，三十一日抵杲中。家居旬日，又至滬上，候姚家積兄，至十六日始到。十七日偕登大來公司傑佛遜總統號郵船，十八日黎明啓椗南下。二十日上午抵九龍，即搭廣九路車進省。當晚寓新亞酒店，翌日遷來大石街明德社寓址暫住，約于本月底再行遷入書院，因該處房屋尚未打掃潔淨也。開學期大概在十月初，生所教何課，每星期若干小時，上課外又有何種工作，現下尚無定計。國學組因吳向之先生不來，祗瞿兌之先生與學生二人為導師，姚家積黃席群二兄為助教。廣州生活程度甚高，大抵半受幣制紊亂影響。益以言語不通，水土不慣，殊令人思念舊都不置也。離平一月，幾與讀書絕緣，一因生書籍在平時悉交轉運公司逕運廣州，現尚未到，二因千里奔波，生活不定，心緒不寧，即手邊有書亦無法可讀也。禹貢計時當已出至四卷二期，最近二期生皆未見，亟盼早日寄下。在此俟開學後當竭力為禹貢撰文，並索稿，不負我師期望。李子魁兄有一文在生處，俟書籍運到後當即改就寄上。北平學術界有何消息？時請見示。暇時並乞多賜教言，俾知為學之方。專此，祗頌撰安。

學生譚其驤上。　九月廿五日。

編者案：本刊編輯譚先生，本夏應廣州學海書院之招，前往任課。本刊讀者與之神交有素，必樂聞其近日綜跡，故登載此函，以慰懸念。現在平中書籍應已運到，甚望早日撰文索稿，陸續寄來，使本刊得益加充實。又旅居廣東雖生活未能即慣，而研究西南民族問題及南洋華僑問題則至方便，亦願在此方面猛着先鞭，為北國學術界闢一新園地也。

商務印書館輯印

四部叢刊三編

四部叢刊初編出版後、去歲復輯續編、共書七十五種、計五百册、亦已全數出版、惟原輯之書有未及列入及原備今歲續出者、爲數甚多、因有三編之輯、祇以四庫珍本宛委別藏先後開印、朝夕罕暇、不得不移此就彼、今二書業經印竣、亟將三編續出、全部仍以五百册爲限、體例一如初續二編、惟發行規則、較續編略有更易、茲將部目簡章、彙印成册、本編內並列入宋刻太平御覽及顧亭林天下郡國利病書、査東山罪惟錄兩手稿、特附樣張各一葉、以副讀者先覩爲快之意、伏惟　公鑒

已出第一期書五十册
惠購預約者立時可取

書名如下

尚書正義二十卷　唐孔穎達疏　覆宋刊本　八册

詩本義附鄭氏詩譜十五卷　宋歐陽修撰　宋刊本　三册

明史鈔略殘本八卷　明莊廷鑨撰　抄本 原書久經燬禁　三册

昭德先生郡齋讀書志四卷 附志一卷後志二卷考異一卷　宋晁公武撰 宋趙希弁撰　宋袁州刊本　八册

傳青主校隸釋二十七卷　宋洪适撰　明萬曆刊本　八册

困學紀聞二十卷　宋王應麟撰　元刊本　六册

景德傳燈錄三十卷　宋釋道原撰　宋刊本 四庫未收　十册

密菴藁十卷　明謝肅撰　明洪武刊本 比四庫多二卷　四册

發售預約簡則列左

册數　全編五百册用手工連史紙照六開本式

版式　金屬版影印書根加印書名册次

預約價　一次交一百五十元另加郵費九元

預約期　十月十日起至十二月三十一日止

出書期　發售預約之日先出五十册餘分三次於本年十二月明年三月六月各出一百五十册

樣本　索閱請附郵票五分

優待購買本書續編全部及初編續編單行本辦法

一、本編預約定戶同時購買本書續編全部者照定價二百二十五元八折計算卽實收一百八十元

二、定戶同時購買本書初編或續編單行本定價滿十元者照九折計算

重要地方地質土壤圖說出版廣告

江蘇地質誌 附二十五萬分一地質圖四幅五十萬分一總圖一幅說明書一册全份定價五元五角

張家口地質誌 內附地形及地質圖各一幅全書一册定價七元五角

秦嶺及四川地質誌 附圖十九幅內有一百萬分一秦嶺地質圖全幅書一册內有照片及小圖多幅定價共十二元

綏遠察哈爾地質誌 附圖八幅縮尺二十五萬分一書一册內有照片及小圖多幅定價共六元

揚子江流域地文發育史 附地文畫圖二十餘幅定價二元

揚子江下游鐵礦誌 此書附有地圖照片頗多於各礦地地質敘述甚詳定價六元

中國北部及西北部土壤報告 附百萬分一及二百五十萬分一土壤圖各一幅照片多幅定價二元五角

陝西渭河流域土壤調查報告 附三十萬分一土壤圖一幅定價一元五角

廣東省中部土壤報告 內有一百二十五萬分一土壤全圖及照片多幅定價三元

江蘇句容土壤報告 內附十萬分一土壤詳圖對於各種土壤記載甚爲詳悉定價一元五角

江蘇東部鹽漬土壤約測 內附五十萬分一土壤詳圖定價一元五角

山西土壤概述 附土壤概圖一幅及照片二十幅定價一元五角

中國百萬之一地質圖及說明書 已出北京濟南幅南京開封幅太原榆林幅三種每份四元五角

中國模型地圖（石膏製） 縮尺七百五十萬分之一定價每具二十元運費在外

中國地形圖 縮尺七百五十萬分一定價自取一元郵寄一元三角縮尺一千萬分一甲種有等高線定價三角乙種二角

地圖投影 述各種地圖投影之原理公式及用法附圖七十一幅定價三元

其餘尚有實用叢刊及新生代研究室關於周口店猿人之研究報告多種書目及價格表函索即寄

總發行所　北平西城兵馬司九號地質調查所圖書館

白眉初先生

所著地學圖書要目

（禹貢學會代售）

中華建設新圖	一册	二元
中華建設全圖	一册	二元
世界形勢輿圖	一册	編製中
世界大掛圖（英漢對照）	一幅	印刷中
東北四省地圖	一幅	一元
最新北平市詳圖	一幅	二角
中國國恥圖	一幅	四角
蒙古詳圖	一幅	一元
中國地理沿革圖	一册	三元五角
中國歷代疆域戰爭合圖	一册	五元
中華民國析類分省圖	一册	四元
北平特別市城郊圖	一幅	一元
京師內外城詳細地圖	一幅	二元
世界講授地圖（加裱六角）	一幅	二元六角
中華講授地圖（加裱六角）	一幅	二元六角
歐洲形勢地圖（加裱四角）	一幅	二元
亞洲形勢地圖（加裱四角）	一幅	二元
世界分洲地圖	一套	編製中
中國地理教授掛圖	廿五幅	定價七元
京直綏察熱誌	一册	二元五角
滿蒙三省誌	一册	三元
晉豫誌	一册	三元四角
秦隴羌蜀誌	一册	四元

鄂湘贛誌	一册	五元
最新物質建設精解	上下二册	四元
中國人文地理	一册	二元
中國地文之部	一册	四元
最新地理哲學	一册	一元二角
西藏始末紀要	一册	五角
外蒙始末紀要	一册	五角
高中本國地理	一册	一元六角
高中世界地理	全二册	上册七角 下册九角
高級地學通論		印刷中
高中本國地理	全二册	一元八角
初中世界地理	全二册	上册八角 下册一元
初中世界史	全二册	上册六角 下册印刷中
寫眞中國地理	一册	八角
初中動物學	全一册	印刷中
初中礦物學	全一册	印刷中
初中植物學	全一册	編輯中
初中本國史	全一册	編輯中

北平西單牌樓南

建設圖書館發行